基礎からわかる
完全メソッド

百発百中
手相術

西谷泰人
Yasuto NISHITANI

日本文芸社

はじめに

手相は、その人の現在の状況を示すだけでなく、「今のこの状況が続けば、将来はこうなりますよ」と、未来のことまで教えてくれます。

そこには、よい相も悪い相も表れるのがふつうです。しかし、たとえそこに悪い相が示されていたとしても、知っているのと知らないのとでは大違いです。あらかじめわかっていれば、今の自分の考え方や態度を改めるきっかけになります。手相を知ることで、誰もが自分の運命をよりよいものに変えることができるわけです。

ただ、それだけに、手相をみる者には責任があります。間違った鑑定をしてしまうと、その人を間違った方向に導いてしまう可能性があるのですから、当然でしょう。

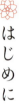

本書は、そんな手相について、より正確で、より実用的な情報をたくさんの方々にお届けし、実践できるようにとの思いから刊行しました。

これまで私は、世界の要人を含む7万人以上の手相を鑑定し、約5千人の手相家を育ててきました。その経験から培った、手相の基本と応用、線の読み解き方が本書にはまとめてあります。

とくに特徴として挙げておきたいのは、①「流年」の取り方を誰でもわかるように丁寧に解説してあること、②過去に私が鑑定した手相から実例として１００人分をご紹介していること、以上の2点です。

詳しくは本書の解説をお読みいただきたいと思いますが、「流年」とは簡単にいうと、その線で示された運命が何歳のときに訪れるかという、大切な情報です。これまで多くの手相家が考えてきた、大きくズレている流年と比べ、「西谷式流年法」はグッと正確さが増しています。そして実際の鑑定例を数多く紹介したのは、本来手相というものは、１００人いれば１００人みんな違うのがふつうであり、基本だけをおさえてもなかなか応用できない、そのためできるだけたくさんの手相をみて、複合的な視点を身につける必要がある、と考えたからです。

手相をみる者には責任がある、などと申しましたが、手相が私たちの幸せを後押ししてくれるものであることは間違いありません。知れば知るほど奥深く、また不思議な魅力を持った手相が、皆さまの幸せな人生を切り開く大いなる力になることを願ってやみません。

２０１９年11月　　西谷泰人

CONTENTS

本書の使い方

本書には、多くの手相鑑定の経験から培った、手相の基本と応用、線の読み解き方などをまとめてあります。本書を活用して、自分やまわりの大切な人の手相をみるときに、より正確な情報を読み取れるようにしてください。

序章：なぜ、手相に過去・現在・未来が表れるのか？

手相がどのようなもので、手相をみることで、どんな情報を読み取ることができるのかを説明します。

第 1 章：手相の基本をおさえよう

手相のひとつひとつの線が意味することを読み取るために、手相の基本の 4 線や手のひらの丘が持つ意味などを解説します。

第 2 章：基本の 4 線＋重要線とマークを読み解こう

基本の 4 線と、ほかの重要線、さまざまなマークが表す意味、そして線やマークの形状から読み取れる内容を解説します。

第 3 章：決定版！ 流年の取り方

何歳でどんなことが起こるのかをあらかじめ知ることができる、流年の取り方を解説するとともに、流年の実例を紹介します。

第 4 章：100人手相 実例鑑定！

実際に鑑定した数多くの手相の中から、特徴的な 100 人の手相を紹介。手相が示す意味を読み解くときの参考にしてください。

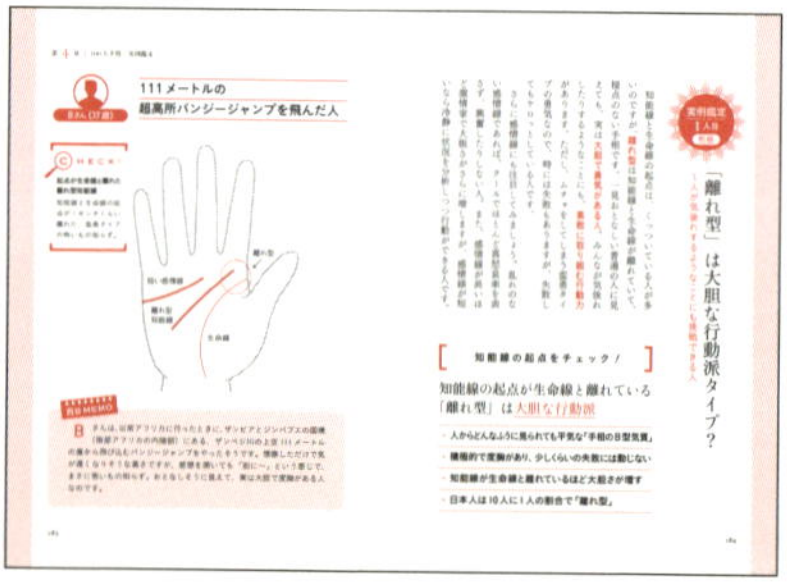

第 5 章：手相鑑定のつまずきを解消

手相をみるときの心構えや、相手にアドバイスをするときに考慮すべきこと、ペンで吉相を描き込んで開運する裏技を紹介します。

巻末付録：自分の性格と人生をみてみよう

実際の自分の手相を記録できます。手相が示す、心と体の状態を確認するとともに、流年で将来起こることを把握しましょう。

序章

なぜ、手相に過去・現在・未来が表れるのか？

手相には、自分の人生の過去・現在・未来が表れています。手相をみることで、人生の大きな出来事はもちろんのこと、性格や恋愛運、金運などを読み取ることができます。手相から、どんなことがわかるのかをおさえましょう。

自分の人生を手相で確かめてみませんか？

ひとつとして同じ手相はない

「自分の手のひらをみるだけで自分の人生がわかる」といわれたら、誰だって半信半疑でしょう。でも、本当です。それは、これまで45年以上にわたり膨大な数の手相を見て、多くのデータと経験をもとに地道な研究を重ねてきた私だからいえることです。

　もちろん、誰が手相をみても私と同じだけのことがわかるわけではありません。しかし、たとえ手相についてアマチュアの方でも、本書に書かれているような基礎を身につけることで、かなりのことがわかります。

　まずは、自分の手のひらをご覧になってみてください。そこにはたくさんのしわがあるはず。次に、誰でもけっこうですから、近くにいる人の手のひらをみせてもらってください。同じようにしわがあるはずですが、そのしわは人によって違っています。

手のひらのしわで手相が決まる

　誰にでもあるしわですが、同時にひとつとして同じものがない。つまりこれが手相です。実際には、しわによってつくられる線だけでなく、手のひら全体の肉づきや、指の形にも手相としての意味があります。でも、まずは手のひらに表れる線が一人一人の手相を決定する大切な要素だと覚えておいてください。

手相は何を表している？

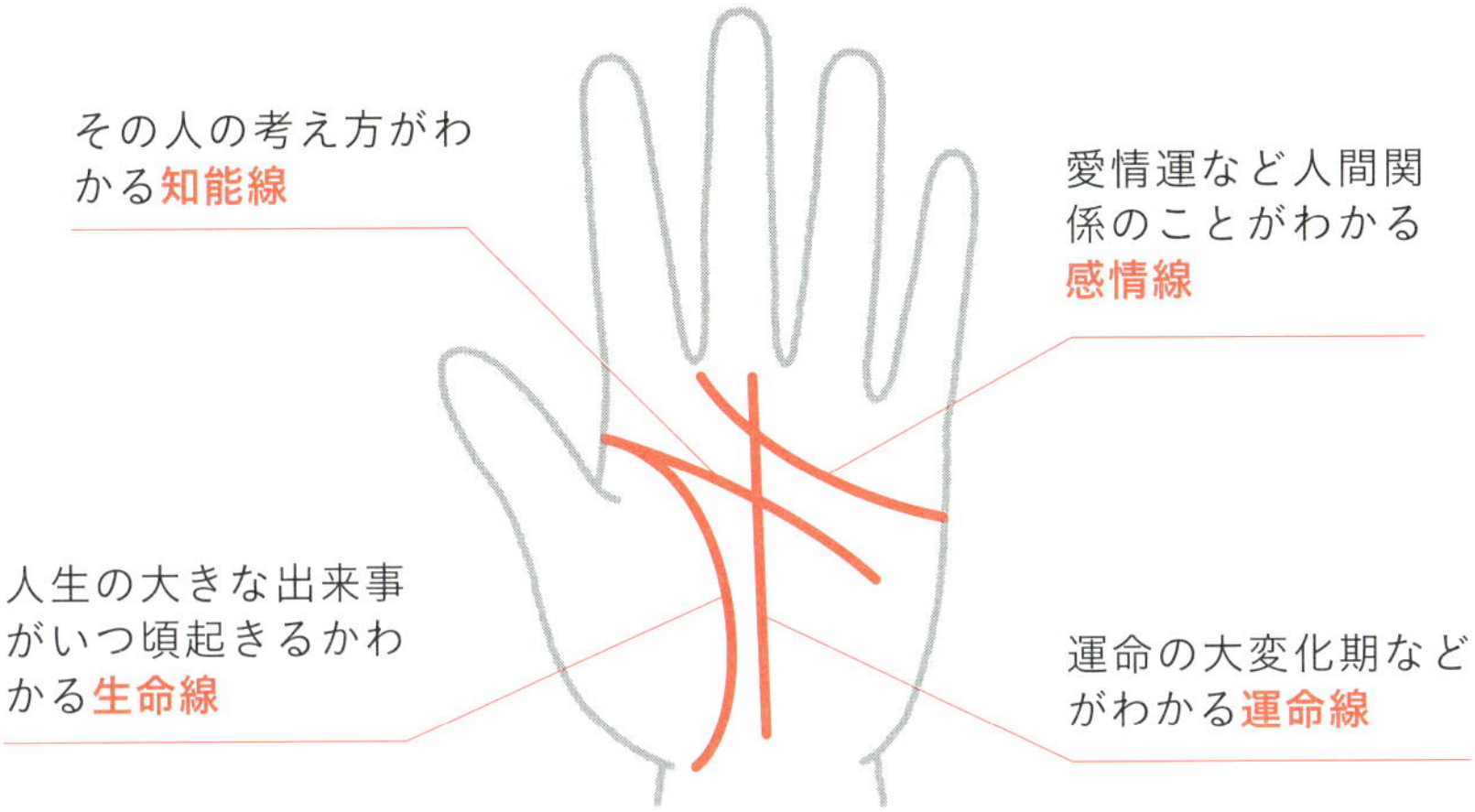

手相は人生の大きな出来事や問題を示す

みなさんが日頃から気になっていることは何でしょう。一般には、結婚、仕事、お金、健康など、人生を左右する大きな出来事や問題だと思います。そして、手相からわかることも、こうした大きな出来事や問題です。

もう一度、自分の手のひらをみてください。左右どちらの手にも同じように太くて長い線が４本ほど出ているはずです。

人差し指と親指の間から出て、手首に向かって曲線を描いているのが**生命線**です。生命線と同じか近いところから横に伸びるのは**知能線**。手のひらの中央あたりにある縦線は**運命線**、小指の下から出て、人差し指のほうへ上昇曲線を描くのが**感情線**です。はじめにこれら４つの線をしっかり覚えましょう。

手の言葉を聞いてみる

手相でわかる7つのこと

手相は人生航路の羅針盤

誰にでも人生の波はあります。成功している人、幸せになっている人は、その波が大荒れになっているときにはうまくしのぎ、逆によい波が来ているときにはそれを逃さず一気に駆け上がっていきます。

手相には、あなたの持って生まれた性格や、現在の状態、そして未来のことまでが示されています。手相からわかるのは、主にここで紹介する7つのことです。あなたが今、一番気になっていることは何ですか？　自分の手から発せられる「言葉」に、じっくりと耳を傾けてみましょう。

1
人生のシナリオ

人生のシナリオとは、あなたの幼少期から大人になるまで、人生においてどのような出来事が起こるかということ。その多くは**生命線**に示されますが、ほかにも**運命線**や**感情線**など、さまざまな線によって示される情報を総合的に見る必要があります。

健康から恋愛、金運まで、手相にはその人の現在と未来の大切な情報が詰まっている。

◎生命線から上る太陽線＝努力が実を結び、成功する
◎長い知能線＝熟考タイプ など

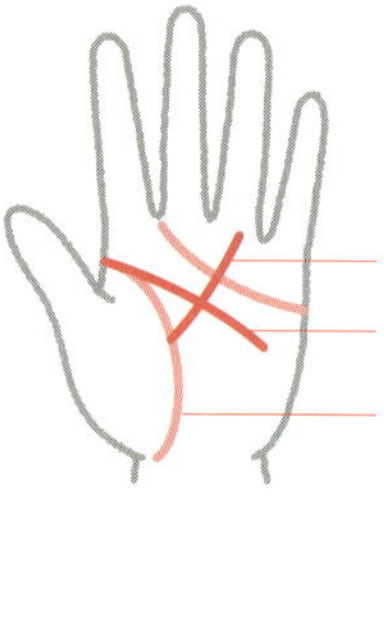

2

人生の大きな出来事

人生の中で、特に大変革と呼べるほどの大きな出来事についても、手相で知ることができます。良くも悪くも、あなたの人生観が変わるほどの出来事は、いつ起こるのか？　**生命線**に加え、**運命線**がその大事な手がかりです。

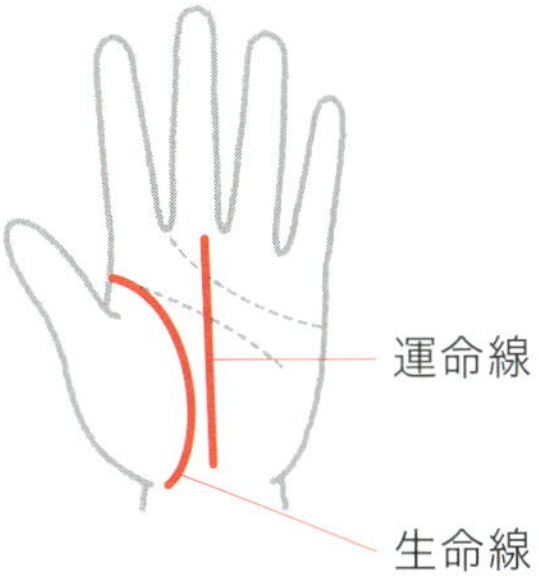

3

性格や才能

自分ではわかっているつもりでも、案外気づかずにいる性格的な特徴や隠された才能。これに気づければ、あなたの人生の方向性は、もっと明確なものとなります。性格を知るには、主に**知能線**、**運命線**、**感情線**の３つをみます。

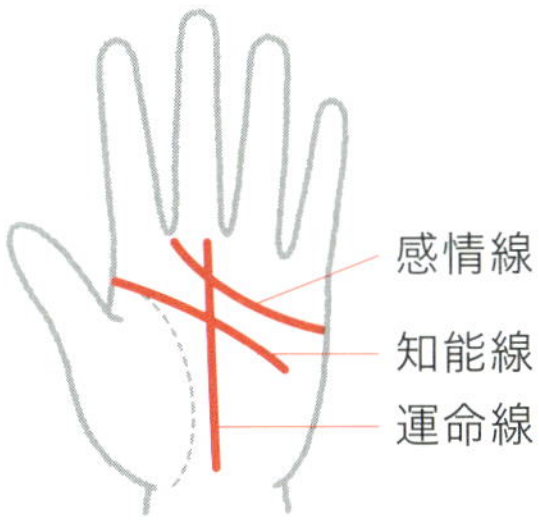

4

感情や人との関係

人間にとって、他者との関係は生きていくうえでとても大事な関心事。相性の良し悪しを図るには自分の性格についてより深く知る必要があります。その人の性格や感情の傾向を教えてくれるのも、**感情線**をはじめとする手相です。

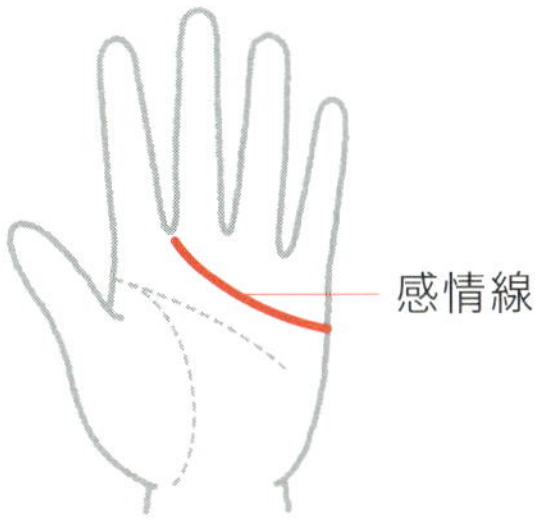

5

大恋愛の時期

大恋愛が必ず幸せな結婚に結びつくとはかぎりませんが、その場合も含め、ドラマチックな恋愛はあなたの人生に大きな影響を与えるものです。特に愛情が一定以上に達したときに出る**恋愛線**は、大恋愛の時期を示します。

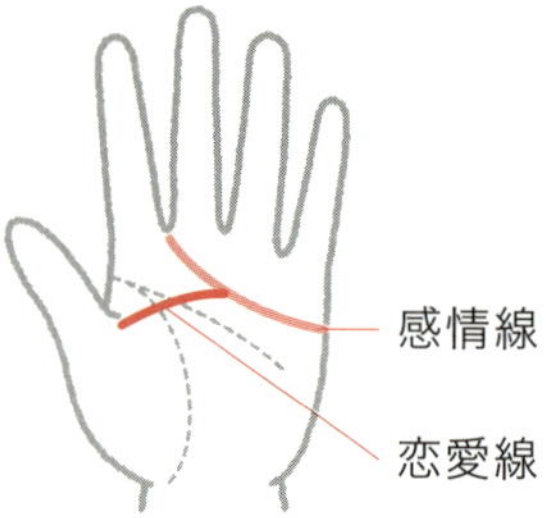

6

成功運や一生の金運

自分の才能やスター性で成功をつかむ人もいれば、援助者が現れて、あなたの運気を上げてくれる場合もあるでしょう。一生の金運がわかるのは**太陽線**、現在の金運がわかるのは**財運線**。その人の金銭感覚を知るには**知能線**をみます。

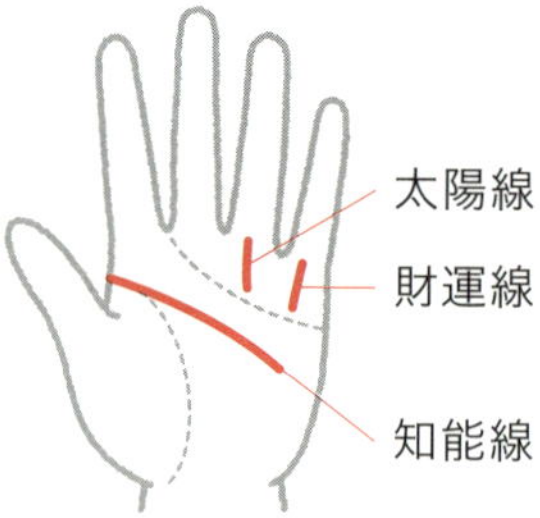

7

体の状態や将来の病気

健康線や**放縦線**と呼ばれる線は、不摂生をしていたり、現在病気の兆候があったりする人に出ます。これらの線が出ているときは、不規則な生活や乱れた食生活を見直す時期にあると考えましょう。誰にでもある**生命線**からも、その人の基本的な健康状態がわかります。

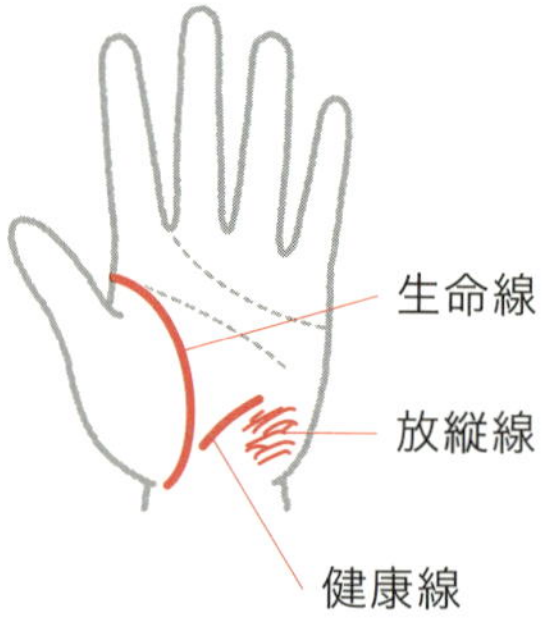

将来起こることを把握しておく意味

今の状態がその人の将来を決める

　手相では、過去や現在だけでなく、将来どのようなことが起こるかもわかります。それが、後で詳しく述べる「流年法」を使った手相鑑定です。手相で将来を把握しておくと、どんなメリットがあるのでしょう？　いうまでもなく、あらかじめそのことを予測して、準備に十分な時間がかけられるということです。

　手相とは、今の心と体の状態であれば（今のままでいくと）、将来、こうなりますよ、ということです。あくまで今の状態の延長線上が描かれているので、未来を知り、行いを

手相で**未来**もわかる？

31歳の女性の例。鑑定は28歳のときでした。影響線が月丘側から運命線に流れ込む恋愛結婚の相で、流年でみると、そのタイミングは30歳でした。そこで手相が教えてくれる情報を活用し、合コンに参加するようアドバイスしました。結果、30歳で結婚！

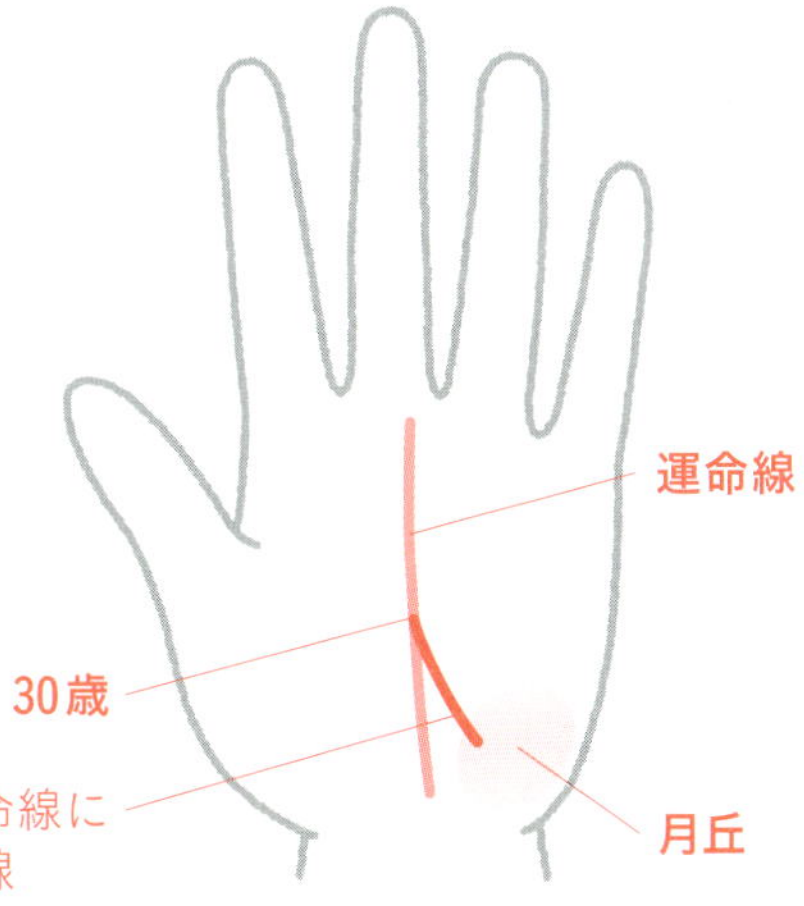

あらためることで、手相はよく変化させることが可能になります。

鑑定結果を知って生活を見直す

私が以前鑑定した、33歳の女性会社員の例などは典型的なものです。その方は、ずっと仕事一筋で、毎日夜遅くまで働き詰めでした。私のところへやってきたのも、仕事の悩みを相談するためです。ところが、私はそのことより彼女の結婚運のほうが気になりました。というのは、今年中に結婚を決めないと、今後10年は結婚が難しいという相が出ていたのです。

私の鑑定結果を聞いて、彼女も衝撃を受けたのでしょう。次の日から、積極的に婚活を始めます。そして、合コンや吉方位への旅行などに積極的に出かけ、とにかく出会いのチャンスを作った結果、鑑定に訪れた3か月後には意中の人が現れ、さらに2か月後には婚約、結婚とトントン拍子に進み、かわいいお子さんにも恵まれました。手相で未来を知ったことで、あまりよくない未来を回避し、よい方向に変えることができたわけです。

60代のとき、「70歳以降の運勢がよくない」という手相を持っていた男性もいましたが、この人も、今の生き方を改善すれば大丈夫という私のアドバイスを受けて、健康的な生活を心がけるようになりました。すると、みるみるうちに70歳以降の線が勢いづいていきました。それまでは、会社を定年退職し、目標もなくただダラダラと生きていただけだったのが、今ではすっかり活動的な生活に切り替わったとのこと。

手相をみるのは、運命を甘んじて受け入れるためではありません。幸運のきっかけをつかみとるためなのです。

西谷流　流年法について

流年法なら未来のことがいつ頃起きるかまでわかる

流年法は、その手相の持ち主が、何歳でどんなことを経験するかがわかる測定法です。

未来を予測する能力は、手相術にだけ備わっているものではありません。たとえば、欧米でサイキックと呼ばれる霊能力者にも人の未来を予測する力があるといわれています。私も彼らの能力についてはとても興味深く思っていますが、ただ、もし本当にそういう力が備わっている人がいたとしても、言い換えればそれ以外の人には未来を予測できないということになります。また、これはサイキックのいちばんの弱点だと思いますが、そこに見えている未来の映像が、いつ起こるのかということがはっきりしないのです。

年齢とともに時間の流れは速くなる?!

手相術なら将来に起きる年齢が正確にわかります。ただし、誰もが正確にわかるかというと違います。私がこの問題を深く探求する以前は、どんなに手相の大家と呼ばれる鑑定者でも、流年には数年のズレが出るのが普通でした。流年がズレる最大の原因は、年齢を手相の線上で等分に区切っていることです。しかし、実際の一年の幅は、若い頃には長め、年を重ねていくと短めになります。

　これは本書で繰り返し述べていることですが、手相には、人の心がそのまま表れます。子どもの頃、時間はまるで無限にあるように感じられました。しかし、大人になるにつれ、どんどん時間の流れが速くなっているように感じられます。本当は子どものときも、大人になってからも、時間の長さに違いはないのですが、仕事や人間関係に追われたり、人生の残り時間を計算する年代になったりすると、とたんに時間の流れが速くなったように思ってしまうのです。

　だから、心のままが表れる手相では、流年の幅が年を重ねるにつれて短くなっていきます。この流年の幅の誤差を見直した結果完成したのが、「西谷流　流年法」です。流年法では、下記で示したようなことがわかりますが、詳しくは第3章を参考にしてください。

生命線の流年法　結婚・恋愛や独立・病気・出世の年など人生の大きなシナリオがわかる

運命線の流年法　大きな環境の変化や運命の転換期がわかる

知能線の流年法　才能の開花期や、職業に関わる運勢が読み取れる

感情線の流年法　結婚・恋愛を中心とした感情に関わる出来事が読み取れる

結婚線の流年法　大恋愛する時期や、結婚のタイミングがわかる

第1章

手相の基本をおさえよう

手相は一人ひとりまったく異なるものなので、その線が意味することを読み取るには、ある程度のコツや法則をおさえることが大切です。手相の基本中の基本といえる４線や手のひらの丘が持つ意味など、手相の基本を理解しましょう。

手相の発祥と流れ

手相のルーツは古代のインド

手相のルーツは、古代インドまで遡るといわれています。これを今の形に近い手相術として完成させたのが、江戸時代中期の観相学者である水野《みずの》南北《なんぼく》です。手相では、手のひらに出ている線のほか、「丘」と呼ばれるいくつかの盛り上がった部分を基本に、手や指の形、長さや大きさ、色、爪の形、指の曲がり具合などから鑑定し、それは現在でも大筋で変わっていません。

以来、多くの手相鑑定者や研究家たちが、東洋思想に加え、心理学や医学の側面からの検証も行いながら、その科学的な裏づけを強化し、的中率を高める絶え間ない努力を続けてきました。私もまた、そんな長い歴史を有する手相の発展に寄与するべく、多くの研鑽を重ねてきた一人と自負しています。

今も日々進化し続ける手相術

私が正確な流年の測定方法を生み出したことは先にも述べましたが、右手と左手のどちらで手相を見るか、という議論にも決着をつけました。それまでは、利き手で見るなど根拠の薄い説が横行していましたが、私は陰陽五行や脳と体の関係から、左手は先天運、右手は後天運を表し、それぞれ異なる情報が刻まれているという結論に達しました。

手相術を体得するコツ

基本から応用へ

いろんな方から、「西谷さんのように手相を正確に読み取れるようにするにはどうしたらいいでしょうか?」という質問を受けます。もちろん手相は誰にでもみることができますが、私だってある日を境にいきなり手相の世界を極めたわけではありません。それこそ、最初はほとんど何もわからないところから始まって、毎日さまざまな手相に触れながら、少しずつ体得していったのです。

　手相を始めたばかりの頃は、誰でもどの線が何を意味するのかわからないのが普通です。まずは、基本線（生命線・運命線・知能線・感情線）を覚えるところから始めましょう。

　基本を覚えたら、そこに交わる線やそのほかの影響線、線上に出る印などを、その都度見るようにしていけばよいのです。いきなり応用から始めても、基本を知らなければそこに何の意味も読み取れないのはいうまでもありません。

本の情報を鵜呑みにしない

　本書に書かれている線と実際の線を見比べているうちに、だんだんと慣れてきますから、そうなればしめたもの。どんな手相からだって、その人の人生の出来事が読み取れるようになります。また、本を見て覚えるだけでは、一人ひとり異なる手相の特徴を捉えきることができませんから、とにかく一人でも多くの手相をみるようにしましょう。常に応用問題にあたるという気持ちが大切です。

19歳でこの道に入った私の場合、60代半ば頃までに7万人以上の手相をみました。それだけの数をこなしてきたからこそ、あらゆる手相の原則に通じることができるのです。

ただし、いくら経験を積んでも先入観にとらわれていては、手相を正しく解釈することができません。とくに初心者が陥りがちなのが、一本きわだった線を見つけて得意げに「あなたは○○なタイプでしょう?!」と決めつけてしまうことです。

よいだけの相も、悪いだけの相もない

たしかに、本書でもどういう線が出ていれば、それはこういうタイプです、と明確に解説していきます。しかし、あくまでそれは一本の線に着目した場合の基本情報であって、ほかの線とのバランス次第で、さまざまな解釈ができるものです（そのことも本書のいろんなところで説明しています）。

たとえば、離婚の相があるからといって、必ず離婚するとはかぎりません。ほかの線をみれば、困難に粘り強く取り組む相が出ていて、そのおかげで離婚を回避することができる人かもしれないのです。

このように、手相をみるときは、総合的に判断する必要があります。手のひらをパッとみたときの第一印象は大切ですが、それに縛られすぎてもいけません。手相には、よいだけの相も、悪いだけの相もないということを覚えておきましょう。

総合的に判断しても、さらに個々の手相で

西谷流 手相術体得のコツ

1 実際の手相を数多くみる

本書で各線の意味や読み取り方の基本を覚えたら、実際の手相を一人でも多くみることをおすすめします。

2 手相は総合的にみる

手相をみるときは１本の線にとらわれず、ほかの線もみたうえで、総合的に判断することが大事です。

3 相手の状況に応じて解釈する

手相の解釈は、たとえ同じ相であっても、それぞれの立場や状況に応じて示す内容が変わってきます。相手の状況に応じて判断しましょう。

解釈に気をつけなければならないことがあります。たとえば、結婚や出産、昇進や独立などと関係する開運線というのがありますが、人によっては開運線が離婚を表していることもあります。「やっと離婚ができた！」という場合です。このように、何が開運となるかは、人それぞれということになります。

　こういう細かい部分にまで配慮を行き届かせるためにも、多くの人の手相をみて、相手の話にも耳を傾けながら丁寧に解釈していくことが大切です。それが結果的には最初に述べた、できるだけ多くの人の手相をみましょうというアドバイスにもつながっていきます。

　一人でも多くの人の手相をみることが、結局は手相上達の一番の近道です。

手の印象も大事！
手相をみるときのコツ

人の手は千差万別。手相をみるといっても、そこからどんな情報を読み取ったらいいのか、迷ってしまうという方もいるかもしれません。でも、安心してください。一見、何の規則性もないと思える手にも、実はきちんと法則があるのです。

まずは、誰かの手を見て「指の長い人だな」とか「厚みのある手だな」などと感じた第一印象を大切にしてください。それが手相の基本をおさえるためのスタートラインです。

左手と右手の違い

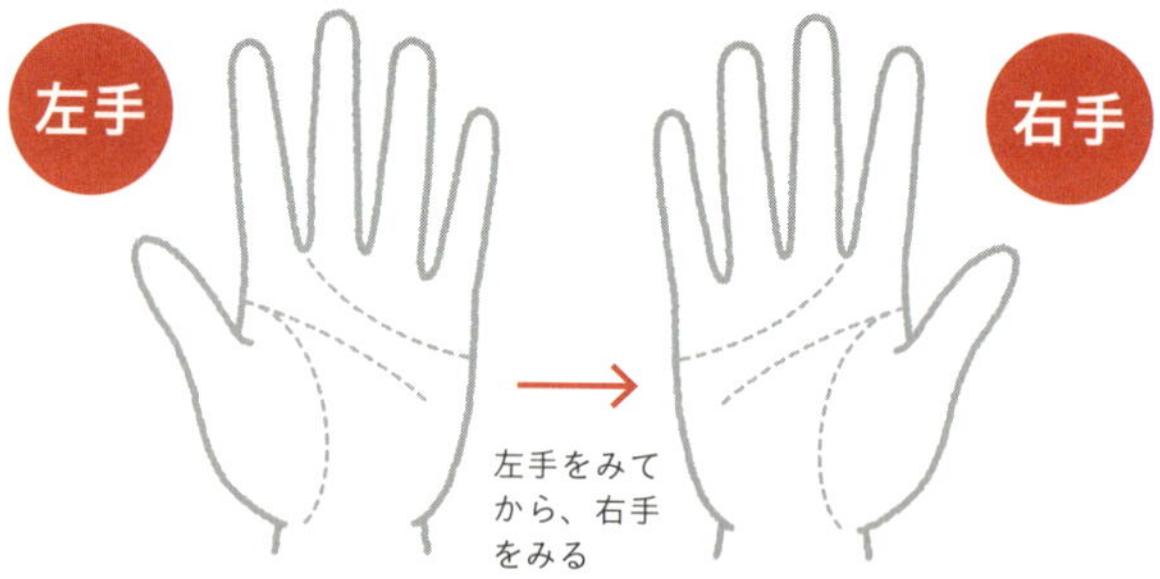

先天運
先天的にそなわった性格、才能、運勢

後天運
後天的に自分でつくり上げた性格、才能、運勢

左右それぞれの手相で、表れる意味は異なります。左手には生まれながらの先天的な性格、才能、運勢（先天運）が、右手には自分でつくる後天的な性格、才能、運勢（後天運）が刻まれています。したがって、先天的な左手をみてから後天的な右手をみるのが、手相をみるときの基本です。

手の大きさや厚さの違い

・体に比べて手が大きい

手の大きい人は、その印象とは裏腹に繊細な神経の持ち主。仕事では真面目にコツコツ取り組む裏方タイプ。周囲の信頼を得やすいでしょう。

・体に比べて手が小さい

手の小さい人は、頭の回転が速く勘がいい一方で、大胆すぎる傾向があります。有能なリーダー型ですが、綿密さに欠けるところも。

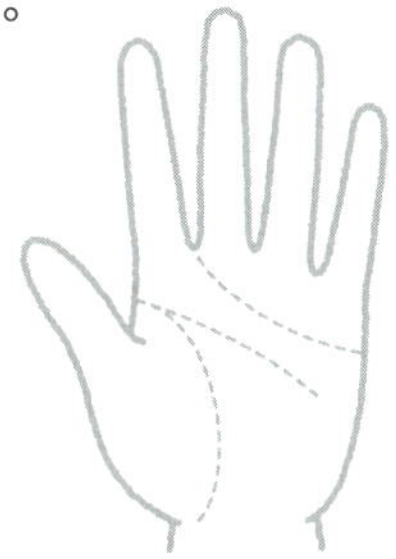

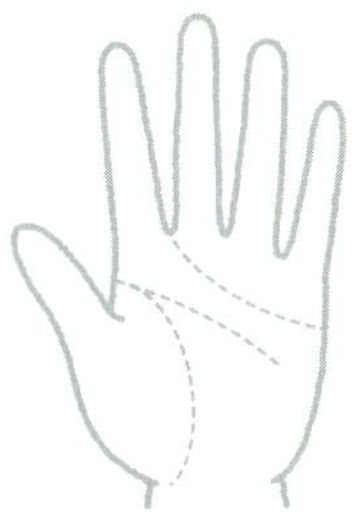

・手のひらが厚い

手のひらがぷっくりとふくらんでいる人は、エネルギッシュで朗らかな性格。幸福もお金も自然と集まってくる吉相です。

・手のひらが薄い

物事を冷静に分析する能力に長けています。一見クールな印象を与えますが、状況に応じた行動で周囲の信頼を得るのもこのタイプ。

指の長さの違い

・指が長い

指の長い人は繊細な人が多く、高い理想を追い求める芸術家タイプ。そのぶん神経質で、ストレスがたまりやすいといえます。

・指が短い

指の短い人は現実主義者。庶民的な面を持っている人です。周囲の状況を冷静に観察することで、高い実行力を発揮します。

線の濃さの違い

・線が濃い

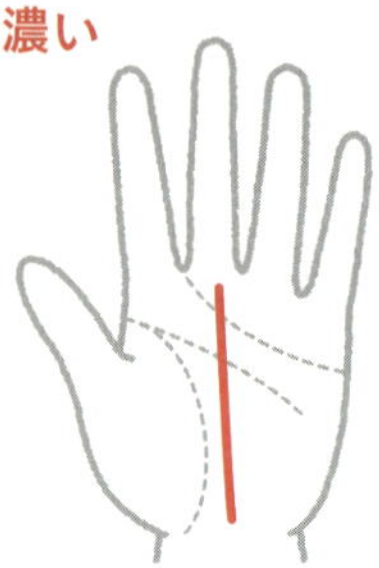

線が濃いとは、線が太くてくっきりとしていることをいいます。どの線でも濃いものは、それが持つ意味が強調されています。

・線が薄い

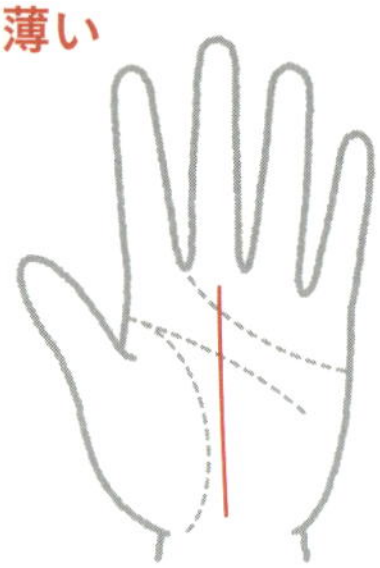

線が細くて弱々しく見えるものを、線が薄いと表現します。線が薄いのは、それの持つ意味が弱められているということです。

線の長さの違い

・線が長い

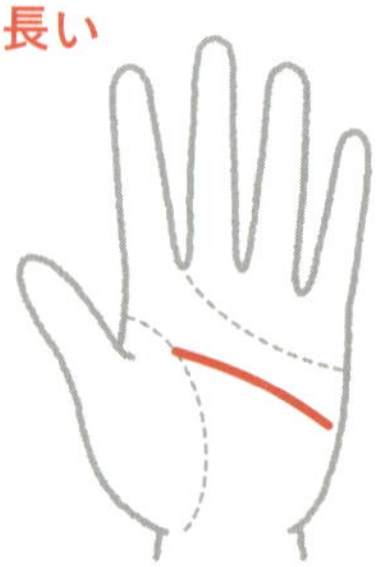

どの線にも標準があり、それと比べて長いものを「線が長い」といいます。たとえば長い知能線の持ち主は「じっくり考慮型」です。

・線が短い

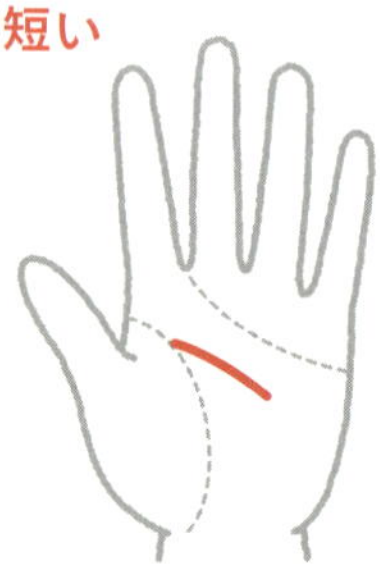

線が長い場合と同様、短い線も、その線によってそれぞれ意味があります。たとえば短い知能線の持ち主は「直感行動型」です。

しわの多い少ないの違い

・手のひらにしわが多い

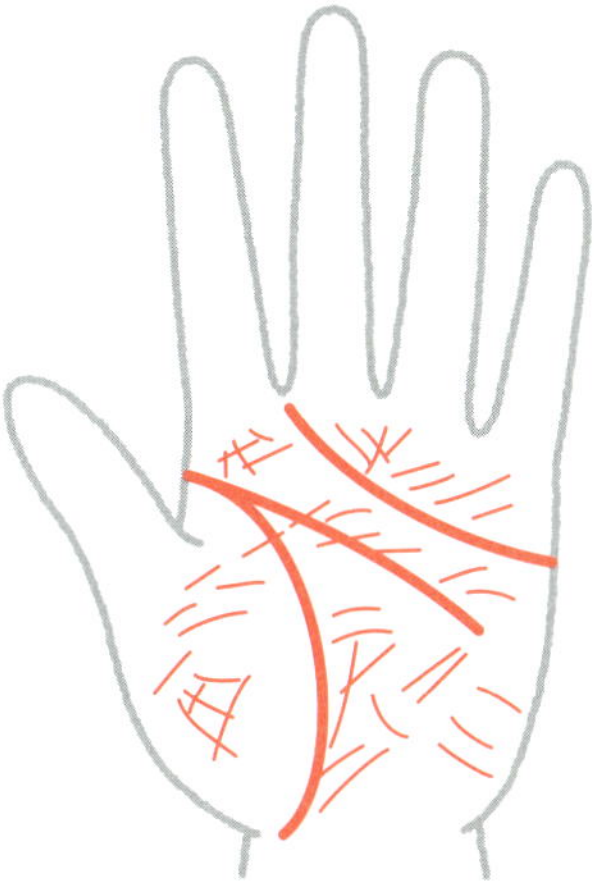

手のひらのしわとは、基本線以外で無数に走っている細かい線のことです。それらのしわは、その人の心の細やかさが関係しています。しわが多い人は繊細な心の持ち主。神経過敏で自律神経が乱れやすい点に注意です。

・手のひらにしわが少ない

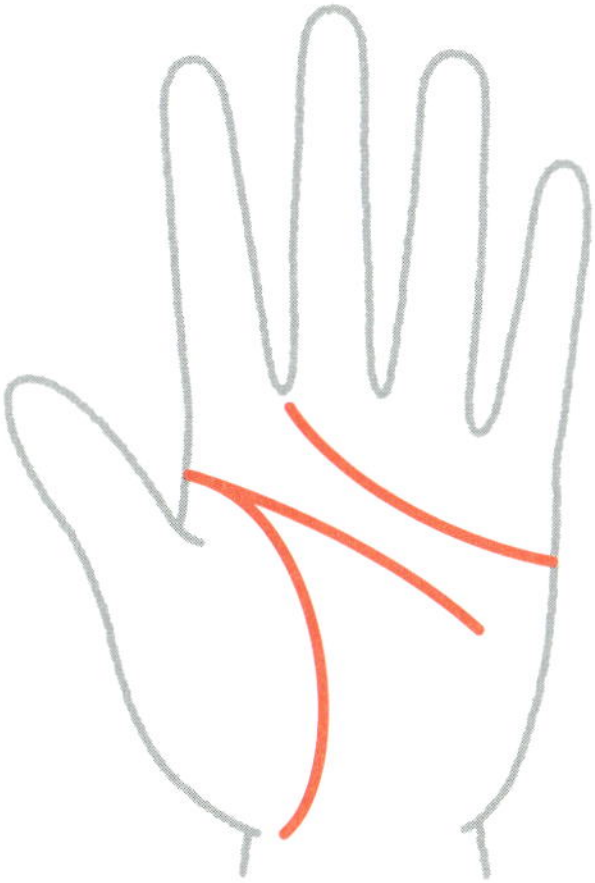

手のひらにしわが少ない人は、おおらかな心の持ち主です。小さなことにはあまりこだわらず、何か問題が発生しても深刻に考えたりしません。裏表のない好人物ですが、人によっては無神経な性格と感じることもあります。

基本となる4線の意味

手相は、百人いれば百人みんな違いますが、その中でも絶対に変わらないのが、誰でも必ず基本線を持っているところです。

手相における基本中の基本は、それぞれ「生命線」「運命線」「知能線」「感情線」と呼ばれる4つの線。どんな熟練の鑑定者も、この4つの線から手相をみます。

ただし、線の位置や形、本数、太さや長さなどは人によって異なります。そうした細かな違いまで判別するには、できるだけ多くの手相をみることが必要です。

1

生命線

人生のシナリオが一番詳しく描かれている線。手相の中ではまず、主眼をおいてみるべき線です。体力や健康状態、寿命、情熱など、その人の心身の基本から、恋愛、結婚、離婚の年、そこに至るまでの過程、その他、大きな出来事についてわかります。

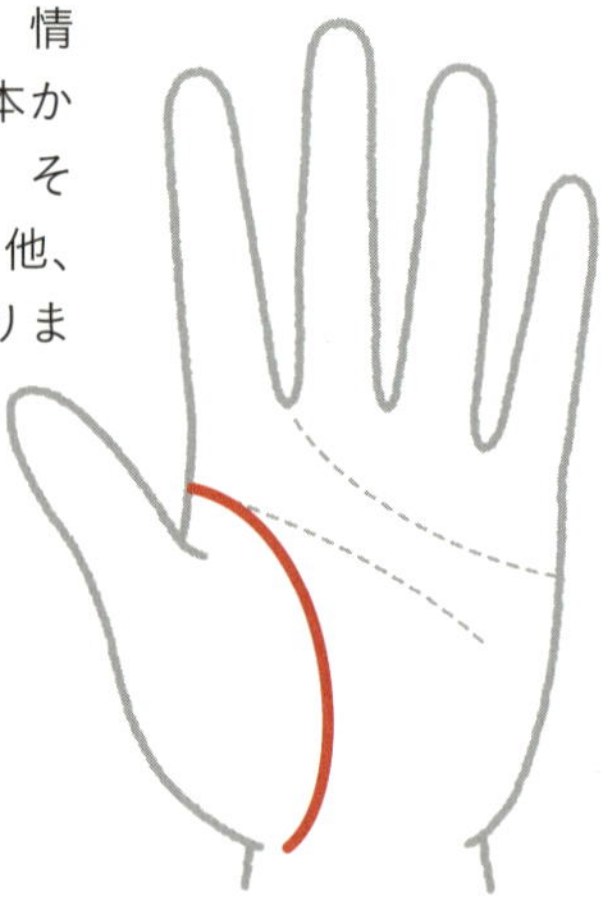

2
運命線

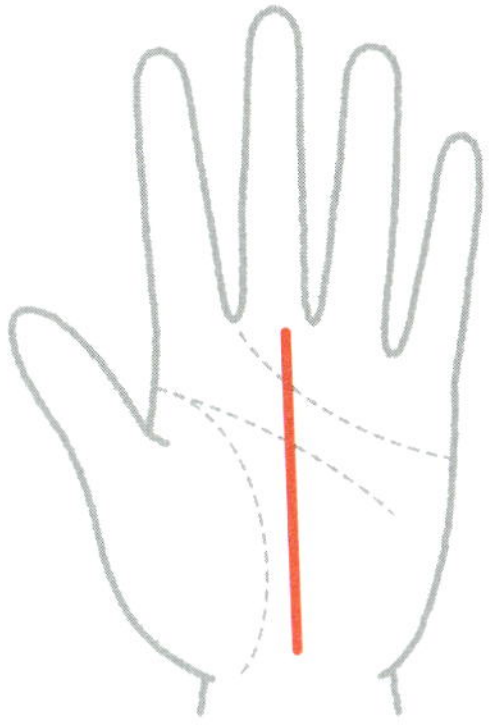

生命線に次いで人生の大きな出来事について教えてくれる線です。結婚や離別、飛躍の年、周囲に与えたり周囲から受けたりする影響、また、人生を左右する運命の大変革期などが示されています。線をみつけにくい人もいます。

3
知能線

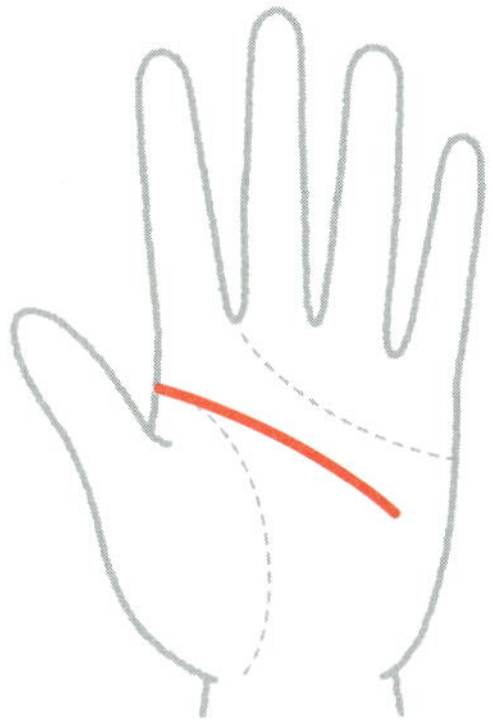

その人の知的傾向に関することが示される線。生まれつきの性格、長年培われてきた考え方、それらに基づく適職や才能などがわかります。また、流年法を用いることで、才能の目覚めが何歳のときにおとずれるのかもわかります。

4
感情線

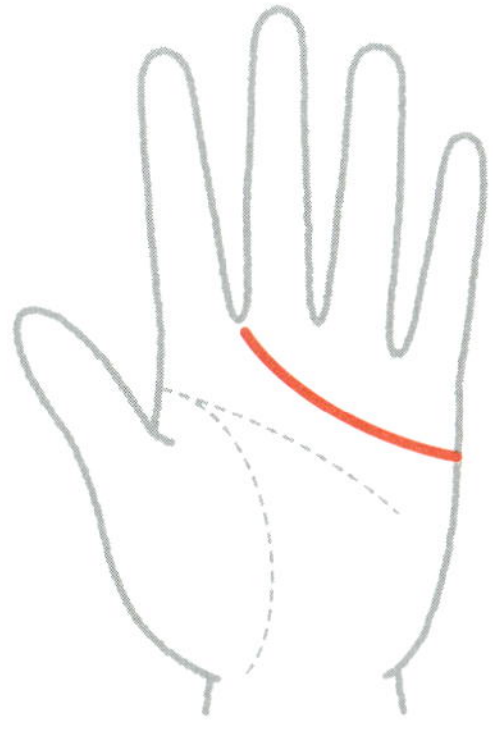

感情に関する多くのことが示されている線です。その人が、どんな感情の傾向を持ち、ほかの人とどんな愛情関係を結ぶのかが示されます。流年法を用いると、恋愛、結婚、愛情に関する出来事が何歳で起きるかということもわかります。

8つの丘とアンテナとしての指の意味

広げた手のひらにはいくつか盛り上がった部分があり、ここを「丘」と呼びます。

丘は、太陽系の天体から出ている波動エネルギーを蓄える貯蔵庫です。左ページの図が示すように、天体からの波動エネルギーには種類があり、それぞれの波動を受け取る場所は決まっています。波動を受け取るアンテナの役割を果たしているのは指です。丘のどこかがよく盛り上がって発達している人は、その丘が持つ性質や才能に恵まれていることを示します。

丘の意味

木星丘	野心、支配、向上心、独立心、積極性、正義感、誠意
土星丘	忍耐力、思慮深さ、秩序、自立心
太陽丘	名誉、成功、富、人気
水星丘	知的、商才、社交、コミュニケーション、分析、家庭
第一火星丘	勇気、闘争、競争
第二火星丘	現実的、行動力、情熱
金星丘	愛情、健康、芸術性、人生を楽しむ能力
月丘	想像力、空想、大衆、人気

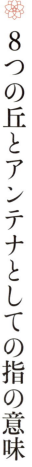

8つの丘の位置

アンテナとしての指が受信した波動エネルギーは、
貯蔵庫である「丘」に蓄えられる。

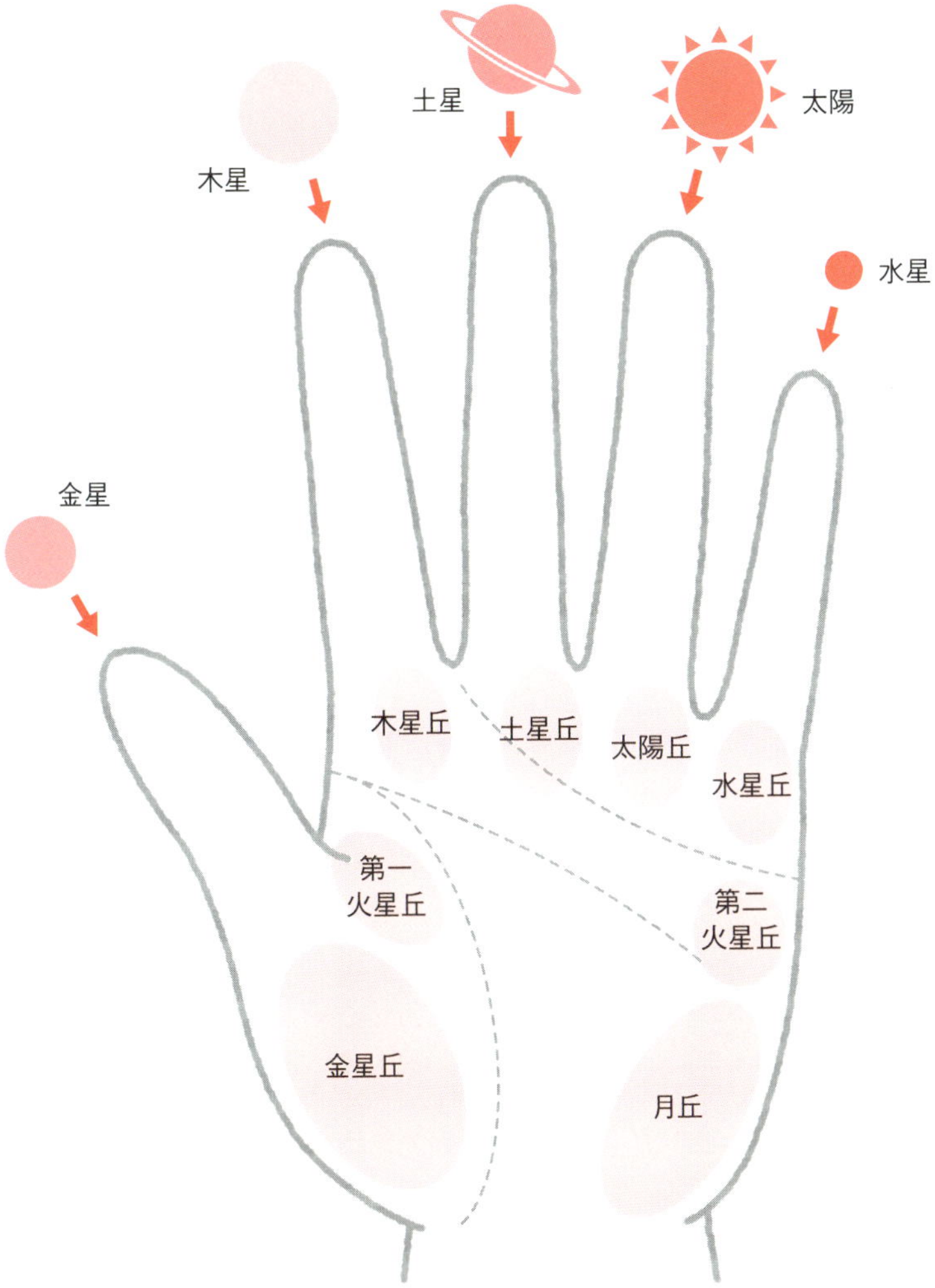

8つの丘と線との関係性

手のひらにある主要な8つの丘には、それぞれの意味を持つエネルギーが貯蔵されています。丘がふくらんでいればいるほど、そのエネルギーは強大といえます。

つまり、ふくらんでいなければエネルギーがたまっていない状態ですが、それほどふくらんでいなくても、太くはっきりとした線が出ていれば、それがパイプと同じ役割を果たして、エネルギーをしっかりと汲み出してくれます。このように丘は、ふくらみと線の両方をみることが大事です。

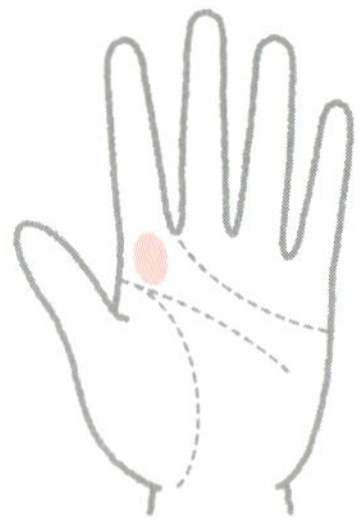

木星丘

木星丘が大きいか縦線があれば、野心、支配、威厳といった木星の意味が強調されます。木星丘が小さい、または縦線がない場合は、向上心や責任感、誠意が足りないといえます。

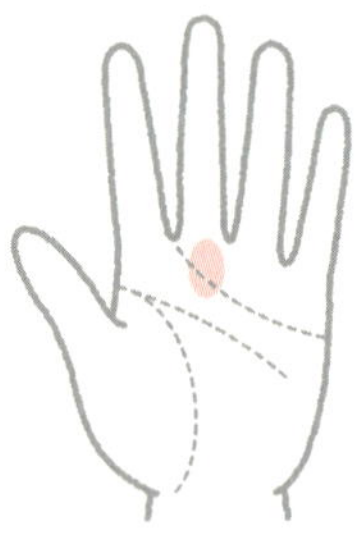

土星丘

思慮、抑制、謹厳さ、忍耐などの意味を持つのが土星丘のふくらみです。丘に縦線があるか、丘に向かう線があれば、その意味が強調されますが、努力を怠ると線が消えることも。

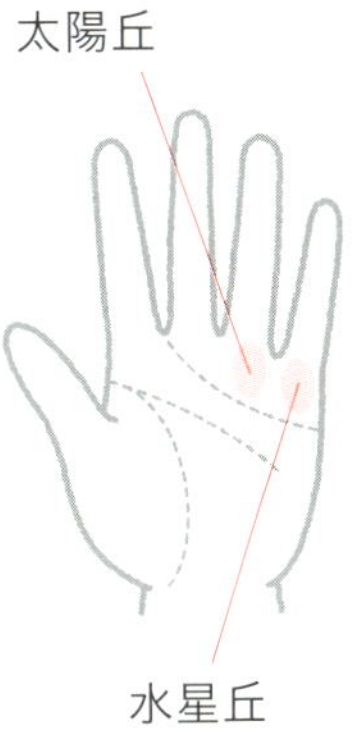

太陽丘

この丘にふくらみがあるか、縦線があれば、太陽が意味する名誉や人気、芸術性、金運などが強調されます。ここに縦線や太陽丘に向かう線がない場合は、陰気、高慢、贅沢などの傾向が表れやすく、人からの信頼も得られません。

水星丘

知性や商才、社交、コミュニケーションなどの意味を持つ水星丘に縦線があれば、その意味が強調されます。縦線や水星丘に向かう線がない場合は、意思伝達の能力や判断力に欠ける傾向があります。

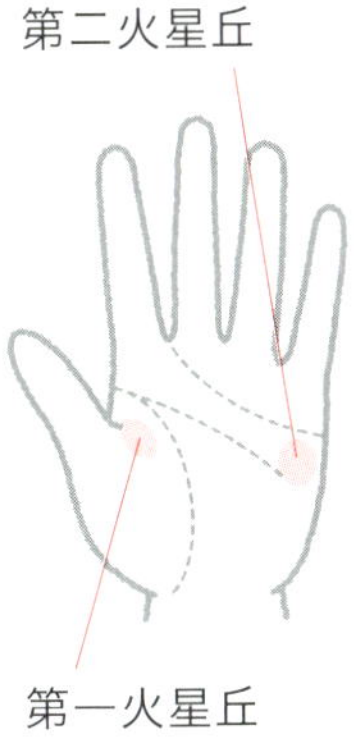

第一火星丘

闘争、競争、勇気などを意味する第一火星丘は手のひら中部の親指側にあります。縦横の線が多いほど、積極的で状況を先取りする能力があります。縦横の線が少ない人は、根気強さに欠けます。

第二火星丘

行動、情熱、生存競争などを意味する第二火星丘は手のひら中部の小指側にあります。縦横の線が多いほど、積極的で生存競争にも勝ち抜きます。丘が薄く、線も少なければ行動力に欠けます。

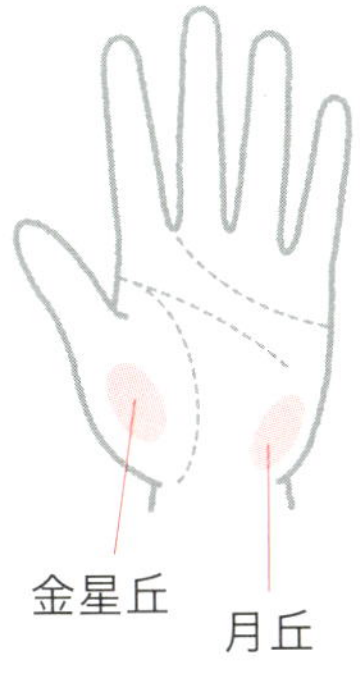

金星丘

愛情運、健康、芸術性などの意味を持つ金星丘は、縦横の線が多いほど愛情表現が細やかで芸術的センスも豊か。丘が小さく、縦横の線が少ない人は、愛情に乏しく、肉体も虚弱です。

月丘

クリエイティブな才能、霊感、人気運などの意味を持つ月丘は、縦線が多い人ほど閃きにあふれ、人気にも恵まれています。月丘が平らで縦線が少ない人は、現実的でロマンティックさに欠けます。

木星丘に向かう線①

向上線

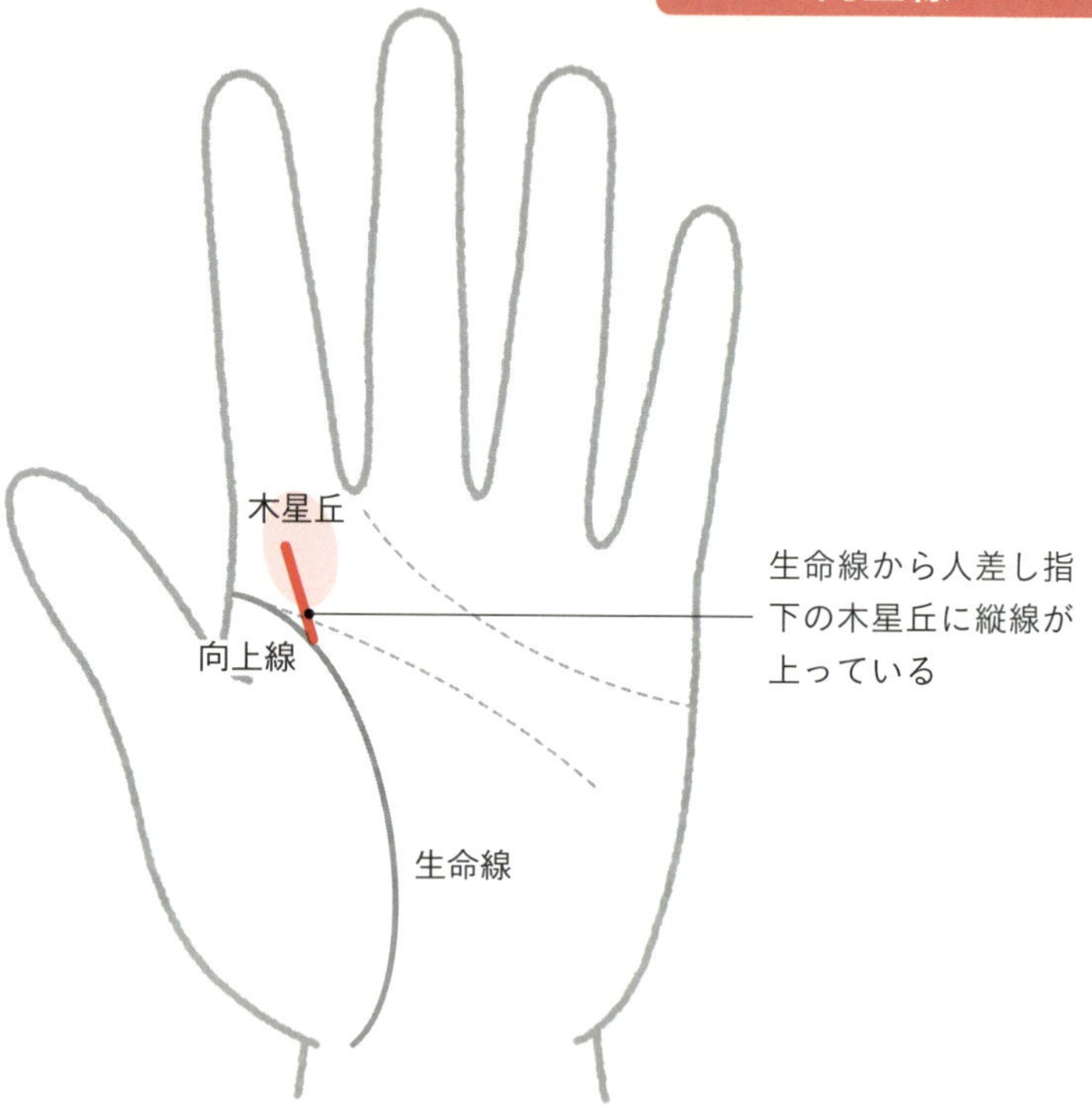
木星丘
向上線
生命線から人差し指
下の木星丘に縦線が
上っている
生命線

どんなことにも懸命な頑張り屋

生命力や情熱を意味する生命線から縦線が上っている人は、典型的な努力型。目標に向かって一生懸命に頑張る性格の持ち主です。その縦線が、人差し指下にあって向上心や目標を意味する木星丘に伸びているのを、特に「向上線」といいます。向上線がある人は、どんなことにも、ひときわ懸命に努力する人です。1センチや5ミリであっても、それなりに意味があるので見落とさないように。

木星丘に向かう線②

運命線の支線

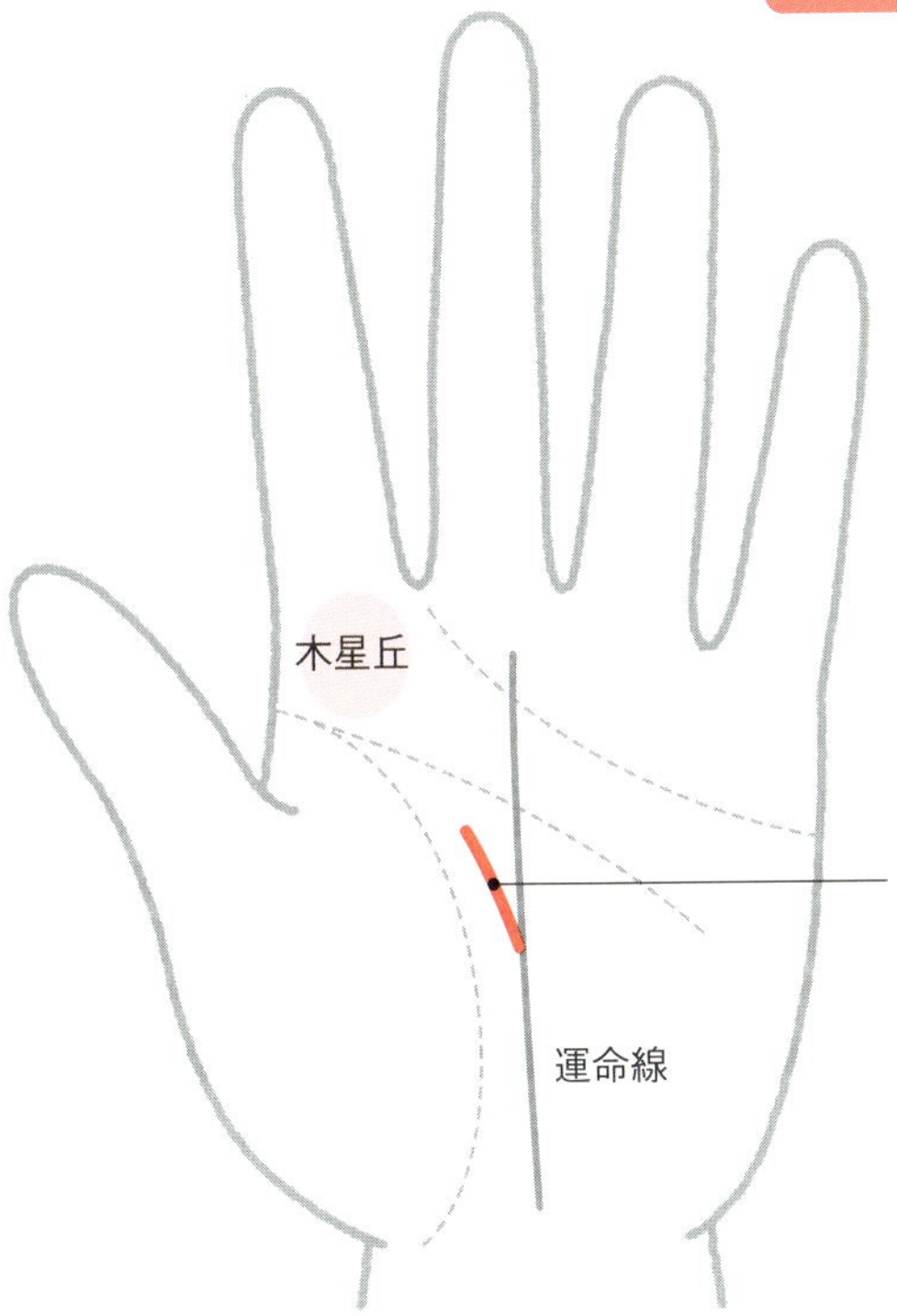
運命線から人差し指
下の木星丘に向かっ

幸運な結婚の夢がかなう

運命のシナリオが刻まれている運命線の途中から、人差し指側に向かって支線が出ていることがあります。この線が表すのは、幸運な結婚です。人差し指の下には目標達成や向上心を意味する木星丘があるので、この支線が出ているときは、その年に結婚をしたら夢や願いがかなうという意味があります。つまり、運命線から木星丘に向かう支線は「目標達成婚」を示しています。

土星丘に向かう線①

開運線

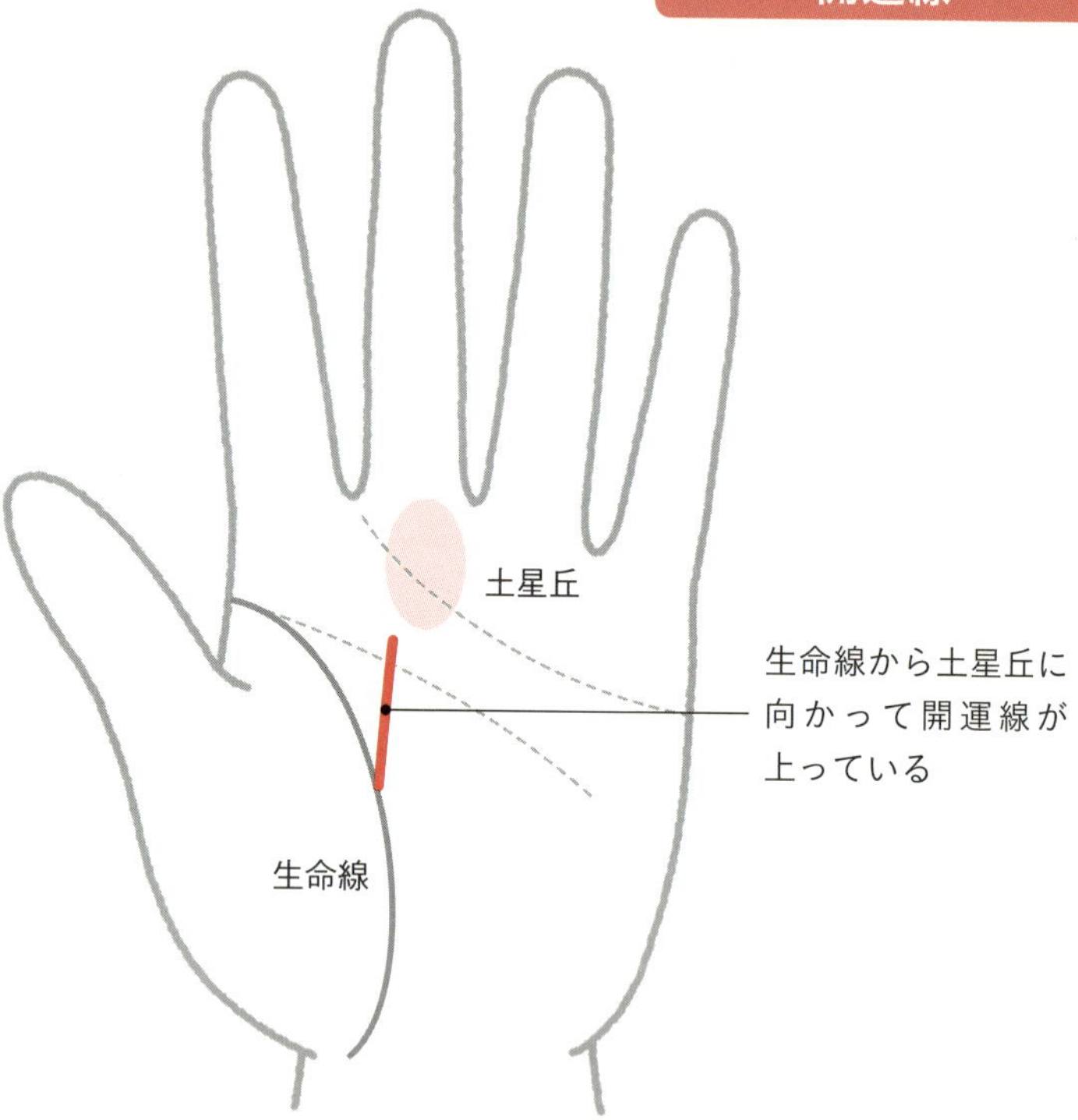

目標に向かって努力し夢を実現

「開運線」は「向上線」と同じく、生命線から出ている支線です。違いは、人差し指に向かって出ている向上線に対し、開運線は「土星丘」に向かって上っているところ。土星丘は忍耐力や自立心を表します。したがって、開運線がある人は、はっきりとした目標や夢を持ち、それに向けて努力を惜しまず、困難にも勇気をもって立ち向かいます。その努力が報われることを示しています。

土星丘に向かう線②

運命線

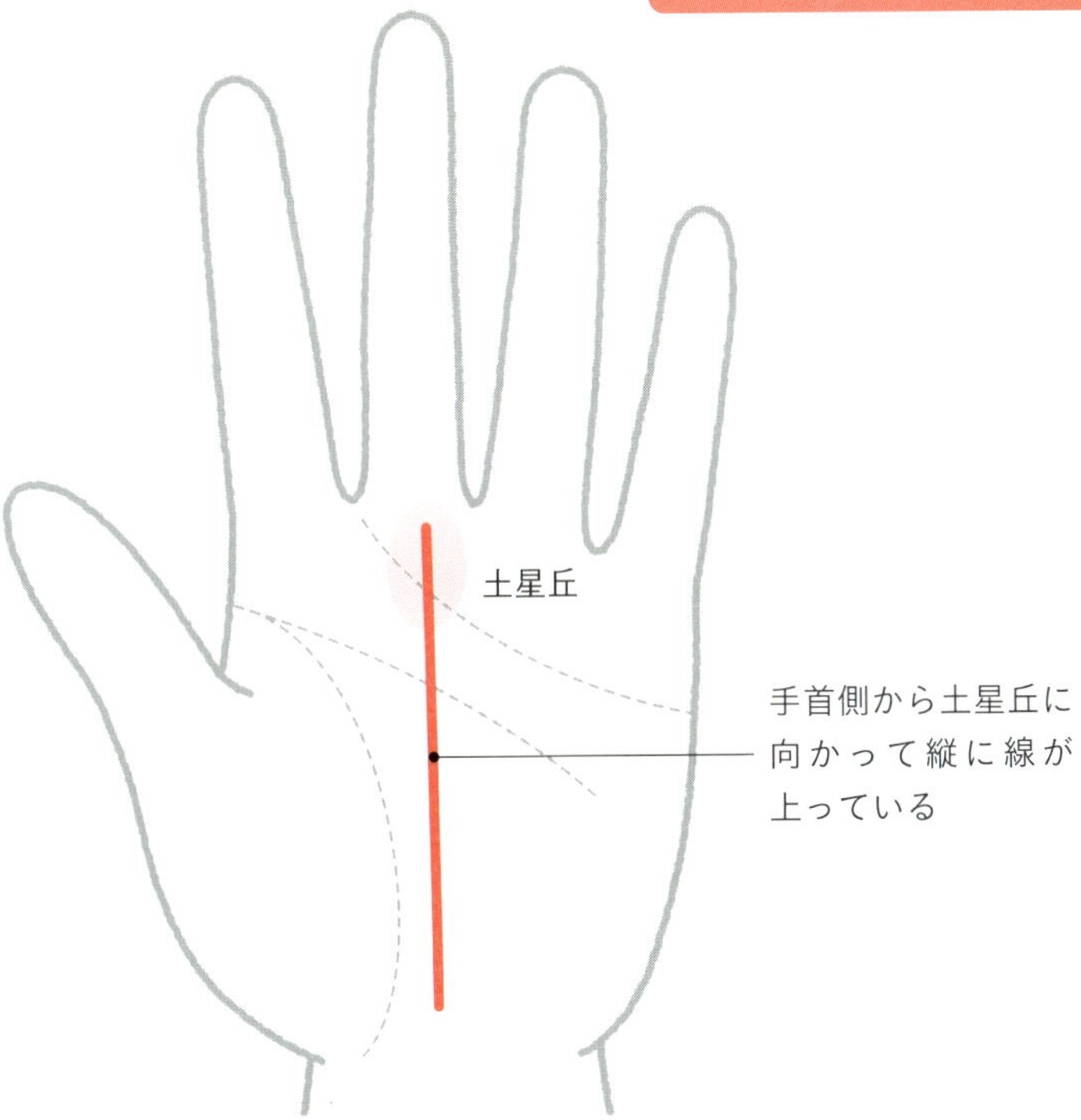

自らの意志で運命を切り開く

「運命線」は、手のひらの手首側から、土星丘に向かって上っていく線。始まる位置は人それぞれで、線の長さが短い人も長い人もいますが、土星丘に向かって伸びていれば同じ意味を持ちます。土星丘は忍耐力や自立心、つまり自らの力で運を切り開くことと関係している丘です。多少の困難に遭遇しても、「自分の力で何とかしよう」と考える人には、濃い運命線が表れます。

太陽丘に向かう線①

運命線

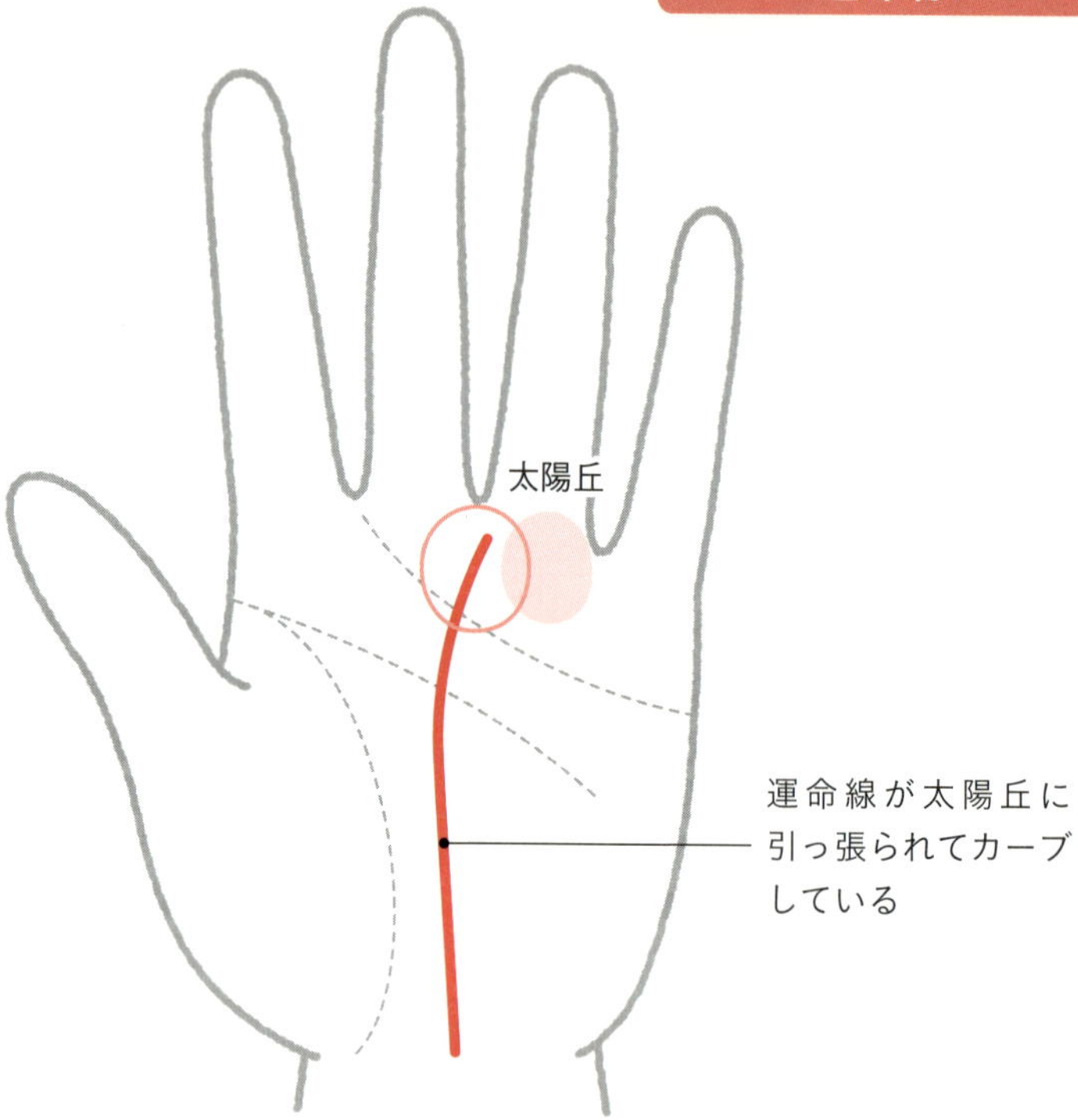
太陽丘
運命線が太陽丘に
引っ張られてカーブ
している

お金と名誉に強い志向を持つ

運命線は基本的に木星丘へ向かって上っていく線ですが、これが薬指下の太陽丘にカーブしていく相もあります。太陽丘は金運や名誉と関連する丘ですから、ここに運命線が引っ張られている人は、お金や名誉を得る運命へと導かれます。したがってこの相の人は、自然とそういう富と名誉に恵まれた人生になります。経営者となっても拡大志向を目指し、投資にも意欲的です。

太陽丘に向かう線②

太陽支線

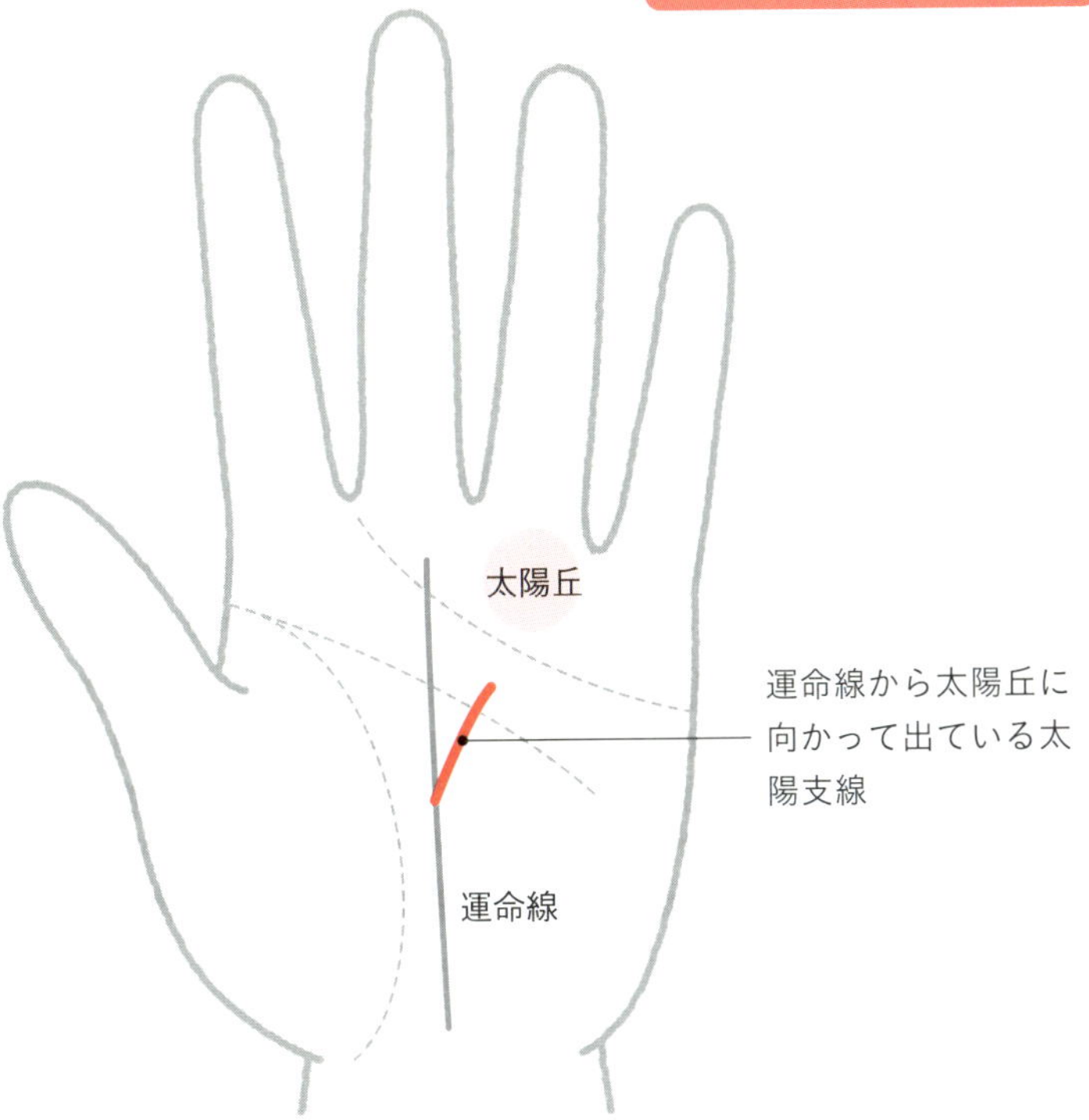

結婚で幸福度が大幅アップする相

運命線の途中から薬指の方向に支線が出ています。これは、太陽丘に向かって線が伸びているので、太陽支線と呼びます。この線が出ている人は大変に幸運です。たとえば、結婚によって最高の幸せをつかむことができるという意味を表しています。幸せな結婚のタイミングは、運命線から支線が始まる流年です。支線の長さは、短くても大丈夫です。2～3ミリ程度でも、それなりに幸運が必ず訪れます。

太陽丘に向かう線③

長い太陽線

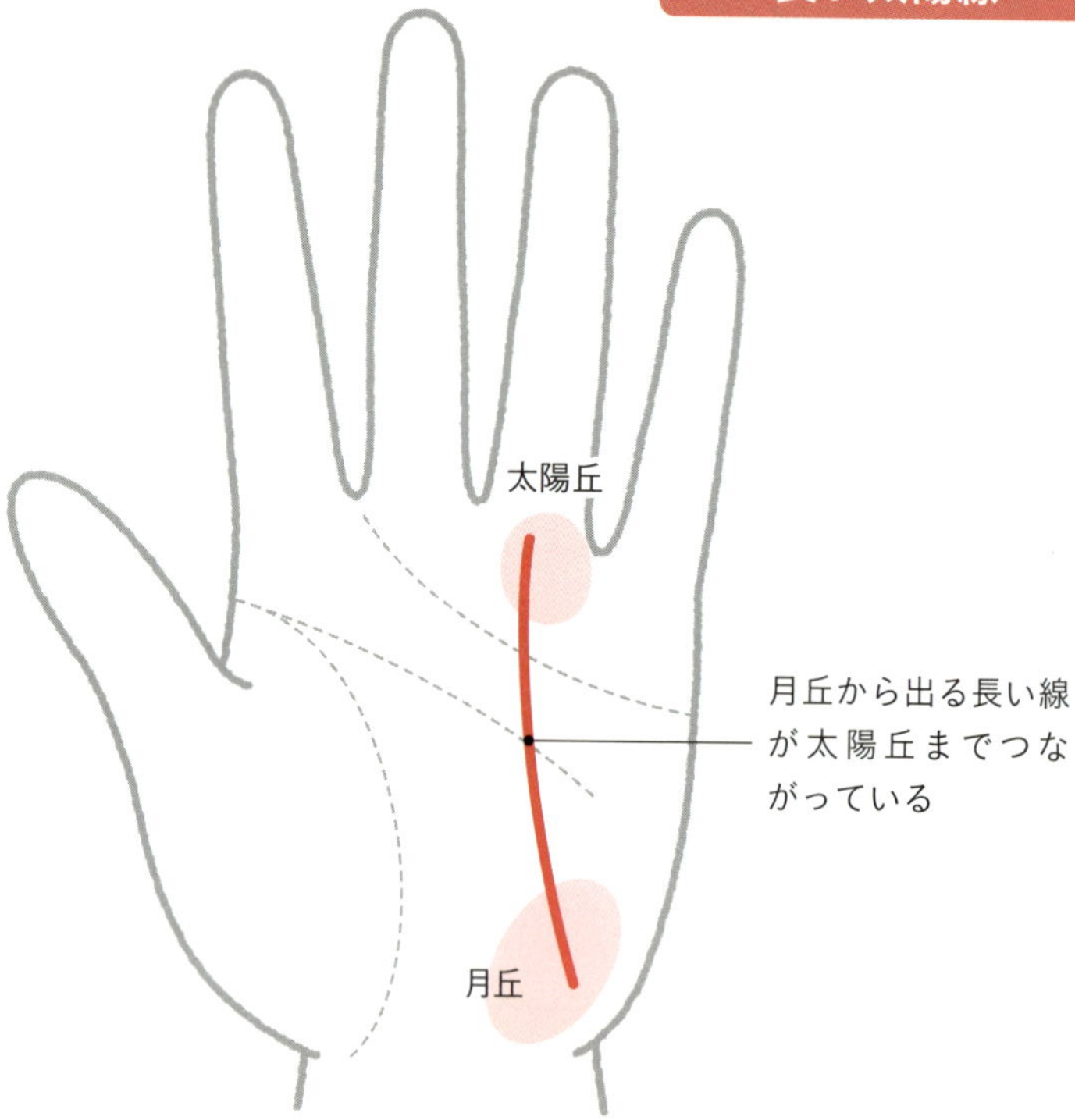

人からの支援を受けて大成功

他人との関係や大衆からの人気を意味する月丘から出た線が、ややカーブを描きながら太陽丘まで上っています。このような長い太陽線を持つ人は、周りの人たちの援助や協力を受けて大きく成功します。成功のきっかけは本当にちょっとしたことですが、その後はどんどん上昇機運となるでしょう。配偶者がいればその人が協力者になることもあり、子どもも成功するなど順風満帆です。

水星丘に向かう線

起業線

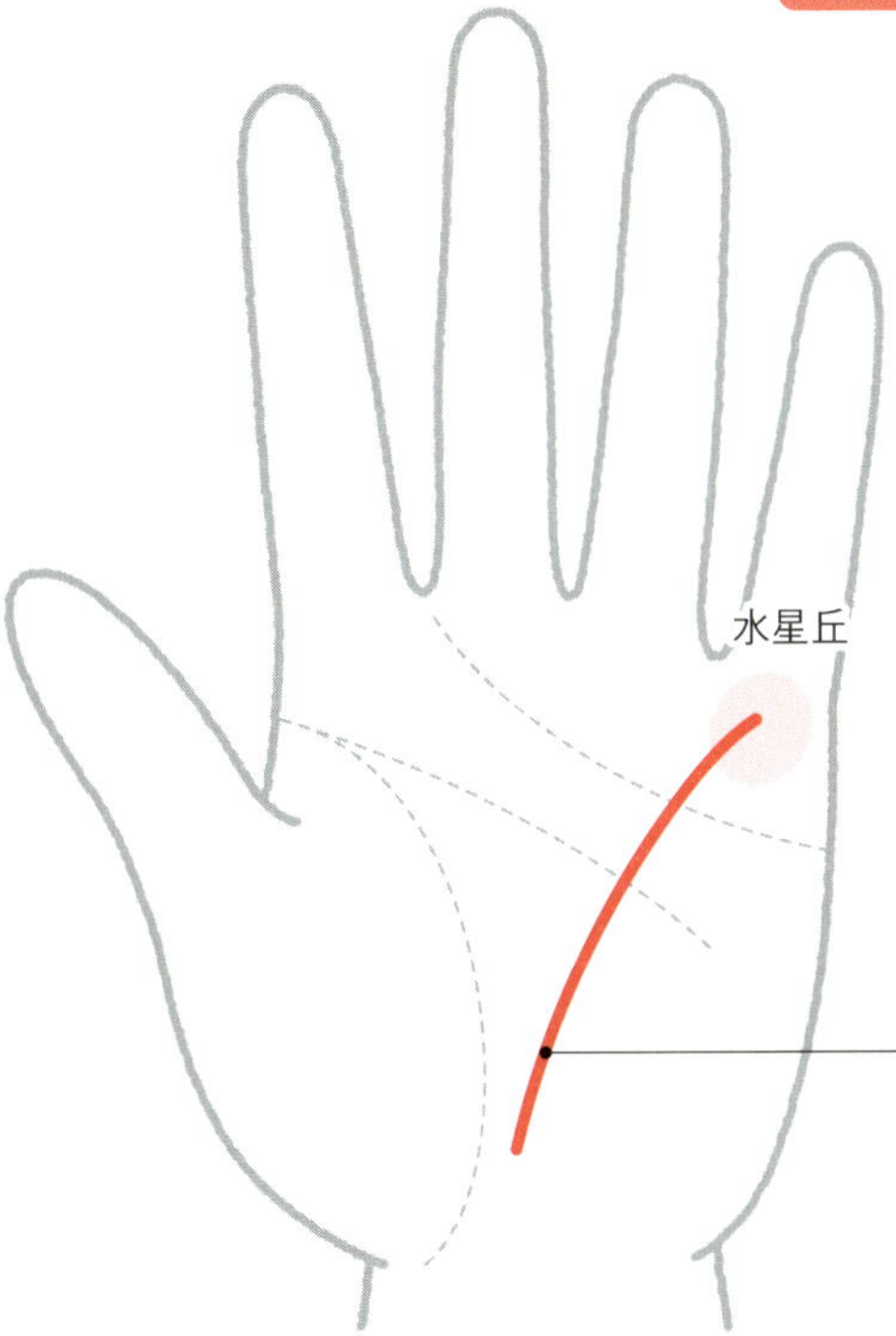
水星丘に起業線が伸
びている

起業し、経営者として成功する

生命線付近の手のひらの下部から、小指に向かって斜めに上り、商才を意味する水星丘までつながっている線です。この線は「起業線」と呼びます。起業線を持つ人は商才があり、将来は起業して経営者や社長になるでしょう。今はまったくそんなことを考えていないサラリーマンでも、人生の途上で必ずそうしたきっかけが待ち受けているはずです。

第一火星丘の影響

丘のふくらみ

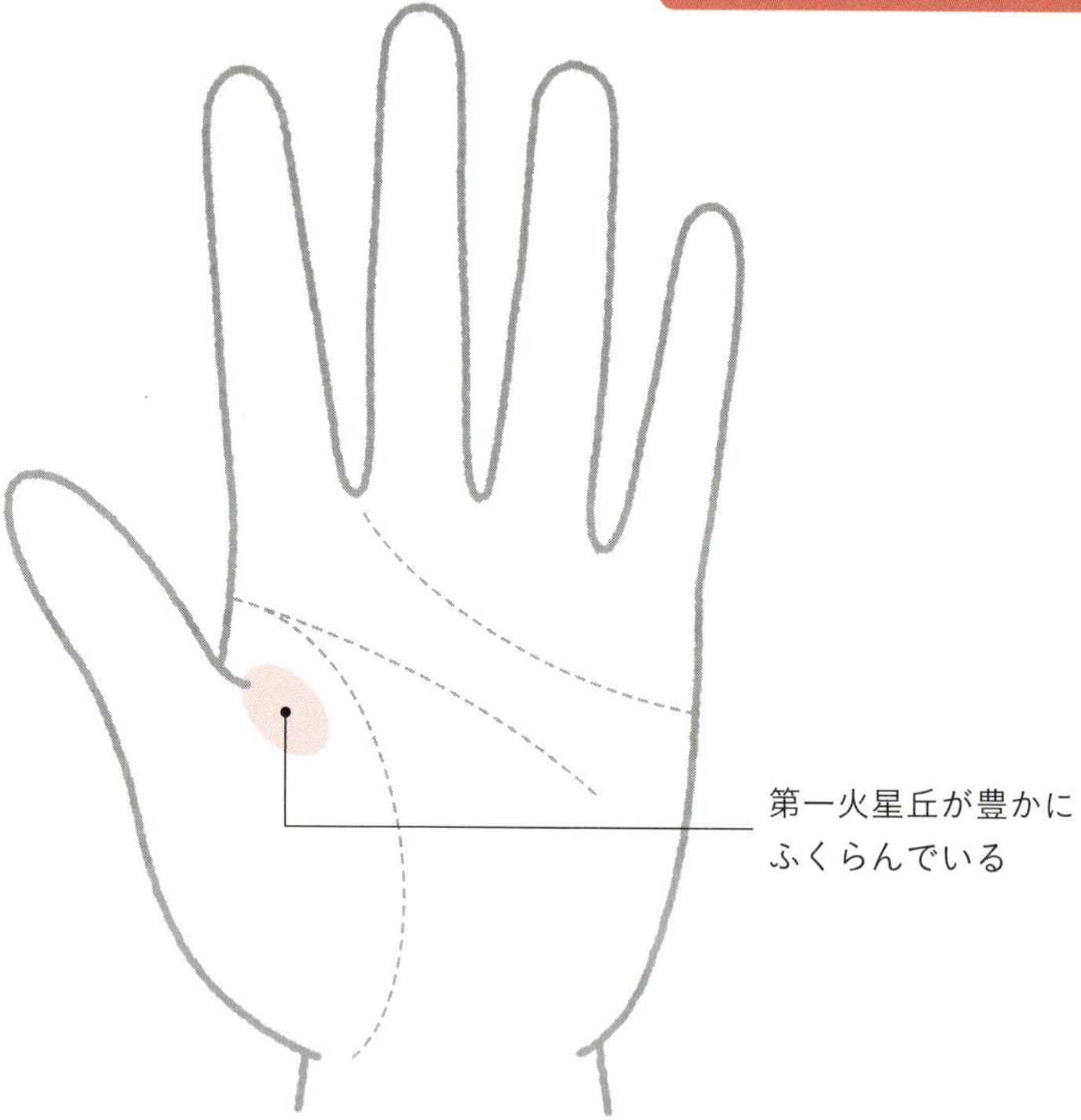

活気にあふれ逆境に打ち勝つ

第一火星丘は、手のひらの中部で親指側にあります。ここの影響力の強さを図る尺度はいくつかありますが、丘のふくらみ具合もそのうちのひとつです。第一火星丘は活動力や闘争心、勇気などと関係しているため、ここが豊かにふくらんでいる人は、活動力にあふれ、逆境の中でも厳しい生存競争を勝ち抜くタイプ。薄い丘の持ち主は、活気にとぼしく消極的でチャンスを逃しがちです。

第二火星丘に向かう線

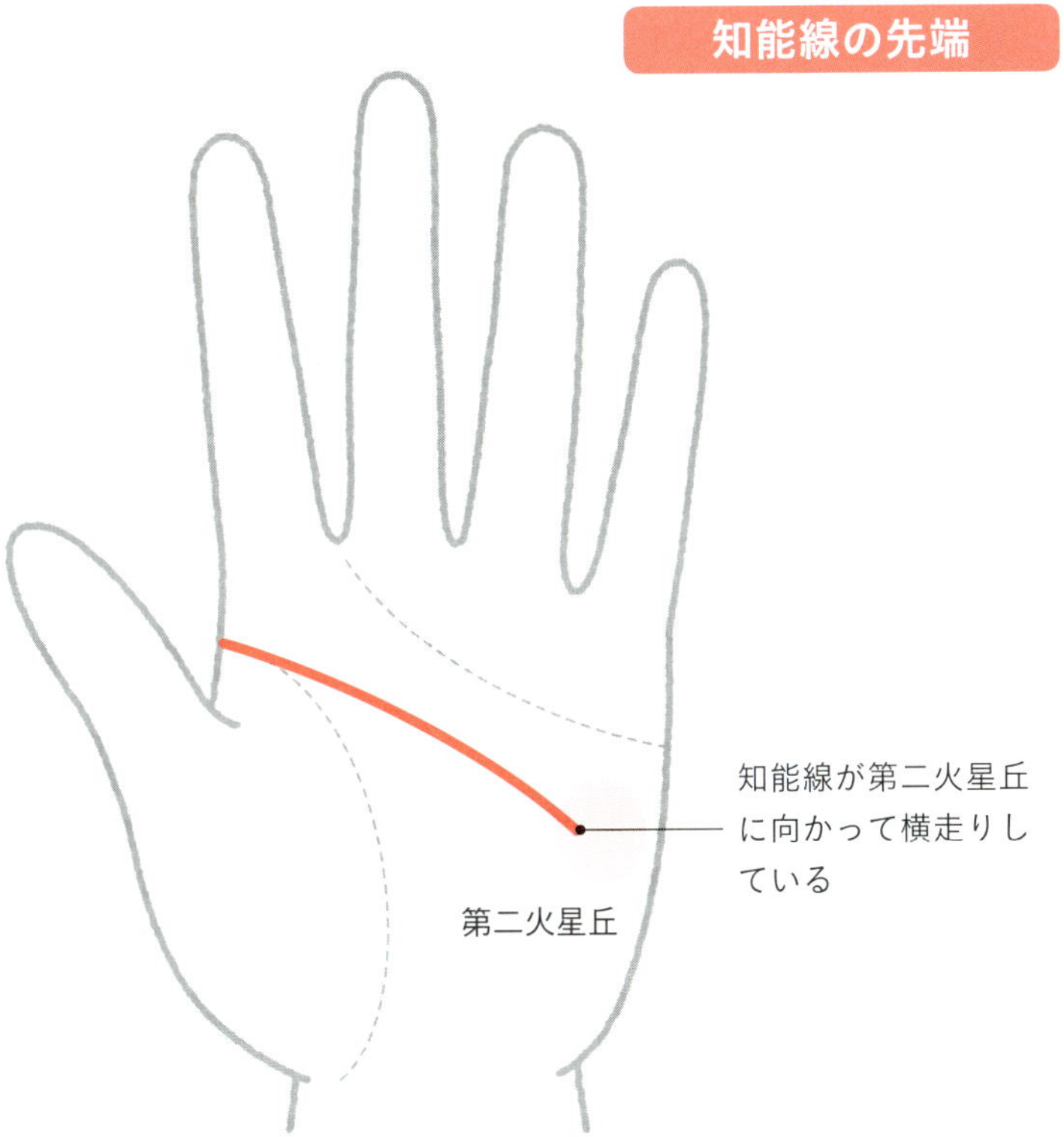

結婚相手は経済力を重視する

知能線の先端が、行動、情熱、生存競争などの意味を持つ第二火星丘に向かって横走りしています。この相の持ち主は、恋愛や結婚の相手を選ぶ基準が「好きというだけで決めず、経済力や将来性を重視」という人です。周囲に複数の候補がいるなら、その中から好条件の相手を選び出します。経済的な才覚があるので、結婚後に家計の管理を任せると、家庭生活はうまくいくでしょう。

金星丘の影響

しわが多い

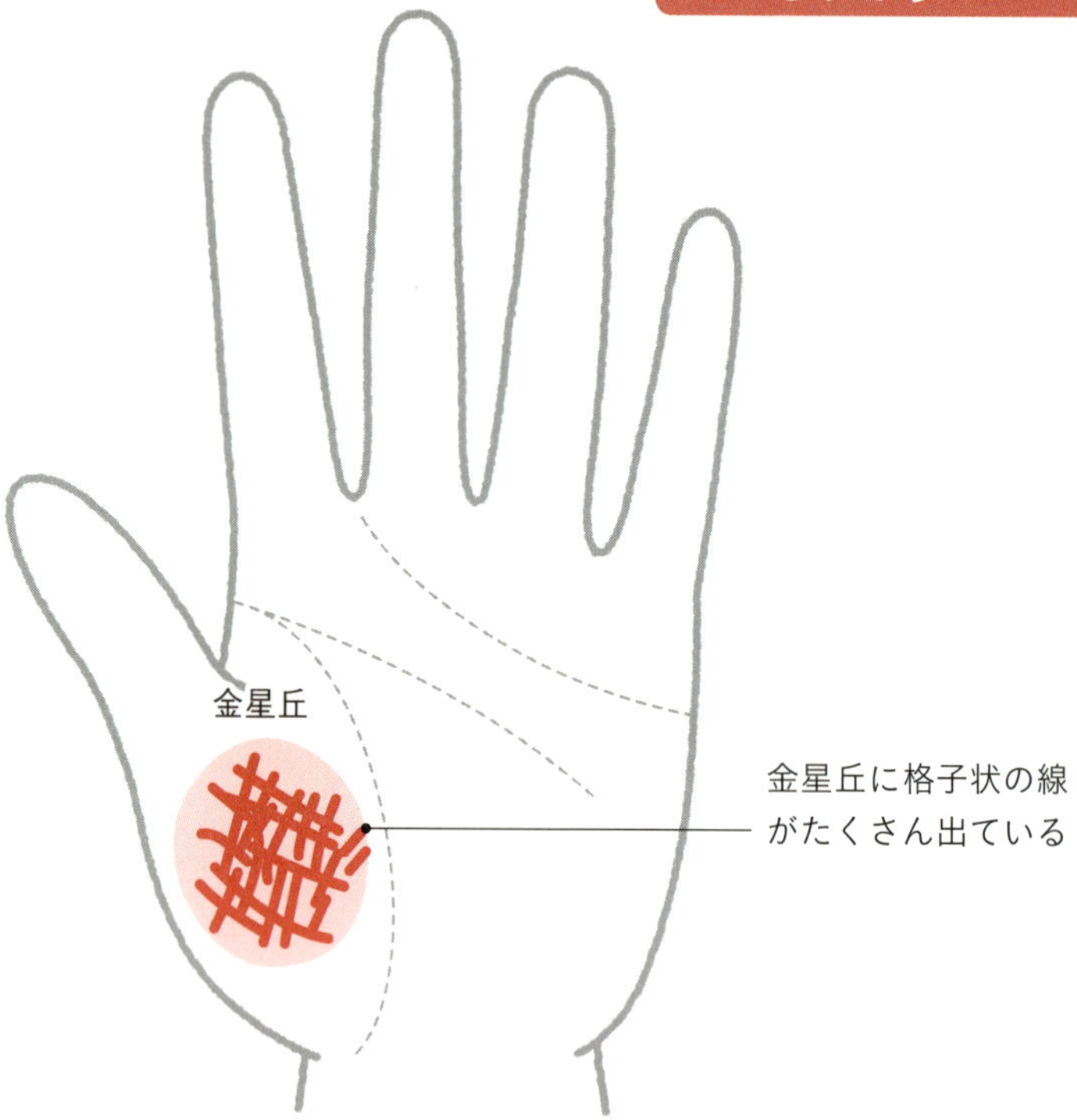
金星丘
金星丘に格子状の線
がたくさん出ている

やさしさと愛情にあふれる人の相

愛情運や健康と関係の深い金星丘。ここに格子状の縦横線がたくさん出ていれば、その丘の持つよい意味がいっそう強調されます。ですから、こういう相の人は、やさしくてとても愛情豊かな性格の持ち主です。人に愛情をいっぱい与えるぶん、ほかの人たちからもたくさんの愛情を受け取ることになります。愛情表現もきめ細やかなので、結婚後も甘い関係が長く続いていくことでしょう。

金星丘に向かう線

感情線の支線

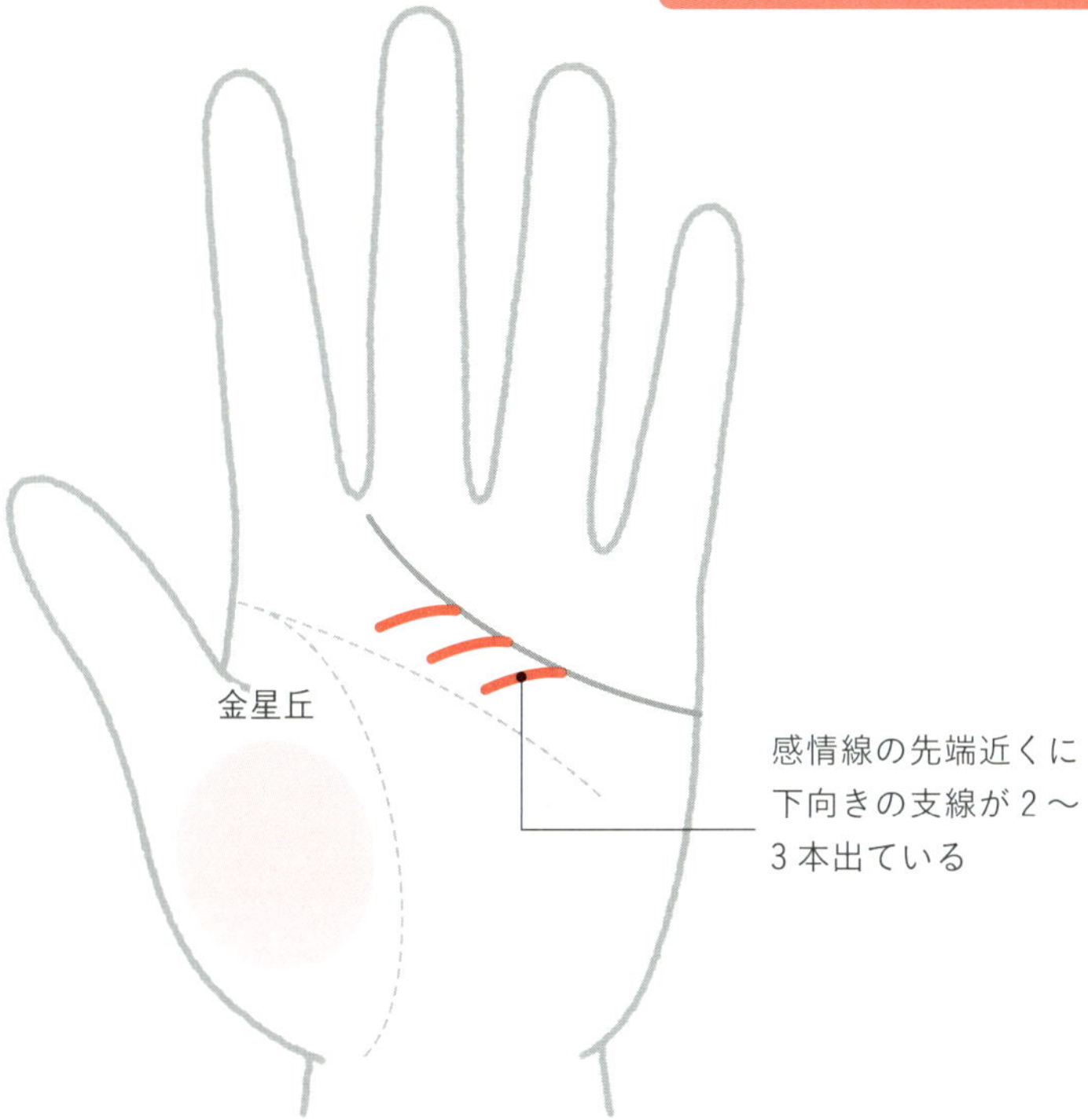
金星丘
感情線の先端近くに
下向きの支線が２～
３本出ている

愛情深い性質の人の相

感情線の先端に近いところから下向きに出ている支線のある人がいます。この線は金星丘（愛情の丘）に向かっている線なので、これが２～３本出ている人は愛情深い性質の持ち主です。特に困っている人を見ると、放っておけません。そのため周囲の人たちからは信頼されますが、お金を貸したり、借金の保証人になって損害を被る場合もあるので、よく見極めましょう。

月丘から上る運命線

人気運命線

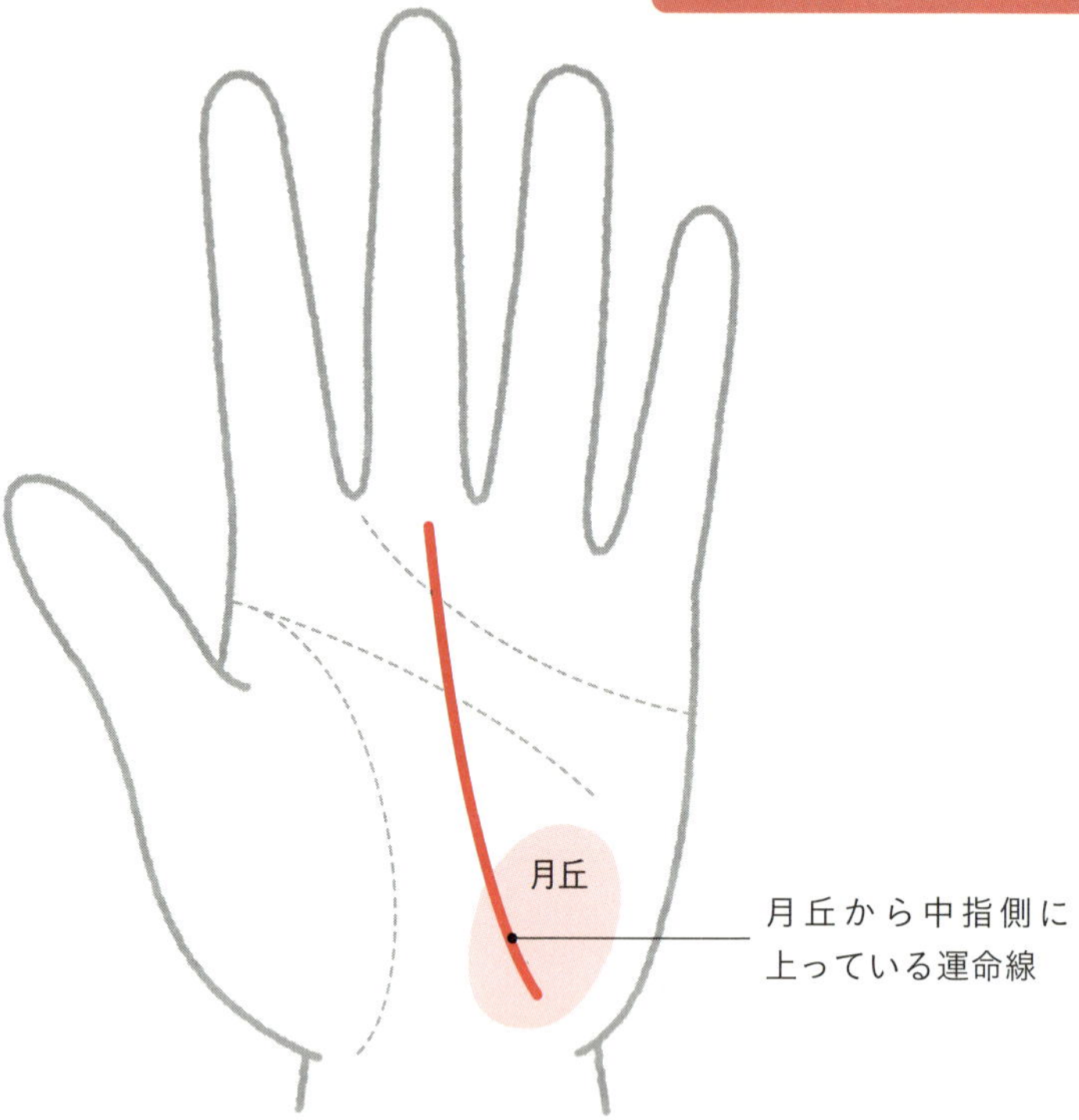

人からの支援を受けて開運する相

小指側の手首付近にある月丘から、中指に向かって上る運命線は、特に「人気運命線」と呼んでいます。この相の持ち主は人気者となる運勢で、多くの場合、他人からの支援によって開運します。したがって、この相の人は芸能関係や接客・サービス業など人気商売に就くと成功するでしょう。他人からの援助には、常に感謝の気持ちを忘れずにいてください。それが幸運を持続させる条件です。

月丘に向かう線

知能線の先端

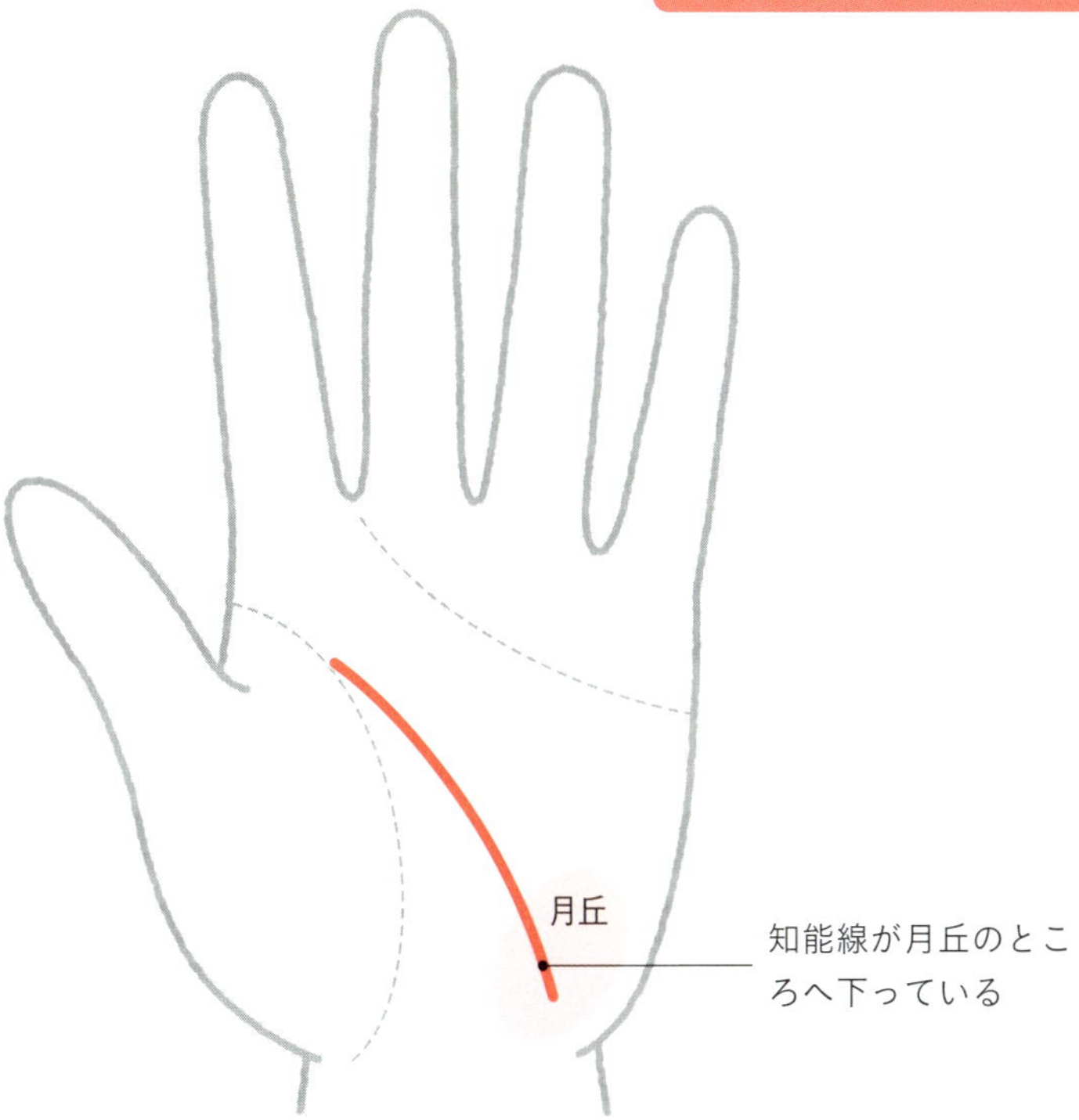

想像力が豊かな芸術家タイプ

小指側の手首付近には月丘（＝想像力、空想）があります。この位置まで知能線が下がっているのは、芸術的なものや精神的なものに造詣が深い人です。いつもさまざまな空想にふける夢見がちな性格は、芸術作品やものをつくる仕事に向いています。イラストレーターや作曲家、小説家、あるいは占い師もこの相を持つ人が多く、会社員でもアイデアマンとして力を発揮する人がたくさんいます。

月丘から運命線に流れ込む線

運命線の影響線

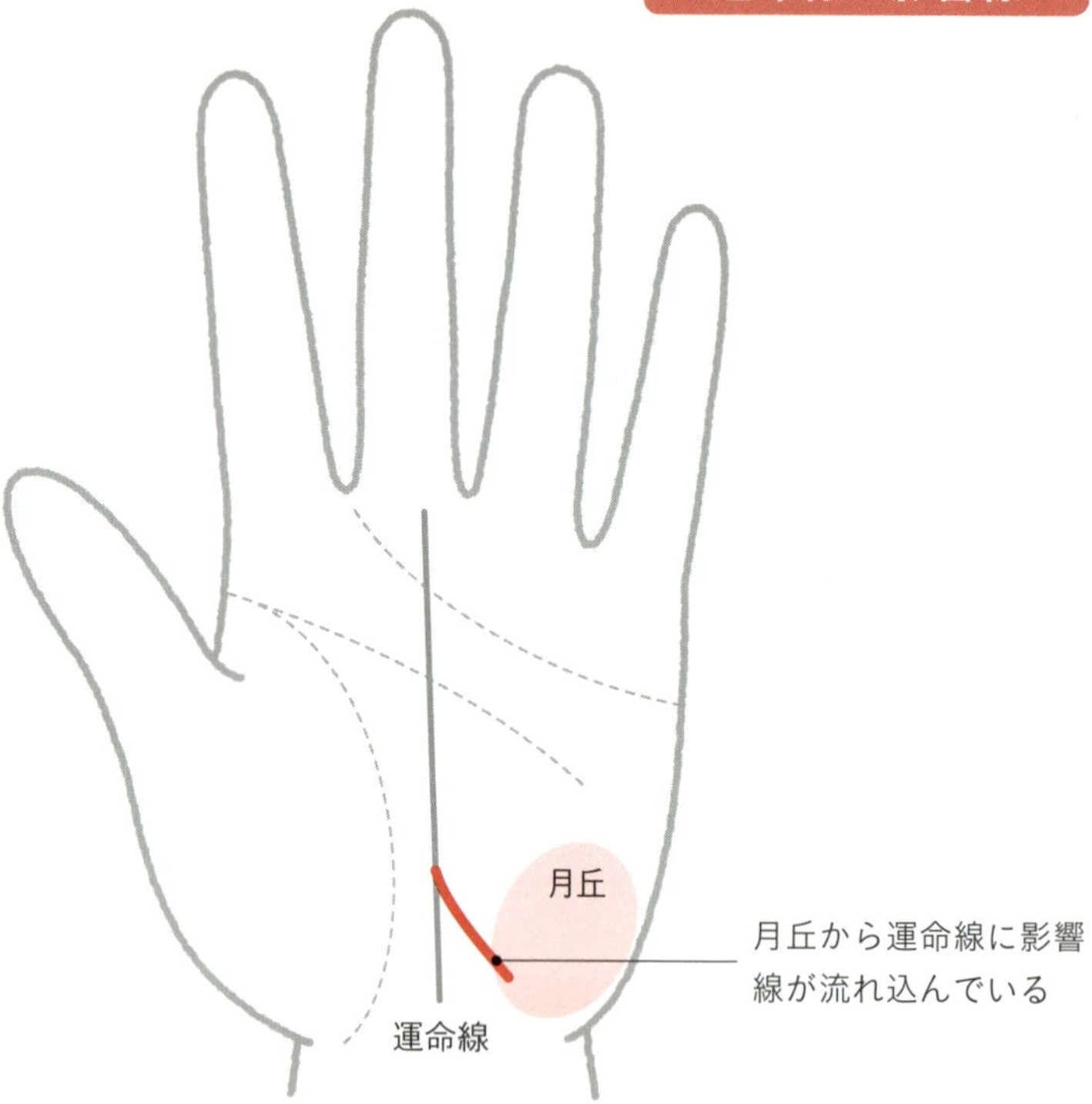
月丘
月丘から運命線に影響
線が流れ込んでいる
運命線

恋愛結婚でゴールインする相

運命線の斜め下から上り、運命線に合流している線を影響線といいます。この影響線は結婚の時期を示す相のひとつで、これが「他人」を意味する月丘から出ているのは「他人からの縁で結婚する」ことを表します。つまり恋愛結婚です。この相の人が婚活パーティーや合コンに積極的に参加すれば、高い割合で運命的な出会いが果たせます。身内以外の人の紹介で将来の伴侶と出会うこともあります。

月丘に出る線

寵愛線

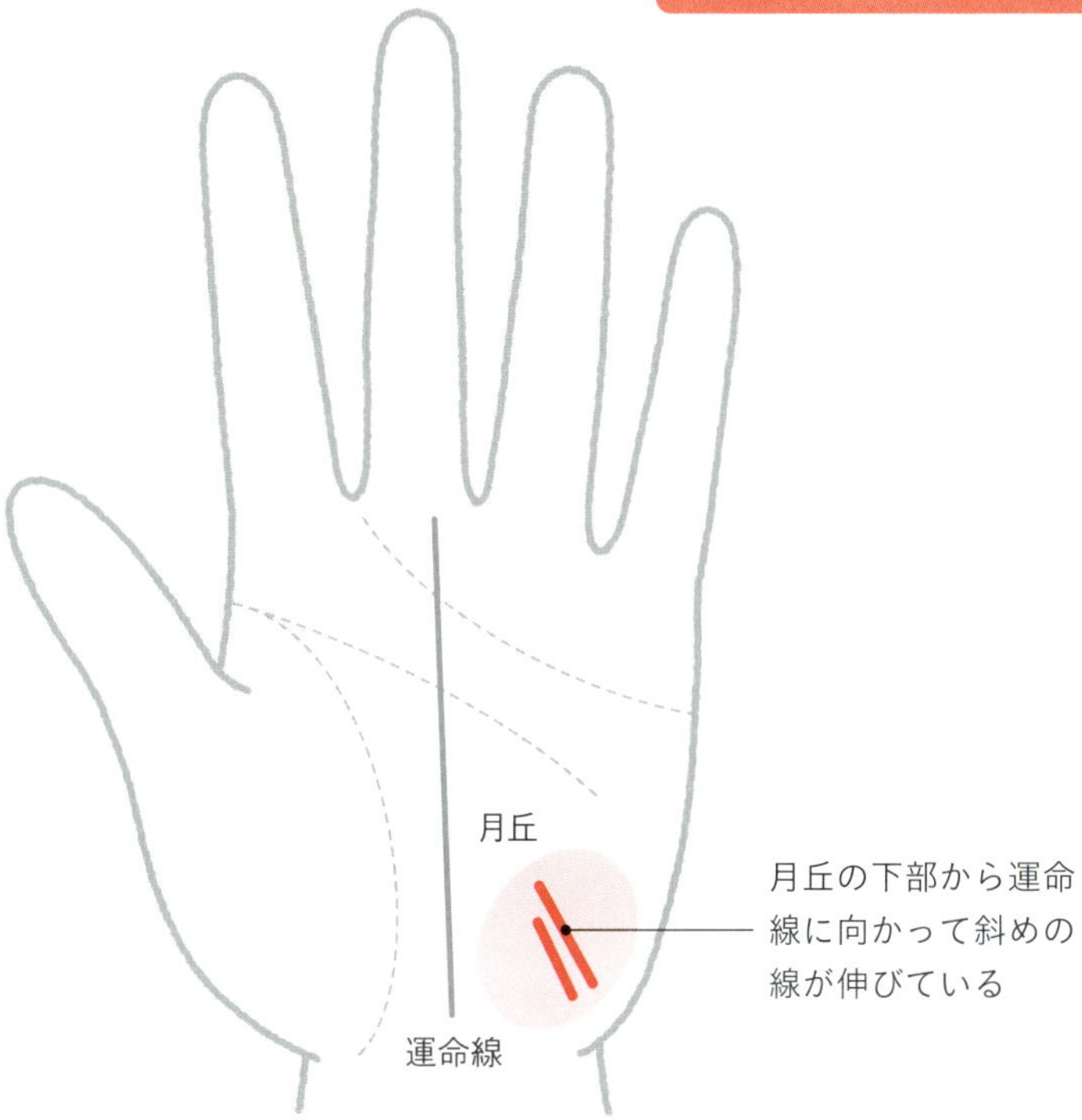
月丘
運命線
月丘の下部から運命線に向かって斜めの線が伸びている

周囲の人から助けられる相

月丘に出る短い縦線は「寵愛《ちょうあい》線」で、別名「人気線」ともいいます。愛嬌があって、自然と人の気持ちをつかむことができる人に表れる線です。この相の持ち主は、周囲の人たちから助けられたり、異性から熱烈な求愛をされたりします。今はこの線がない人でも、愛嬌やユーモアを身につければ、1本から数本の線が表れてきます。

COLUMN：1

指先はきれいに、清潔に

太陽系惑星が発する波動エネルギーを貯蔵するのが「丘」であるのに対し、その波動をキャッチする受信器（アンテナ）の役目をしているのが指です。

受信器で最も大事なことは何だかわかりますか？ それは「感度」です。

感度が良い受信器なら、よけいなノイズが含まれない、きれいな波動エネルギーをキャッチすることができます。そこで、受信器の感度を高いレベルで保つのに、日頃のメンテナンスが欠かせないことになります。手の指が汚れていたり、ケガをしていたりしたら、性能が落ちてしまい、良い波動をキャッチしにくくなるばかりか、悪い波動をはね返す力も失われてしまいます。だから、指はこまめに洗って清潔に保つことを心がけましょう。きれいにしたら、その表面を保つために、ハンドクリームでしっかり保湿もします。

爪は、やさしくといで形を整えておきましょう。見た目のうえでも、衛生面でも、きれいな指先が、幸運を引き寄せる心強い味方となってくれます。

第 2 章

基本の４線＋重要線とマークを読み解こう

手相では、基本の４線のほかにも、多くの重要線やさまざまなマークがあります。本章では、それぞれの線やマークが表す意味、そして線やマークの形状によってどんなことが読み取れるのかを解説しています。

手相術のベースとなる

基本の4線を読み解く

あらゆる手相術の基本となるのは、生命線、運命線、知能線、感情線と呼ばれる4つの線です。試しに自分の手のひらを見てみましょう。しわの数や長さは人によって異なりますが、性別や人種に関係なく、どんな人の手のひらにも、左ページの図で示した4つの太い線が見つかるはずです（特例も稀にあります）。

誰にでもある基本の4線ですが、その位置や太さ、長さなどは少しずつ違います。基本をおさえたら、本書ではそれを応用できるよう、さらに詳しく解説していきます。

1 生命線 → P.58 ～

人生のシナリオが刻まれているという意味で、４つの中で最も重要な線です。恋愛、結婚、開運、病気など、人生の大きな出来事について知ることができます。

2 運命線 → P.68 ～

生命線に次ぐ重要な線です。なかでも運命の大変化期、たとえば結婚や離別の年、幸運や衰運の年などがわかります。周囲との関係も、この線に表れます。線がない場合もあります。

3 知能線 → P.78 ～

その人の性格や適職、考え方（知的傾向）・才能などを表す線です。知能線の流年法を用いれば、ビジネスチャンスの時期なども知ることができます。

4 感情線 → P.88 ～

その人の性格、愛情運、感情の傾向が表れる線です。人とどのような触れ合い方をするタイプか、どんな恋愛傾向の持ち主か、といったこともわかります。

運命を読み解く！　基本の４線

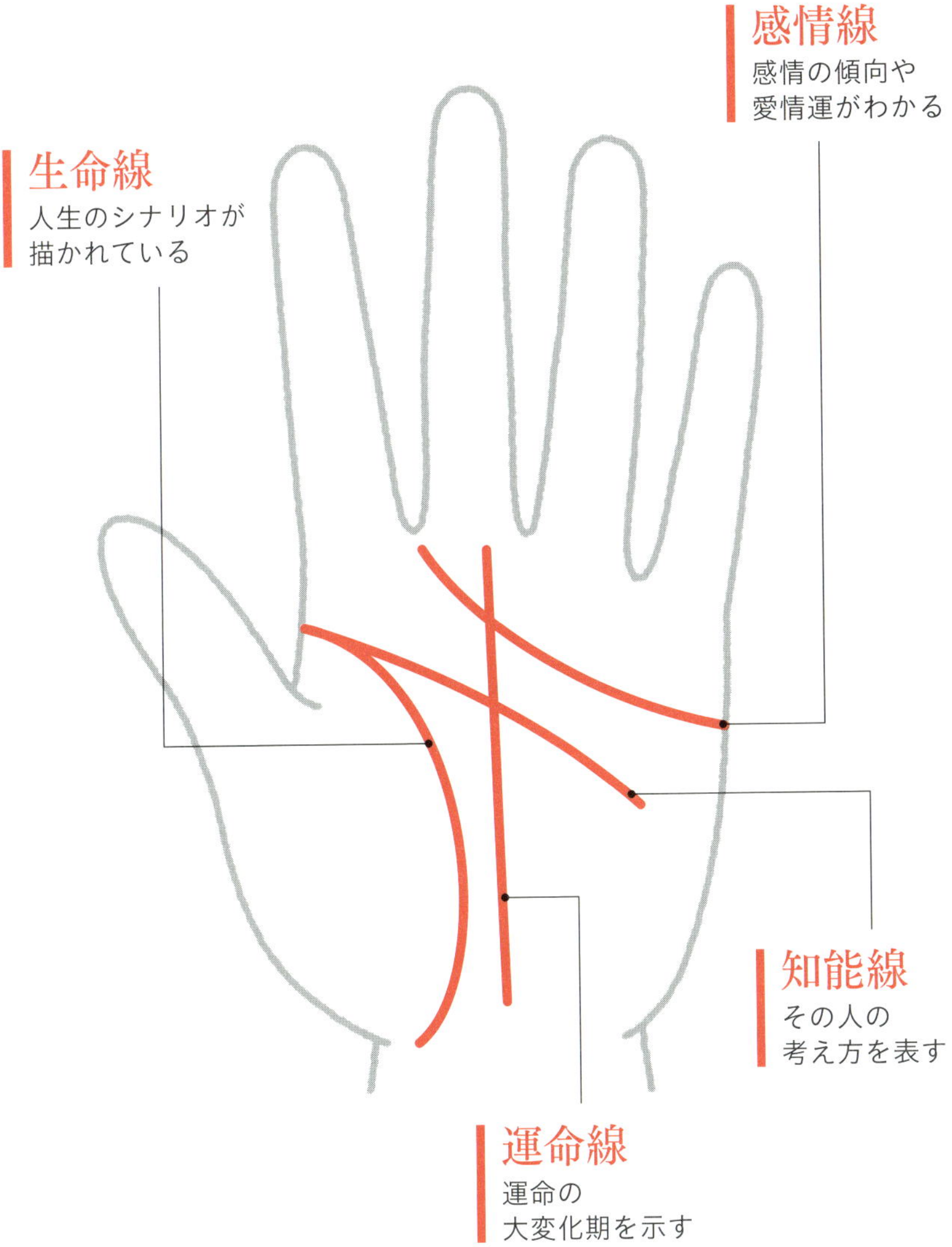
感情線
感情の傾向や
愛情運がわかる
生命線
人生のシナリオが
描かれている
知能線
その人の
考え方を表す
運命線
運命の
大変化期を示す

人生のシナリオが描かれている　生命線

C H E C K !

- □ **線**は太い？ 細い？
- □ **張り出し**は大きい？ 小さい？
- □ 生命線に**切れ目**がある？ ない？
- □ 生命線が**外側**に流れている？ それとも**内巻き**？
- □ 生命線に縦線がある？ ない？
- □ 生命線が**二重**になっている？
- □ 生命線上に**島**がある？
- □ 生命線が**切れ切れ**になっている？
- □ **金星丘**にしわが多い？ 少ない？

など

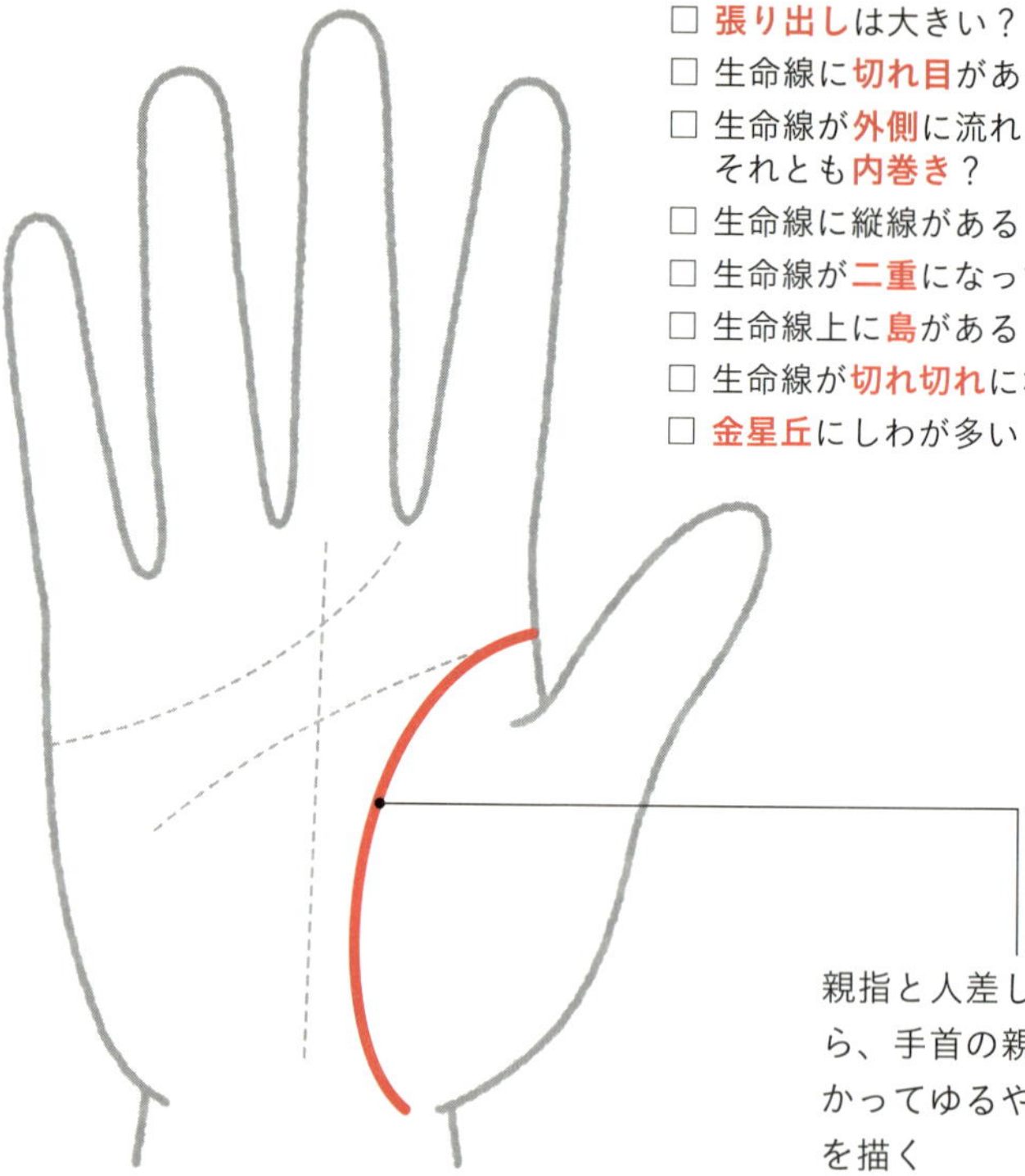
親指と人差し指の間から、手首の親指側に向かってゆるやかな曲線を描く

体力、気力、生命力を表す

ここでいう体力とは、身体的な健康の度合い、気力とは精神的な健康の度合いのこと。その両方にまたがる健康面全般の度合いが生命力ということになります。その人の体の強い部分と弱い部分、将来かかる大きな病気、寿命など、人生上の大きな問題がこの中に示されています。

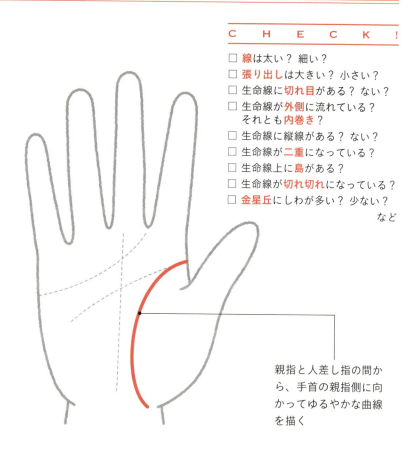

太くて濃い生命線

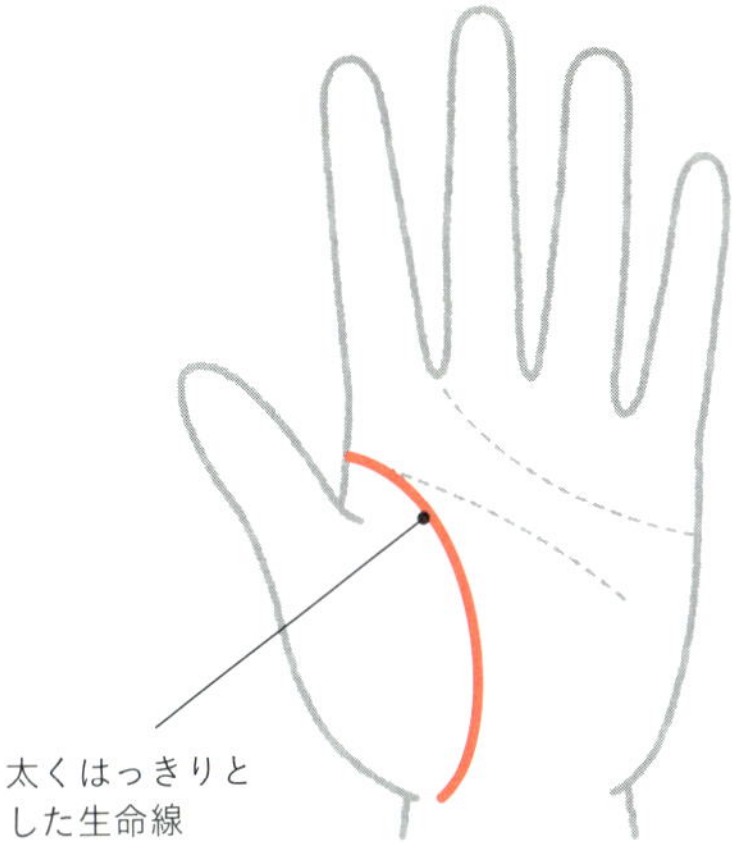

体力・気力が十分

生命線の太さや濃淡によって、あなたの今の健康状態を知ることができます。生命線が太くて濃いのは、体力や気力が充実している証拠です。人差し指と親指の間から手首に向かって、一本の太い線が切れずにきれいに伸びている生命線は、まさに理想的といえるでしょう。しばらくは、大きな病気にかかる心配もありませんが、油断は禁物。体調管理に気をつけて健康を維持してください。

細くて薄い生命線

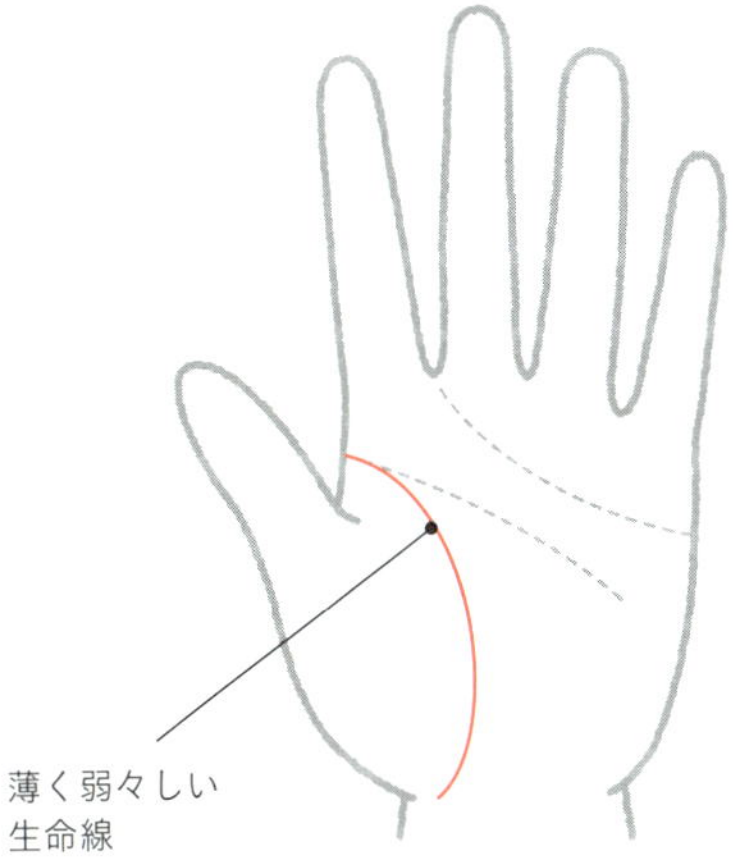

情熱や気力が不足

生命線が細くて薄い場合は、体力・気力が不足している証拠です。不摂生や運動不足だけでなく、ストレスや情熱の減退など、精神的なものが原因となっていることがあるので、思い当たることがないか、日頃の生活を見直してみるとよいでしょう。手相は、このままいけばこうなりますよ、という警告でもあります。生活などが改善されることによって、細い生命線も徐々に太くなっていきます。

大きく張り出した生命線

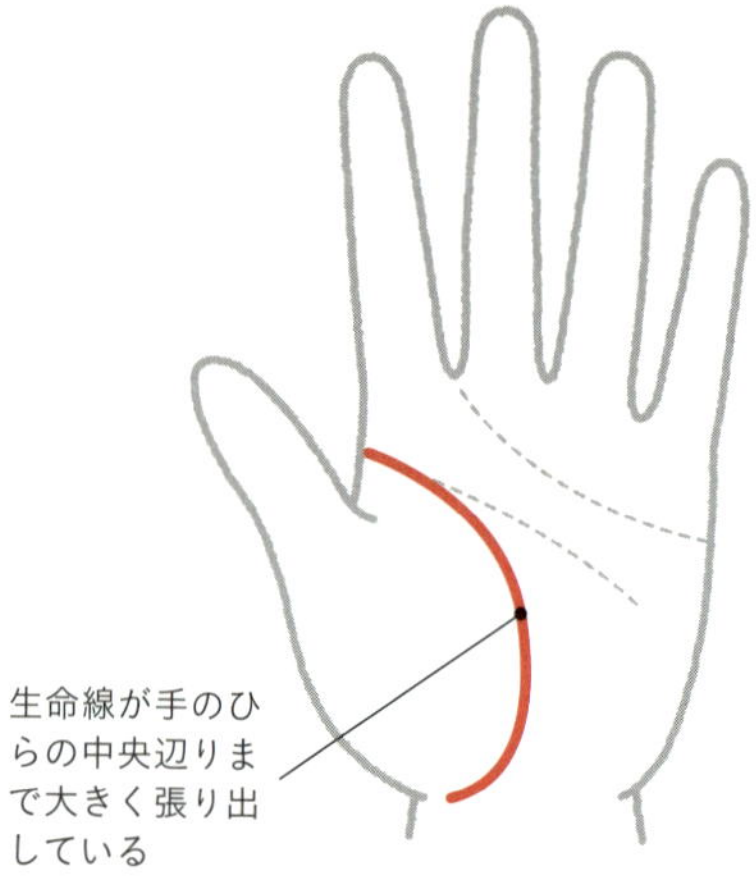

精力あふれる肉食系

生命線が手のひら側に大きく張り出しているのは、パワーがみなぎっている人です。男性なら、さしずめ肉食系といったところでしょう。スポーツでいうと、格闘技やラグビーなど激しいボディ・コンタクトのある競技を好む傾向にあります。周囲からは頼れる存在として人望を集めますが、豪快な振る舞いは健康を損なう行動にもつながります。暴飲暴食はひかえ、こまめな休息を心がけることも大切です。

張り出しが小さい生命線

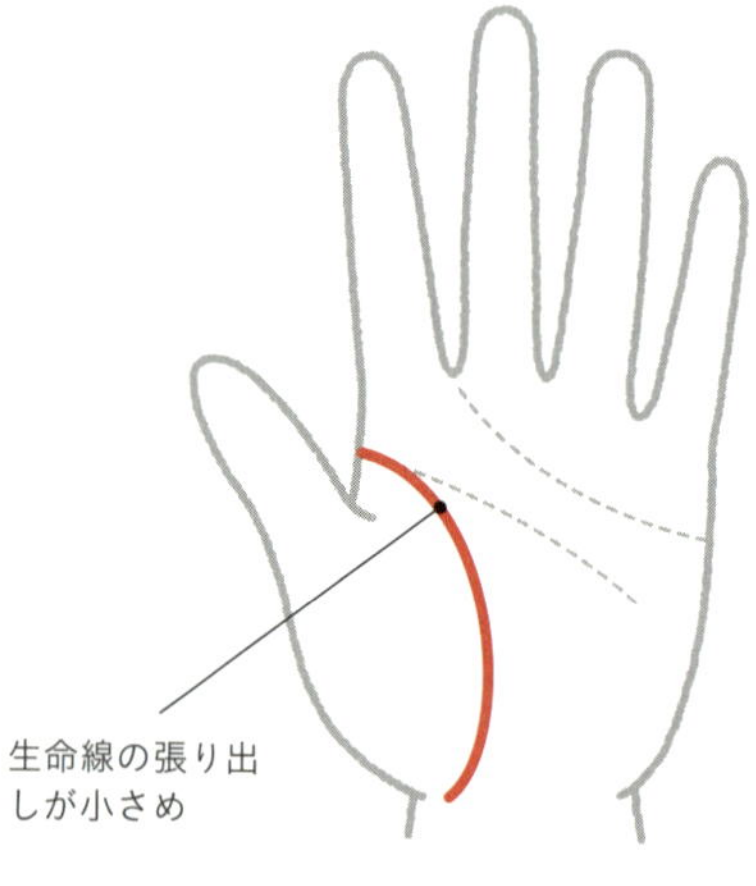

草食系でやせ型に多いタイプ

生命線の張り出しが小さめな人は、小食傾向で体力にあまり自信が持てません。体力的に無理がききませんから、自然とデスクワークを好むのが特徴です。病気になりやすく、一度患うと回復にも時間がかかりますが、その自覚があれば、日頃から摂生に努めるようになるでしょう。このタイプが、一見健康そうな肉食系よりも、案外長生きなのも、そういう理由からです。

生命線に切れ目がある（内側カバー）

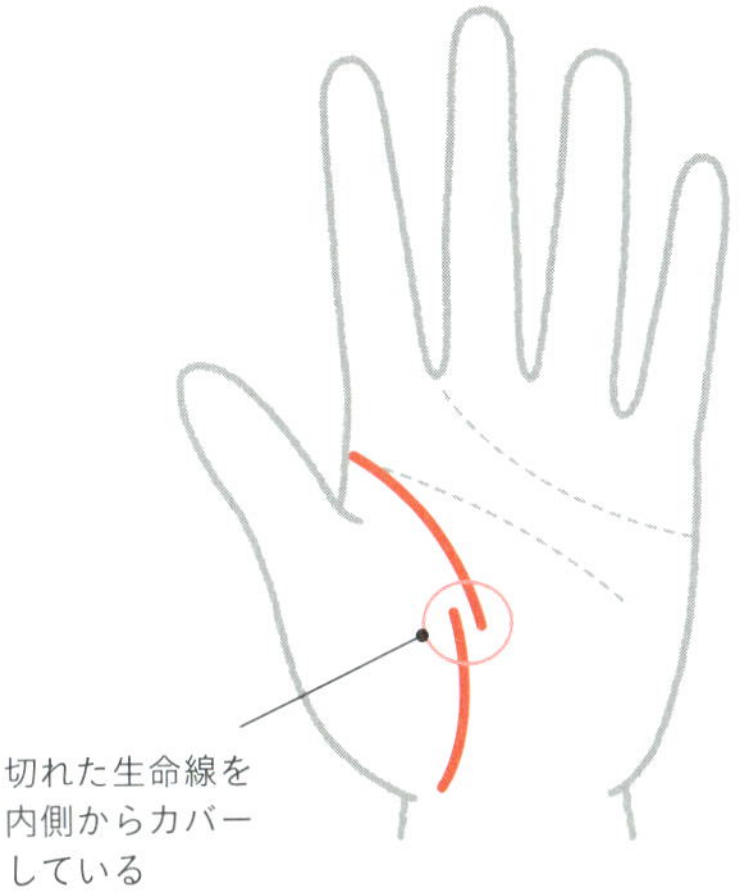
切れた生命線を
内側からカバー
している

生命の危機を体験する

生命線が手のひらの真ん中あたりで切れている人がいますが、だからといって短命とはかぎりません。切れた部分の付近から、それをカバーする別の線が出ているはずです。ただし、そのカバー線が生命線の内側（親指側）から始まっていたら要注意。切れ目の流年で、生命に関わるような病気やケガをする可能性があります。その時期は、特に健康に気をつけ、危険な行動を慎んでください。そうすれば大丈夫です。

生命線に切れ目がある（外側カバー）

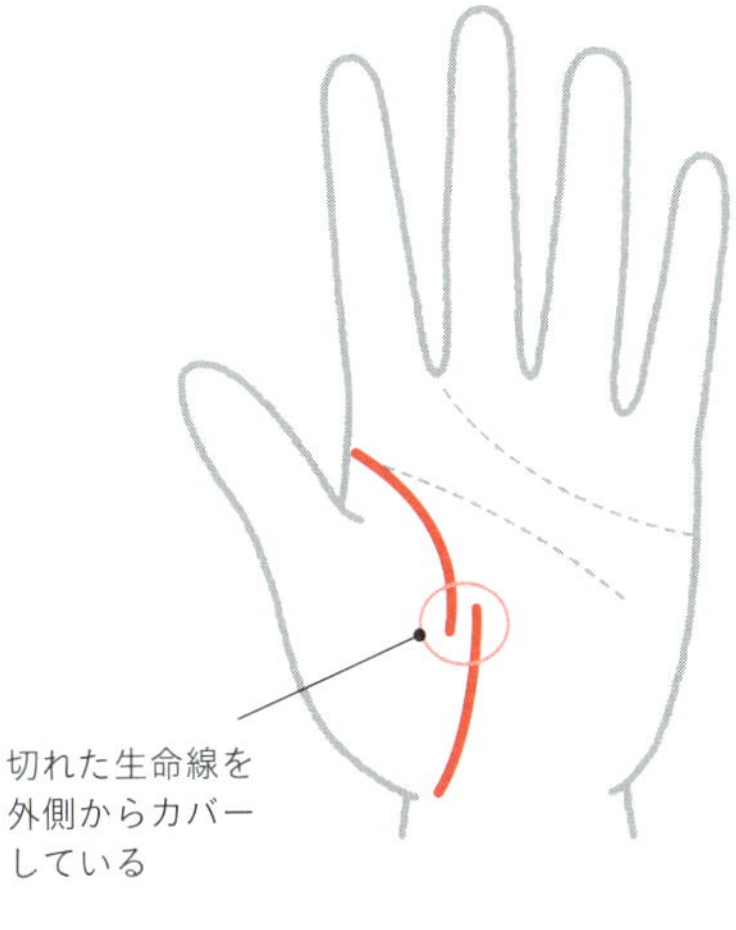
切れた生命線を
外側からカバー
している

病気やケガを免れる

生命線の切れ目をカバーする線が生命線の外側（小指側）から出ている人は、とりあえず一安心。二重生命線（P.65）と近い意味を持っており、タフな生命力や体力の持ち主といえます。病気やケガとは無縁です。一生を通じて元気に過ごすことができますが、体力を過信して無理をしないように気をつけて。暴飲暴食にも注意しましょう。

生命線が外側に流れている

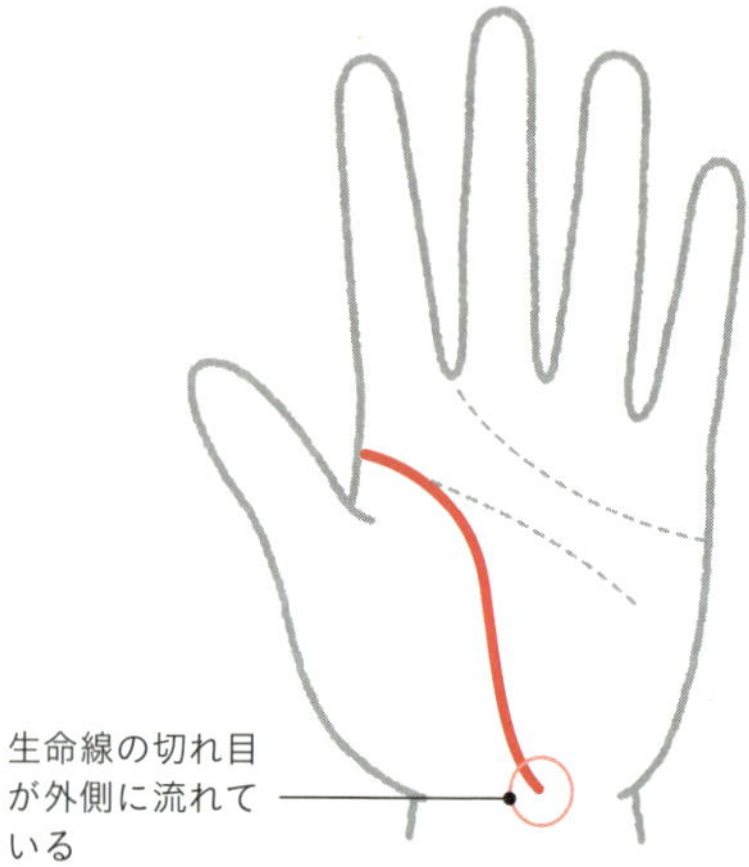

家でじっとしていられないタイプ

生命線の切れ目（終点）は、親指側に巻き込むのが普通ですが、稀に外側に流れている人もいます。割合としては、30人に1人くらいです。このタイプは、家でじっとしていられない人が多く、仕事は肉体労働や野外を歩き回る業種などを好む人です。デスクワークには最も向いていないタイプで、休日もアウトドアやスポーツなど、アクティブな活動を好みます。

生命線が大きく内巻きになっている

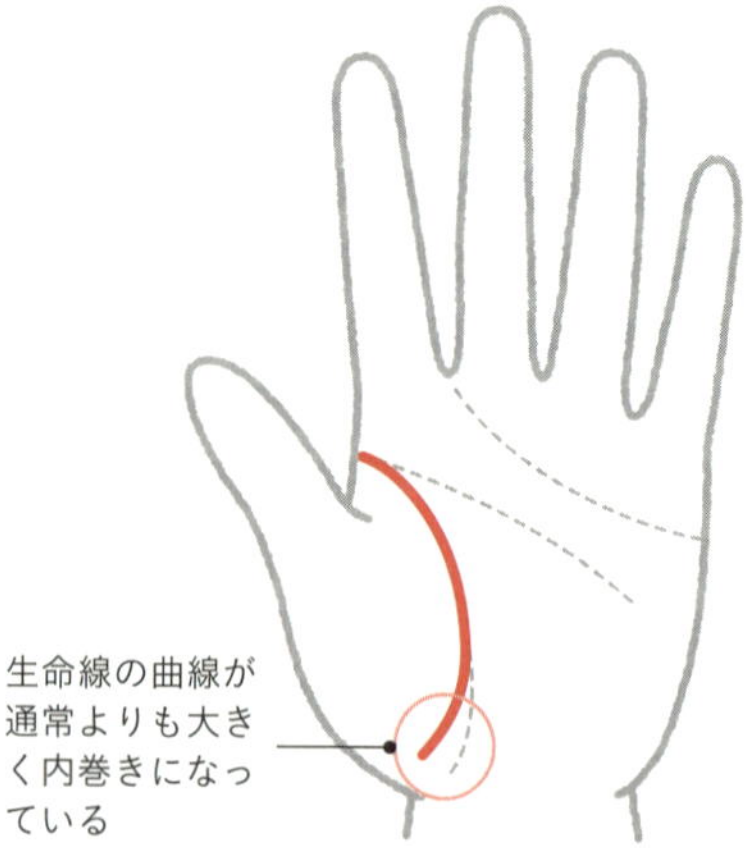

家で過ごすのが好きなタイプ

生命線が外巻きの人とは逆に、屋内でじっとしているのが好きなタイプです。したがって、向いている仕事はパソコンを使って行うなどのデスクワーク。人と会うのがあまり好きではないので、営業職なども向かないでしょう。趣味は読書やビデオ鑑賞など、これも家でできることが多くなります。ただし、そこまで極端に内巻きの人は稀です。なお、生命線の下のほうから外へ流れる支線がある人は活動的です。

生命線から上る縦線がある

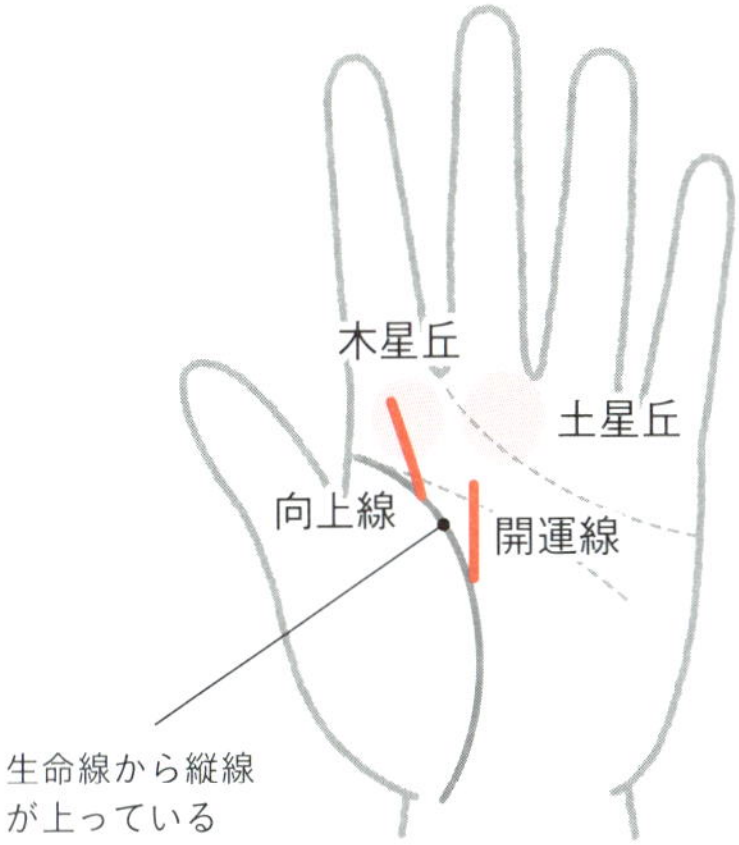
木星丘
土星丘
向上線
開運線
生命線から縦線
が上っている

やる気を示す向上線・開運線

生命線から出ている支線で、その人のやる気と情熱を知ることができます。生命線から上（指側）に向かって伸びている縦線は、「向上線」「開運線」などと呼ばれ、これがある人は目標に向かって努力するタイプです。向上線は、向上心や目標を意味する木星丘（人差し指下）に向かって上る線。開運線は、忍耐力や自立心を意味する土星丘（中指）に向かって上る線です。

生命線から上る縦線がない

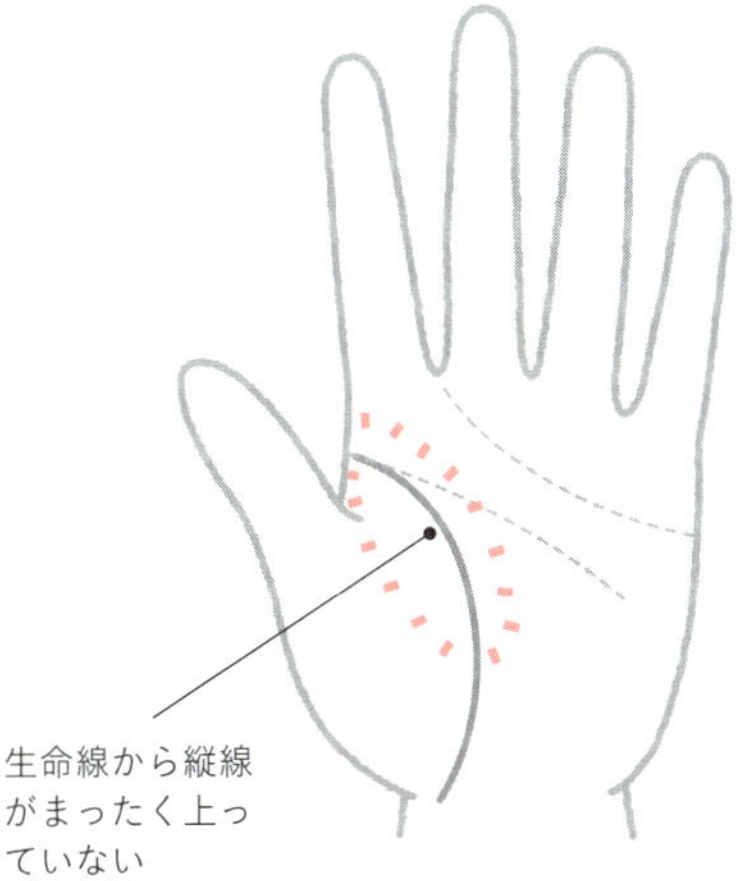
生命線から縦線
がまったく上っ
ていない

目標がなく行動が鈍りがち

生命線から「向上線」や「開運線」が1本も出ていない人は、目標や夢が漠然としすぎているか、それらをまったく持っていないタイプです。夢がないので、何に向かって努力すればよいかわからず、必然的に行動が鈍りがち。周囲の人からすれば、ただの怠け者と思われてもしかたありません。そういう人でも、何か目標を見つけ、それに向かって具体的な行動を始めると、少しずつ縦線が出てきます。

生命線から短い縦線がたくさん出ている

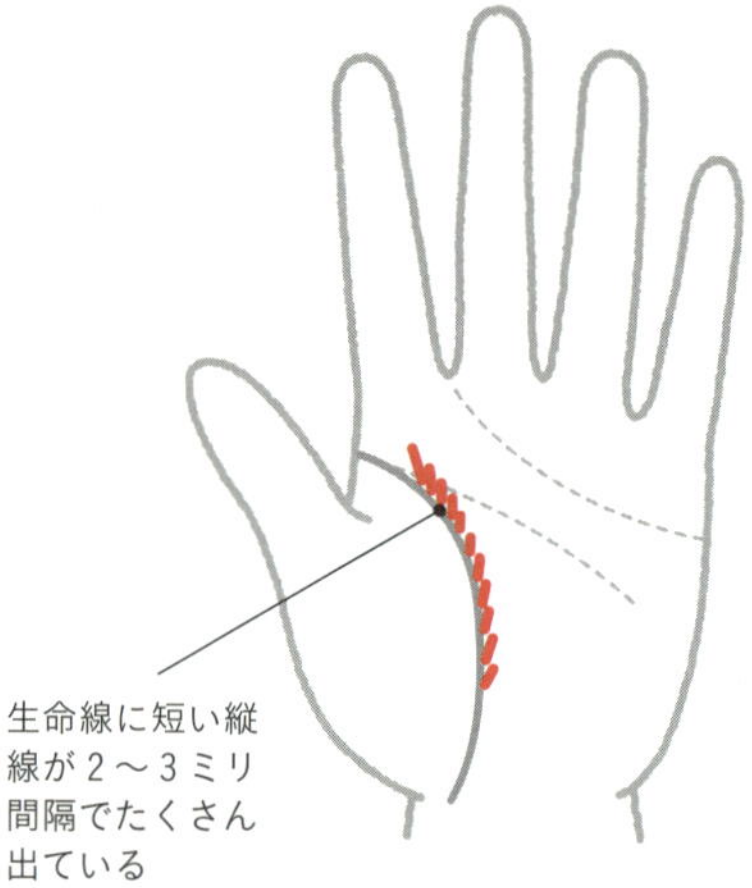

人生を元気に突き進む

生命線上に、2～3ミリ間隔で短い縦線がたくさん出ている人は、人生に対して強い意欲を燃やしているタイプ。社会や職場でどんな役割を与えられても、そのときどきで目一杯力を発揮します。もちろんただ受け身でいるわけではなく、だいたい1～2年ほどのペースで仕事を変えたり、環境を刷新したり、絶えず挑戦を続けながら元気に突き進んでいくことでしょう。

生命線上に横線がたくさん出ている

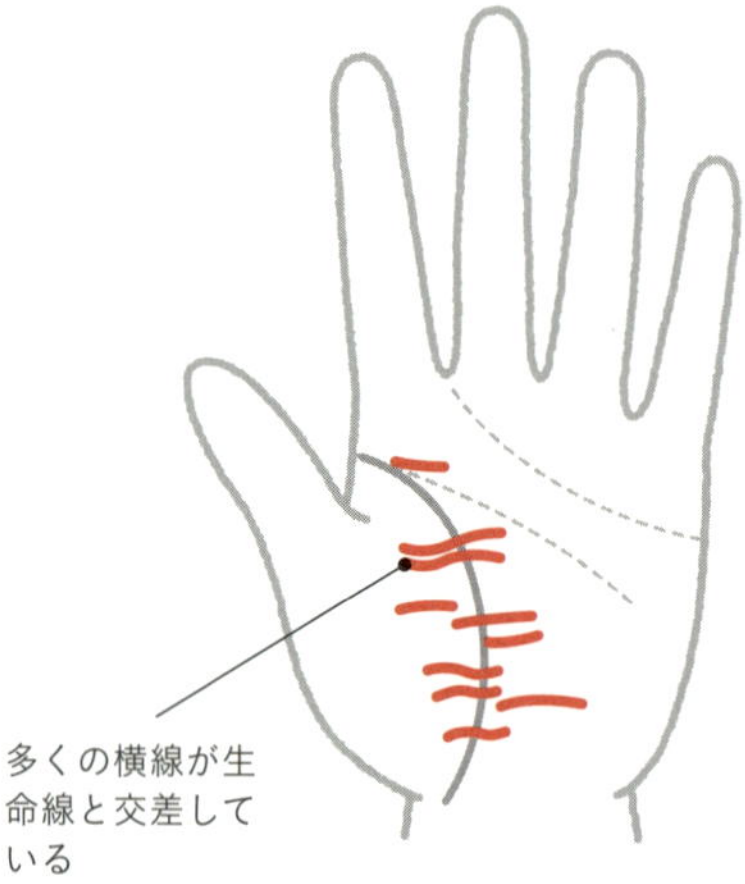

マイナス思考で苦労が絶えない

手のひらの中で縦線はよい意味を持つものが多いのに対し、それと交差する横線には障害や困難を示すものが多くあります。生命線上に横線がたくさん出ている人は、人生に対してマイナス思考をとりがちなタイプ。他人がみれば小さな出来事に対しても、クヨクヨと思い悩み大きな問題と捉えがちです。これでは精神的にどんどん消耗していくのも無理はないでしょう。前向きな思考を心がけるべきです。

二重生命線

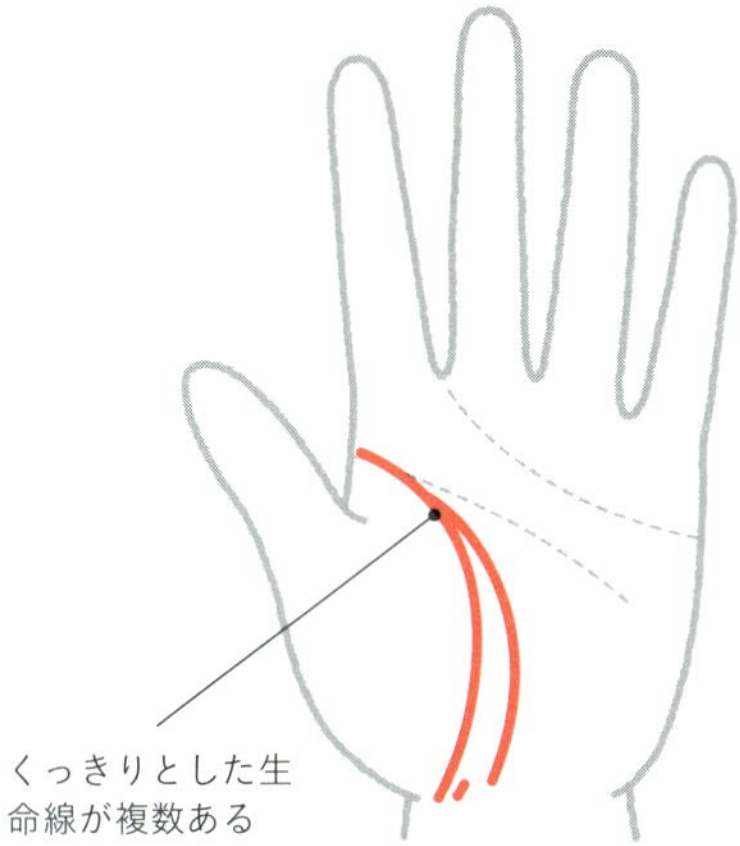
くっきりとした生命線が複数ある

人生に並外れた情熱を注ぐ

生命線は生命力や体力に加え、人生に対する情熱、やる気を示す線。太くはっきりとした線が1本あれば、その人はとても情熱的な人といえます。それが二重に出ていれば、なおさら！ 人並はずれた情熱の持ち主です。なかには、2本どころか3本も生命線が出ている人さえいて、そういう人は、歴史に名を残すほどの大きな業績を挙げたりします。パナソニックの創業者 松下幸之助氏は、その典型でした。

生命線上に島がある

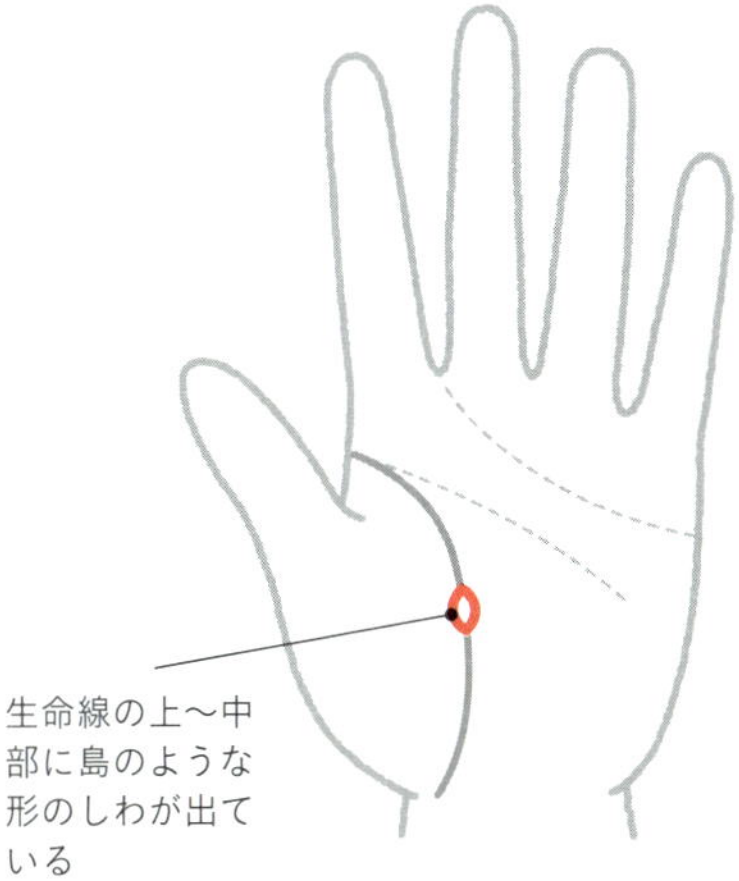
生命線の上〜中部に島のような形のしわが出ている

人生の修業期間がある

生命線の上〜中部の範囲で、一か所またはところどころに、島の形のような囲み状のしわになっている部分がみられることがあります。これは、自分の思ったようにいかない時期があることを示します。また、それがいつ頃の時期に訪れるのかは、島の位置によって決まっています。たとえば生命線の真ん中あたりなら、流年法にしたがって40歳前後がその期間です。

一部が蛇行している生命線

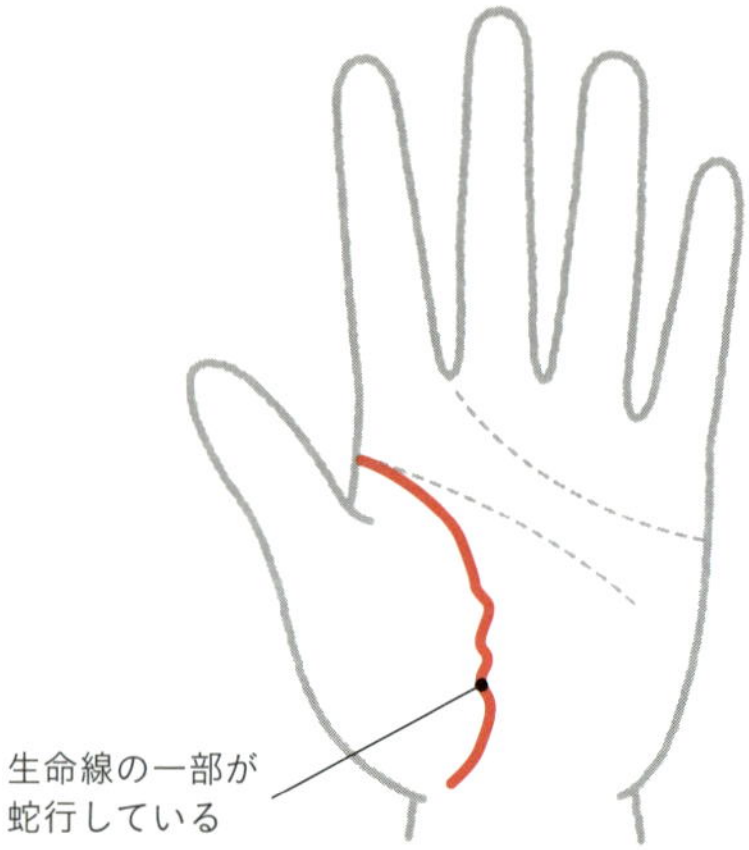

循環器系の機能が低下

生命線の一部がクネクネと蛇行しているのは、循環器系が弱まることを示します。流年法により、その時期も予測できます。図の場合、35 ～ 55 歳が不調期間と考えられます。その期間に入ったら、特に循環器系の病気を予防することを心がけましょう。循環器系とは、血管や心臓などの血管系と、リンパ液を運ぶリンパ系の総称。これらの機能低下を防ぐには適度な運動とバランスのとれた食事が大切です。

生命線が切れ切れになっている

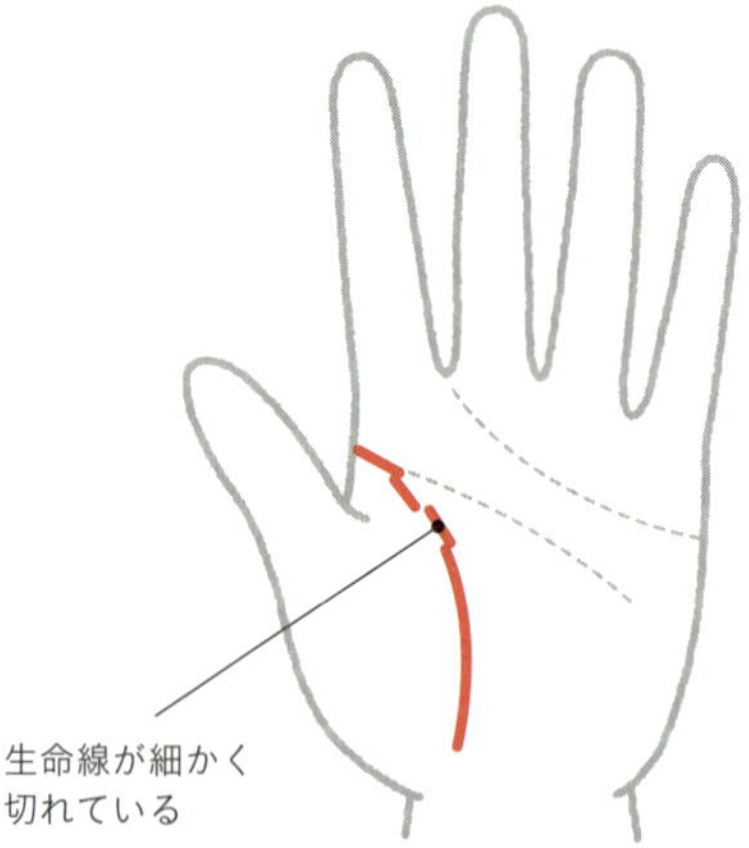

心身のパワーが不足しがち

生命線上部が切れ切れになっている人が稀にいます。これは疲れやすいタイプ。精神的にも同様で、ちょっとした困難にもすぐにあきらめてしまうのがこのタイプの特徴です。職場で上司の評価を得にくく、それでますます意欲が後退し、職を転々としてしまう人もいます。無理は禁物ですが、オフの時間に体力づくりに励むなどの体調管理を意識的に行うとよいでしょう。

金星丘にしわが多い

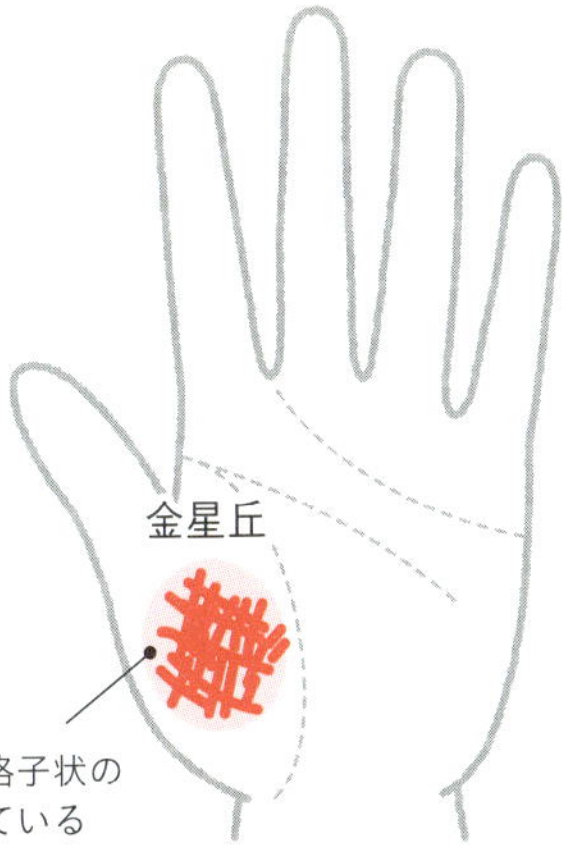
金星丘に格子状の
しわが出ている

優しさと愛情にあふれる

愛情の丘とも呼ばれる親指付け根の金星丘。ここに格子状のしわがたくさん出ていれば、その人は愛情にあふれています。自分自身が他人に優しく、豊かな愛情を注ぐため、そのぶん自分も周りから愛情をたくさん受け取ることができるでしょう。特に後天運を示す右手にこのしわが多い人は、愛情表現が豊か。男女ともに甘い恋愛を経験する機会に恵まれます。

金星丘にしわが少ない

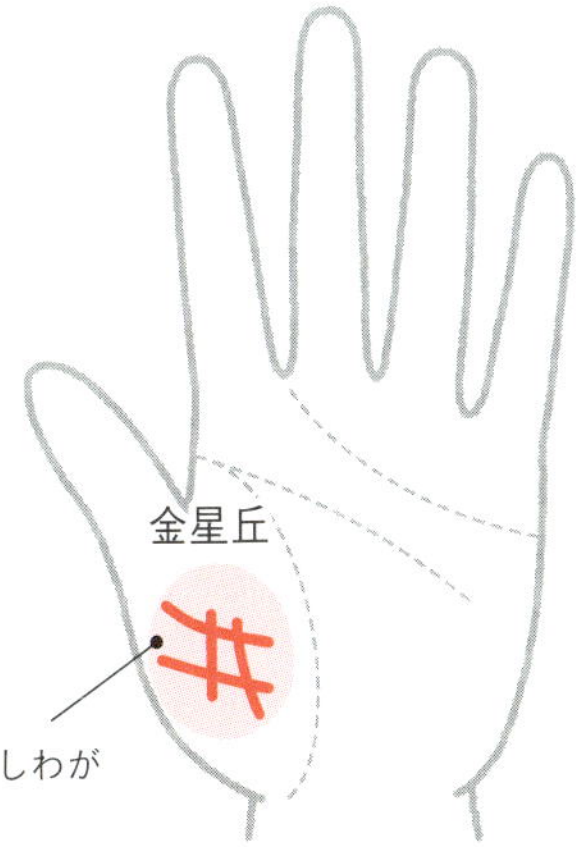
金星丘にしわが
少ない

愛情が不足気味

金星丘にしわが少ない人は、愛情が不足気味。何よりもその自覚がないのが問題で、自分では人に十分愛情を注いでいるつもりでも、言葉が足りなかったり、デリカシーに欠けていたりします。もともとロマンチックな言動は苦手なので、このタイプの人にあまり多くを期待するのは難しいかもしれません。左手（先天運）の金星丘にしわが多くても、右手（後天運）に少ない人は、やはり愛情表現が足りていません。

人生の変化が読み取れる 運命線

CHECK!

- □ 線は太い？　細い？
- □ 運命線が月丘から上っている？
  手首中央から上っている？
- □ 運命線が金星丘から上っている？
- □ 運命線は木星丘に向かっている？
  太陽丘に向かっている？
- □ 運命線が感情線で止まる？
  知能線で止まる？
- □ 運命線が切れ切れになっている？
- □ 運命線は１本？　２本？
- □ 運命線は蛇行している？
- □ 運命線の支線が
  薬指に向かっている？
  人差し指に向かっている？

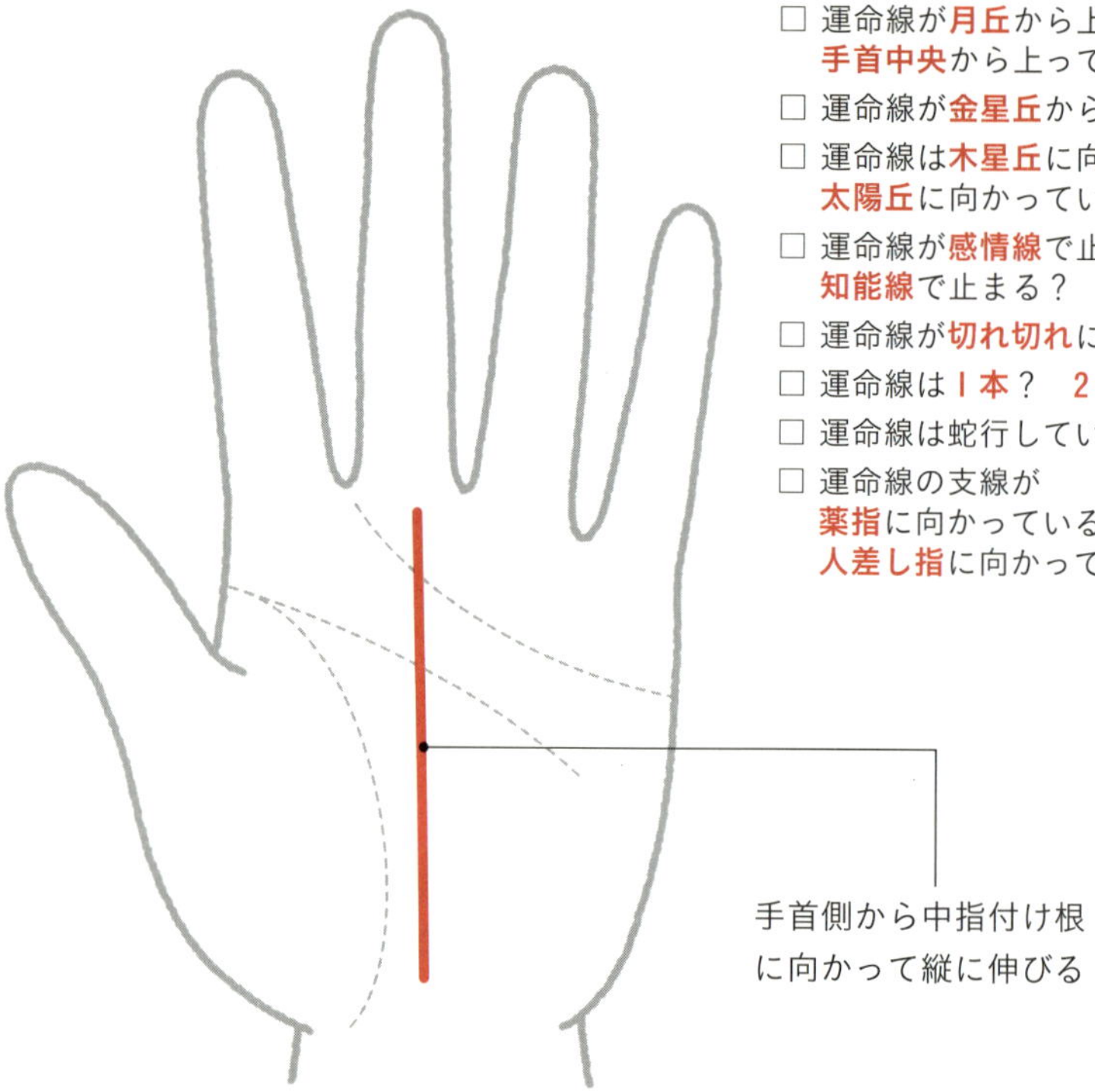

その人のパワーと人生の転換期がわかる

運命線には、その線を有する人の社会的な実力（発揮満足度）が示されています。仕事面が順調か不調か、周囲の人たちとの人間関係はどのようなものか、といった基本的なことから、恋人と出会う時期や結婚の年、援助者の出現など、将来に渡ってさまざまなことがわかります。

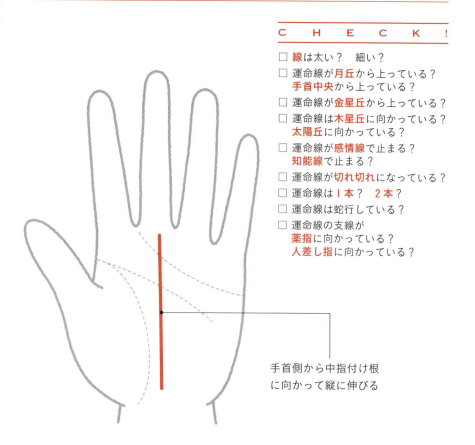

太い運命線

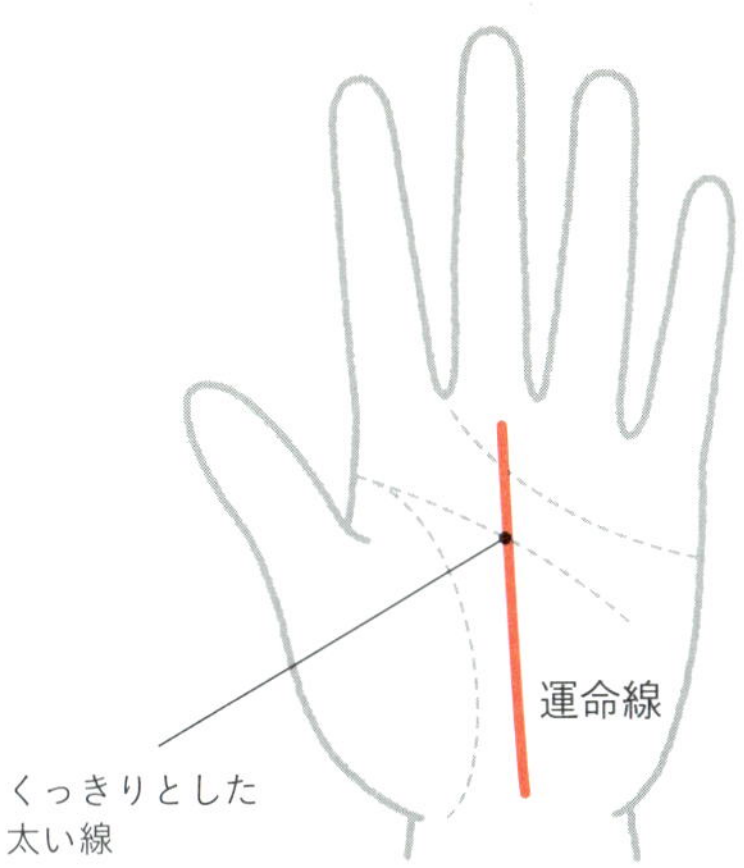

どんな状況でも努力を惜しまない

運命線は、人生のいろいろが生命線に次いで詳しく描かれている線です。この線の濃い薄いは、社会的な実力発揮満足度のバロメーターといえます。その運命線がくっきりと太い人は、与えられた仕事や環境の良し悪しに関わらず、自ら運命を切り開いていく人です。そのための努力を惜しまず、自己の才能を発揮するので、自然と満足度が高くなります。

細い運命線

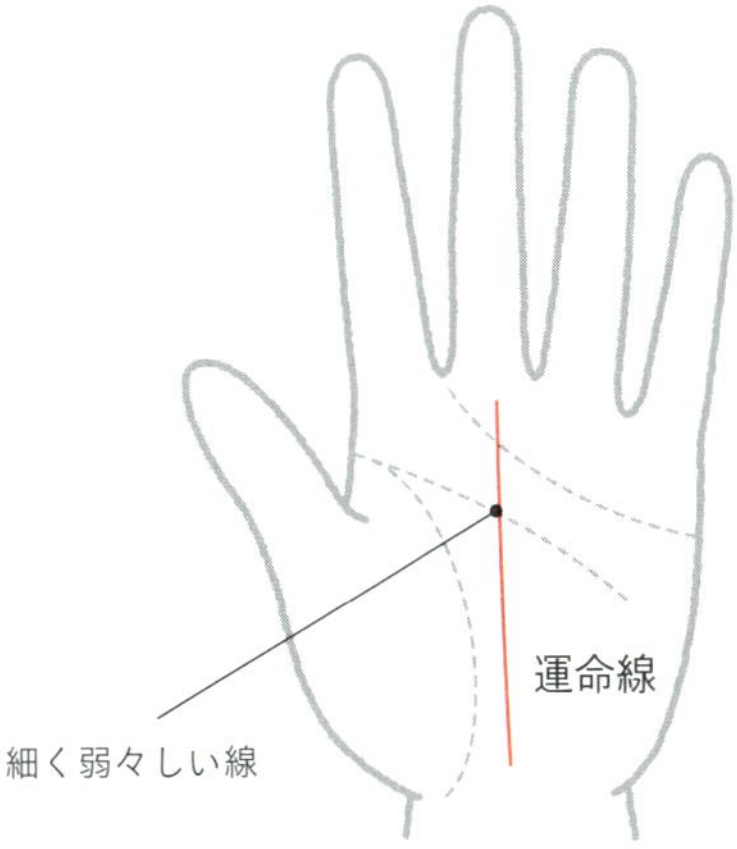

優柔不断で目標が定まらない

運命線が細くて、見るからに弱々しい人がいます。そういう人は、職場でも夫婦関係でも、自分を表現するのに遠慮がちで、待ちの姿勢になりがちです。そんなこともあり、社会的な実力の発揮満足度は高くありません。ただし、気持ち次第でこうした運命線は、見た目にもはっきり変化します。自分の意見を持ち、どんどん発信していけば、太い運命線に変わっていきます。

月丘から上る運命線

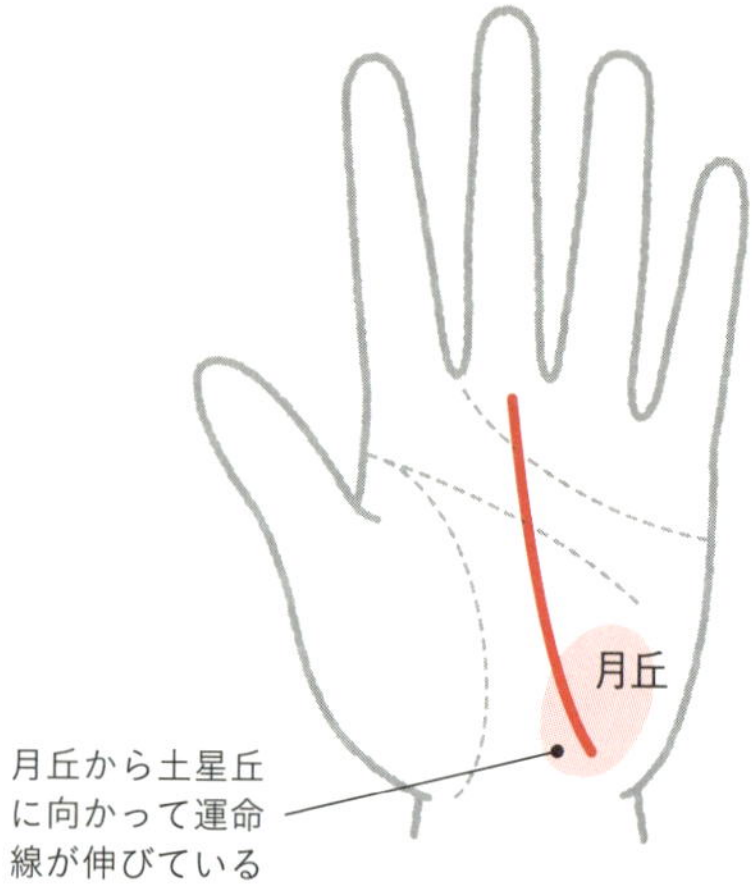

他人からの援助が舞い込む相

月丘から土星丘に向かって運命線が上っている人は、とてもラッキーな運勢の持ち主。他人から好かれる要素を持っていて、仕事では援助者が現れ、大衆の心をつかむことにも長けています。芸能関係の道に進めば、人気者になる可能性が高い人です。異性にもてるのはいうまでもありません。ただし、周囲への感謝と気配りが大切。周囲への感謝を忘れないことが、ラッキーな運勢を保つ一番の秘訣です。

手首中央から上る運命線

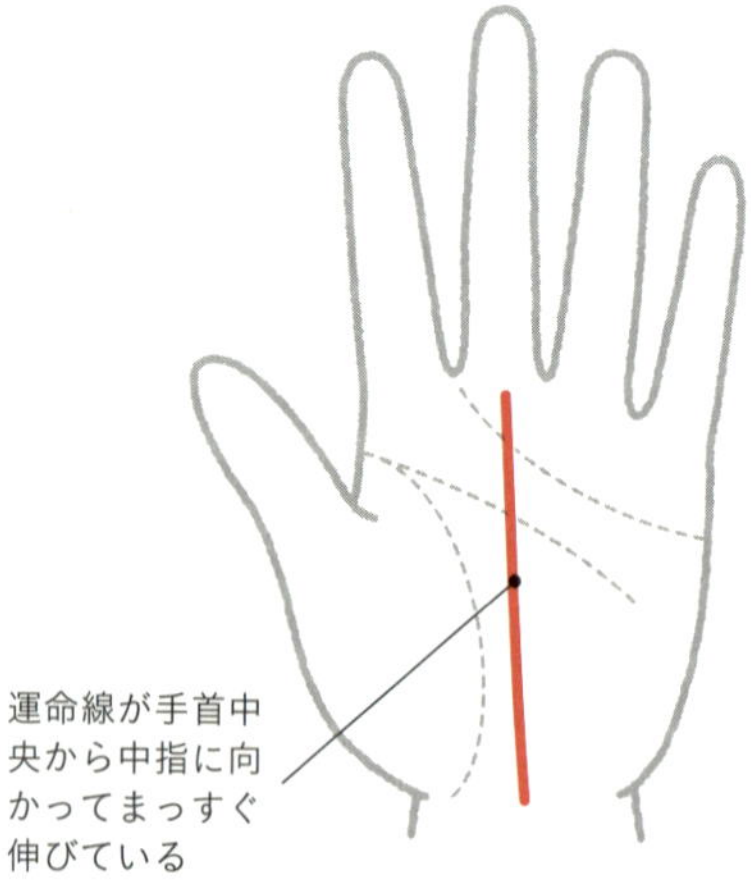

独力で運命を切り開く
ワンマンタイプ

運命線が、手首中央から中指の付け根に向かってまっすぐ上っている人は、他人に頼らず、自分の力で運命を切り開くタイプです。自分で努力することを知っていますから、責任感もあり、男らしい面を持っています。こういう人が経営者になると、自己主張が強いワンマンになりますが、自分が頑張っているという裏づけがあるので、周囲からの信頼も得られるでしょう。

金星丘の近くから上る運命線

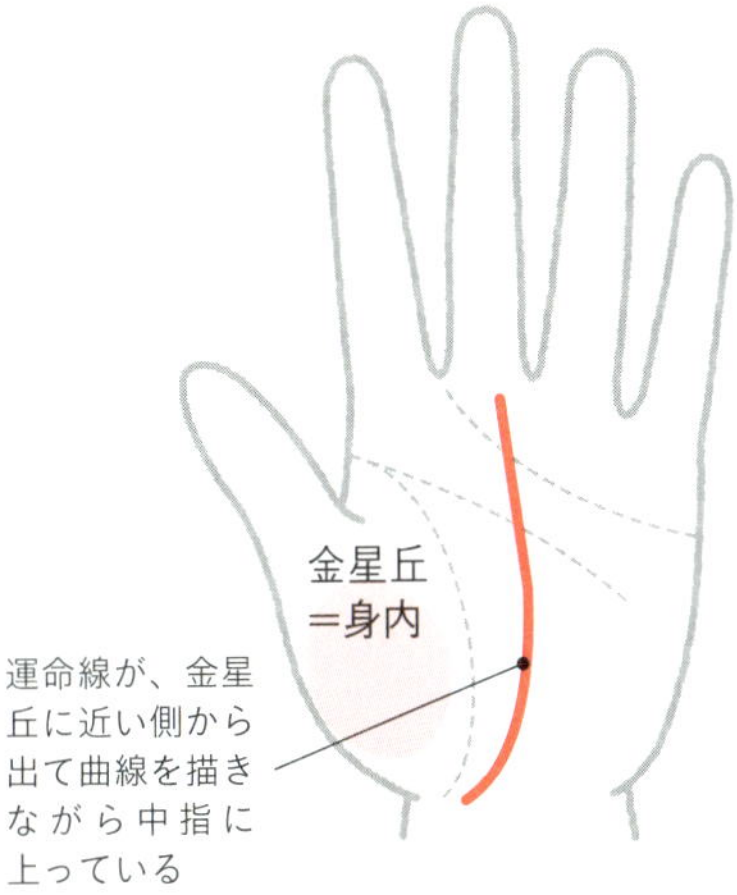
金星丘
＝身内
運命線が、金星丘に近い側から出て曲線を描きながら中指に上っている

身内の援助を受けて運を開く

手首の金星丘側に少し寄った位置から出て、はじめに曲線を描いた後、中指の付け根に向かって上っていく運命線は、身内の援助を受けて運を開く人に出る線。親からの援助が手厚い長男や長女に出やすい線です。ただし、たとえ次男や末っ子でも、この線が出ているなら、同様の援助を受けたり、家業を継ぐ立場にあったりする可能性を持っています。兄弟がいる人は、それぞれの運命線を見比べてみてください。

金星丘から上る運命線

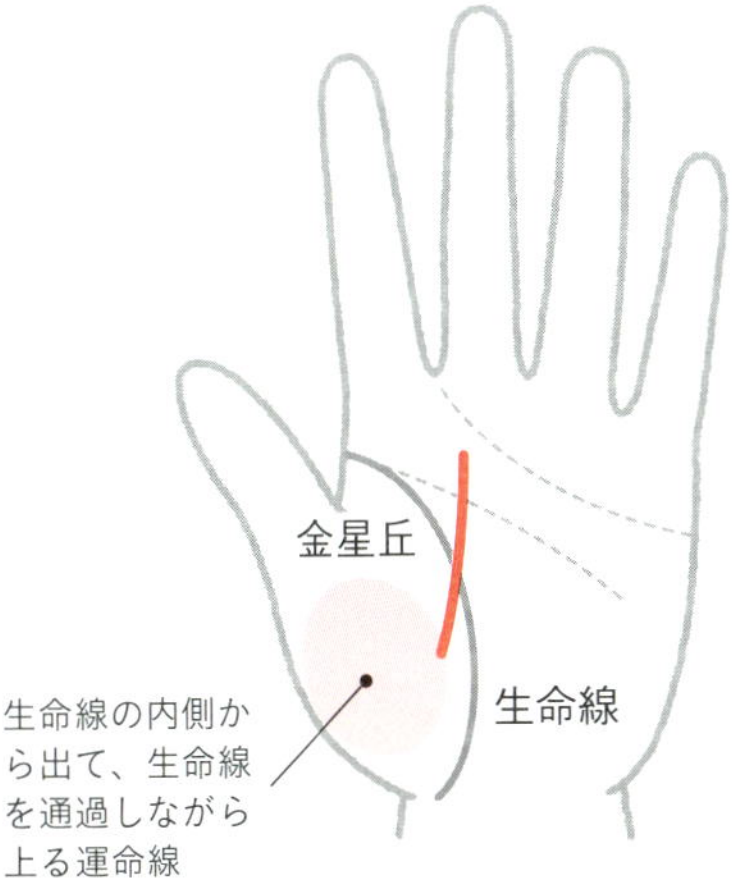
金星丘
生命線
生命線の内側から出て、生命線を通過しながら上る運命線

流年の年に身内から援助を受けて開運

生命線の内側から出て、中指に向かって上る運命線は、生命線を通過する地点が重要。その年に身内から援助を受けて運を開きます。たとえば流年が30歳なら、その年齢に達したときに親や親戚、配偶者などから援助を受けて事業を始めるとか、後継者に選ばれるといった状況です。あらかじめそうした状況を予測しておけば、より、その運を活かすことができるでしょう。

生命線から上る運命線

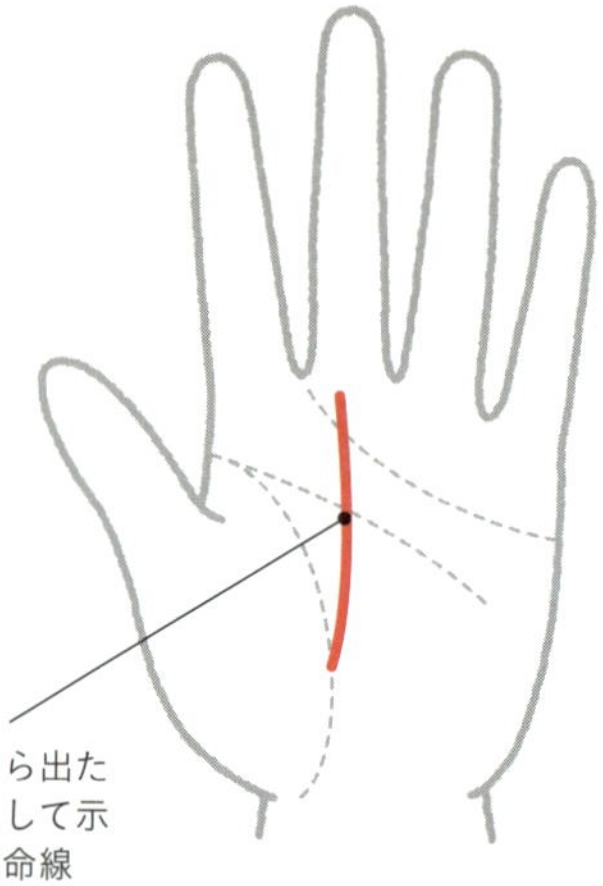

開運の流年が示されている

生命線上から縦の線として出ている運命線は、生命線のところでも解説した開運線と同じものです。生命線から出ている位置が流年に当たり、この年に就職や独立、結婚、出産、受賞、住宅取得など、長年夢に描いてきた希望がかなうことを示しています。また、このタイプの運命線が上る年に生きがいが見つかって、やる気に満ちてスタートを切る人が多くいます。

運命線上に島がある

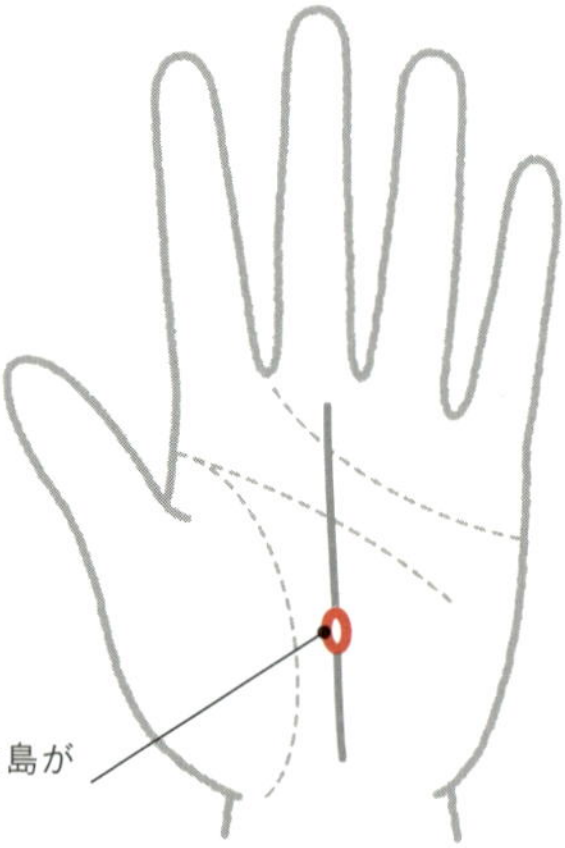

島は人生の修業期間

運命線の上に出ている島は、生命線のものと同様に、その期間が修業の時期であることを示しています。体調を崩したり、経済的な不振にあえぐ人もいますが、多くは自分の思うように人生が進んでいない期間です。いつ頃そうなるかは流年法で予測できるので、この時期は焦らず、人生の勉強と割り切り、教養の幅を広げたり、スキルアップに努めたりする期間にあてましょう。その努力は、必ず後から実を結びます。

木星丘に向かう運命線

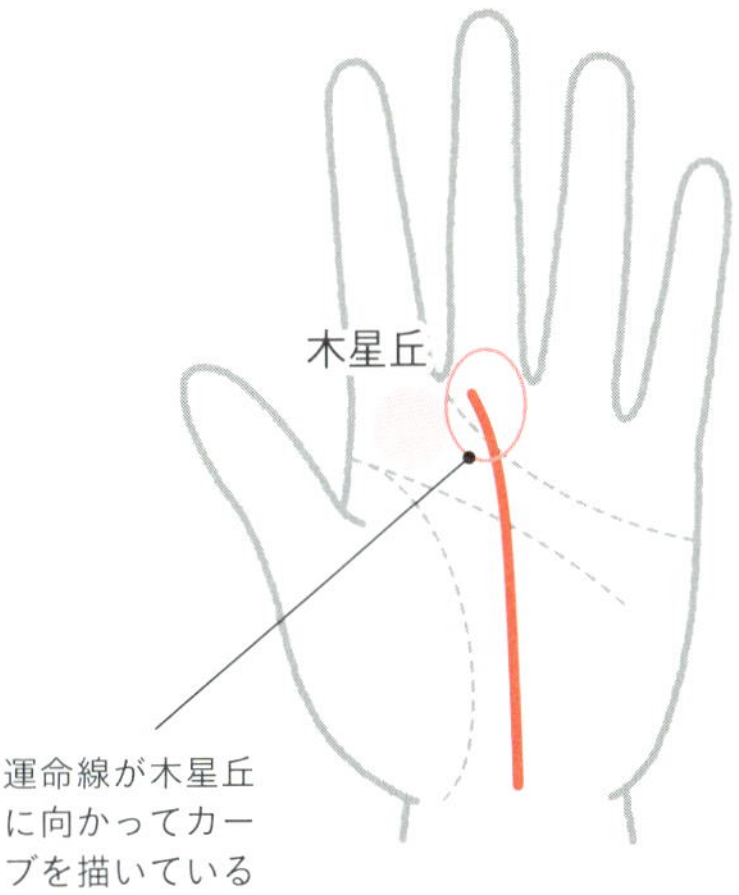

権力志向の強い野心家に多いタイプの線

中指のほうに向かっていた運命線が、中指付け根に到達する前に、カーブを描いていることがあります。このカーブが、野心や権力を意味する木星丘に向かっているタイプは、強い権力志向の持ち主です。すでに政治家や組織のトップを目指している人もいるでしょうし、近い将来、そういう志向に目覚めることになるでしょう。

太陽丘に向かう運命線

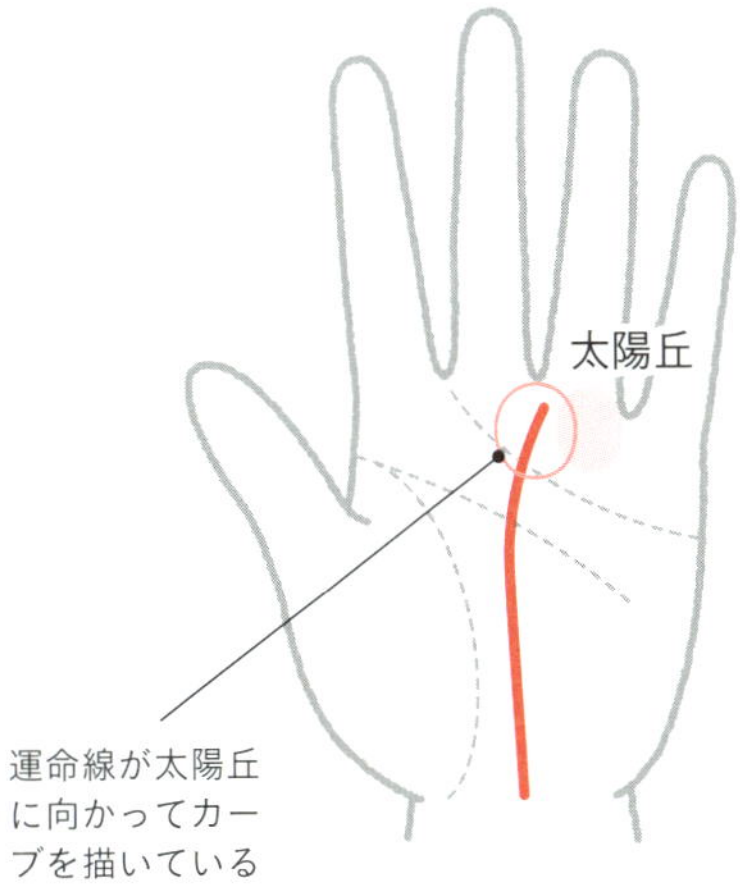

金銭と名誉を追い求める志向の持ち主

太陽丘が発達している人は社交性があり、富や名誉に対する欲求を内に秘めています。したがって、運命線が中指に向かう途中で薬指側の太陽丘にカーブしている人は、富と名誉を志向する人生を歩むことになるでしょう。自分ではそんなことは考えていないという場合でも、周囲の求めや環境の影響で、たとえ本人が望まなくても、年とともにそうした境遇を迎えるでしょう。

運命線が感情線でストップする

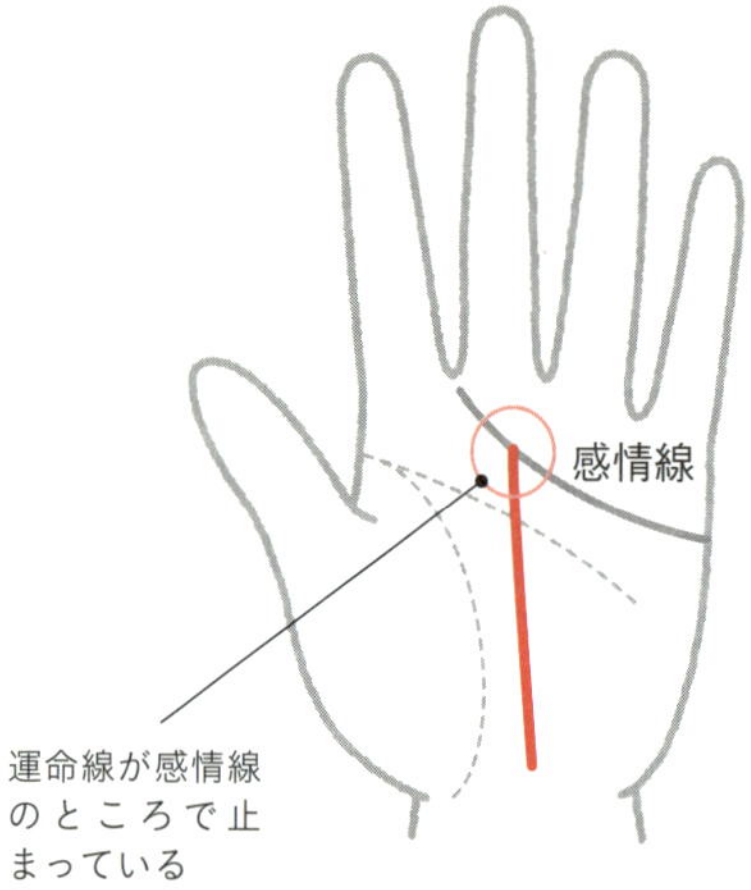
感情線
運命線が感情線のところで止まっている

感情を抑えきれずトラブルに

感情線は、喜怒哀楽などの感情面が表れる線。運命線が感情線と接する部分でストップしているのは、運命が何らかの強い感情に影響され、行く手を阻まれてしまうということです。たとえば、親と反りが合わずに家を飛び出してしまう、上司との感情的なもつれから仕事を辞めてしまう、といった話は典型的。また、代表的な駆け落ち相でもあります。自分の運命に自覚的であれば、トラブルを回避することも可能。

運命線が知能線でストップする

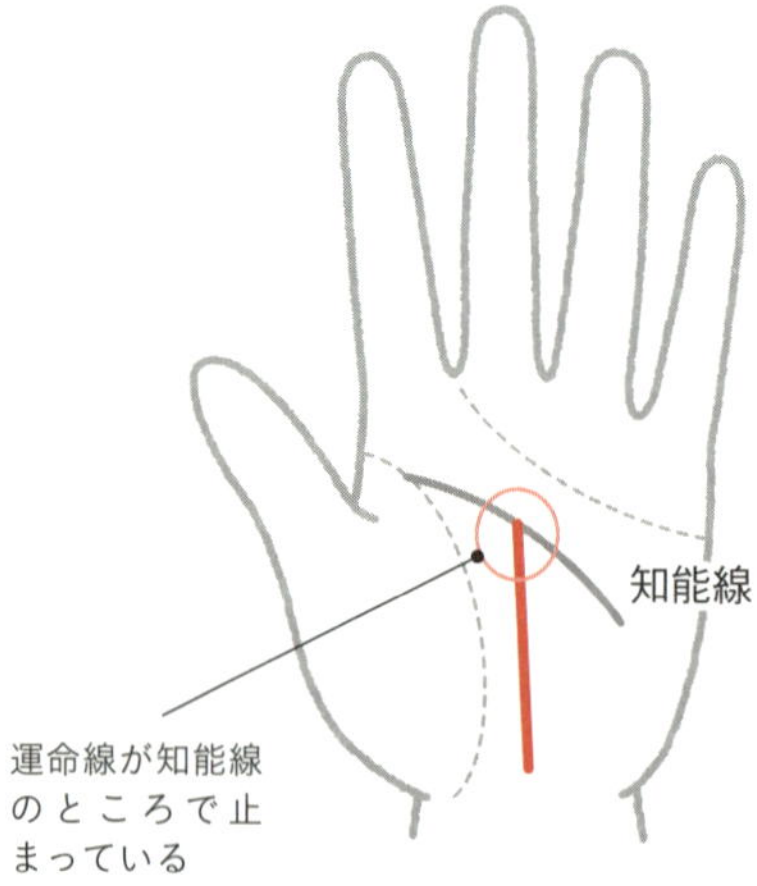
知能線
運命線が知能線のところで止まっている

自分の判断ミスで失敗

知能線には、その人の知的な能力が端的に表れます。運命線が知能線で止まっているのは、知性的なことが影響して運命が暗礁に乗り上げるサイン。つまり、何らかの判断ミスが原因となって失敗することを示唆しています。キャリアアップを図って転職したら、その会社が業績不振で倒産するなどが、その一例です。ただし、運命線が横から上っていれば、一時的な運命の変化なので心配はいりません。

切れ切れになっている運命線

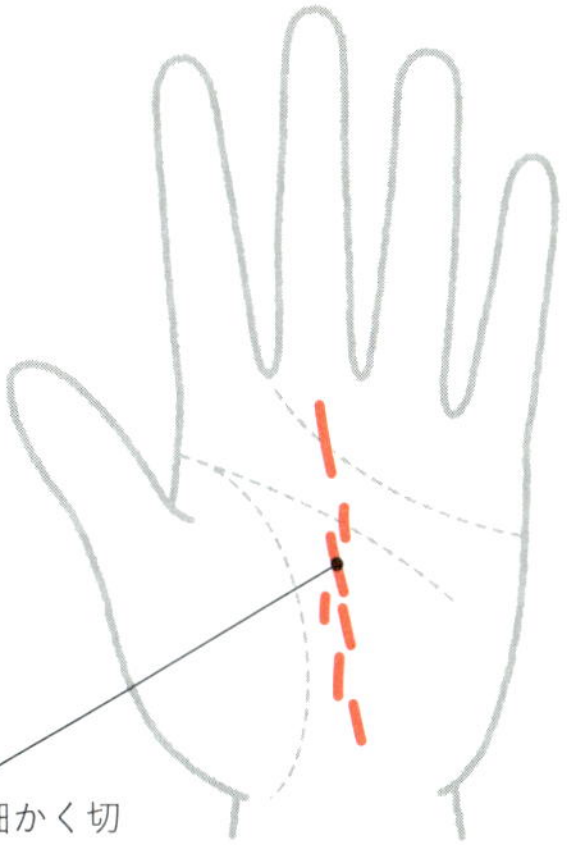

運命線が細かく切れている

仕事が長続きしない

運命線には、その人の信念の度合も表れます。その運命線がところどころ切れてしまっているのは、信念が揺らぎがちだというサイン。何かを始めても根気が続かないことが多く、転職を繰り返すのもこのタイプです。線が切れてすき間が空いている期間は、生活が困窮する可能性もあるでしょう。やる気が続くことを見つけ、しっかり準備と対策を行えば、運命線はつながってきます。

運命線が2本ある

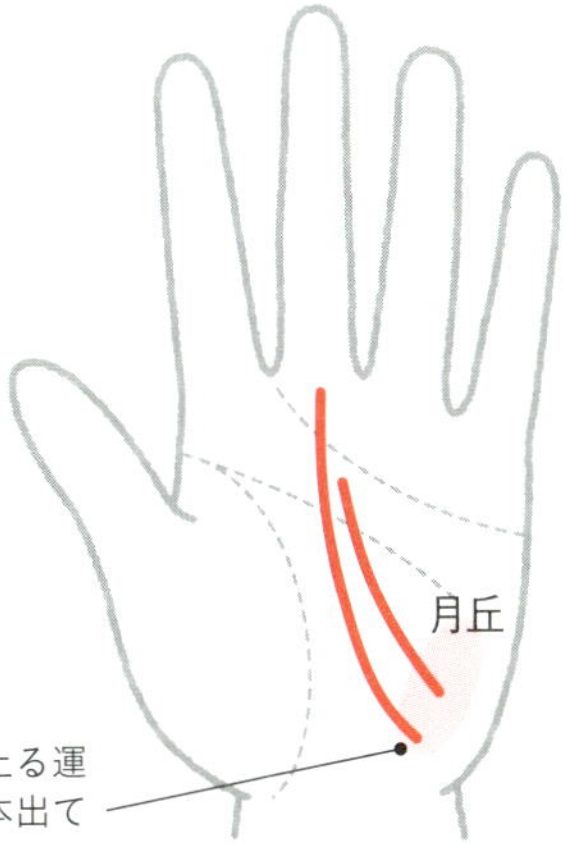

月丘から上る運命線が2本出ている

これ以上ないほどの強運の持ち主

月丘から上る運命線が、並行する形で2本出ています。人気や、ほかの助けを受けられることを示す、この運命線が2本もあるのですから、よほどの強運の持ち主。私が過去に写真で見た手相で、このタイプはジョージ・ハリスンです。ビートルズの中で最年少の彼は、才能豊かなメンバーに恵まれ、行動をともにすることで世界的トップスターの仲間入りを果たしました。

曲がりくねった運命線

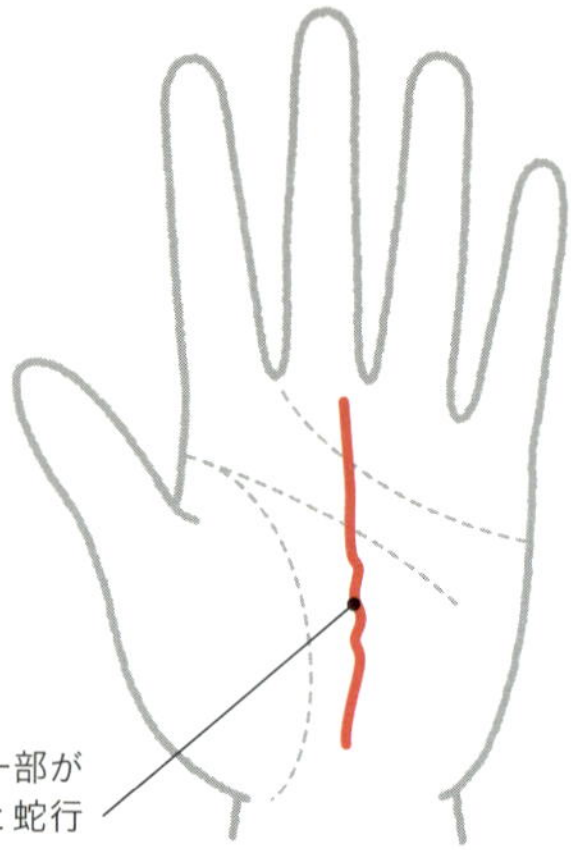
運命線の一部が
くねくねと蛇行
している

蛇行している時期に困難を予測しておこう

運命線の中に、くねくねと蛇行している部分がある場合、その期間は何かと苦労が続くと考えてください。具体的な期間は、流年法で割り出します。苦労する期間があらかじめわかっていれば、そのための対策を講じる手立てが必ずあるはずです。自分にまったく心当たりがないとしても、運命は家庭の事情や会社の不振など、自分以外の周りの環境によっても変わってきます。

親指側に蛇行している運命線

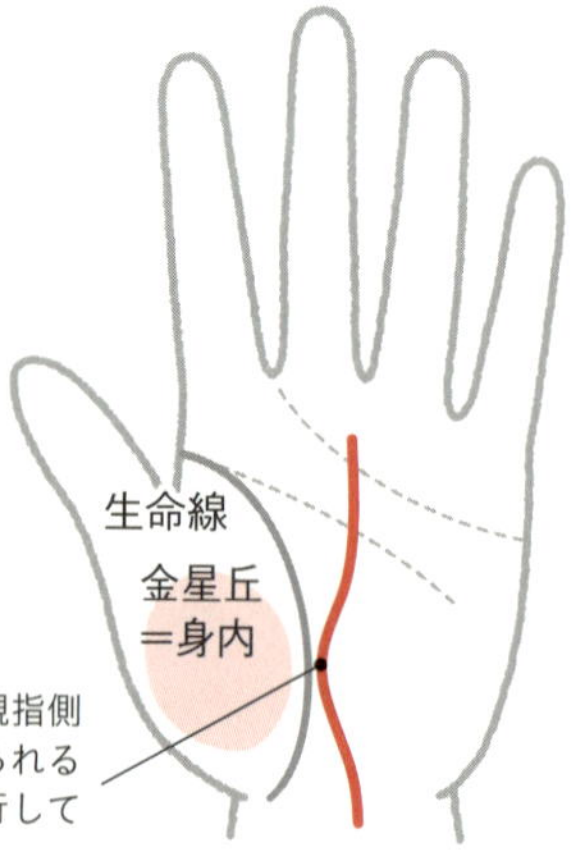
運命線が親指側
へ引っ張られる
ように蛇行して
いる

若い時期に身内との関係で苦労する

運命線が、途中で親指側に引っ張られている相です。親指の付け根にある金星丘は、身内を意味するエリアなので、10～20代のうちに身内の影響で大きな苦労を味わうことになるでしょう。特に親が関係してくるケースが多いと考えられます。たとえば、結婚を意識している相手を親から認めてもらえない、進みたい道を猛反対される、いろいろ干渉される、などです。

[運命線から薬指に向かう支線がある]

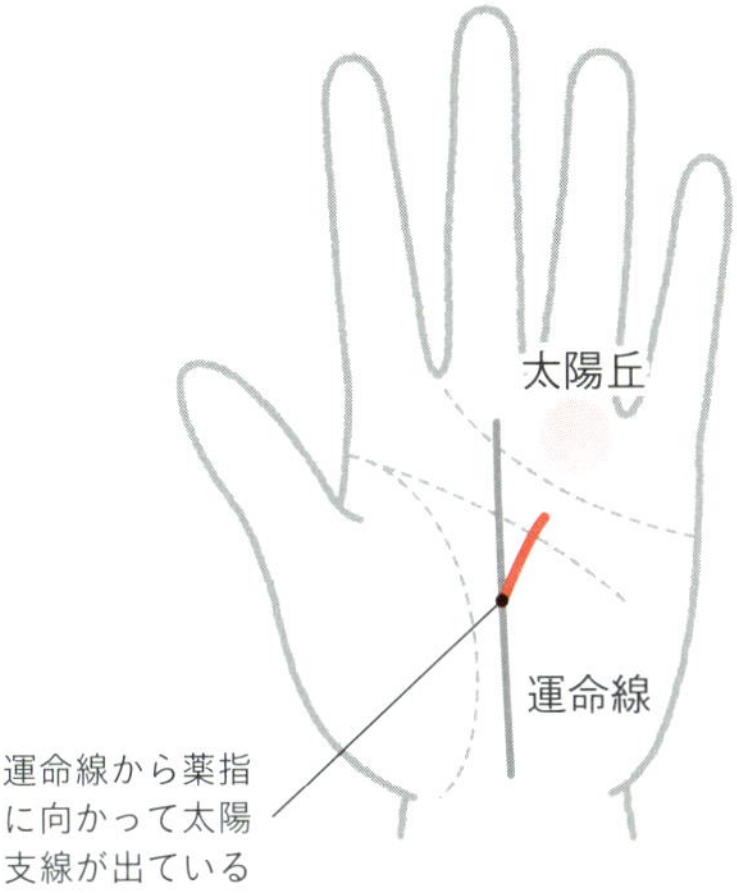
太陽丘
運命線
運命線から薬指
に向かって太陽
支線が出ている

支線が出る流年に
最高の運が待ち受けている

運命線の途中から支線が出ていることがあり、その場所や出方はさまざまです。薬指側に向かって出ている支線は「太陽支線」。これは、支線の起点である運命線の流年に、幸運が訪れるというサインです。支線の長さは関係なく、たとえ2～3ミリでも出ていればOK。独身の男女であれば、その年に最高の結婚をして、人生全体の幸運度が大幅にアップします。

[運命線から人差し指に向かう支線がある]

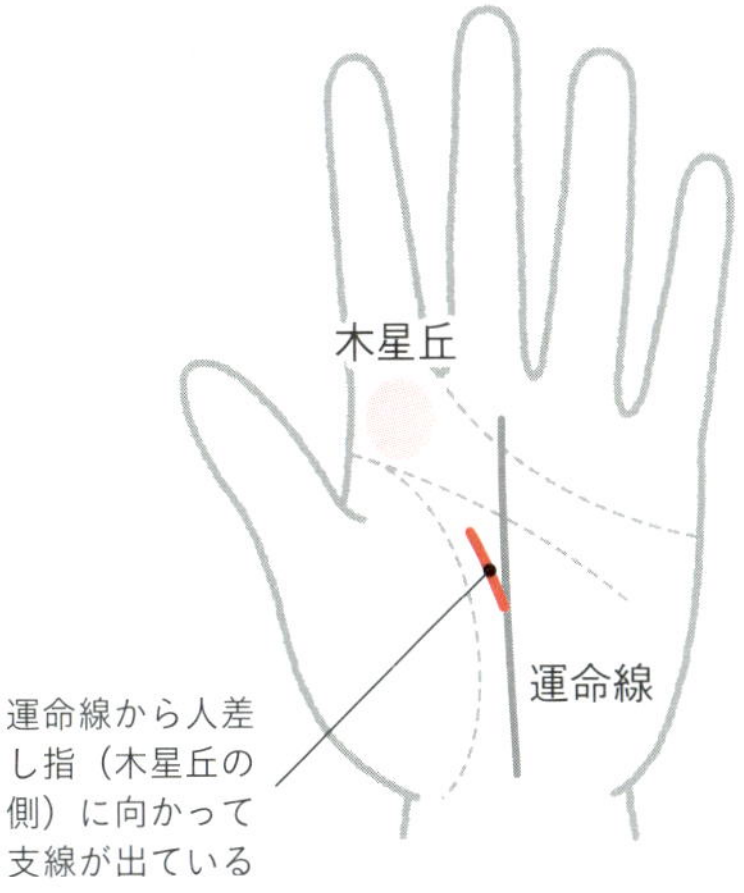
木星丘
運命線
運命線から人差
し指（木星丘の
側）に向かって
支線が出ている

目標達成につながる幸運が
訪れるサイン

運命線から、太陽支線とは反対側の人差し指側に向かう支線もあります。人差し指の付け根にある木星丘が意味するのは、目標達成・野心・向上心。ここに支線が向かっているのは、支線の起点である流年に目標達成につながる幸運が訪れるというサインです。太陽支線との違いは、結婚そのものが最大の幸運ではなく、その結婚をきっかけに夢や願いがかなうという点です。

能力が最も的確に表れる　知能線

CHECK!

- □ 知能線の**起点**が生命線から離れている？　くっついている？
- □ 線が**長い**？　**短い**？
- □ 知能線が**月丘**に向かっている？**横**に走っている？
- □ 知能線と感情線が**重なって**いる？
- □ **支線**が出ている向きは上側？下側？
- □ 知能線は**何本**？**枝分かれ**している？
- □ 知能線が途中で**切れて**いる？**蛇行**している？
- □ 知能線上に**縦線**がある？あるいは**島**がある？
- □ 知能線が**急下降**している？**手首**まで長く下っている？

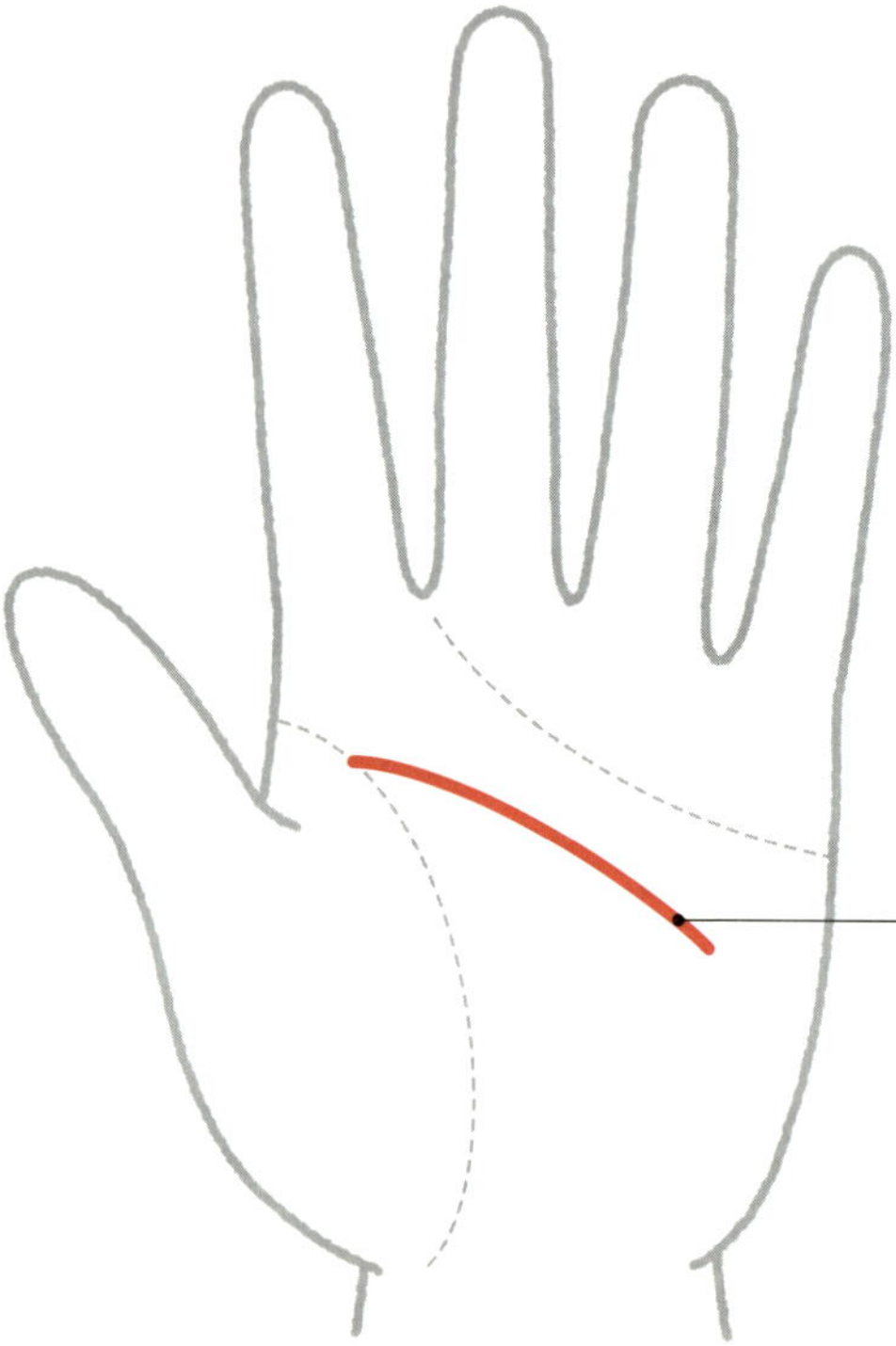

親指と人差し指の間から出て、手のひらの中央を通過し、横または斜め下に向かって伸びる

性格・才能・適職がわかる

知能線は、手のひらの中央に走る線。主に、人の能力・知力を示しますが、もっと広く、その人の知的傾向（考え方）、性格、適職や才能などにも関係しています。知能線を通じて自分の適正を的確に知り、能力を意識的に伸ばすなら、社会で存分に活躍できるようになるでしょう。

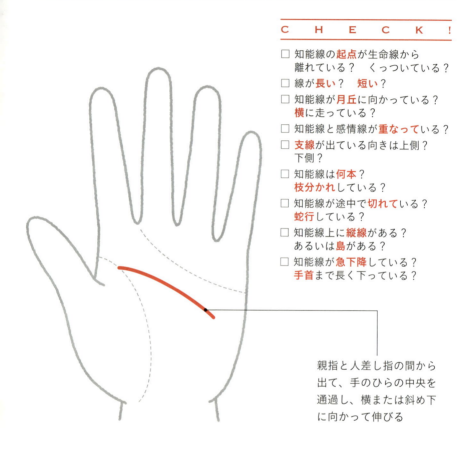

知能線の起点が生命線から離れている

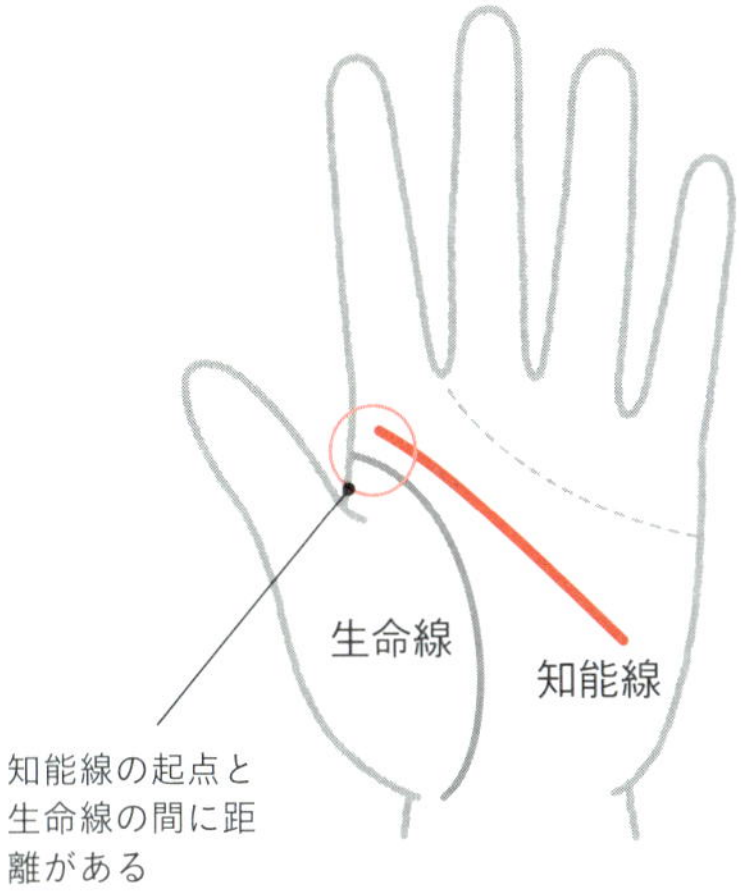
生命線
知能線
知能線の起点と生命線の間に距離がある

大胆すぎるほどの行動派

知能線の多くは、生命線の21歳地点（人差し指の付け根幅分）のところから出ています。これを標準型とするなら、左図のように生命線と離れたところを起点としている知能線は、やや特殊。そのぶん性格も大胆で、冒険心にあふれた行動派のタイプです。生命線からの距離が遠いほど、その性格も極端。８ミリ以上離れている人は、無謀な行動をしがちで失敗も多いので、そのことを十分に自覚する必要があります。

知能線の起点が生命線の途中にある

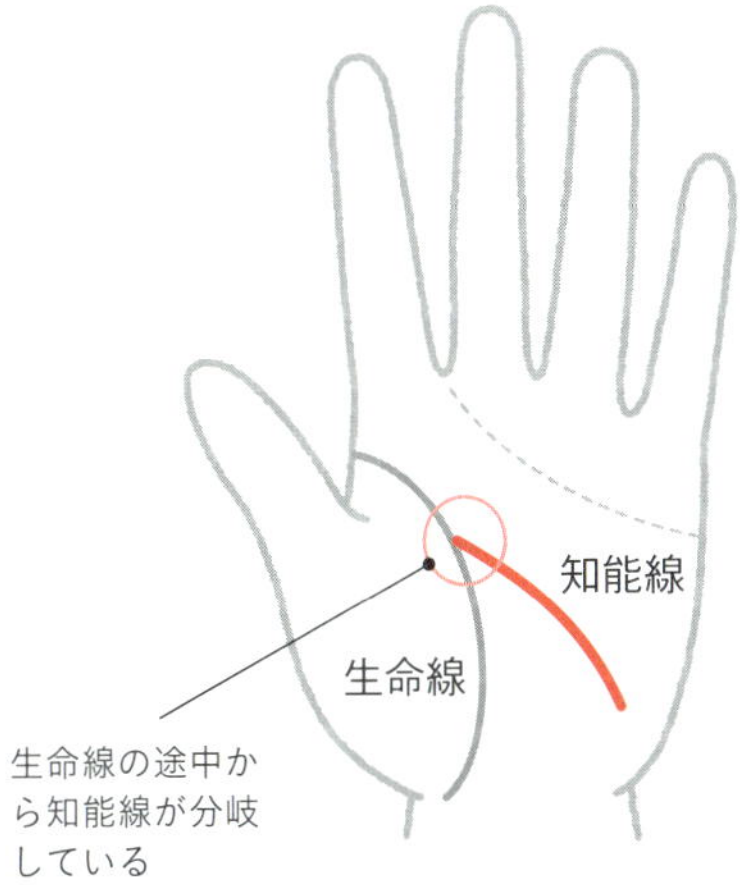
知能線
生命線
生命線の途中から知能線が分岐している

神経質なまでの慎重派

知能線の起点が生命線上にあるタイプには、生命線の途中からスタートしている人もいます。このようなタイプは、離れているタイプとは逆に、とても用心深い性格の持ち主です。引っ込み思案で、言いたいことも言えない人です。ただし、それも生命線から知能線が分岐した流年の年までで、それ以降は外向的で活発な性格になる人がほとんどです。

長い知能線

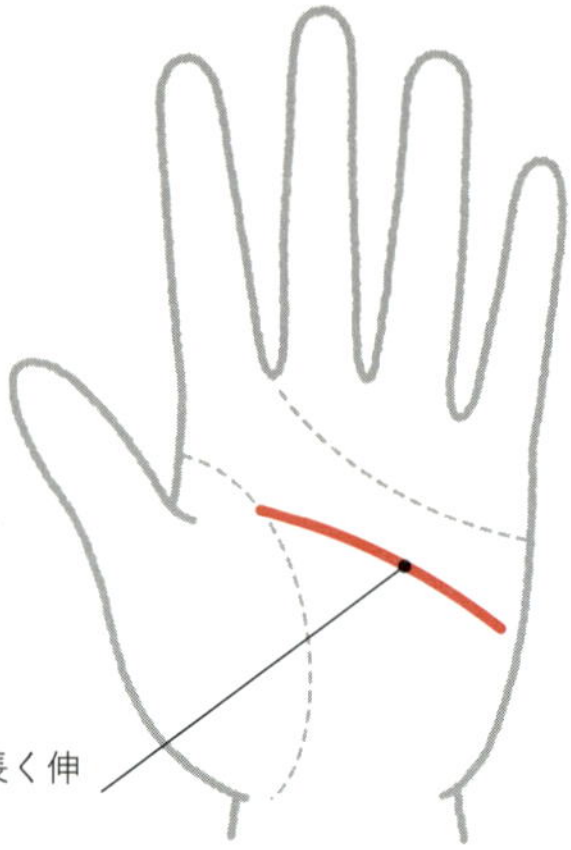
知能線が長く伸びている

じっくり考えてから行動する慎重派

知能線をみるうえで起点と同様に大切なのは、長さです。長い知能線を持つ人は、じっくり思考型。どんなことでも、まず計画を立ててから行動に移し、軽はずみな真似は決してしません。頭脳労働者に向いていて、時間をかけて大作を書いたり、難しいジャンルをマスターしたりする粘り強さに秀でています。欠点は、行動に移す前に考えすぎて、物事が先に進まないところです。

短い知能線

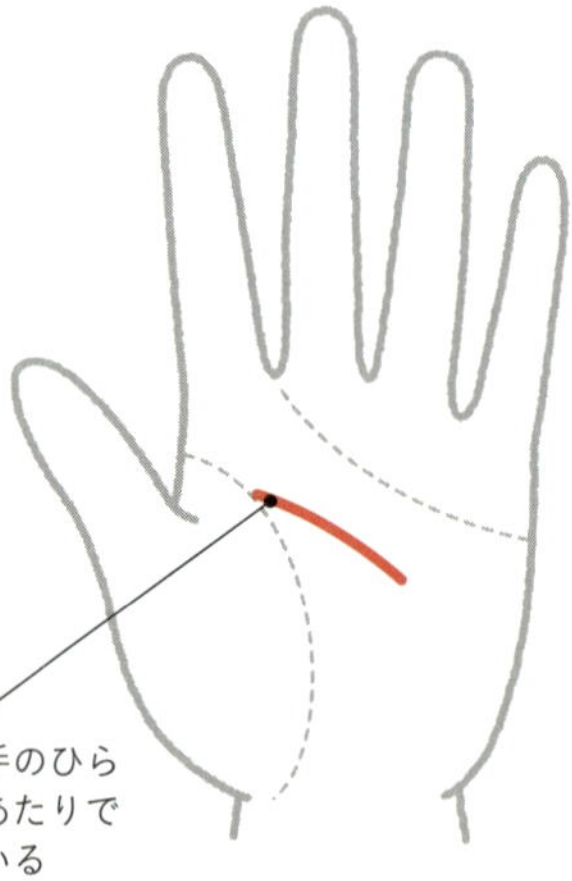
知能線が手のひらの真ん中あたりで終わっている

直感で判断する行動派

知能線の多くは、月丘の手前あたりで止まる長さです。それより短く、手のひら中央あたりで終わっている知能線は、直感型の人です。即、行動するので、一見軽率に思われますが、必ずしもそうではありません。物事をスピーディーに処理できるというのは、とても機転が利くということです。ただし、頭をよく使う仕事を続けているうちに、短い知能線が長くなるケースはたくさんあります。

［ 月丘に向かう知能線 ］

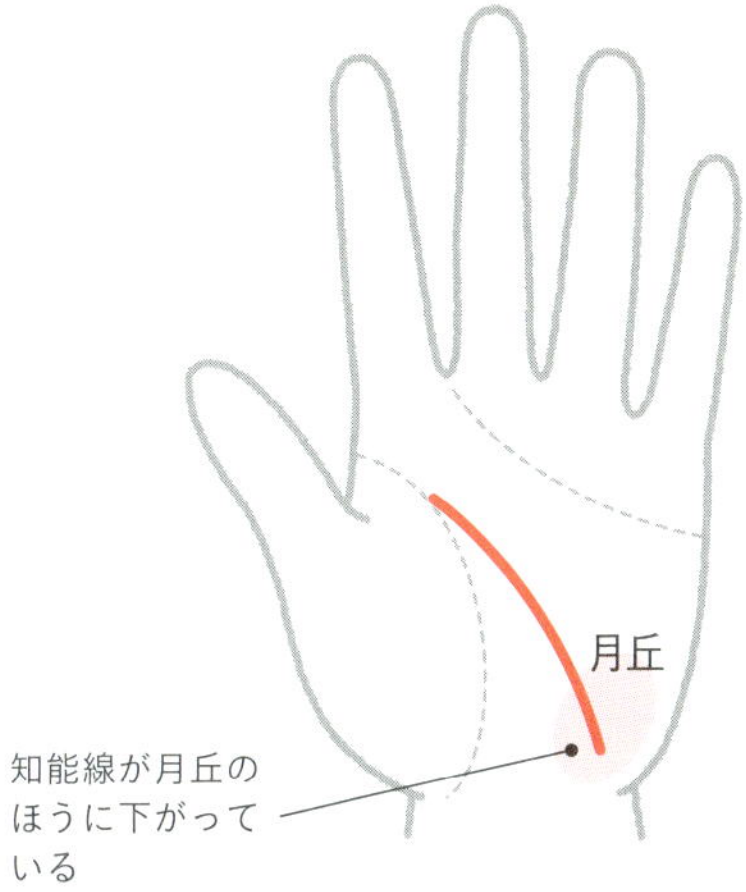
月丘
知能線が月丘のほうに下がっている

空想にふける ロマンティスト・タイプ

長い知能線が月丘に下がっていくタイプ。月丘が発達した人は、霊感に優れ、想像力が豊か。その月丘に知能線がかかるため、想像力にあふれるロマンティストといえます。この相の人は、一人で読書をしたり音楽を聴いたりしながら考えにふける時間を持つことで、豊かな才能を育みます。月丘の下部に達するほど、芸術的なもの、スピリチュアルなものに強く惹かれる人に。

［ 横に走る知能線 ］

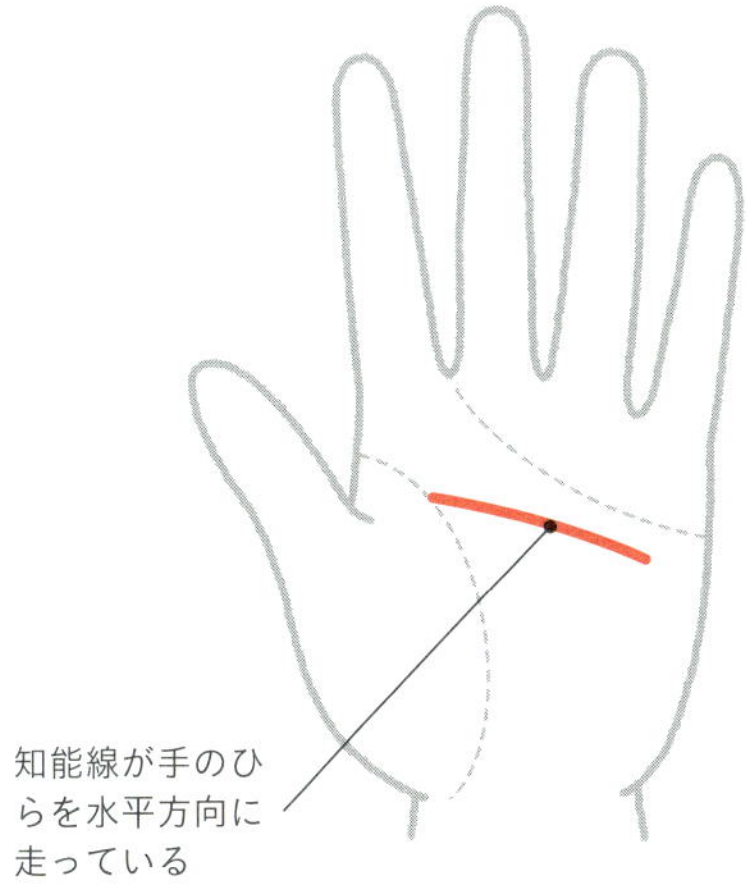
知能線が手のひらを水平方向に走っている

利益追求に長けた現実主義者

月丘に下がっているのとは逆に、手のひらを水平に近い形で横に走る知能線。こういう相の持ち主は、現実主義者です。与えられた課題をテキパキとこなし、行動的で、組織内の競争に誰よりも勝ち抜いていくタイプとなるでしょう。また、利益を優先するところがあり、会社経営や投資、資産の運用にも長けています。一般に標準型といえば、月丘に下がるタイプと横に走るタイプの中間ぐらいの傾きを指します。

マスカケ線

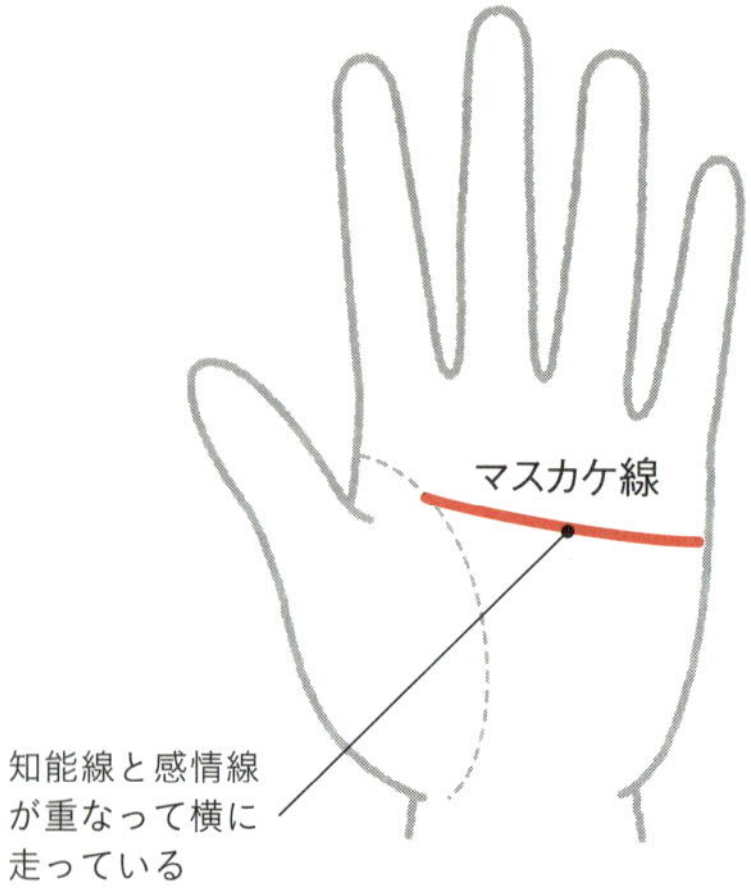

目標達成のために全力を尽くす

マスカケ線は、知能線と感情線が重なり合い真っすぐ横に走る線です。この手相の持主は、目的が定まるとそれに向かって全精力を注ぎ、周囲を驚かす成功を収める強運タイプ。ただし、目標がなかったり小さいものだと単なる変わり者に終わってしまいます。成功のカギは、大好きな仕事や一生を賭ける仕事に出会えるかどうか。100人に2〜3人という珍しい相で、古くは豊臣秀吉や徳川家康がマスカケ線でした。

マスカケ線の上部に感情線が伸びている

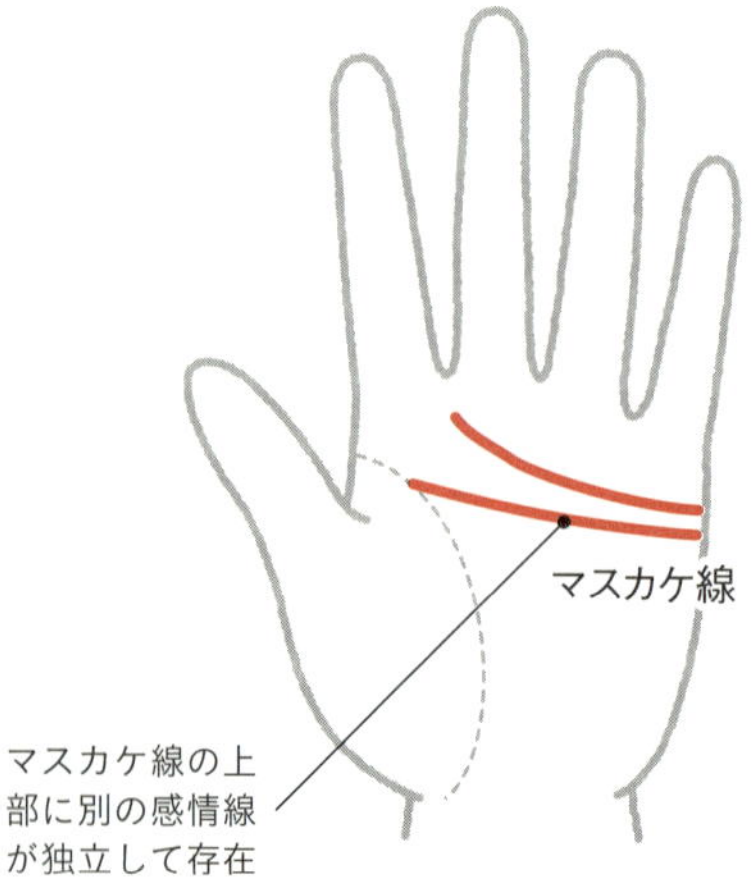

意志力をさらに強くしたマスカケ線

知能線と感情線がつながっているマスカケ線には、いくつか変型があります。そのひとつが、ここで紹介するタイプ。マスカケ線の上部に、もう1本感情線が独立して存在しています。これは、マスカケ線本来の性質に、二重感情線の意味が加わったもの。どんな逆境にも負けないパワーを持ち、夢をあきらめない意志をさらに強くしています。好きな人への愛情表現も豊かです。

途中で急に下降している知能線

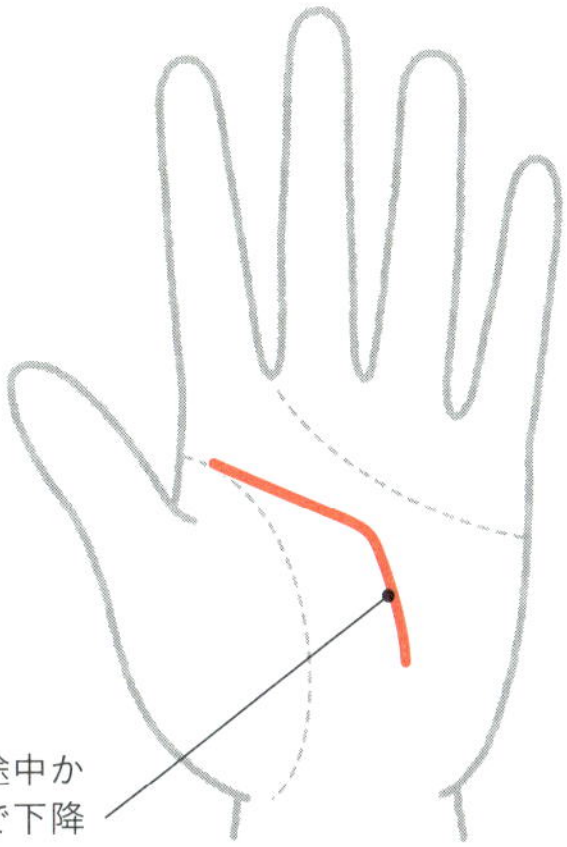

知能線が途中から急角度で下降している

現実的だが最後は夢にチャレンジ

知能線が、途中から急角度で下降している相です。これは、現実的思考と空想的思考の両方持ち合わせた人を、1本の知能線で表現した相です。ですから、夢を実現する能力に長けた人です。両方の才能を持つ人ですから、夢に見ていた素敵なカフェを、しっかり黒字にする手腕を兼ね備えた人だったりします。

マスカケ線から知能線が枝分かれしている

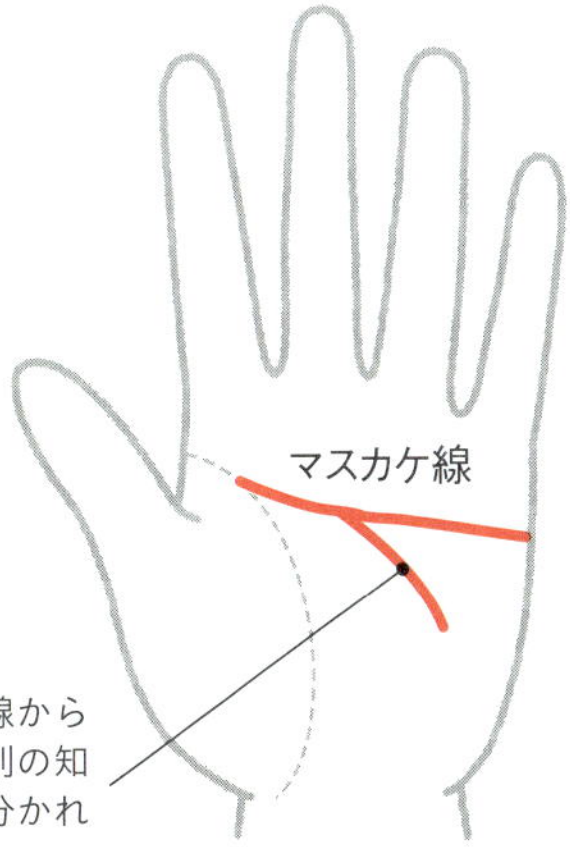

マスカケ線からもう1本別の知能線が枝分かれしている

目標達成に向けて柔軟な思考を駆使

マスカケ線から知能線が枝分かれしているのは、二重知能線の変型マスカケ線です。目標に向かって粘り強く取り組み、独立心旺盛なところはマスカケ線本来の性質と共通。しかし、考え方には柔軟性があり、周囲と協調して、集団でも一人でもうまくやっていけるのが特徴です。堅固で変人タイプのマスカケ線に、もう1本の知能線が加わり、長所を引き出したからです。

知能線上に縦線がある

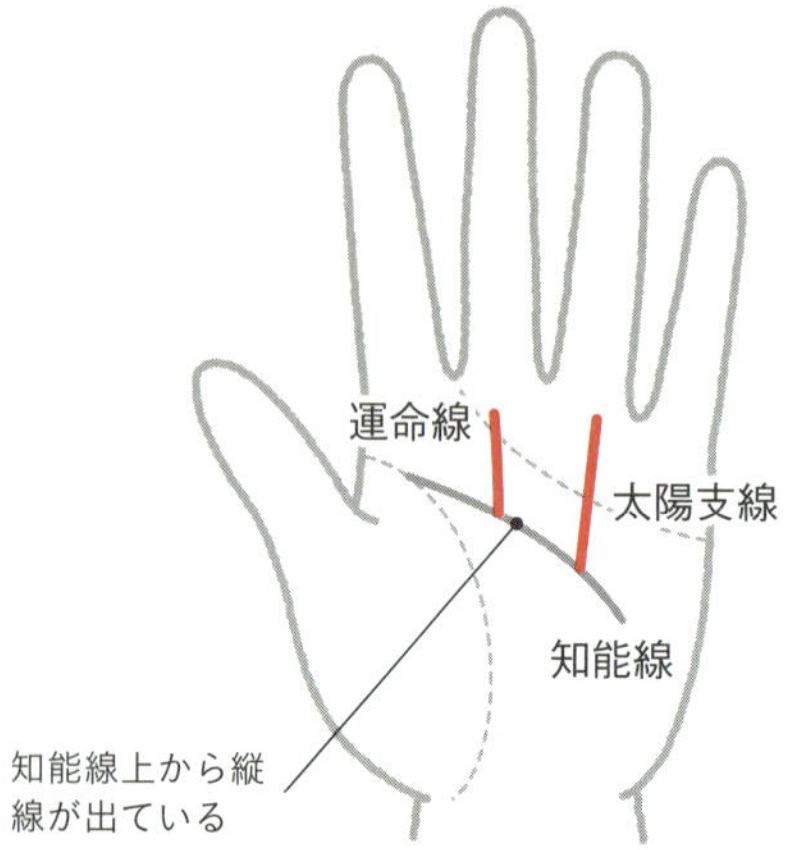
運命線
太陽支線
知能線
知能線上から縦
線が出ている

好きなことに打ち込み、運命を開く

知能線上から縦線が出ている手相。中指に向かうのは運命線で、才能を仕事にする相。先生やプロの専門家になる人です。一方、薬指へ向かえば太陽線で、人気や成功を意味します。太陽線が知能線から上っているので、目指した分野で名を上げ､大きく成功します。専門的な一流レベルまで知識やスキルを高めるわけですから、成功するまでにそれなりの時間はかかるでしょう。

知能線上に島がある

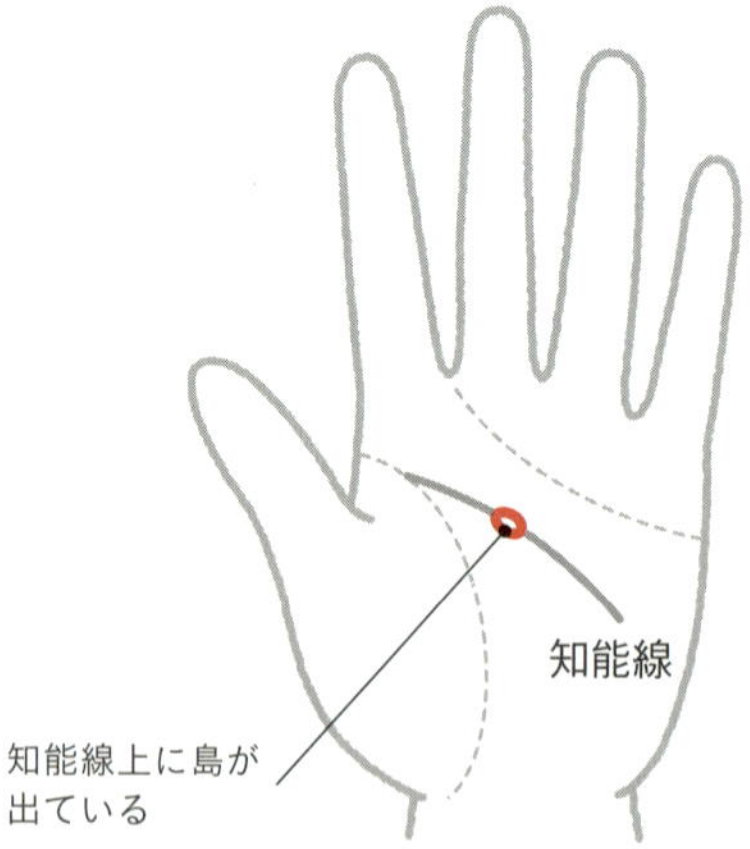
知能線
知能線上に島が
出ている

ストレスがたまり、うつ傾向になる

線上の島は不調が表れる時期を示します。知能線に島があるときは、うつや神経症にかかりやすいと考えましょう。会社員なら、仕事のしすぎで燃え尽きてしまうときが要注意。不向きな仕事や人間関係に悩んでいる人も、環境を変える努力をしたほうがよいかもしれません。島の流年手前の１年間は無理をしないこと。その時期を乗り切れば、島を無事にクリアーできます。

【知能線の上側に支線が出ている】

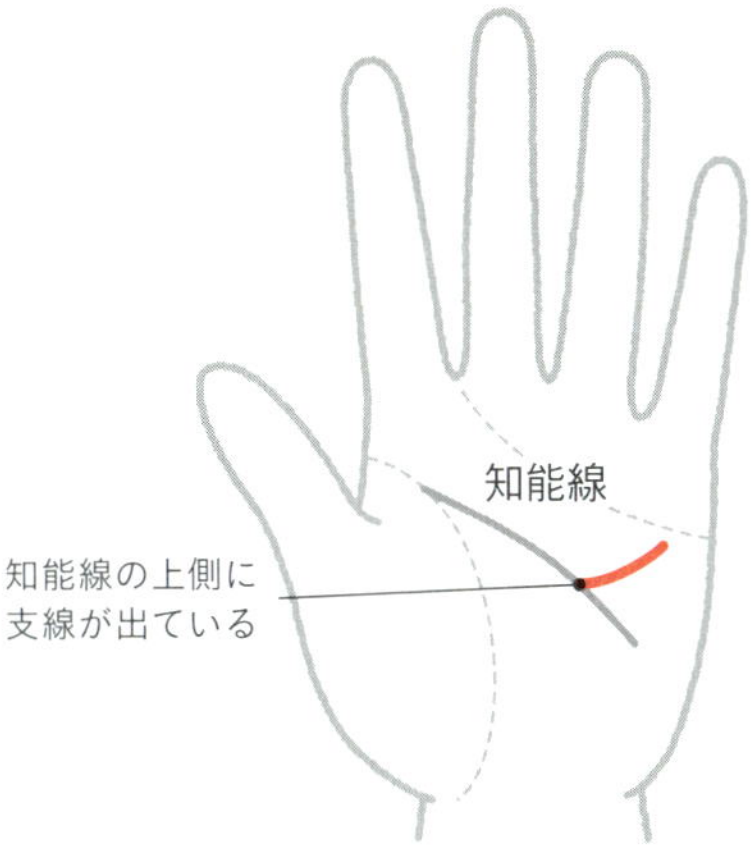

金銭感覚と商才に長けている

知能線上から短く出ているのは支線です。この支線が上側に出ているか、下側に出ているかによって、表れる才能の傾向は異なります。上側に出るのは商才線とも呼ばれ、これがある人は金銭感覚に優れています。本人も金銭に関心があり、事業や投資で成功したり、商売のセンスに優れています。会社の経理担当にも多いタイプです。

【知能線の下側に支線が出ている】

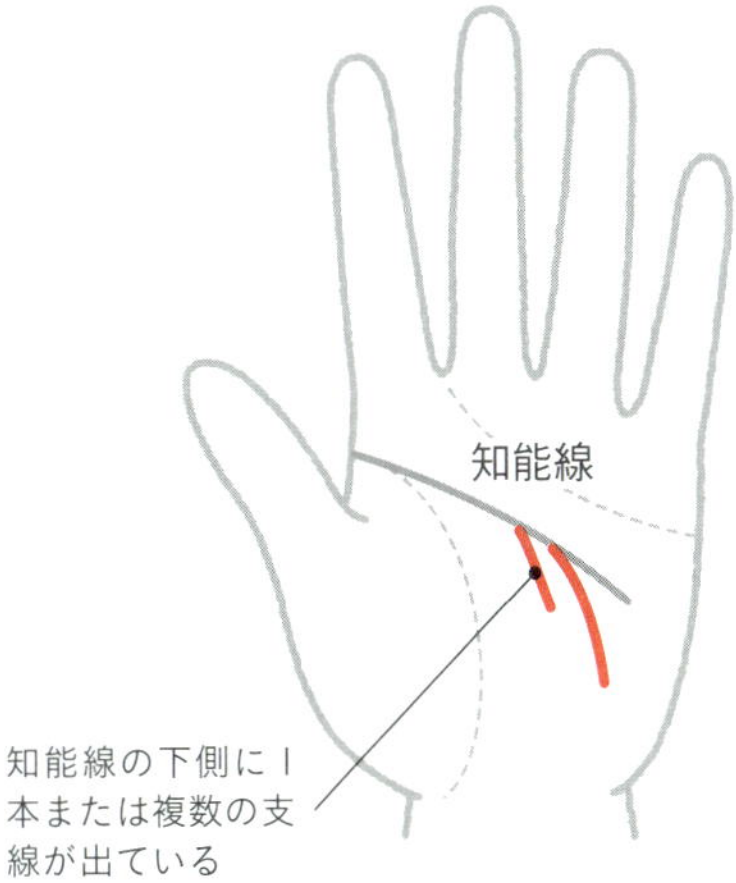

お金は二の次、夢こそすべて

知能線上の支線が下側から出ているのは、才能開発の印。理想のためなら、お金は二の次。どんなに貧乏していても、好きな音楽に打ち込んだり、小説をかいたりしていれば幸せという人には、こういう手相を持った人がたくさんいます。支線は1本ごとに、開拓したひとつの才能を意味します。したがって、何本も支線が出ている人は、そのぶんだけ多芸の持ち主ということになります。

知能線が2本ある（二重知能線）

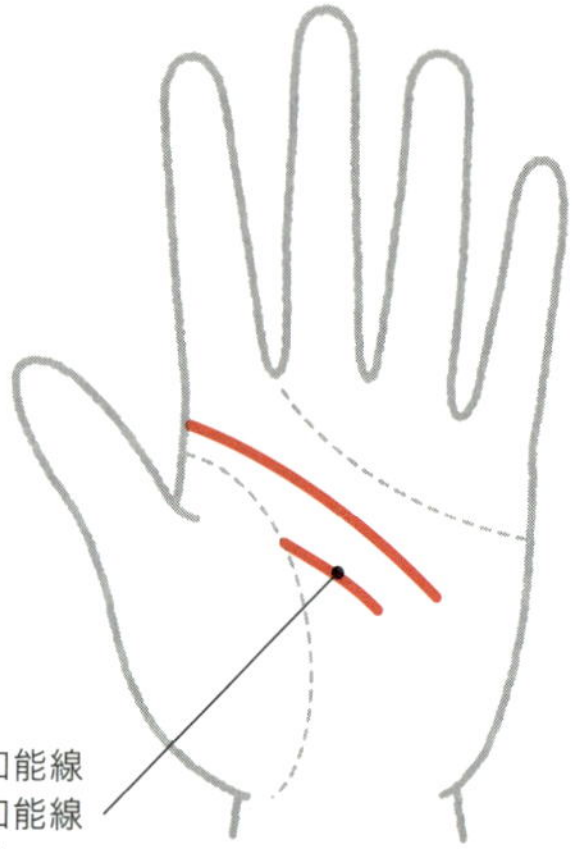
メインの知能線
とサブの知能線
が出ている

多才でさまざまな状況に対応できる

知能線が2本あるのは特殊で、二重知能線と呼ばれています。二重知能線の特徴は、2つの性格・才能を合わせ持っていること。長い線がメインの性格として強く表に表れ、短い線がサブの役割を果たします。いつも大胆で行動的なのに、用意周到で用心深い面もある、といった性格として表れたりします。多くの才に恵まれ、そのぶんチャンスもたくさん巡ってくるでしょう。

途中で枝分かれしている知能線

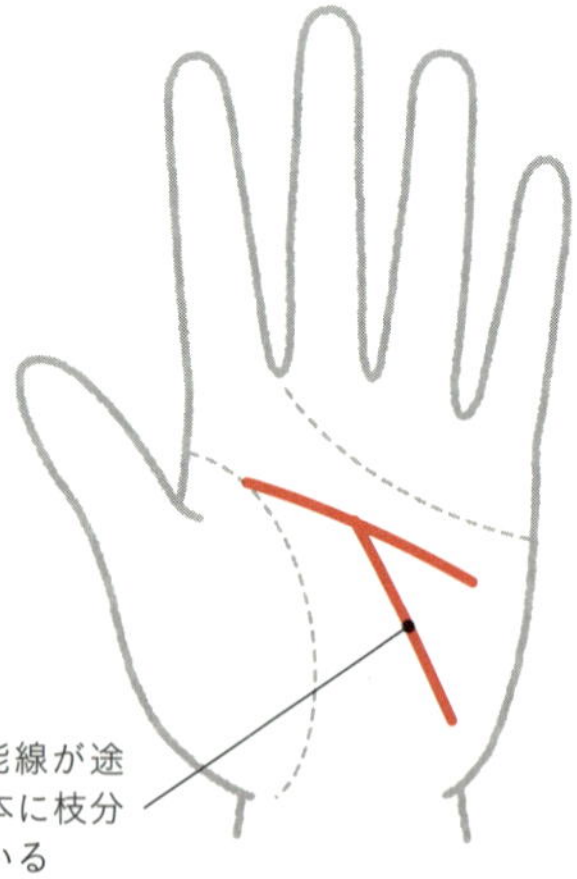
1本の知能線が途
中から2本に枝分
かれしている

枝分かれした2つの線の才能と性格を兼備

二重知能線の一種ですが、こちらは知能線の途中から枝分かれしているタイプ。並行する二重線と同様に、両方の線が持つ性格と才能を兼ね備えています。したがって、横走りする知能線は現実的性格、下垂する知能線は空想的性格というように、両方を持ち合わせていることになります。多芸多才なところも同じです。異なる分野に興味を持ち、どちらにおいても活躍できます。

切れ切れになっている知能線

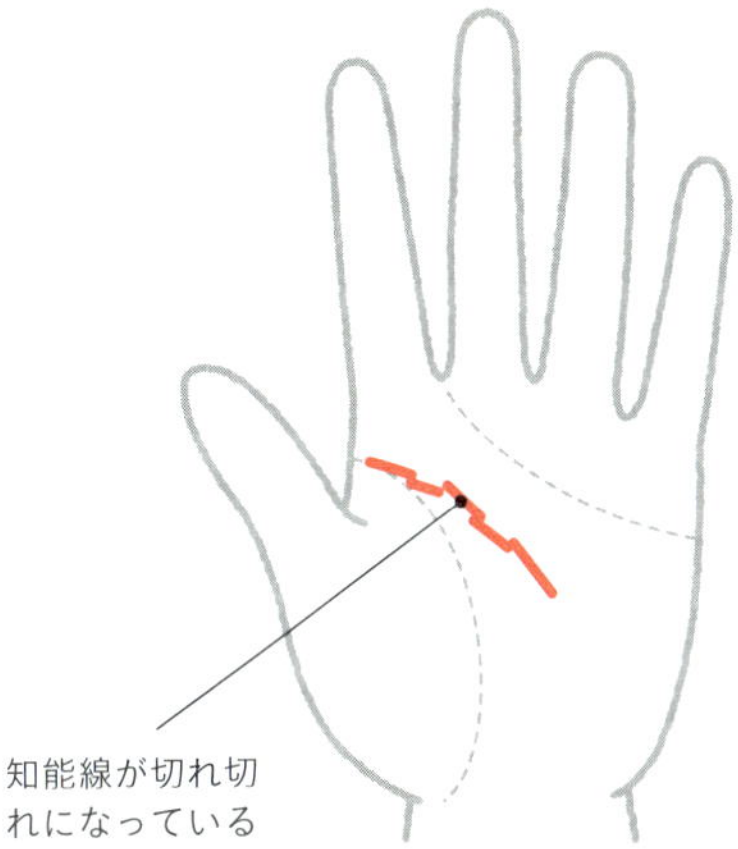

意志が弱く、信念を貫けない

知能線には、その人の知的傾向（考え方）が端的に表れます。その知能線が切れ切れになっているわけですから、考え方がコロコロと変わる人ということです。人からあれがいいといわれれば、そちらに傾き、自分の都合が悪くなれば平然と前言を撤回するなど、何事にも意志が弱く、信念を貫くことをしません。そういう自分の弱さに気づき、意志を貫く努力をすれば、切れ切れの線もやがてつながってきます。

蛇行している知能線

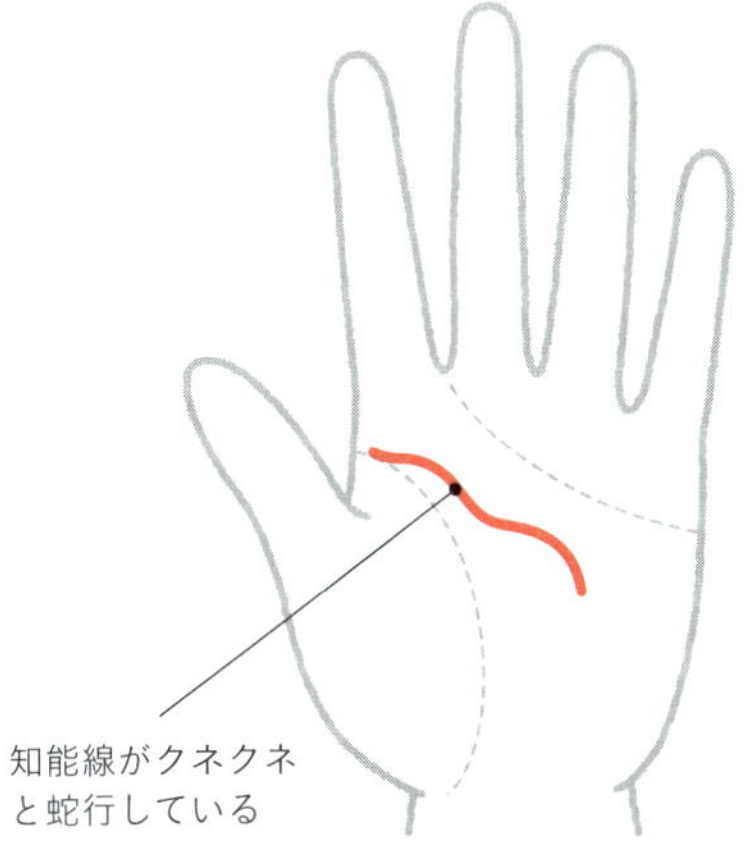

マイペースだが寄り道人生がもったいない

知能線が蛇行している手相を持つ人は、あっちの仕事、こっちの仕事と、無駄な時間を過ごしてしまう、寄り道人生を送る傾向があります。周囲からは要領が悪い人、という評価を与えられてしまうかもしれません。まず、何を人生でやりたいのか、それを決めるのが解決策となります。そのゴールに向かって、まっすぐ進むことを心掛けましょう。

感情や性格がわかる　**感情線**

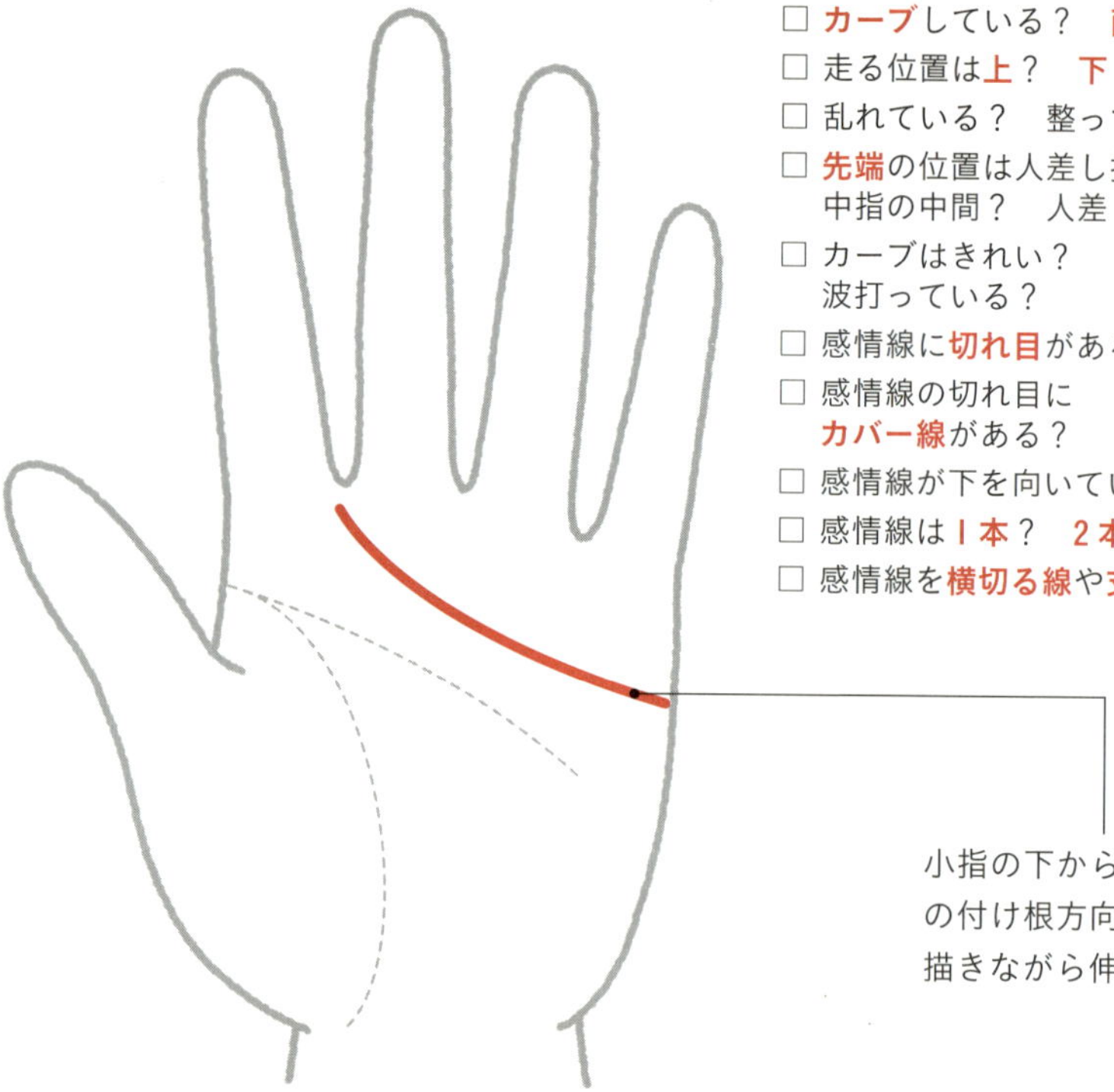
小指の下から人差し指
の付け根方向に曲線を
描きながら伸びている

CHECK!

- □ 線が**長い**？　**短い**？
- □ **カーブ**している？　**直線**に近い？
- □ 走る位置は**上**？　**下**？
- □ 乱れている？　整っている？
- □ **先端**の位置は人差し指と中指の中間？　人差し指の下？
- □ カーブはきれい？ 波打っている？
- □ 感情線に**切れ目**がある？
- □ 感情線の切れ目に**カバー線**がある？
- □ 感情線が下を向いている？
- □ 感情線は**1本**？　**2本**？
- □ 感情線を**横切る線**や**支線**がある？

自分でも気づかなかった資質に目覚める

その人の感情や、それが表に出たときの性格が示されているのが感情線です。感情表現は他者との関係に大きく影響するため、どんな恋愛や家庭生活を営むか、愛情に関する一生のシナリオも知ることができます。知能線に加えて感情線をみれば、自分でも気づかなかった資質に目覚めることができるでしょう。

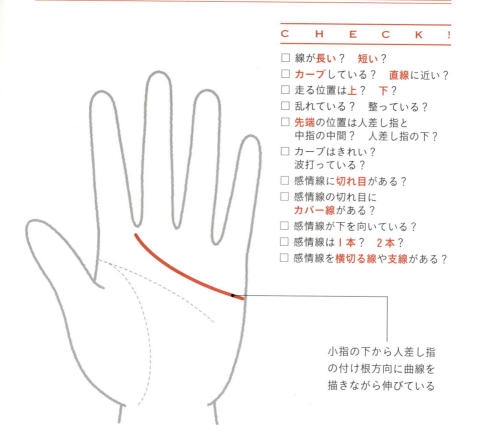

長い感情線

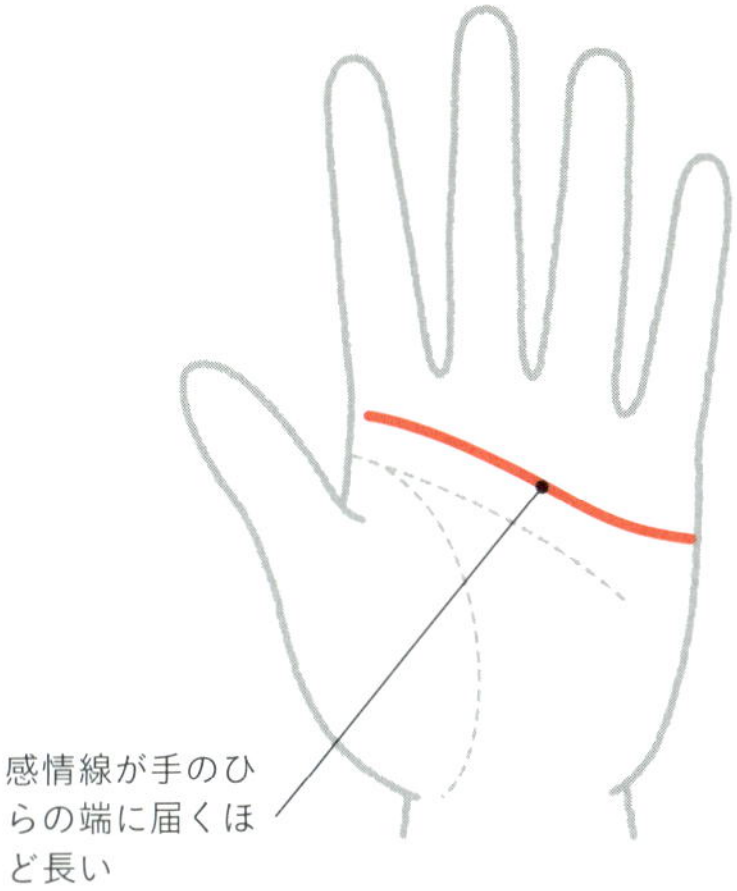
感情線が手のひらの端に届くほど長い

激情的な性格で突き進む

感情線でまず見るべき基本ポイントは、線の長さです。人差し指の下よりも伸びて、手のひらの端まで届きそうな長い感情線を持つ人は、とても激しい感情の持ち主です。好きな人ができたら、激しい恋心をおさえられず、とにかくアタック。おつきあいが始まれば、ほんの些細なことにも嫉妬の炎をメラメラと燃やします。この情熱を創造的な表現に結びつけるなら、天才的な才能を発揮するかもしれません。

短い感情線

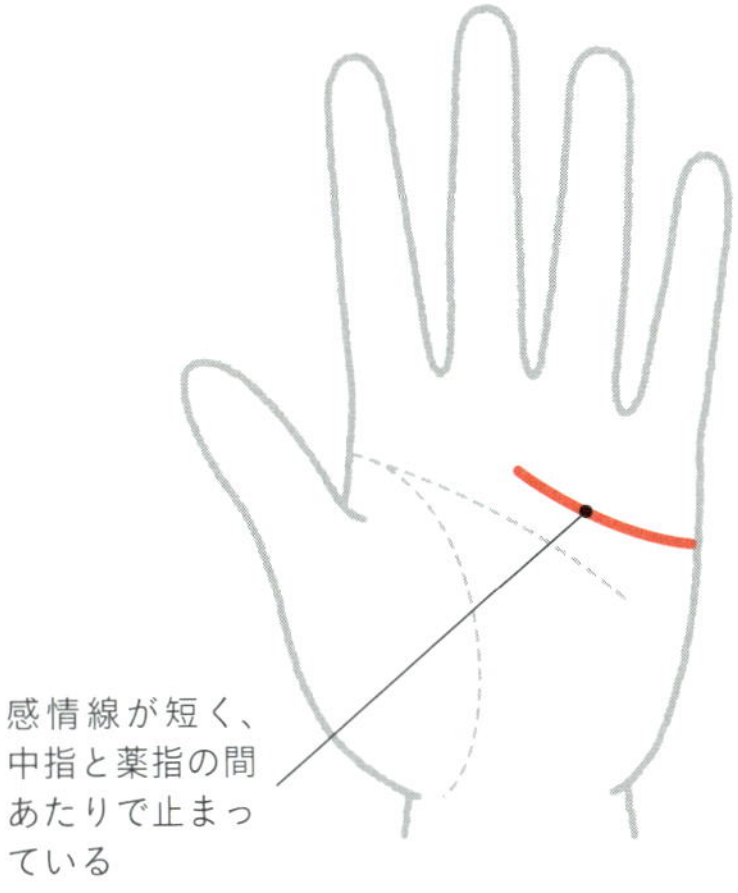
感情線が短く、中指と薬指の間あたりで止まっている

何事にも冷静だが
感情表現は苦手

人差し指と中指の間くらいまで伸びている感情線が標準型なのに対し、それより短いタイプも稀に存在します。この相の人は、いつも冷静沈着。感情に流されず、物事をクールに処理する能力に長けています。ただし、個人的なつきあいの中では、おもしろみに欠ける人と思われているかもしれません。意識的に感情表現を豊かにするよう努めれば、感情線も伸びてきます。

急カーブする感情線

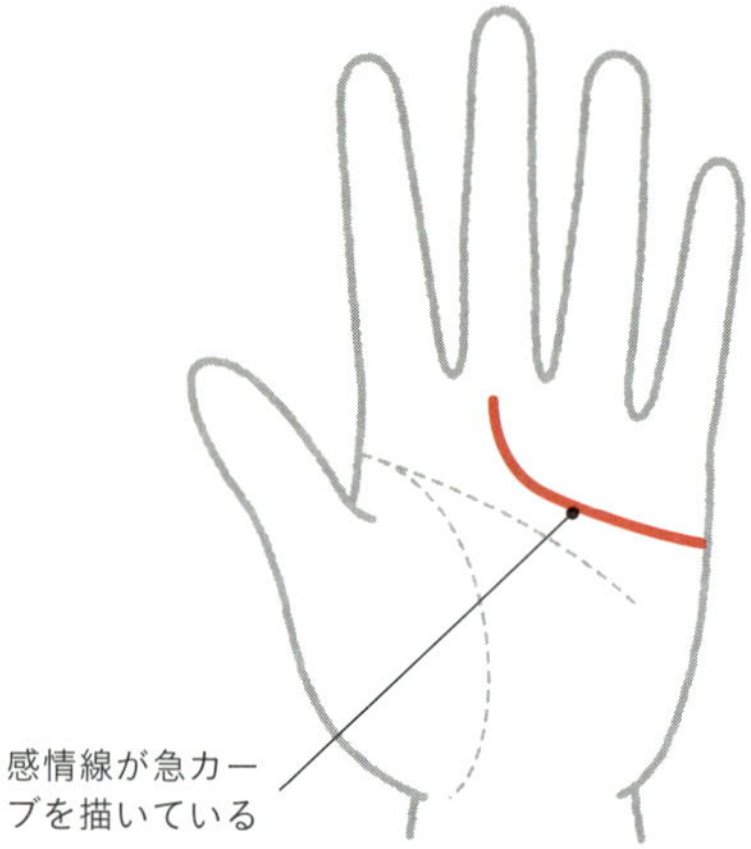
感情線が急カーブを描いている

カーブが急激であるほど感情が熱い

長さのほかに、感情の激しさを図る尺度が曲線の描き方です。感情線が急激に曲がっている相は、情熱家であることを示しています。これと決めた夢を成就するためなら、すべてを投げ打ってもかまわないという人に多いタイプです。恋に盲目的になって、不倫に走る人の中にもこういう相の人が多くいます。情熱を持つことはすばらしいことですから、使い道次第ですね。

一直線に近い感情線

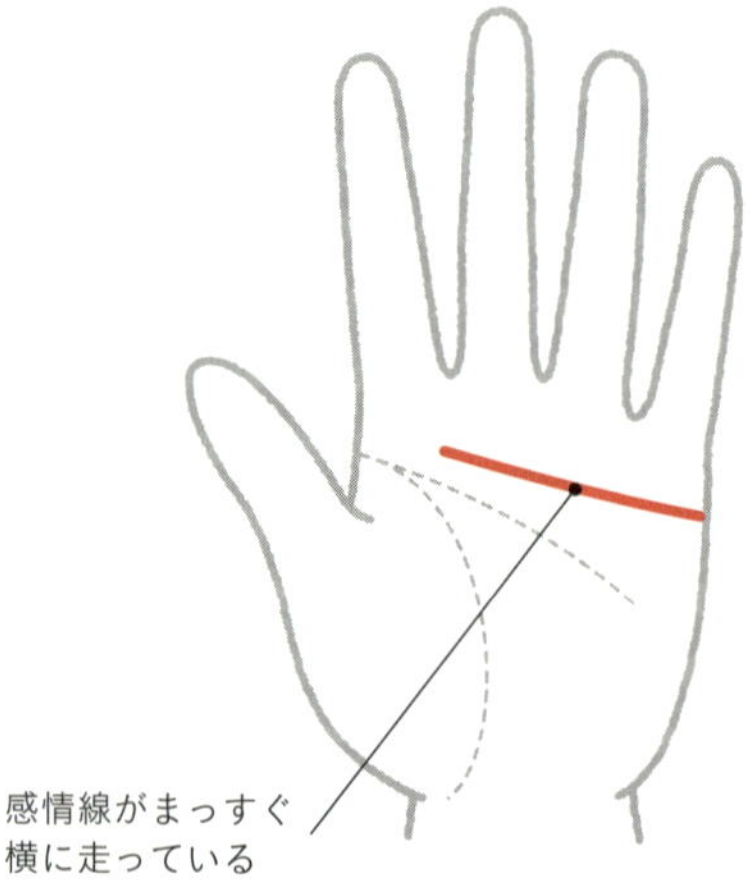
感情線がまっすぐ横に走っている

感情をコントロールしがち

急カーブの感情線を持つ人に情熱家が多いのに対し、一直線に近い感情線を持つ人は、それとは逆にとても冷静な性格の持ち主。いつでも感情をコントロールし、周囲に対しても落ち着いた態度で接するので、信頼を得やすいタイプです。ただ、一緒にいて楽しい相手だとは思われにくいでしょう。相手の懐に飛び込んで、素直に喜びや楽しさを表現していけば、まっすぐな感情線も上を向くようになります。

普通より上を走る感情線

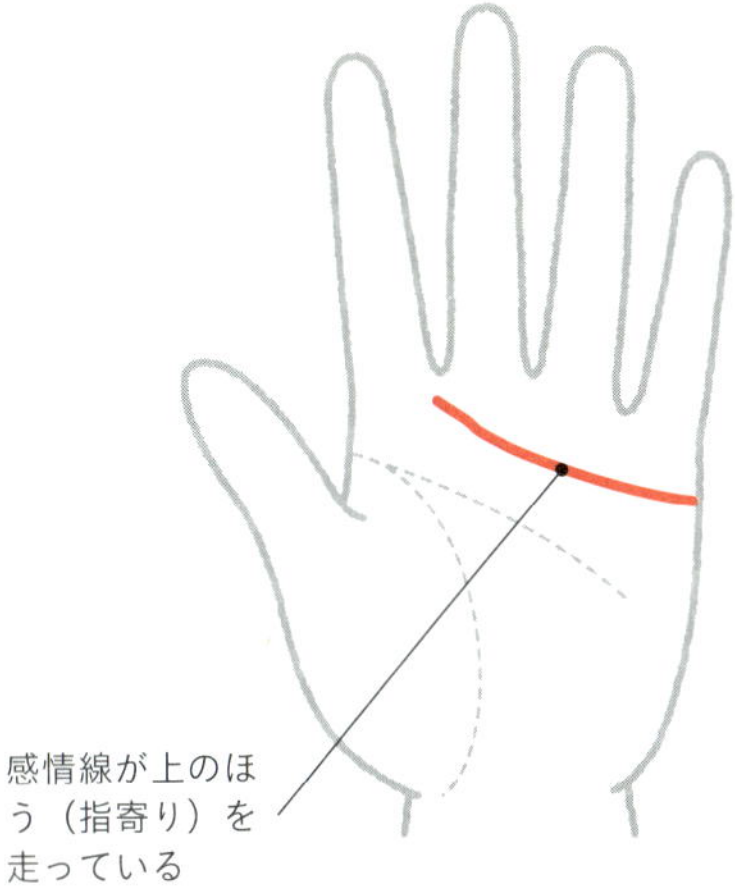

感情のおもむくままに行動する自由人

感情線は指の付け根と生命線の間を横に走っていますが、それが上のほう（指寄り）にあるか下のほう（知能線寄り）にあるかでも、感情の表れ方は変わります。感情線が上のほうにあるほど感情豊かで、感情をコントロールするのは苦手です。反面、感情のおもむくままに行動する自由さが長所ともいえます。その性格をうまく活かせれば、天才といわれる人になるでしょう。

普通より下を走る感情線

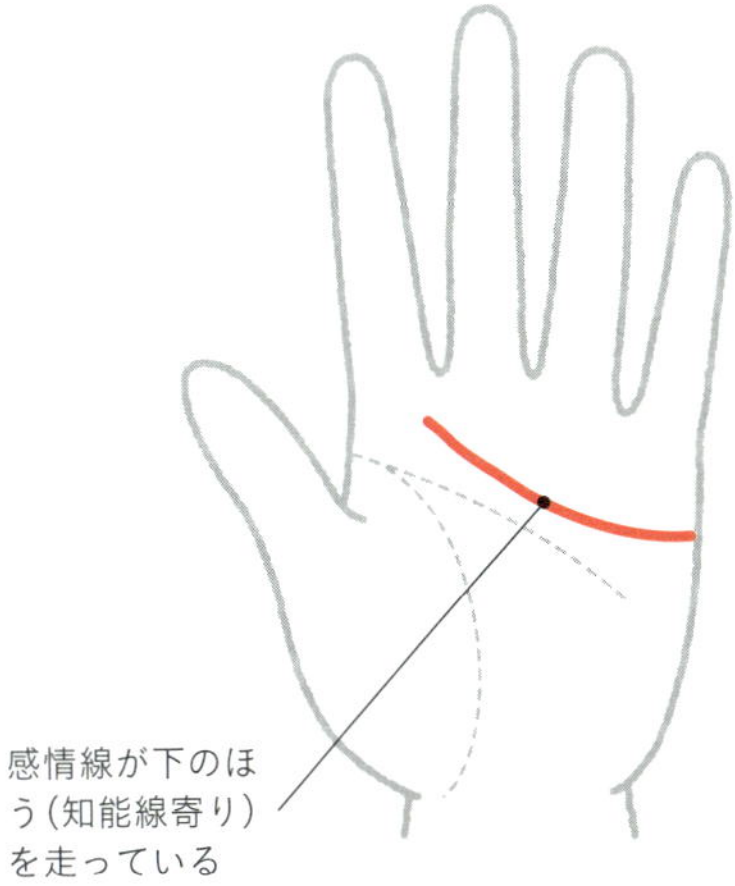

感情を抑制し落ち着いて行動

感情線が下のほうにある人は、それが知能線寄りであればあるほど、自分の感情をコントロールできる落ち着いた人といえます。あまり落ち着きすぎて、思い切った冒険ができないところは短所ですが、大きな失敗をしないという意味では長所です。自分の本当の気持ちに素直になって行動すると、下の方にある感情線も少しずつ上に移動してきます。

乱れている感情線

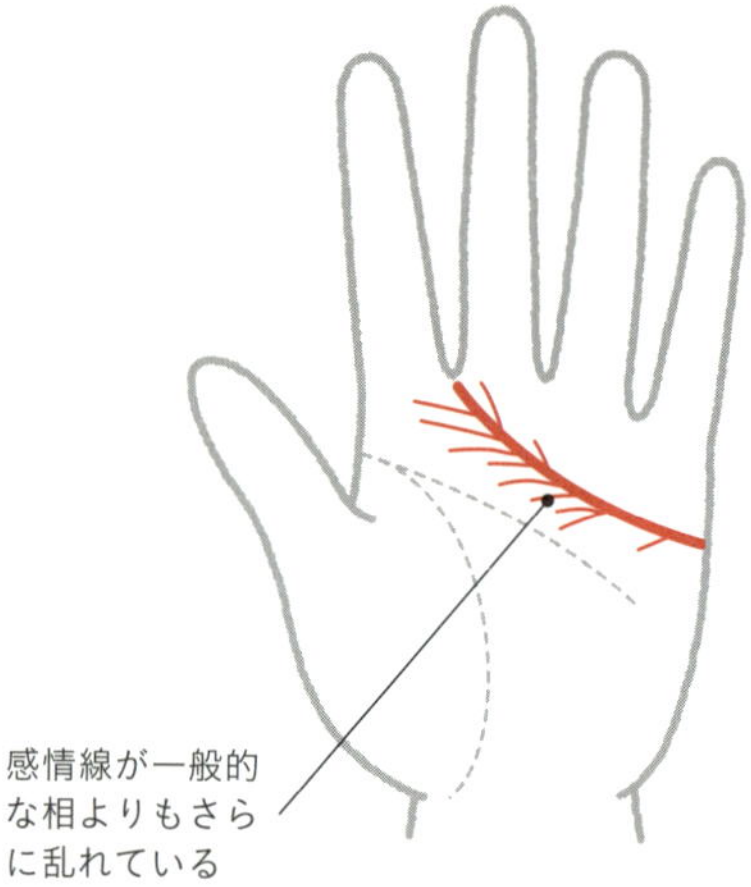
感情線が一般的な相よりもさらに乱れている

多感で人好きのする人情家

人の感情は常に一定というわけではありません。そのため感情線も、多少は乱れているのが普通です。しかし、中にはこの図のように､激しく乱れまくっている感情線もあります。この相の持ち主は、とにかく多感です。愛情をはじめとする人間関係にはとても敏感。喜怒哀楽をはっきり表現するので、周囲の受けはいいでしょう。飽きっぽくて気分屋なところがあり、恋にも仕事にも浮気っぽい人です。

1本の線がスーッと入っている感情線

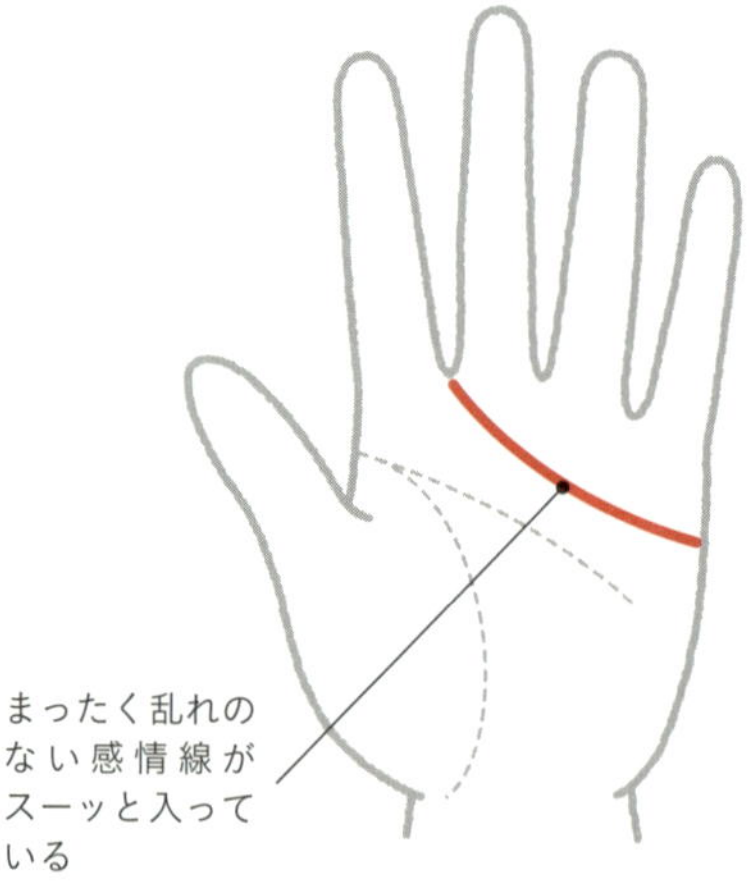
まったく乱れのない感情線がスーッと入っている

軽率な行動を慎むクールな性格

大きく乱れた感情線とは正反対に、まったく乱れがなく、1本の線がスーッと入っている感情線もあります。こういう相の持ち主は、感情がクールな人。クールすぎて物言いがストレートになってしまうとトラブルの元ですが、周囲を冷静に観察する能力があるので、軽率な言動をすることはないでしょう。恋をしても、冷静さを保つことができます。

先端が人差し指と中指の間に入る感情線

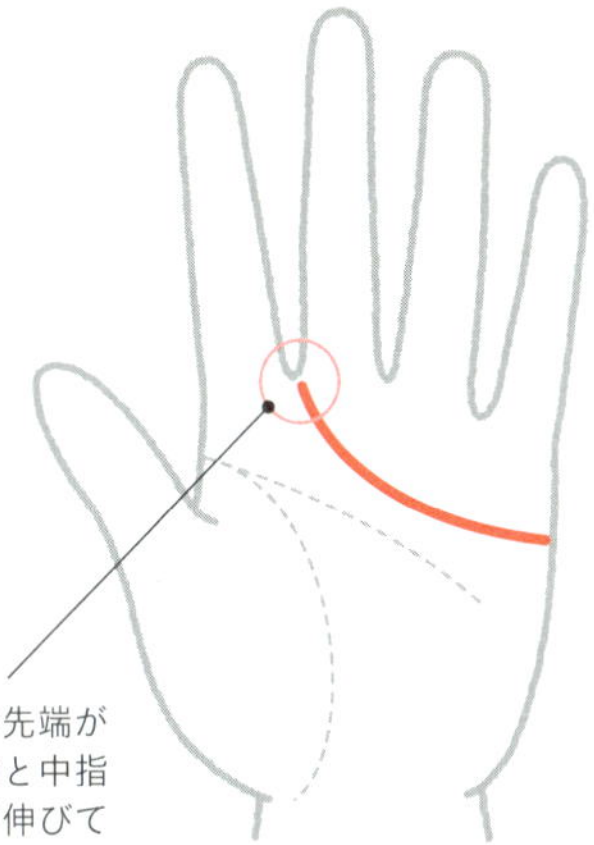

感情線の先端が人差し指と中指の間まで伸びている

相手をダメにするほど尽くしてしまう

先端が人差し指と中指の間に入っている感情線です。この相の人は、とにかく相手（恋人、結婚相手、家族）によく尽くします。いろいろやりすぎて相手を甘やかし、ダメにするほど尽くしてしまうのが問題です。ほどほどを心がけましょう。

先端が人差し指の下に伸びる感情線

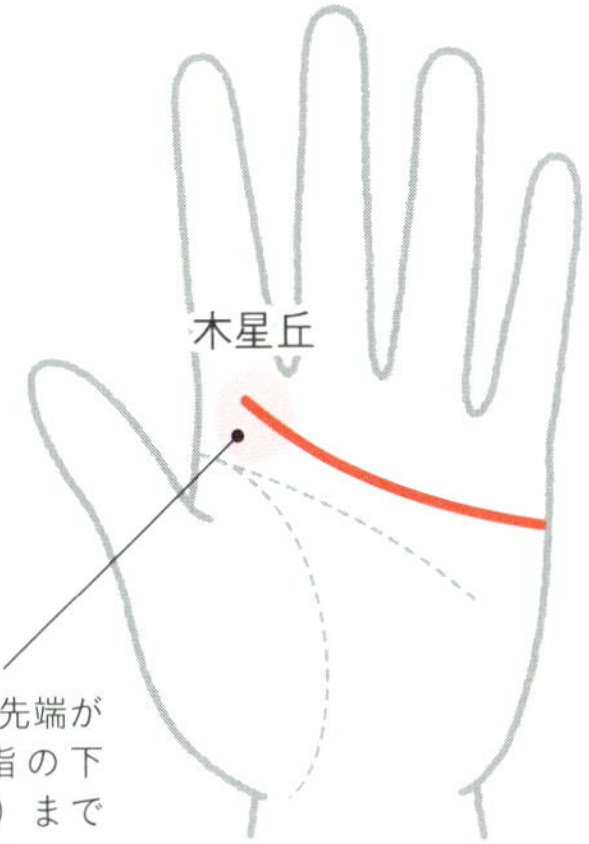

感情線の先端が人差し指の下（木星丘）まで伸びている

自分にも他人にも高い理想を求める

感情線の先端が人差し指の下に伸びている人は、とても高い理想の持ち主。自分を成長させようと頑張るぶん、関係する相手にも同じ理想を抱き、志の低い人は受けつけない傾向があります。特に恋人や結婚相手には、社会的な立場が高い人や尊敬できる人を選ぼうとします。自分の成長に相手の成長が追いついてこないと判断すれば、関係解消にも迷いはありません。

きれいにカーブしている感情線

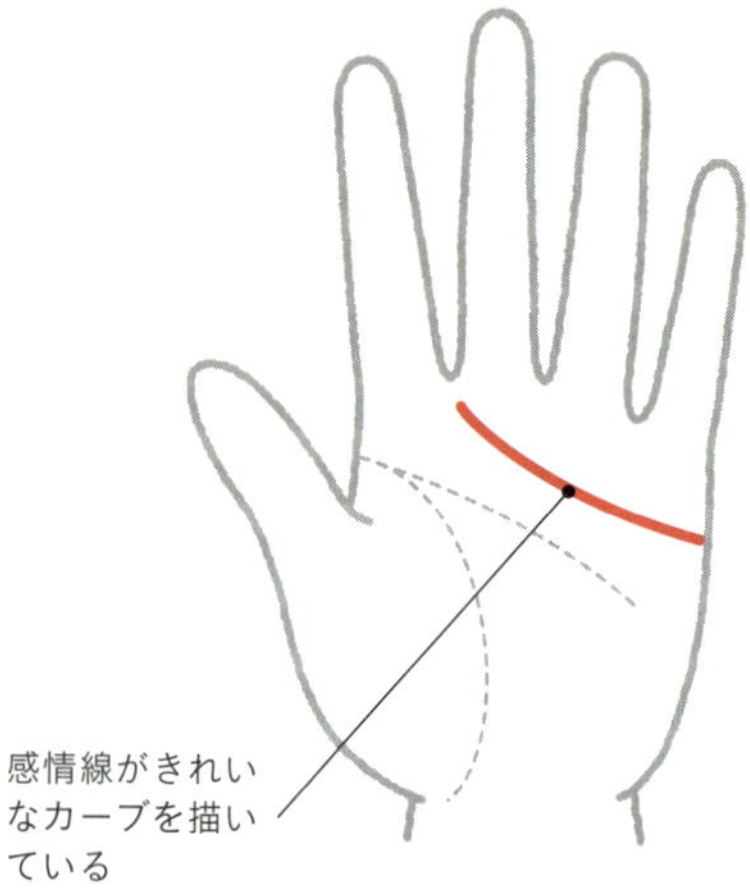

愛情面が順調な生活を送っている

感情線が図のようにきれいなカーブを描いているのは、愛情関係が順調な人です。世の中の多くの人が当たり前のように恋愛し、結婚していることから考えても、この相はきわめて一般的なものといえます。この相を持っていても、恋愛がうまくいかない場合は、生活が破綻しているなど、何か別の要因が考えられます。そこを改善するだけでも、状況がガラリと変わります。

波打っている感情線

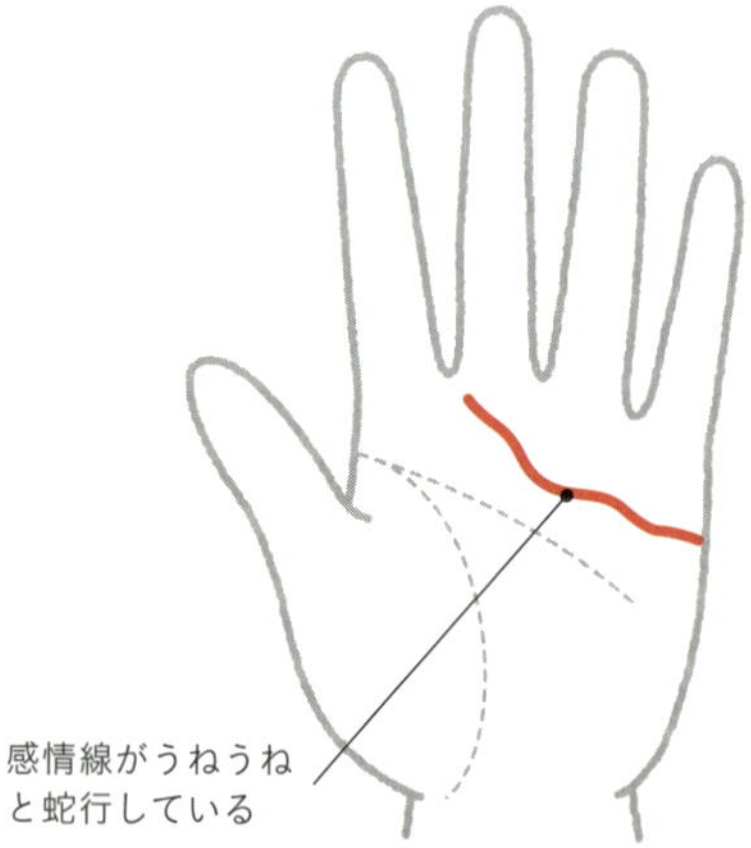

愛情面で遠回り、寄り道をしている

きれいなカーブを描くのとは真逆の、うねうねと波打った感情線です。手相における線の蛇行は、遠回りを意味しますから、感情線における蛇行も同じ。愛情や結婚と関わる感情線が遠回りの相を示すということは、かなわぬ恋や不倫、結婚願望がない相手にこだわるなど、いつまでも前に進めないことが原因。一度落ち着いて考えてみる必要があります。

感情線に切れ目がある

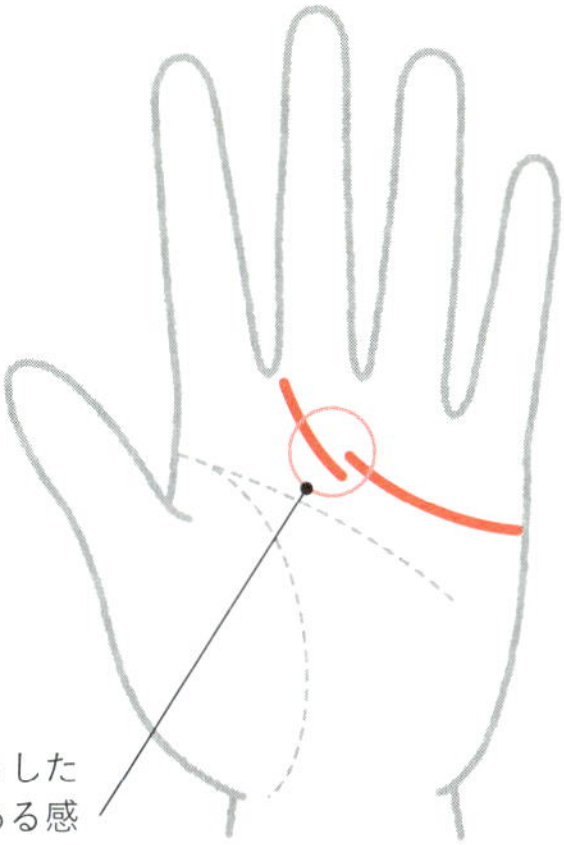

はっきりとした切れ目がある感情線

愛する人と破局する可能性を警告

愛情を表す感情線に切れ目があるのは、その愛情に対して発せられた警告です。恋愛がこじれたり、離婚したりするかもしれません。その時期は、切れ目のある場所から流年で割り出すことができます。ただし、切れ目はあくまで警告であって、必ずそれが起こるというものではありません。時期がわかっていれば、何らかの対策を講じることで破局の回避が可能です。

感情線の切れ目にカバー線がある

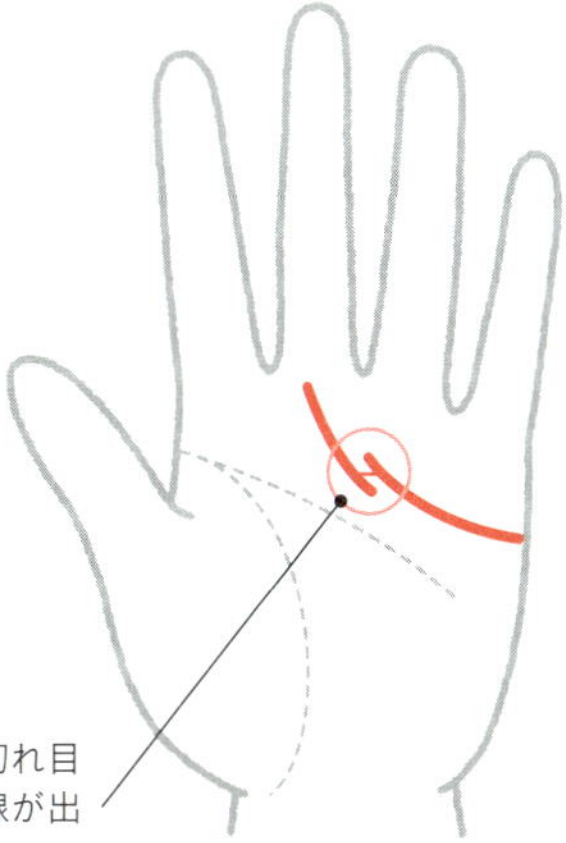

感情線の切れ目にカバー線が出ている

恋愛が破局せず、元のさやに収まる

感情線の切れ目をつなぐように、短いカバー線が出ていることがあります。切れ目が破局の予兆であることには変わりませんが、最終的には破局を回避し、元のさやに収まることを意味しています。感情線に切れ目を見つけ、破局を避けるための努力をした結果、カバー線が出てくることも珍しくありません。大切なのは、トラブルの原因を知り、解決に向けて努力することです。

先端が下を向いている感情線

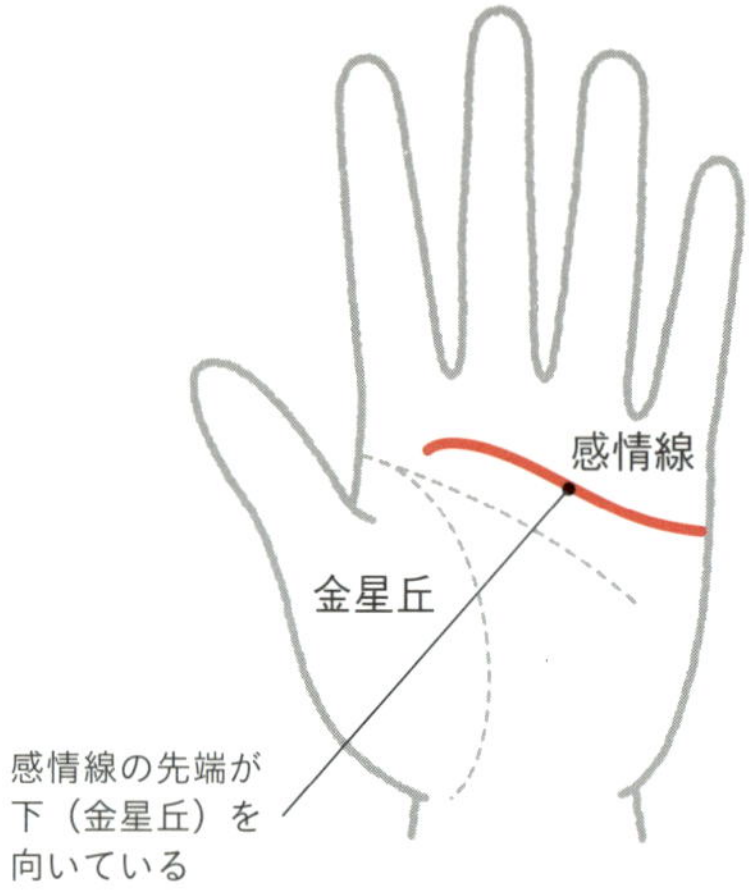

真の優しさにあふれる慈悲深い人

感情線の先端が下（金星丘）を向いています。金星丘は愛情の丘。したがって、この相の持主は非常に優しく、慈愛にあふれた人です。今はこの線がないという人でも、人生経験を重ね、愛の深さを知ることで、感情線の先端が金星丘の方に近づいていきます。また、感情線から金星丘に向かう下向き支線が出るのも、先端の下向き相と同様です。

二重感情線

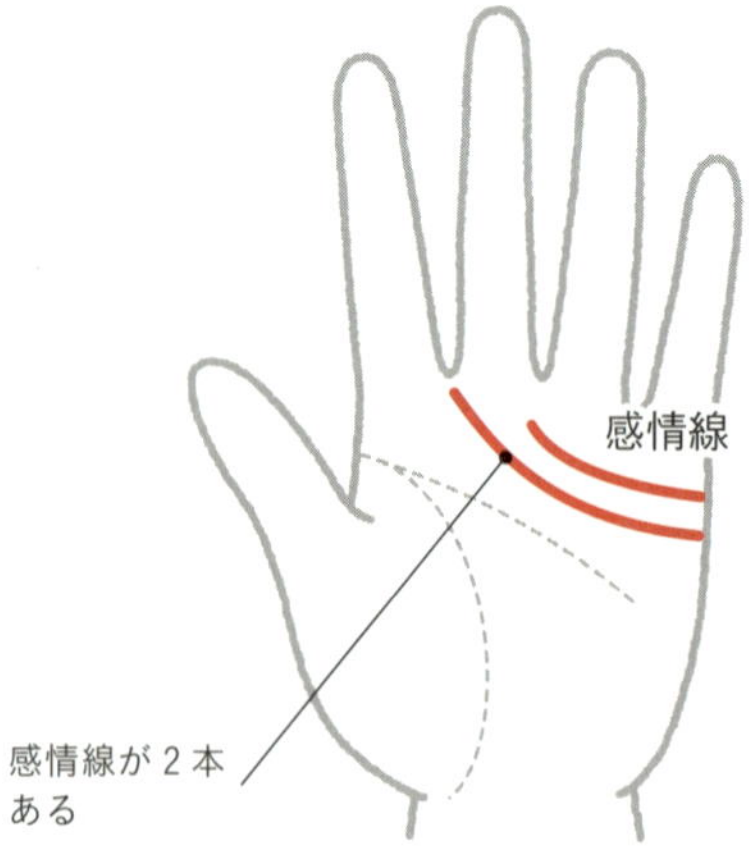

夢を持ち、逆境を乗り越える

割合からすると全体の1割程度ですが、二重感情線を持つ人がいます。この相の持ち主は、たとえ外見がひ弱そうでも、強い意志と不屈の闘志を備えています。どんな逆境にも負けることなく、困難を乗り越えられるでしょう。逆境に打ち勝つ経験をしてきた人に、二重線が後天的に出てくるケースも少なくありません。夢の実現を第一とする人なので、恋愛は後回し。それでいてモテますが、離婚率が高いのも特徴。

感情線を横切る線がある

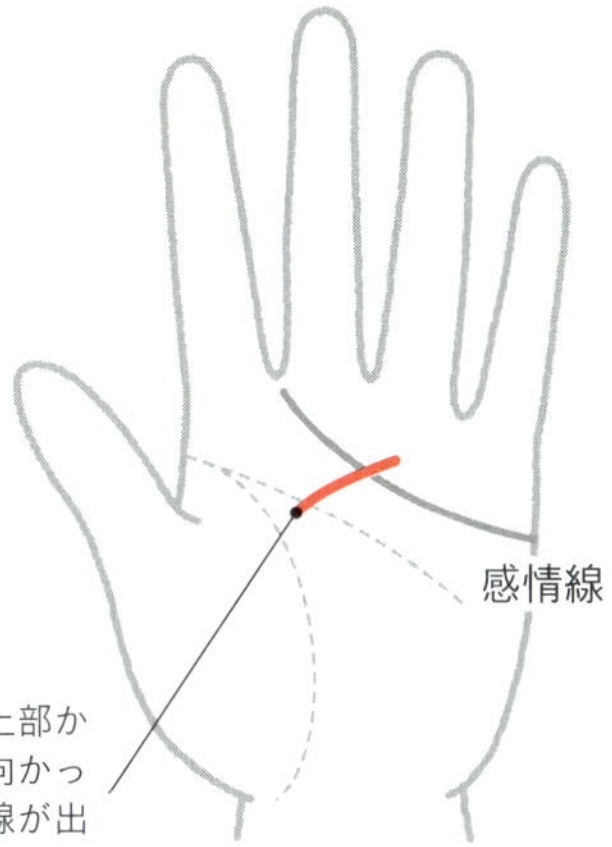

感情線の上部から親指に向かって横切る線が出ている

結婚につながる大恋愛が待っている

感情線の上部から親指に向かって横切っている線は、恋愛線の一種でしかも吉相。この線が感情線を横切った流年に大恋愛することを示しています。線が出ていないからとガッカリすることはありません。図と同じ線を金か銀の水性ボールペンで1～2本並べて描き込むだけでも運が向いてきます。

複数の恋愛線がある

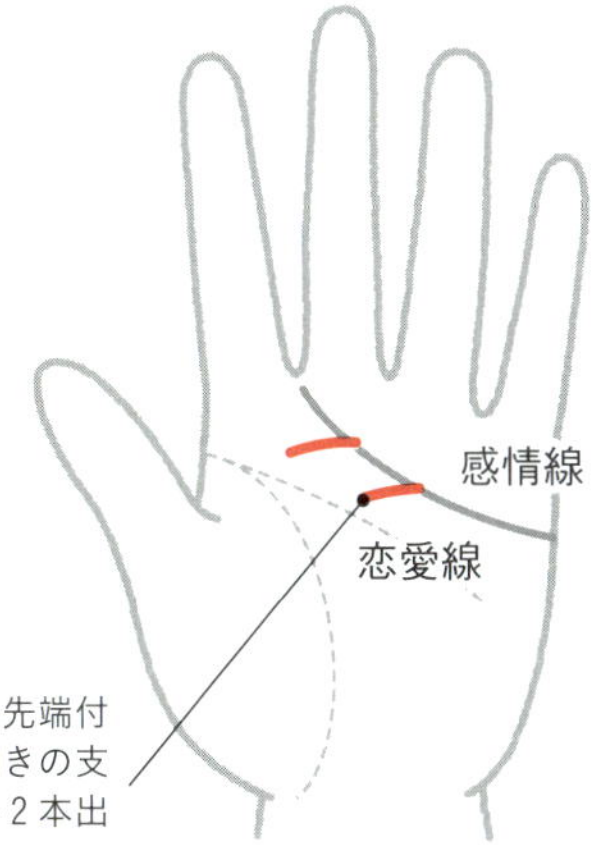

感情線の先端付近に下向きの支線が1～2本出ている

恋のチャンスを告げる相

感情線から、30度くらいの角度で下向きに支線が出ています。これは、新しい恋の到来を告げる相。この線の起点となる感情線の流年で、恋をすることになります。なお、薬指や親指の爪に表れる白点にも、同じ意味があります。特に薬指に出る白点は本命のサイン。つまり、将来の伴侶が出現することを教えています。

運勢の変化が表れる

重要線を読み解く

手相には、生命線・運命線・知能線・感情線の基本4線以外にも、さまざまな重要線があります。そのうちの主なものが、下の16線です。

基本4線では示されない相もありますし、結婚や出産、健康、金運など基本4線が関係していることであっても、ここに挙げた線をみていけば、もっと細かく知ることが可能です。

すべての線が誰にでも常に出ているというわけではありません。しかし、長い人生のどこかで大きな影響をあなたに与えることでしょう。

①結婚線：現在、または将来の結婚運や、夫婦の関係がわかる
②太陽線：成功運や、一生の金運がわかる
③財運線：現在の金運がわかる
④健康線：現在の体の状態や、将来の病気がわかる
⑤放縦線：生活習慣の乱れや、体力の消耗具合を表す
⑥開運線：開運の時期がわかる
⑦向上線：人生の目的が見つかり、頑張ることを示す
⑧寵愛線：周囲の人からかわいがられることを示す
⑨恋愛線：大恋愛をする時期がわかる
⑩影響線：運命の人との出会いや、結婚時期がわかる
⑪障害線：その線と関係のある障害の有無が示される
⑫旅行線：家を離れ、活動的に行動することを示す
⑬神秘十字形：先祖や神仏の加護により、災難から守られる
⑭金星帯：豊かな感受性を表す
⑮ソロモンの環：知恵や名誉、権力を表す
⑯手首線：現在と一生の健康状態がわかる

運勢の変化を読み解く！ そのほかの重要線

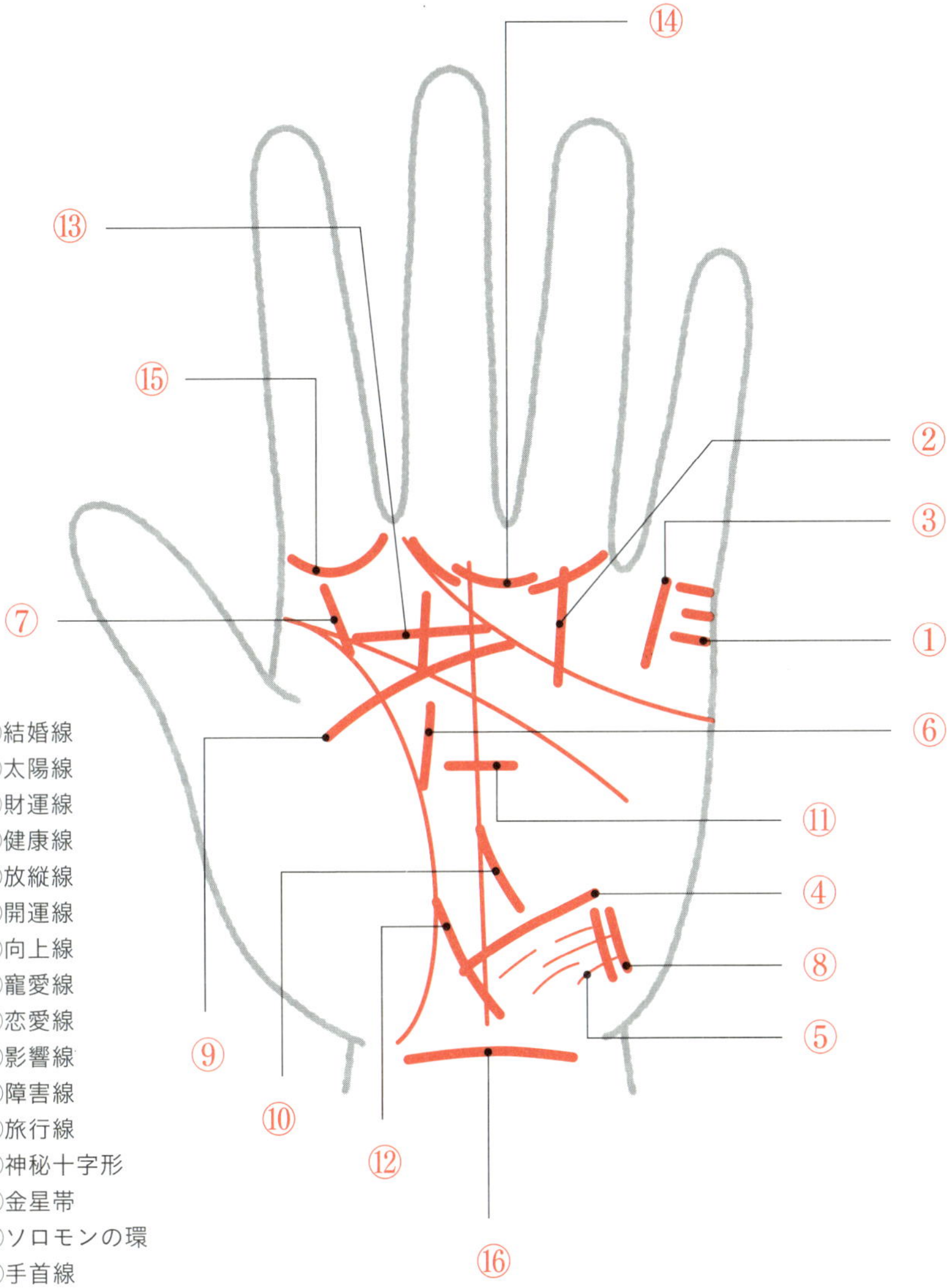

①結婚線
②太陽線
③財運線
④健康線
⑤放縦線
⑥開運線
⑦向上線
⑧寵愛線
⑨恋愛線
⑩影響線
⑪障害線
⑫旅行線
⑬神秘十字形
⑭金星帯
⑮ソロモンの環
⑯手首線

結婚運がわかる　結婚線

CHECK!

□ 結婚線は1本？　2本？
□ 結婚線がたくさんある？
□ 結婚線に薄い縦線が何本も入っている？
□ 結婚線は感情線に近い？小指に近い？
□ 結婚線が上向き？　下向き？
□ 結婚線の下側に横線が入っている？　上側に入っている？
□ 結婚線が長くしっかりしている？二股に分かれている？
□ 線が切れ切れになっている？
□ 先端は太陽線と合流している？

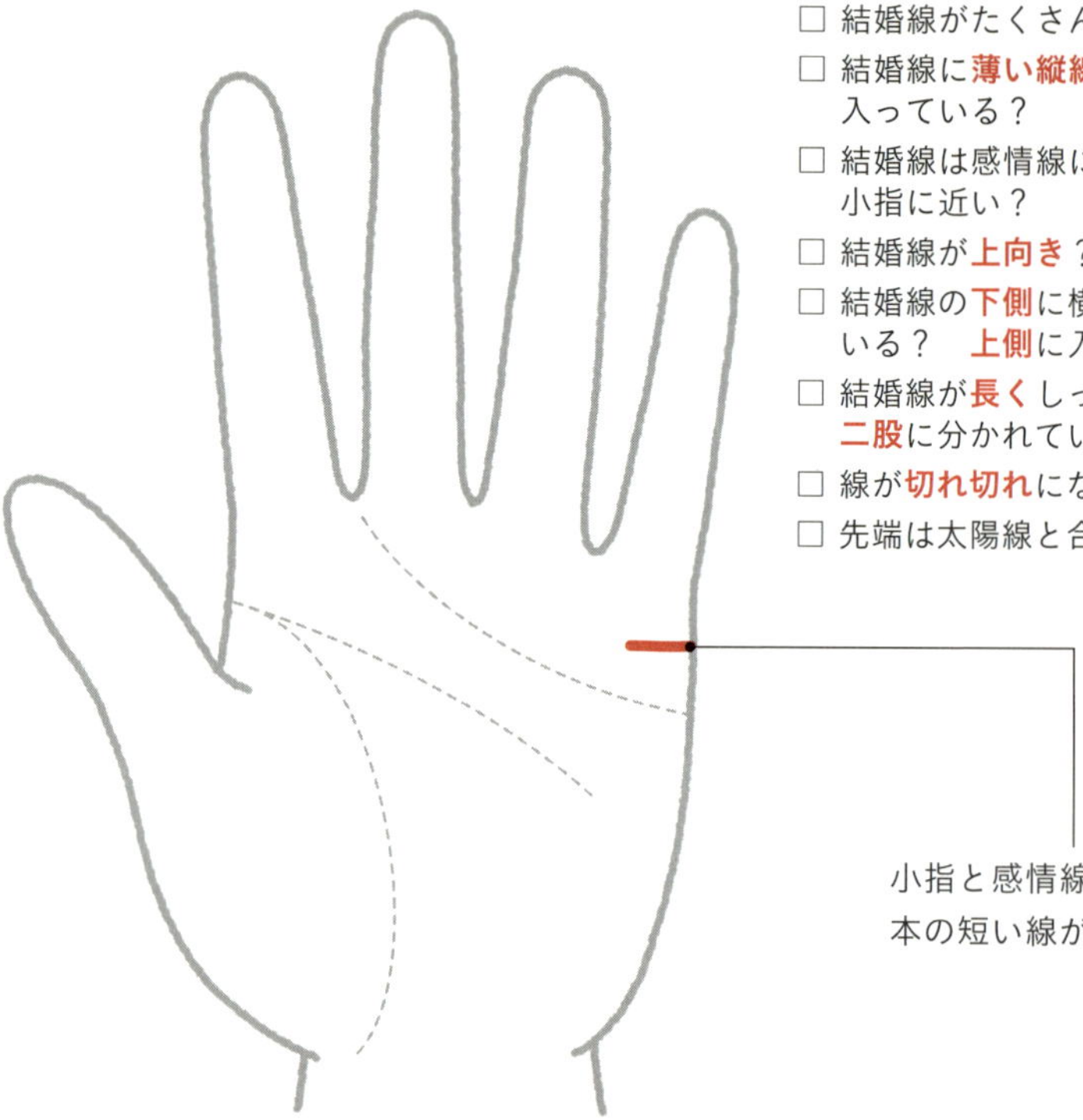

小指と感情線の間に数本の短い線が出ている

将来の結婚運や夫婦関係を表す

結婚線は、あなたの将来の結婚や、現在、結婚生活をともに送っている相手との関係を表す線です。線の向きや本数、ほかの線との接し方など、人によってさまざまなのは、それだけ結婚や恋愛の在り方が人それぞれだということです。具体的な結婚年齢は、結婚線の出ている位置の流年で知ることができます。

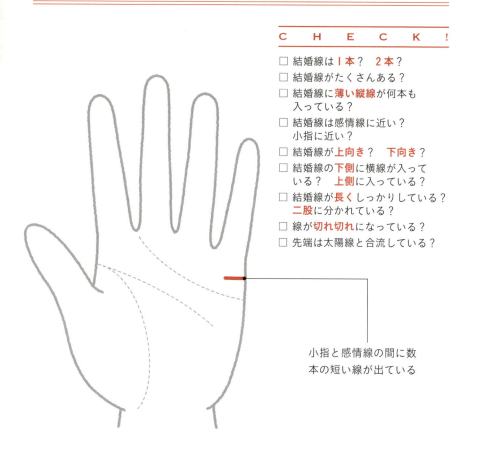

[はっきりした結婚線が1本だけある]

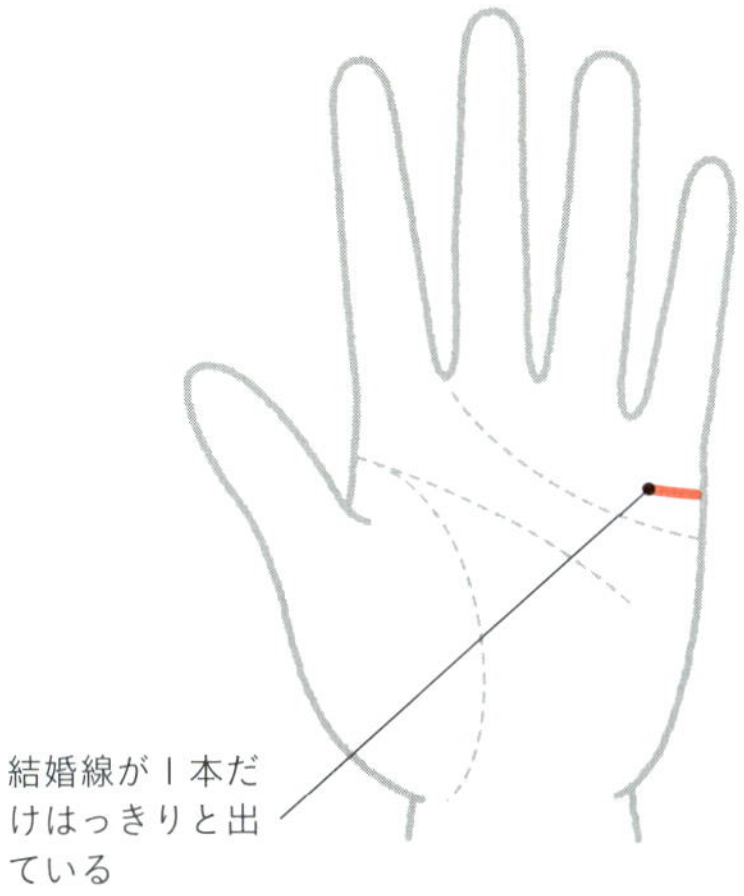

心から愛せる配偶者と幸せな家庭を築く

結婚線が1本だけはっきりと出ているのは、実はとても珍しいタイプです。多くは複数、なかには5本以上出ているという人も珍しくありません。結婚線が1本だけの人は、心から愛する伴侶と出会い、幸せな家庭を築くラッキーな人生を歩むでしょう。ただし、手相は常に変化する可能性があります。夫婦仲が冷えてくると、結婚線の相にも変化が表れます。

[結婚線が2本ある]

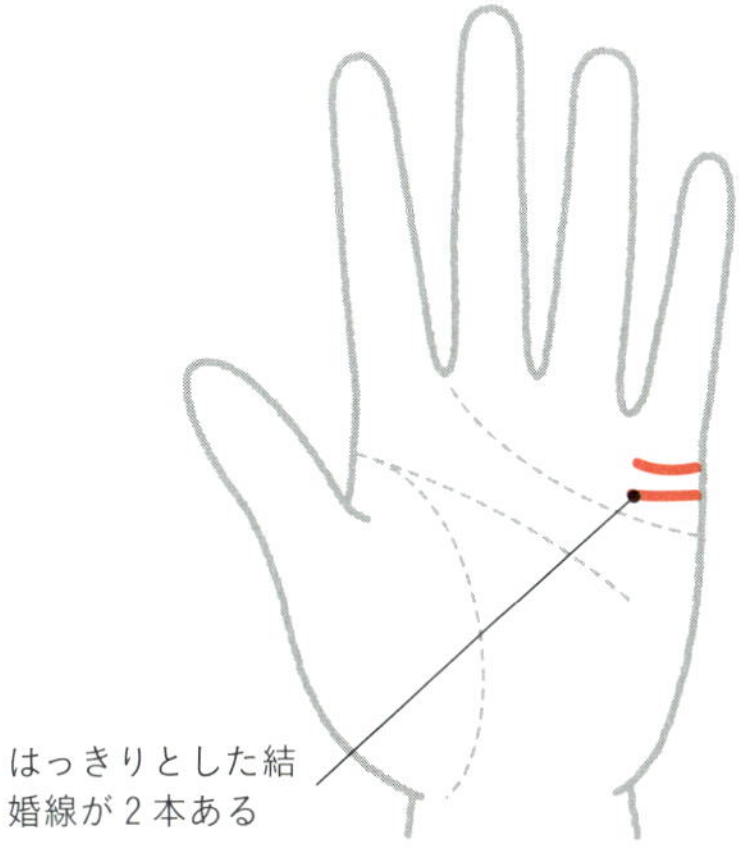

両手にあれば2回結婚する可能性大

結婚線を複数持つ人は珍しくありません。といっても、必ず複数の結婚を経験するとはかぎりません。ただ、はっきりとした2本の線のみが両手にあれば、かなりの確率で二度結婚することになるでしょう。これには、一度別れた相手と復縁する場合も含まれます。もちろん、2本あるからといって、今の相手と絶対に離婚するというわけでもなく、そこは本人の意思次第です。

多くの結婚線がある

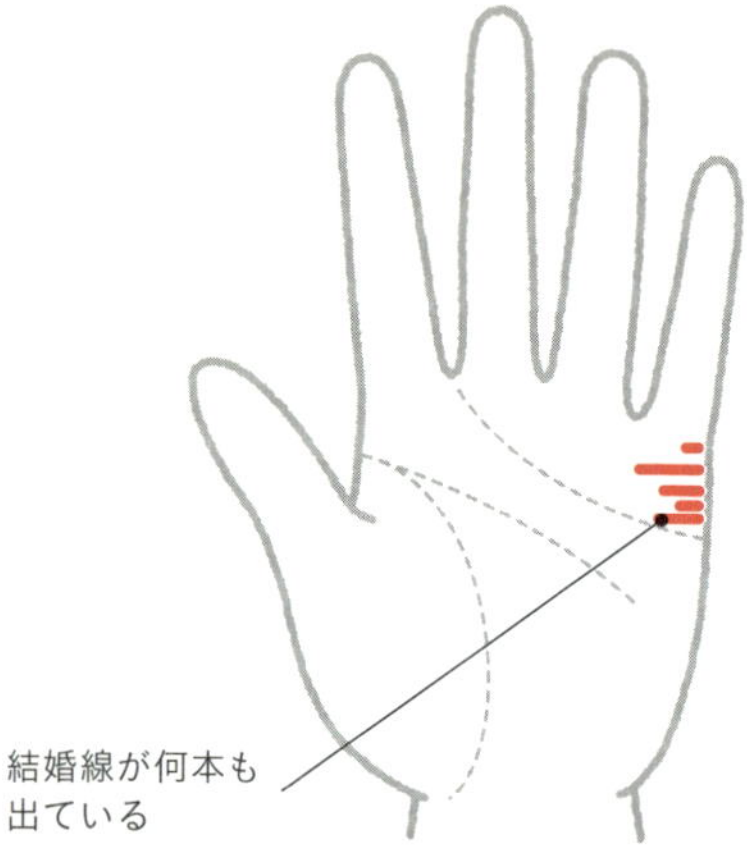
結婚線が何本も
出ている

出会いは多いが何度も結婚するわけではない

結婚線が複数本出ている人は珍しくありません。たしかに結婚線は運命の赤い糸と同じ意味を持ち、その人の考え方次第では何人もの相手とおつきあいするチャンスがあります。だからといって、結婚線の本数イコール結婚の回数ではありません。１～２回の結婚ですんでいる人がほとんどです。なお、結婚線の長さや濃さは、実際の結婚とはあまり関係がありません。

結婚線に薄い縦線が何本も入っている

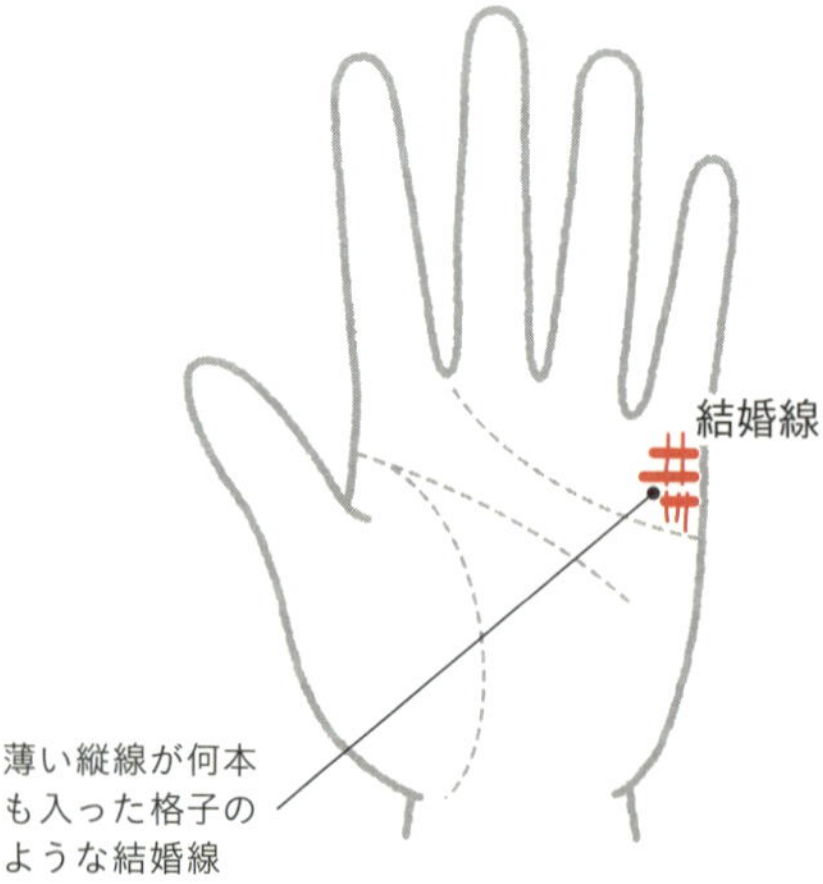
結婚線
薄い縦線が何本
も入った格子の
ような結婚線

本人に結婚する意志がない

結婚線に薄い縦線が何本も入り、格子状になっています。これは、まだ結婚したいと強く願う相手に出会っていないことを示す相。本人がまだ結婚を望んでいないのです。でも周囲がどんどん結婚し、幸せそうにしているのを見て「自分もそろそろ……」と思うようになると、この縦線もだんだん消えていきます。縦線があるのに結婚する人はできちゃった婚が多く、結婚に向けて努力するうちに縦線が消えていきます。

感情線に近い結婚線

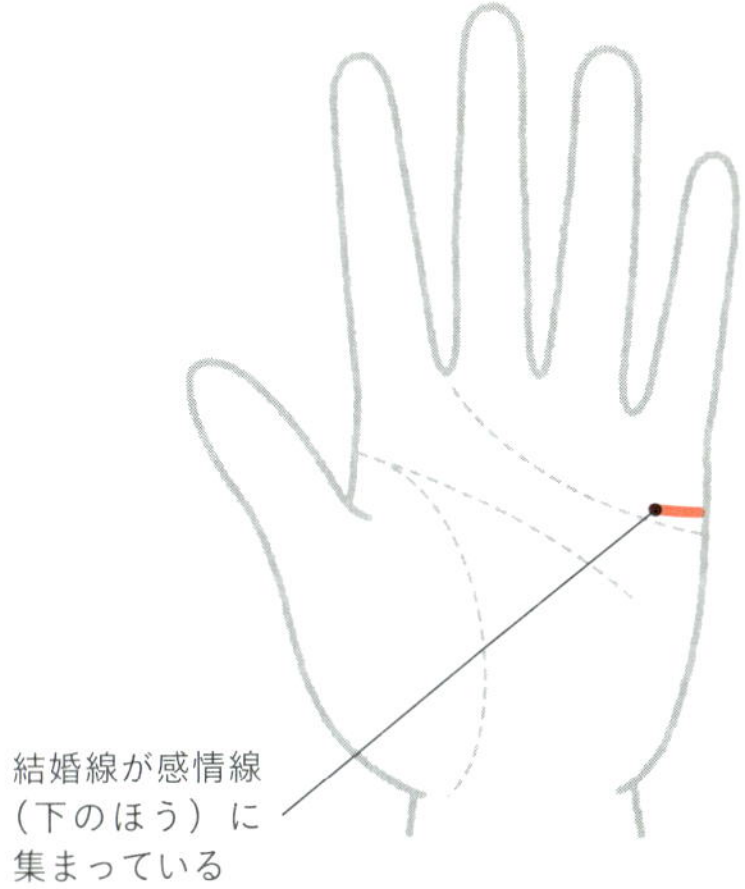

感情線に近い人ほど早婚タイプ

結婚線が出ている位置の高さで、結婚の時期を知ることができます。結婚線が感情線に近い下のほうに集まっているのなら早婚タイプと思っていいでしょう。ただし、複数の結婚線があっても、感情線に最も近いところにある線の流年が結婚のタイミングというわけではありません。どの線でも結婚はできるので、短い線や薄い線を見落とさないように。

小指に近い結婚線

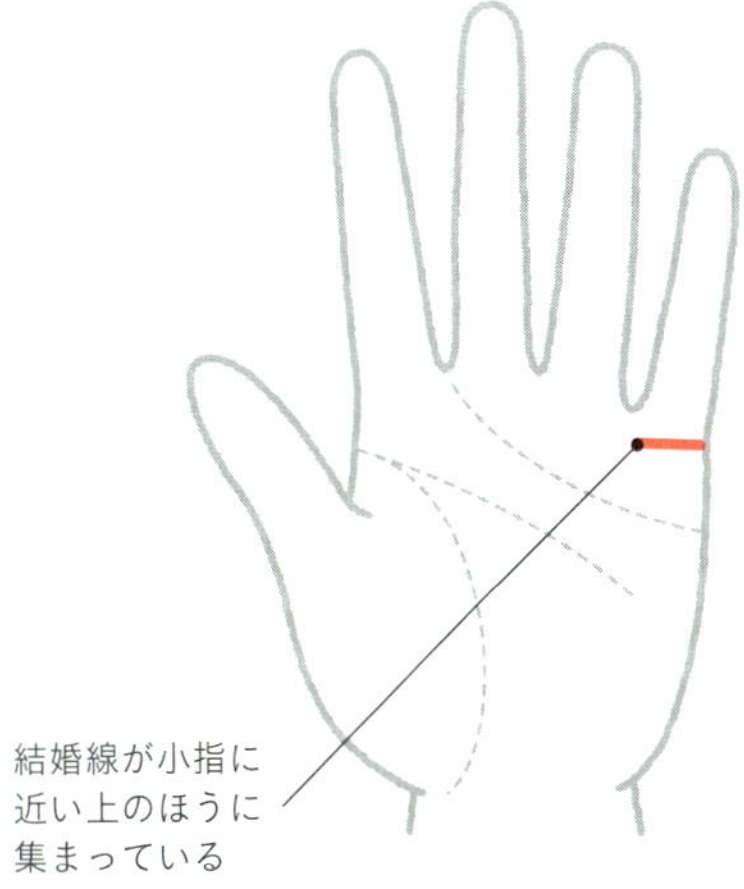

線が上にある人は晩婚タイプ

感情線に近いのとは逆に、小指に近い上のほうに結婚線が出ています。この相の人は晩婚タイプ。早く結婚したいのに結婚線が上のほうにしかないと悩んでいる人は、結婚を妨げる要因がないか自己分析してみましょう。かつて大失恋したことがある、不倫の恋で今のままでは結婚は難しいなど、心当たりはないでしょうか。過去を乗り越え、本当の意味で結婚に前向きになれれば、運を引き寄せることが可能です。

上向きの結婚線

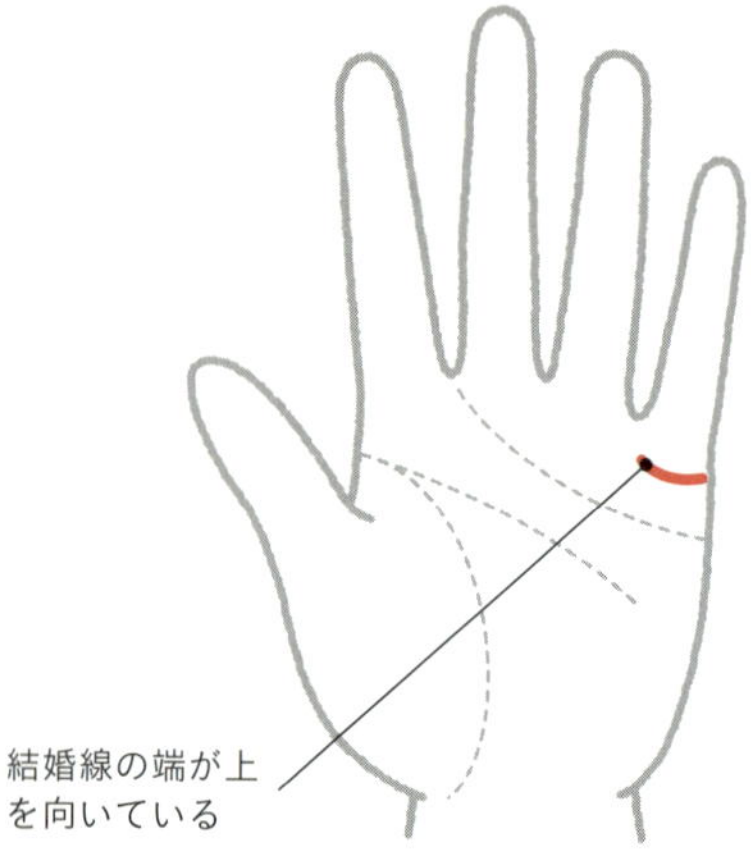
結婚線の端が上
を向いている

理想の結婚がかなう吉相

上向きの結婚線は吉相です。自分が思い描いていた理想か、それ以上の相手と巡り合い、幸せな結婚をすることになります。結婚線が複数ある中にこの線を見つけたら、大切にしましょう。とはいえ油断は禁物。幸せな結婚生活がずっと続くかどうかは二人の関係次第です。どれほど仲がよくても、長年暮らすうちに欠点が見えてきて気持ちが冷める、ということも。そうなると、上向きの線も下を向き始めます。

下向きの結婚線

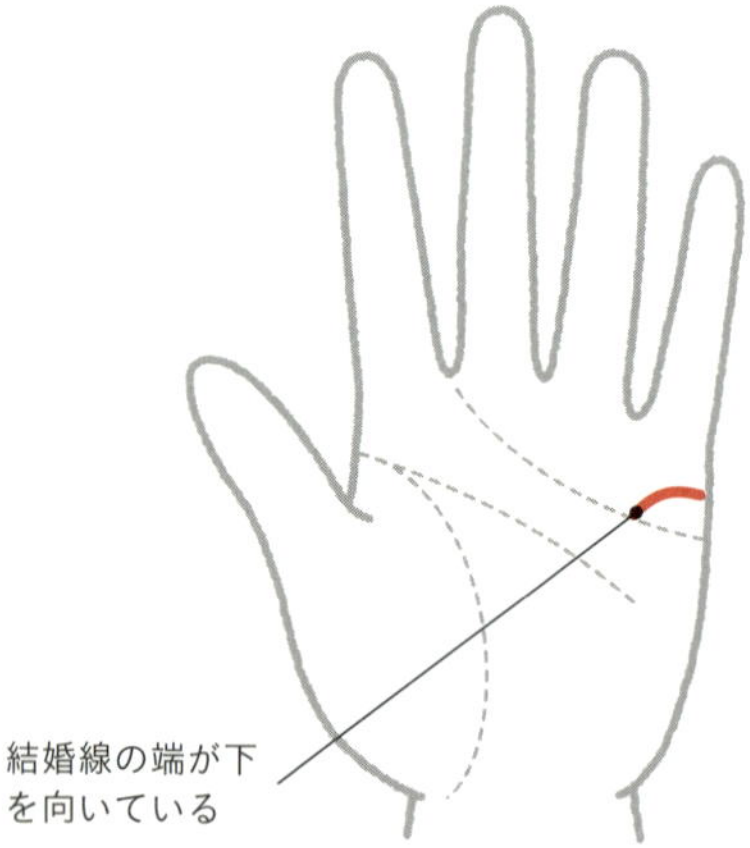
結婚線の端が下
を向いている

冷めた関係だが
多くのカップルがこれで成立

下向きの結婚線は、お互いの気持ちがすれ違ったり冷めたりしている状況を表します。もっとも、世の中のカップルの多くは下向きの結婚線です。どんなに愛し合って結婚しても、わかり得ない部分はあるもの。深刻になりすぎると、かえって関係を悪化させることに。ほどほどにコミュニケーションを図り、独立した関係でいるのも結婚生活を長続きさせるコツでしょう。

[結婚線の端の下側に横線がある]

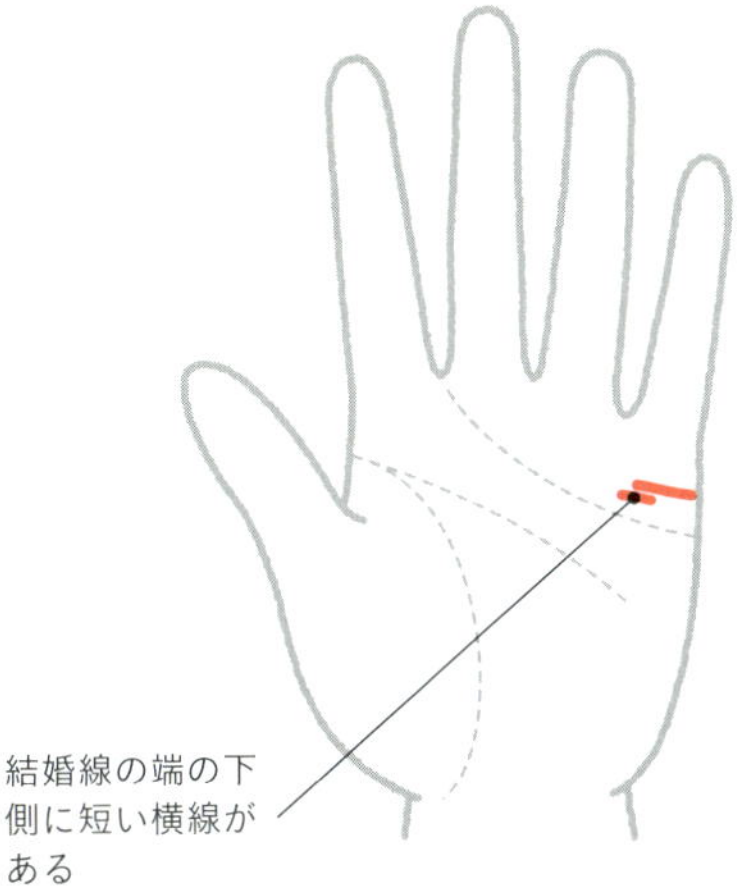

かつての交際相手と浮気するかもしれない?!

結婚線の先端近くに短い横線が出ていたら、愛人のサイン。結婚線は、下にあるものほど年齢が若いことを示します。したがって、その横線が結婚線の下に出ていると、結婚前につき合っていた元交際相手を意味します。つまり、結婚後も元の彼氏や彼女と隠れてつき合うことを示唆しています。でも、本人にその気がなければ大丈夫。たとえ誘惑があってもキッパリ断りましょう。

[結婚線の端の上側に横線がある]

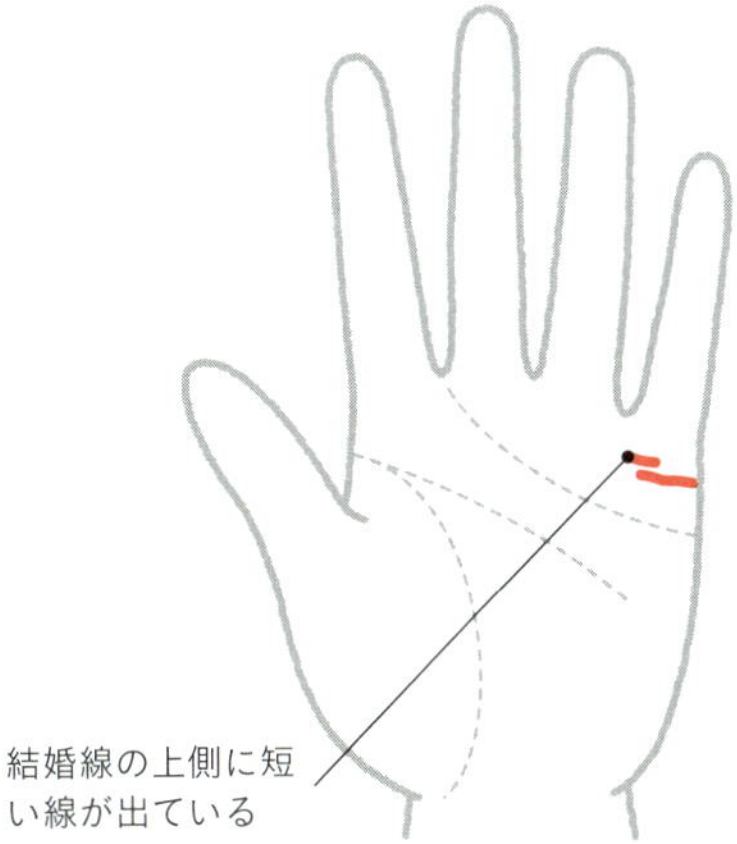

結婚後に浮気相手と知り合うかも

結婚線の端の上側に短い横線が入っている相は用心を。結婚後に出会った相手と浮気をする可能性を示します。出ている線は1本なので、浮気相手も複数ではなく1人。線が濃いほど、浮気相手への気持ちも強いことになります。それがわかっていても理性を働かせて自重すれば、浮気を回避することは可能。実際に浮気するかどうかは、あくまで本人の気持ち次第です。

長くしっかりした結婚線

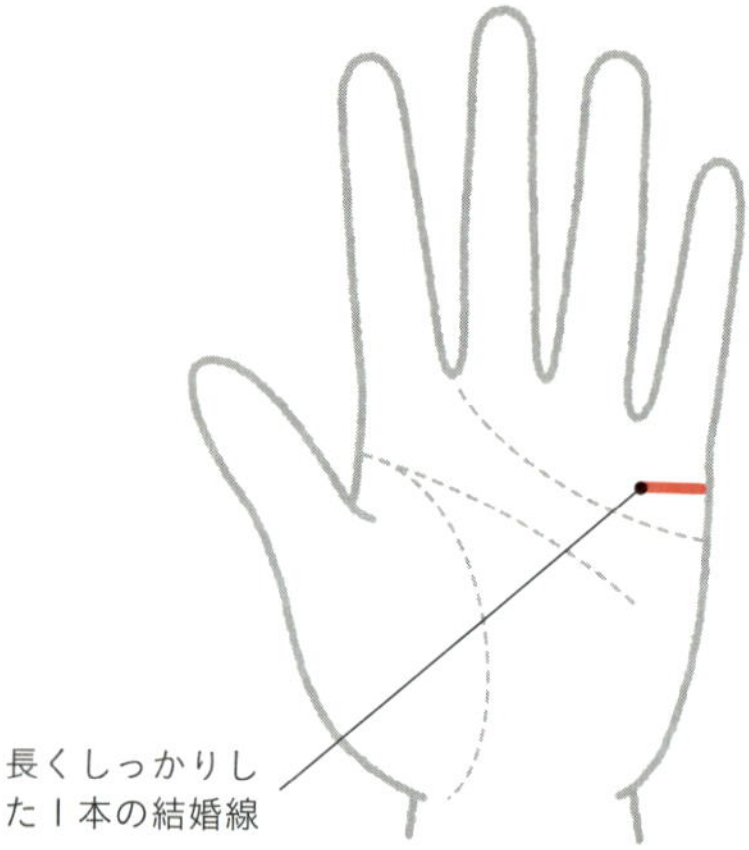

心身ともに夫婦の結びつきが強い

しっかりとした結婚線が長く1本出ている相は、結婚してからも夫婦の結びつきがしっかりとした状態であることを意味します。そういう夫婦が離れて暮らすことは稀ですし、仕事の関係などでたとえ離れて暮らすことがあっても、それは一時的なものにすぎません。ですから、心のつながりはずっと保たれたまま。いつでもすんなりと元の生活に戻ることができます。

二股に分かれている結婚線

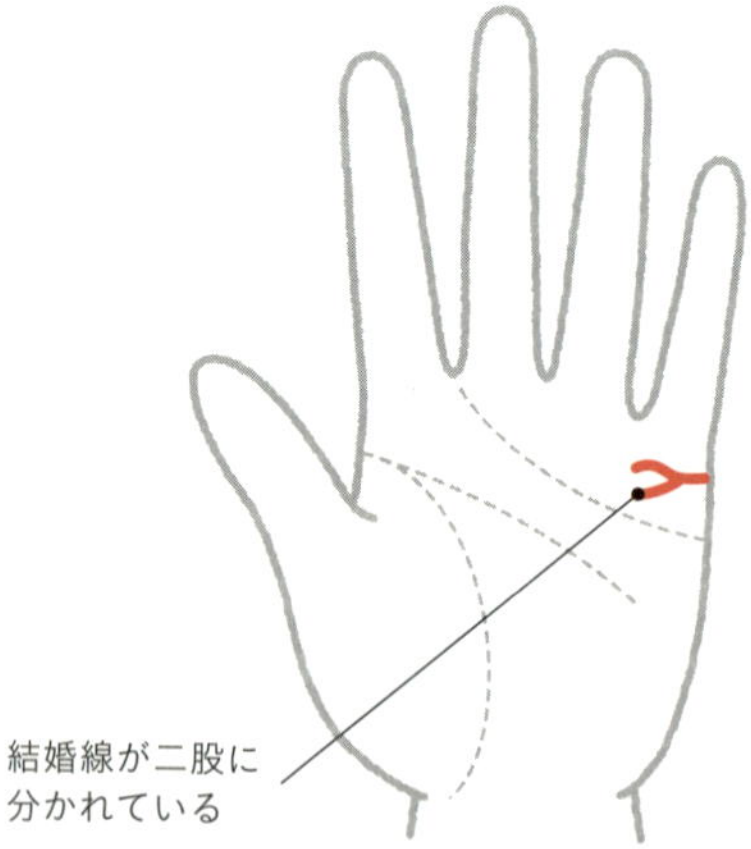

さまざまな理由で別居婚をする夫婦の相

結婚線の先端が二股に分かれているのは、結婚後に夫婦が離れ離れに暮らすことを示す相です。夫婦どちらかの単身赴任や親の介護、夫婦の関係が一時的に冷え込むなど、理由はさまざま。不仲で別居する場合は、そのまま離婚ということも。それ以外は、あまり深刻に考えなくても大丈夫ですが、物理的に距離を置くうちに、互いの心が離れていく可能性は否定できません。

切れ切れになっている結婚線

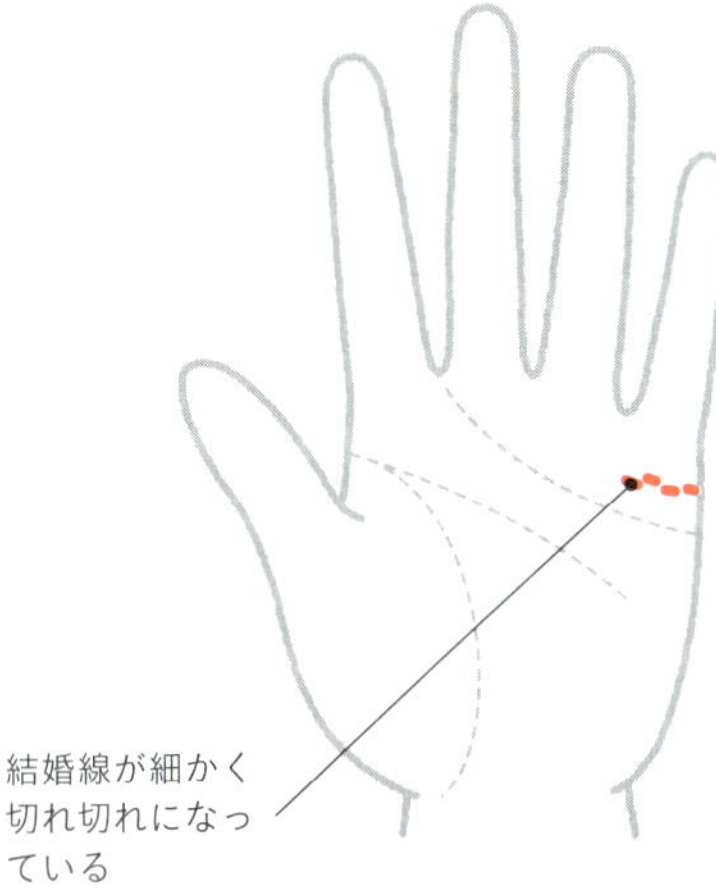

愛情が熱しやすく冷めやすい

どんな線でも切れ切れになっているのは力が弱く、不安定な状態を意味します。結婚線が細かく切れ切れになっているのは、恋愛に対して熱しやすく冷めやすいことを意味します。その場限りの恋を楽しむなど、短い間に相手をコロコロと変える性格の持ち主で、安定した結婚生活を続けるのは困難でしょう。いつか誰からも愛想を尽かされてしまうのを避けたいなら、長続きする相手を本気で探すことが必要です。

先端が太陽線と合流している結婚線

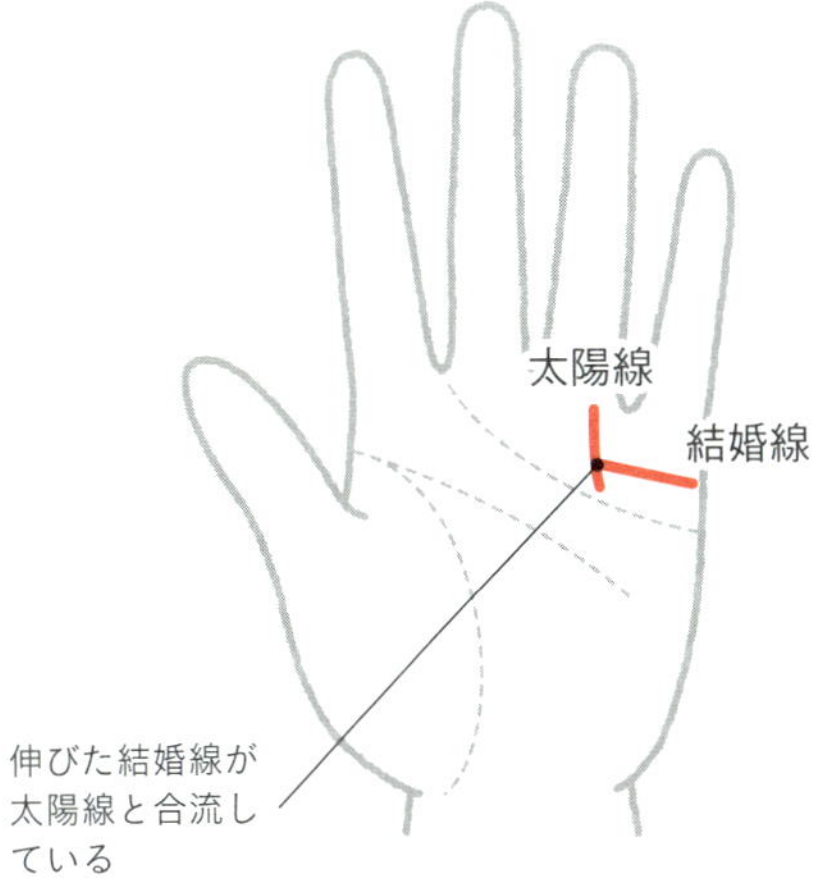

努力次第で玉の輿に乗るチャンス

結婚線の先端が金運や成功と関わる太陽線と合流しています。これはずばり「玉の輿」に乗る吉相。ただし、本人が努力しなければ、せっかくの吉相も薄れてしまいます。一生懸命、教養や立ち居振る舞いに磨きをかけることで、社会的地位や財力のある人と親しくなるチャンスもめぐってきます。今この線が出ていない人でも、今後の努力次第では吉相となります。

成功運や金運がつかめる　太陽線

C H E C K !

- □ 太陽線が上るのは生命線から？
  運命線から？
- □ **知能線**から上る？
  手のひらの中央から上る？
- □ **月丘**から上る？
  第二火星丘から上る？
- □ 太陽線は**1本**？　**複数**？
- □ 太陽線は**長い**？　**薄い**？

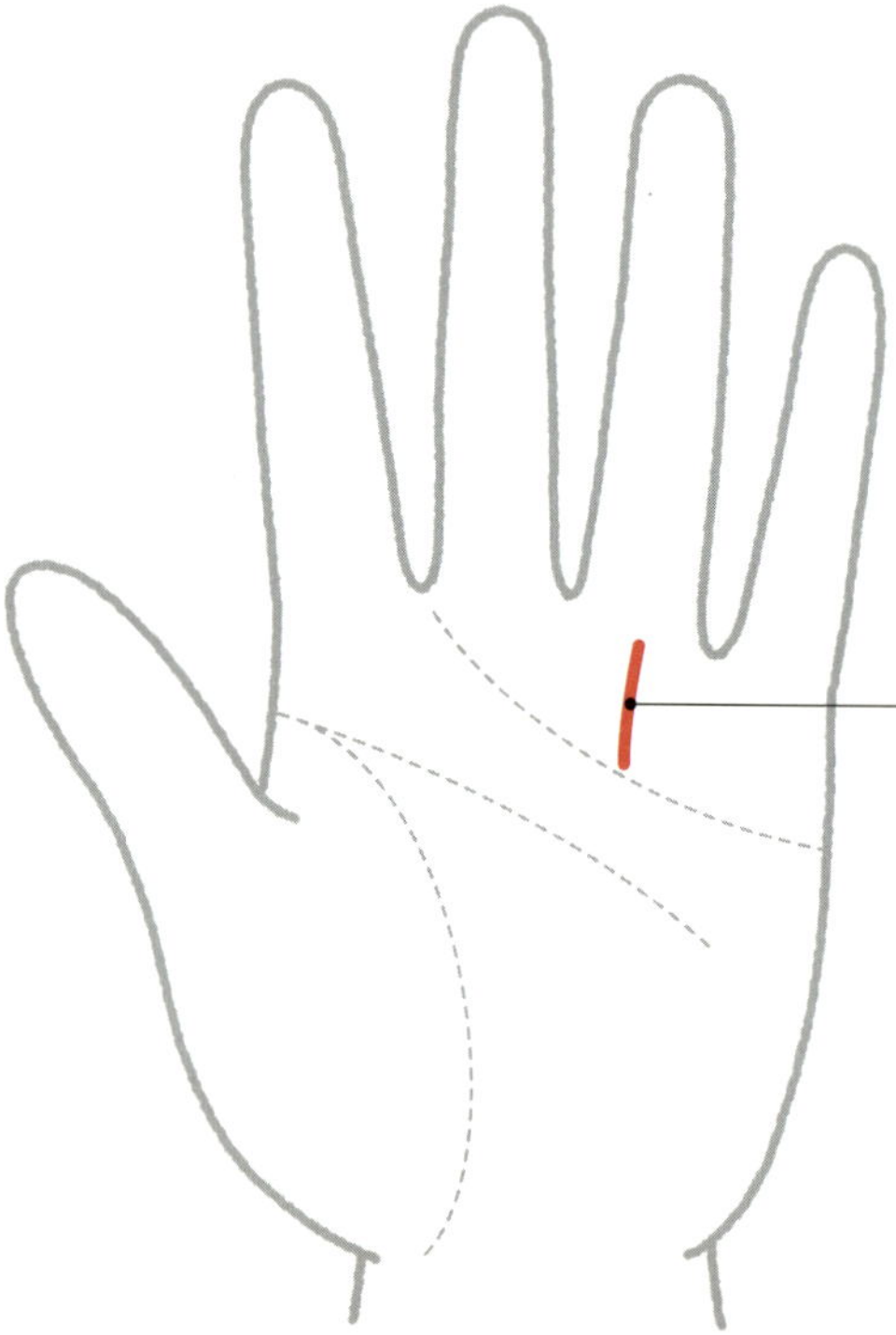

薬指の付け根の太陽丘に向かって上る縦の線。いろいろな位置から上っている

今はなくても、努力次第で出てくる線

太陽線は、名誉・名声・金運・人気などを表しますが、どれも、すべての人に縁があるとはかぎりません。したがって太陽線も、必ずすべての人が持っている線というわけではありません。しかし、よく見れば薄く出ているという人は、それなりにいます。また、努力次第では今までなかった太陽線が出てくることも。

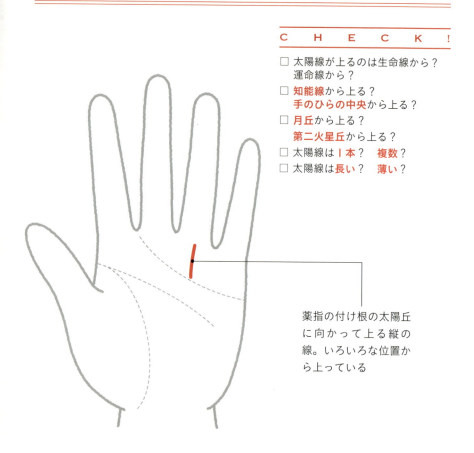

生命線から上る太陽線

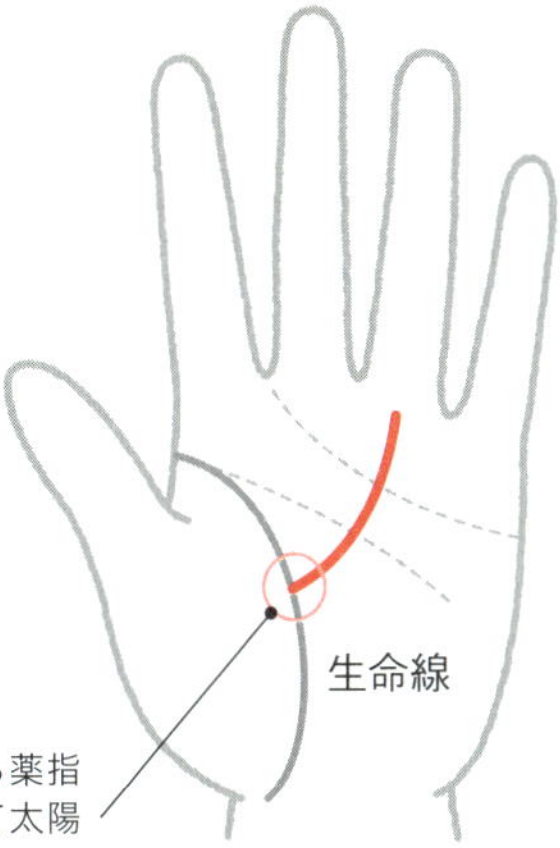

生命線から薬指に向かって太陽線が上っている

努力が実って成功をつかむ

生命線から太陽丘に向かって上る太陽線は、努力が実を結んで名誉や名声をつかみとる相です。日本でも海外でも、各分野のトップに立つ人の多くはこのタイプでした。やはり努力に勝るものはないということでしょう。薄くても短くても、この線が出ているのであれば、ぜひ大きなことに挑戦してください。

運命線から上る太陽線

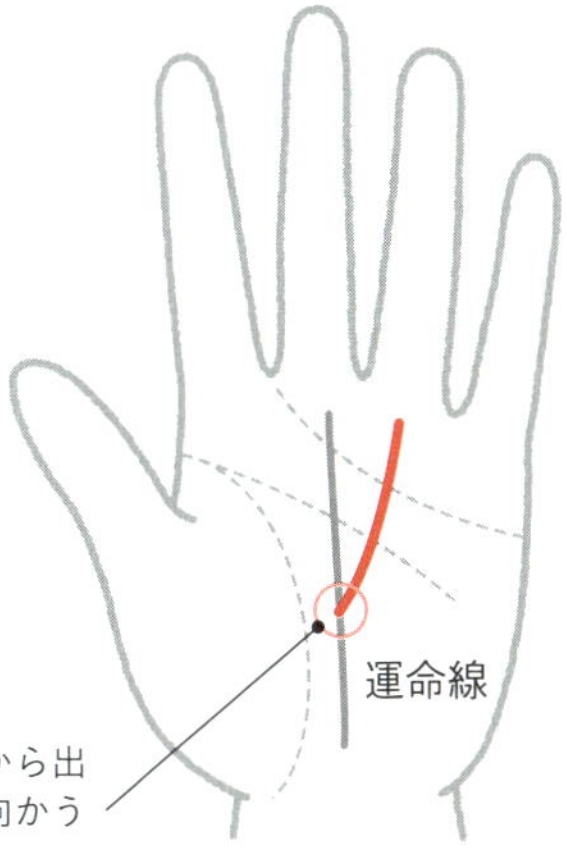

運命線上から出て薬指に向かう太陽線

流年の年に好機が訪れる

手のひらの中央あたりを縦に長く走る運命線。その線上から出て、太陽丘に上っている太陽線は、運命線の支線として非常に幸運な相を表しています。支線が出ている位置の流年が、幸運の訪れるタイミング。独身であれば幸運な結婚かもしれませんし、それ以外の人なら独立して新しいスタートを切るとか、昇進するとかいった幸運が起こります。いずれにしても希望がかなうのを機に運勢がグンとよくなります。

知能線から上る太陽線

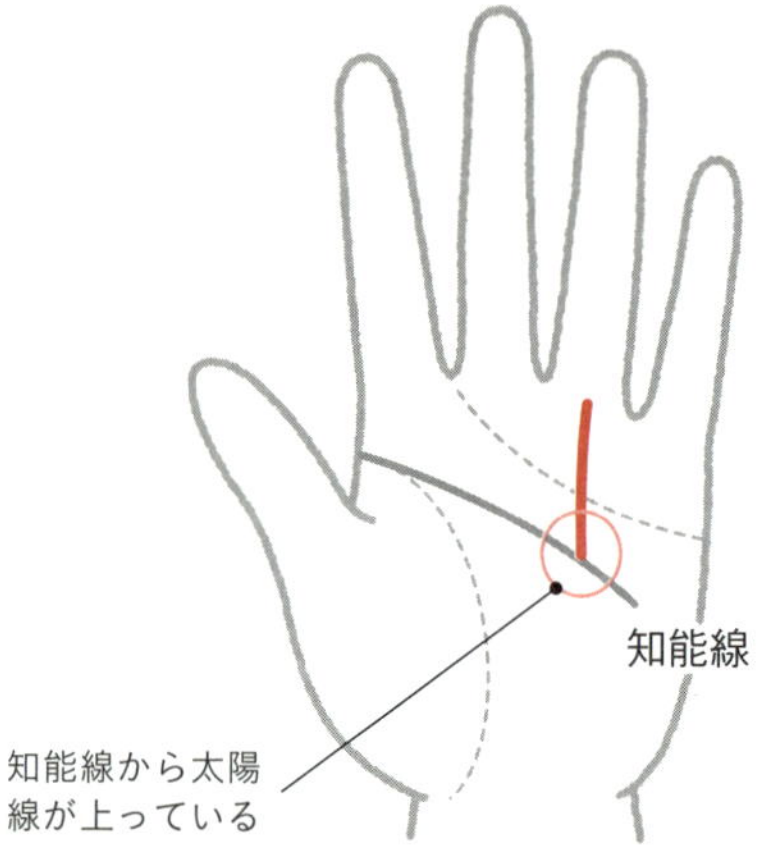

才能を根気強く磨けば成功間違いなし

知能線から太陽線が上っている相の持主は、自らの才能で大きな成功をおさめる人です。ひとつの才能を高めていくのには長い時間がかかるものですが、この相の人は、そういう根気強さも持っています。自分の強運を信じて、じっくりと才能に向き合ってください。まだ何を目指してよいのかわからないという人は、とりあえず方向性を決めることから始めましょう。

手のひらの中央から上る太陽線

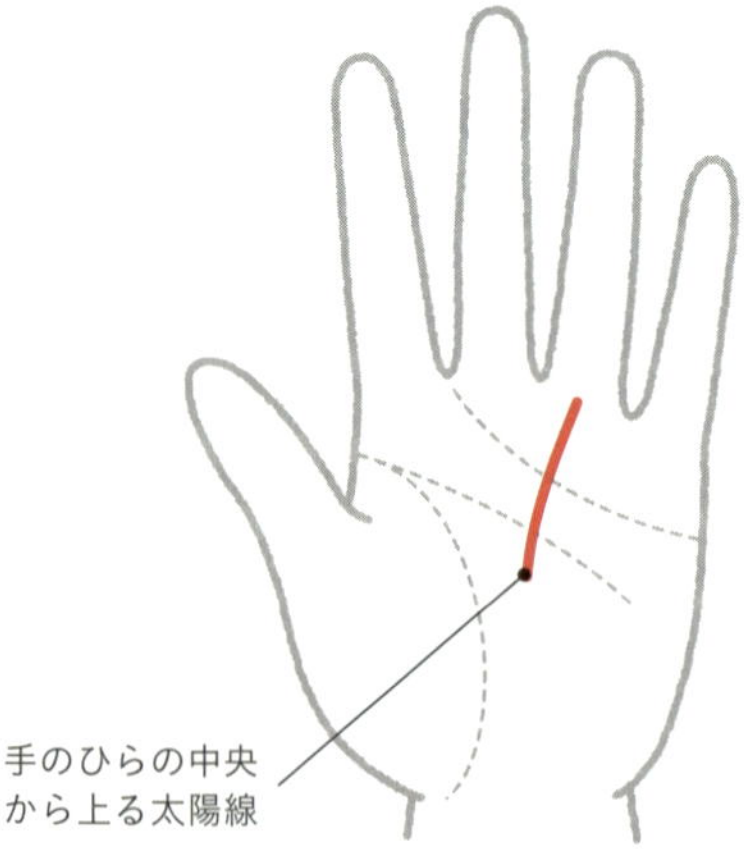

苦労しながら運を切り開くタイプ

手のひらの中央から太陽線が上っている人は、誰よりも意志が強い努力家です。成功するまでに大変な努力と苦労を重ねる相でもありますが、もちろんそういう努力は惜しみません。一度決めたことは、最後までやり抜くでしょう。ただし、このタイプの太陽線の持ち主は少なく、あまり見かけません。それだけ苦労をいとわず頑張り抜くのは、得難い才能ということです。

月丘から上る太陽線

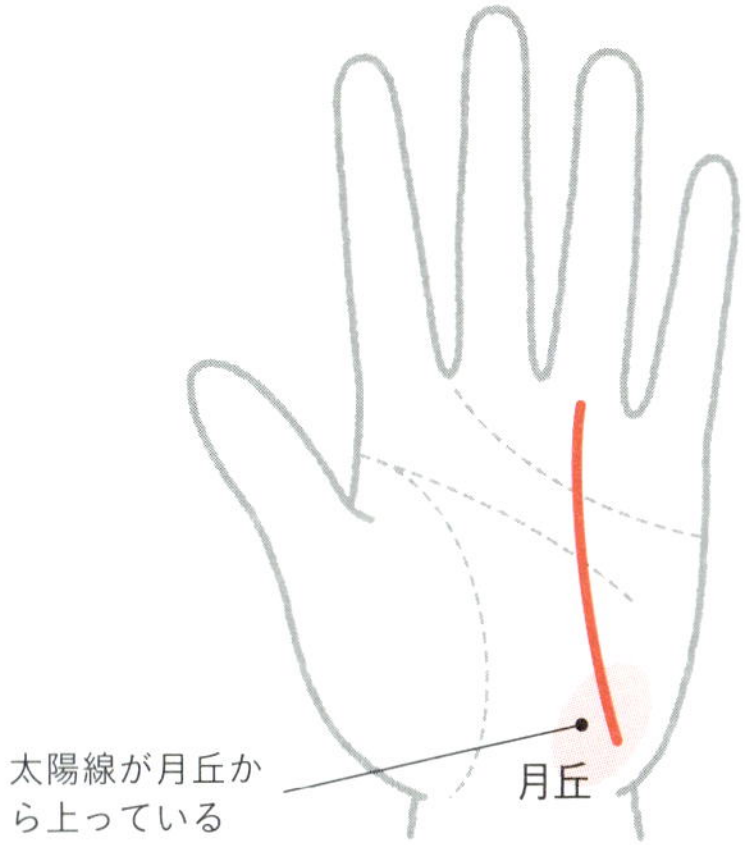

多くの人たちから支援を受けて開運

月丘から太陽線が上っています。この相は、多くの人たちの人気に支えられ、援助を受けながら成功したり有名になったりする幸運を表します。その支援は、金銭的な場合もあるでしょうし、精神的なものや内助の功もあるでしょう。そのため、他人だけでなく妻からの協力を得るというケースも多く見られます。こんな相が出ていれば、どんな分野でも成功します。

カーブして上る太陽線

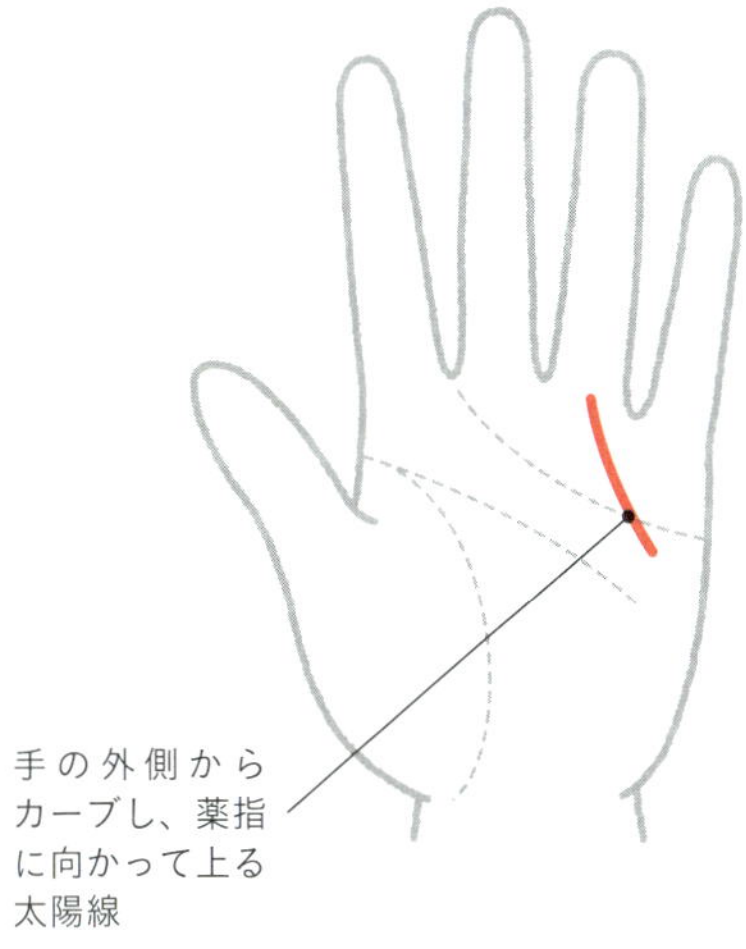

誠実さが評価されて少しずつ大成

手の外側からカーブして上る太陽線を持つ人は、非常に誠実な人です。しかもその誠実さが評価されて、仕事でも生活でもコツコツと地盤を固めていくタイプです。始めは小さな成果しか得られないかもしれませんが、小さな積み重ねがやがて大きな成功へと変わっていきます。また、千客万来の吉相でもあり、事業は繁盛します。

太陽線が1本だけある

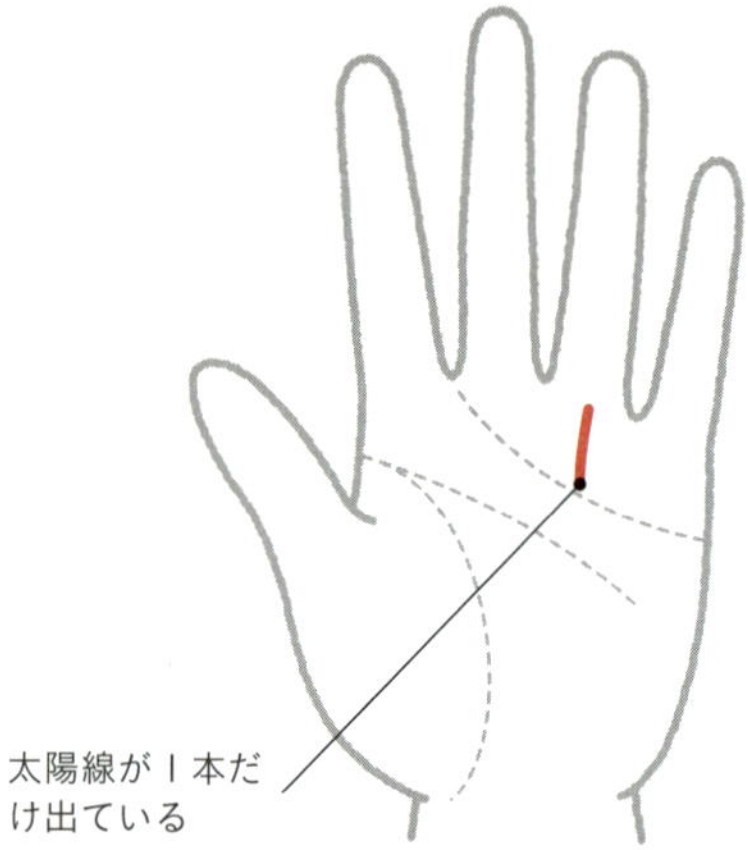

ひとつの仕事を貫いてリスクのない人生

金運や成功運を意味する太陽線が出ているとき、それが1本だけとはかぎりません。しかし、本数が多いほど幸運かといえばそうでもなく、1本には1本なりのよさもあるのです。この相は、ひとつの仕事に力を注ぎ、そこから収入を得ることを意味します。一見地味な人生に見えるかもしれませんが、コツコツと積み上げていくことで、安定した満足のいく生活が得られます。

太陽線が4～5本ある

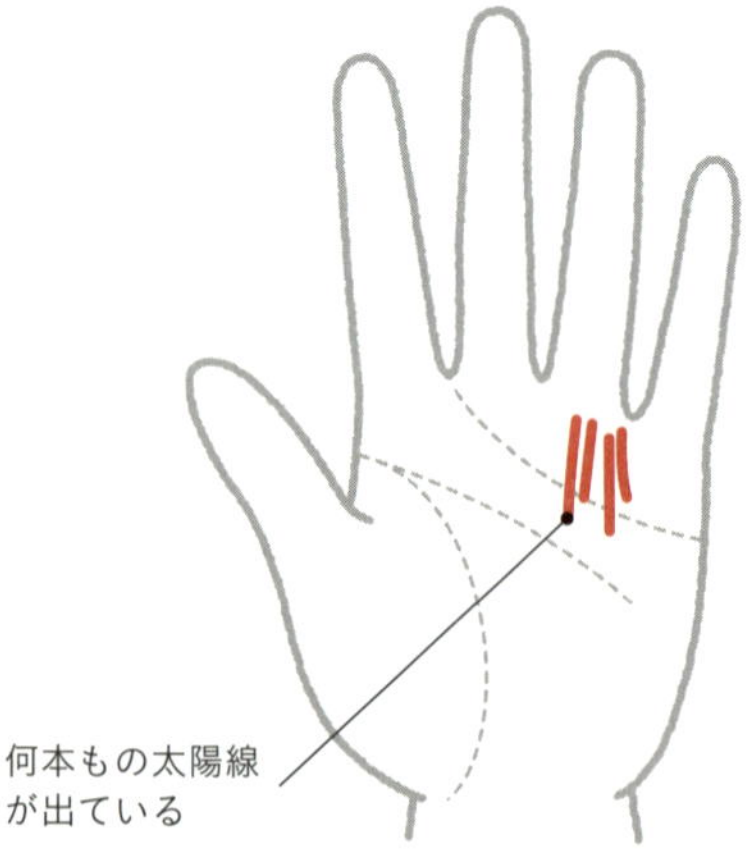

線の数だけ肩書を持つタイプ

太陽線が複数出ている相も少なくありません。なかには図のように、4本も5本も出ている太陽線もあります。線が1本だけ出ているのと比べ、どちらが幸運ということはありません。ただ、この相の人には線の数だけ同時にいくつもの仕事を持ち、そこから収入を得る人です。いろいろなことに挑戦し、運をつかみ取るタイプといえます。今はひとつの仕事しかしていなくても、将来的には収入源が増えるでしょう。

太陽線に“クロスマーク”が出ている

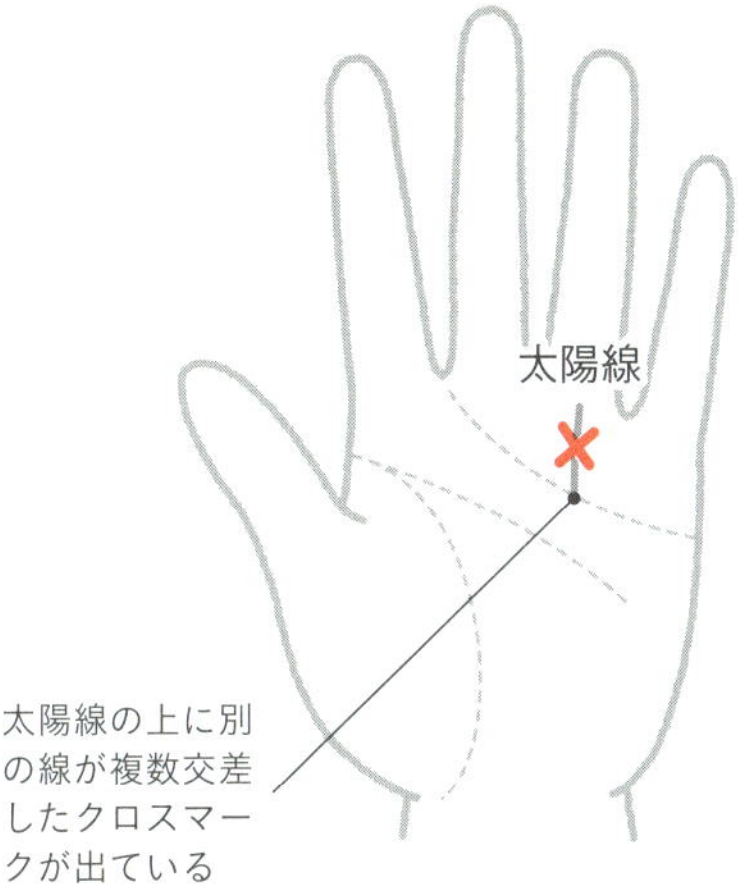
太陽線
太陽線の上に別の線が複数交差したクロスマークが出ている

最高レベルの金運に達した大吉相

太陽線の上に複数の短い線が交差して、図のようなクロスマークが出ているのは、太陽線のエネルギーが交差し、そこに集中していることを意味します。つまり、この相が出ている人は、金運が最高レベルまで来ているということです。協力者や援助者が現れ、金銭的な成功に名声もついてくるなど、まさに絶好調。太陽線が上に向かって末広がりの相と同様、大金運の相です。

太陽線が薄い

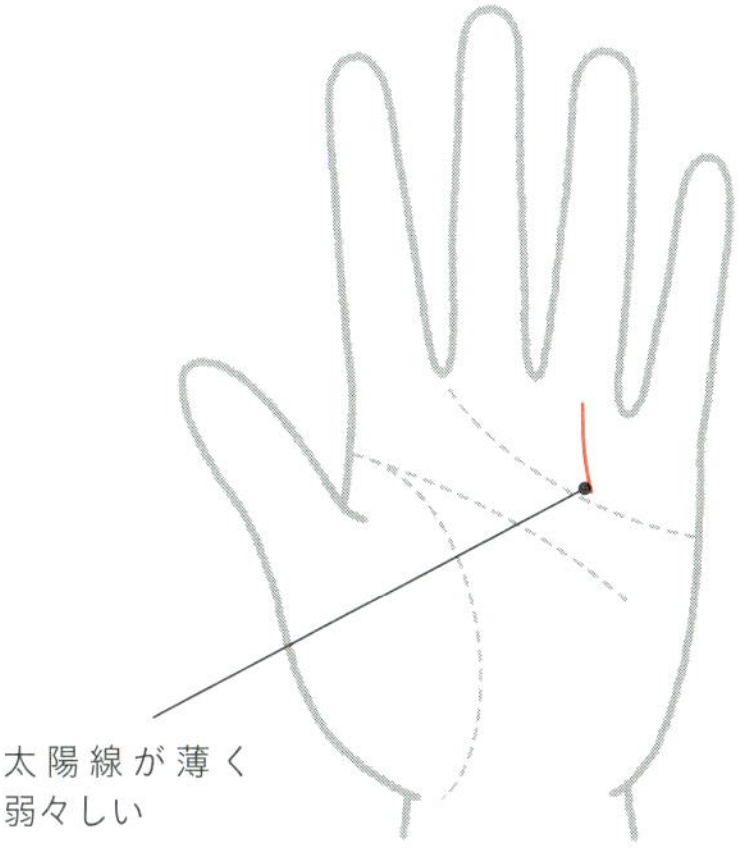
太陽線が薄く弱々しい

今は修業期間、努力は続けるべき

太陽線がまったく出ていないか、出ていても薄く弱々しい人は、今のところ金運が弱い状態といえます。貯金額もなかなか増えないのが現実です。しかし、あきらめることはありません。努力により実力がつき、人望が増せば運が上向き、それにつれて太陽線もくっきりと出てきます。なかった太陽線が30代、40代になって出てくる人が多いのは、そのためです。

現在の金運がわかる　財運線

C　H　E　C　K　!

- □ 財運線が**まっすぐ**？　**曲がって**いる？
- □ 線は**1本**？　**数本**？
- □ 線が**切れ切れ**になっている？
- □ **線**が太い？　細く薄い？

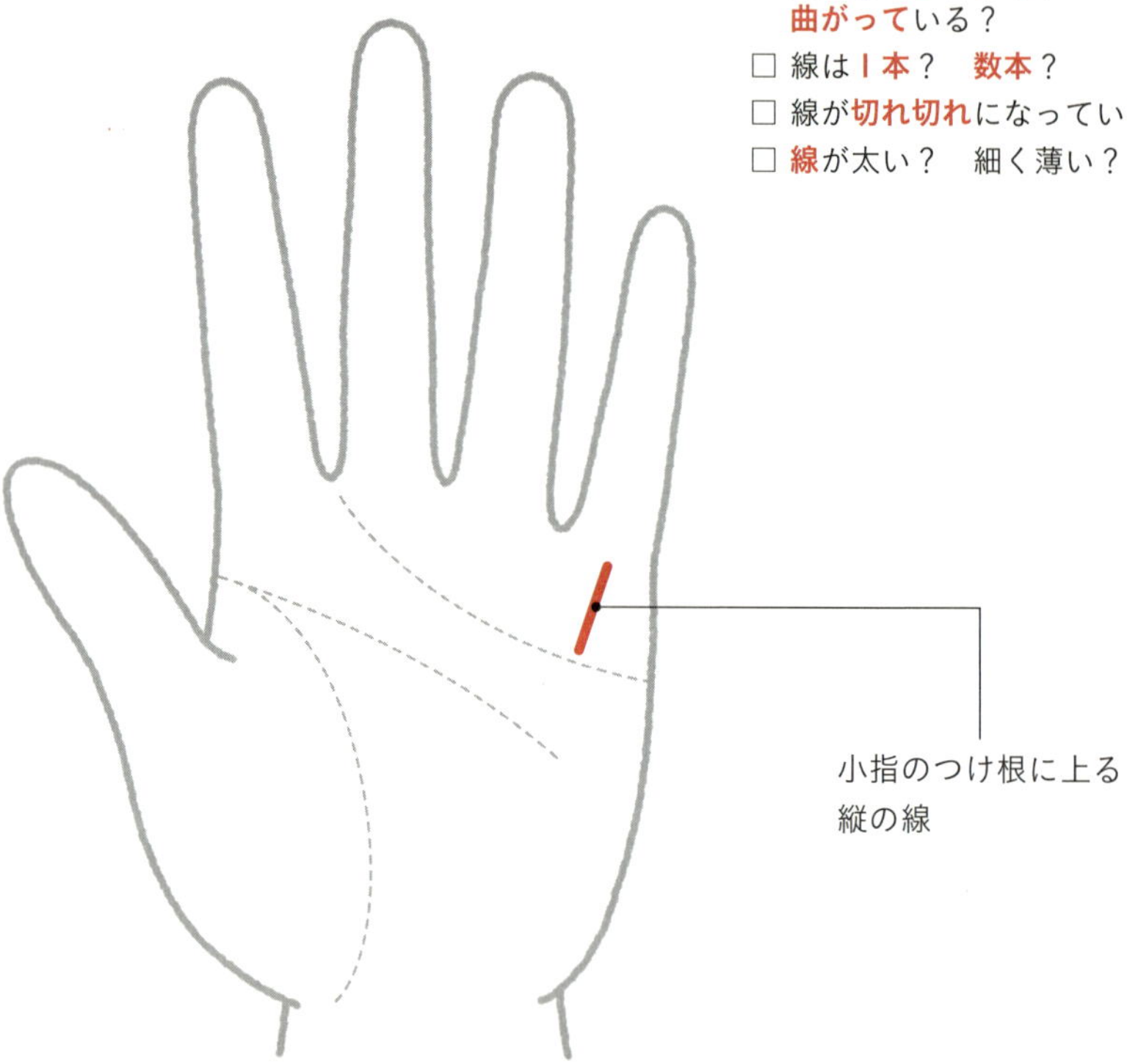

現在の金運を表す

財運線は、現在の金運や商売運を表します。濃くはっきりとした線は金運が上っていることを意味し、薄かったり切れ切れだったり、曲がったりしていれば、金運が下がっている証拠です。お祝いに大金をもらったり、働かなくても自由にできるお金がある人に、はっきりとした財運線が出ている場合もあります。

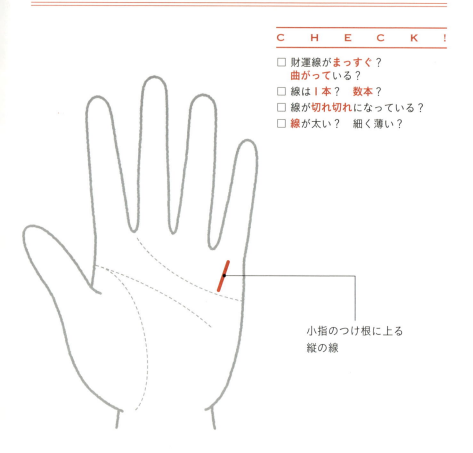

まっすぐな財運線

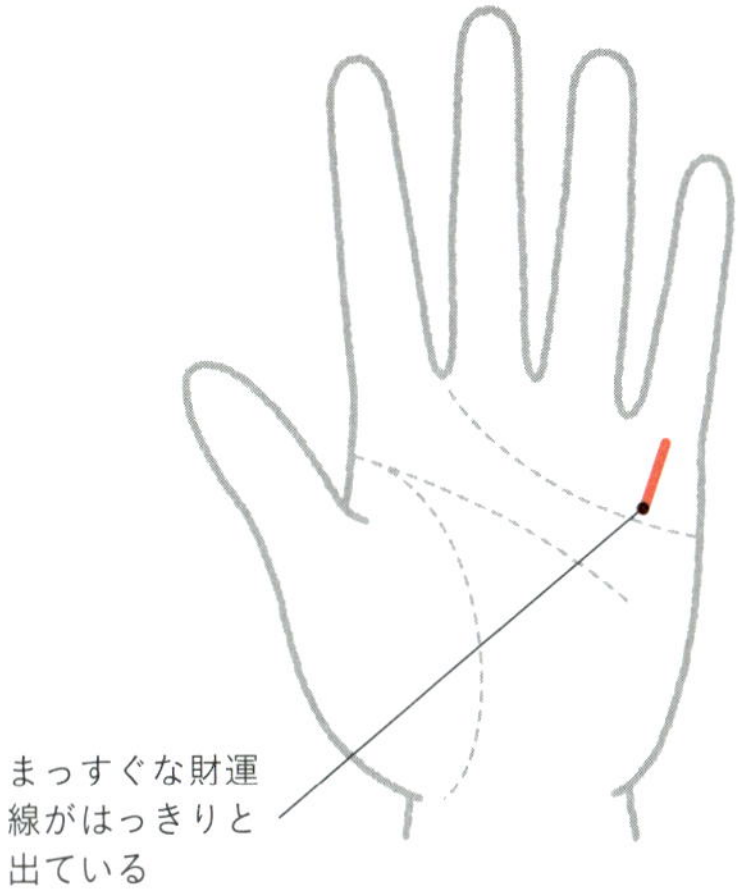

お金まわりがよくて商売繁盛

財運線がはっきり出ている人はそれほど多くありません。この線がまっすぐにくっきりと出ているのは、今すでにお金まわりがよい人か、これからすぐによくなる人のどちらかです。商売をしていれば大繁盛。投資目的で購入した土地の価格が上昇するかもしれません。さらに金運が好調な人は、そんなまっすぐの財運線が、２本、３本と出ていることもあります。

長くはっきりした財運線

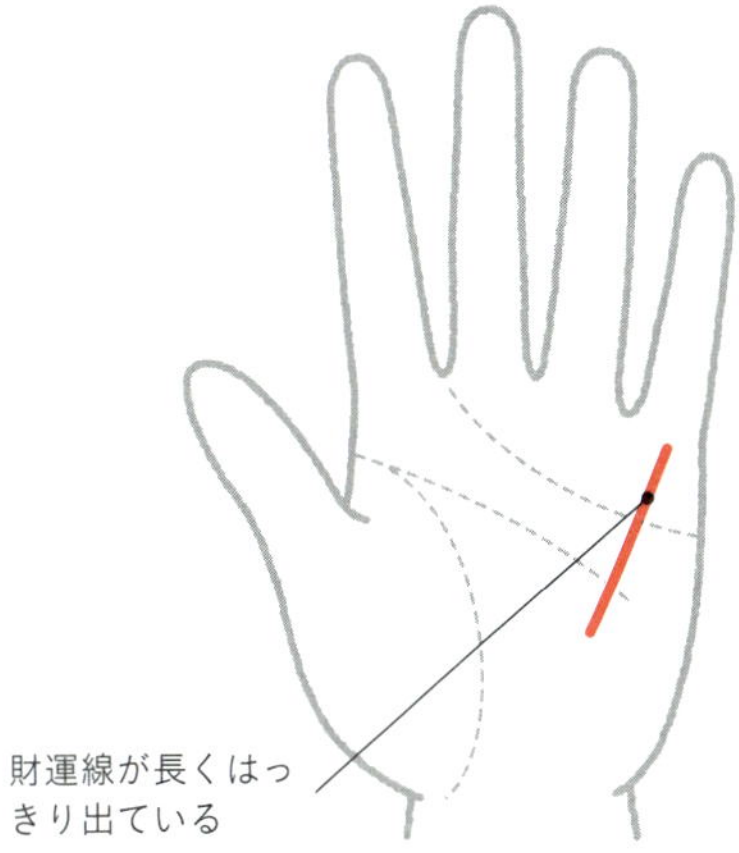

お金に余裕があり 自由に使えるリッチな人

財運線が長くはっきり出ている人は、お金に余裕がたっぷりある人。買い物などでも、値札を見ないで好きなものを買うことができます。ただし、たくさんのお金を持っている人でも、奥さんがお金の管理をしていて自由に使えない場合などは、普通の財運線となります。ある成功者は、自分でお金を管理し始めたところ、短期間で長い財運線に変化しました。

くねくねと曲がった財運線

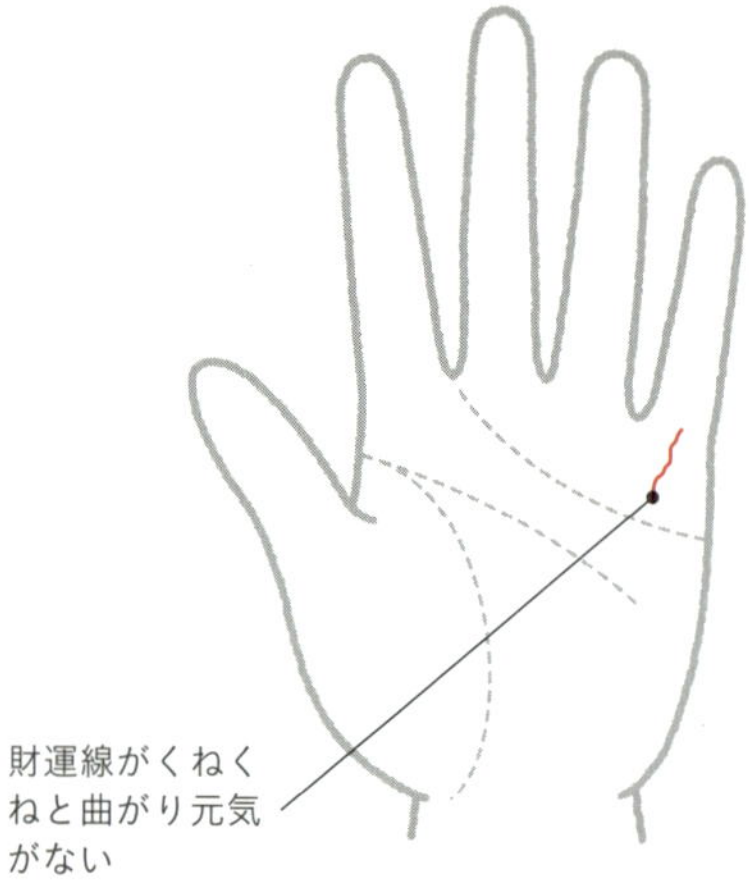
財運線がくねく
ねと曲がり元気
がない

出費続きで金運が離れている

財運線がくねくねと曲がっているのは、全般的な金運の弱さを表します。お金まわりが悪く、苦労している状態です。稼いだお金も、いろいろな出費にすべて消えていってしまいます。いつ貯金が底をついてもおかしくない状況です。しかし、曲がりなりにも財運線が出ているのですから、これをしっかりとしたものにする努力をしましょう。自分の金運を見直し、適切な方法を取れば、よい財運線に変わります。

細い線が数本ある財運線

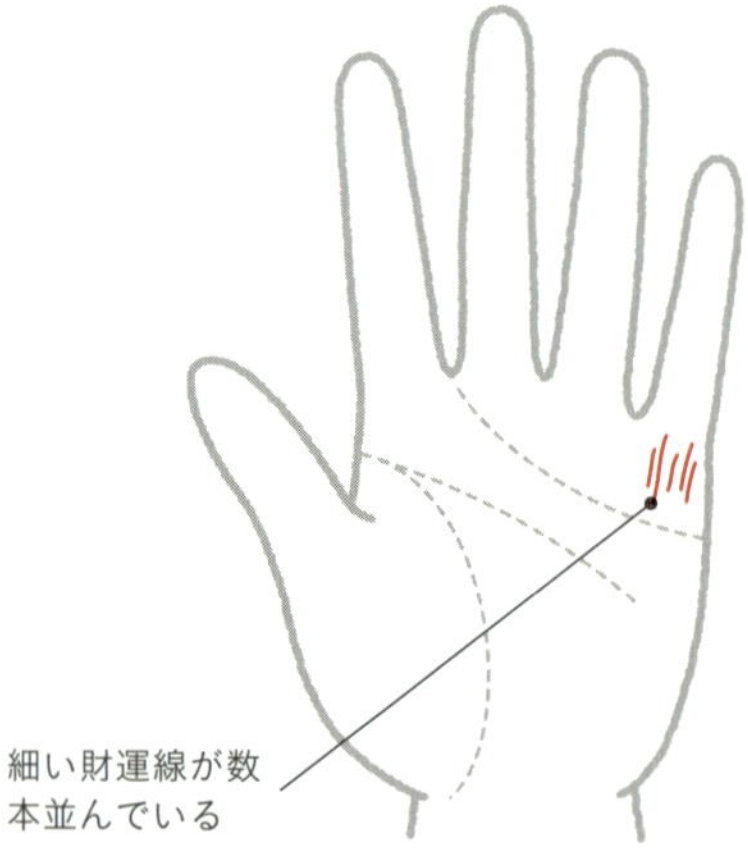
細い財運線が数
本並んでいる

お金が入ってくるぶん浪費も激しい

金運にはわりと恵まれていて、お金が入ってくる機会はあるのですが、それと同じくらいに浪費するのも好きという相です。そのため、まとまったお金が手元に残ることはほとんどありません。無駄な出費は抑えたいところですが、このタイプは節約にストレスを感じがち。スキルを磨くために自己投資するなど、将来につながるお金の使い方を考えるのがベストです。

切れ切れになっている財運線

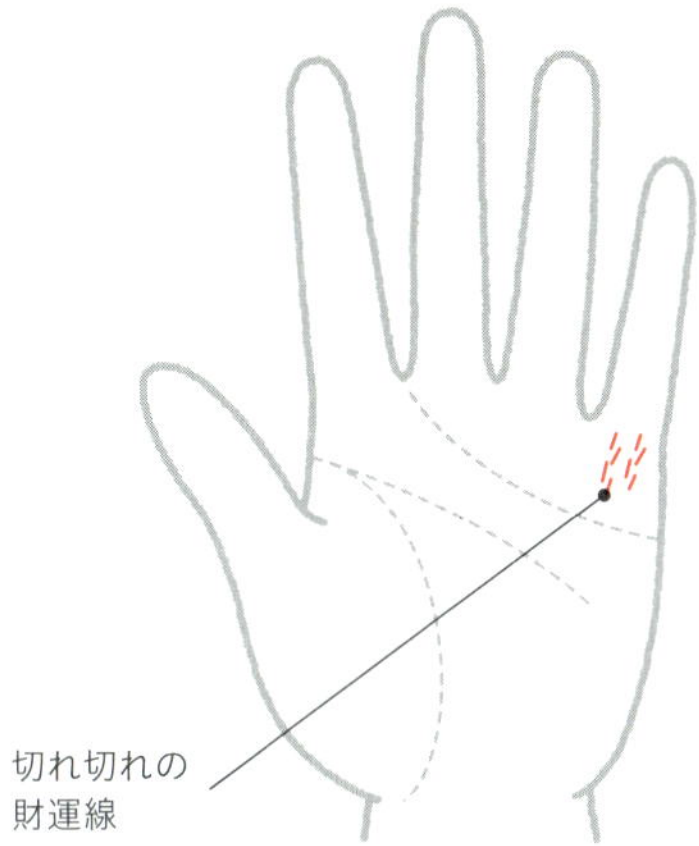

とにかく金運に恵まれない状況

財運線が切れ切れになっている相は、金運が危機的な状況に陥っていることを意味します。この相が出ている間は、投資や新規事業の拡大、大きな出費は控えたほうがよいでしょう。さもなければ、常にお金のことでストレスを感じることになります。財運線は、状況次第ですぐに変化する線ですから、無理せず計画的な金銭管理を心がけていけば、線の乱れも改善されます。

財運線がない

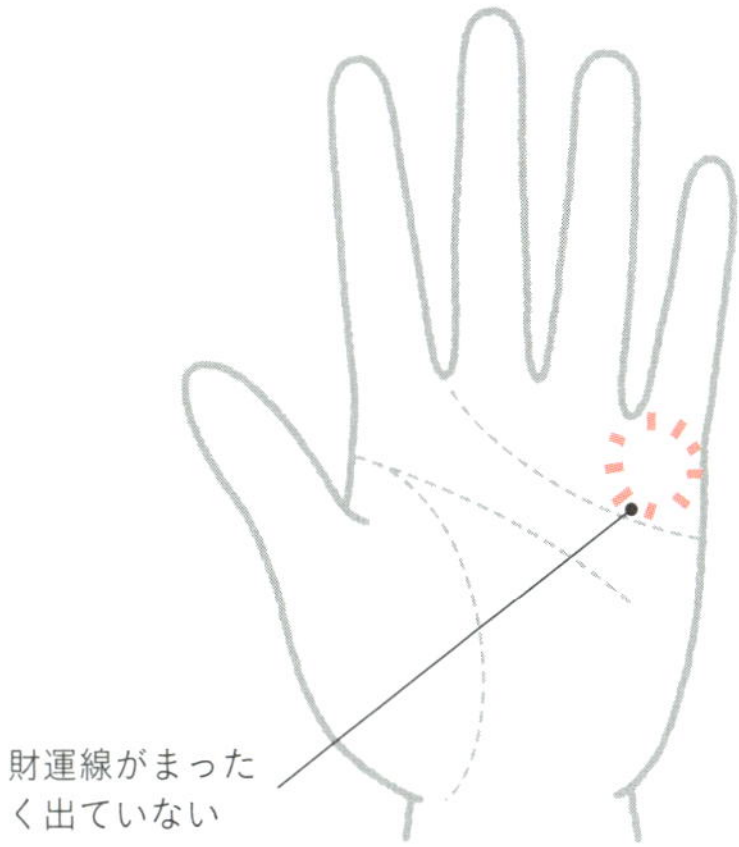

お金はあっても執着しない

財運線がまったくないという人は少なからずいます。だからといって、貧乏とはかぎりません。ただ、お金に執着しない人なのはたしかです。たとえお金を持っていても、そのことにこだわりを持っていなければ、財運線は出ないのが普通で、そういう人は、太陽線がきれいに出ているはずです。お金に執着しない人が大金を持ち歩くと散財してしまう可能性はありますから、そのことだけ注意してください。

体の状態がわかる　健康線

C　H　E　C　K　!

- □ 健康線が**切れ切れ**になっている？
- □ 横に伸びている？
- □ くねくねと**曲がって**いる？
- □ ゆっくりと**蛇行**している？
- □ 大きな**島**がある？
- □ 小さな**島がつながって**いる？

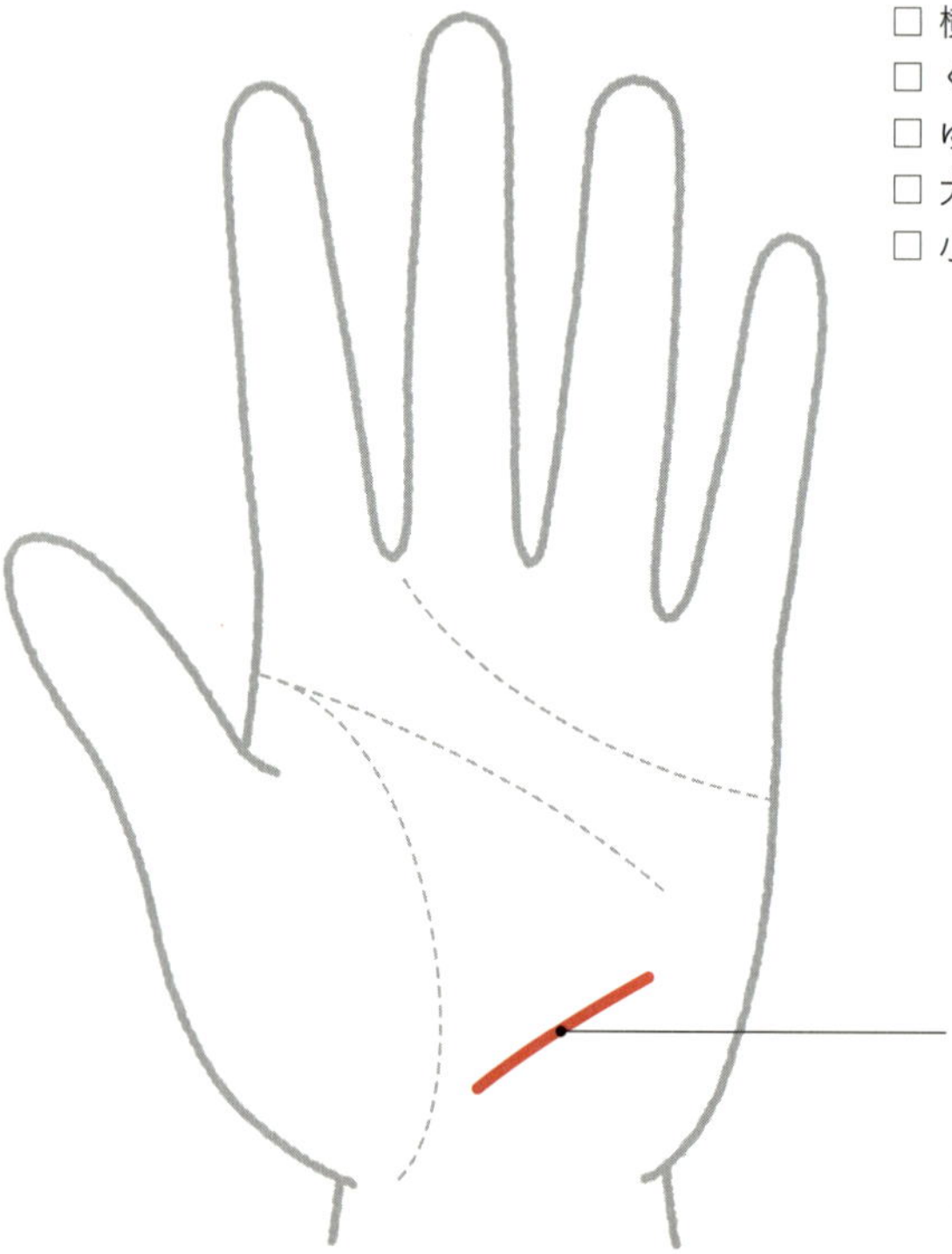

健康に問題があるときに出る線

その人の健康状態が表れる線ですが、本当に健康なら出ないのが普通です。したがって、手のひらの下側に健康線が出ているときは、体に何らかの異変があるか、これから問題が発生する可能性があるかのどちらかです。本人の調子に合わせて変わりやすい線なので、こまめにチェックしましょう。

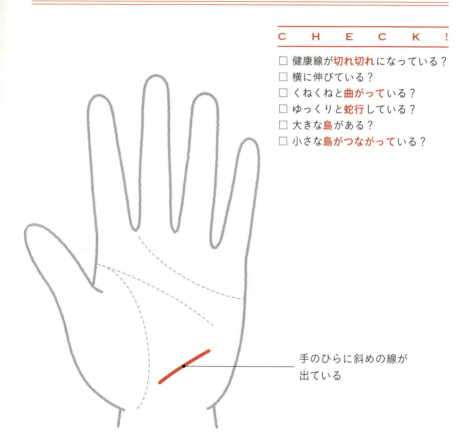

切れ切れの健康線

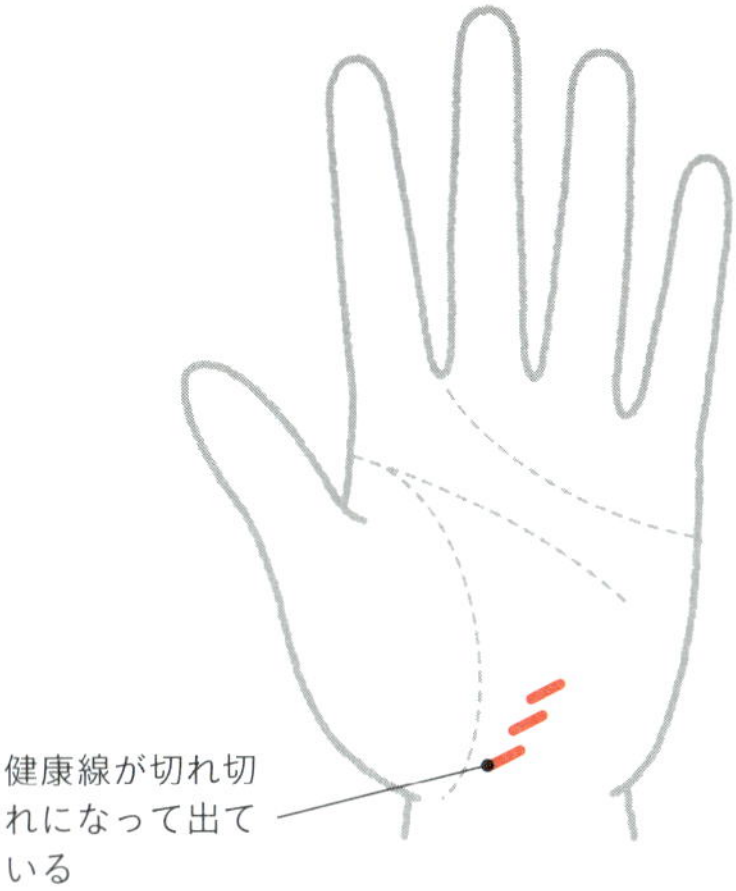

胃腸が弱っている

切れ切れになっているのは、健康線の中でも多いタイプ。この線は、胃腸が弱っていることを表します。現代人は生活が不規則で、ストレスもたまりがち。どうしても胃腸に負担がかかってしまいます。そのまま放置すれば状態が悪化し、線はどんどん伸びて生命線を横切るようになります。もしそうなったら、その流年に手術をする可能性があります。

横に伸びている健康線

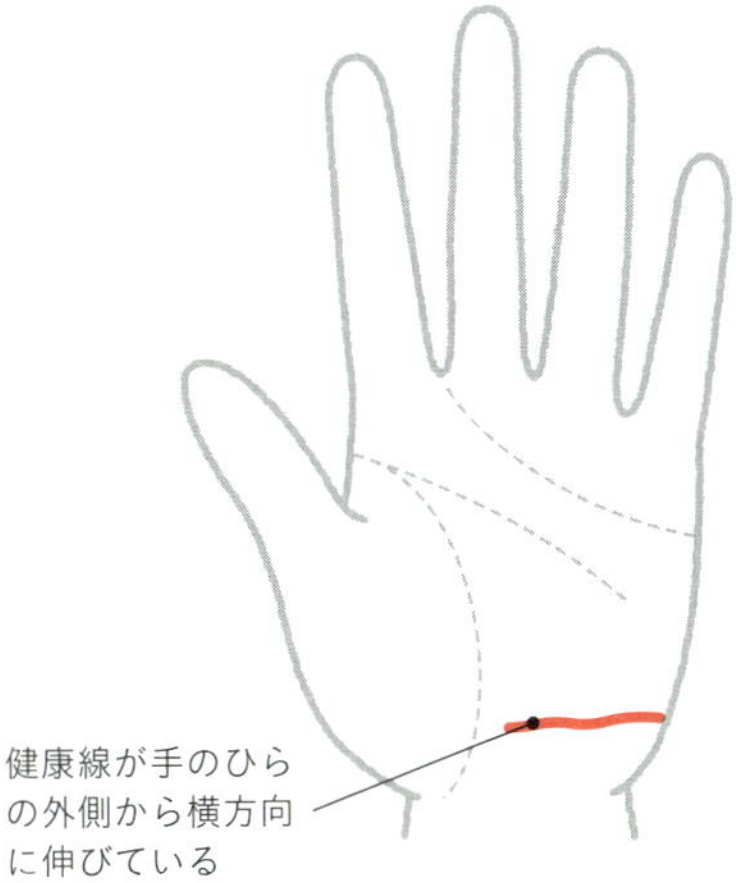

腸の病気で手術の可能性がある

健康線が切れ切れになっていたり、1本の線となって、手のひらの外側から横に伸びている場合は、特に腸の疾患を意味します。この線は2人に1人の割合で出ています。暴飲暴食や生活の乱れが原因なのは斜めの切れ切れの線と一緒です。横線が伸びて生命線を横切れば、やはりその流年に高い確率で手術をすることになります。腸が健康の要です。今すぐ生活習慣の見直しを。

くねくねと曲がった健康線

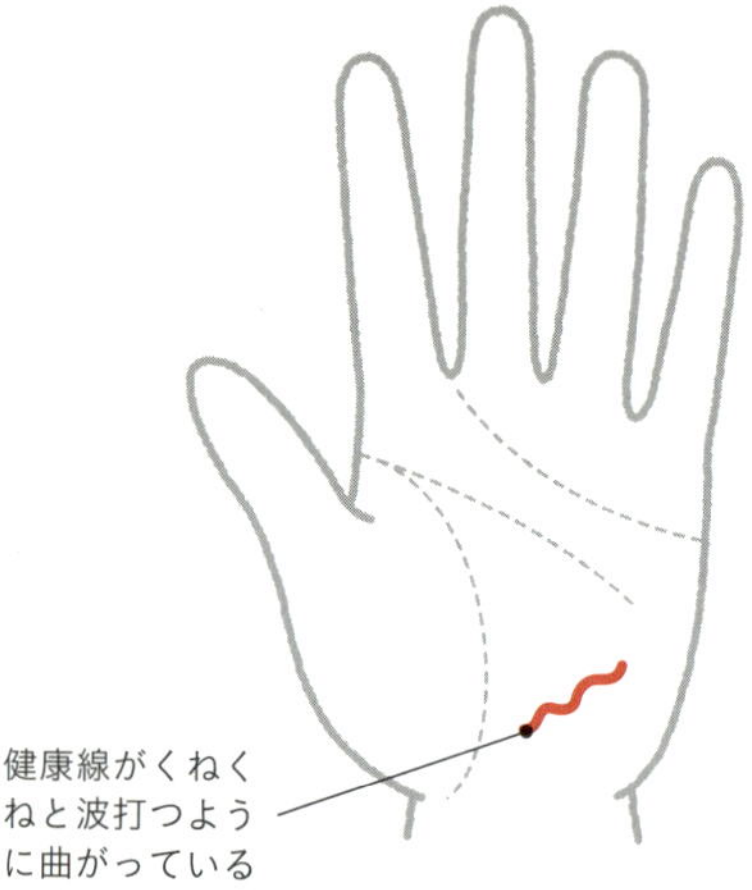

肝臓か腎臓に問題がある

健康線が、くねくねと波打つように曲がっています。この相の持ち主は、肝臓か腎臓のどちらか、あるいはその両方に問題を抱えている人です。肝臓はお酒の飲みすぎや肥満のほか、ウイルス感染での病気も深刻です。腎臓病も生活習慣と深く関わっています。特に塩分の摂りすぎなどで血圧の高い人は要注意。食生活を改善し、適度な運動をして体調を整える努力が必要です。

ゆっくりと蛇行している健康線

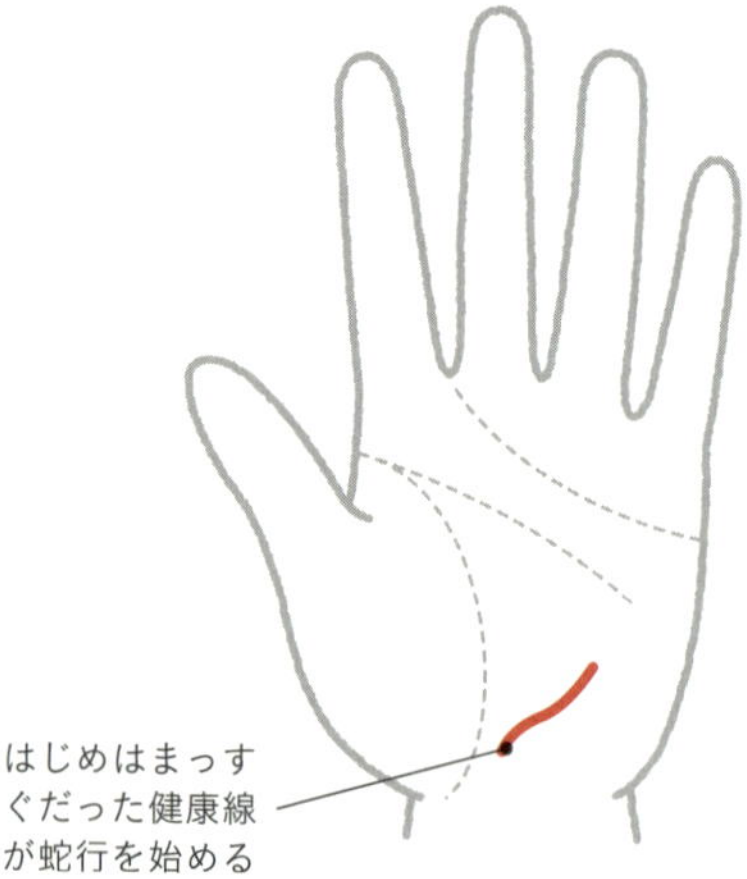

腎臓や肝臓の疲れがたまるほど曲がる

上の説明のように、くねくねと曲がった健康線は肝臓や腎臓の疾患を示す相ですが、規則正しいパターンで曲がっていることは稀です。多くは、ここに示すように、はじめはまっすぐだった線がゆっくりとカーブを描いていきます。このカーブは、肝臓や腎臓の疲れの具合を示し、きれいに曲がるほど疲れがひどくなっています。お酒が好きな人や疲れがたまっている人はご注意を。

大きな島がある健康線

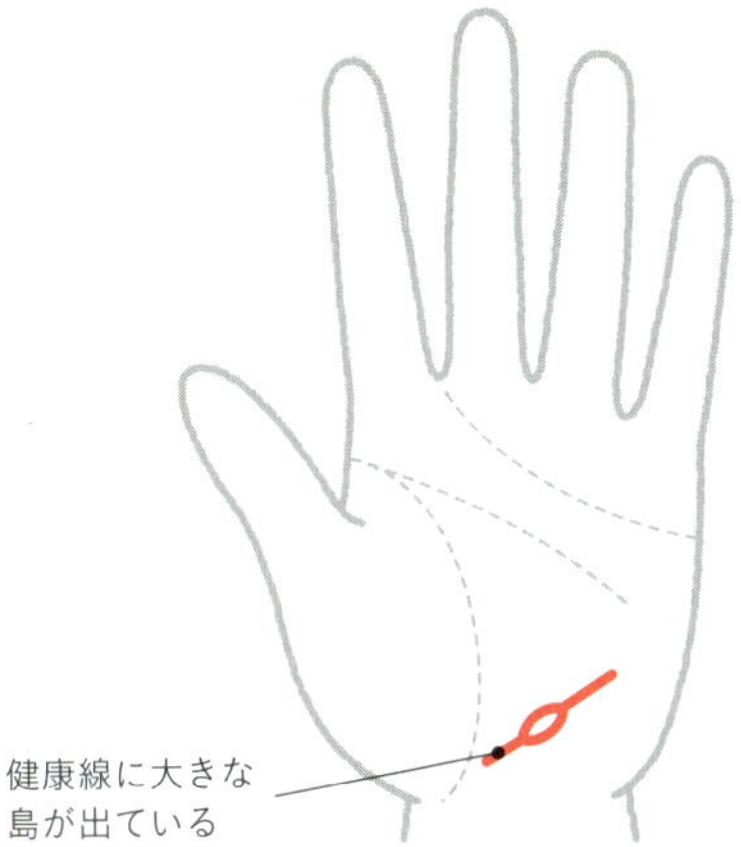

呼吸器系の疾患が疑われる

大きな「島」が出ている健康線は、肺や気管支など呼吸器系が弱っていることを表す相です。ただし、この線がはっきりと出ている人は少なく、たいてい崩れた楕円形で出ています。見落とさないように気をつけてください。呼吸器系の疾患は、喫煙、ウイルスや細菌の感染、アレルギーなど、さまざまな原因で引き起こされます。節制して肺・気管支をいたわりましょう。

小さな島がつながっている健康線

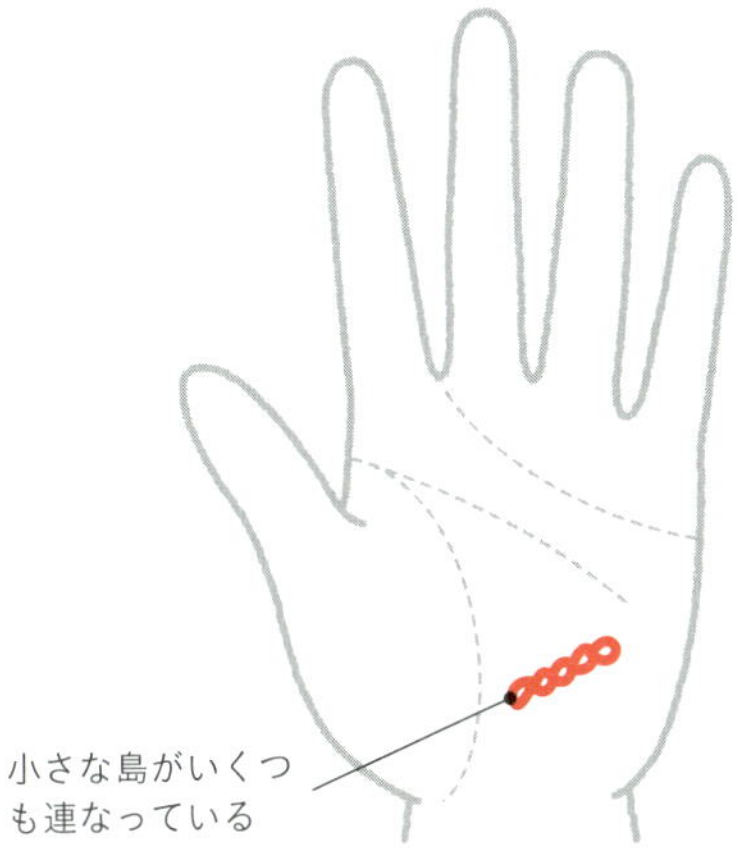

胸部に問題がある

小さな島が数珠つなぎに出ている健康線も、大きな島が出ているタイプと意味は似ています。肺を中心とした胸部に問題があることを示した相です。呼吸器の病気には、風邪、インフルエンザ、肺炎、喘息、肺がん、肺結核、誤嚥性肺炎、肺気腫など、ちょっと挙げただけでもこれだけあります。はっきりとした症状が出ていない人でも、喫煙の習慣がある人などは、一度検査を受けてみるのがおすすめです。

不規則な生活ぶりが表れる　放縦線

C H E C K !

□ 健康線のある場所に**薄い線**が少しだけある？　たくさんある？
□ 放縦線がない？

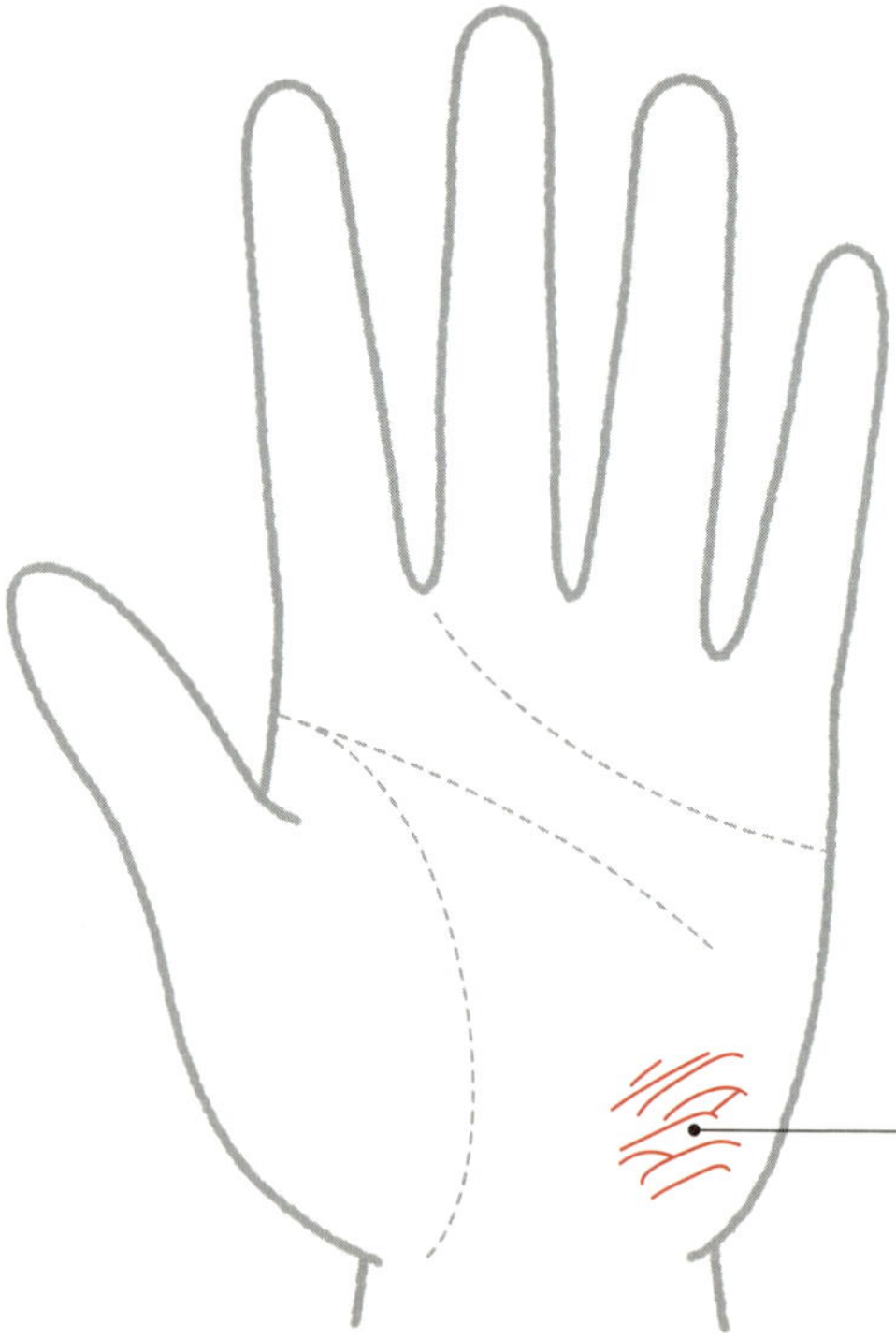
手のひらに薄い線が不規則な形でたくさん出ている

不規則な生活のために体力が消耗

手のひらの小指側、手首付近に、たくさんの薄い線がカーブしながら出ているのが放縦線。これも一種の健康線です。体力の消耗を表し、不規則な生活や不摂生な性生活が原因として考えられます。たくさんの線といいましたが、２～３本のこともあります。放縦線がないのは、きちんと節制している人の相です。

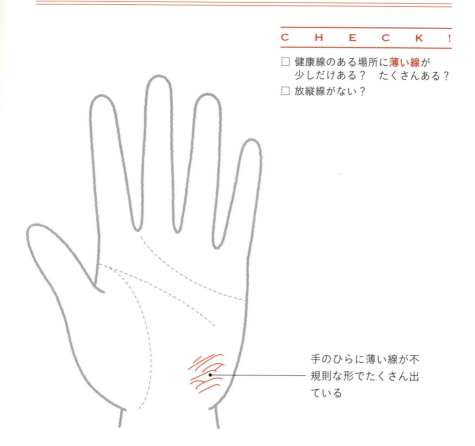

開運の時期がわかる　開運線

C H E C K !

- □ 生命線から**縦線**が出ている？
- □ 出ている縦線は**長い**？　**短い**？
- □ 生命線に接している？
  生命線の内側から上っている？
- □ 出ている縦線の流年は？

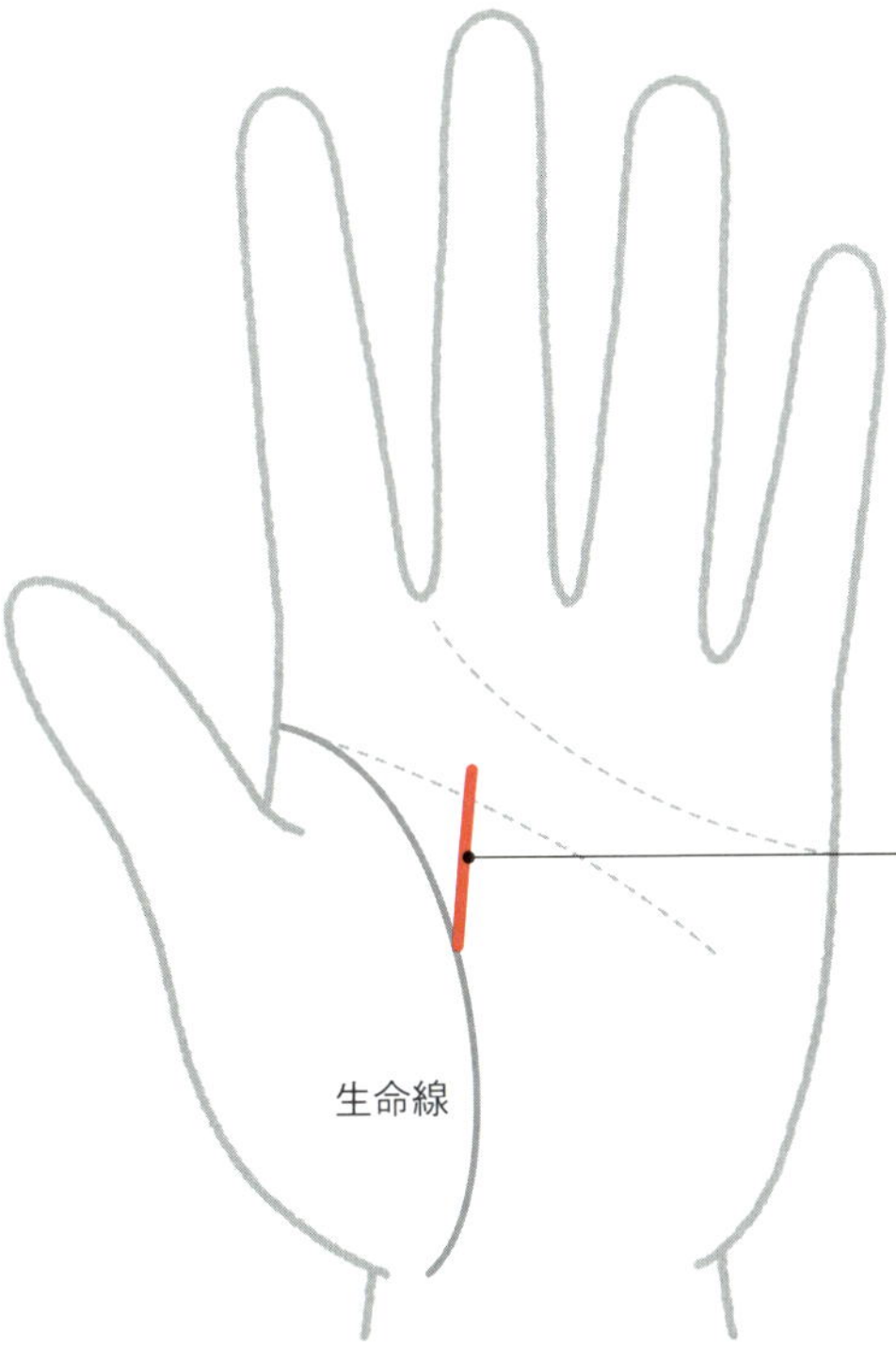

新たな運が開ける

生命線から出る縦線は開運線といい、生命線から上った流年に開運することを示します。独立や結婚、昇進など、人によって状況はさまざま。縦線が長いほど、開運したときの感激の度合が大きくなります。生命線の内側から上る開運線は、生命線を通過する流年に、身内の援助で開運することを示します。

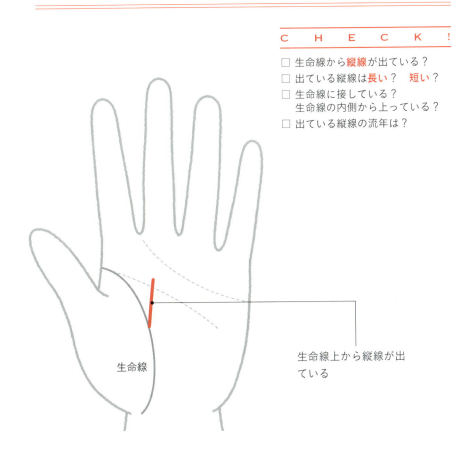

人生の目的に向かって努力する　向上線

CHECK!

- □ 生命線から**斜め線**が出ている？
- □ 出ている斜め線の**流年**は？
- □ 線は**長い**？　**短い**？

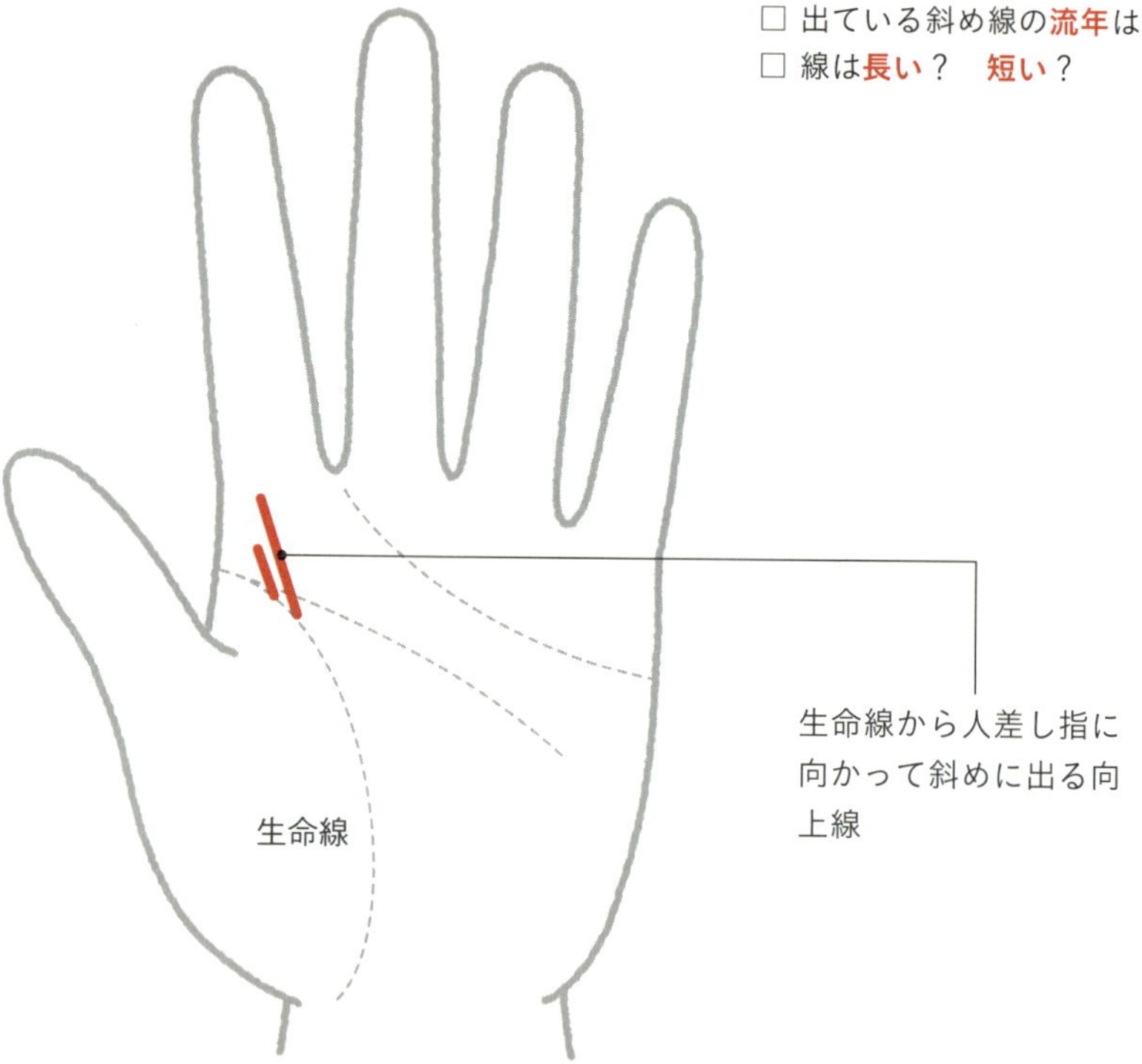

頑張ったことを示す、別名「努力線」

向上線は努力線ともいい、目標を持ち、それに向かって猛烈な努力をする人に表れます。生命線から出るときの流年は、努力を始めた時期。3～5ミリと短くても、意味は同じです。なお、この線はほとんどの場合、21歳以前の時期にありますが、一生を通して努力家であることも表しています。

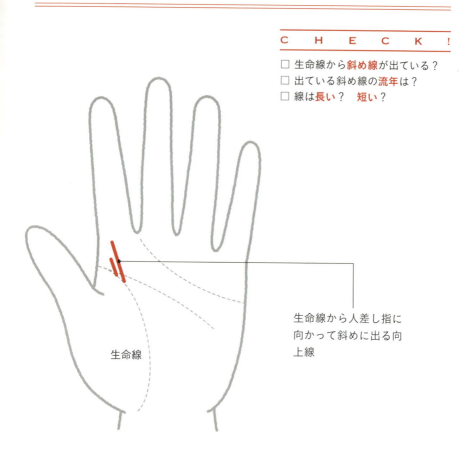

愛されキャラかどうかがわかる 寵愛《ちょうあい》線

CHECK!

- □ 月丘に出ている短い縦線の数は
  1本？　数本？
- □ 寵愛線がない？

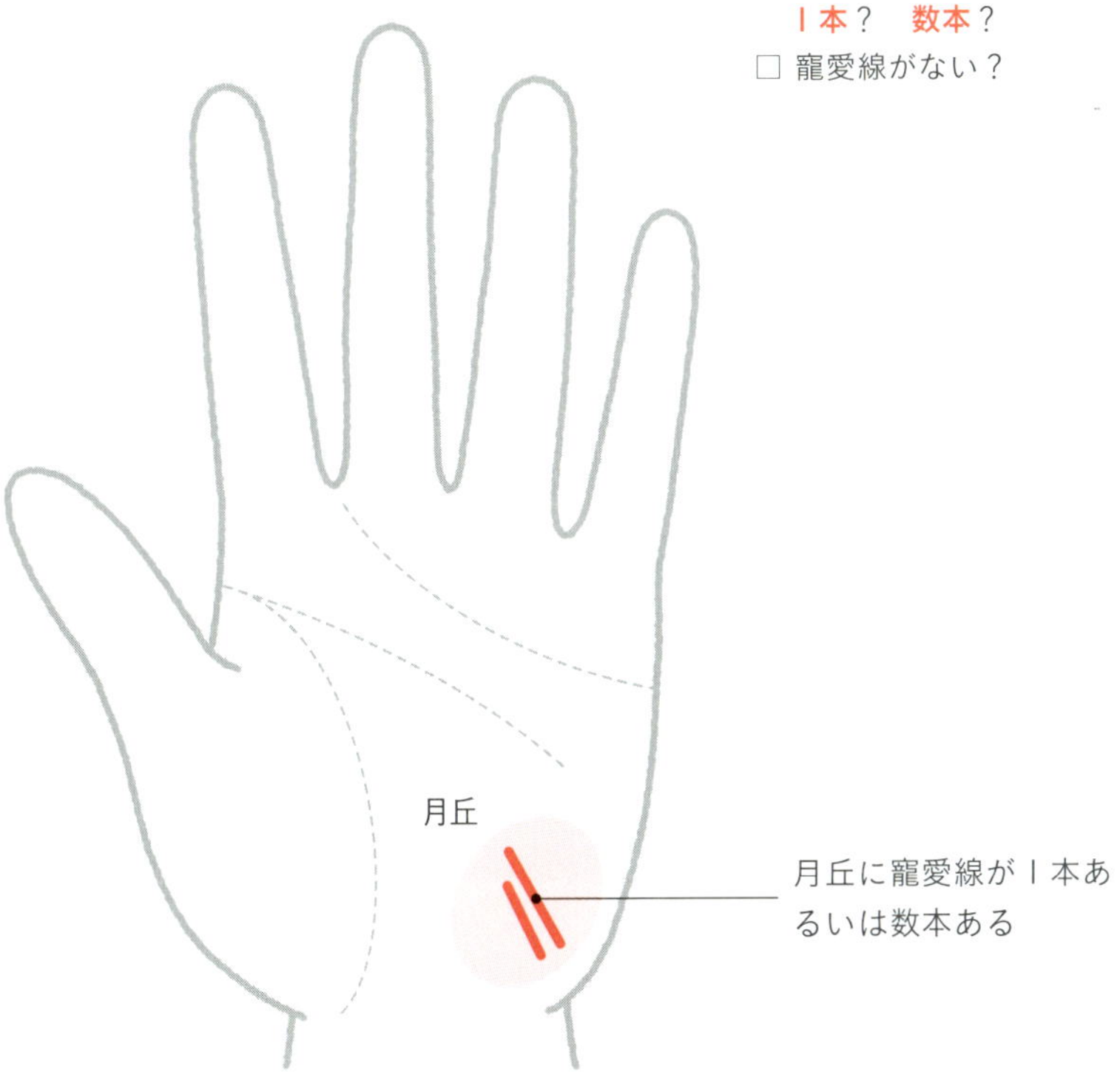

愛嬌があって誰からもかわいがられる吉相

この線が月丘に出ている人は、愛嬌があって誰からもかわいがってもらえる「愛されキャラ」。周りにいる人たちが引き立ててくれるので、とてもラッキーな人生を送ることになるでしょう。そのキャラのよさで芸能界に独自のポジションを築く人かもしれません。接客業でも成功します。

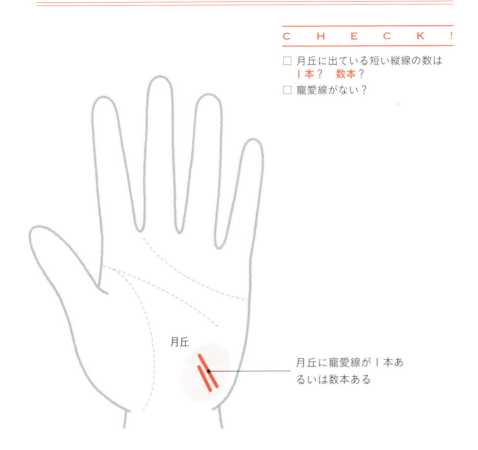

大恋愛の時期がわかる　恋愛線

C　H　E　C　K　!

- □ 恋愛線は**長い**？　**短い**？
- □ 恋愛線は**1本**？　**2本**？
- □ 恋愛線が何本もある？
- □ 出ている場所は感情線上？
感情線の上方？
- □ 感情線が**切れ切れ**になっている？
- □ 恋愛線に**島**はある？
- □ 恋愛線がない？

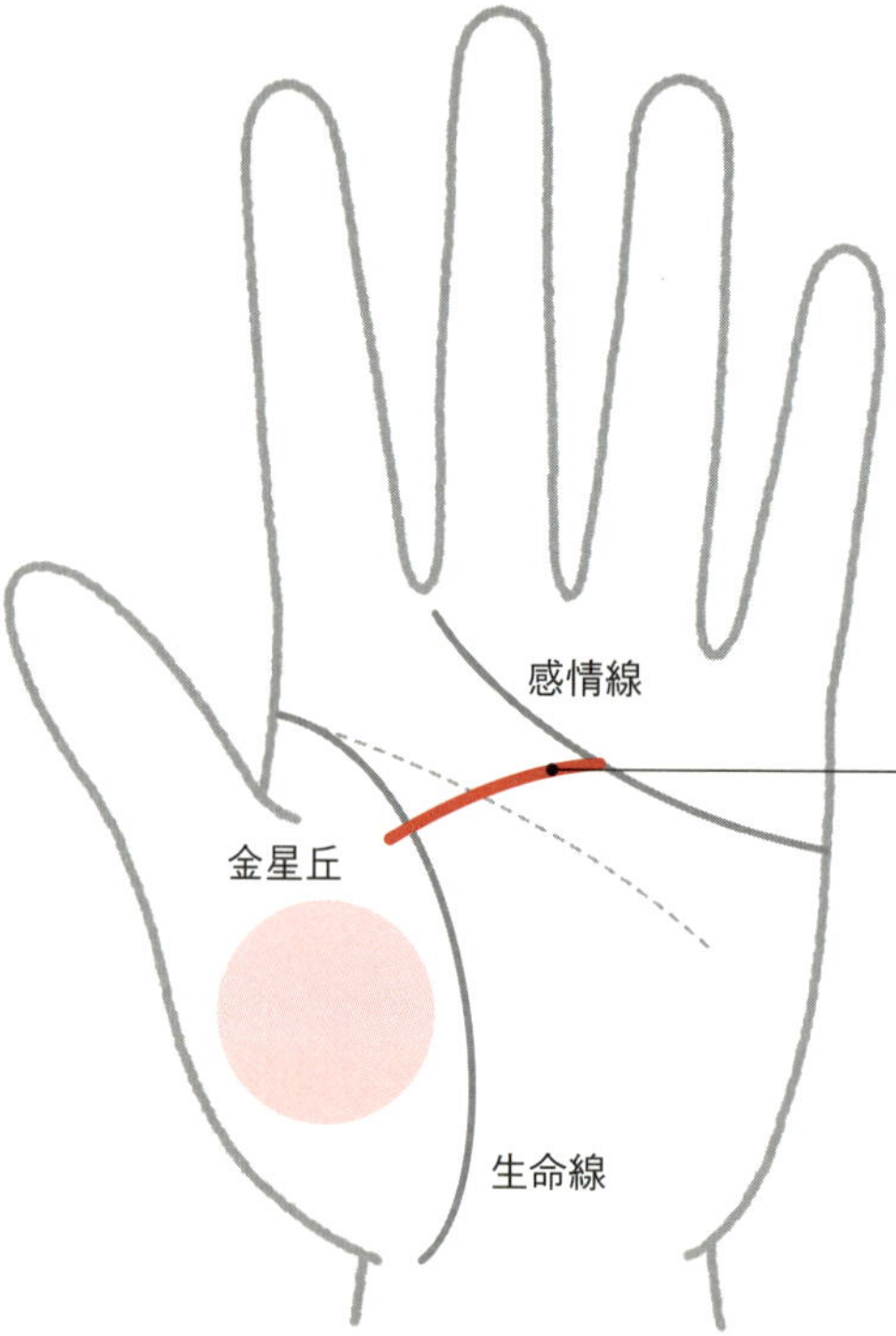

大恋愛の喜びも悩みも表れる

愛情を意味する感情線の上あるいは周辺から、金星丘（愛情の丘）に向かって伸びているのが恋愛線。この線は、愛情が一定の段階まで高まり、大恋愛をする時期やその成り行きを示しています。大恋愛に発展するタイミングは、生命線を切る流年で知ることができます。

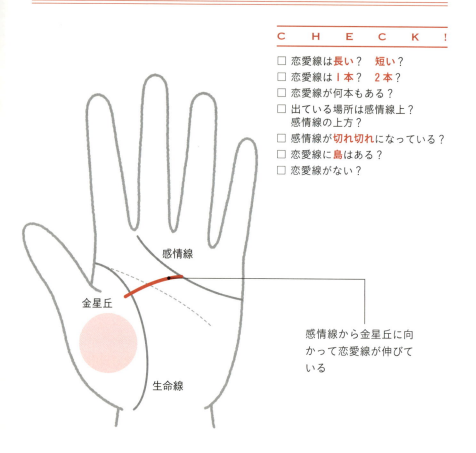

感情線から出て生命線を横切る恋愛線

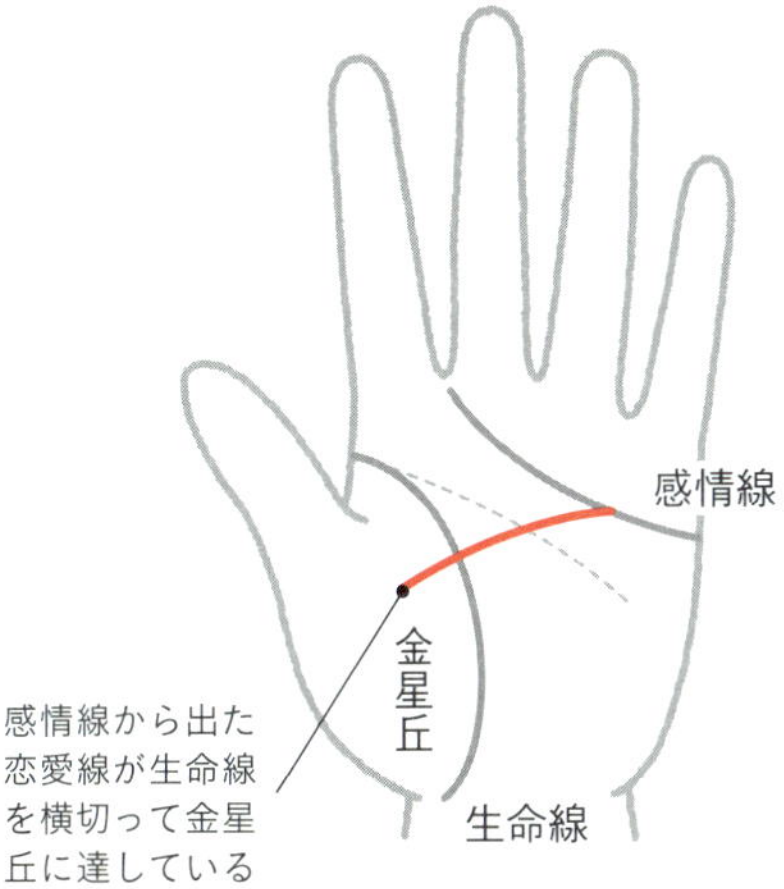
感情線
金星丘
生命線
感情線から出た恋愛線が生命線を横切って金星丘に達している

運命的な出会いの時期を表す

感情線から出て、生命線を横切る恋愛線があれば、大恋愛すること間違いなし。恋愛線が生命線を切る流年が、たとえば図のように30歳なら、その年齢が大恋愛の時期です。それが結婚時期を示す場合もありますが、多くは人生を左右するほどの運命的な相手と出会って恋に落ちるタイミングと考えていいでしょう。既婚者にこの線があるときは、愛人が現れるか子どもを授かる時期だったりします。

短い恋愛線

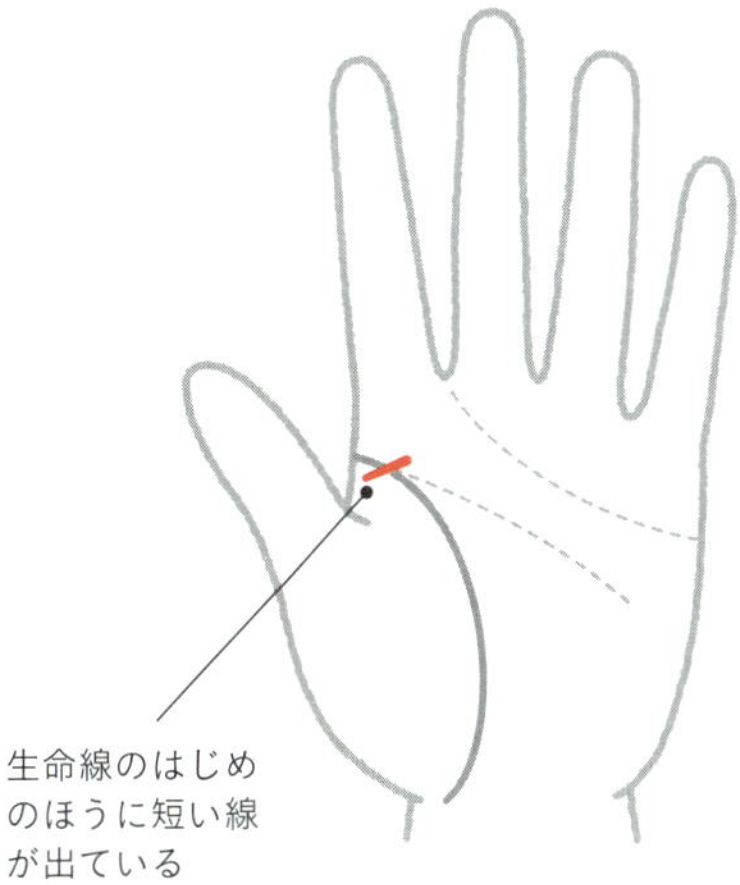
生命線のはじめのほうに短い線が出ている

青春時代の恋の記憶が刻まれている

生命線の起点に近い場所に出ている短い線は恋愛短線と呼びます。流年の早い時期に出ていることからもわかるように、この線は生命線を横切った年に思い出深い恋愛をしたことを意味します。青春時代の恋ですから、交際まで発展しない片思いでも、あるいはスターやアイドルに夢中になった経験だけでも恋愛単線は出るものです。したがって何本か出ている人がほとんどです。

感情線の上方から出ている恋愛線

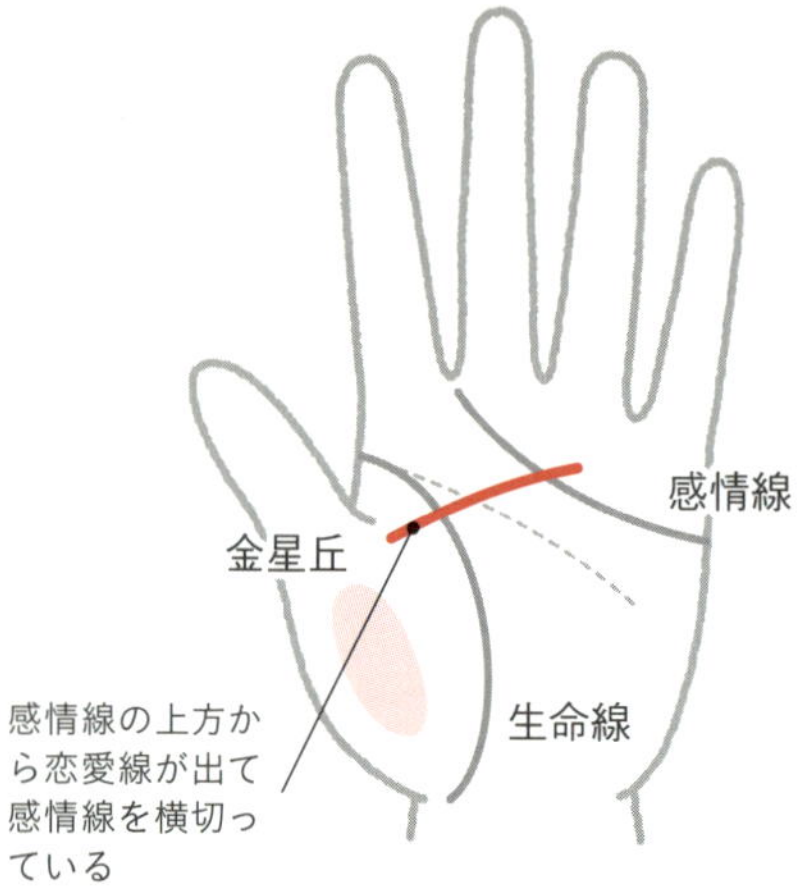

生命線を横切る流年で結婚につながる大恋愛

図のように感情線上からではなく、それよりさらに上から出て金星丘に向かって伸びているのも恋愛線の一種です。感情線から出て生命線を横切る恋愛線と意味は似ていますが、感情線の上方からこの線が出ると、生命線を切った流年で必ず結ばれる、というほど強い意味になります。心当たりがある人もない人も、期待していてください。

切れ切れの恋愛線

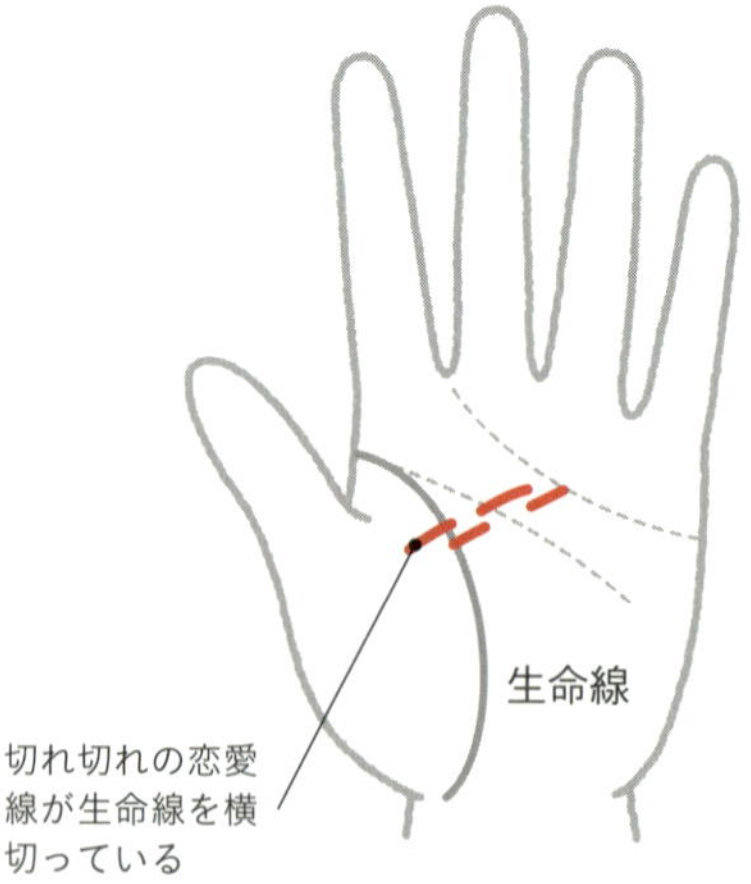

生命線を横切る流年に大恋愛する

ほかの多くの線と同様、恋愛線も切れ切れになっていることがあります。ただし、感情線の切れ切れが恋人との別れを意味するのに対し、恋愛線の切れ切れにそのような意味はありません。大恋愛の相で、切れ切れになっている線のどこかが生命線を横切っていれば、その流年に大恋愛をすることになります。つながっている恋愛線よりも見つけにくいので、よく探してください。

恋愛線が1本ある

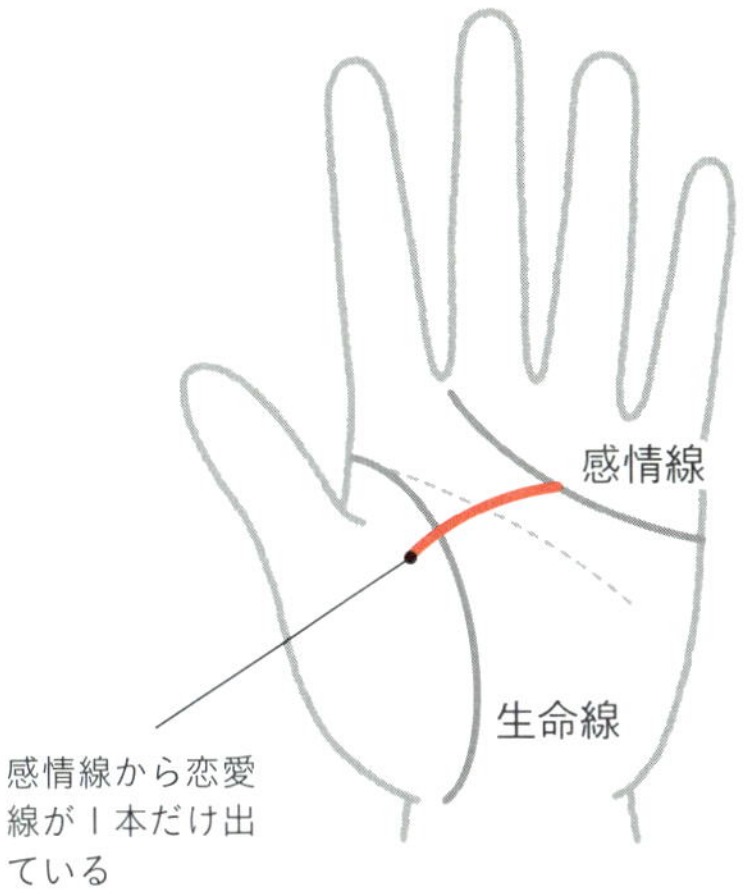
感情線
生命線
感情線から恋愛線が1本だけ出ている

人生で一度、恋愛感情が大爆発するとき

感情線上から出ている恋愛線が1本の場合は、人生で最も夢中になる恋愛が1回だけ訪れることを意味します。その時期は、感情線から出ている場所の流年、そして生命線を横切った流年です。1本の線で2つの年齢の恋を予言しています（生命線の流年をメインでみてください）。独身の人は、このタイミングを大切にしてください。

感情線の短い下支線がある

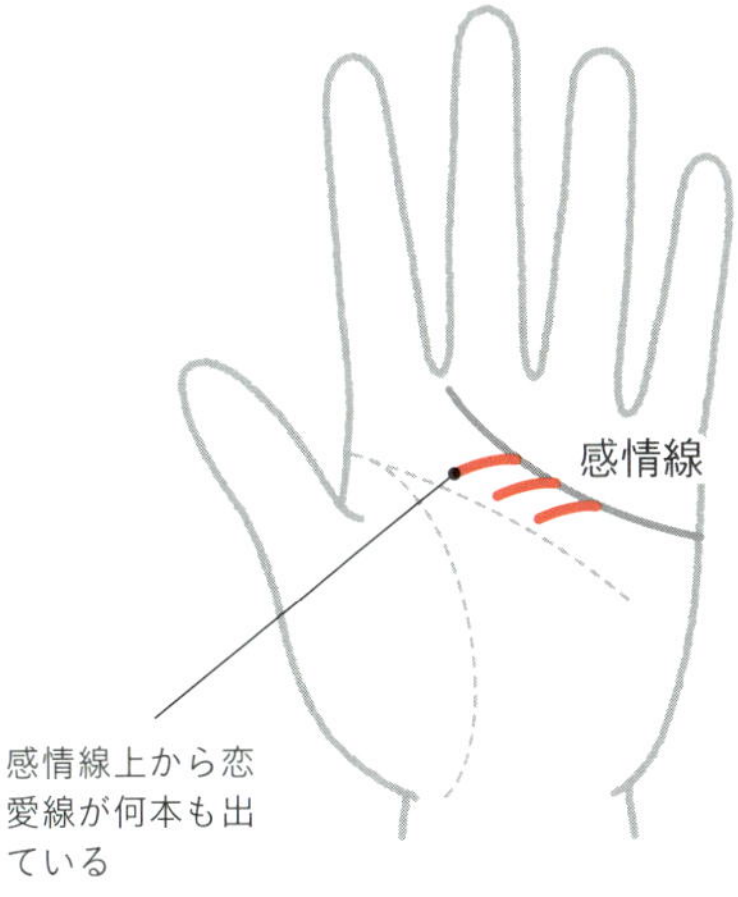
感情線
感情線上から恋愛線が何本も出ている

下支線の数だけ恋がある

恋愛については、感情線から短い下支線が出る流年でみる方法があります。この場合、感情線の流年法を使って時期を測定します。3本ある人は、3回の恋の時期が読み取れます。ただし、感情線が乱れている人はわかりやすいのですが、感情線が1本スーッと入ったタイプでは下支線がないということになり、この方法は使えません。

[チェックを入れたような２本の恋愛線]

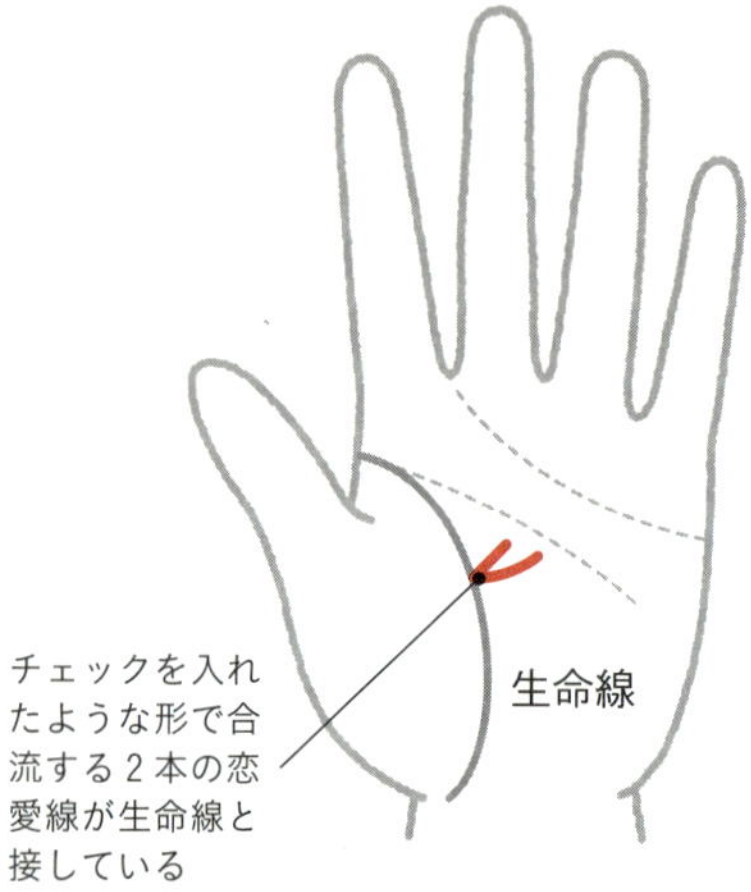

三角関係の予感

生命線上の同じ場所に、別々の場所から出ている２本の恋愛線が合流する形で表れています。ちょうど✓（チェック）線のような形をしているところから「チェック相」と呼んでいます。この相が出ている人は、チェックが生命線に触れる流年に、あなたをめぐって三角関係が勃発することでしょう。多くは、交際中の相手とは別の１人が、あなたに猛烈なアタックを試みるというケースです。

[恋愛線のチェックが生命線まで入り込んでいる]

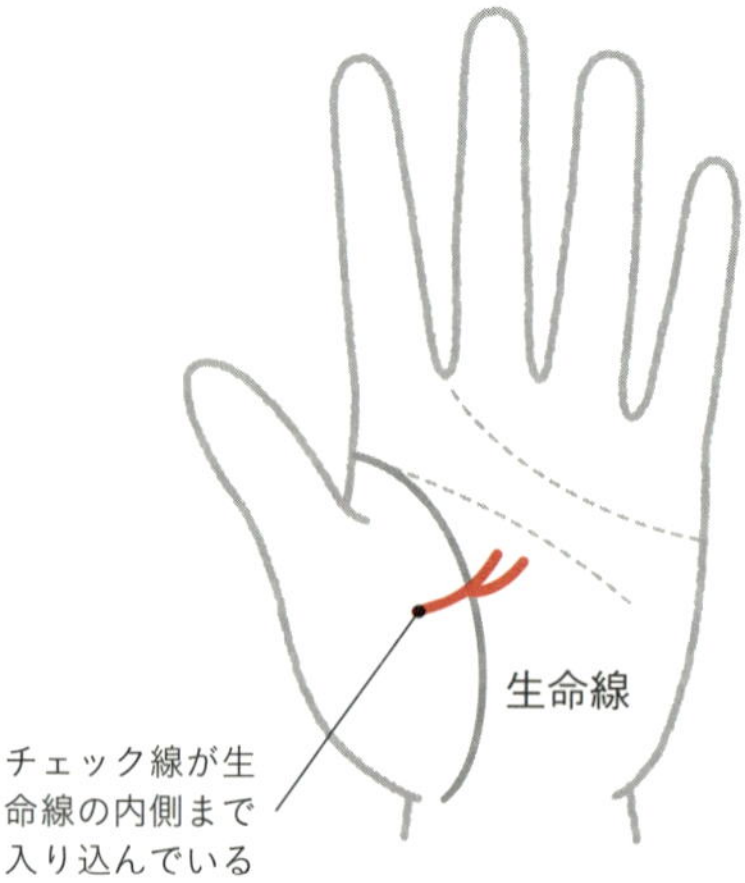

三角関係がもめごとにまで発展する

上に掲げた「チェック相」と似ていますが、こちらは２本の線が合流したあと、１本の線となって生命線の内側に入り込んでいます。こうなると、モテて困るなどと、のんきにかまえている場合ではありません。三角関係がこじれて、もめごとに発展するでしょう。あなたに思いを寄せる２人のうちのどちらを選ぶかはあなた次第ですが、曖昧な態度をとらないように。

恋愛線のチェックが生命線に入り込み島をつくる

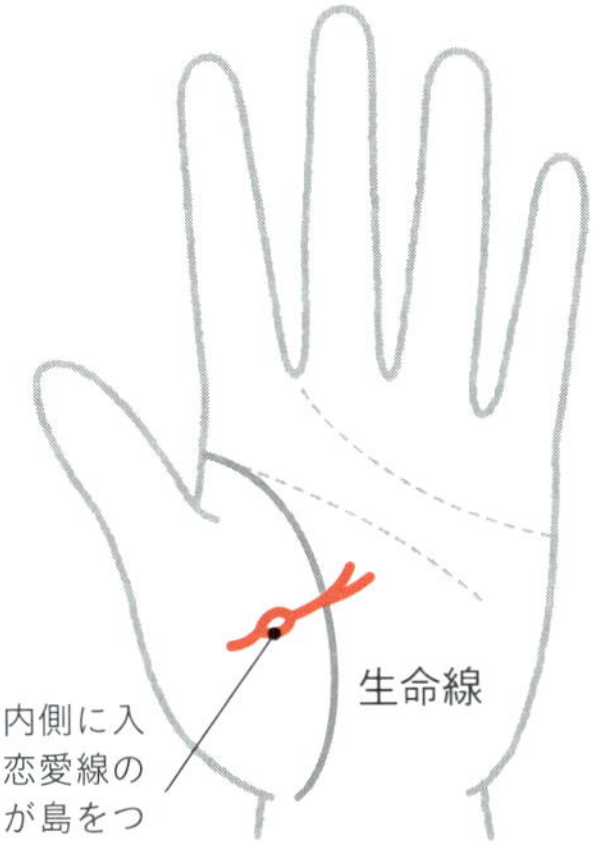

生命線の内側に入り込んだ恋愛線のチェックが島をつくっている

三角関係でピンチに

恋愛線に不調を表す島が出ている場合、それがどの場所にあっても恋愛で悩むことになるでしょう。その島が、チェック線が生命線の内側に入り込んだところに出ているとすれば、それは三角関係で最大級のピンチに陥ることを意味します。もしかしたら、自分に非があるかたちで不倫トラブルに巻き込まれるかもしれません。流年であらかじめその時期はわかりますから、取り返しがつかなくなる前に穏便な解決を。

恋愛線がない

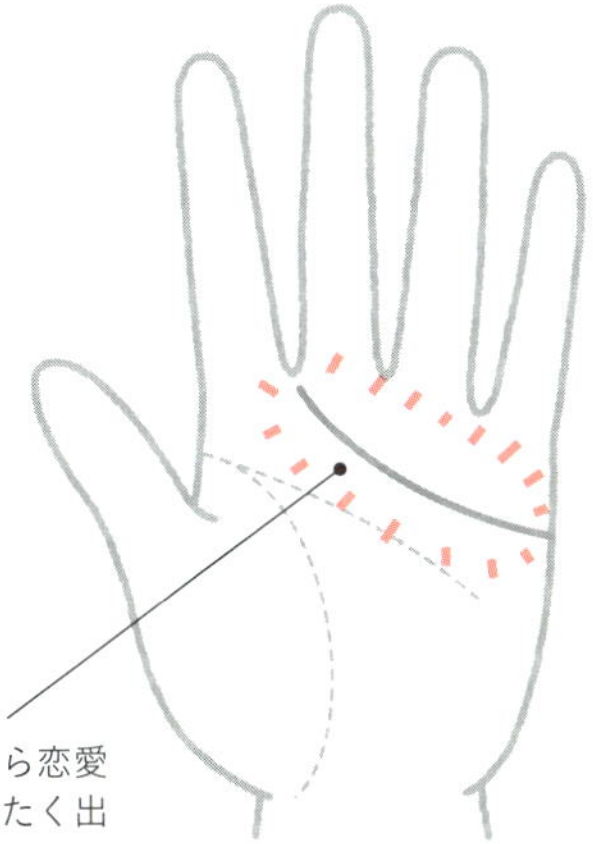

感情線から恋愛線がまったく出ていない

恋愛はしても大恋愛にならないタイプ

感情線から恋愛線がまったく出ていないという人は、大恋愛をしないタイプです。それでも恋愛はしますから、ご心配なく。ただ恋愛に対して少し覚めたところがあるといえます。手の皮が厚くて感情線に支線が出にくい人にも、このようなタイプの人がいます。でも、よく見ると2～3ミリの恋愛線が出ていることもあり、その場合は大恋愛をするでしょう。

出会いや恋愛状況がさらに詳しくわかる　影響線

C　H　E　C　K　!

- □ 影響線が出ているのは**生命線**？ **運命線**？
- □ 影響線が生命線の内側に出ている？　横切っている？
- □ 生命線に**長く**添っている？ **切れ切れ**になっている？
- □ 運命線を横切っている？ 手前でストップしている？
- □ 影響線が運命線に流れ込んでいる？
- □ 影響線とは別に**障害線**がある？
- □ 影響線は**1本**？　**何本**もある？

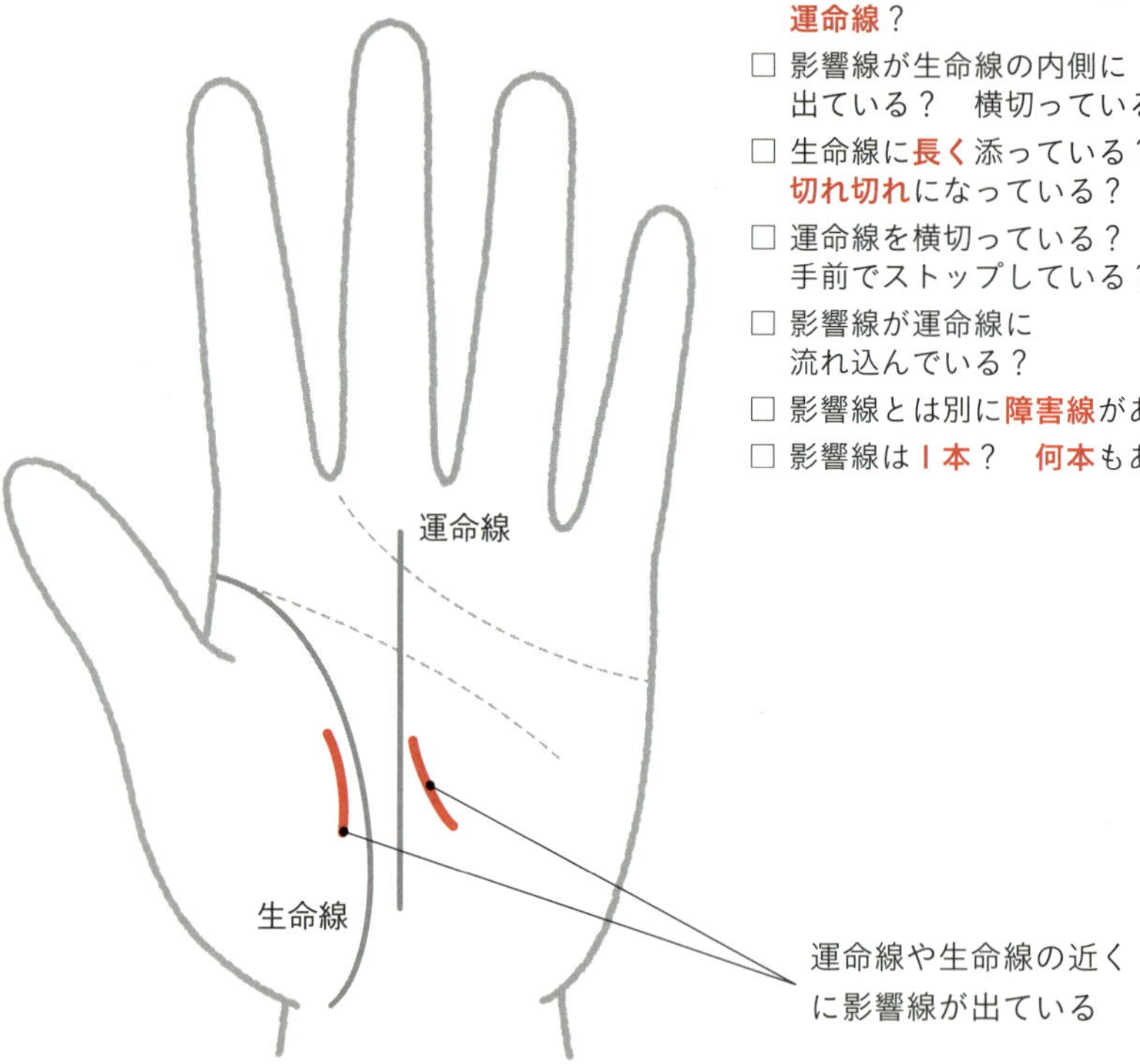

運命線
生命線
運命線や生命線の近くに影響線が出ている

恋愛・愛情の状態をみる

影響線とは、運命線にはっきり流れ込む線、あるいは生命線の内側、だいたい5ミリ以内に出る細い線。どちらも人生に大きな影響を与える事柄を表すために、この名があります。影響線の見方がわかれば、運命的な出会いや過去・現在・未来の恋愛状況をさらに詳しく読み取ることができます。

生命線の内側に出ている影響線

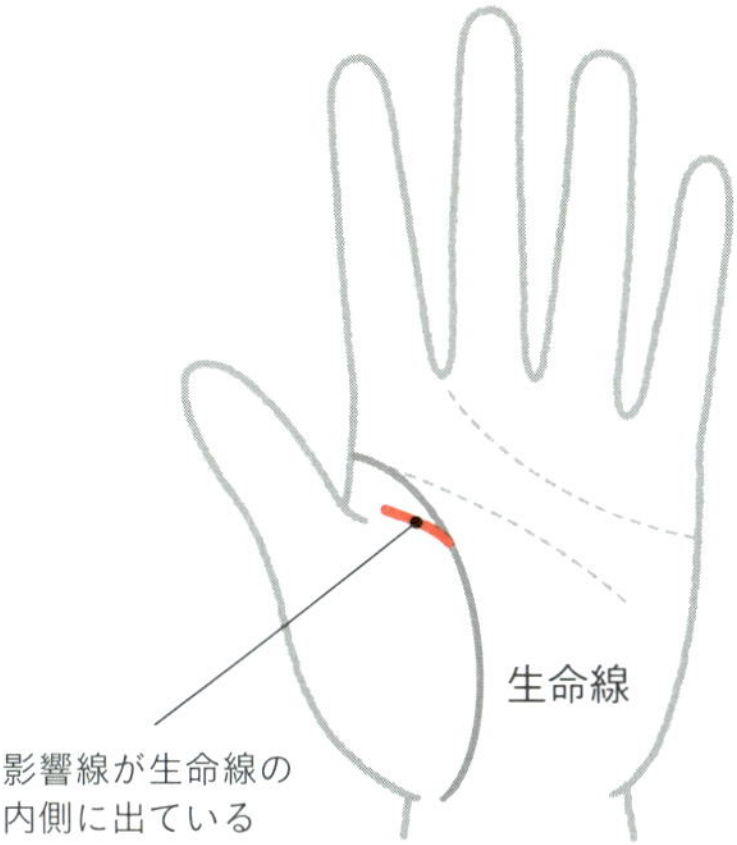

愛する人との出会いと別離の時期を表す

生命線の内側５ミリ以内に出ている影響線は、生命線に近づけば近づくほど愛情が強くなり、離れるほど気持ちが冷めることを意味します。左手にこの線が出ていれば、相手の自分に対する愛情を表し、右手に出ていれば自分の相手に対する愛情を表しています。生命線に接近する影響線が、生命線に合流するのは、その流年に２人がゴールインすることを示しています。

生命線を横切る影響線

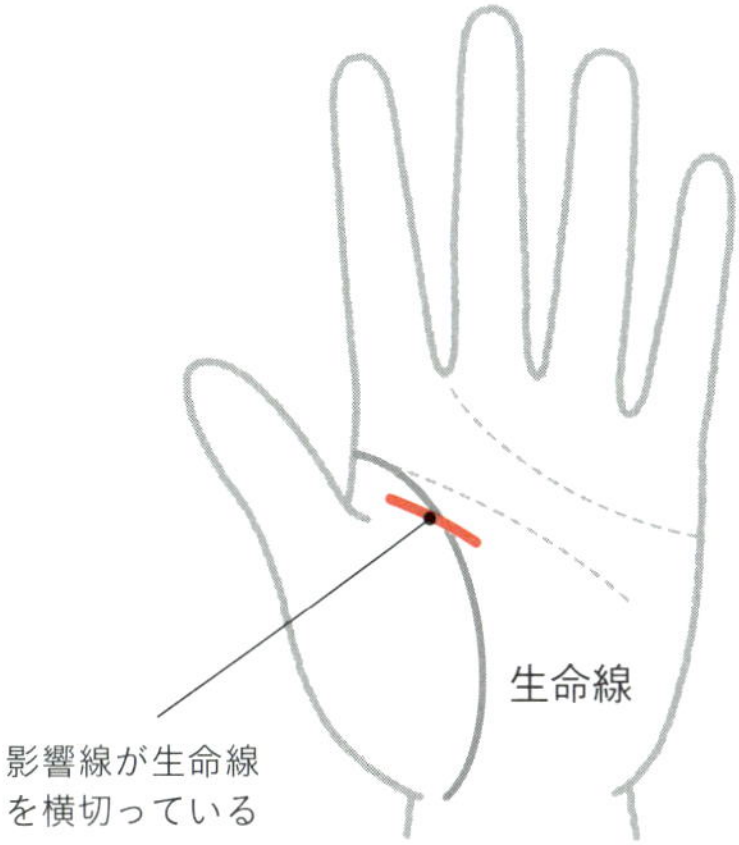

結婚話が出ても別れる運命

一見、生命線に達していますから結婚までこぎつけるようにも思いますが、結果は逆です。相手は結婚したそうな口ぶりでも、本音はただの遊びにすぎず、結婚の意思はありません。恋愛に夢中になっている人にそのことを理解させるのは難しいのですが、身辺調査の結果、ほかにも自分と同じような立場の人が何人もいた、ということがよくあるのです。このタイプの人には、この線が何本も出ていることがあります。

生命線に添った長い影響線

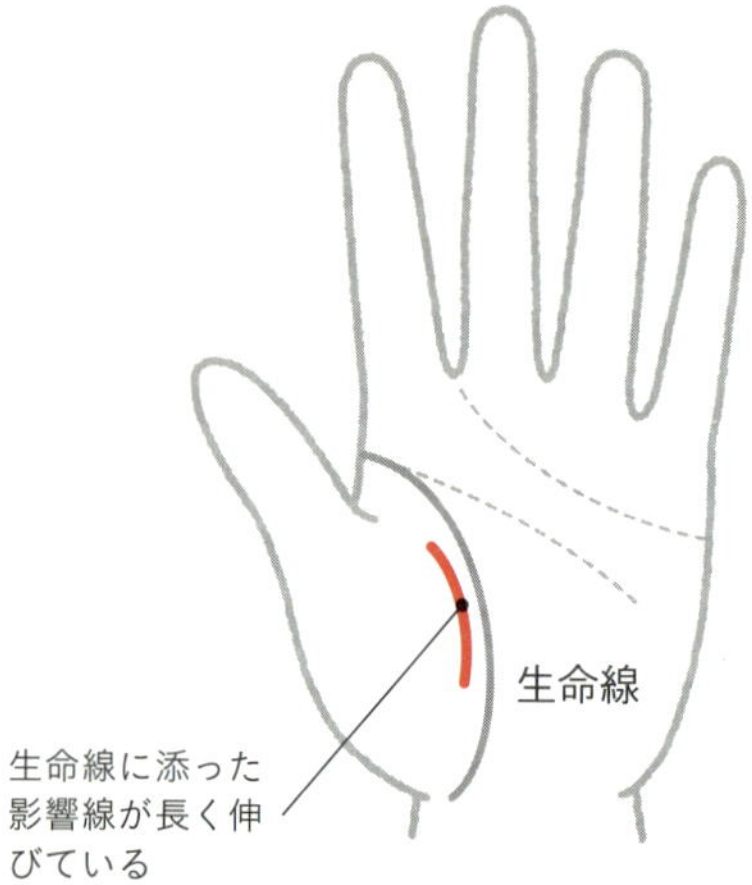

愛情が長続きする

生命線に添うようにして長い線が内側に出ている相は、愛が長続きすることを意味します。生命線と影響線の距離はだいたい1～2ミリです。左手にあれば相手の変わらぬ愛情を、右手にあれば自分の変わらぬ愛情を意味し、両手にあれば相思相愛。したがって、結婚生活はとても幸せなものとなります。それだけにとても稀な相で、割合からいくと50人に1人くらいです。

切れ切れの影響線

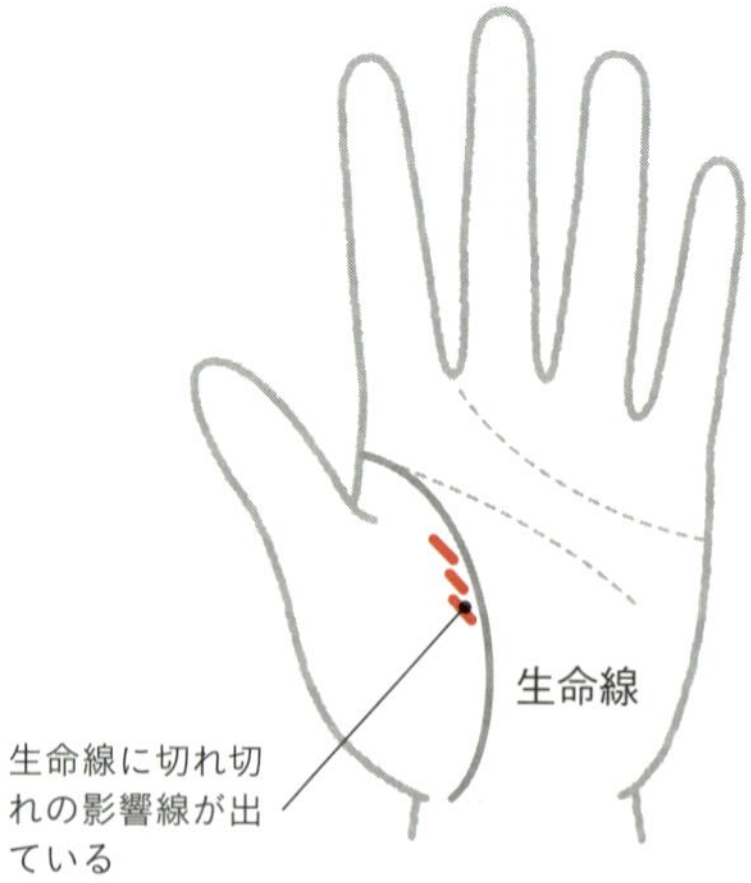

「短い恋が終わってはまた始まる」の繰り返し

生命線に出ている影響線が切れ切れになっているのは、非常に熱しやすく冷めやすい人の相。ひとつの恋が長続きすることはなく、終わっても、すぐまた別の恋が始まります。少しも落ち着くことがありませんが、本人も色恋沙汰が好きなので、何度終わりを迎えても、またその繰り返しに。あまり多くの恋愛をしすぎると、1回ごとの印象は薄れ、影響線すら出ないという人も。

［生命線の内側の影響線が障害線で止まる］

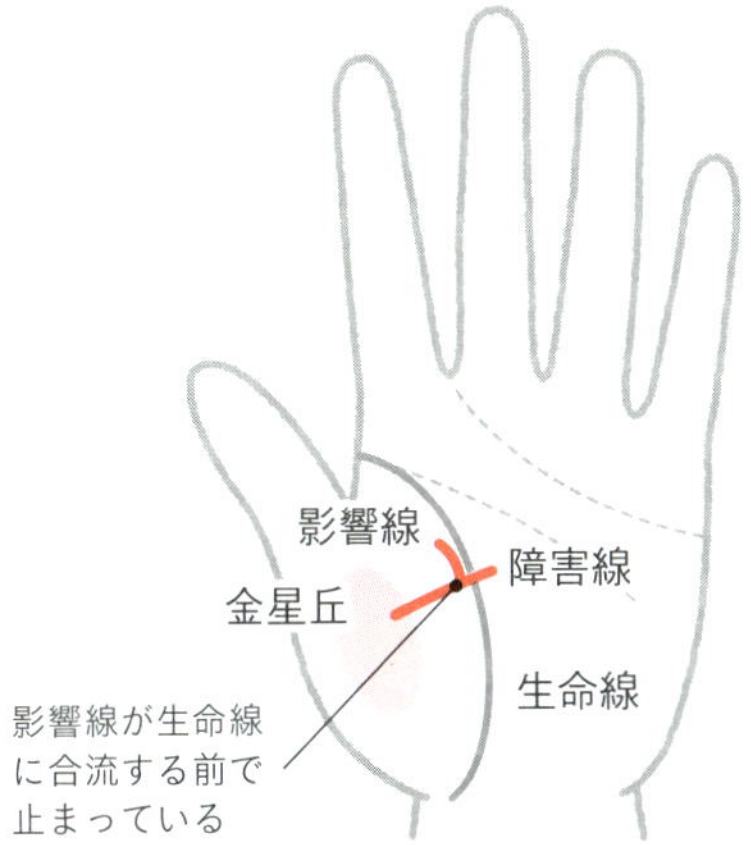
影響線
障害線
金星丘
生命線
影響線が生命線
に合流する前で
止まっている

障害を乗り越えられなければ別れることに

生命線の内側に出ている影響線が､「障害線」と呼ばれる別の線にぶつかり、それ以上伸びない状態。これは「恋愛ストップの相」で、変わらぬはずの２人の気持ちが何らかの障害にぶつかって離れることを意味します。身内を意味する金星丘から障害線が出ているので、親や親戚の反対にあって別れる可能性が大。努力で障害を乗り越えれば、障害線が消えることもあります。

［生命線の内側に出ている影響線が障害線を横切る］

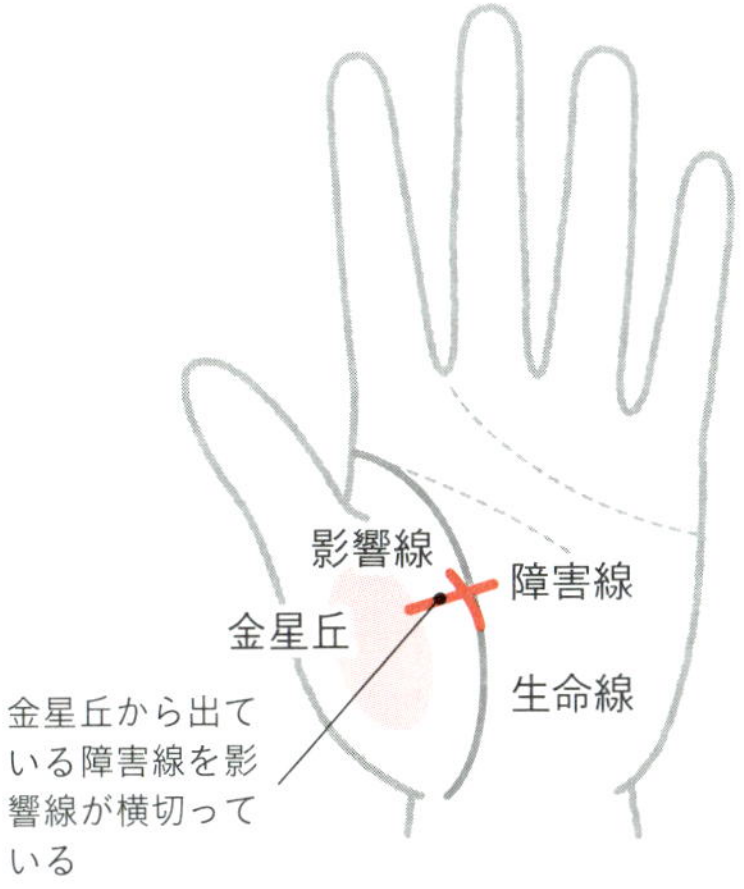
影響線
障害線
金星丘
生命線
金星丘から出て
いる障害線を影
響線が横切って
いる

障害を乗り越えてゴールイン

上と同じく生命線の内側から出ている影響線が、金星丘から出ている障害線とぶつかっています。しかし、そこで止まらず、さらに突き抜けるようにして横切り、生命線に合流。この相は、恋愛関係にある２人の前に一度は障害が立ちはだかるものの、それを乗り越えることを示しています。そして障害を乗り越えて、めでたくゴールイン！ですから多少の困難に見舞われても、あきらめる必要はありません。

運命線の手前でストップする影響線

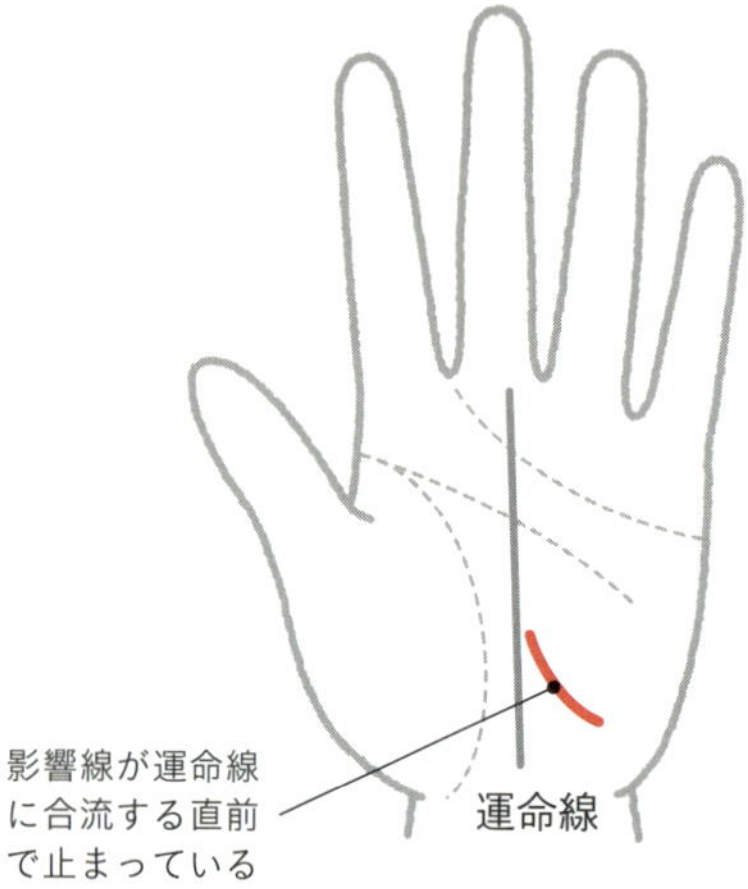
影響線が運命線
に合流する直前
で止まっている
運命線

結婚直前に気持ちが冷めて破談に

影響線が運命線に向かって合流しようとしながら、寸前でストップし流れ込むには至っていません。これは本来なら合流しているはずの流年に、結婚を予定していた相手に対する気持ちが冷めて破談になってしまう相。破談にするのは自分からということも、相手からということもあります。いずれにしても最終的にはお互いに気持ちが冷めることになるでしょう。

運命線を横切る影響線

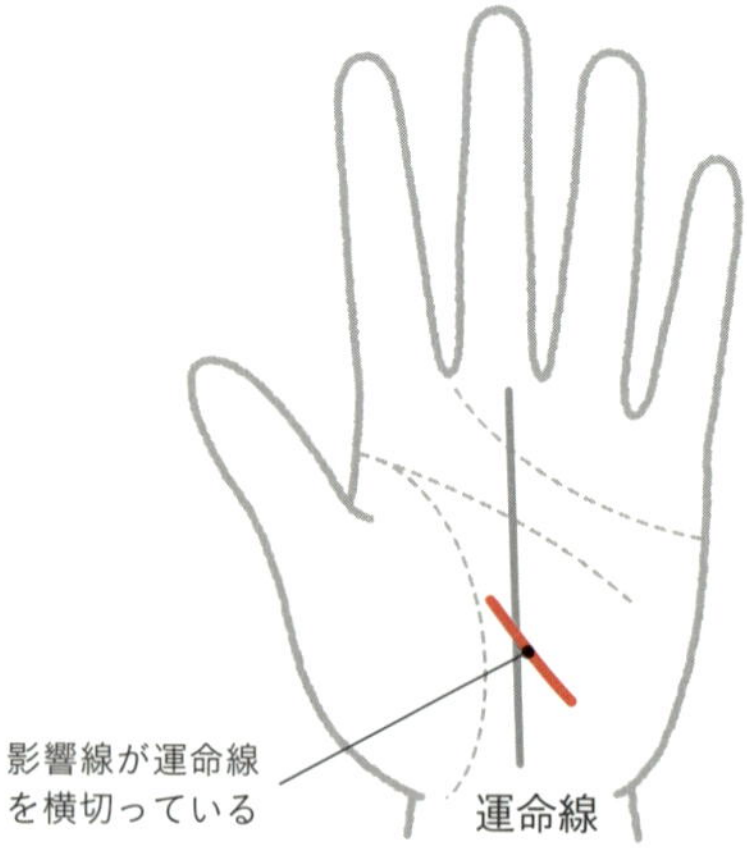
影響線が運命線
を横切っている
運命線

相手の裏切りにあって結婚を断念

影響線が運命線を横切る（突き抜ける）のも、結婚を断念する相です。この場合は運命線を横切る流年に、相手の裏切りにあって恋愛関係が壊れてしまいます。つらい現実ですが、恋に盲目的になってしまう傾向がある人には、この線がよい教訓を示していると考えるべきです。周りにこの相の持ち主がいたら、やわらかく忠告してあげるのもよいでしょう。

運命線に流れ込む影響線

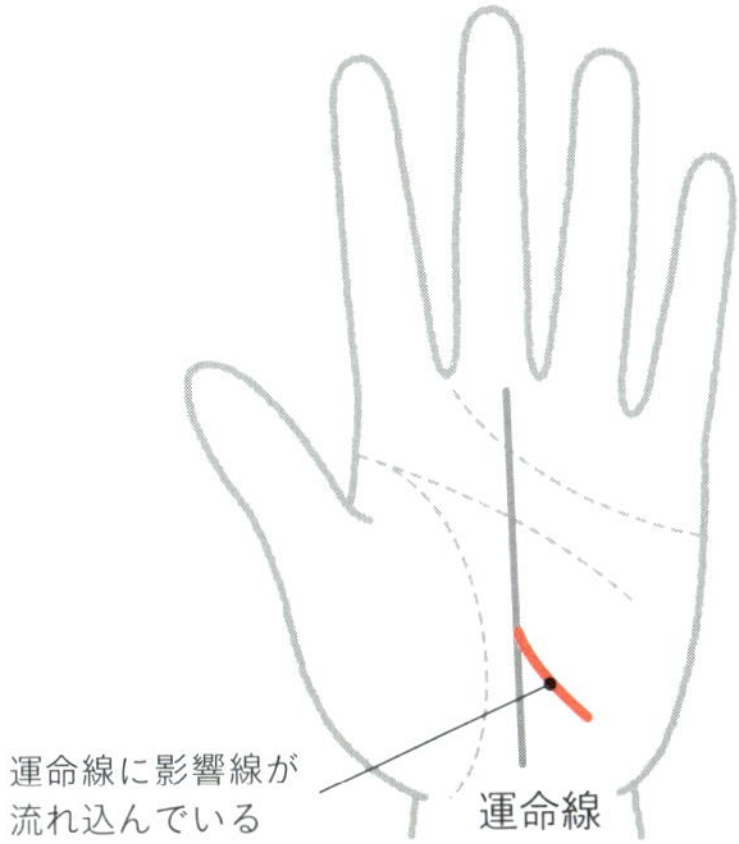

流年で異性が合流＝結婚する時期がわかる

運命線に流れ込んでいる影響線は、恋の勝利者となることを知らせています。その異性が自分の運命線に流れ込んでいる、つまり合流しているわけですから、この相はあなたが結婚することを示しています。その時期は、影響線が運命線に流れ込んだ流年でわかります。この影響線はたいていは１～２センチくらいなので、見落とさないようによく探してみてください。

運命線に流れ込んだ影響線が障害線で止まる

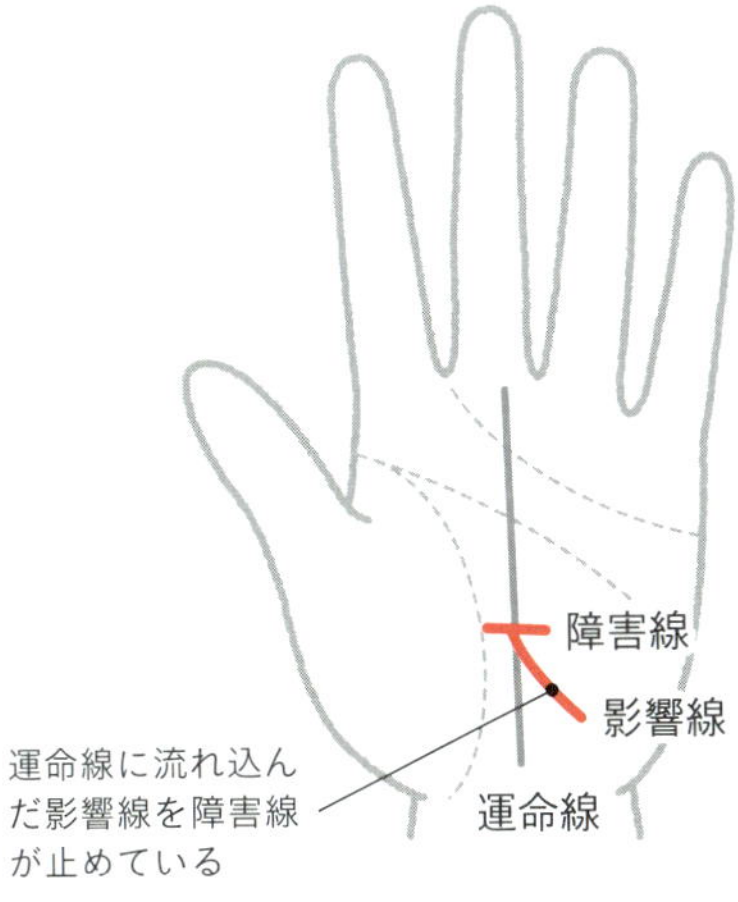

影響線と障害線が重なると結婚話に暗雲が

運命線に影響線が流れ込んでいるので、その流年にあなたの結婚のタイミングが示されています。しかし、同じ場所に大きな悩みごとが出てくることを示す障害線がぶつかり、影響線の合流を阻んでいます。これは、まさに結婚しようというときに、何らかの問題が発生して結婚を断念するサイン。お互いの愛情以外のトラブルなら、事前の対処で障害は取り除けます。

[月丘側から運命線に流れ込む影響線]

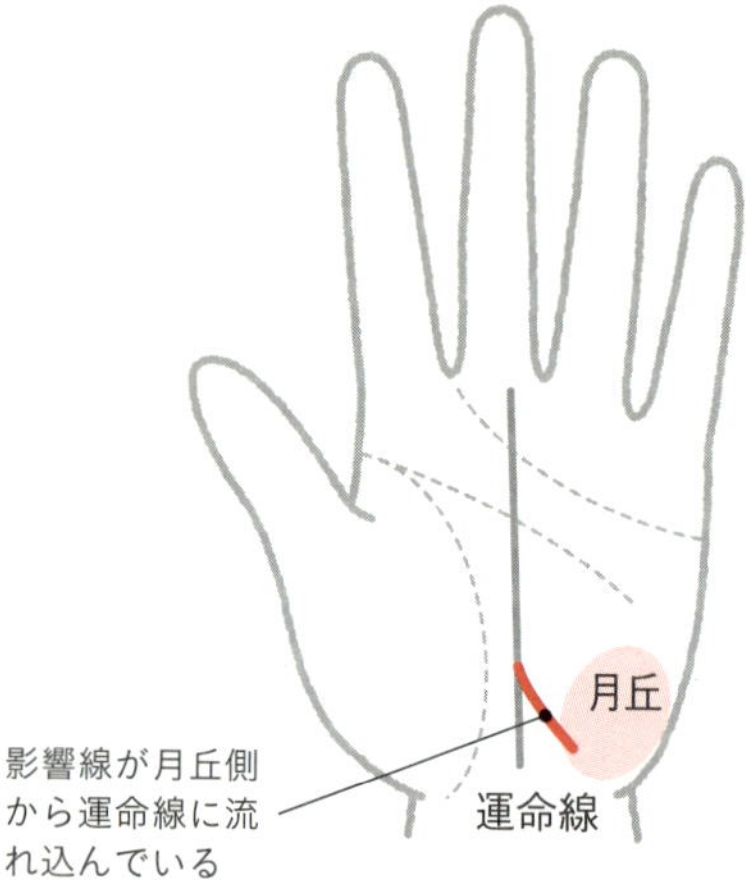

身内以外の紹介や偶然の出会いのきっかけがある

小指側の手首近くにある月丘は他人を意味します。その月丘から影響線が出て運命線に流れ込んでいるのは、他人からの縁で結婚する相。ですから、恋愛結婚することを意味します。出会いのきっかけは、偶然のこともありますし、身内ではない第三者からの紹介のこともあります。この相が出ている人は、合コンや婚活パーティーに積極的に参加することをおすすめします。

[金星丘側から運命線に流れ込む影響線]

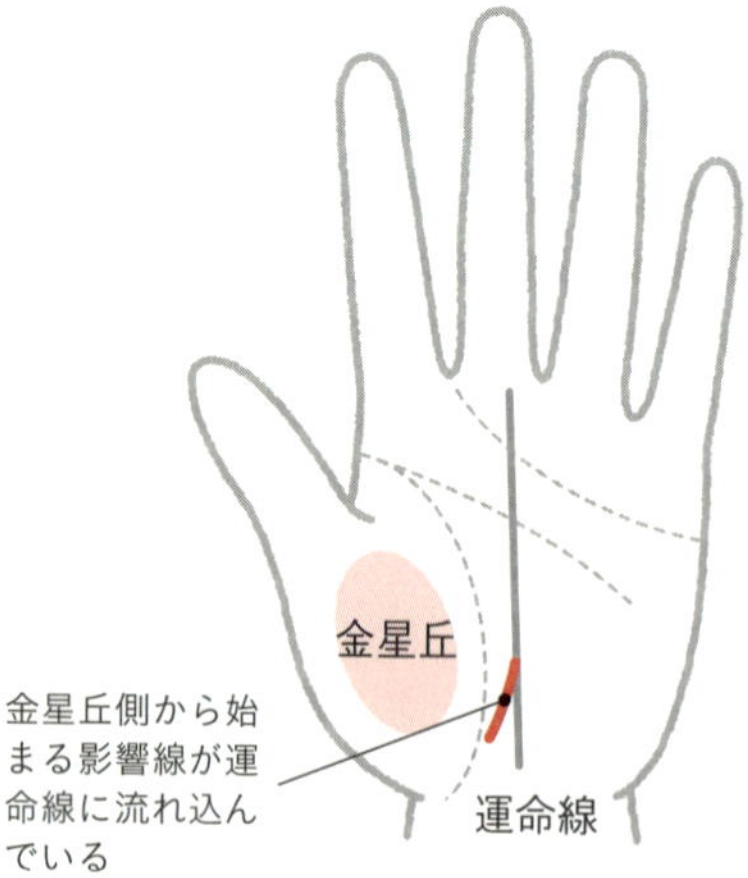

身近な人の縁で幸せな結婚

金星丘は身内を意味するエリア。その金星丘側から影響線が出て運命線に流れ込むのは、身内の縁で結婚する相です。たとえば親戚の結婚披露宴に出席したとき、偶然理想の相手とめぐりあうとか、兄弟・姉妹から友人を紹介されるといったことが、やがて本格的な交際へと発展するでしょう。兄弟親戚からの出会いに期待してください。

線の手前で平行になる影響線

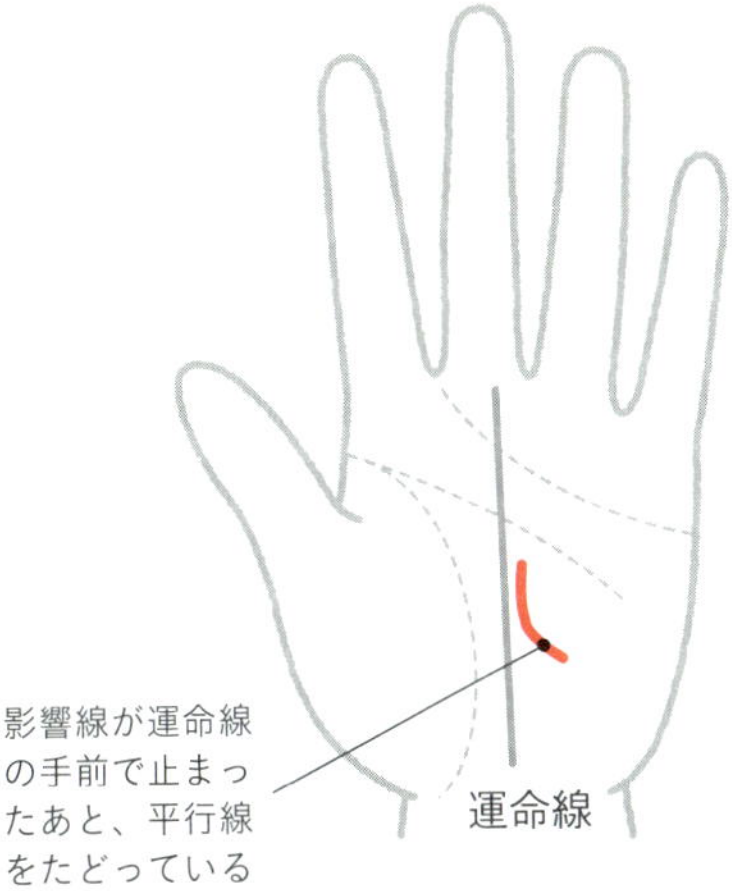
影響線が運命線
の手前で止まっ
たあと、平行線
をたどっている
運命線

気持ちが冷めてもダラダラとつき合い続ける

影響線が運命線に合流しそうでしないのはP.136上図に示したタイプと似ています。影響線がそこでストップせずに運命線と平行しているのは、気持ちが冷めてしまった相手と別れずに、ダラダラと関係を続けることを示します。こういう関係をいつまでも続けていても結果は同じです。別れるまでに時間を費やしたぶん、こちらのほうがダメージは大きいかもしれません。

影響線が何本もある

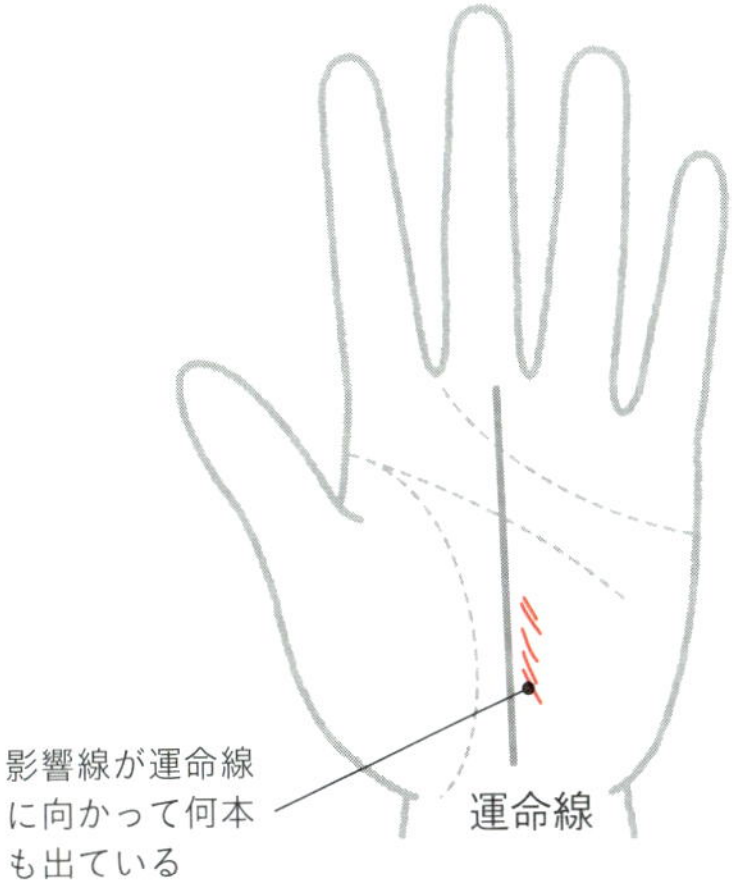
影響線が運命線
に向かって何本
も出ている
運命線

人気商売に就けば大成功

運命線に向かって何本もの影響線が出ています。この相の持ち主は、多くの人から好意を寄せられる人。それだけの魅力がそなわっており、人との接し方にもそつがありません。このような人は、人気商売に就くと高い確率で成功するでしょう。芸能関係や接客・サービス業などが特におすすめ。飲食店などのお店を開業すれば、大繁盛することと間違いなしです。

降りかかる災難がわかる　障害線

C　H　E　C　K　!

- □ 障害線が横切っているのは
  生命線？　運命線？
- □ 障害線が生命線を横切るときの
  流年は？
- □ 障害線が運命線を横切るときの
  流年は？
- □ 線は**長い**？　**短い**？
- □ 線は**濃い**？　**薄い**？

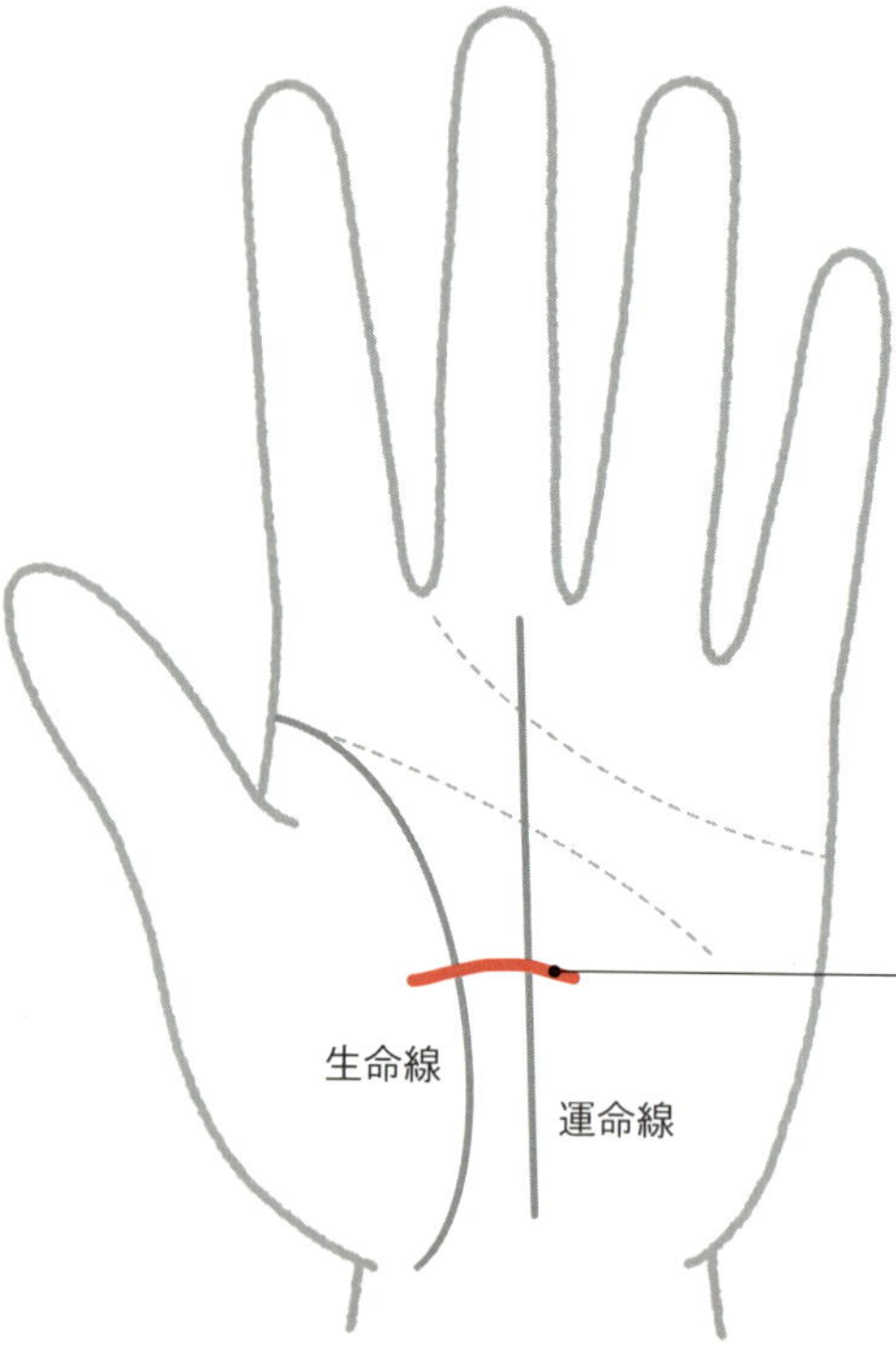

生命線や運命線を直角
か、それに近い角度で
横切っている

線が長く濃いほど障害が大きい

生命線や運命線を直角かそれに近い角度で横切る線があれば、それは障害線です。この線は、生命線や運命線の上に表れた運勢に何らかの障害が発生することを意味します。線が長く濃いほど障害が大きいことを意味しますが、短く薄い障害線は、たいてい誰の手相にも表れるものです。

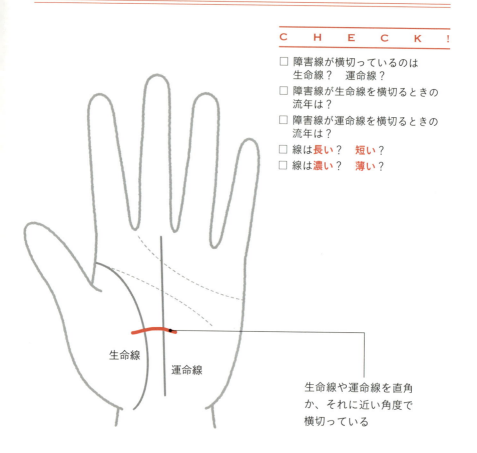

生命線を横切る障害線

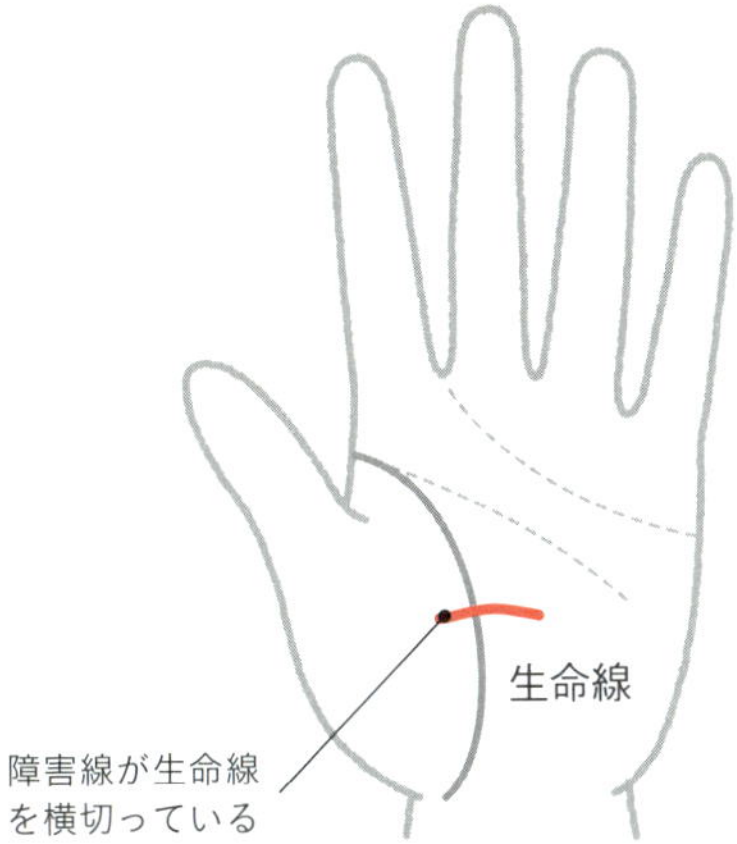

一時的に大きな悩みが押し寄せる

生命線上に出る障害線は、人生に何らかの不調が表れることを示します。ただしそれは、どちらかといえば一時的な悩みです。とはいえ、それぞれの出来事は離婚、失恋、失職、死別、事故、災害など、印象深いものとなるでしょう。長い期間にわたってスランプとなって表れる場合が多い島形との一番の違いです。病気の相を示す障害線は、生命線を横か斜めに切ります。

生命線を横切る障害線を流年でみる

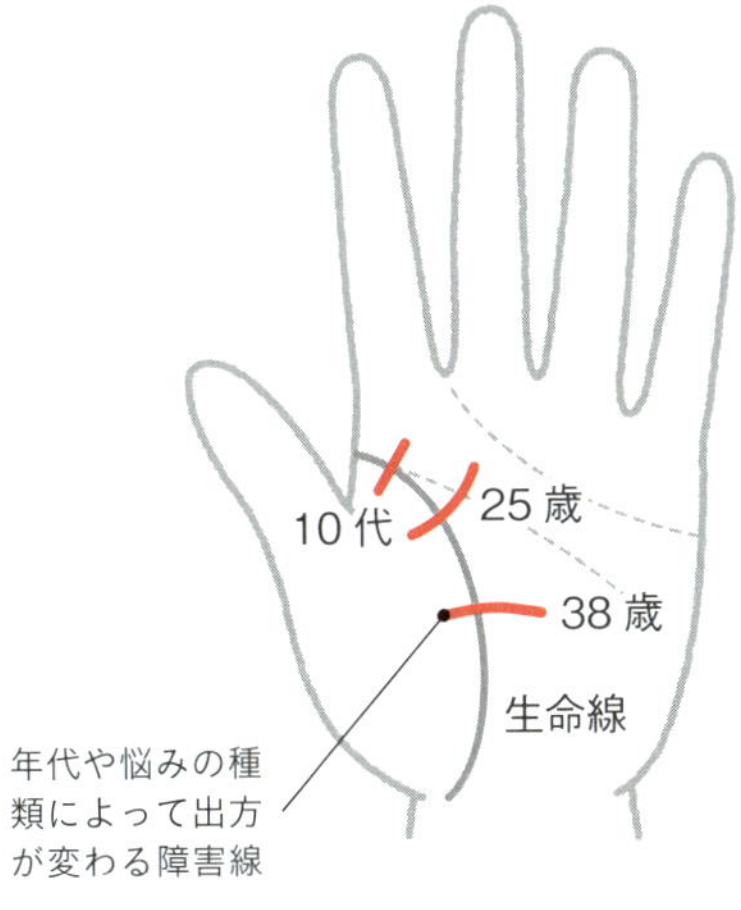

その年代ならではの悩みが線の形にも出る

生命線上に表れる障害がいつ頃起きるかは、横切る場所の流年で知ることができます。10代に出る障害線は短いものが多く、失恋や進路の悩みを反映しています。20代に出る障害線は弓形のものが多く、生命線と同時に知能線を横切っているのは、仕事にしても人間関係にしても精神的な悩みを含んでいるためです。30代以降は、長めに生命線を切るものが多くなります。

運命線を横切る障害線

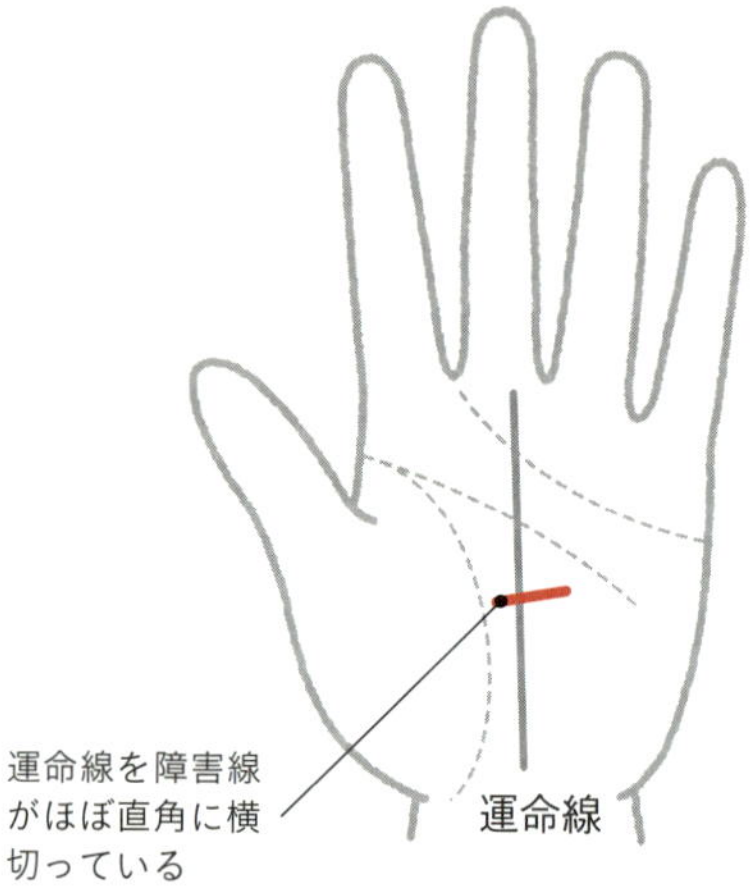

突発的な不運に用心

運命線を横切る障害線は、その流年に突発的に障害が降りかかることを意味します。手のひらに出る短い横線には、障害線のほかにも切れ切れの恋愛線や2本目の知能線など、さまざまなものがありますから、見間違えないように。長く濃い障害線はよほどの場合以外、滅多に出るものではありません。出てもせいぜい一生に1、2本です。障害線を正しく読むには、熟練が必要です。心配しすぎないように。

運命線を横切る障害線を流年でみる

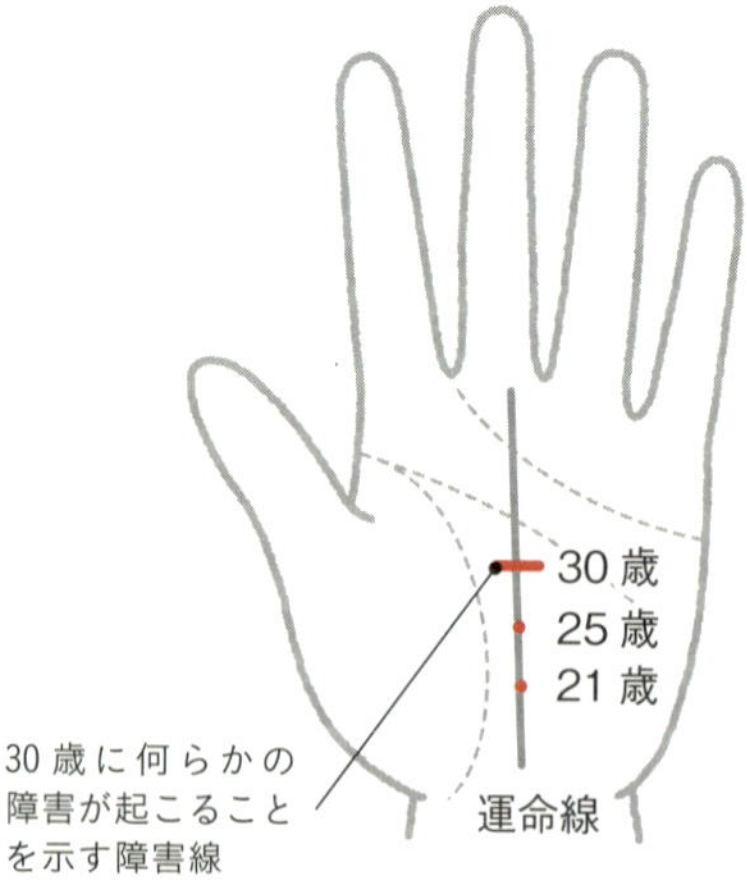

突発的な不運も流年をみれば防げる

運命線を障害線が横切る流年でだいたいの時期がわかれば、どんな不運なのか具体的にはわかっていなくても、その時期に万全の注意を払うことで未然に防ぐことも可能です。少なくとも、障害を軽くすることはできるでしょう。運命線や生命線に障害線をみつけたら、必ず流年を確認してください。左図の場合、30歳に何らかの障害が起こることが示されています。

遠い場所へ出かけることを示す 旅行線

C H E C K !

□ 生命線の下方から、小指側の手首方向に**支線**が出ている？

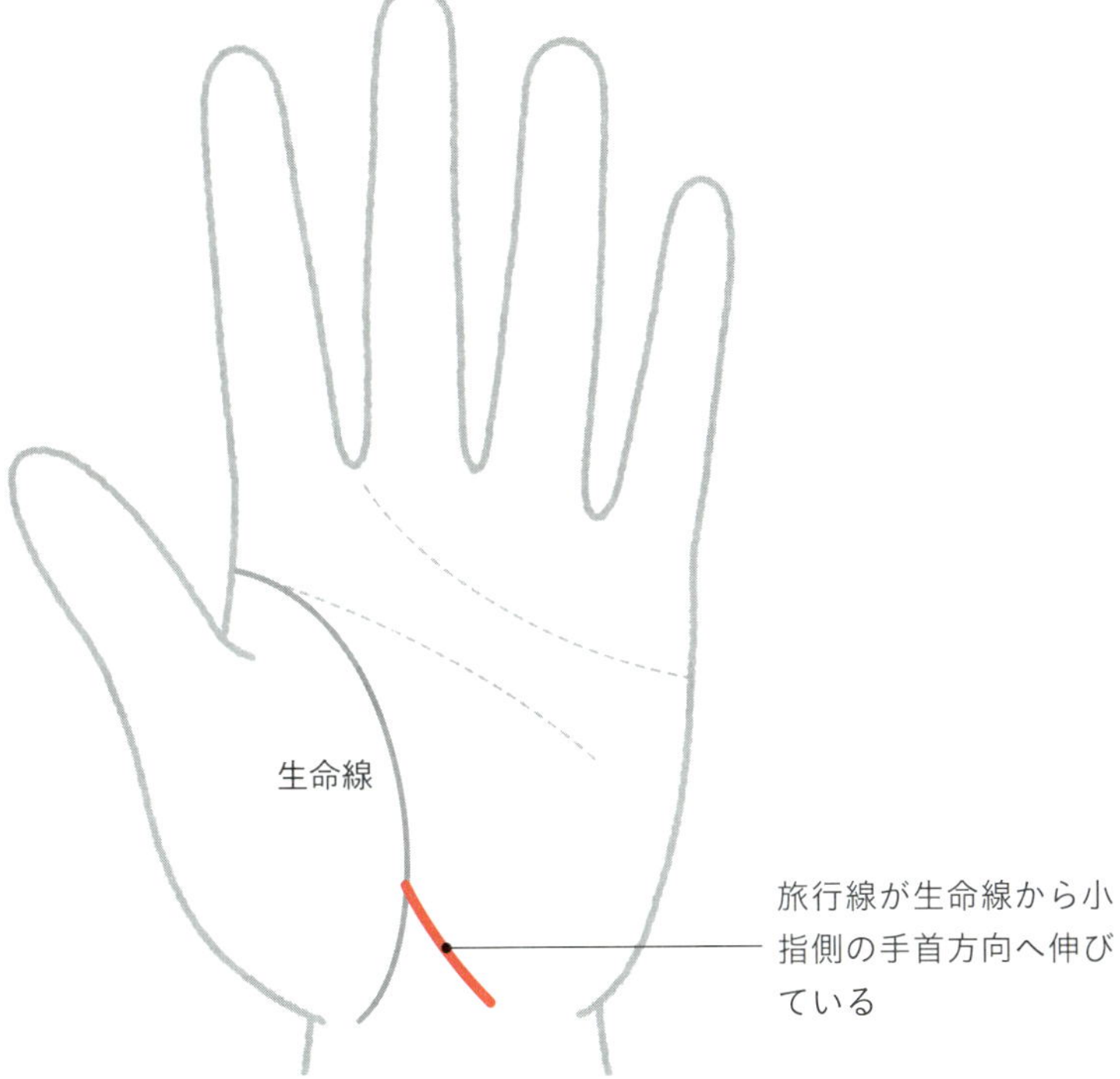
生命線
旅行線が生命線から小指側の手首方向へ伸びている

故郷を離れて活躍する

今住んでいる場所や生まれ故郷から、遠く離れて暮らすことを示すのが旅行線です。旅行好きでひとつの場所にじっとしていられない人や、転勤・出張が多い人、帰国子女もこのタイプ。ただし、海外を飛び回っていても、それが当然のことで、遠くに出かけたという意識のない人には出なかったりします。

神秘的な力を示す　神秘十字形

C　H　E　C　K　!

- □ 知能線と感情線の間に
  十字線が**ある**？　**ない**？
- □ 十字の縦線が**短い**？　**長い**？
- □ 十字線は**濃い**？　**薄い**？
- □ 十字線が出ている場所は
  太陽丘の下？

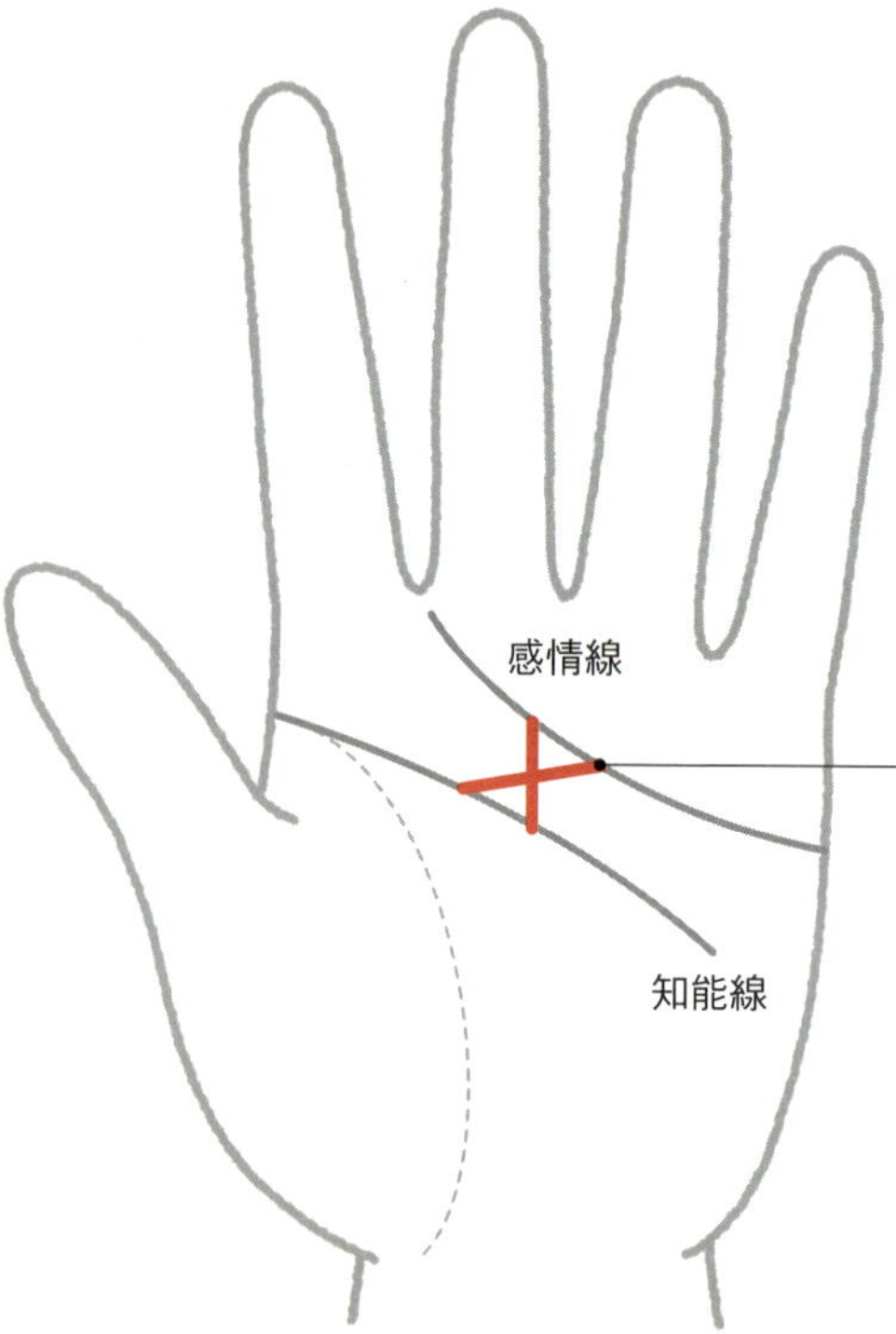
知能線と感情線を橋渡しする横線に、運命線（縦線）がクロスしている

先祖・神仏に守られた強運の持ち主

神秘十字線は、神秘的な世界とつながりの深い相です。霊感の強さや信仰心、勘の鋭さなど、その表れ方は人によってさまざま。先祖や神仏に守られている人で、目に見えない世界を肯定し、活用します。また、どんな災難に遭っても九死に一生を得る、大難が小難に、小難は無難になる強運の持ち主です。

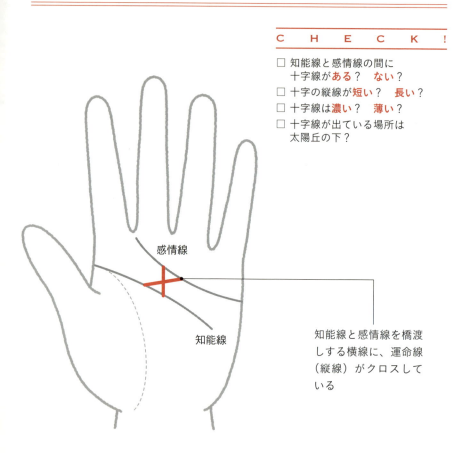

さまざまな神秘十字形

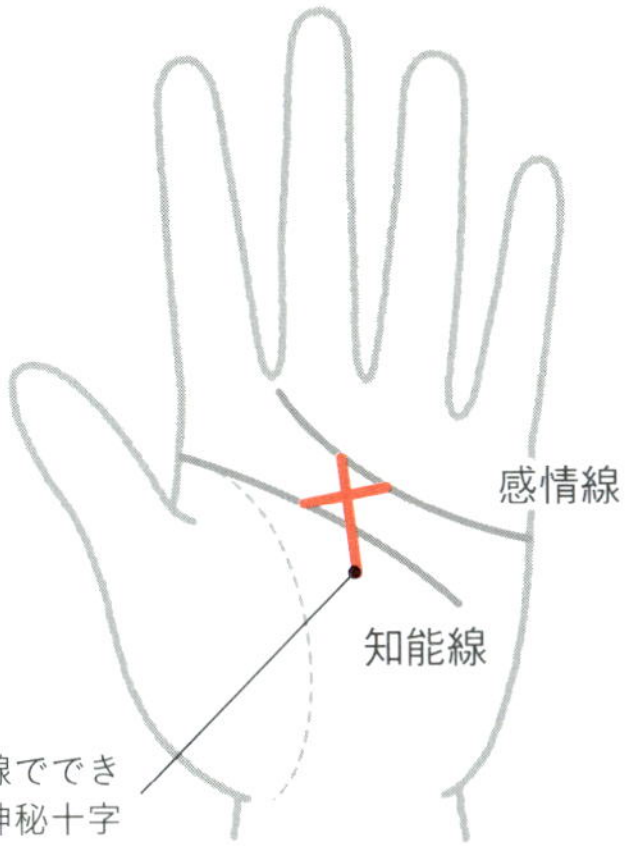

長めの縦線でできた変型の神秘十字形

変型十字形

神秘十字形の多くは縦線が長くなっています。たまに縦線が短く、感情線と知能線の間に収まる人もいますが、意味は変わりません。違いが出るとすれば、線が薄かったり、十字というより×印のようになっていたりするなど、縦線が短いという以外の変型が表れているものです。この相は、一方の手だけにあったり、崩れ形の「神秘十字形」などがありますが、いずれも吉相効果を発揮します。

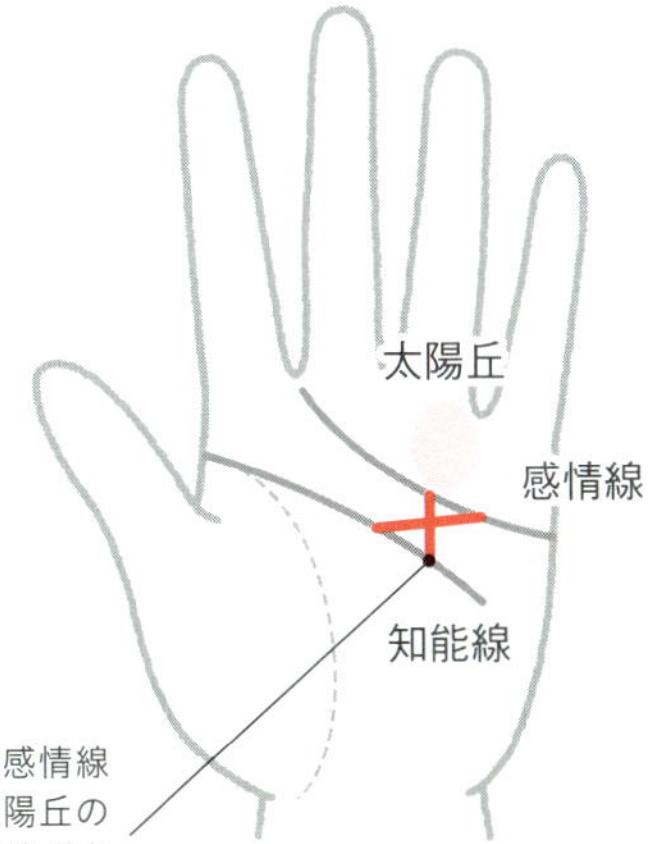

知能線と感情線の間で太陽丘の下に十字線が出ている

太陽十字

十字形が太陽丘の下に出ている人は、神秘的な勘の鋭さや霊力の強さが、芸術方面の才能として開花する可能性を示します。太陽丘は、芸術に加え金運、名誉、人気と関連したエリアでもありますから、商売運も上々。豊かなインスピレーションを発揮してヒット商品を開発したり、ビジネスチャンスを捉えて大きな成功をつかみ取ったりすることになるでしょう。

豊かな感受性を表す　金星帯

CHECK!

□ 金星帯の線は1本？　2本？
□ 線は全部切れている？
　つながっている？

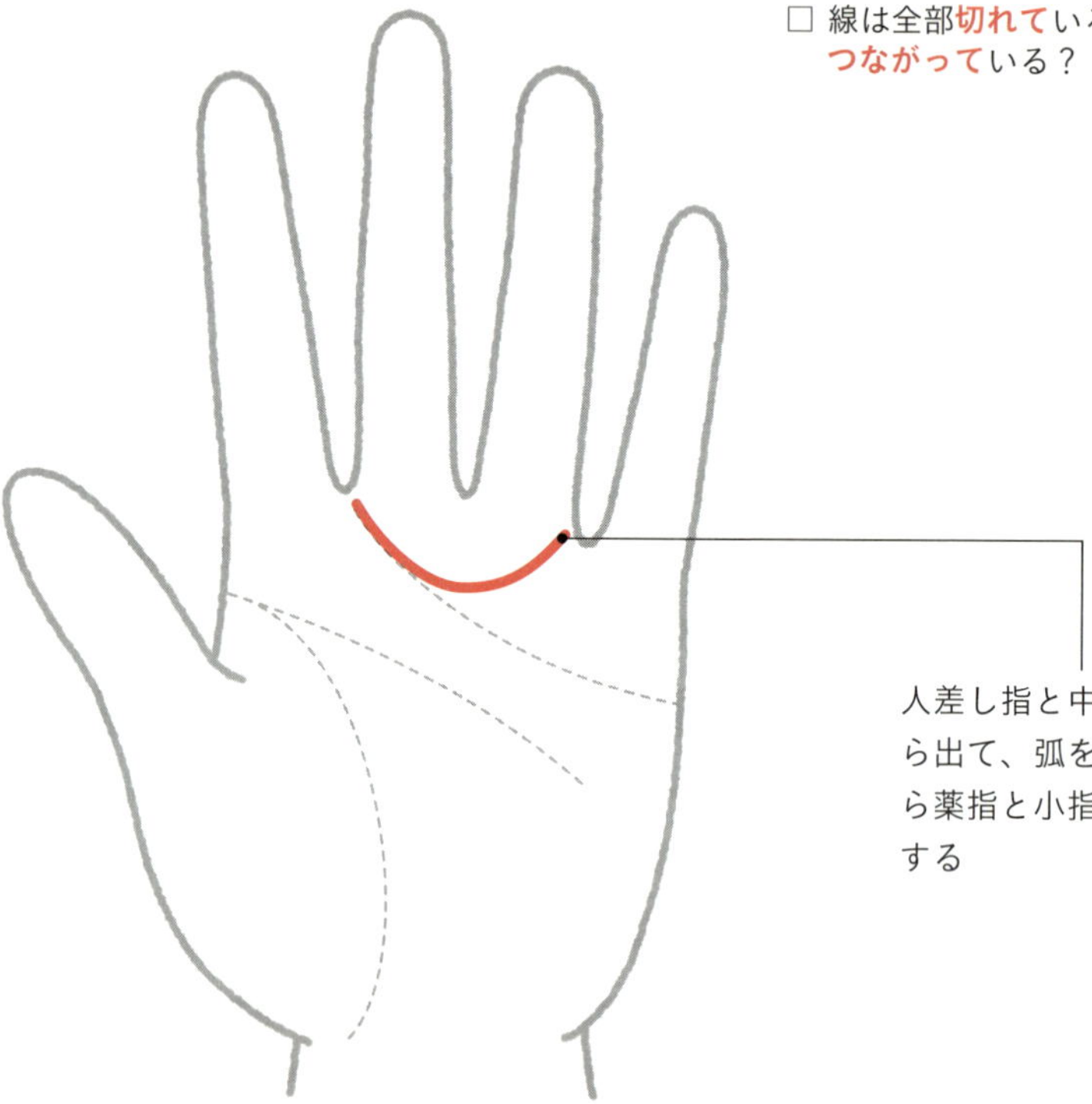

人差し指と中指の間から出て、弧を描きながら薬指と小指の間に達する

精神的な感覚が敏感

金星帯と呼ばれるのは、感受性の強い人に表れる線です。それは恋愛や官能的な感覚の鋭さとなって示されることも多いのですが、一般的には仕事や人生において高い精神性や幸せを追求する相といえます。特に芸術分野で活躍する傾向があります。

金星帯が1本はっきりと出ている

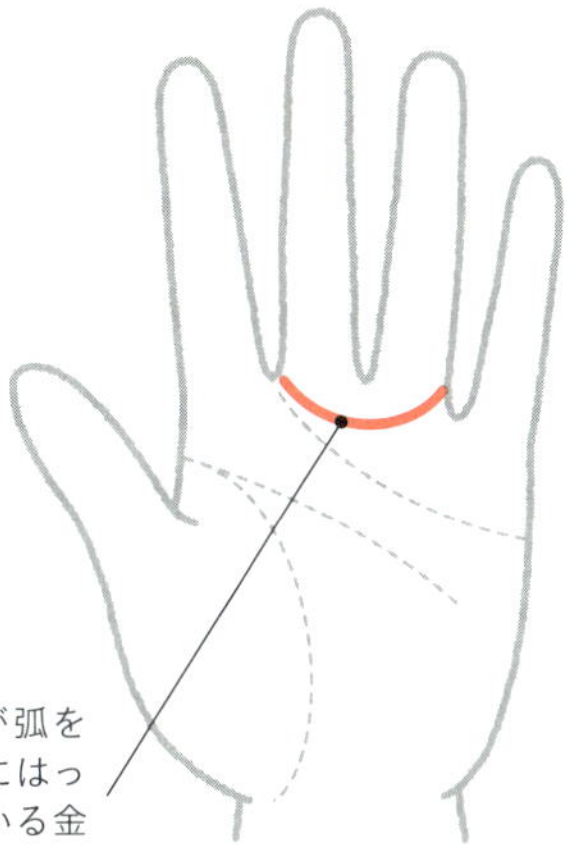

1本の線が弧を描くようにはっきり出ている金星帯

幸せ追求が徹底している

金星帯が1本の線として出ている人は稀で、下図のように切れ切れになっている場合が一般的です。はっきりとした1本の線でも、切れ切れでも感受性が豊かなことに変わりはありません。でも、1本はっきりと出ている金星帯は、幸せ追求が徹底していて、出家したり、哲学者になったりする人生を送ります。

金星帯が切れ切れになっている

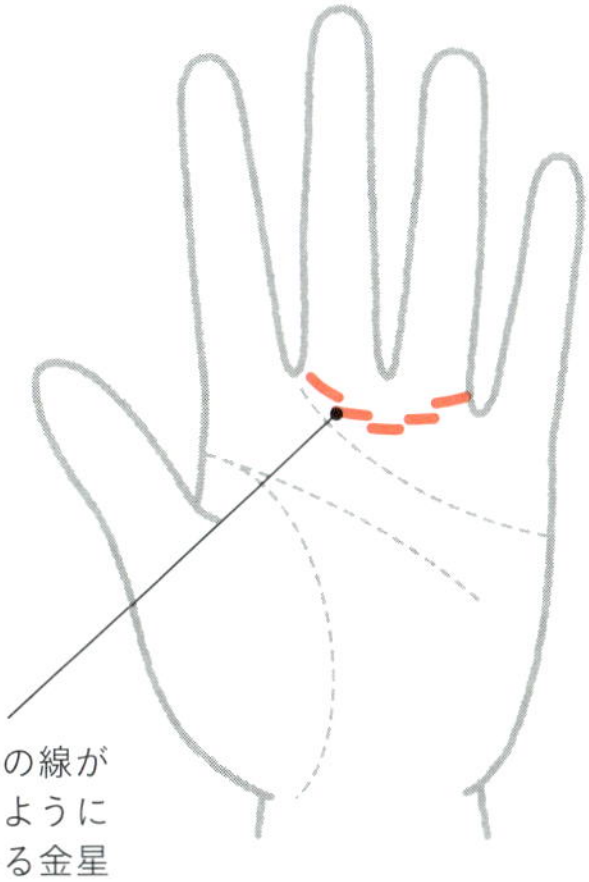

切れ切れの線が弧を描くようになっている金星帯

感性を実生活に活かしている

感受性の強さを示す金星帯が切れ切れになっています。これは、感性や幸せ追求が、実生活とうまくミックスしている生き方をすることを示しています。つまり、芸術を愛し、おしゃれをし、恋愛を楽しみ、宗教やスピリチュアル、また占いなどの本を好んで読むなど、高い精神性をうまく生活に活かすという人です。

野心を燃やし出世する　ソロモンの輪

CHECK!

- □ 線は**つながって**いる？　**切れ切れ**？
- □ 線の太さは**濃い**？　**薄い**？
- □ 線は**1本**？　**2本**？

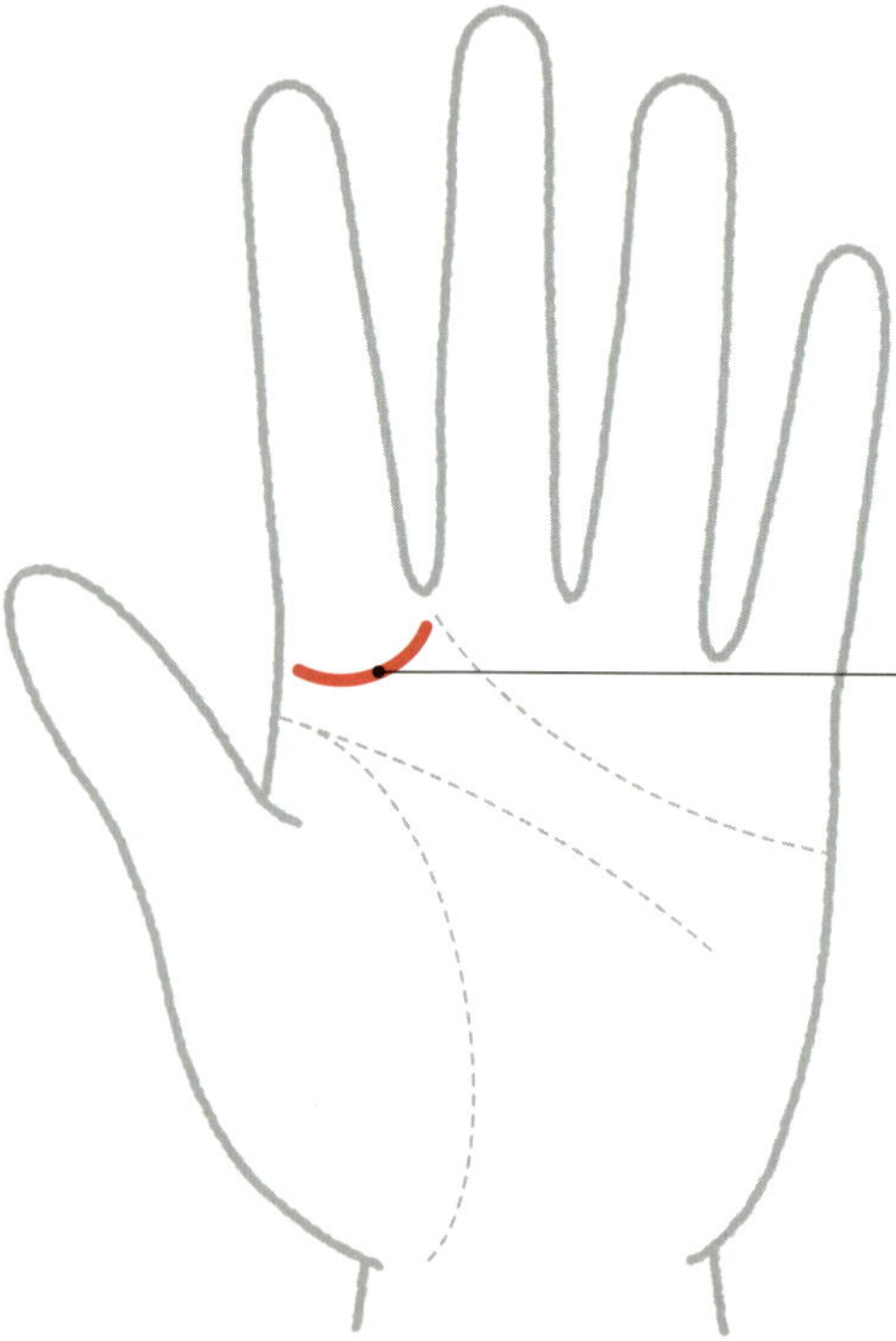

すぐれた人心掌握術の持ち主

この線が出ている人は、野心と出世欲があり、人の心を読むことにとても長けています。この相の持ち主は、相当な社会的地位に就くでしょう。自信を持つことは大切ですが、周囲の反発を買わないよう謙虚さも忘れずに。輪が二重ならその意味合いは強く、薄い線や切れ切れの線の場合は、やや弱くなります。

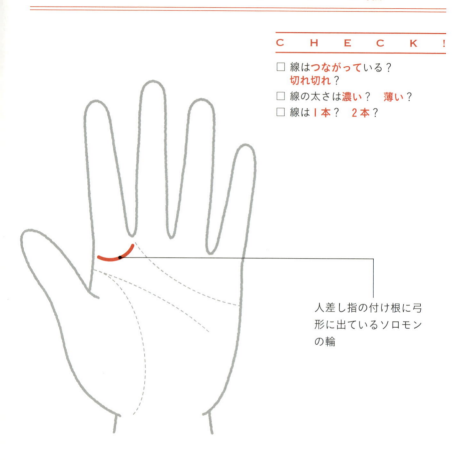

健康状態を表す　手首線

CHECK!

- □ 手首線の数は**1本**？　**複数**？
- □ 線の太さは**濃い**？　**薄い**？

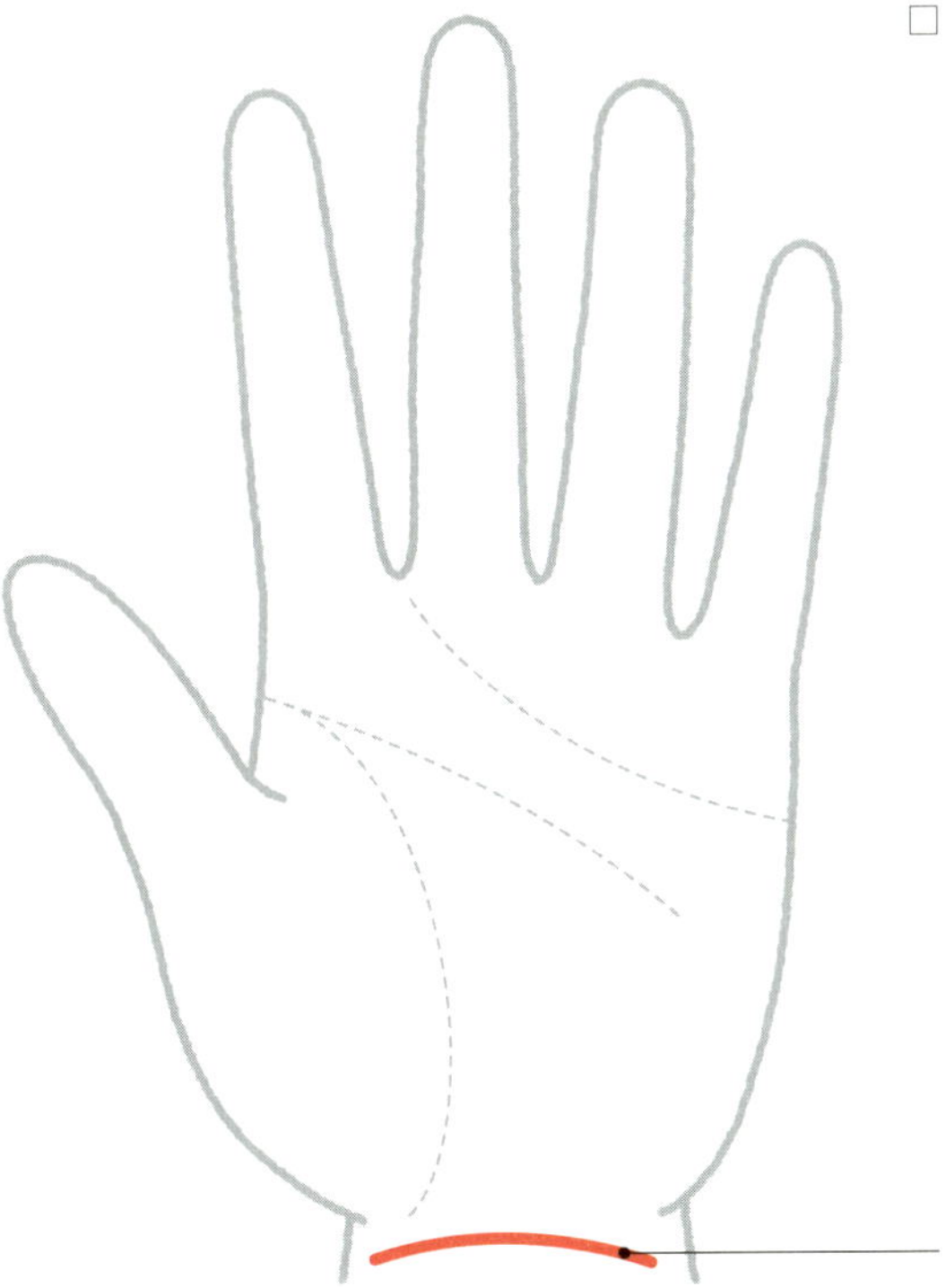

健康状態がわかる

手首線も、生命線や健康線と並んでその人の健康状態がわかる線です。主にスタミナ面での強さと関係しています。線が3本もあれば、かなり強靭な体力に恵まれた人です。手首線が細いタイプは、ストレスや働きすぎでスタミナ不足に陥った状態を示しています。

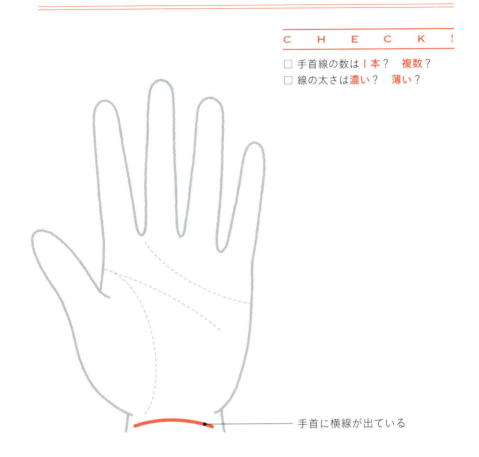

形によって意味がある

線とマークを読み解く

細かな線の形にも法則が

手相は4つの基本線だけでも多くのことがわかりますが、もちろんそれだけでは不十分です。それぞれの人に出る線の違いは、太さや出る場所だけではありません。よく見ると、線の途中が切れていたり、先端が特殊な形をしている場合もあるでしょう。こうした細かい線の違いにも、実は一定の法則があります。それらの代表的な形と、それぞれに対応する意味を知ることで、手相がよりいっそう理解しやすくなります。

［ おもな線の種類の例 ］

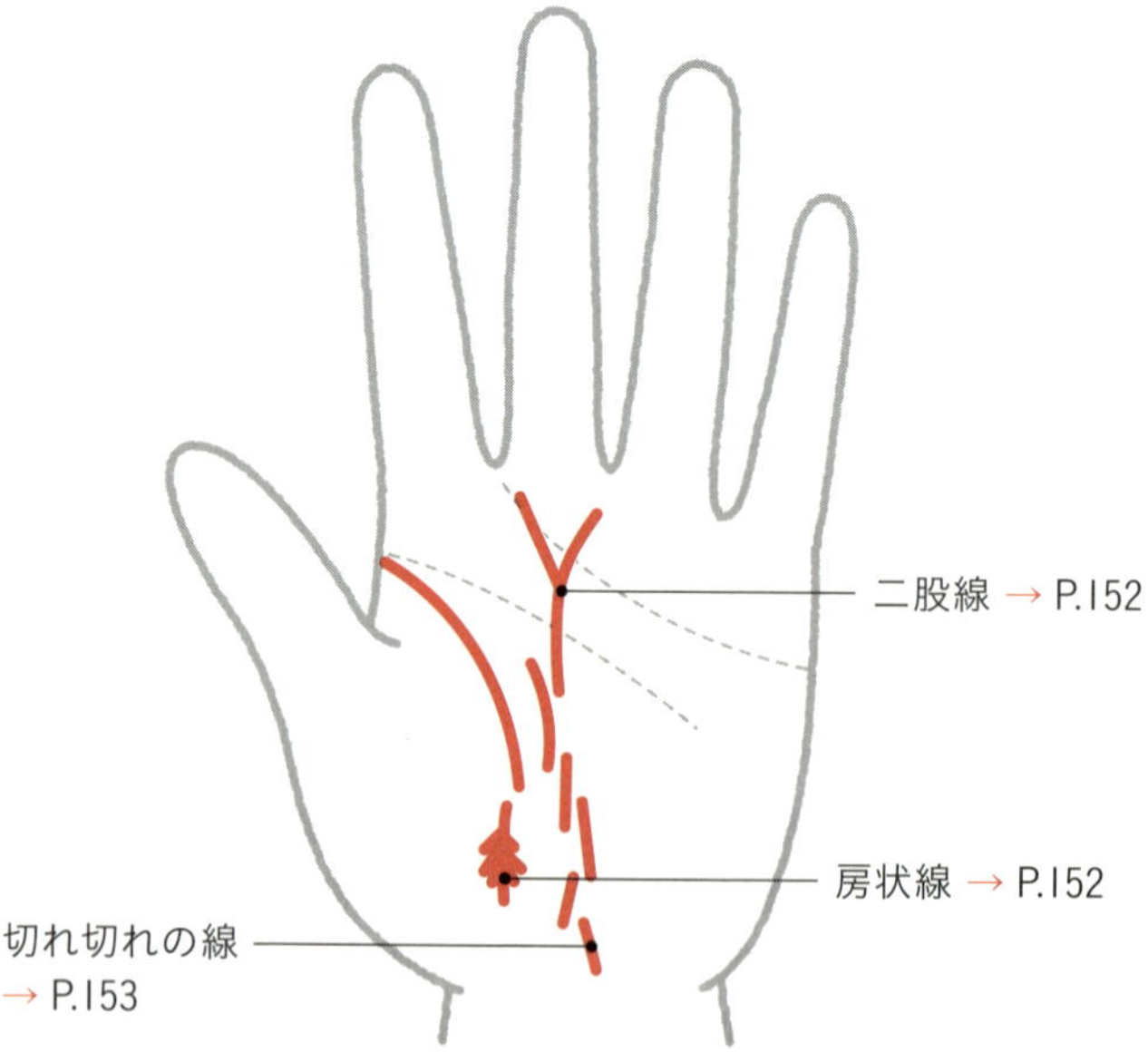

マークが表すメッセージ

マークとは、短い線が細かく入り組んで図形のように見えるしわのことです。先に述べた線の種類と同様、基本線にさらに細かい意味を持たせたり、もともとの意味を強めたり弱めたりする作用を持っています。必ずしもきれいな図形をしているとはかぎらないので、はじめのうちは見つけにくいかもしれません。慣れることが大切ですから、じっくり時間をかけて探してみてください。

十字（＋）と星（＊）や、魚（∝）と島（0）は見分けにくいので、特に注意が必要です。同じマークでも出る位置によって意味が大きく変わることもあります。

おもなマークの例

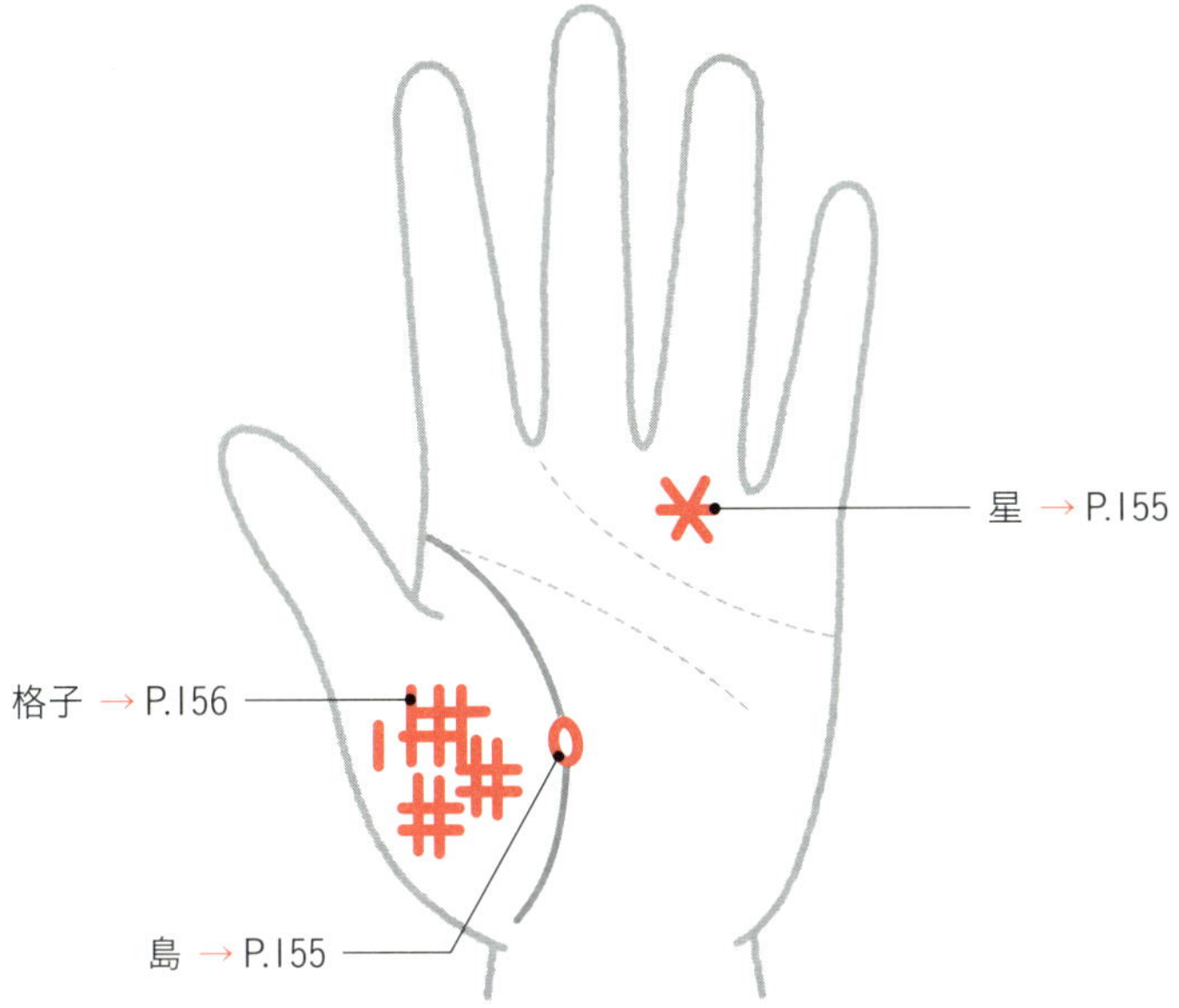

線の種類

手相の基本線は、その中にもっと細かい種類の線が加わることで
運気の変化が示されます。
ここでは、そのおもなものを紹介しましょう。
実際に手相をみるときに役立ててください。

支線｜しせん

別の線が新たに分岐し、伸びているのが支線です。運気の変化を示し、それまでと違う新しい道が開ける吉相です。

二股線｜ふたまたせん

もともとある線の先端部分が枝分かれしてできる線。その線に表れている基本的な運命が、好転していくことを示します。

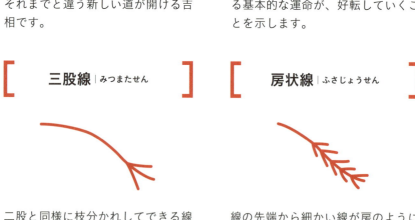

三股線｜みつまたせん

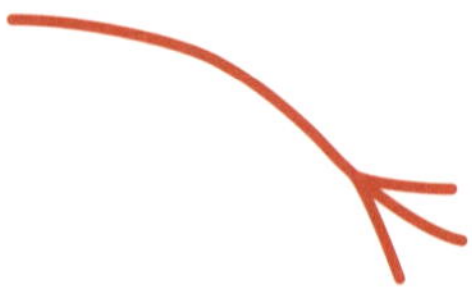

二股と同様に枝分かれしてできる線です。こちらも二股のものと同様、運命が好転することを示します。

房状線｜ふさじょうせん

線の先端から細かい線が房のように出ているので、この名があります。一時的に勢いが失われ、停滞することを示します。

サポート線

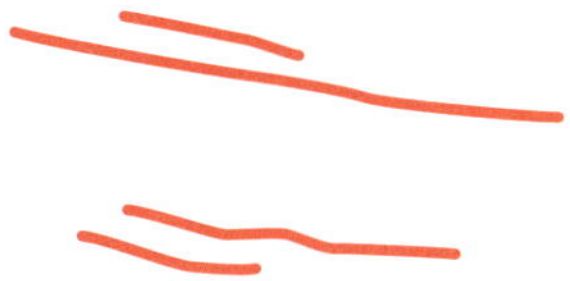

基本線に沿って伸びている線。基本線を補助する役割を担い、関連する出来事の最中に援助者が現れたり、パワーアップすることが起こります。

合流線

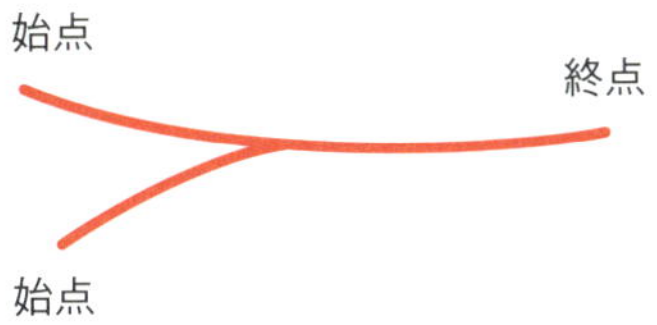

2本の線の終点が、合流する形となっている線。吉凶にかかわらず、本線（みようとしている線）の意味合いが強まります。

切れ目のある線

線が途中で切れているのは、何らかの出来事が中断したり停滞したりすることを意味します。食い違いは、その間隔が広いほど大きな変化があります。

切れ切れの線（中断線）

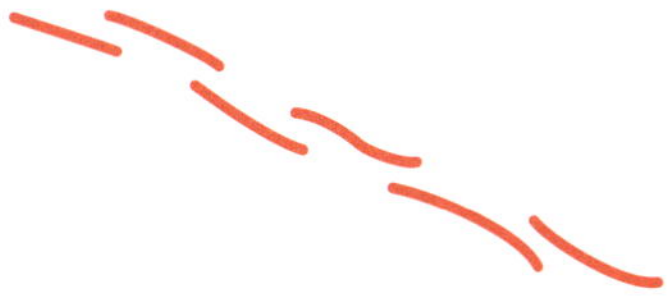

1本の線が何か所も細かく切れている状態です。その線で示された力が弱まったり、不安定な状態になったりすることを示します。

くねくねと曲がる線

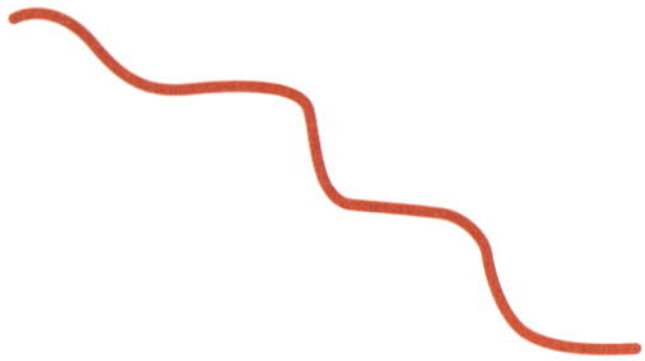

くねくねと蛇行する線は、その線の持つ意味が不規則な状態になっていることを意味します。運命線が曲がっていれば、苦労する時期と見ます。

ノコギリ線

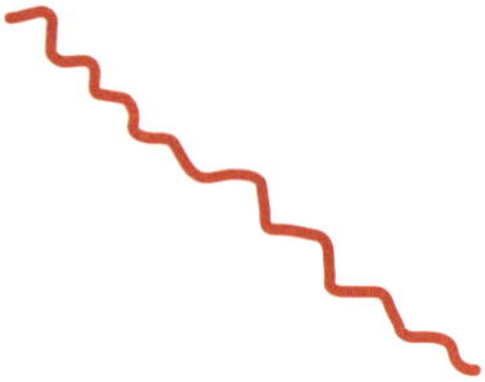

文字どおりノコギリの刃のようにギザギザとした形の線。これは、その線を弱めることを意味します。ほとんど見かけないのでご安心を。

鉤《かぎ》状線

「鉤状」とは鉤型《かぎがた》のことで、この場合は釣り針のような形状のものを指します。運気停滞を知らせる凶相ですが、ほとんど見かけない相です。

鎖状線

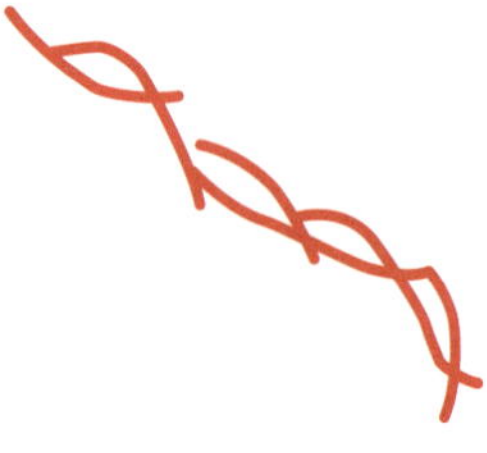

鎖状の線は、小さな島（P.155）がいくつも連続していると考えがちですが、そうではなく、休みなく考え続ける思考継続型の人に見られます。

マークの種類

マークにもいろいろな形があります。
一見違っているように見えて同じだったり、
同じに見えて実は異なる意味のマークだったりすることも。
たくさんの手相をみて覚えましょう。

島

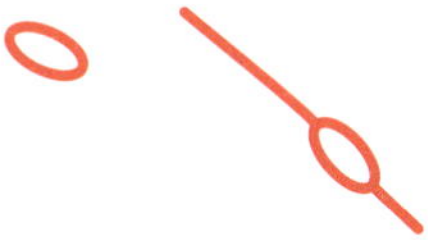

線が途中で二股に分かれ、再び1本に合流することで丸い島の形になっています。どの線に出ても、その線と関係した一時的な停滞の印です。

十字

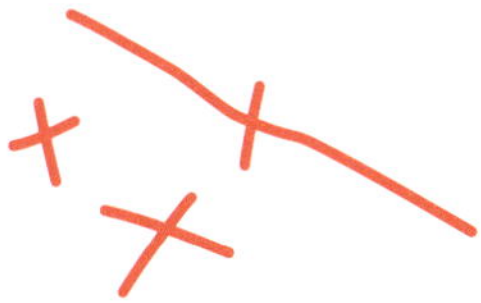

十字が線や丘の上に出ても、基本的には問題ありません。神秘十字形(P.144)のように吉相を表す十字もあります。

星

同じくらいの長さの線が3本交差してできているのが星印。ほかの主要な線の上にこの印が出ていたら、すばらしい幸運に恵まれます。

三角

三角が出ると吉運です。特に、どの線にも接することなく出る三角は、努力が報われるかたちで意味を強めます。

四角

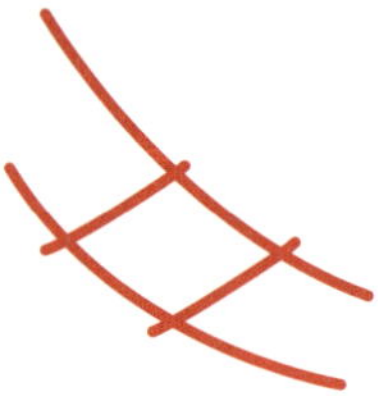

正方形に近い形や菱形、「井」や「♯」など、いずれも四角の印です。線の上に出ると、ピンチのときに助けを得てチャンスに転じる意味に。

格子

格子模様に関して、ひとつ覚えておくといいのは、金星丘（愛情運）に出る格子です。これはその意味を強め、愛情に恵まれます。

円形

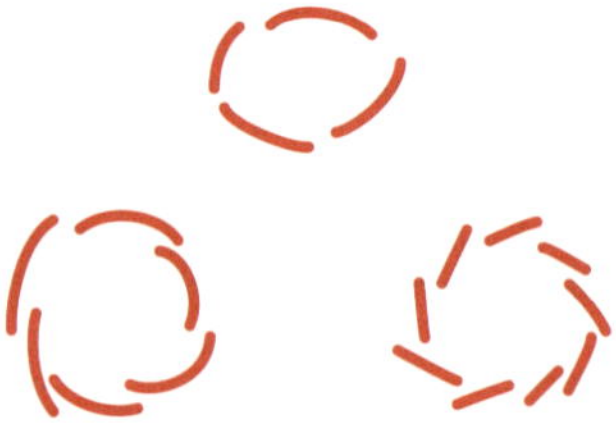

「○（円）」の形をしたしわは手のひらに出にくく、とても珍しい相です。たとえば、太陽丘に出る円で、これが表れると大幸運が訪れます。

斑点

手のひらの線よりやや濃い色の点です。線や丘の上に出ると障害を意味します。赤い斑点が出ると、黒点よりも危険なサインです。

魚

魚の形をした印は島の形にも似ていますが、作用は逆。丘の上に出ていても、線の上に出ていても幸運の印です。

槍

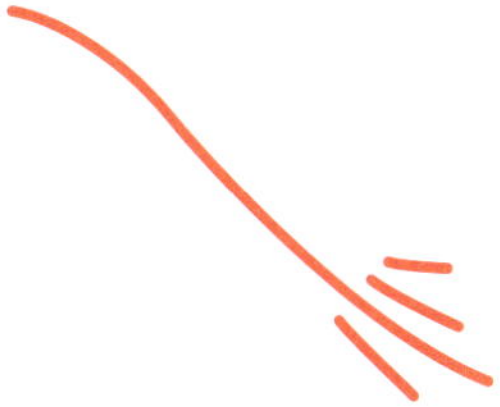

線の先が槍のような形に分かれている印は、幸運・飛躍を表します。太陽線にあれば大金運。運命線にあれば、その流年に結婚の可能性が。

チェック相

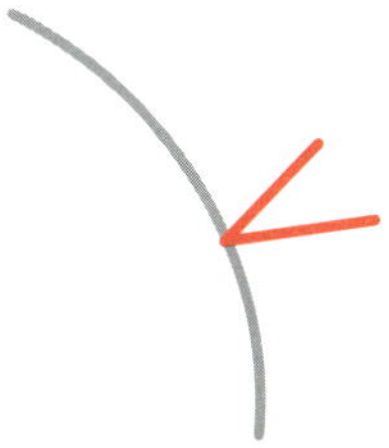

生命線と接する形でチェック（✔）のような印が出ているものです。これは、2人の異性から同時に求愛されるモテ相です。

仏眼相

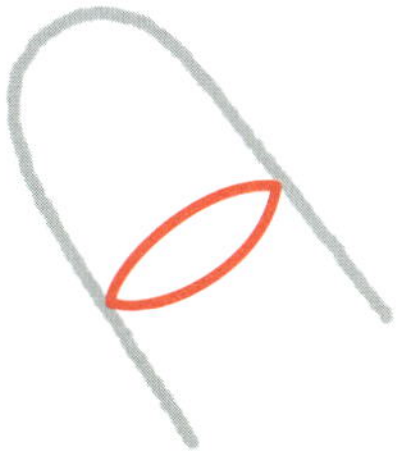

親指のちょうど第一関節のところに表れる眼のような形の印です。これがある人は先祖に守られ、直感や徳の高さで運気が上昇するタイプ。

COLUMN：2

悪い線が出ているときは？

自分の手相をみて、「手のひらに悪い線が出ている」と知ったら、誰しも不安になることでしょう。

でも、落ち込むことはありません。誰だって、よい相もあれば悪い相もあるもの。

多少、悪い線が出ているからといって、それがそのまま、あなたの運命のすべてではありません。

ほかの場所に出ている別のよい線が、幸せを補ってくれることもあります。また、日々の行動や考え方をあらためることで、少しずつ手相は変化していきますから、それで運命は大きく変わります。

手相は、今みている状態が永遠に続くわけではありません。手相をみて、自分のよいところをさらに伸ばしたり、足りないところを伸ばしたり、あらためたりするためにこそ、手相はあります。

これからの生き方にどうつなげていくか、それが最も大切です。

第 3 章

決定版！
流年の取り方

流年法によって、何歳でどんなことが起こるのかをあらかじめ知ることができます。誰にでもわかりやすい、生命線、運命線、感情線、知能線、結婚線の流年の取り方を解説するとともに、各線の流年の実例を紹介します。

流年法で、何歳でどんなことが起こるかわかる

詳細なデータにもとづく鑑定法

流年法とは、手のひらに表れた線の位置から、何歳で何が起きるかを知るための測定法です。

過去にも多くの手相鑑定者が流年法に挑戦してきましたが、一人として正確な未来が予測できないまま、今日を迎えています。私の極めた流年法がそれらと違うのは、手相の線上に表れるとされる年齢を、等分には区切っていないところです。実際の一年の幅は、若い頃は長め、歳を

流年法でわかること

- **生命線の流年法**　結婚や独立の年など、人生のシナリオがわかる
- **運命線の流年法**　大きな環境の変化、運命の転換期がわかる
- **感情線の流年法**　結婚・恋愛を含む感情に関わる出来事が予測できる
- **知能線の流年法**　才能の開花期や、職業に関わる運勢が読み取れる
- **結婚線の流年法**　大恋愛する時期や、結婚のタイミングがわかる

重ねるほど短めになるものなのです。

このことを解明してから、私の手相鑑定は驚くほどピタリと当たるようになりました。

西谷式なら誤差が微妙に

西谷式流年法では、10年、20年先の出来事でも、その誤差を2～3か月におさえて当てることができます。

実際の流年をみるときは、自分の手のひらをデジタルカメラで撮影するかコピーを取ってください。そして、次ページ以降で紹介する各線の流年を参照しながら、そこに年齢のポイントを書き込んでいきます。慣れれば、直接手のひらを見ながら流年を取ることができるようになるので、どんどん活用してください。

流年の取り方に注意！

取り方を間違えると、その後のすべての流年がずれてしまうので注意しましょう。

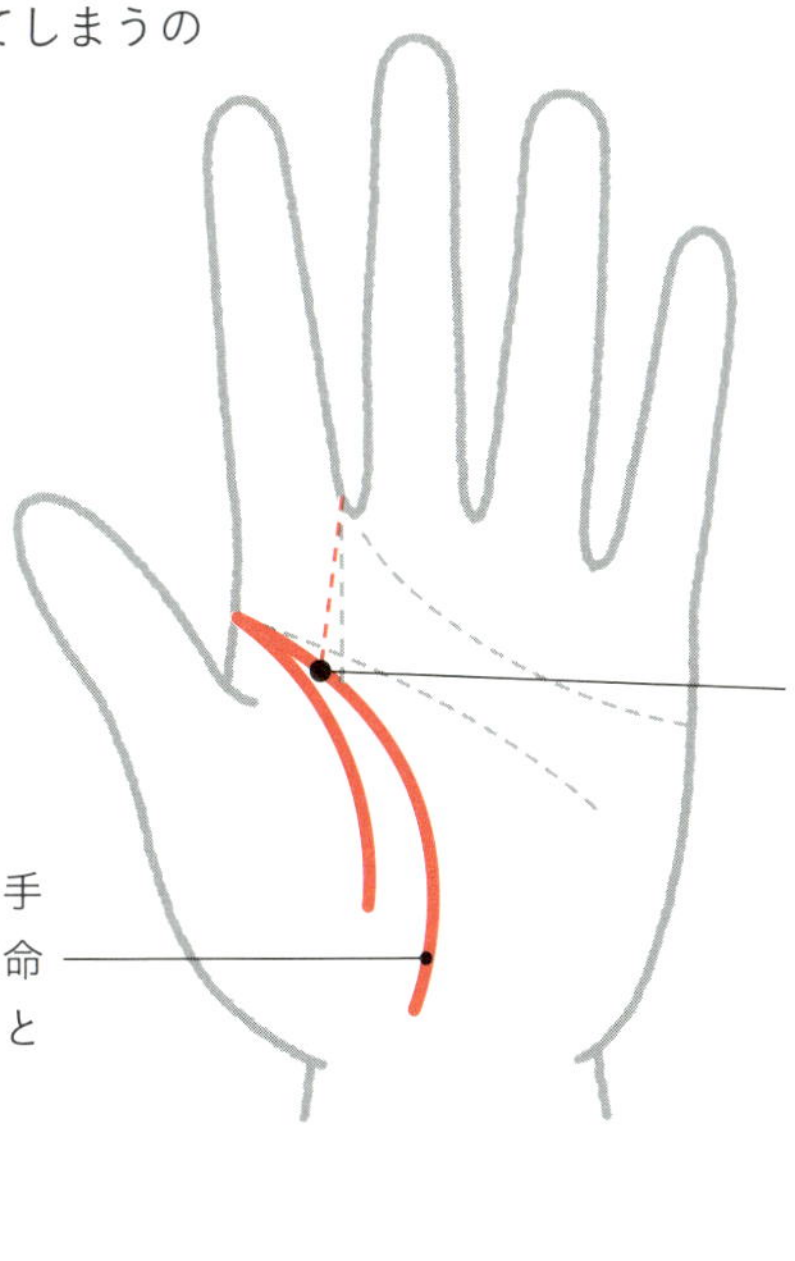
生命線の21歳の地点は、人差し指の幅と同じ長さを生命線上に取る（グレーの点線のように人差し指の幅の終わりから真下に下ろすのではない）
二重生命線を持つ手相では、外側の生命線で流年を取ること

生命線の流年法

運気の転換期がわかる

生命線からわかるのは、健康面なら、その人の健康状態や病気の種類、寿命など。人生の転機なら、恋愛、結婚、出産、離婚、家を建てる、受賞に関することなどです。

したがって、自分の年齢が流年のどこに位置するのかをみれば、今の自分がどんな健康状態にあるのか、どんな転機を迎えようとしているのかがわかります。

また、生命線の流年法によって、将来にわたって、人生上の大きな転機を予測することもできます。

生命線の流年の取り方 左ページ参照

1. 人差し指の付け根幅（a）を生命線上に取り（P.161参照）、21歳とします。
2. 生命線のスタート点を15歳として、21歳との中間を18歳とします。
3. aを基準幅として生命線上に取っていき、それぞれ29歳、40歳、55歳、81歳とします。
4. それぞれの中間点を25歳、34歳、47歳、67歳として、81歳＋$\frac{1}{2}$aの点を100歳とします。
5. それぞれをさらに小割りして、ほかの年齢を取っていきます。

生命線の流年図

POINT

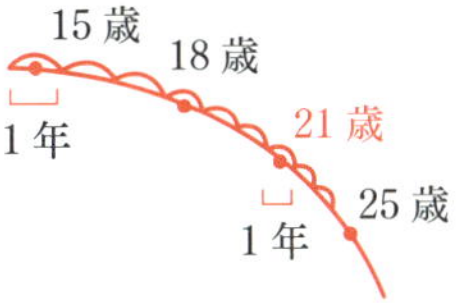

年齢を取っていくときの１年の幅は、年を重ねるほど短くなっていきます。

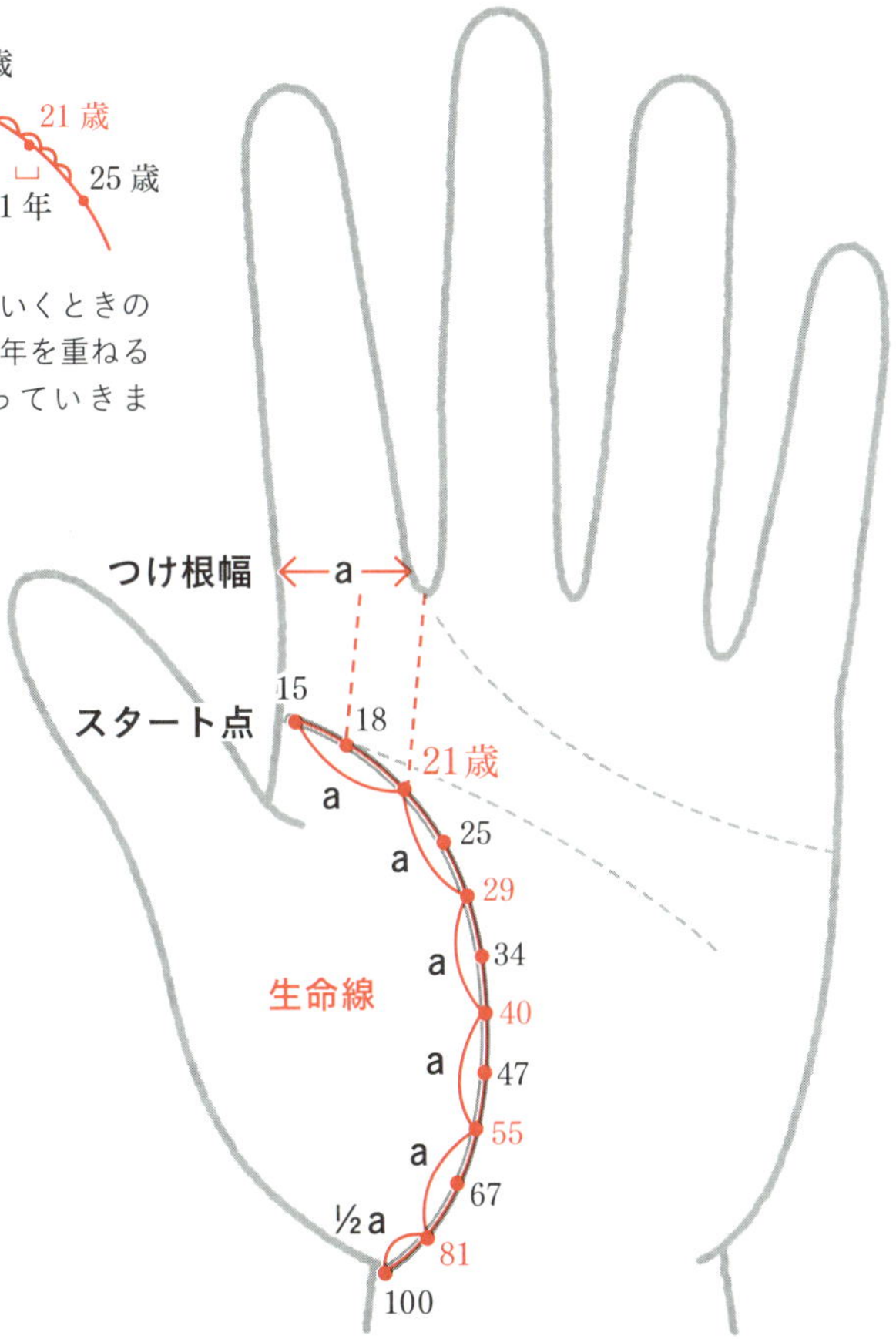

「西谷式流年測定法（生命線）」
数字は満年齢

＊二重生命線の人は、外側の生命線で流年を取ります。

A子さん
（開運年齢40歳）

生命線の流年実例①
40歳できれいに上った開運線

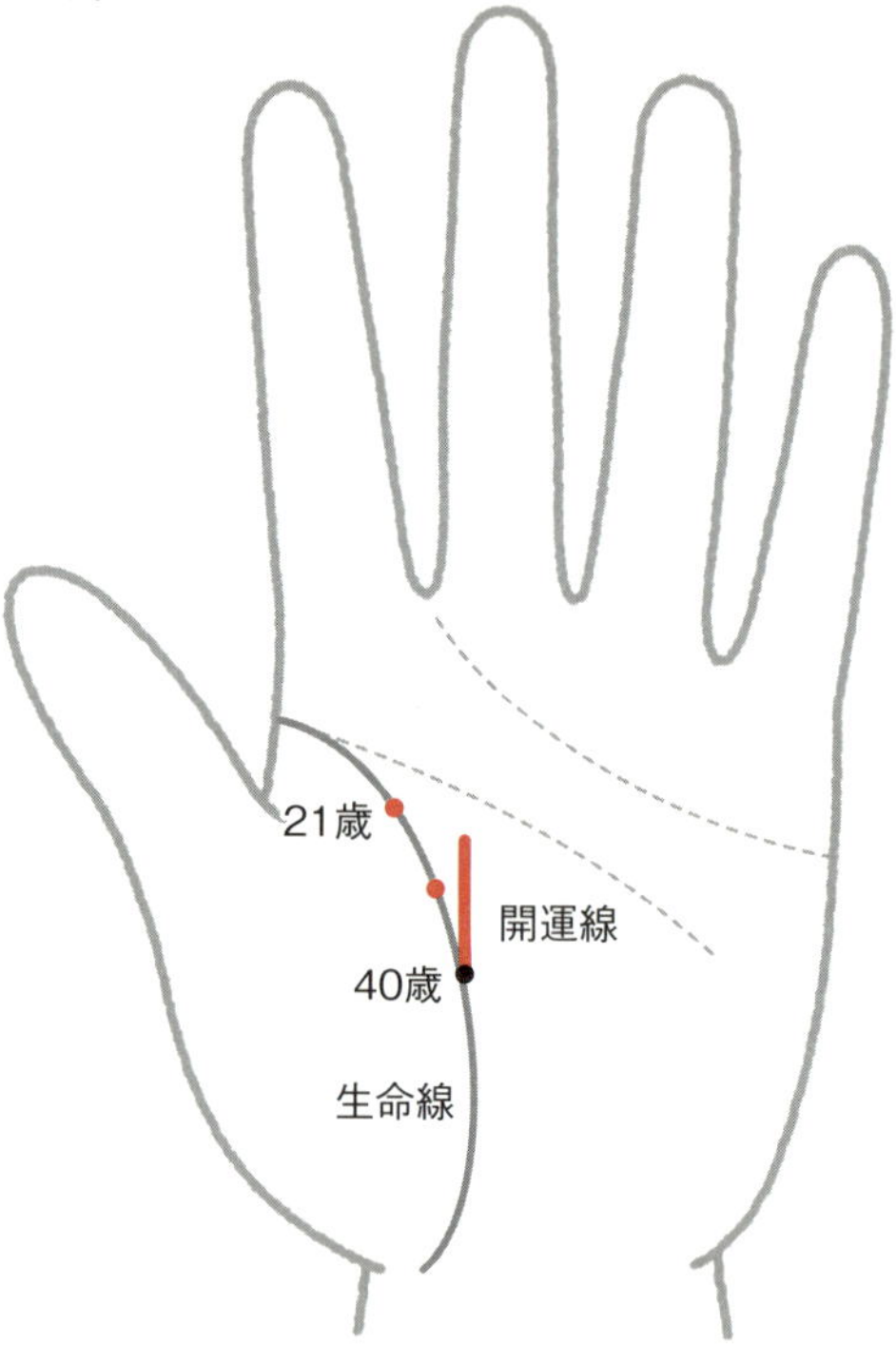

有名料亭のオープンと成功

生命線上に「開運線」がきれいに上っていて、生命線の流年で開運が起こります。40歳の普通の専業主婦だったA子さんに起こった開運は、ご主人の友人から紹介された物件で料亭をオープンさせたこと。経験がまったくないゼロからのスタートでしたが、女将修行に2年間通い、4年後にオープン！　生命線の40歳時点に出ている見事な開運線は、料亭オープンに向けてスタートを切った年齢に出ていました。

Mさん

（婚約年齢25歳）

生命線の流年実例②
大恋愛を教えている恋愛線

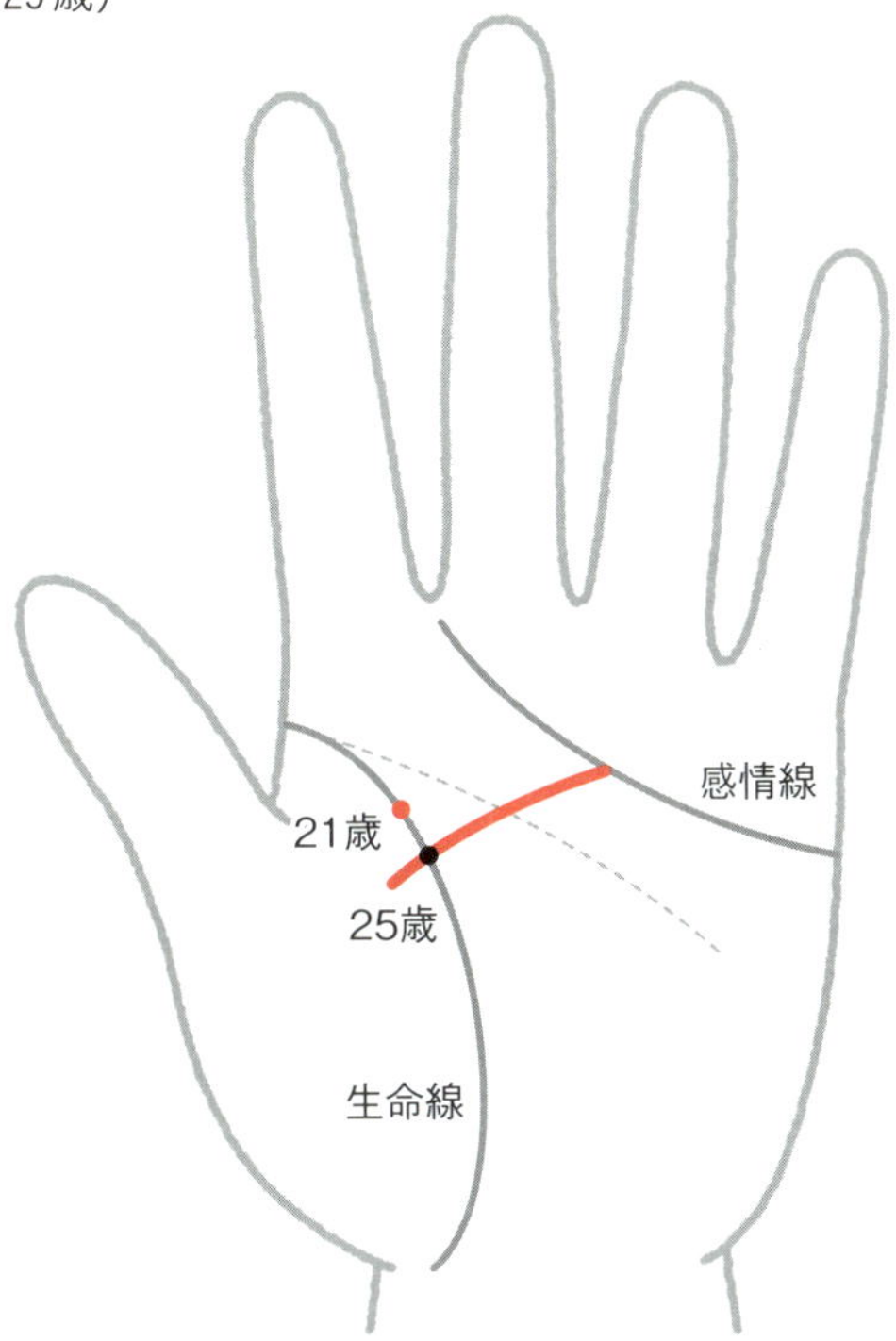

大恋愛をして、約束どおりに結婚

感情線やその付近からスタートした「恋愛線」が、生命線を切った流年で大恋愛が起こります。M さんの場合は、25 歳のときでした。戦時中、M さんが中国大陸で入院した際、その看護にあたったのが、当時、従軍看護婦であった今の奥様です。2 人は大恋愛をして、終戦後の結婚を誓って別離。そして約束どおり、終戦後に再会しました。25 歳の大恋愛での婚約が手相にはっきり記されていました。

運命線の流年法

性格や才能と関係する転機がわかる

運命線は、結婚や離婚、飛躍の年など、人生の大変化期が示される線。運命線で気をつけたいのは、線が上っていく起点が必ずしも中指の真下ではない場合があることです。

月丘付近から出て、ゆるやかな曲線を描きながら中指方向に上っていくタイプの人もいます。その場合は、左ページの図のように、生命線の起点と感情線の起点を結ぶC線を平行移動させます。そして、標準的なAの運命線をもとに、この線との交点でBの運命線の流年を算出します。

運命線の流年の取り方 左ページ参照

1. 手首線（数本ある場合は一番上の濃い線）と中指の付け根の中間点を30歳とします。
2. 手首線から中指の付け根までを4分割し、下から4分の1の地点を21歳、4分の3の地点を52歳、終点を100歳とします。
3. それぞれの中間点を25歳、35歳、70歳とします。
4. それぞれの年齢をさらに小割りして、ほかの年齢を取っていきます。

運命線の流年図

POINT

標準的な傾きの知能線と運命線の交点は35歳となります。実際の知能線との交点とは必ずしも一致しないので注意。

【月丘付近から出る運命線の流年】

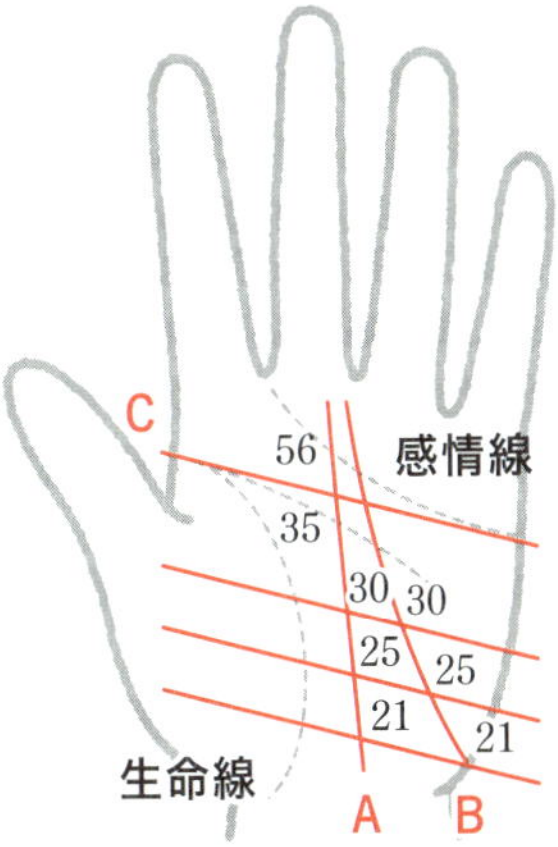

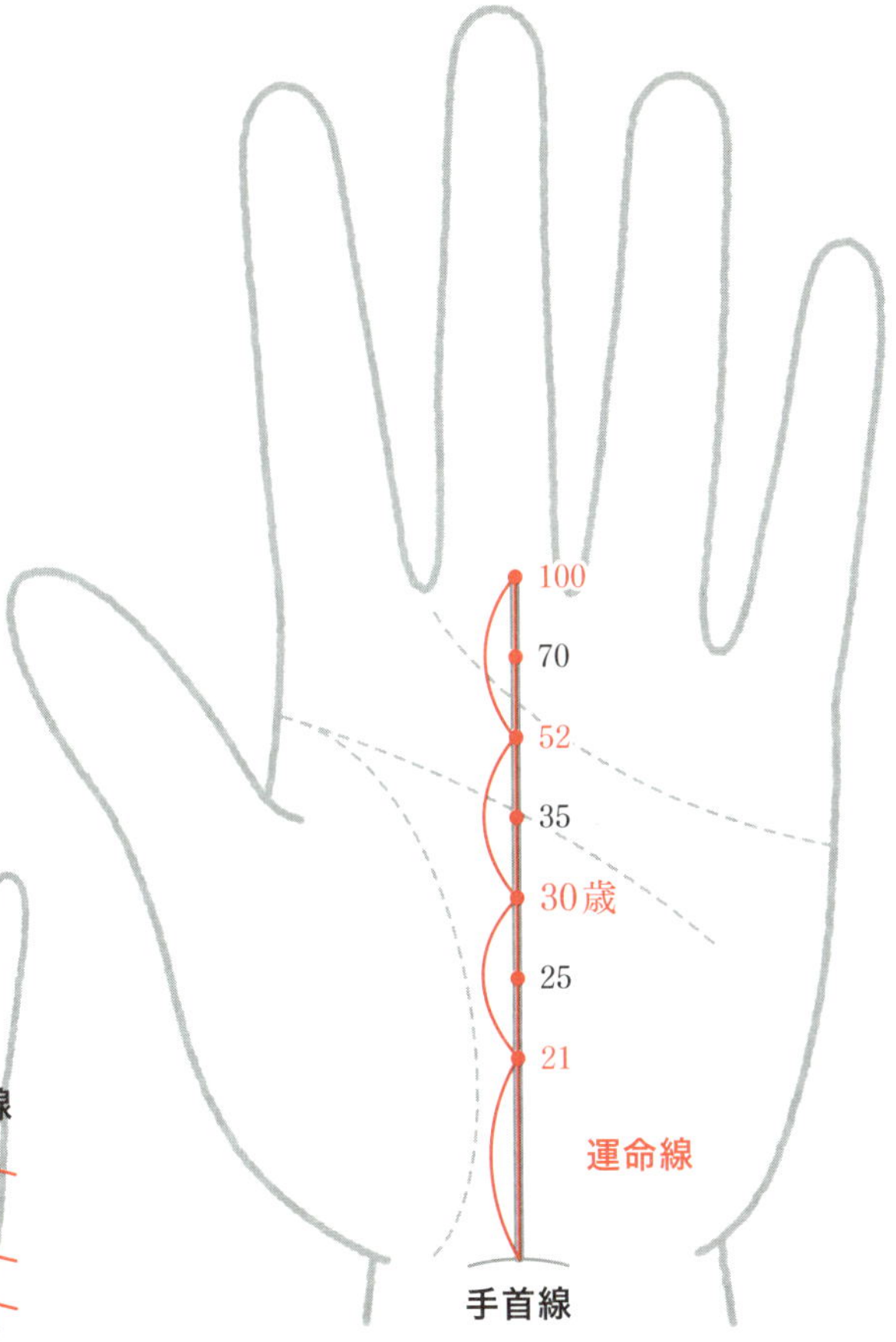

「西谷式流年測定法（運命線）」
数字は満年齢

＊月丘から上る運命線の場合は、生命線の起点と感情線の起点を結び、その線を平行移動させて標準的な運命線をもとに算出される流年から、実際の線の流年を算出します。

＊運命線が2本ある人は、それぞれの運命線で流年を取ります。

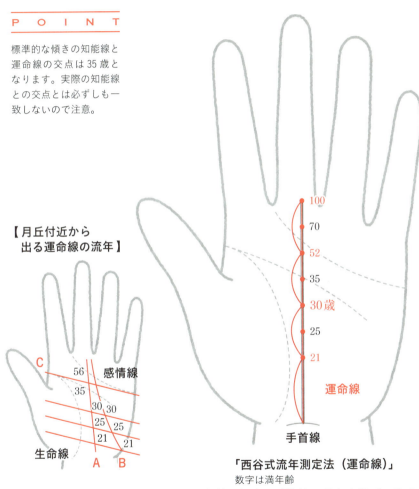

K子さん
（転機年齢24・34歳）

運命線の流年実例①
24歳と34歳で運命線が変化

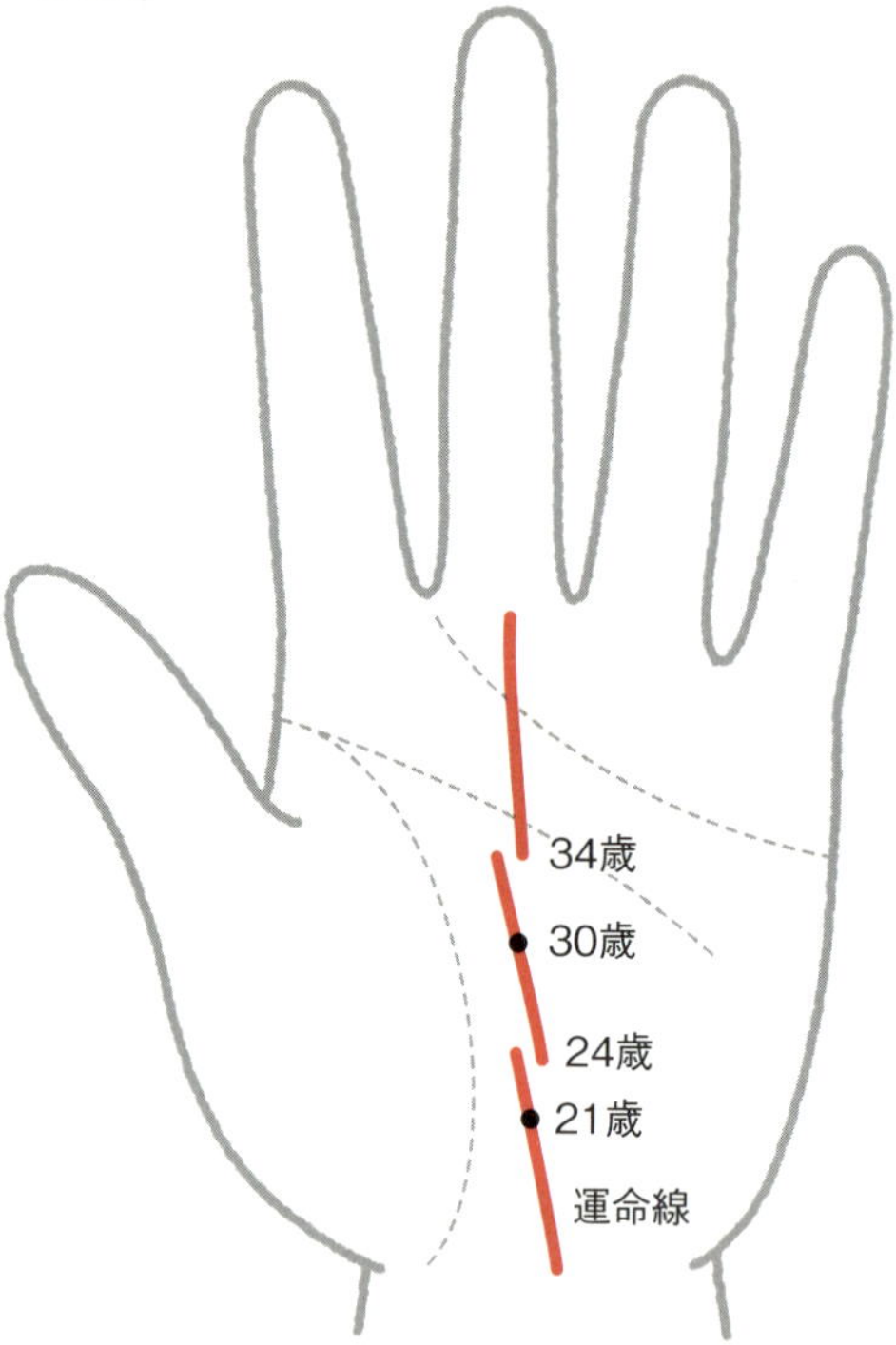

人生上の大変化を体験

運命が大きく変化する場合、運命線の変化（線が食い違う）となって表れます。K子さんは、24歳のときに運命線が大変化し、このときに結婚。二度目の変化は34歳のとき。「人生、このままで終わりたくない」と一大決意をして、長年住み慣れた千葉の木更津から、群馬の高崎に移住しました。運命線には、経験する変化のすべてが出るわけではありません。彼女にとって人生の二大変化といえる出来事だけを手相は記しています。

（結婚年齢26歳）

運命線の流年実例②
吉相の影響線と太陽支線

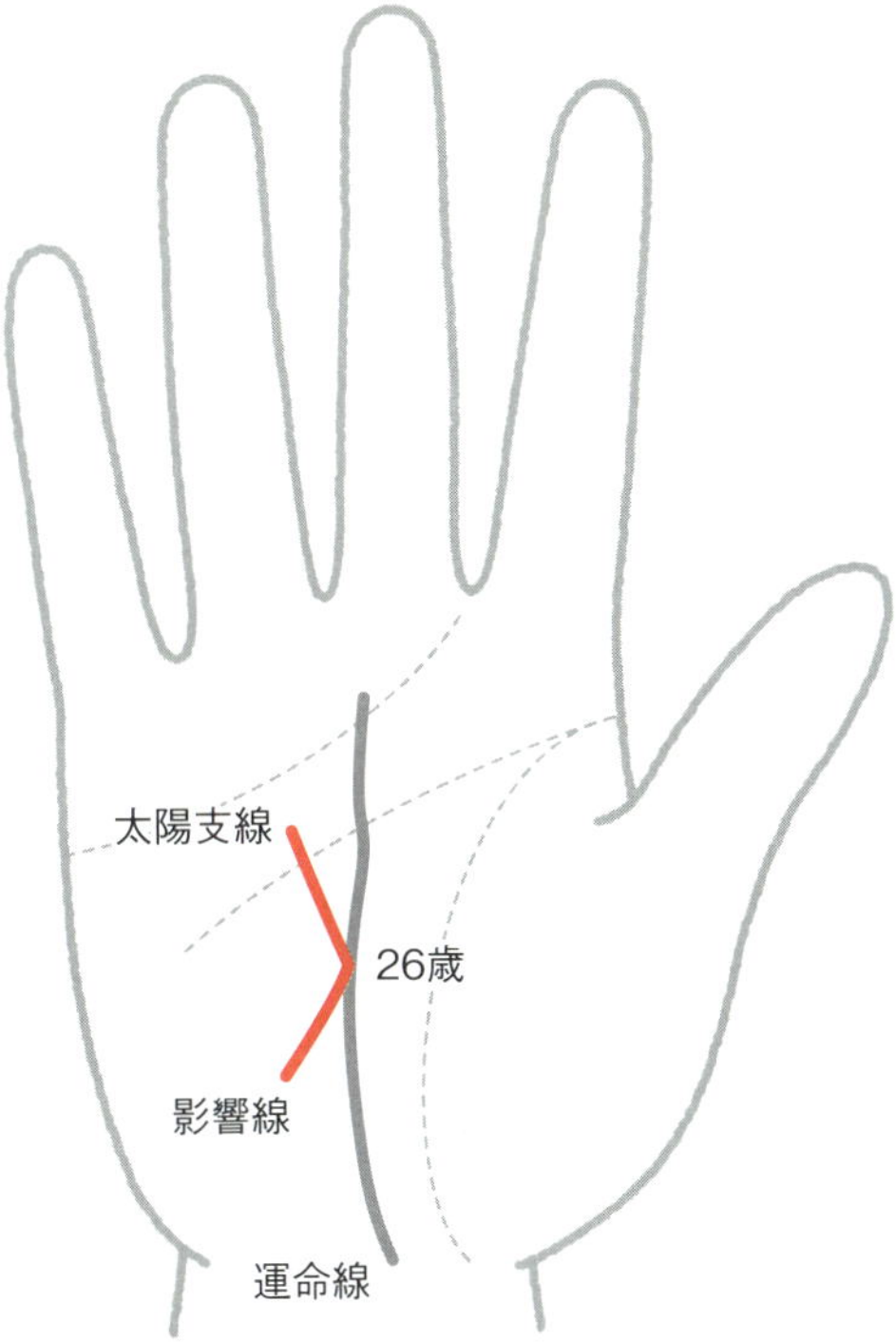

恋の勝利者となり、さらに経営者に

結婚によって、いい運に変わるという典型的な手相をご紹介します。運命線に「影響線」が流れ込むのは、恋の勝利者となって結婚することを示します。S子さんは26歳で結婚したのですが、運命線の26歳時点に影響線が流れ込んでいます。相手の男性は医師、それも腕のいい開業医です。さらに26歳の結婚と同時に「太陽支線」が上っていて、その後の幸運な人生を教えていました。

感情線の流年法

恋愛や結婚に関する出来事が詳しくわかる

感情線は、その人の性格や愛情運、感情の傾向などがわかります。その感情線で流年法を用いると、恋愛、結婚、愛情に関する出来事が何歳で起きるかということも予測できます。

　たとえば、感情線が途中で食い違っていたり、空白になっていたりしたら、その愛情が暗礁に乗り上げ、別れる可能性があり、その時期は線の切れ目の位置から算出することができます。ただし、感情線は特によく変化する線ですから、注意深くみたうえで気をつけていれば、未来の出来事も変わっていきます。

感情線の流年の取り方 左ページ参照

1. 感情線の起点を17歳とし、反対側の端を57歳とします。感情線が短く指の付け根まで届かない場合は、指の付け根まで線が出ていると想定して57歳の位置を取ります。

2. 両端の中間点を30歳とします。起点から端までを4分割し、4分の1の地点を23歳、4分の3の地点を40歳とします。

3. さらにそれぞれの中間点を20歳、26歳、35歳、47歳とします。

4. そのほかの年齢は、さらに小割りして、それぞれの流年を取っていきます。

感情線の流年図

POINT

感情線が付け根まで伸びていない場合も、その地点まで伸びているものと想定して57歳の位置を取ります。

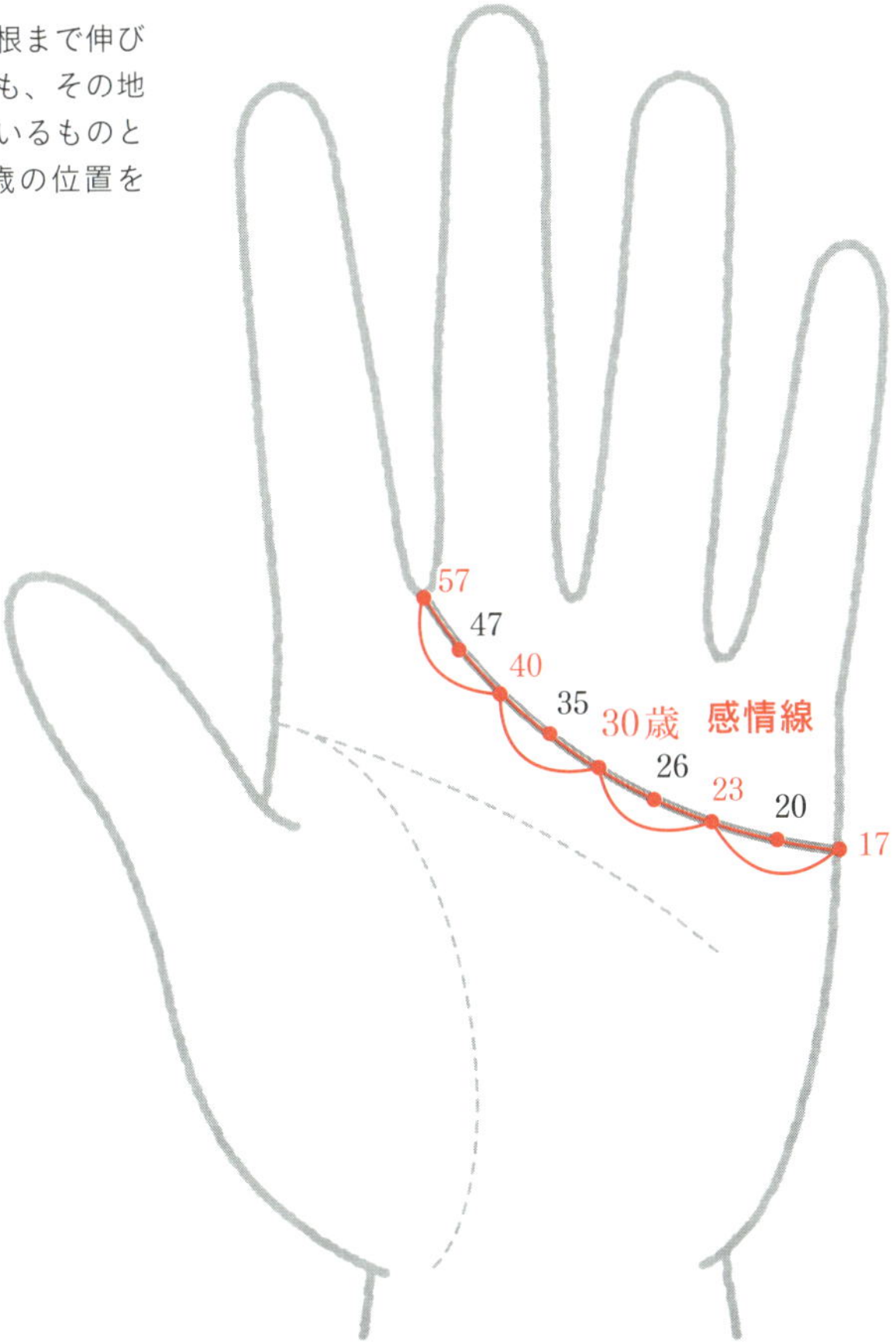

「西谷式流年測定法（感情線）」
数字は満年齢

＊二重感情線を持つ人は、長いほうのメイン線で流年を取ります。

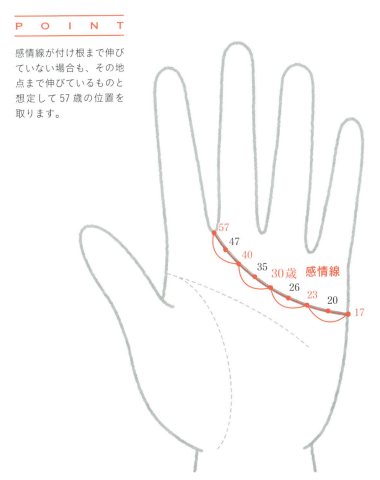

C子さん

（恋愛年齢28歳）

感情線の流年実例①

下支線から恋愛年齢を読み取る

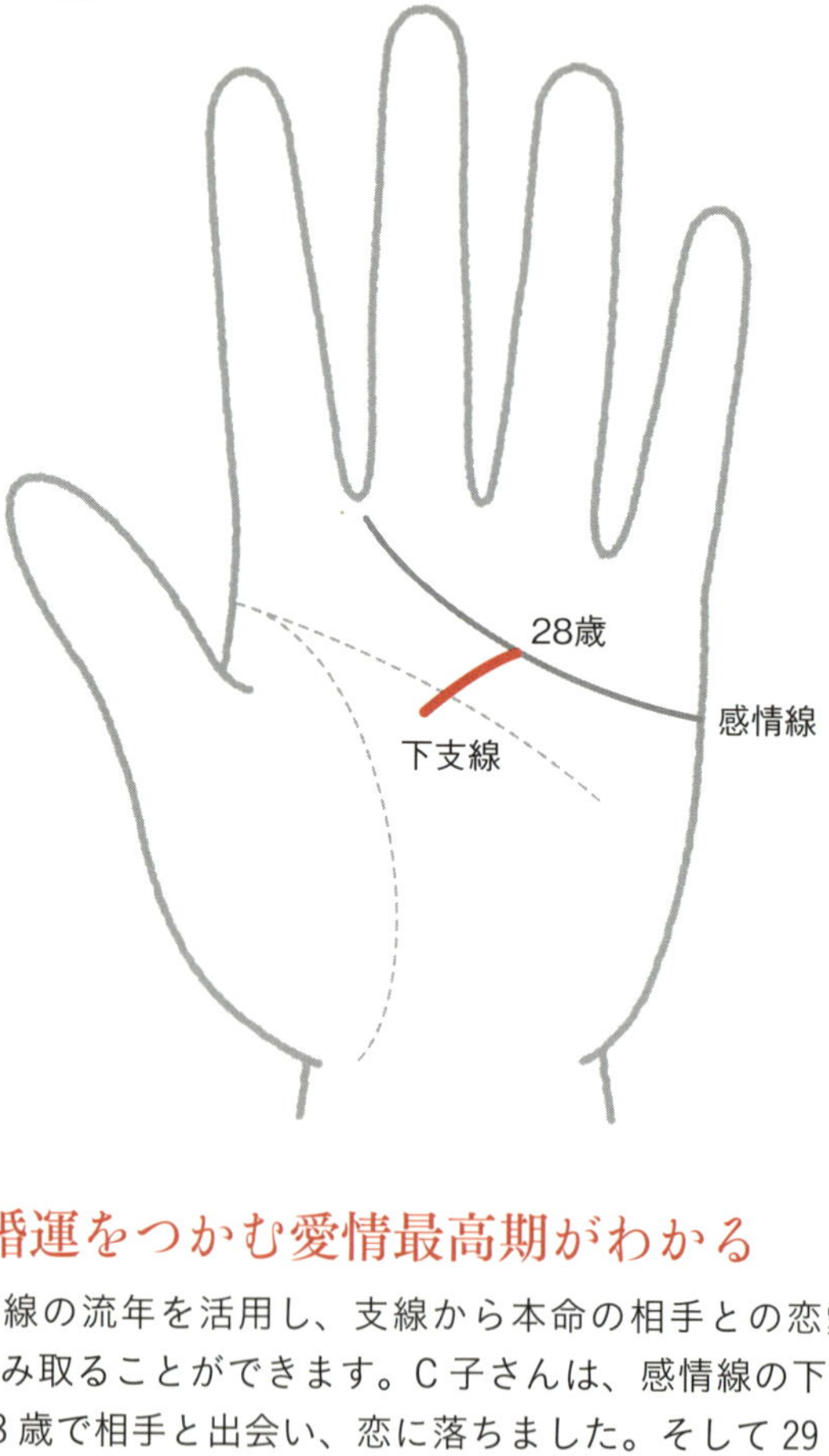

結婚運をつかむ愛情最高期がわかる

感情線の流年を活用し、支線から本命の相手との恋愛の時期を読み取ることができます。C子さんは、感情線の下支線が出た28歳で相手と出会い、恋に落ちました。そして29歳で入籍し、結婚生活をスタートさせています。恋愛感情が盛り上がった28歳は、C子さんにとって一番の愛情最高期。そこにこの下支線はしっかり出ています。プロポーズを受ける時期が、結婚運をつかんだ最高の時期だったのです。

（離婚年齢23歳）

感情線の流年実例②
23 歳で切れている感情線

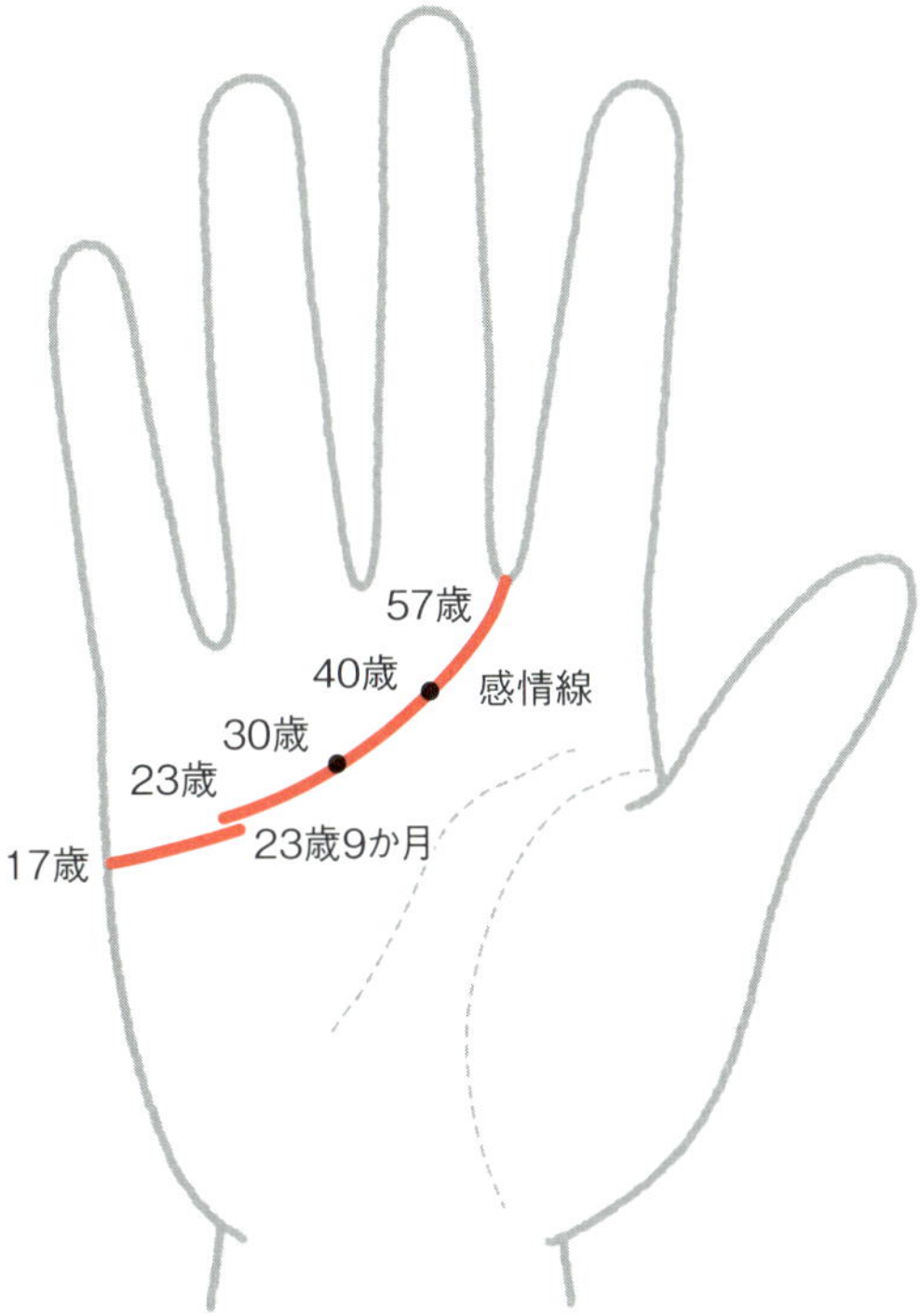

感情線の切れ目が別れを予告

感情線は愛情状態をみる線です。この線が切れていると、その流年で別れを経験することに。D 子さんは、手相の流年法を知らないままに 22 歳で結婚し、感情線の切れていた 23 歳 9 か月で離婚しました。現在も、感情線は切れたままです。まだ、別れが記憶にしっかり残っているからでしょう。感情線の切れ目は、別れの後に短期間で、きれいにつながる人もいます。別れが癒されるとつながるというわけです。

知能線の流年法

知的活動と関係した運勢がわかる

知能線はその人の考え方（知的傾向）を示す線です。したがって、その知能線で流年を見た場合、知的な活動と関係した運勢の転換期がわかります。

たとえば知能線の上に障害線が出ていれば、その流年に精神的な悩みを抱えることになります。島が出ていれば、鬱や神経症が原因で休養が必要となる可能性があります。上向きの支線が出ていれば、逆にその年に知的活動がスタートし、下向きの支線なら、新たな才能が開発される時期到来です。

知能線の流年の取り方 左ページ参照

1. 知能線の起点を 15 歳、反対側の端を 100 歳とします。

2. 両端の中間点を 35 歳とします。さらに起点から端までを 4 分割し、4 分の 1 の地点を 23 歳、4 分の 3 の地点を 55 歳とします。

3. さらにそれぞれの中間点を 19 歳、28 歳、43 歳、75 歳とします。

4. それぞれをさらに小割りして、そのほかの年齢も取っていきます。

知能線の流年図

POINT

知能線が手のひらの端まで伸びていない人がほとんど。その場合も、端まで伸びているものと想定し、100歳の位置を取ります。

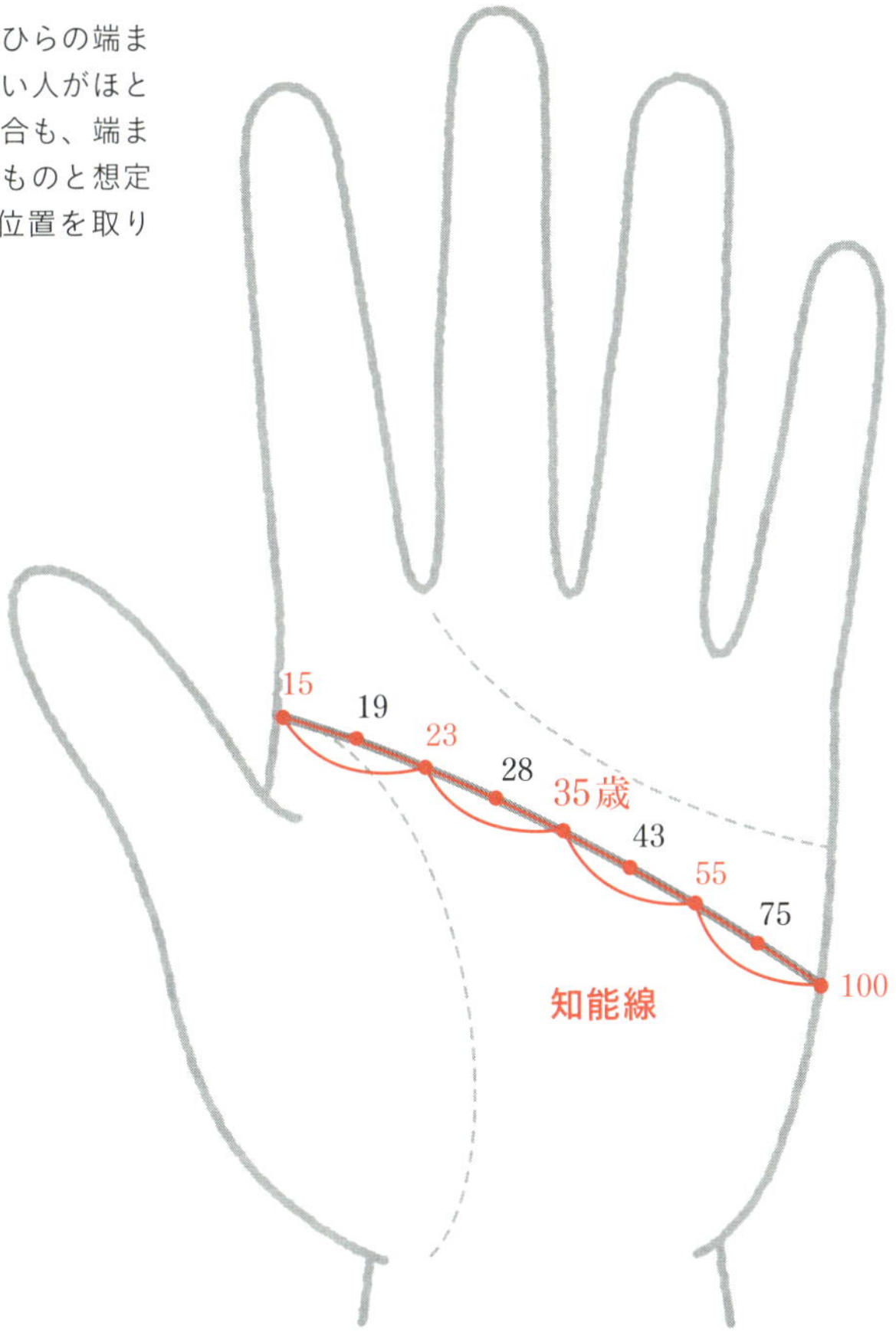

「西谷式流年測定法（知能線）」
数字は満年齢

＊二重知能線を持つ人は、長いほうの知能線で流年を取ります。

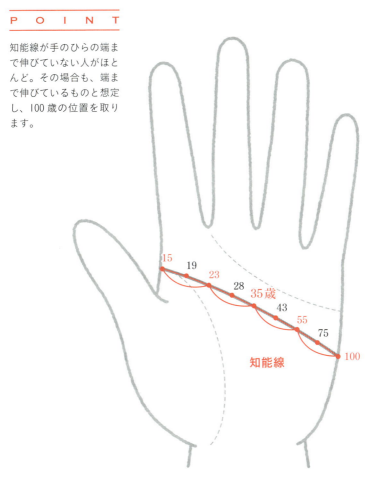

結婚線の流年法

恋愛や結婚のタイミングを示す

結婚線でわかるのは、どんな結婚をするか、現在の結婚相手との関係などです。恋愛や結婚の年は生命線と運命線のほうに詳しく出ています。感情線の付け根から小指の付け根の間に出ている結婚線の位置は、わずか2センチ足らず。その範囲で測定するにすぎません。そのため、結婚線で恋愛や結婚の年を見るのは至難の業です（ただし熟練すれば、かなり正確なことがわかります）。結婚線が感情線に近いほど早婚で、小指に近づくほど晩婚だということは容易にわかります。

結婚線の**流年**の取り方 左ページ参照

1. 感情線の起点を18歳とし、小指の付け根を42歳とします。
2. ①で挙げた2本の横線の中間を30歳とします。感情線の起点から小指の付け根までを4分割し、4分の1の地点を24歳、4分の3の地点を36歳とします。
3. そのほかの流年は、ここまでの流年をもとに、小割りして取っていきます。

結婚線の流年図

POINT

結婚線の流年は、感情線から小指の付け根の間に出た横線が、どの位置（高さ）に出ているかでみます。結婚線の出ている流年は（独身者にとっては）結婚期です。

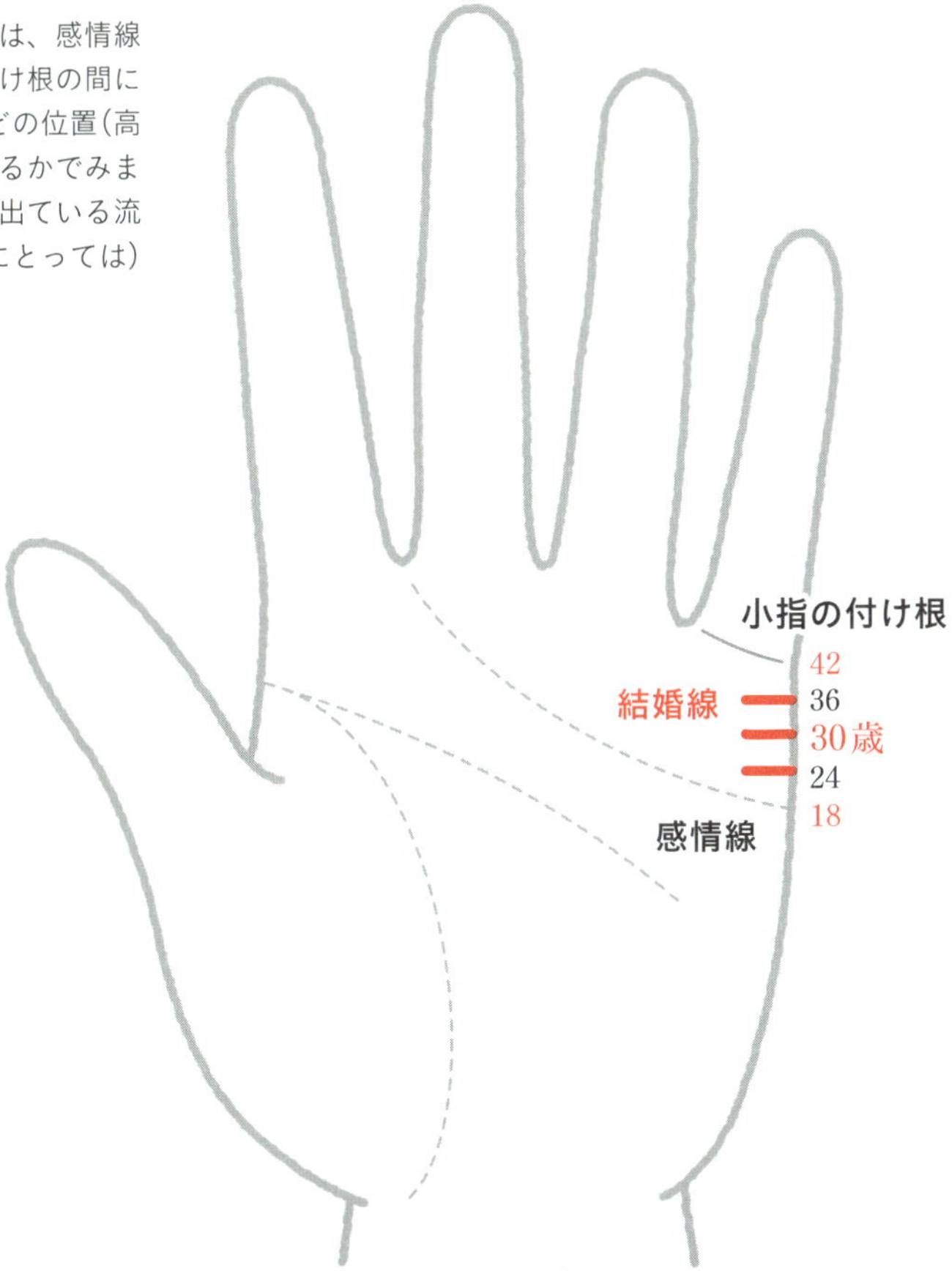

「西谷式流年測定法（結婚線）」
数字は満年齢

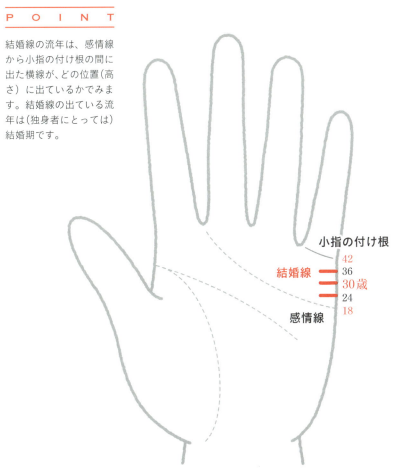

（修業年齢26～29歳）

知能線の流年実例

線上の島の期間は「修業期間」

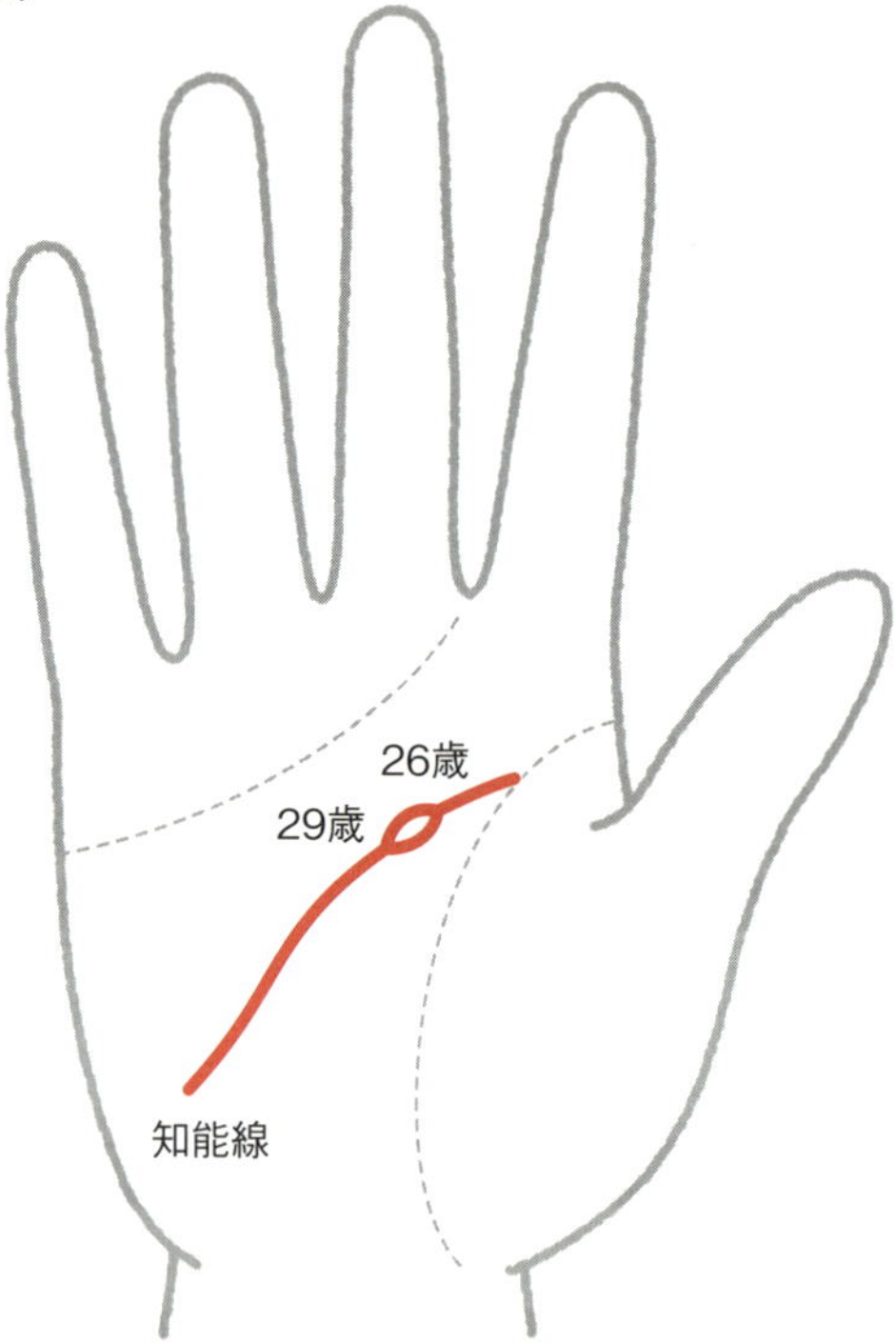

島期間は恋も仕事も未熟

Fさんの手には、知能線上の26～29歳の期間にはっきりと島が出ています。この時期、会社では上司から相当鍛えられたそうです。島の期間は、知能線だけでなく、どの線にあってもなかなか思うようにいかないとき。でも、島の期間は運気が落ちている時期かというと、そうでもなく、成功している人もいます。そんな人を分析してみると、表面的に成功していても、内面の苦労は計りしれないもの。それを称して「修業期間」といいます。

Aさん

（障害年齢23〜29歳）

結婚線の流年実例
結婚線を覆うような丸いシミ

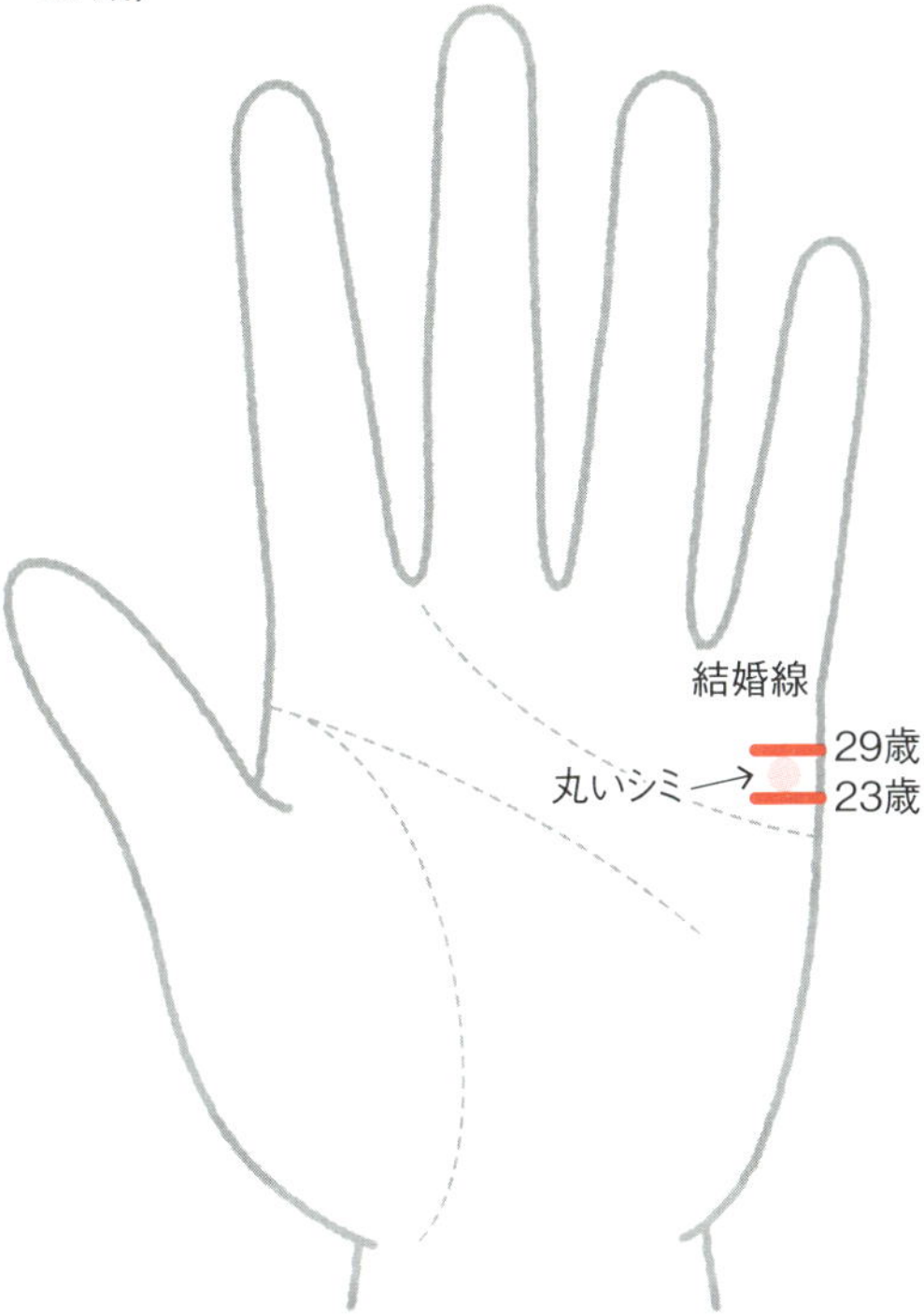

シミの出ていた期間、結婚運に大障害が！

Aさんは結婚当初、母親から大変な結婚妨害を受けました。23歳で結婚したとき、Aさんの結婚線エリアの23歳から30歳の少し手前までを覆うように丸いシミが表れたのですが、これは結婚生活が前途多難であることの予告。母親の結婚妨害は長く続きましたが、Aさんが29歳になると、急におさまりました。手相は、他者から受ける悪影響や災難をも、本人への忠告、予告として映し出しています。

COLUMN：3

線と本人にギャップがある?!

「手相からみえてくる人物像と、実際の人物との間にギャップがある」と感じることがあるのはなぜでしょうか。

それは手相が、その人の客観的な状態というよりも、本人が心に感じたままのことが出る性質のものだからです。未来の出来事なら、今の生活を続けることで将来感じるであろうことが予告として出ます。

たとえば、はたからみるとお金持ちなのに、金運の相が出ていない人がいます。これは、本人が自分をお金持ちだとは思っていないためです。300万円を大金だと思っている人なら、それくらいの年収でも「自分は十分に金持ちだ」と感じるかもしれません。

しかし、1億円をたいした金額だと思っていなければ、年収が1千万円あっても、「自分は金持ちだ」とは思いません。そういう人には、金運を表す線は出ないか、弱々しい線しか出ていないはずです。

第 4 章

100人手相
実例鑑定！

本章では、実際に鑑定した数多くの手相の中から、特徴的な100人の手相を紹介しています。線が表す意味を実際にどのように読み解いていくのか、自分で鑑定するつもりで参考にしてください。

※鑑定は、左手と右手の両方をみて行います。人の運命に関する情報は、左手にも右手にも出ていますから、両方をみることが大切です。そのうえで、特徴がはっきり出ているほうの手の相を読み取るようにします。ですから、紹介している手相も左手の場合と右手の場合があります。

性格や運勢を鑑定してみよう

おもな線のチェック

① 知能線

知能線は、その人の考え方（知的傾向）や能力、才能などが示されている線。自分自身の性格を知るのは難しいものですが、知能線の読み取り方がわかれば、今まで気づかなかったことも次々と発見できます。才能についても同様です。自分の天職が見つかれば、それだけ幸せな人生の実現が近づきます。

② 運命線

運命線上に表れたサインを読み取っていくと、あなたがこれからどのような人生の変化を経て、どのような境遇を迎えるのか、といったことがわかります。

後述する生命線と合わせれば、人生の過去・現在・未来のほとんどがわかるといっても過言ではありません。それだけ、この2つの線には、情報が詰まっているのです。

③ 感情線

感情線は、その人の基本的な性格や、感情表現の傾向を示す線。知能線と同じく、これも自分では気づきにくい根っからの性格について知ることができます。自分がどのような点に気をつければ社会にうまく適応できるのか、どのような相手であれば恋愛がうまくいくのか、といったことがわかります。

④ 生命線

人生の出来事や健康状態を示す生命線。その人の運勢をみるうえで重要な情報がたくさん表れている最重要線です。性格面では、その人のやる気や情熱を読み取ることができます。

性格をみるには、この線をチェック！

① 知能線

性格や考え方、才能や能力、適職などを表す

おもな鑑定例

- 離れ型 → P.184
- 長い知能線 → P.192
- 下垂知能線 → P.218
- 二重知能線 → P.226
- など

③ 感情線

性格や感情の傾向、愛情運などを表す

おもな鑑定例

- 乱れた感情線 → P.186
- 変形マスカケ線 → P.190
- 二重感情線 → P.192
- 長い感情線 → P.206
- など

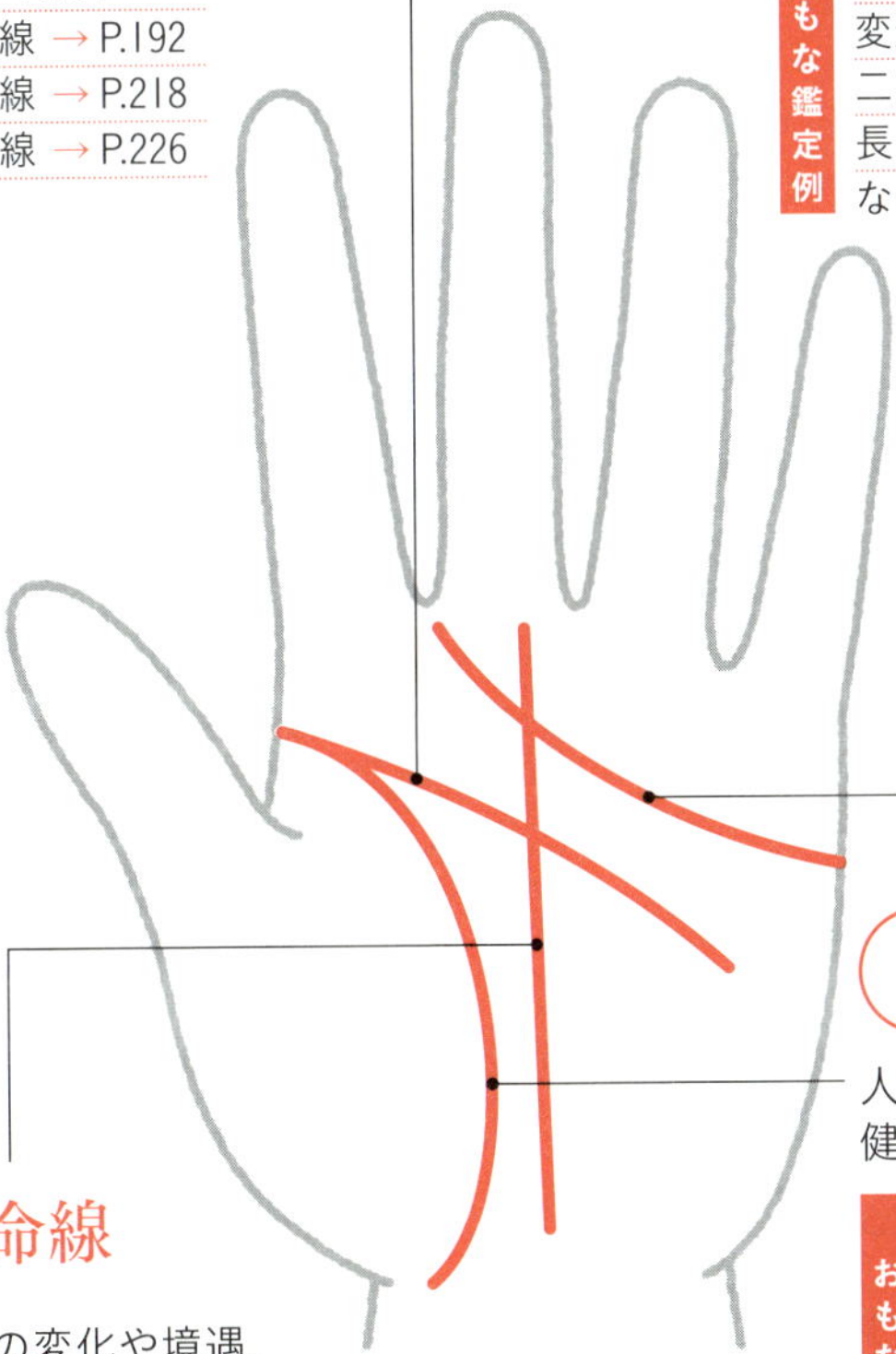

④ 生命線

人生の大きな出来事や健康状態などを表す

おもな鑑定例

- 生命線の島 → P.198
- 二重生命線 → P.204
- 生命線上のシミ → P.236
- 生命線の流年法 → P.240
- など

② 運命線

今後の人生の変化や境遇、周囲との関係性などを表す

おもな鑑定例

- 運命線の島 → P.200
- 薄い運命線 → P.224
- 神秘十字形 → P.234
- など

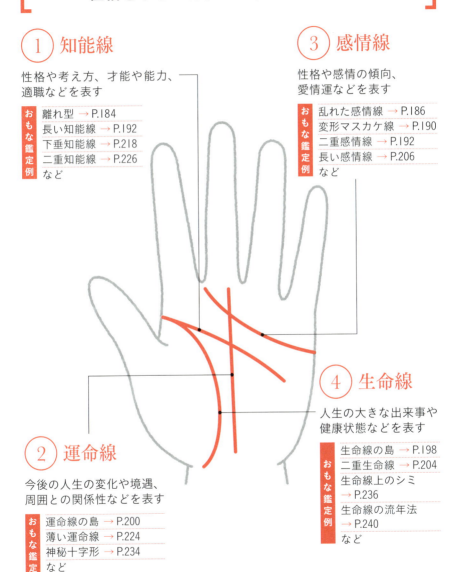

実例鑑定
1人目
性格

「離れ型」は大胆な行動派タイプ？

～人が気後れするようなことにも挑戦できる人

知能線と生命線の起点は、くっついている人が多いのですが、**離れ型**は知能線と生命線が離れていて、接点のない手相です。一見おとなしい普通の人に見えても、実は**大胆で勇気がある人**。みんなが気後れしたりするようなことにも、**果敢に取り組む行動力**があります。ただし、ムチャをしてしまう蛮勇タイプの勇気なので、時には失敗もありますが、失敗してもケロッとしている人です。

さらに感情線にも注目してみましょう。乱れのない感情線であれば、クールでほとんど喜怒哀楽を表さず、興奮したりしない人。また、感情線が長いほど激情家で大胆さがさらに増しますが、感情線が短いなら冷静に状況を分析しつつ行動ができる人です。

【知能線の起点をチェック！】

知能線の起点が生命線と離れている「離れ型」は大胆な行動派

- 人からどんなふうに見られても平気な「手相のB型気質」
- 積極的で度胸があり、少しくらいの失敗には動じない
- 知能線が生命線と離れているほど大胆さが増す
- 日本人は10人に1人の割合で「離れ型」

Bさん（37歳）

111メートルの超高所バンジージャンプを飛んだ人

CHECK!

起点が生命線と離れた離れ型知能線

知能線と生命線の起点が1センチくらい離れた、蛮勇タイプの怖いもの知らず。

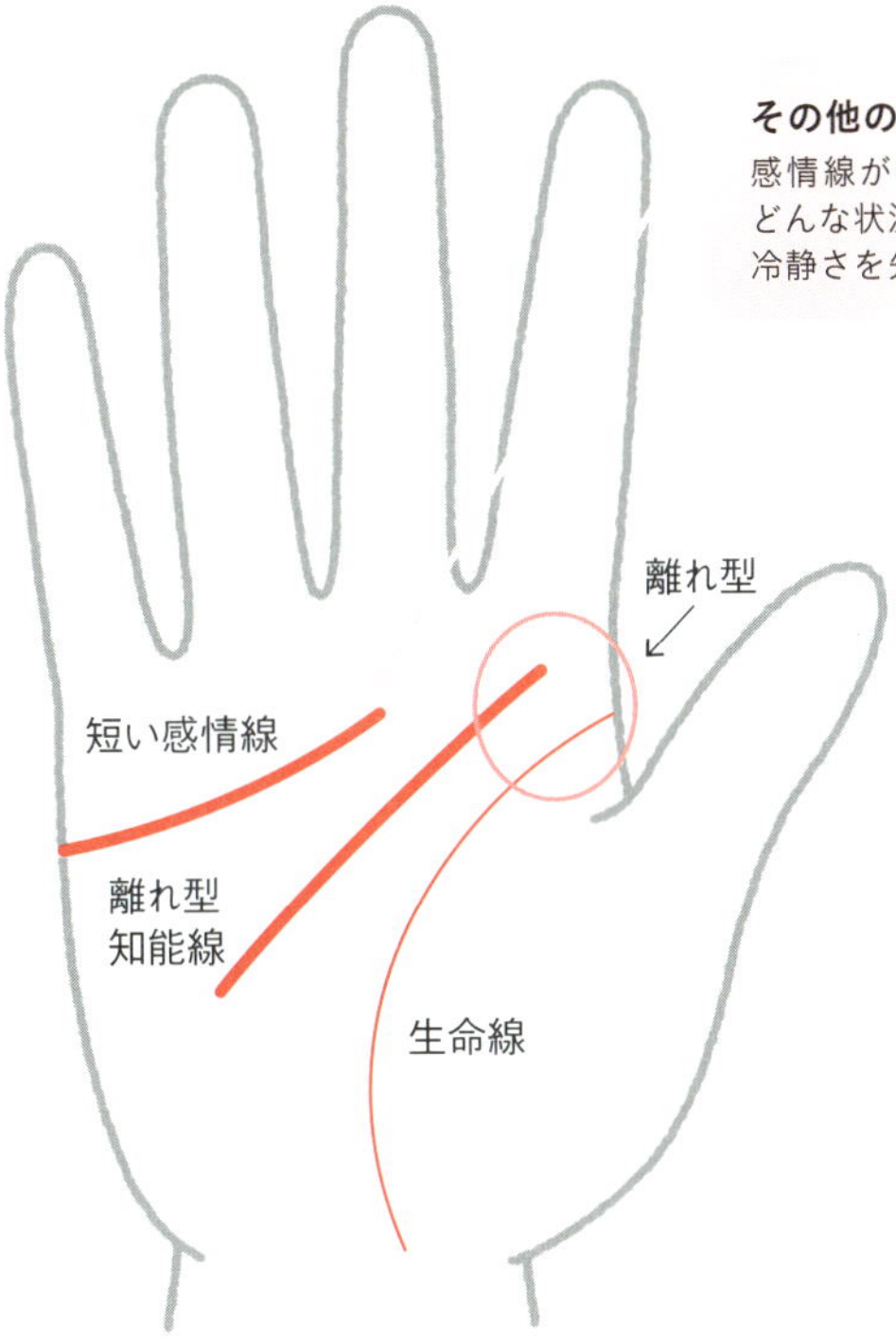

その他のポイント

感情線が短めなので、どんな状況にあっても冷静さを失いません。

西谷MEMO

Bさんは、以前アフリカに行ったときに、ザンビアとジンバブエの国境（南部アフリカの内陸部）にある、ザンベジ川の上空111メートルの崖から飛び込むバンジージャンプをやったそうです。想像しただけで気が遠くなりそうな高さですが、感想を聞いても「別に〜」という感じで、まさに怖いもの知らず。おとなしそうに見えて、実は大胆で度胸がある人なのです。

実例鑑定
2人目
性格

感情線が豊かなのは情熱的な人？

～感情豊かでノリもよく、楽しませがいのある人

手相で「感情線が豊か」というのは、感情線が乱れているということです。でも、感情線が乱れている＝感情がムチャクチャ、という意味ではありません。**喜怒哀楽がはっきりと出る人**であり、**感情が豊かな人**、という意味です。感情線が乱れている人のほうが、興味を持ったことに熱中したり、ノリがよかったりして人生も楽しくなるでしょう。いろいろな人の気持ちがよくわかる、感受性の豊かな人でもあります。

さまざまなことに興味を持って夢中になれたりする反面、熱しやすく冷めやすいところがありますが、知能線に支線が数本あるなら、知的興味が尽きず、とことん追求していくタイプといえます。

［感情線の乱れをチェック！］

感情線の乱れ＝感情の豊かさ、人生を大いに楽しむ

- 喜怒哀楽がはっきりしていて、感情豊か
- 感受性が豊かで、人の気持ちにも敏感
- さまざまなことに興味を持って夢中になれる
- 熱しやすく冷めやすいのが玉にキズ

K子さん(51歳)

興味のあることに突き進んでいく多趣味な人

CHECK!

乱れた感情線

感受性が豊かなK子さんは、楽しいことが好きで興味のあることには突き進んでいくタイプ。

その他のポイント

運命線が数本ある場合は、意識をかけ、熱を入れている対象がその本数だけあることを示しています。

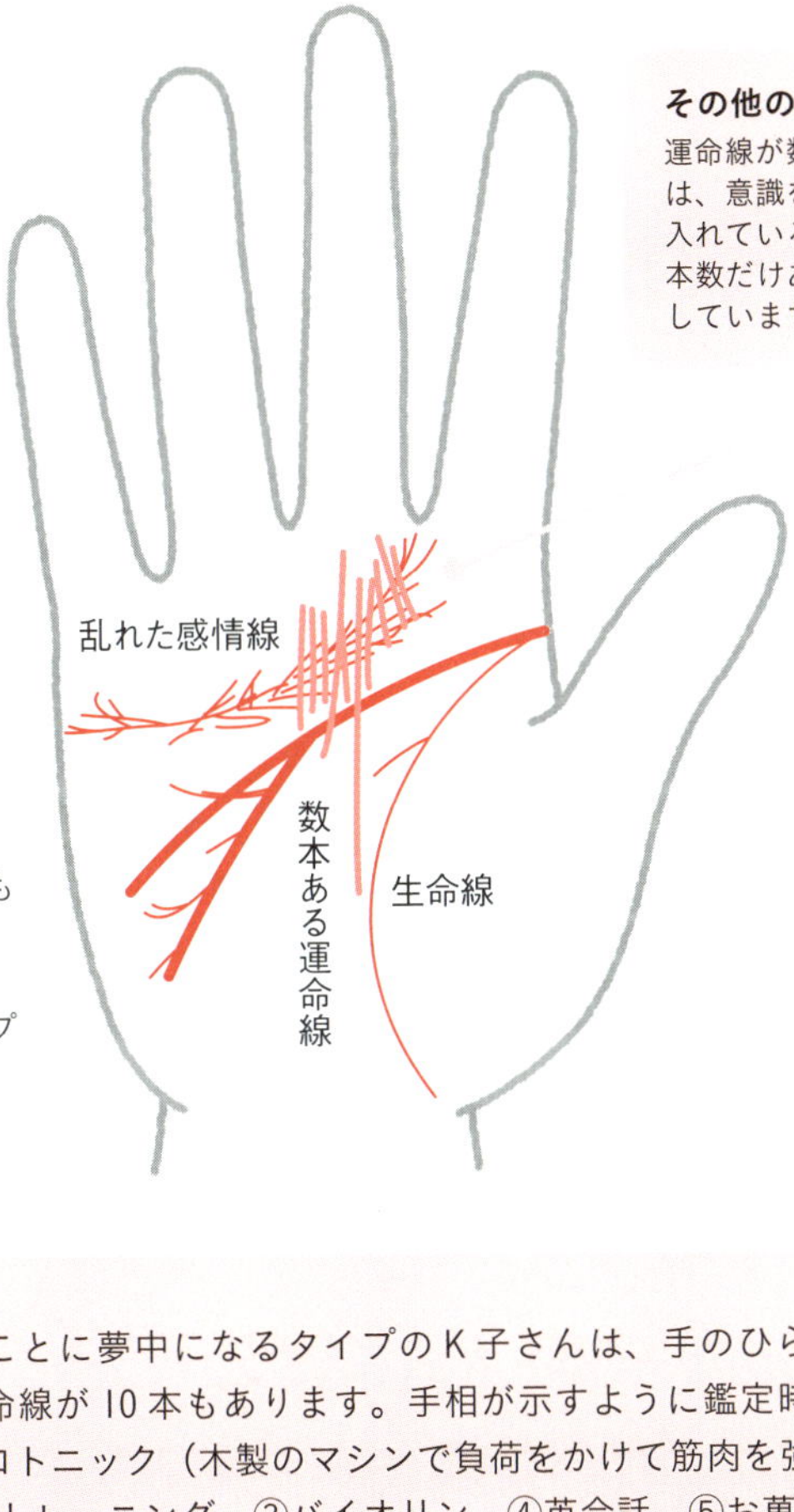

知能線の支線も
数本ある
＝知的興味が
尽きないタイプ

西谷MEMO

興味のあることに夢中になるタイプのK子さんは、手のひらの上の部分に運命線が10本もあります。手相が示すように鑑定時の習い事は、①ジャイロトニック（木製のマシンで負荷をかけて筋肉を強くする運動)、②ボイストレーニング、③バイオリン、④英会話、⑤お菓子作り、⑥編み物、⑦刺しゅう、⑧デザイン、⑨占い、⑩気功。どれもおもしろくて、やめられないそうです。

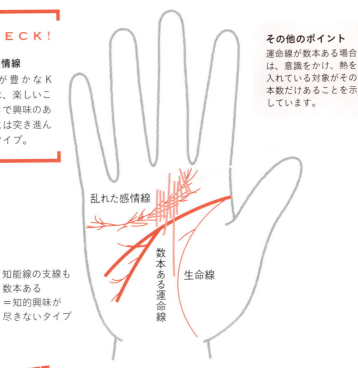

実例鑑定
3人目
性格

感情線の先端をみれば、性格も日常生活もズバッとわかる？

～やり過ぎなほど、家族にもペットにも尽くしてしまう人

両手とも感情線の先端が、人差し指と中指の付け根の間に見事に入るのは、家族はもちろんのこと、ペットにまでも徹底して尽くしてしまう、**尽くし型**の人の典型的な手相です。

また、生命線にも特徴があります。晩年を表す位置である、手首に近い生命線下部の外側に「補助線」が入っていることから、**長寿である**ことがわかります。

さらに運命線の先端が中指の付け根にまで伸びています。これは**強い意志や意欲の持ち主**であることを表しています。気力も大変に充実し、人生の最期までバイタリティーを持って、元気で積極的に毎日を楽しみながら暮らしていくことができる相です。

感情線の先端をチェック！

感情線の先端が人差し指と中指の付け根に入る＝献身的に尽くす

- 相手をダメにするくらい、尽くしてしまう
- 会社や家族、所属する組織、ペットに対しても献身的になれる
- 理性と感情のバランスがよく取れている

Y子さん（76歳）

根っからの世話好きで尽くし型、熱い心を持っている人

CHECK!

感情線でわかる、愛情と慈しみの深さ

感情線の先端が人差し指と中指の付け根に入っている人は、一度好きになった相手にはとことん献身的に尽くすタイプです。

その他のポイント

生命線の下部の外側にある補助線は、長寿であることの証しです。この線が1本、あるいは2本、3本とある場合は、とても強い生命力の持ち主。晩年もエネルギッシュです。

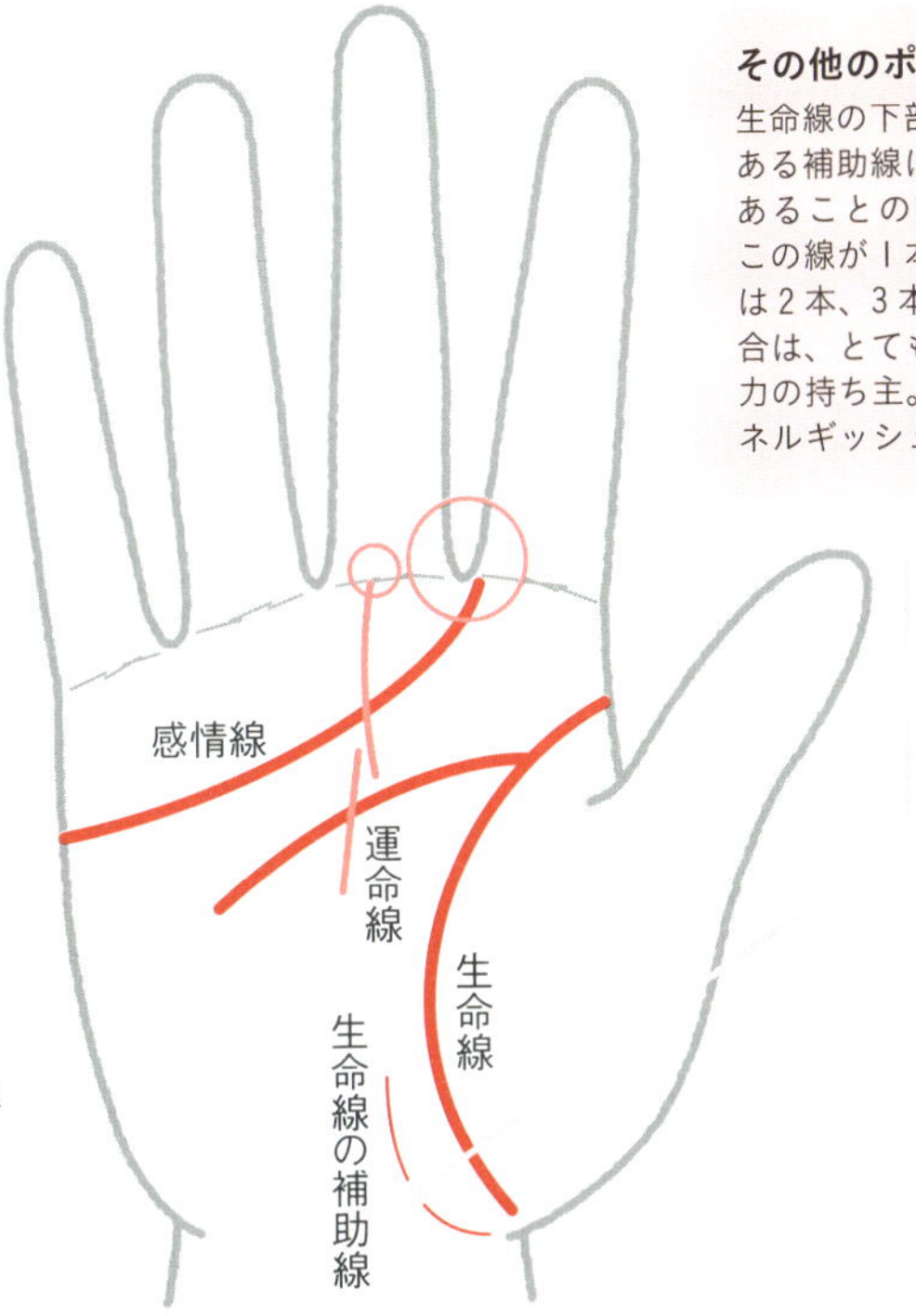

運命線の先端が中指の付け根にまで到達＝晩年まで気力充分！

西谷MEMO

Y子さんの感情線、運命線からは、とにかく世のため人のために尽くさずにいられないという気質がみえます。近所でも噂されるほど気難しいお義父さんのことも最後まで見送った、強く温かい心を持った人。また、夜中に飼い猫がきちんと寝ているか心配で、見に行くそうです。100歳まで人生を楽しむために、今から足腰を鍛えたり、好きなことをして脳に刺激を与えながら、質の高い晩年を送っていただきたいと思います。

実例鑑定
4人目
運勢

「神秘十字形」があれば、危ない事から守られる！

～ご先祖さまや神仏から絶えず守られている運を持つ人

九死に一生を得る手相というものがあります。それは**神秘十字形**という手のひらの中央上部に描かれる十字の形をした相のことです。これは優れた先祖や、神仏の加護により、**危ない事から守られる吉相**。万が一、事故や災害に遭ったときでも助かるといった運のよさを持っています。

また、ここ一番のときに援助者が現れるなど、運の巡りがよく、ツキのある人でもあります。さらに霊感も強く、信仰心を持つ人にも出る相。また、感情線が知能線にくっついた形の**変形マスカケ**の相であることから、**まわりに流されず、わが道を坦々と進んでいくタイプ**といえます。ひとつの分野に精通し、極めることができる天才肌でもあります。

神秘十字形の相をチェック！

大難を小難にかえる幸運の印、
人として徳がある人

- 目に見えない世界や現象に理解がある
- スピリチュアルな話や占いなどに関心がある
- いいお膳立てをしてもらえる強運の持ち主

Aさん（44歳）

東日本大震災と、阪神大震災の両方で被災して助かった人

その他のポイント

生命線から上る太陽線の持ち主は、何らかの分野でトップに立っている人が多いものです。この線があるなら、大志を抱きましょう。

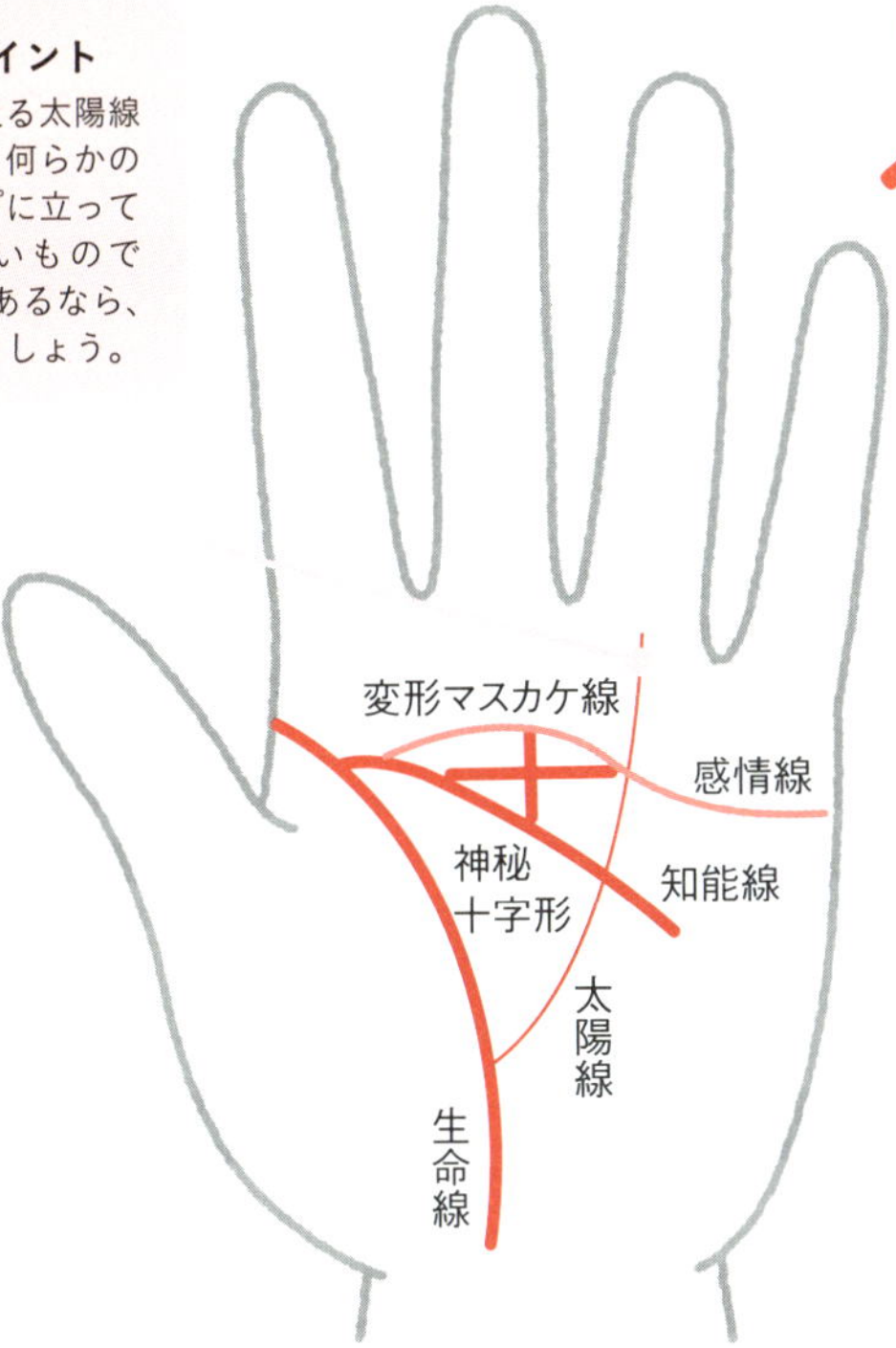

CHECK!

感情線と知能線にかかる神秘十字形

あらゆる難を避けられる幸運な相。人間としてもすばらしい徳を持っています。

西谷MEMO

Aさんの手には、はっきりとしたきれいな神秘十字形が現れていました。東日本大震災では車ごと津波で流されるという体験をしたものの、一軒のプレハブにぶつかって止まり、車から脱出に成功。さらに阪神淡路大震災のときも、友人たちと４人で寝ていて、火事にいち早く気づいて逃げることができ、危機一髪で助かったそうです。まさにご先祖さまや神のご加護を感じるお話でした。

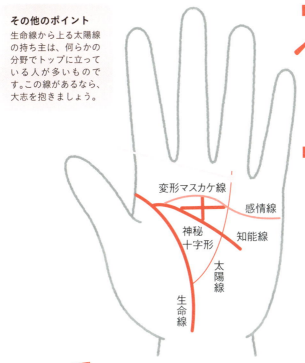

実例鑑定
5人目
性格

長い知能線と2本の感情線の共存が教える意外性！

～慎重派なのにチャレンジ精神旺盛な人

　長い知能線を持つ人は、**物事をじっくりと考える人**。新しいことを始めるときは、しっかりと事前に調査し、納得してから行動するタイプです。そのため考え過ぎてしまって、決断すべきときに決断できないという失敗をする場合もあります。

　ところがこの長い知能線を持ち、感情線の上に、**もう一本の感情線**があるなど、2本の感情線を持つ人は、大胆なほどのチャレンジ精神もあわせ持っています。この二重感情線は10人に1人の割合で見られますが、意志も強く度胸も満点、精神力も十分あるので、どんな障害に遭っても乗り越えていける人です。たとえ外見がひ弱そうに見えても、その本質はとてもエネルギッシュです。

[知能線の長さをチェック！]

知能線の長い人は頭脳労働派、物事は熟考して行うタイプ

- 決して軽はずみな行動は取らない
- 頭脳明晰！　数学、語学はお手の物
- 慎重に物事を考えるため、決断するまでに時間がかかる

B子さん（32歳）

苦手意識の克服のためなら、大胆な冒険もいとわない人

その他のポイント

さらに知能線から上る運命線がきれいに出ています。これは、才能を仕事にするという意味の線で、専門資格を取ってスペシャリストになることに向いています。

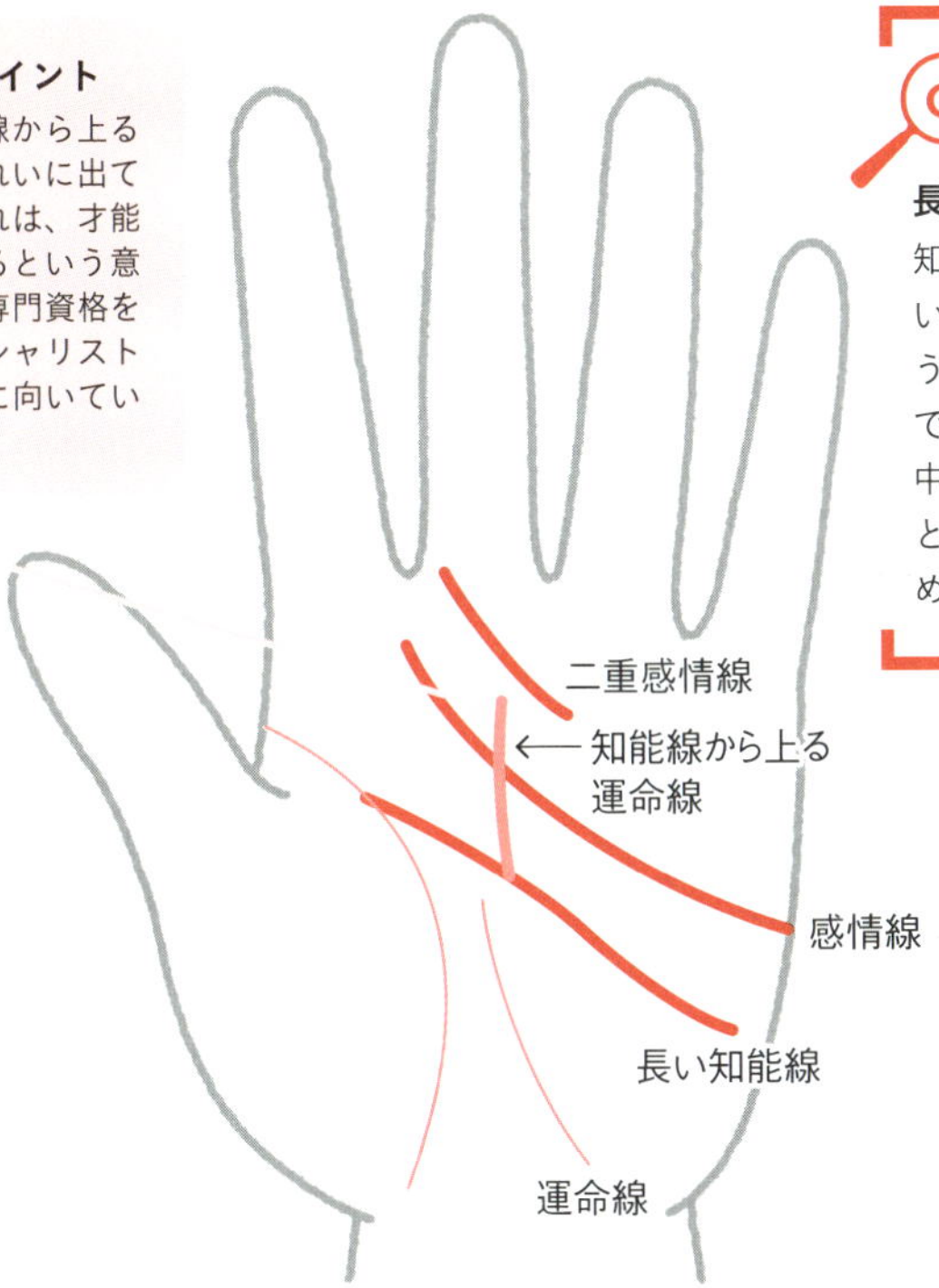

CHECK!

長く伸びた知能線

知能線が長く走っている場合、熟考したうえでの行動が身上です。頭が切れ、集中力もあるため、ひとつの分野を深く極められる人です。

西谷 MEMO

元来とても慎重なタイプであるのに、英語への苦手意識をどうしても克服したく、何と果敢に海外へ語学留学に出かけ、カナダに 2 年間留学した後にドイツで 3 年暮らし、ニューヨークにも 2 か月暮らした経験をお持ちの B 子さん。さすが二重感情線の持ち主、その度胸には驚くばかりでした。知能線から上る運命線からも、英語を専門とした仕事に就いたことはぴったりなのがわかります。

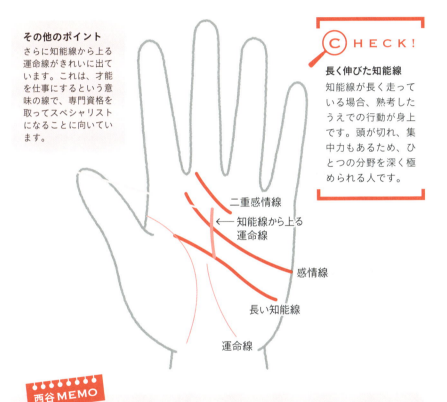

実例鑑定
6人目
運勢

常にギリギリセーフで生きてきた人の相とは？

～知能線・生命線の起点が「離れ型」の人は、「ギリギリ運」を持っている

標準的な知能線は、生命線とくっついているものですが、まれに生命線と離れて、生命線の上部より出発している知能線を見かけます。このような**離れ型**の人は、とにかく**大胆で楽天的**な人。積極的で度胸も満点なうえ、少々の失敗もどこ吹く風です。

時に周囲が驚くほどの無謀な行動を取ったり、どう考えても無理だと思うことに準備もせずにトライするなど、出たとこ勝負的な傾向があります。この気質ゆえ、往々にして駆け込み的な運命やギリギリの状況を呼び込んでしまうことに。就職や結婚といった人生の節目となる場面だけでなく、日常の多くの場面でも「ギリギリ運」が現れることになります。

［　神秘十字形もチェック！　］

危機一髪というところから先祖や神仏の加護で助けられる

- **万が一、災難に遭ったとしても運よく助かる**
- **人間関係においても、いいお膳立てがある強運の持ち主**
- **人徳があることも、運がいい理由のひとつ**

A子さん（34歳）

生まれたときから、ギリギリで助かる！大学も就職もギリギリで合格した人

その他のポイント

向こう見ずな行動に出る「離れ型」と、じっくり考慮する長い知能線とが共存していることも。この相はギリギリまで迷った末に、思い切った決断をすることを示しています。

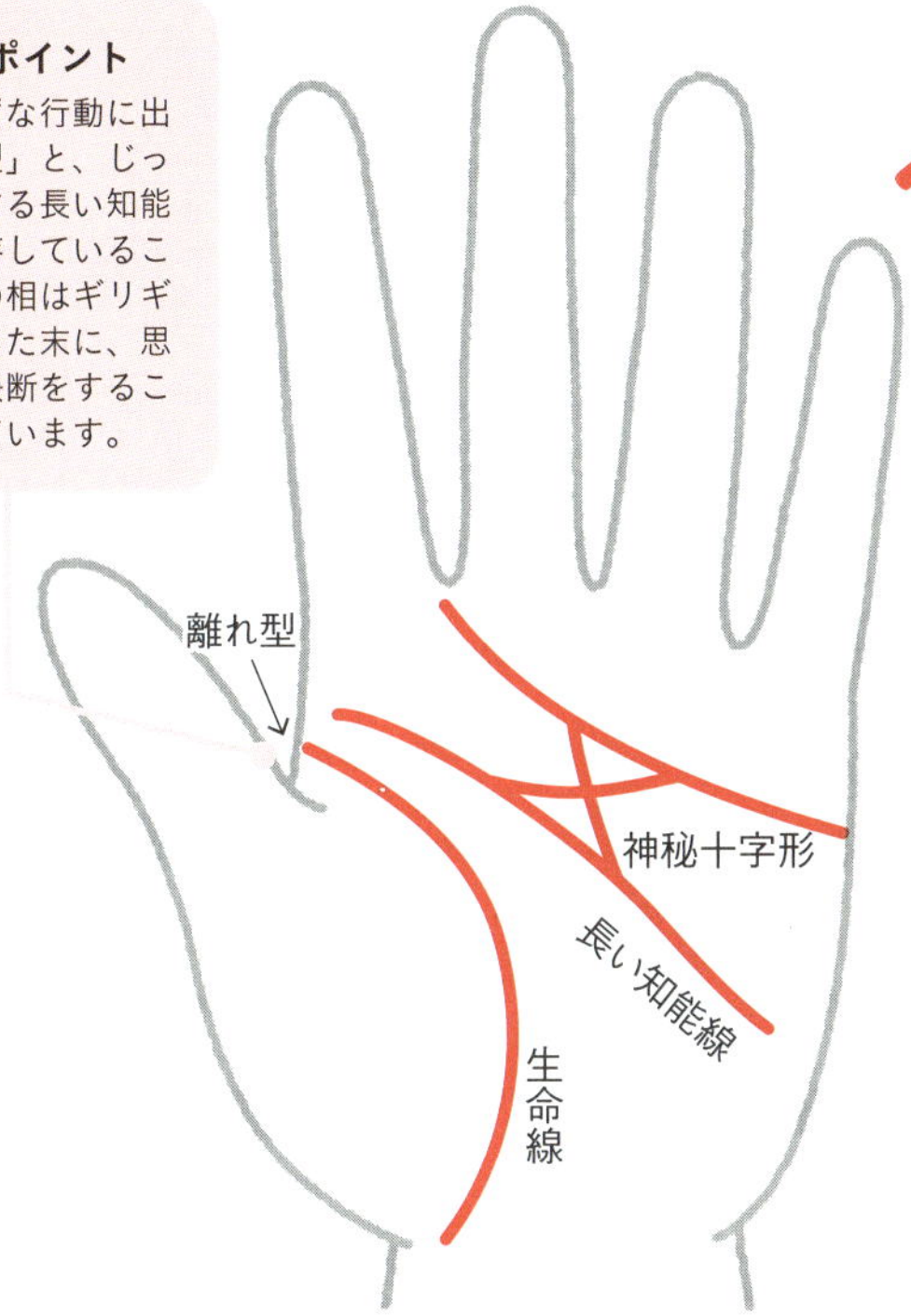

CHECK!

知能線と生命線の起点が離れ型

未知の世界に飛び込める、冒険心にあふれた気質を示しています。周囲の人があっと驚くような変身もします。
また、神秘十字形の相があり、危ないところから危機一髪で救われます。

西谷MEMO

A子さんは、とにかく生まれながらにしての「ギリギリ運」の持ち主。出産直前になって、ようやく心拍が確認できて無事誕生の運びになったり、大学や就職の試験もギリギリでパス。さらにはトルコへの旅行を計画していたところ、私の鑑定によって結婚できなくなる凶方位であることがわかり、ギリギリで中止してセーフ！　まさに「離れ型」ならではのエピソードです。

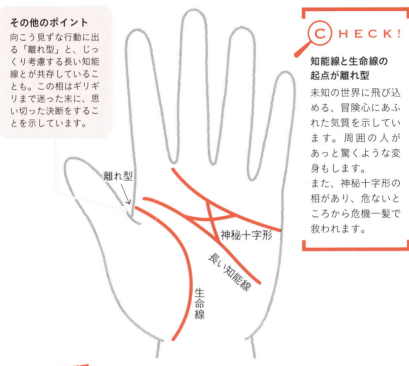

実例鑑定
7人目
運勢

旅行線があると海外生活と縁が深い？

～海外生活が豊富な人の手には、生命線から出る「旅行線」がある

生命線の下のほうから外側へはっきりと出ている線を**旅行線**といいます。これは人生の「移動」を表すものです。この旅行線がある人の特徴は、**生まれ故郷、実家を離れることで幸運をつかむ人**です。

この旅行線の持ち主は、海外留学の経験を持つ方が多く、また将来海外生活を送るようになるか、あるいは頻繁に海外旅行に行くことになる人です。そして海外に強い関心や憧れを持っている場合もあるでしょう。

なお、この相には実家を遠く離れる意味があるので、ずっと日本を離れずにいる場合も、移転先が実家から遠いと感じている人に表れます。また、帰国子女の人にも表れる相です。

生命線と知能線の起点もチェック！

生命線と知能線が「離れ型」なら勇気があって物怖じしない

- **とても大胆で行動派。勇気も度胸も満点！**
- **人から何と思われても、まったく気にしないタイプ**
- **「手相のB型」（西谷命名）と呼ぶほどマイペースで物怖じしない人**

M子さん（21歳）

帰国子女で、幼少の頃から豊富な海外経験を持ち、適応能力も高い人

CHECK!

旅行線がある

もとは生まれ故郷を離れて他郷で生きる相でしたが、現代ではおもに海外で仕事をしたり暮らしたりすることを表します。時代とともに手相の解釈も変化しています。

その他のポイント

生命線と知能線の起点が「離れ型」なのは、楽天的で積極的！　度胸もあるので海外生活もひるむことなくエンジョイできる相。

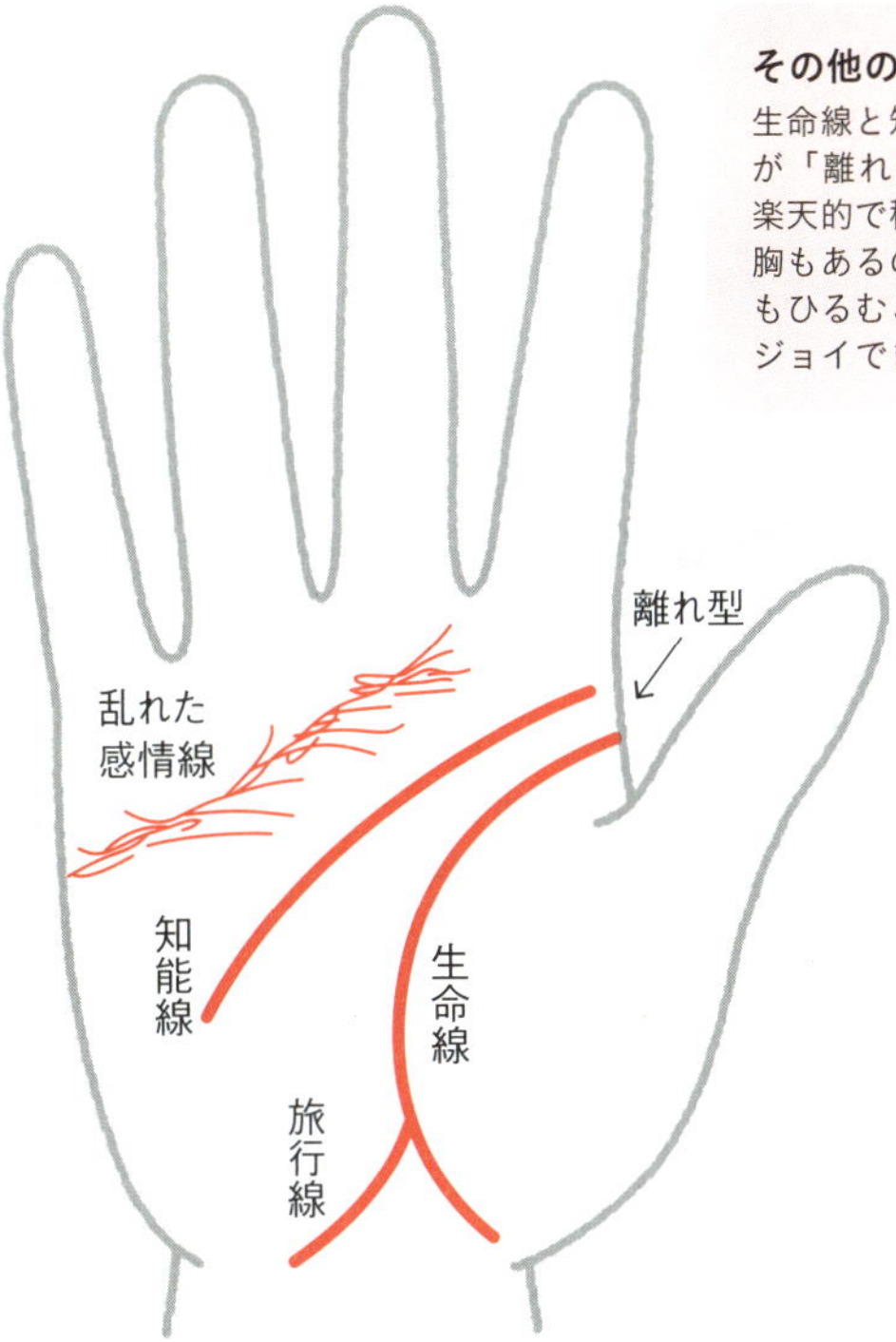

西谷MEMO

M子さんは小学校の低学年のときに1年間をスイスで過ごし、日本に帰国するも4年後にはイギリスへ渡り、帰国後大学1年生まで日本で暮らした後、今度はアメリカで過ごしたという、実に豊かな海外経験をお持ちです。その都度順応してこられたのも、海外生活向きであることを、手相が物語っていました。次はどこの国に行くことになるのか楽しみですね。

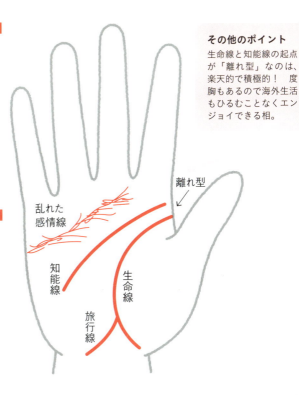

実例鑑定
8人目
運勢

人生の途上で起こる試練がくるのはいつ？

～生命線に「島」がある時期は、人生の修行期間

手相に**島**と呼ばれる囲まれた相がある人には、人生の途上で思うように物事が進まない、**試練の時期**を体験します。リストラに遭って仕事が見つからなかったり、なかなか試験に合格できなかったり、あるいは体調がすぐれないなど、理想どおりの生き方がかなわないという、人生の修行期間と呼べる時期です。

　また、女性の場合は子育てや介護で自分の時間が取れず、自分が思うような人生を生きていないと感じる期間ともいえます。時に挫けてしまいそうになりがちですが、**島の時期**は冬の季節です。あせらず騒がず、坦々と努力を重ね、力を蓄えて、やがて来る春に備えておくのが正解です。

［ 島が出ている線をチェック！ ］

どの線に島が出るかで試練の内容がわかる

- 生命線…子育てや介護に忍耐を要する時期
- 知能線…うつ病など精神的な悩み、苦しみが現れる
- 運命線…運命の停滞が起こり、将来の見通しが立たなくなる
- 感情線…恋愛問題、愛情問題などで悩み、葛藤する

C子さん（34歳）

結婚後に見舞われた、ストレスと葛藤の時期を乗り越えた人

その他のポイント

社会的に成功している場合でも、自分の意に反しているようなときには「島」が出ます。ちなみに安室奈美恵さんは島の時期に大活躍し、島が終わった年齢で引退しました。

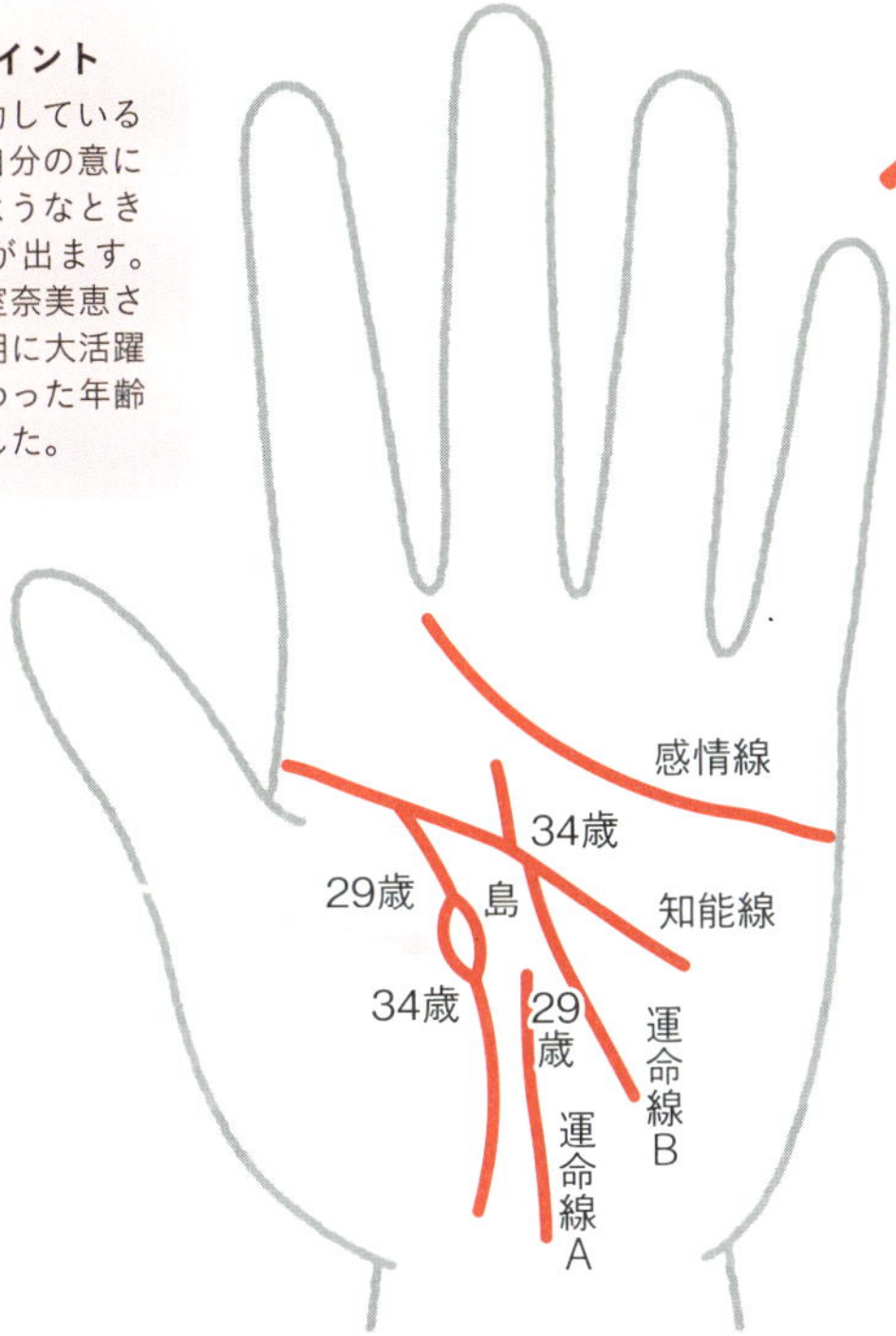

CHECK!

生命線に表れていた島の時期

運命線Aが29歳で終わって結婚生活を迎え、環境、子育てに慣れた34歳で運命線Bが出現。ストレスから解放されたことがわかります。

西谷MEMO

C子さんの結婚後の状況は、生命線に出た島と運命線にすべて出ていました。女性の場合は特に、結婚による環境の変化、子育て、介護の時期に生命線に島が出ることが多くみられます。ほかにやりたいことがあってもやれない苦しい時期ですが、この修行期間を乗り越えたなら、その後には必ず大きな飛躍が待っています。島の時期は、人知れず成長できる時期でもあります。また、力のある人や組織についていれば幸運です。

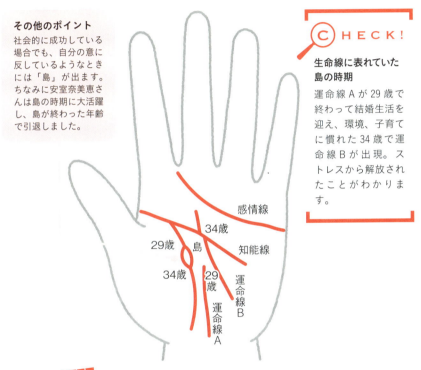

実例鑑定
9人目
運勢

運命線に出ている大きな「島」が表していることは？

～結婚から離婚までの、人生の修行期間を見事に頑張り抜いた人

運命線に大きな**島**がある期間は、いろいろなことが思うようにいかなくなる時期であることを示しています。健康状態や結婚生活、経済面に問題が発生することもあります。この相を持つ人は、そろってこの期間には人生のストレスを感じ、気苦労や心配が絶えなかったといいますが、あらかじめ島の時期を知ってさえいれば、やがて来る事に対して、準備ができますから、むやみに不安がることはありません。

この時期は**人生の修行期間**と受け取りましょう。うまくいかないことに対して抵抗したり、焦ったりせず、勉強や読書に励んで内面を豊かにし、**来るべき開運のときに備えておく**のが賢明です。

金星丘の大きさもチェック！

愛情深く、体力にも恵まれていることを示している

- 金星丘の大きい人は、愛情表現が豊かでラブロマンスにも恵まれる
- 芸術を愛し、人生を楽しむ能力に長けている
- 健康でスタミナも十分！　さらにセクシーな魅力の持ち主

K子さん（42歳）

4人の子どもを育て、島の時期が終わると同時に新しい人生へ踏み出した人

その他のポイント

金星丘が大きいとともに、二重生命線があり、生きていく力が豊かで、子どもを産み、育てていく力に満ちていることを表しています。

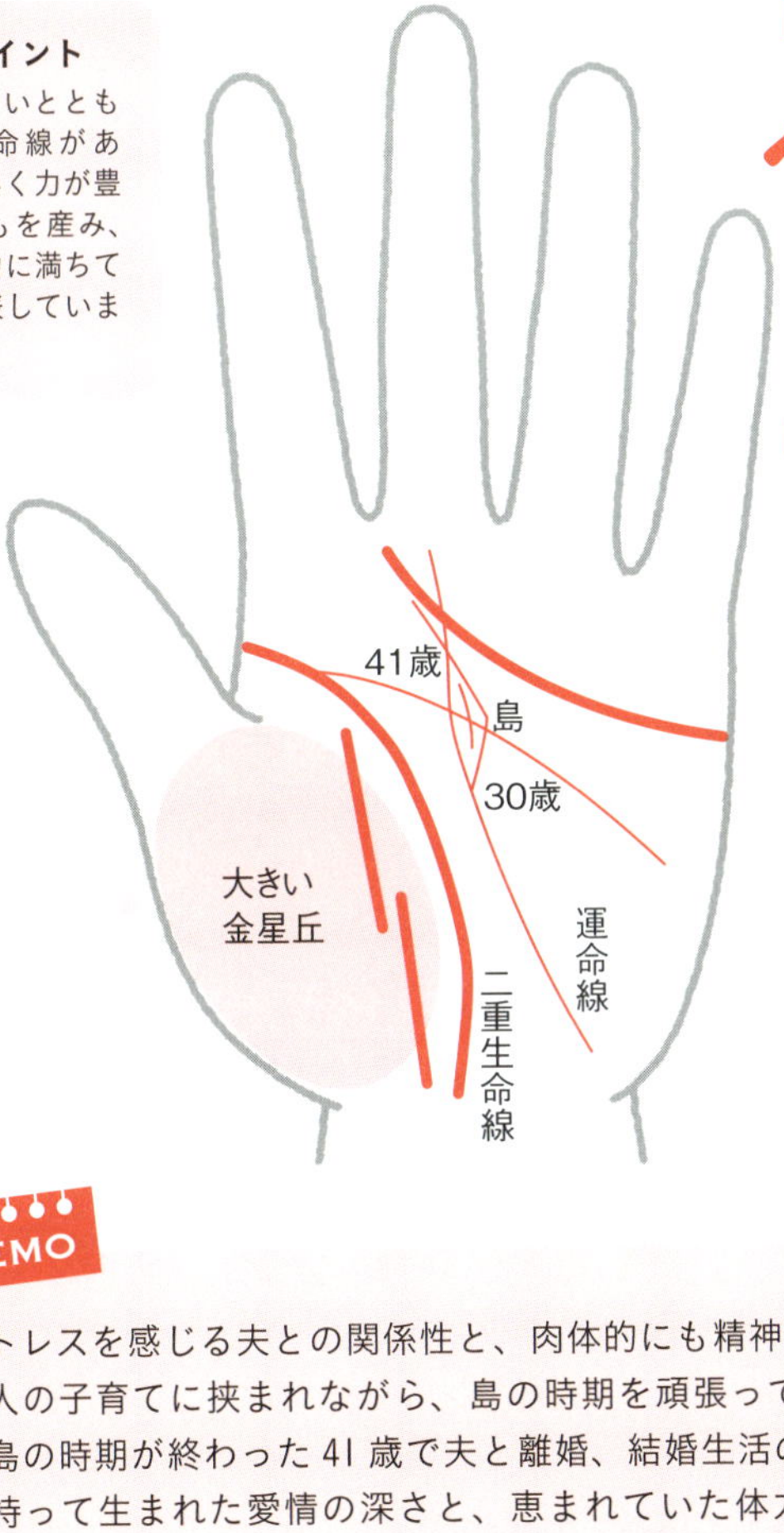

CHECK!

運命線に出ていた島

人生上でストレスの多い時期。女性の場合は、子育て期間によく出ます。

西谷MEMO

ストレスを感じる夫との関係性と、肉体的にも精神的にもハードな4人の子育てに挟まれながら、島の時期を頑張って乗り越えたK子さん。島の時期が終わった41歳で夫と離婚、結婚生活の葛藤も終了しました。持って生まれた愛情の深さと、恵まれていた体力は、修行の時期の何よりの支えになったことでしょう。4人のお子さまたちもすくすくと育っていて、これからがとても楽しみです。

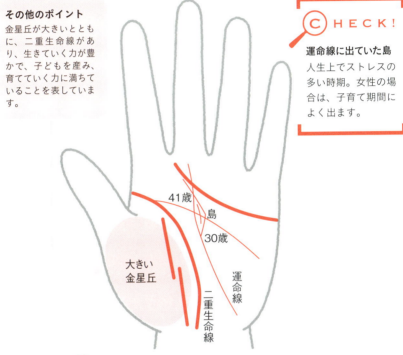

実例鑑定
10人目
性格

金星丘が大きいとリーダーシップを発揮する？

～パワフルで、まさに体育会系のキャラクターの人

ひと目見ただけで、「この人は楽天的な『体育会系』の人！」とわかってしまう相があります。まず、手のひらにまったくしわがない場合は、実に**おおらかで楽天的な気質**を示しています。小さなことなどにはこだわらないお人よしだから、人望も厚い人。

また、金星丘が大きく発達した相の持ち主は、スポーツ選手に特に多いのが特徴です。体力勝負の仕事に就いていることも。ちょっと無神経と思われてしまうおそれもありますが、この相の人と一緒にいると、何だか元気も出てきます。リーダーシップが取れる人で、人をまとめて導いていく力は相当のもの。男性の場合は親分肌で、女性なら姐御タイプ。面倒見もよく、**情に厚い愛すべき人**です。

大きな金星丘をチェック！

愛情運や健康運を示す場所

- 金星丘が豊かに発達している人は愛情も豊かで、健康面にも恵まれている
- アクティブでパワフル。人生を謳歌するエネルギーは抜群！
- 金星丘が小さい人は、無気力傾向が。根気にも欠けるタイプ

Nさん（40歳）

持ち前のリーダーシップを大いに発揮！大企業の支社長として活躍中の人

その他のポイント
二重生命線は、奮闘、努力を重ねていくうちに後天的に表れる場合もあります。すると生涯にわたって、体力も気力もフォローされることになります。

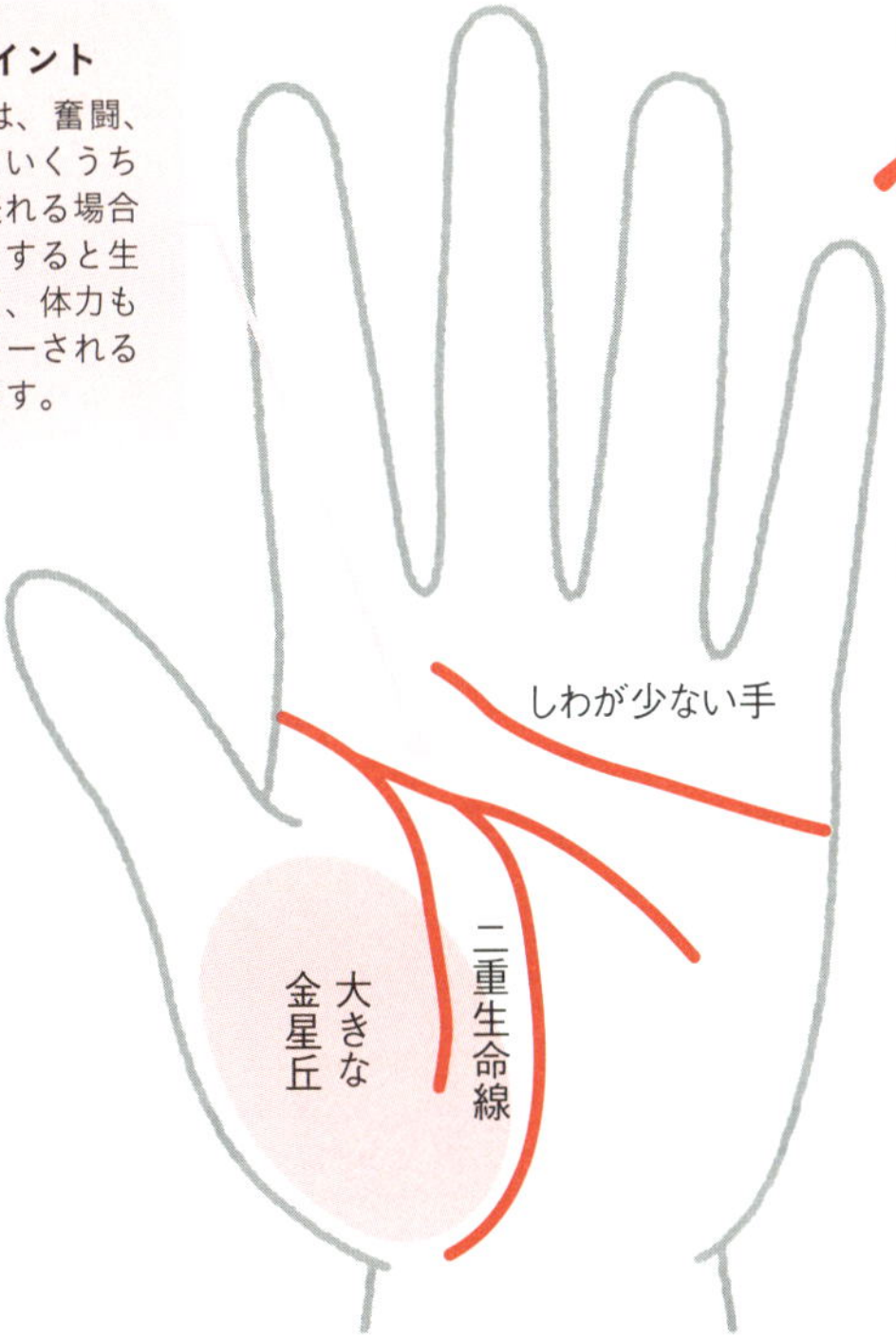

CHECK!

大きく発達している金星丘
タフでスタミナも十分！　精力も旺盛で大変頑張りのきく人です。

西谷MEMO

見るからに体育会系のキャラクターを表していたNさんの手相。そのとおりに、中学、高校時代はバレーボールの選抜チームの選手として日本代表になった経験があり、大学時代はアメフトに没頭。そして現在は大企業の支店長として、リーダーシップを発揮なさっています。まさに適性を生かして人生を歩んでいるNさん。今後もさらなる活躍を期待しています。

実例鑑定
11人目
運勢

災い転じて福となす！幸運が訪れるというすごい相とは？

～二重生命線の開運線と神秘十字形が知らせていた、思いがけない幸運！

世の中には思いもよらない幸運を手にする人がいるものです。そんな人に出る特徴的な線が、二重生命線に入った**開運線**です。二重生命線の持ち主は、一見特にパワフルな印象は受けないのですが、実際は体力も精神力も相当強く、**内に秘めた情熱**も大変なものがあります。

　そして生命線に入ってくる各種の線については、二重生命線を持つ場合、外側に出る線で読み取るのですが、このMさんの場合は45歳の流年にハッキリとした開運線が出ています。これは45歳で努力が実を結ぶ幸運を表すもの。二重生命線の持ち主は忍耐強いことから、耐えて努力してきたことへのご褒美的な幸運、という解釈もできます。

［生命線から出る開運線をチェック！］

努力が実って
めでたく開運することを示す

- 開運線の出ている流年で、その幸運が起こる年齢がわかる
- 日頃の願いがかなう幸運な出来事が起こるとき
- 結婚、出産、独立、昇進、家が手に入る
などの幸運が起こる

Mさん（48歳）

自宅が火事に遭ってしまったものの、保険で新築の家を建てた人

その他のポイント

手のひらの中央上に出る神秘十字形は、すばらしい先祖や神仏の加護により、災難から守られる吉相です。

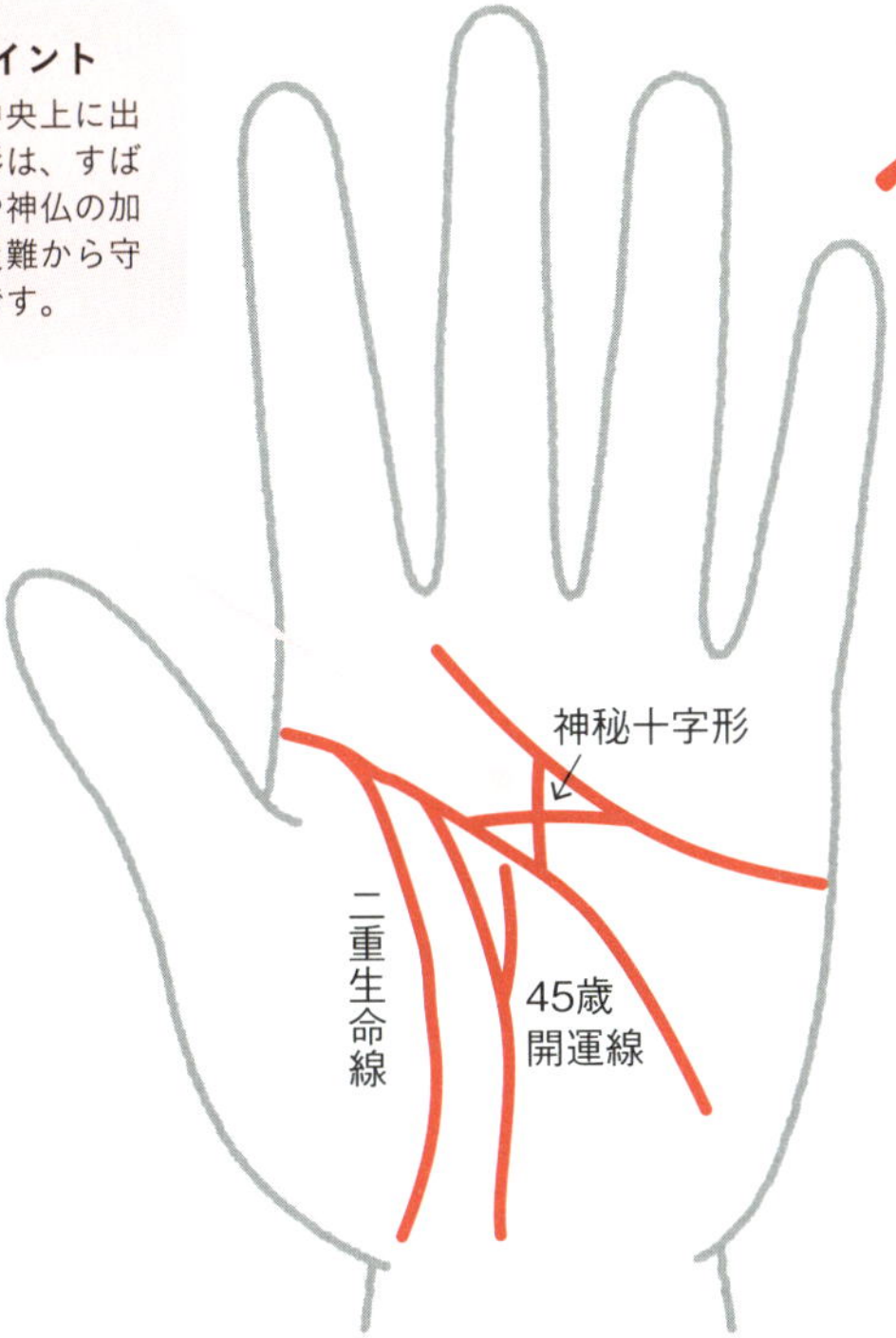

CHECK!

二重生命線の外側に出ていた開運線

生命線が二重なら外側の線をおもにみます。開運線は日頃の願いがかなう印。新天地が拓けたり、環境が一新するような幸運が起こることも多くあります。

西谷MEMO

Mさんは、二重生命線に45歳の流年で開運線が描かれていました。ちょうどそのときに自宅が火事に遭ってしまったそうですが、その後保険が降りて新築の家を建てることができたとのこと。火事によるケガもなく、被害も最小限で済み、念願の家が新しくなったことはまさに災い転じて福となす、といった出来事でした。神秘十字形からのご加護もあったのでしょう。開運線で幸運が起こった珍しいケースなので紹介しました。

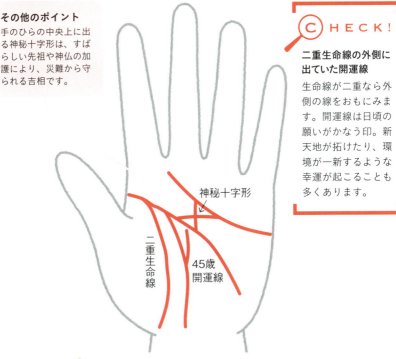

実例鑑定
12人目
性格

感情線が長い人は感情のコントロールに苦労する？

～感受性豊かな、激情型の情熱家！

手のひらを横断するほどに**長い感情線**を持った人がいます。この相はとても**豊かな感受性の持ち主**であることを示しています。感情のコントロールが苦手で、喜怒哀楽もハッキリと出るタイプ。さらに変形マスカケ線であるため、とても情熱家という一面も。この性質がよく表れれば、ひとつのことに一心に打ち込んで結果を出し、ノーベル賞も夢ではありませんが、裏目に出れば、好きな異性にのめり込んでしまい、ストーカーになったり、妻子ある男性に夢中になってしまうおそれも。

反対に**感情線の短い人**は**冷静沈着で感情の起伏も少ない**ですが、盛り上がりに欠けるという欠点があります。

［ 変形マスカケ線もチェック！ ］

独自の考え方、生き方を大切にすることを示す線

- 感情線、知能線も有した変形マスカケ線は、ユニークな思考を表す
- 気難しいところもある代わり、凡人にはできないことを達成する天才肌
- 運勢の浮き沈みが激しく、波乱万丈の人生を送る相

A子さん（39歳）

音楽や絵画に深く感情移入し、涙が止まらなくなるほどの感受性豊かな人

その他のポイント

感情線がかなり高い位置からスタートし、手のひらの端から出る横線（C）があることから、変形マスカケだとわかります。ユニークな思考で独自の人生観を持つ人です。

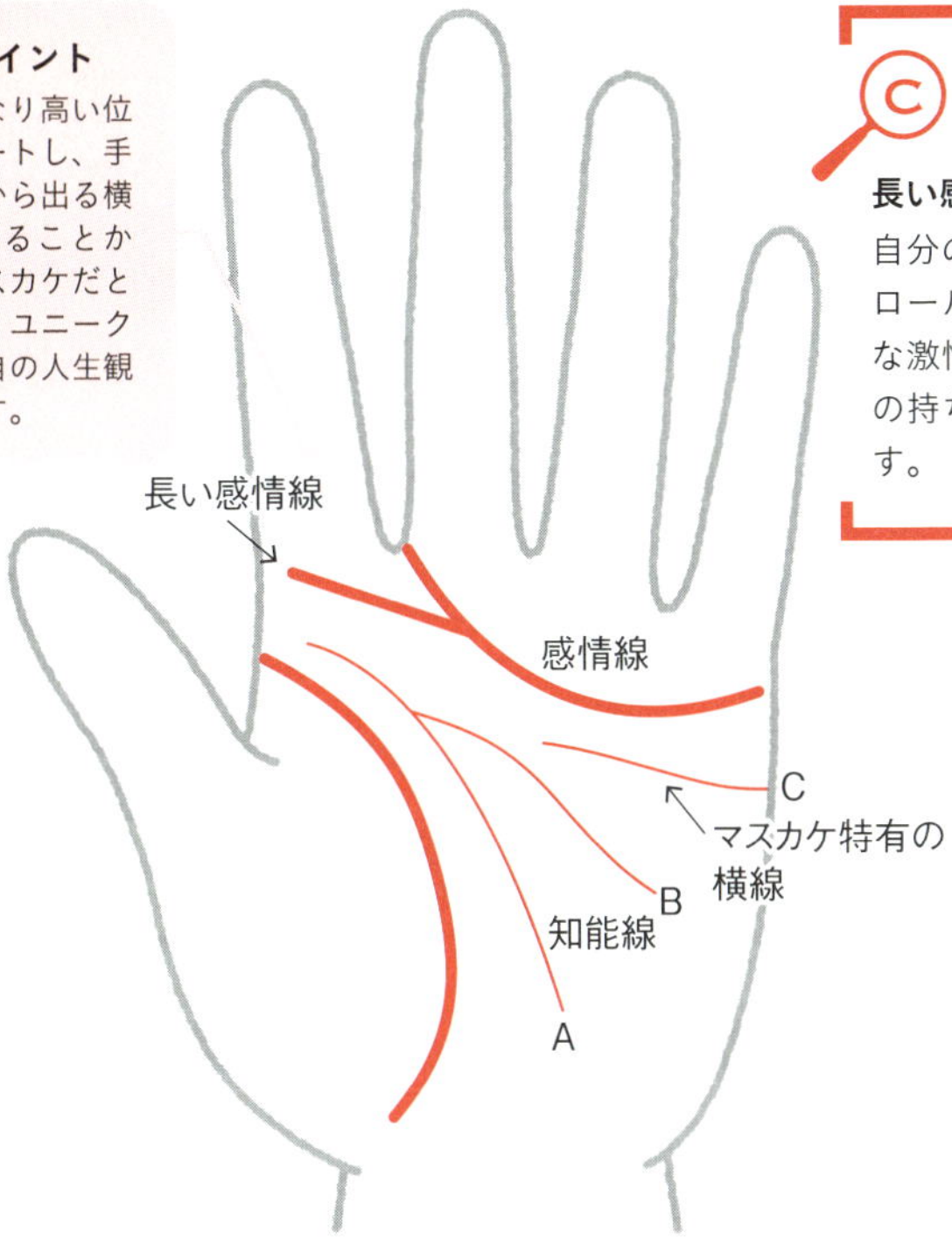

CHECK!

長い感情線

自分の感情をコントロールするのが苦手な激情型。鋭い感性の持ち主でもあります。

西谷MEMO

音楽や絵画への感受性が豊かで、歌を聴いていたり、絵画を鑑賞しているときに、感情移入して涙が抑えられなくなってしまうというA子さん。何かにつけ感情を抑えるのが難しく、苦労されているようですが、感情表現が豊かなぶん、鑑定は大変盛り上がりました。変形マスカケ線からも、個性的でオンリーワンの人生を送ることがはっきりと示されていました。

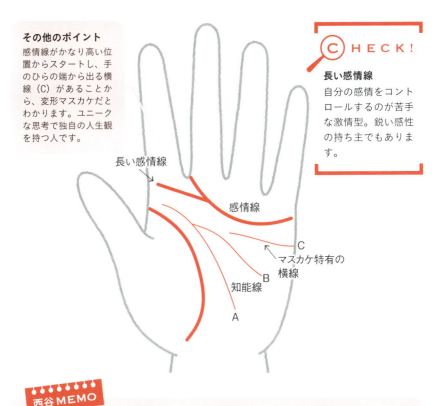

実例鑑定
13人目
運勢

旅行線の上に出るほくろは不動産トラブルを示している？

～突然のほくろの出現はトラブルを暗示していた

手相には「不動産」の問題が出ることもあります。図のように、生命線の下部から出る支線の**旅行線にほくろ**が突然出現したときは、**不動産に関する問題、トラブルが発生**することを示しています。

また、この線が急に伸びてきた場合は、所有している不動産が高く売れたり、理想的な物件に出会えることを表していますので、不動産の売買を考えている人は注目しておきましょう。

なお、ほくろにもそれぞれに意味があります。金星丘に出るほくろは恋愛運、太陽丘に出れば金運、生命線に出ていれば健康運、感情線に出る場合は恋愛運の下降を示します。知能線に出ると、うつなどの心配が。メンタル面に十分に注意してください。

旅行線をチェック！

長い旅行や生まれ故郷を離れることを示す線

- 不動産運を表し、長く伸びてきたら売買のチャンス！
- 長い旅行を意味し、海外にしばらく住んでいたことがある人によくみられる相
- 実家を離れて暮らすことを示す線

A子さん（38歳）

どうしても購入したかった不動産、しかしローンが通らずに涙をのんだ人

その他のポイント
気になるほくろや黒点、赤点は、白いペンやマニキュア、修正液などでカバーし、その存在を隠してしまいましょう。悪い影響を押さえ込むことができます。

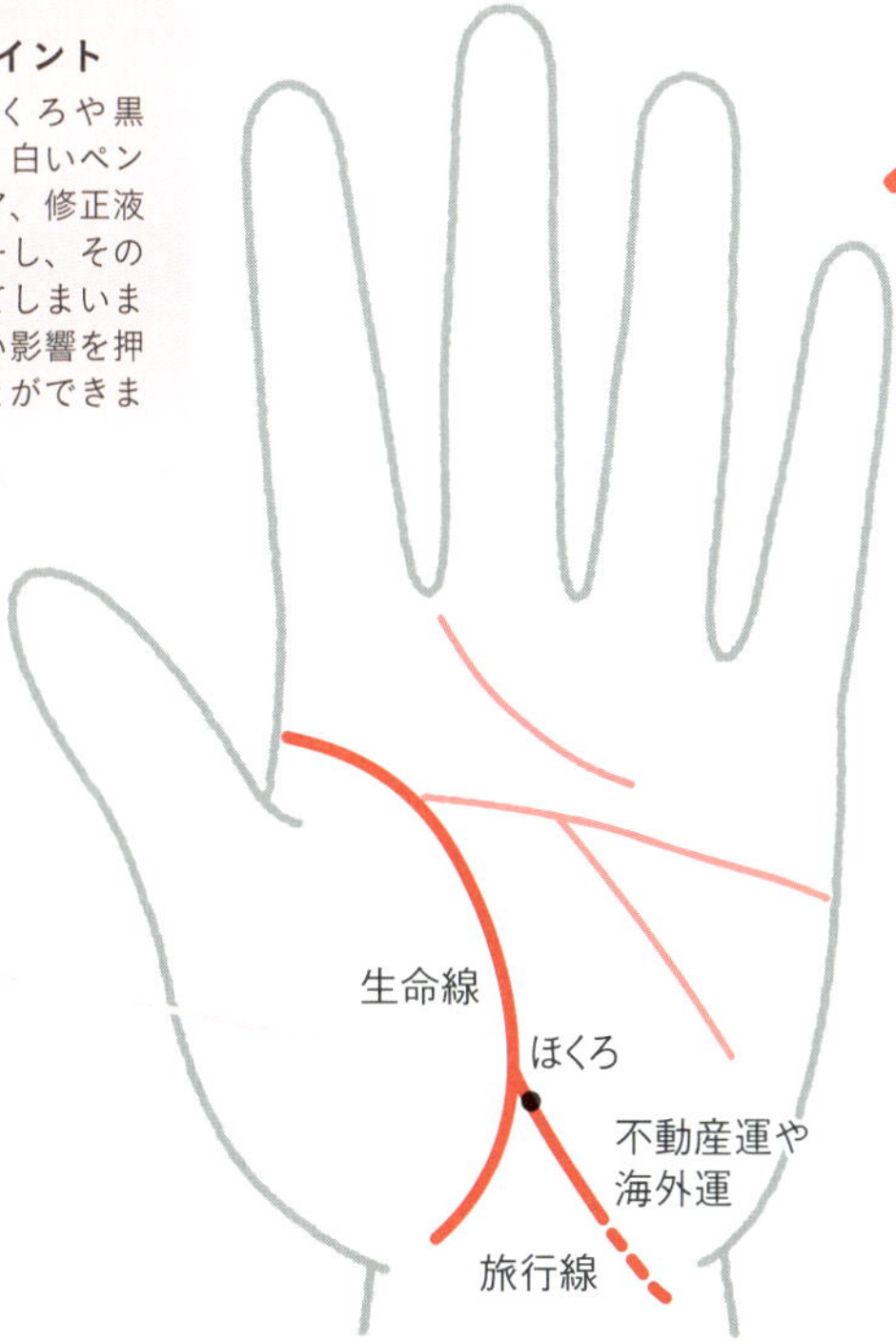

CHECK!

旅行線上のほくろ
不動産に関係する問題が起こることを示しています。決して無理な売買はしないことです。

西谷MEMO

ひと目惚れをした、すばらしいマンションに出会えたのに、住宅ローンの審査が通らず、購入をあきらめざるを得なかったA子さん。ショックで泣き崩れてしまったほどで、まさに「不動産失恋」を経験。直前に突然出現した旅行線上のほくろが教えていました。手相で不動産の問題までがわかることに驚かれていましたが、手のひらには人生に起こるさまざまなこと（印象深い出来事）が、明確に表れるものなのです。

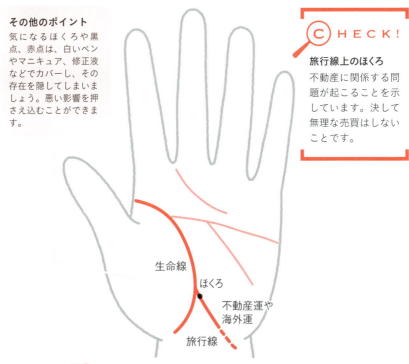

実例鑑定
14人目
性格

知能線が下垂する人は、空想にふけるドリーマー？

～想像力が豊かで、神秘的な人生を送る人

知能線からは、神秘的なものを大事にする人か、あくまで現実主義の人かということがわかります。知能線が**手首のほうへ長く下垂**している人は、まさに目に見えない**不思議なことが大好き**なタイプ。インスピレーションを受け取る霊感の強さがあり、宗教や哲学、占いなどに強い関心を持ちます。UFOを見た、宇宙人に遭遇したという経験がある人も、揃ってこの相を持っています。

　この相の人は、ひとりで読書したり、映画を観たりして、**静かに思いにふける時間**が必要です。現実に追われてばかりいると、心のバランスを崩してしまう恐れがあります。大変想像力が豊かで、芸術的なものにも強く惹かれます。

[下垂する長い知能線をチェック！]

読書好き、思索好き
深く物事を考える人を表す線

- じっくりと考える人、長時間考え続けられる人
- 哲学者タイプで、思考を深めていくことに生きがいを見出す人
- 書物や絵画、音楽から触発され、人生の喜びを感じる

H子さん（38歳）

哲学科で学び、見えない世界からのサインをキャッチできる人

その他のポイント

生命線と感情線に出ている数珠つながりの島は、よく思索するタイプの人にみられます。

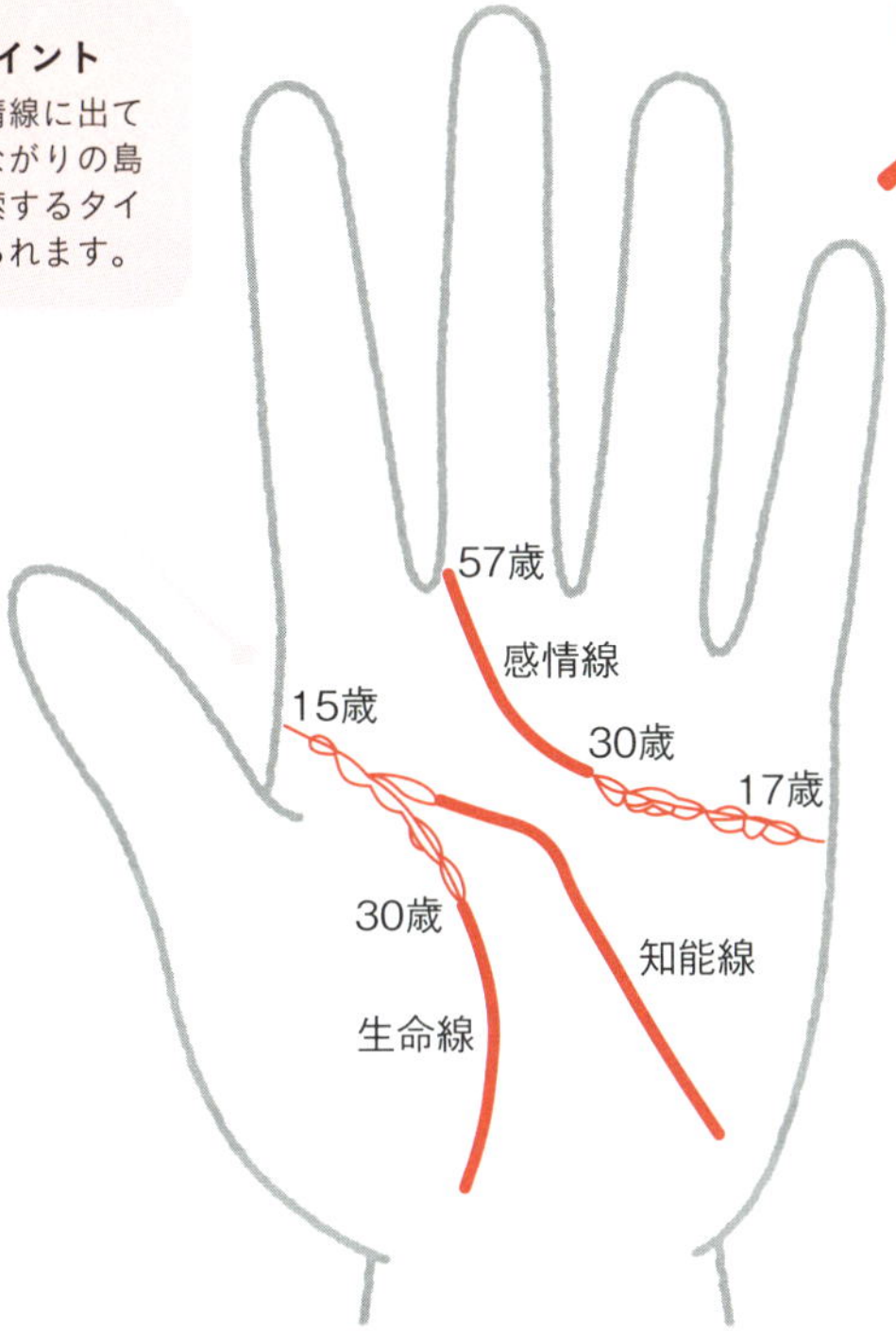

CHECK!

途中で下垂する知能線

はじめは横に走り、途中から折れ曲がるように下垂する知能線は、論理的思考の「横走り型」と空想思考の「下垂型」の両方を1本の知能線で表現した珍しい相です。

西谷MEMO

大変研ぎ澄まされた感覚をお持ちのH子さん。鑑定の予約の際も、インスピレーションでたった1コマの空きを見つけて飛び込まれたそう。横に走った後、下垂する長い知能線は、横（理論的）、下垂（空想）、長い（思慮深い）と3つの才能を表し、大学では哲学科で学んだということも納得できる手相の持ち主。生命線と感情線の30歳頃までの数珠つながりの島は、哲学的な思索を深めた期間であることを示します。

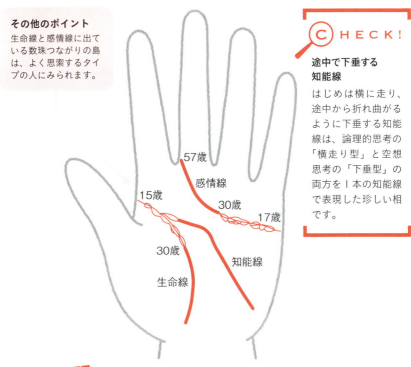

実例鑑定
15人目
運勢

手のひらのかゆみや痛みは、運命が急転することの前触れ？

～手の痛みやひどい手荒れのほか、ケガにも注意を！

手のひらからわかることは、手に刻まれた線やほくろ、赤点といったものだけでなく、手そのものに起こる現象も重要な情報です。たとえば**かゆみ**ですが、手に**幸運の線が出現する前触れ**として起こるケースが多く見られます。宝くじが当たる前に、たまらなく手がかゆくなったという人も何人もいます。

また、特に何もしていないのに、手にピリッとした、彫られているような痛みが走り、赤くなったかと思ったら、翌朝しっかりした運命線や太陽線ができ上がっていたという場合もあります。このような変化は、**運命が急転する**ようなときに起こります。

手に異変を感じたときは、しっかり観察することをおすすめします。

手のひどい荒れもチェック！

ケアをしてもなかなか治らない
＝嫉妬されていることの表れ

- 突然のひどい手荒れは、他人から嫉妬などのマイナスの念を受けている知らせ
- 嫉妬がおさまったり、その相手から離れたりすると手荒れはどんどん治っていく
- 手のひらの状態から、恨みや妬みを受けていないかチェック

Nさん（41歳）

突然の手のかゆみに戸惑っていたら、手のひらに新しい線ができていた人

CHECK!

手にかゆみがある

手のひらがかゆくなって、かいていたら縦線が何本も出てきたというNさん。これは、吉線の太陽線と運命線で、開運を知らせる吉兆です。

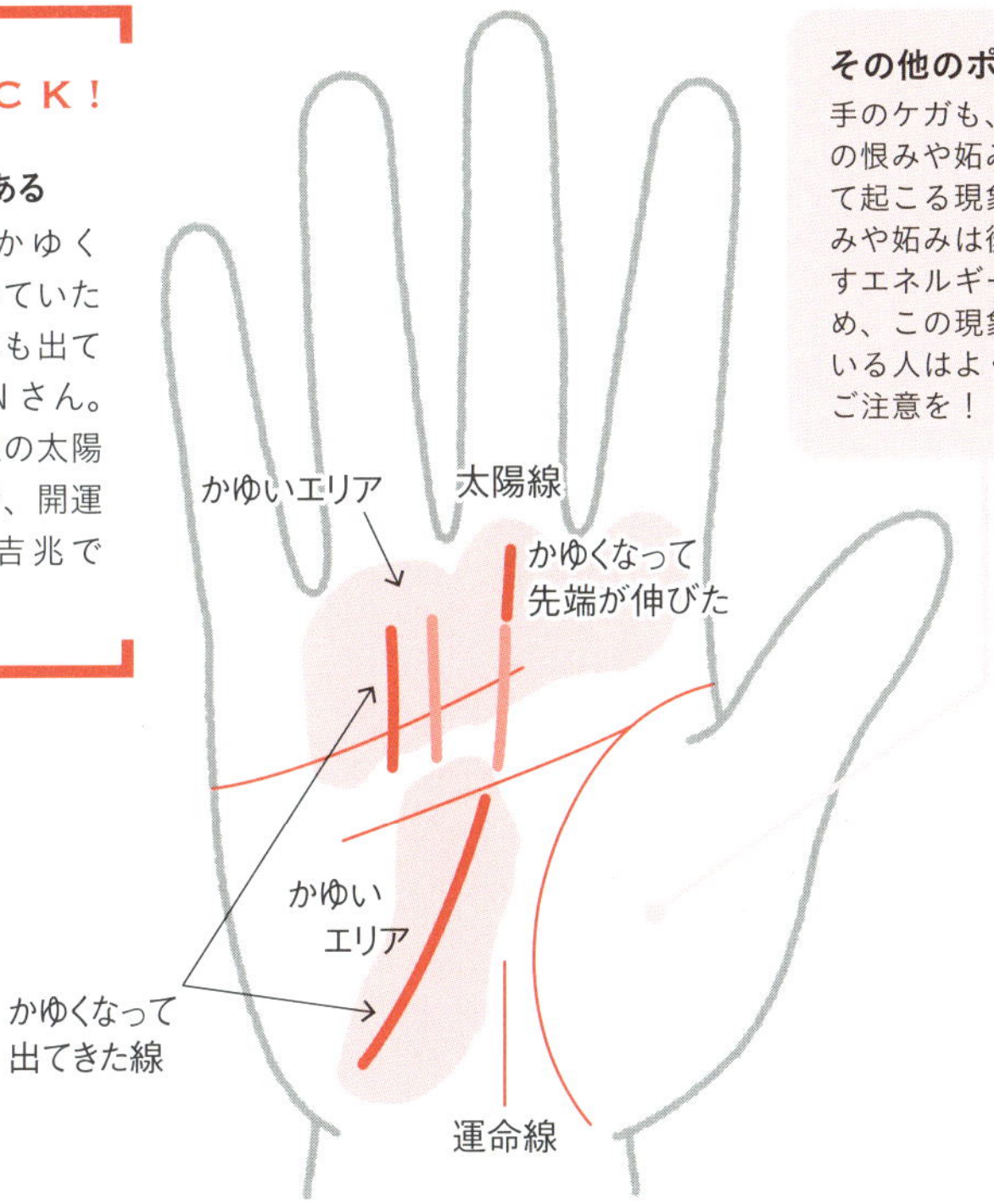

その他のポイント

手のケガも、他人からの恨みや妬みが災いして起こる現象です。恨みや妬みは後ろから押すエネルギーがあるため、この現象が起きている人はよく転ぶのでご注意を！

西谷MEMO

手のひらに起こるかゆみや手荒れ、ケガが現状を示しているとは思いもよらなかったというNさん。これからはもっと敏感に、手に起こる変化を観察したいとおっしゃっていました。これを読んで、手のひらがかゆくなるといいと思う人が増えることでしょう。ただし、手荒れやケガの場合は身辺に十分に注意を払ってください。また、手のケガで元の線の形が変わっても、それが運命に響くことはありません。

実例鑑定
16人目
運勢

「島」は人生の修行期間を表している？

～島が出現する位置で、どんな人生の壁に当たるかがわかる

人生がずっと穏やかに、何の苦難もなく進むとよいのですが、どうしてもうまくいかない時期があるものです。それを教えてくれるのが、各線に表れる島です。198ページで触れたように**生命線上に出る島**は、女性の場合は**子育てや介護の時期**に表れることが多いものです。やりたいことがやれないとなれば、そのストレスは相当のものです。

しかし、これはいわば**人生の修行期間**です。しっかりと乗り越えられるならその先には、成長した自分と、大きく拓けていく未来が待っています。「笑う門には福来る」というように、いっそ覚悟を決めて、明るい気分で、笑顔で修行することが開運の秘訣です。

［ 各線上の島もチェック！ ］

どの線上に出るかによって苦難の内容が変わってくる

- **結婚線上…パートナーとの関係に試練が**
- **健康線上…大きな島は肺など胸部の健康に注意**
  数珠つながりの島は気管支に問題が
- **太陽線上…収入減や金銭的な制約によるストレス**

※ P.198 もチェック！

M子さん（59歳）

生命線上に島が入っていた時期に相当なストレスを抱え、乗り越えた人

その他のポイント

感情線が人差し指の下の領域で終わっている（向かっている）場合、高い理想を掲げ、それに向かって邁進していくことで充足感を得る相。

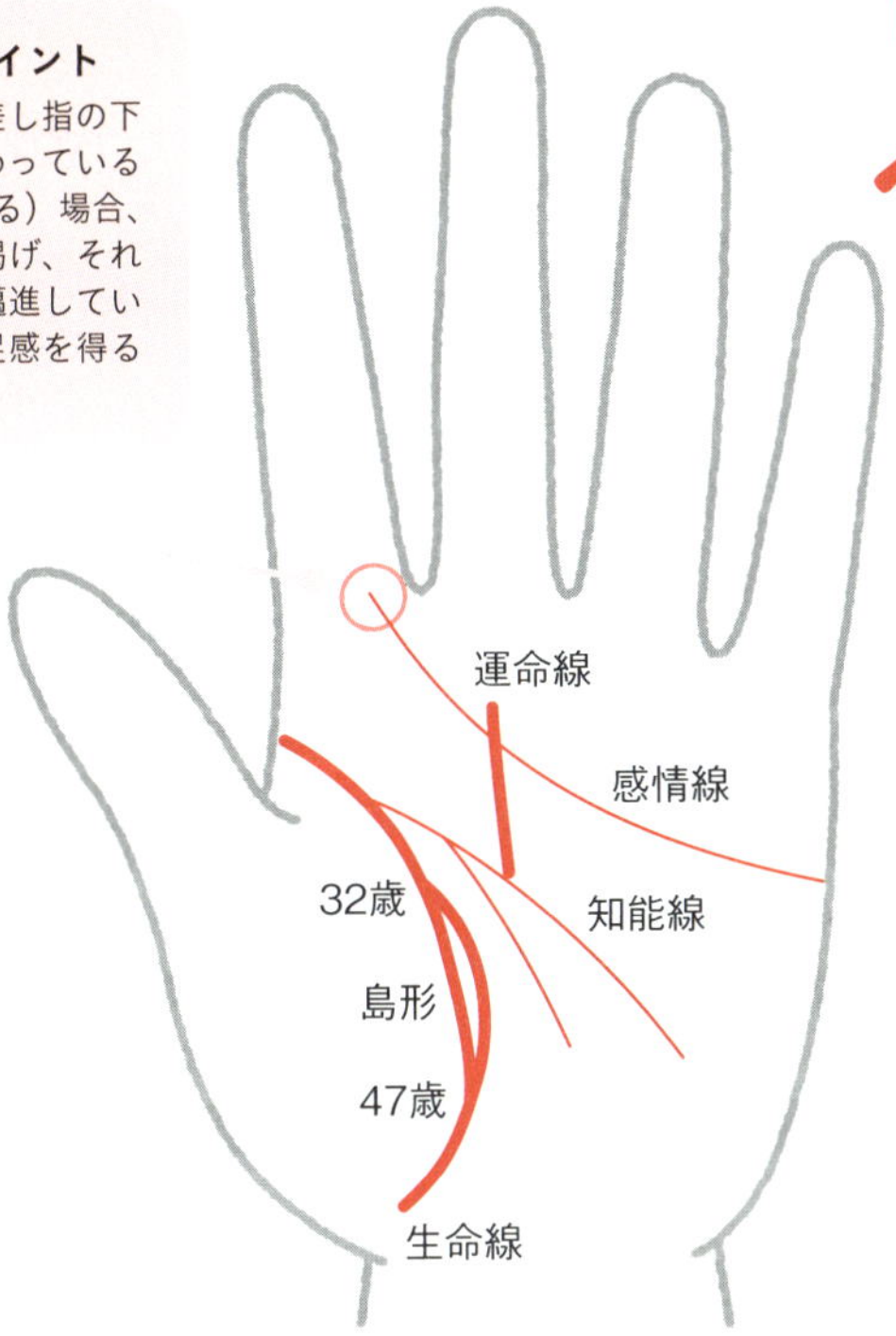

CHECK!

知能線から出ている運命線

自分の才能で成功する相。専門の分野を持ったり、人に何かを教えたり、コンサルティングをすることで道が拓ける。

西谷MEMO

実に32歳から47歳までの長い期間、子育てと介護に奔走してきたM子さん。その間は時間的にも金銭的にも拘束され、苦しい日々だったそうです。ですが今は仕事に復帰。自由な時間やお金も得られて、納得のいく充実した毎日を送っているそうです。島の時期は、いわば自分を試されている時期。最後まで頑張ったごほうびが、これからたくさんあることでしょう。

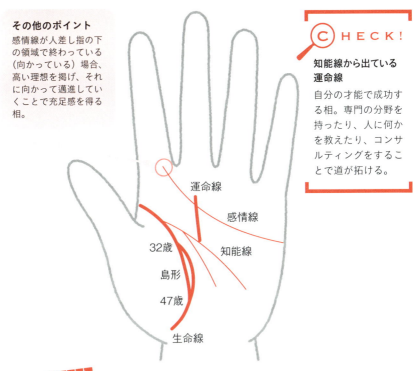

実例鑑定
17人目
運勢

弓形障害線は家庭の悩みを表す？

～母親との葛藤に傷つきながら青春時代を過ごす

人生では時として、大きな悩みや壁に遭遇することがあります。それを表す線のひとつが、生命線と知能線を切るように出る**弓形障害線**です。

これはほとんどの場合、20歳から28歳までの間に出る線で、**精神的な大きな悩み**を持っていることを示します。生命線が表す意欲や情熱が切られ、知能線の表す思考能力までも切っているので、大きなダメージを被っていることがわかります。

また、運命線が親指の付け根のふくらみの金星丘に向かって歪んでいる場合、家族から無理やり宗教活動を強いられたり、父親からパワハラを受けたりするケースも目立ちます。

［ 運命線の歪みをチェック！ ］

親指の付け根のふくらみの金星丘は身内を表すエリア

- 運命線が金星丘に向かって歪むのは身内から人生を干渉されたことを示す
- これは家族の介入や干渉によって、人生が一時期不自由になる相

M子さん（54歳）

母親の干渉に疲れ果て、逃げるように家を出て結婚した人

その他のポイント

知能線が手首方向へ下がるほど精神的、芸術的なものに惹かれる傾向が。スピリチュアルなことへの造詣が深く、想像力豊かなロマンティストで空想にふけるのが好きな人です。

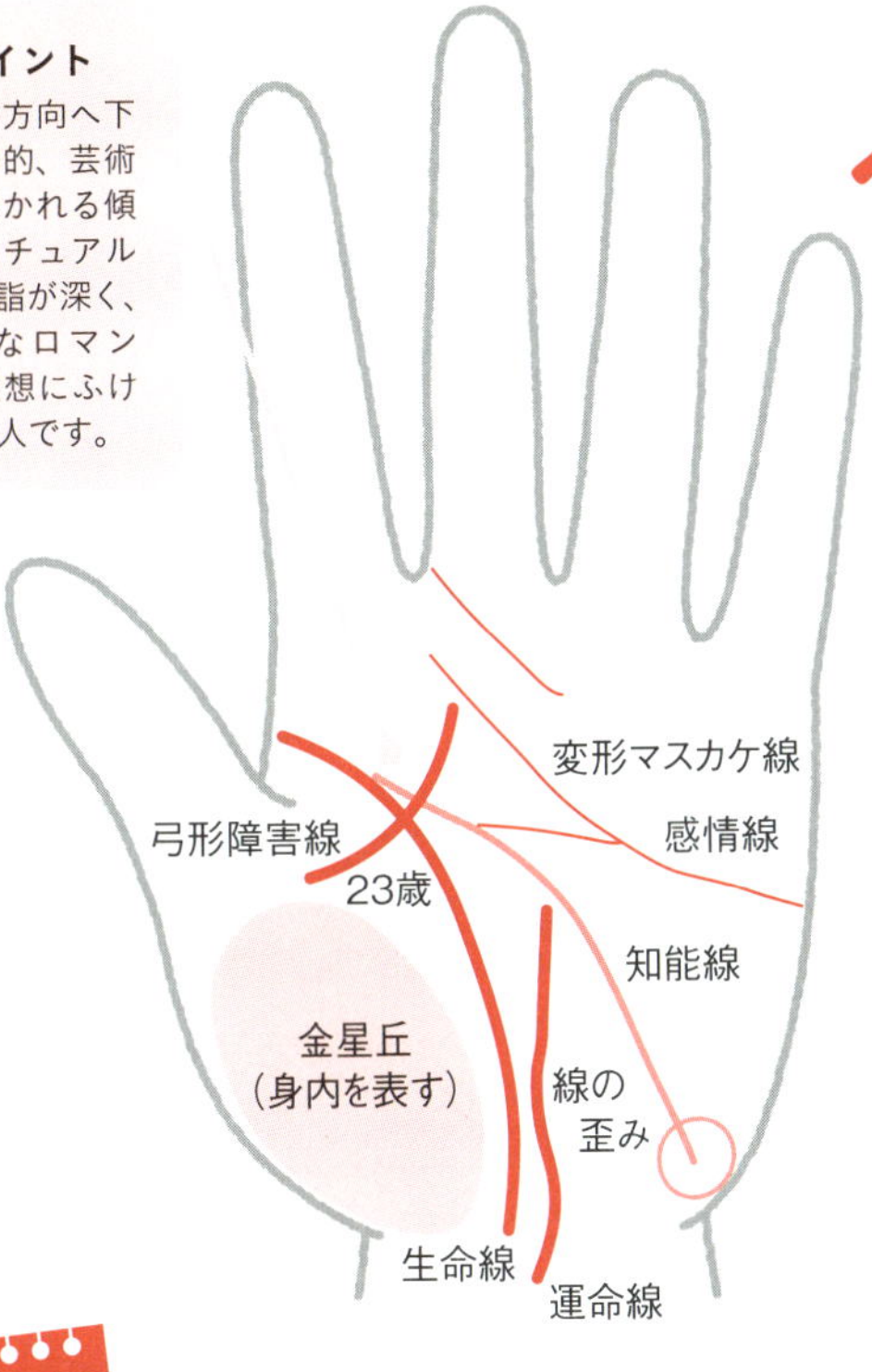

CHECK!

変形マスカケ線

感情線と知能線を結ぶ橋渡し線がはっきりと出ている変形マスカケ線。自分だからこそできる仕事で成功します。

西谷MEMO

多感な時期から、母親の執拗な束縛や干渉によって傷ついてきたM子さん。限界に達し、逃げるように23歳で結婚しました。家から出た後は好きな道を追求し、今では下垂した知能線が示すスピリチュアルな分野、占いやセラピー、催眠療法を生業にしています。かつて苦しんだ分、迷い悩む人たちの心を親身になって救うスペシャリストとしての活動に大変向いていることがわかります。さらなる活躍を心から願っています。

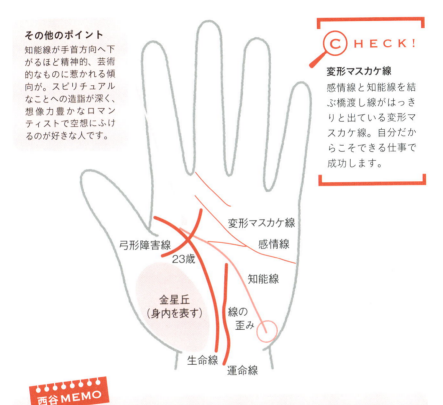

実例鑑定
18人目
性格

家族を悩ませるほどの「ゲーマー」の相とは？

～下垂した知能線がその思い入れの強さを物語っている！

夜も日も明けないほどにゲーム三昧の毎日を送っている人に見られるのが、このBさんのような相です。目を引くのは**手首まで下がっている知能線**ですが、これほどまでに長く下がっている人は、**自分の空想や想像の世界**に入り込んで抜け出せないというタイプ。現実の世界よりもゲームの世界の中で過ごしたいという思いが強いため、ともすればゲーム依存になる恐れもあります。

さらに二重感情線の持ち主でもあるので、ひとたびスイッチが入ったら、何事もとことん徹底してやるという気質を表しています。それが相まって、精魂尽き果てるまでゲームに打ち込むことを生きがいとする人になる場合があり、注意が必要です。

二重感情線をチェック！

夢の実現を何よりも大事に考えることを示す

- 大事なもの、好きなことへの追求が徹底している
- 夢や理想の実現のためなら、どんな努力も厭わない
- 困難や悲しみなど、逆境を乗り越えた人には、後天的に表れることもある線

Bさん（41歳）

家ではずっとゲームばかりしている、家族も困ってしまうほどのゲーマー

CHECK!

下垂した知能線

現実離れしたファンタジーの世界にいることを好む人。創造力が生かせるデザイナーや小説家、映画監督や脚本家など、芸術方面に適性があります。

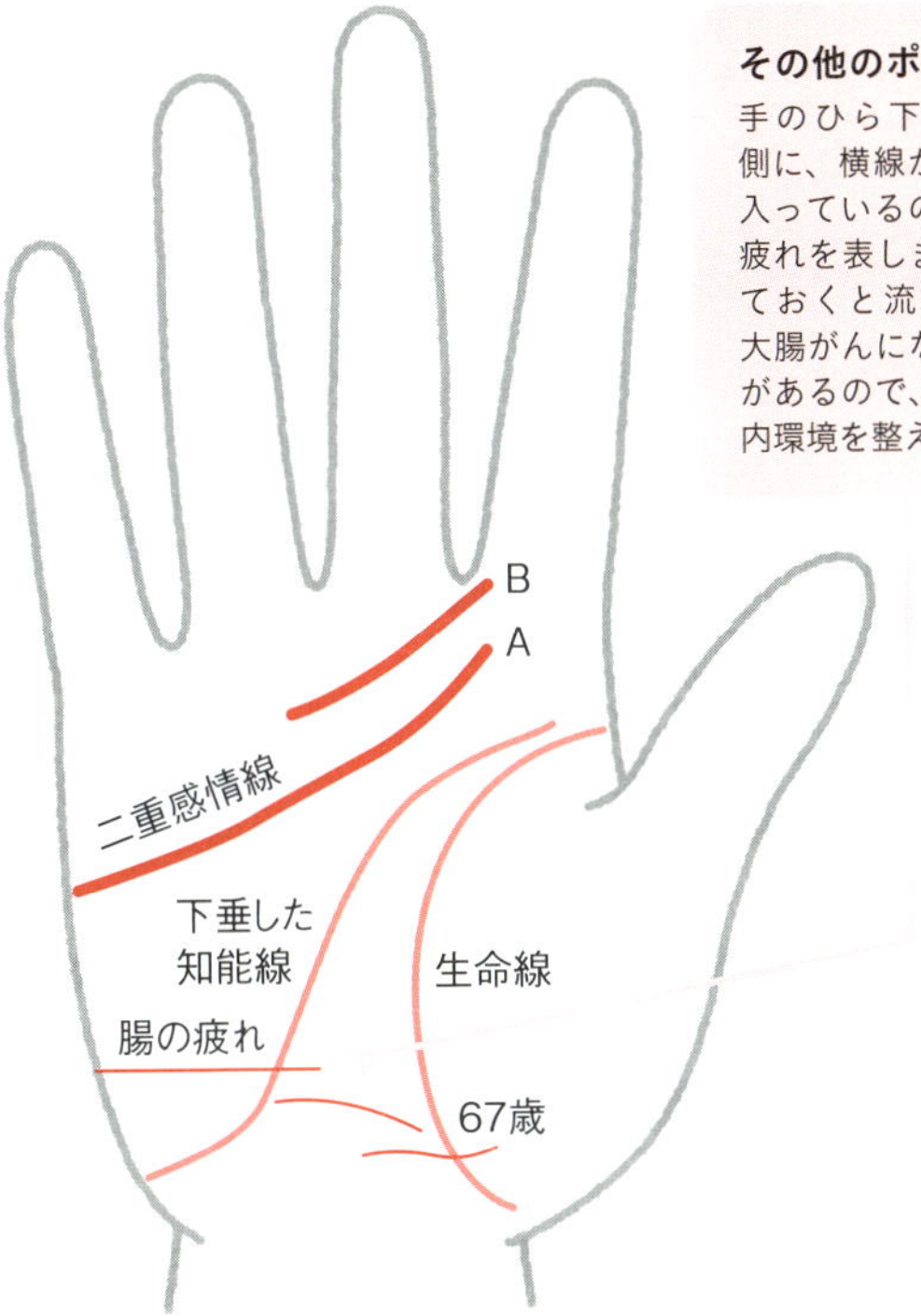

その他のポイント

手のひら下部の小指側に、横線が目立って入っているのは、腸の疲れを表します。放っておくと流年67歳で大腸がんになる可能性があるので、早急に腸内環境を整えましょう。

西谷MEMO

ご主人であるBさんのゲーマーぶりに悩んで、奥さまがご相談に来られました。とにかく家にいる間はずっとゲーム三昧で、運動もせずに夜更かしばかりしている生活のせいか、1年で10kgも太ってしまったそうです。下垂した知能線が示している豊かな想像力と創造性が、ゲーム以外で生かせるなら最高なのですが。健康面では、くれぐれも腸にご注意ください。

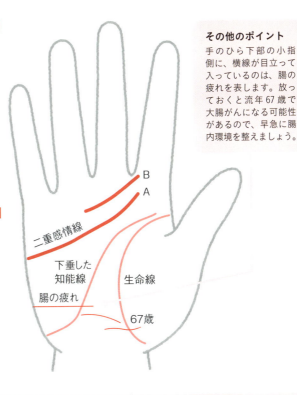

実例鑑定
19人目
性格

10を超える資格の持ち主！知的好奇心旺盛な人の相とは？

〜こんな向上線や知能線があったら、あなたも資格ハンターに！

勉強熱心で常に知的好奇心を忘れない人には、必ず**向上線**が出ています。生命線の上部から人差し指に向かうこの線は、**向上意欲**を表す線で、別名「努力線」とも呼んでいます。野心家で、目的達成のために猛烈な努力をする気概を持つ人の相です。また、人生の目標が見つかったことを示す線でもあります。

さらに**横に走っている知能線が長い**のも、知的向上を生きがいとすることを表しています。思いつきで行動したりせず、何事にも「**じっくり考慮型**」。難易度の高い資格試験にも臆せず挑戦できる人です。この向上線と知能線を合わせ持っていると、生涯にわたって知的欲求を満たすことを大事にする生活を送ります。

向上線をチェック！

目標に向かって
わき目も振らずに努力する印

- 目標の実現に向かって一心に努力する相
- 長くてしっかりと出ている向上線は、
生涯にわたる努力家であることを示す
- 人生の目的が決まった途端に出ることもある

A子さんのご主人
（43歳）

10を超える資格の持ち主！
研究職で活躍中の頭の切れる人

その他のポイント

運命線が薄い人は、自分をあまり押し出さず、一歩引いて自分の世界観を大切にするタイプ。一人で勉強や研究に打ち込むことを好みます。

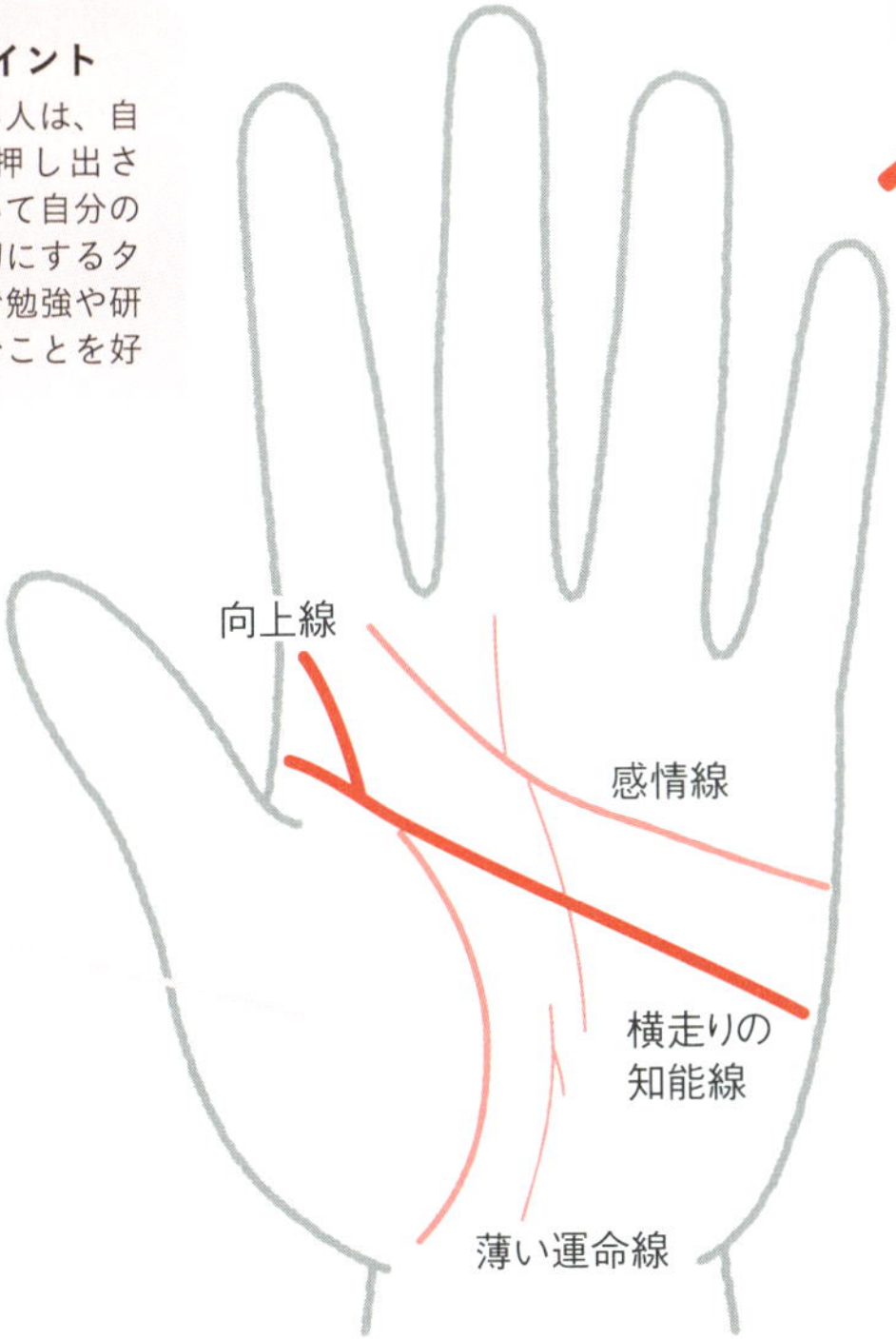

CHECK!

知能線

横に走る知能線は、地に足のついた現実的な思考傾向を持った人です。経理、財務の才覚も。

西谷MEMO

A子さんのご主人は、10を超えるたくさんの資格を持つうえ、今も学びに余念がない、まさに知的向上を生きがいとする人です。研究職には打ってつけのタイプですが、知識が豊富なために、奥さまのアドバイスにはあまり耳を貸さないご様子。ですが、「横走り知能線」の示すとおり金銭感覚も大変バランスがいいので、生涯のパートナーとしては安心して共に暮らせる相手です。

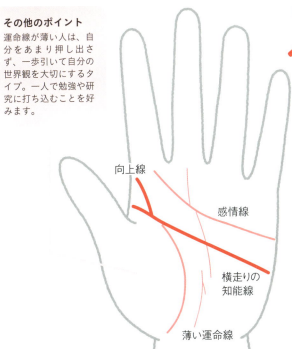

実例鑑定
20人目
運勢

神秘十字形は自分も身内も命拾いする強運の相？

～絶体絶命のピンチから救われる強運の人

感情線から知能線に橋渡しをする線に、運命線が縦に入った十字形を持つ人がいます。これは**神秘十字形**といい、事故や災難、病気など、危機一髪の状況から守られていることを示しています。さらに神秘十字形は、その持ち主だけでなく、身内までも救う力があります。これは優れた先祖や神仏の加護によって**九死に一生を得る強運**も示しています。

また、親指の第一関節に出ている**仏眼**（ぶつがん・ぶつげん）も、**強い運気**があることを示しています。仏眼のある人は霊感が強く、さらに思ったことがかなう不思議な力を持っています。つまり、この2つの相の持ち主は、絶体絶命のときでも助かる運が備わっている人なのです。

［ 知能線の離れ型もチェック！ ］

大胆な発想と
バツグンの行動力で問題を解決

- 積極的で度胸も十分！　ピンチのときでもひるまない人
- 一度や二度の失敗は気にせず、果敢に物事に当たっていく
- 考えるより行動が先、という行動の人

Y子さん（41歳）

登山の最中に道に迷うも、危機一髪で助けられて命拾いした人

その他のポイント

感情線の先端が、人差し指と中指の間に入っているのは、尽くし型の代表的な相です。

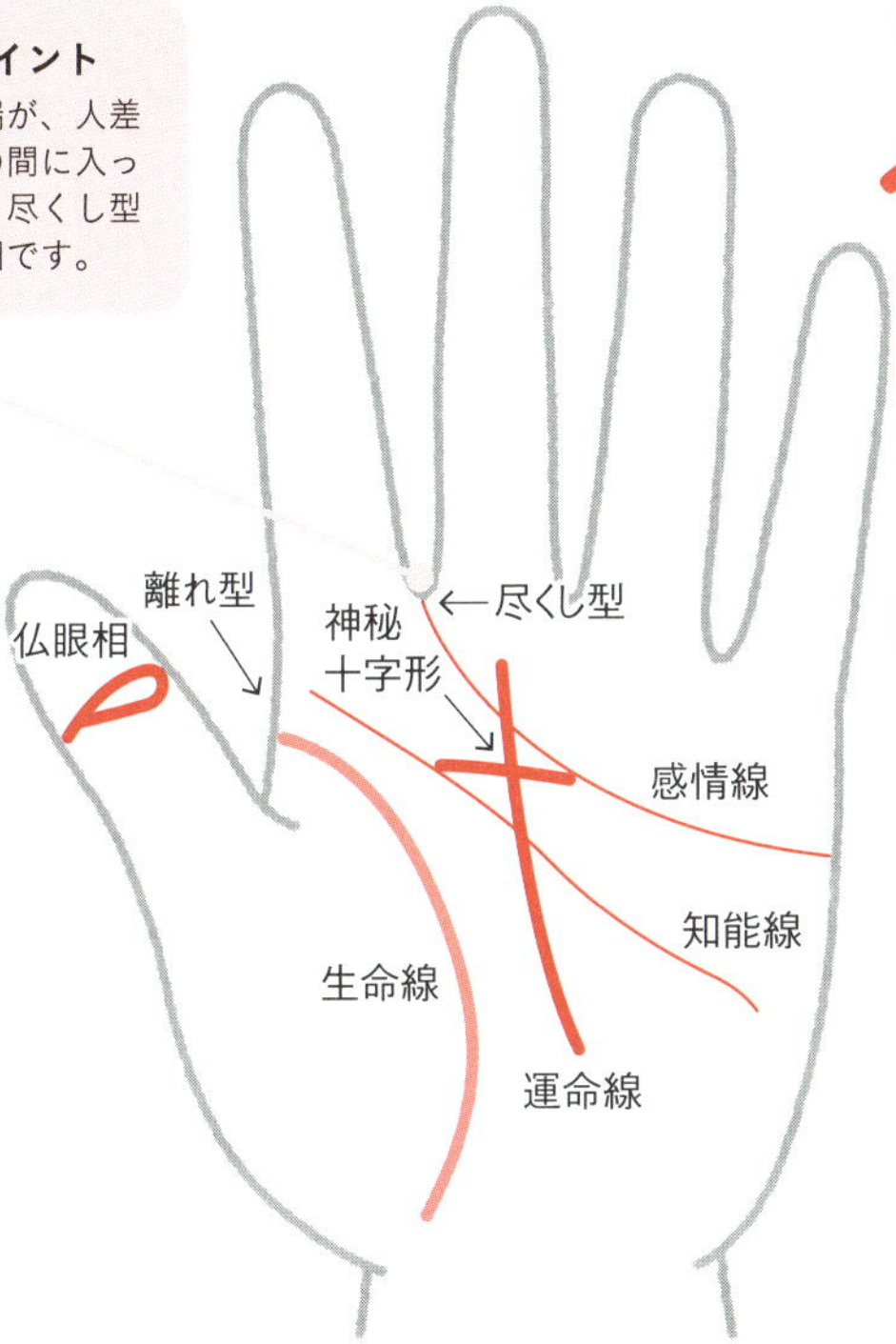

CHECK!

神秘十字形と仏眼相がある

信仰心が強い人が多く、どんな事故に遭っても、小難に変えられる強運の持ち主です。

西谷MEMO

「離れ型」独特の大胆さで一人で登山に行き、道に迷ったものの、夜道で偶然人に会い、危機一髪で助かった経験のあるＹ子さん。さらに神秘十字形の恩恵はご主人にも及びました。脳腫瘍で危うく失明、という窮地を、持ち前の行動力でＹ子さんがいくつも病院を回った結果、5つ目の病院で名医に出会え、緊急手術により無事回復に至ったそうです。強運に加え、感情線が示す尽くし型であることも伝わってきました。

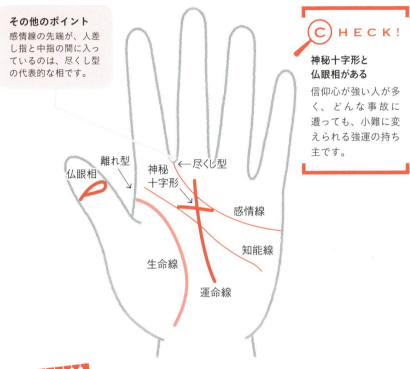

実例鑑定
21人目
運勢

運命線が薄い人は自己主張ができない？

～自分だけが我慢して、相手が図に乗ってしまう可能性も

いじめに遭うことを示す相というのがあります。典型的なのは、**運命線が薄い**ケースです。運命線の薄さは**自己主張の控えめなこと**と、いいたいことを我慢してしまう性格を示していますので、いじめに加担する人間にとっては格好の相手です。

ただし、男性にとって運命線の薄い女性というのは、控えめで相手を立て、とても気持ちのよい応対をしてくれるので、癒し系の最高の女性といえます。また、接客をするサービス業などでは、抜群の人気を誇る人となるでしょう。

運命線の薄いことが短所であるとともに、長所にもなるということですね。

小じわの多い手のひらもチェック！

神経質でデリケート
何でも気にしてしまうタイプ

- 相手の何気ない言葉もマイナスにとらえて考え込んでしまう
- 人の目が気になり、大胆な行動に出られない
- ストレスの多い環境にいると小じわは増えていく

C子さん（29歳）

上司からのいじめで体調不良に陥り、退職に追い込まれてしまった人

CHECK!

弓形障害線

生命線と知能線にかけて出る弓形の障害線は、その流年でかなりの苦悩、葛藤があったことを示している線です。

その他のポイント

図のように感情線が乱れている人は、感受性が人一倍豊かです。職場を選ぶ際は、人間関係も含め、気持ちよく働ける環境でなければ続きません。

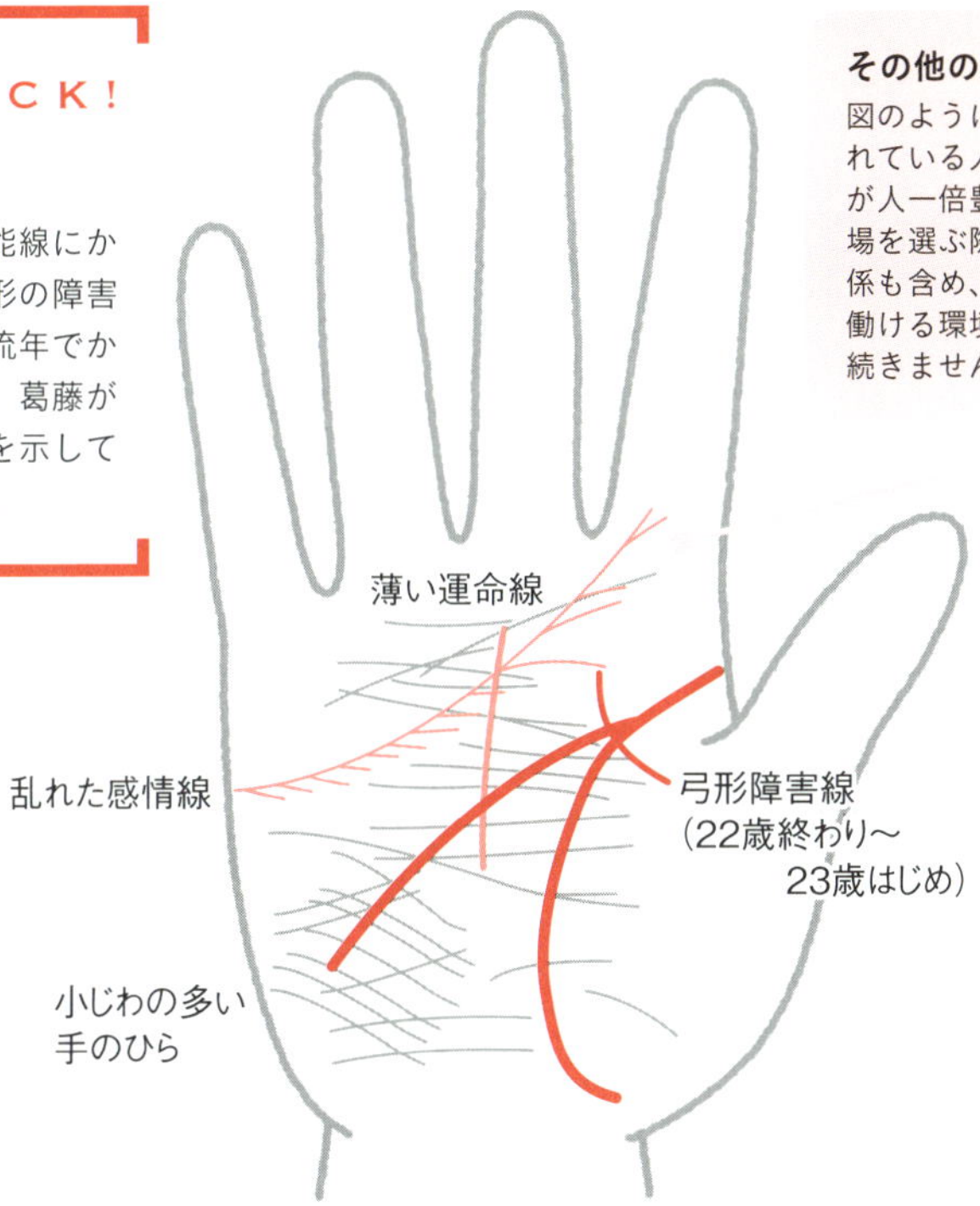

西谷MEMO

女性の上司からさんざんいじめられて、動悸、息切れなどの不調に見舞われ、退職した経験のあるC子さん。その時期である22歳の終わりから23歳前半にかけて、弓形障害線がはっきりと出ていました。ガラスのハートの持ち主であるのが、手のひらからよく見て取れました。そのまま頑張って勤めていたら、必ず深刻な病気にかかっていたでしょう。適職は、ひとりでじっくり、マイペースで進められる仕事です。

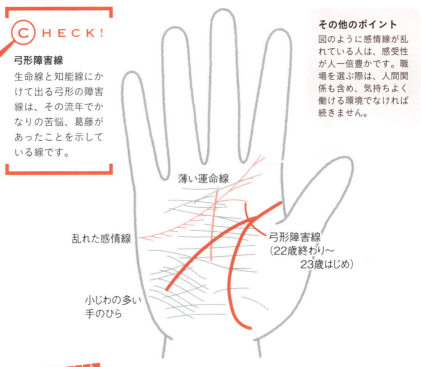

実例鑑定
22人目
性格

環境が変わっても、順応して全力投球できる人？

～500人に1人の珍しい相！　どんなときでも精一杯努力する人

500人に1人の割合という、稀にみるユニークな相があります。それは生命線に、縦の短い単線である**開運線がびっしり入っている**相です。

このK子さんのように、流年2～3年おきに短い開運線が入っている場合、2～3年ごとに違う環境に置かれることを示しています。そして、その新しい環境で精一杯努力し、実績を上げていくという頑張り屋の相です。

さらにこの開運線は、短くても長くても**意欲が満ちている**ことを表しています。何事にも情熱を持って向かっていく、熱い心の持ち主です。頻繁に環境が変わっても、順応していけるタイプです。

二重知能線もチェック！

知能もまさしく二刀流！
アイデアを確実に実現させる線

- 豊かな創造性Aと、地に足のついた現実感Bが同居。アイデアを実現させる能力に長けている
- 情熱的な発想と、クールな観察眼の二刀流
- まったく違った仕事を同時に進行できる

K子さん（30歳）

担当するクラスが変わっても全力投球でぶつかっていく熱血先生

CHECK!

生命線上の開運線

人生で新しい出来事が起こったり、新天地が拓けたりすることを示す線です。努力が結実する流年にも出ます。

その他のポイント

知能線が生命線と離れている「離れ型」の人は、楽天的で度胸も満点。部下の面倒もよく見る、指導者タイプ。女性の場合は姉御肌で頼りになる人です。

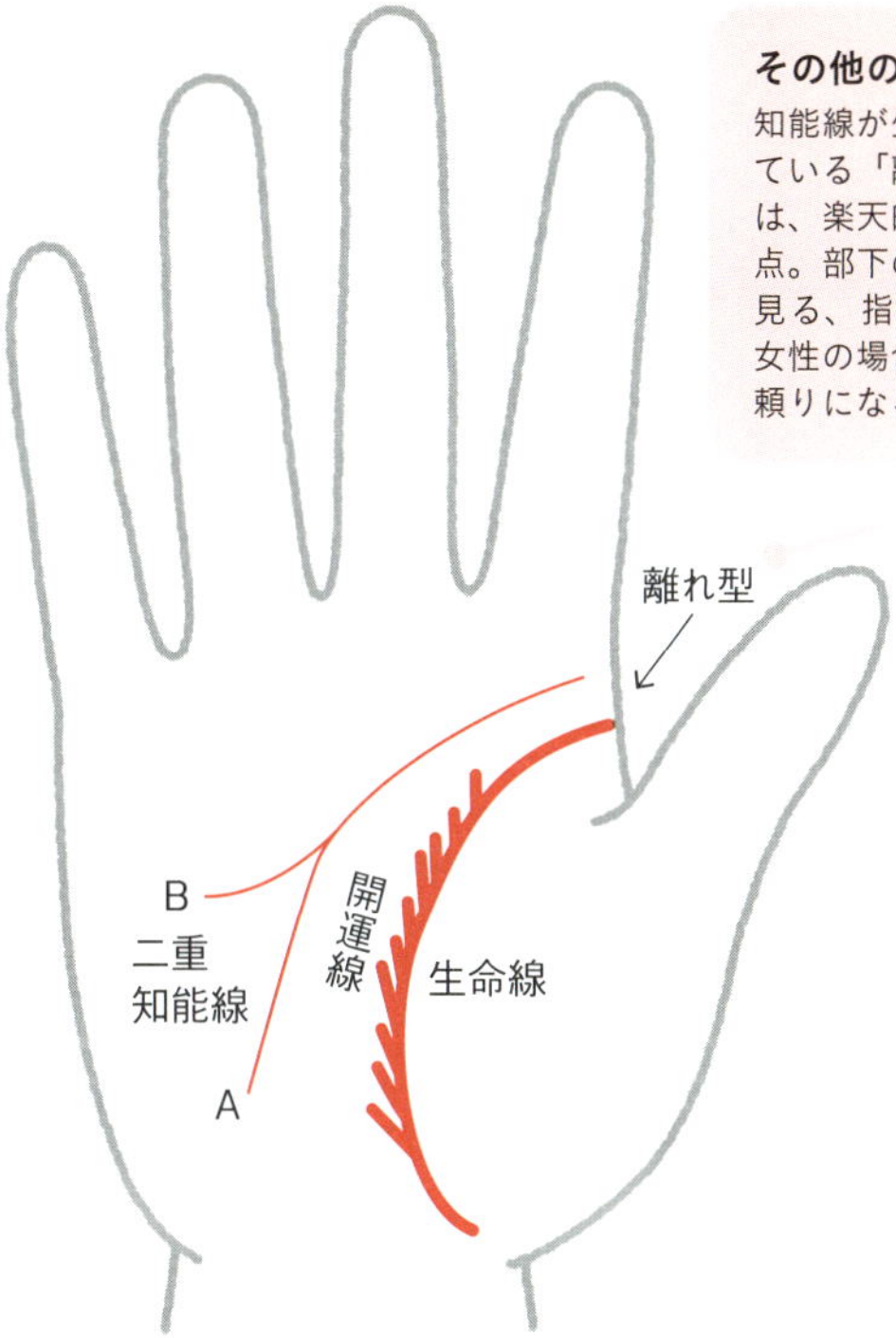

西谷MEMO

2～3年おきに開運線が出ている、非常に珍しい相を持ったK子さん。聞けば小学校の先生をしているとか。クラスや立場が変わるたび、全力投球で頑張り、失敗を恐れずに突き進む気質は、まさに熱血先生です。面倒見がよく、教えることも天職。よいと思ったことは、どんどん実現させていき、生徒からの信頼も厚いのがわかります。これからも子どもたちの笑顔のために頑張ってください。

実例鑑定
23人目
運勢

線の切れた空白期間が教えてくれることとは？

～目標も見つからないまま、無気力に生きている人

何に対してもやる気が持てず、適当に過ごしてしまう時期というのがあるものですが、その期間がある程度長くなると、このSさんのような相となって表れます。運命線が流年23～27歳の途中まで空白になっているのは、まさにその間、**無気力状態**にあったことを示しています。運命線には**信念や人生の開拓**といった意味がありますが、それと無縁の状態でいると、線も途切れてしまうのです。

しかし、流年27歳の時点で、運命線から**太陽支線**が上っています。これは長かった無気力の時期から抜け出し、人生の目標に出会ったことで**勢いよく再スタート**したことを示しています。このように運命線からは人生への意気込みまでもが読み取れます。

［ 末広がりの太陽線もチェック！ ］

お金持ちになって
豊かな人生を送る吉相の線

- **若い頃に不遇の時期があっても、必ず日の目を見ることができる**
- **あるとき幸運に恵まれて、金運がやってくる**
- **若い頃は出ていなくても、努力するほどに出てくる線**

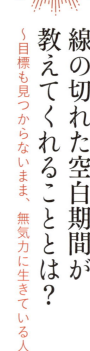

Sさん（61歳）

無気力な日々から一転！ 目標に邁進し、産婦人科医として大成した人

その他のポイント

運命の変化には、心境の変化も含みます。やるべきことと出会ったり、大きな決心を固めたりという出来事も示しています。

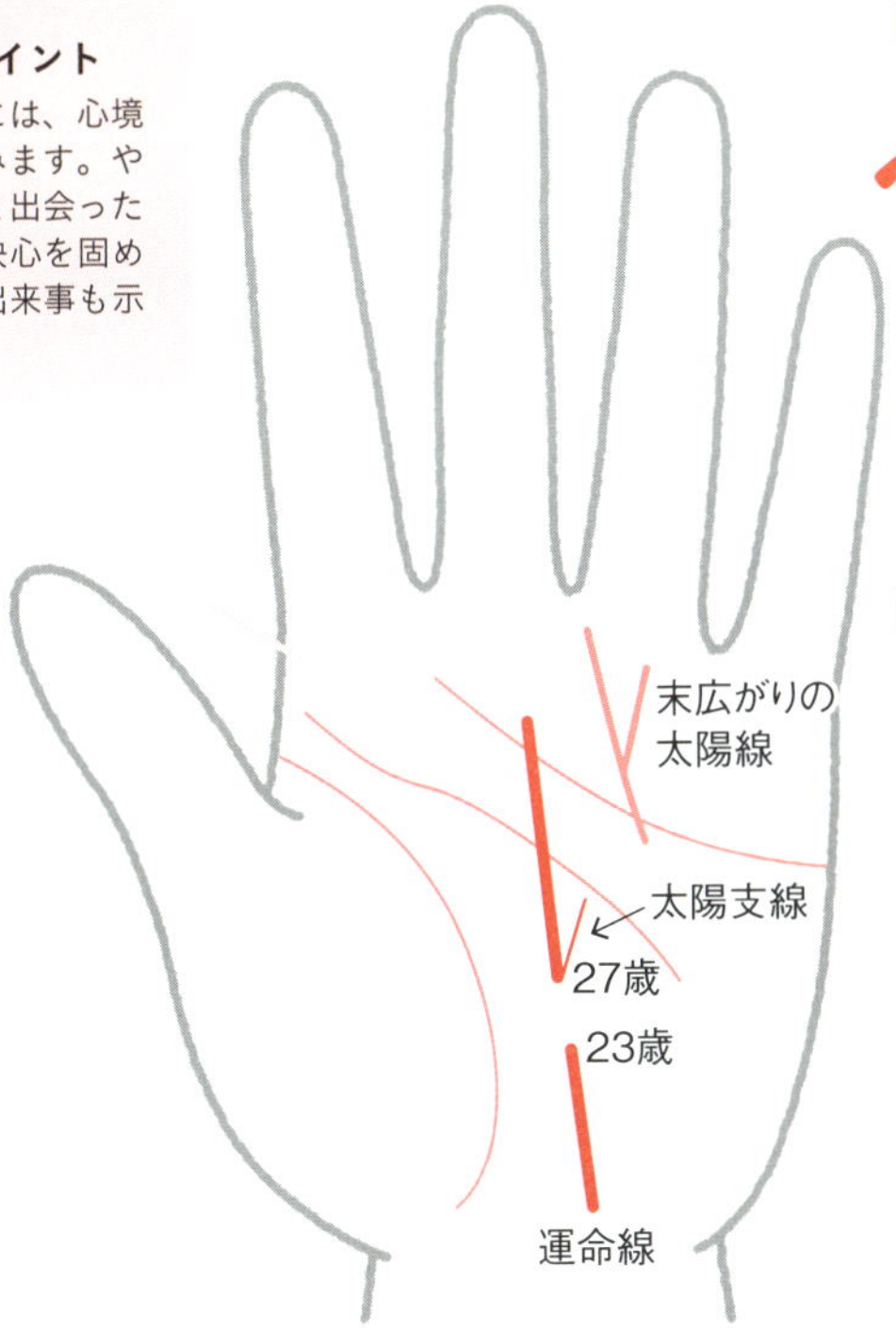

CHECK!

運命線の食い違いやスタート

これまでと環境がガラッと変わることを示しており、運命も大きく変わっていきます。

西谷MEMO

今では産婦人科医として大成しているSさんですが、23～27歳は何の目標も、生きがいもなく、ただ日々を適当に過ごしていた時期だったといいます。ですが太陽支線が、はっきりと目覚めの時期を知らせてくれていました。27歳で医師の国家試験に合格し、空白期間は終了しました。さらに末広がりの太陽線を持っていることで、今後ますますの発展が期待できます。

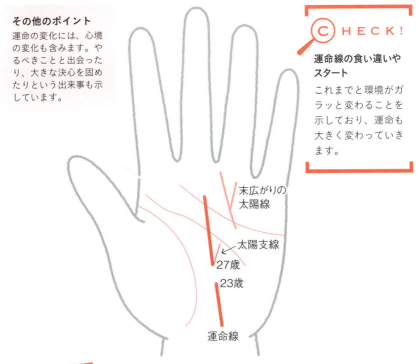

実例鑑定
24人目
運勢

左右の手相の違いが表していることとは？

～左手のほうが吉相なら、まだ才能が十分に発揮できていない

第1章で述べたように、左手には生まれ持った才能や性格、運勢が刻まれ、右手には自分が作り出した才能や性格、運勢が刻まれています。ですから、左右で違いがあるものですが、左手に強運のシンボルである神秘十字形や、才気あふれることを示す変形マスカケ線があるのに対し、右手にはこれといった特徴がないという落差が見られることもあります。

このように左手の相のほうがよい場合は、**持って生まれた素質や可能性が豊か**であるのに、右手の自分で作っていく努力が足りない状態、と解釈してください。そして努力を続けていれば、やがて右手も左手同様の吉相、あるいは左手以上の強運の吉相となっていくでしょう。

［ 左右の手に表れる情報をチェック！ ］

どのような変化でそれぞれの相は変わるのか

- **基本的には、左手には先天運、右手には後天運が示される**
- **左手には精神的な変化や、人生観の変化が刻まれる**
- **右手には、具体的、現実的な環境の変化が刻まれる**

A子さん（49歳）

自分の左手の相が大好きという、左手に吉相をいくつも持っている人

その他のポイント

図のようなしっかりと勢いのある運命線の持ち主は、自然に主役になって周囲を引っ張っていくリーダーシップに優れています。

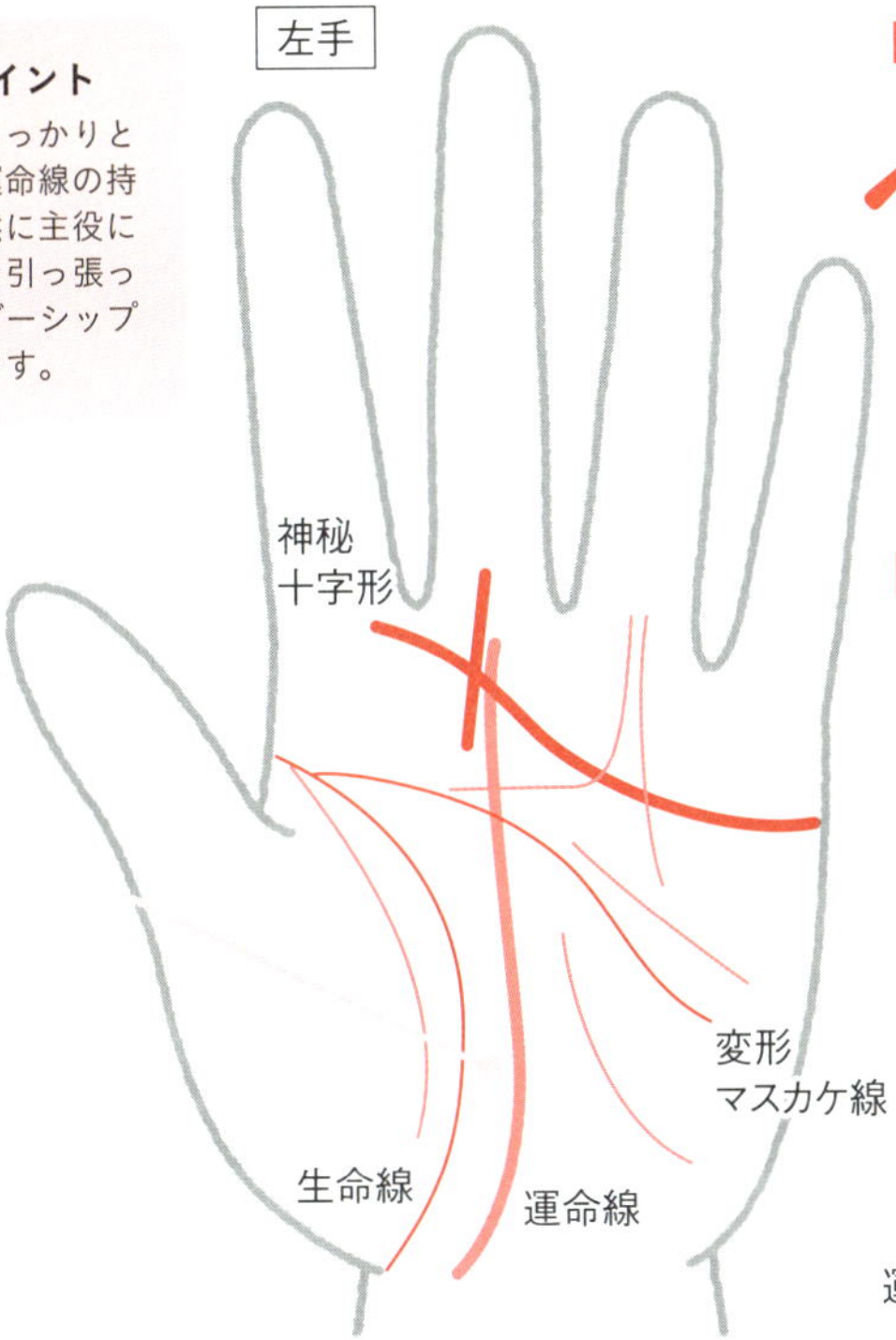

CHECK!

太い運命線

運命線は太くて勢いがあるほど、我の強さ、信念の強さといったパワフルさを表します。

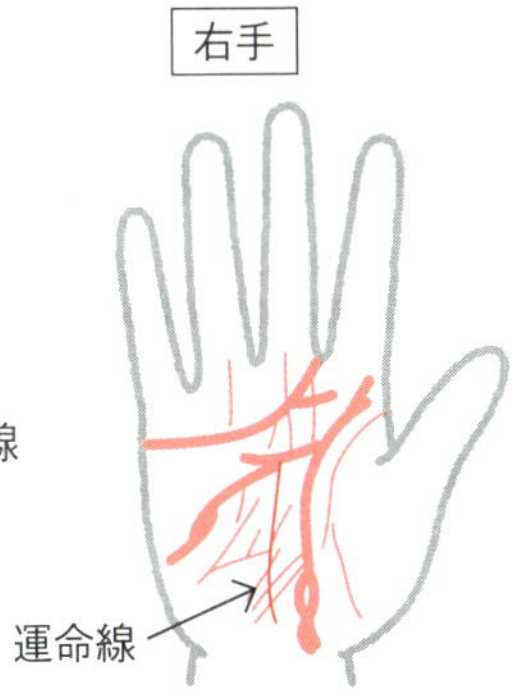

西谷MEMO

ご自分では左手の相が好きだといっていたA子さん。神秘十字形や勢いのある運命線など、左手が示す、持って生まれた強運や素質を活かすべく、今後も大いに精進していきましょう。ちなみに私自身も、左手のほうがよい相だと長年感じていました。ところが60歳を過ぎてから、ようやく右手の相が左手に並ぶほど吉相に！　そして、さらに……。今後の変化が楽しみというところです。

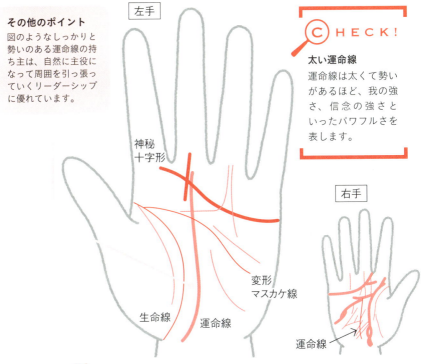

実例鑑定
25人目
運勢

短かった知能線がグーンと伸びる？

～勉強に没頭すると、短かった知能線もみるみる伸びる！

短かった線が、ある日気づいたらグーンと伸びていた、ということがあります。運勢判断の重要なポイントである知能線は、特に何かをじっくり勉強すると、みるみる伸びていくという特徴があります。**知能線が短い人**は、そもそも**直感に導かれて物事を決める**タイプ。バツグンのインスピレーション能力があるため、あまりあれこれと考えずに、ひらめきの赴くままに進んでいく人です。それに対して**知能線が長い人**は、複雑な難問にコツコツと取り組むなど、**地道にしっかりと考慮する**タイプです。

　つまり長い知能線を持った人と同じように、時間をかけて難関の資格に挑戦したり、語学を習ったりすると、自然に知能線は長く伸びていきます。

[二重知能線もチェック！]

多芸多才の証明、2足のわらじも履きこなす線

- それぞれの線が違う頭脳活動をしていることを示す
- 上側の「離れ型」の知能線＝大胆で現実的
- 下側の下垂した知能線＝空想好きでロマンティック
- 現実的なものと神秘的なものの2つの才能を表す

H子さん（29歳）

難関資格の司法書士試験の勉強を長年続けて知能線がグンと伸びた人

CHECK!

離れ型の二重知能線

上の離れ型の知能線は、思い切った性格の行動派、下の下垂した知能線は、神秘的で創造的な才能を示します。現実的＋神秘的な両方の才能を兼ね備えている人です。

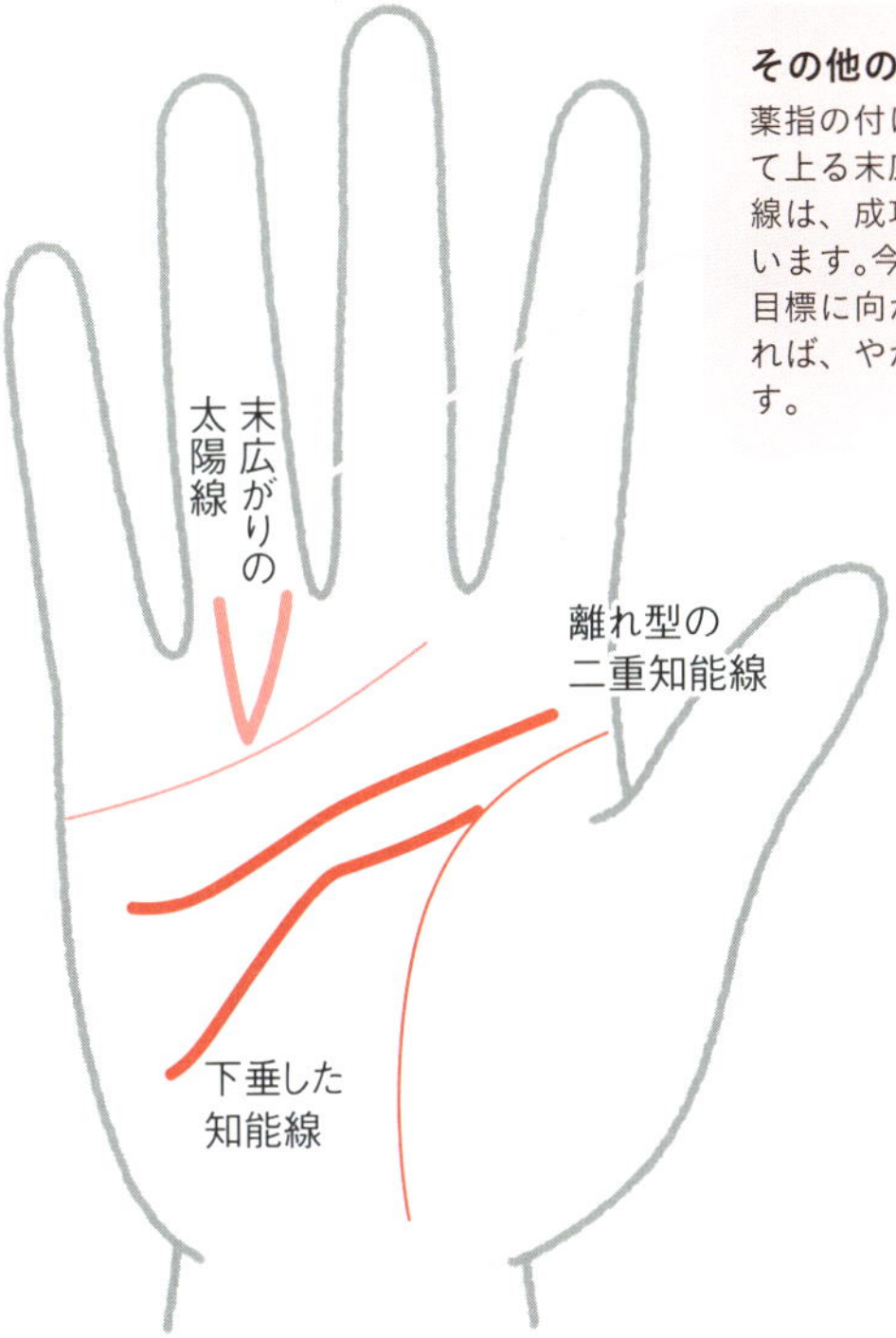

その他のポイント

薬指の付け根に向かって上る末広がりの太陽線は、成功を予言しています。今はなくても、目標に向かって努力すれば、やがて出てきます。

西谷MEMO

合格率がわずか3％といわれる難易度の高い資格、司法書士試験に取り組んでいるH子さん。試験勉強をしていた数年の間に、グーンと知能線が伸びたそうで、努力の跡を表していました。二重知能線が示す、2つの才能を持っているH子さん、ゆくゆくは司法書士とともに、スピリチュアルな感覚を生かして占い分野で活動をするのもよいかもしれません。将来がとても楽しみなH子さんの手相です。

実例鑑定
26人目
運勢

障害線があっても災難を無事に乗り越えられる？

～障害線を神秘十字形がカバーしてくれた実例

大変な事故に遭っても、無事に生還できるという相があります。それが**神秘十字形**です。知能線と感情線の橋渡しの横線に、縦に走る運命線が交差して十字をつくる相が手のひらの中央上部に描かれます。

この神秘十字形は、優れた先祖や神仏の加護により、**危ない事から守られる**吉相です。Bさんのように生命線上に深い**障害線**が入っていると、その流年で事故が起きたり、火事などの深刻な災難が降りかかる可能性が大きいのですが、神秘十字形がある場合、大難を小難にすることができます。さらに障害線が入っている49歳の流年で、その生命線から幸運の印、太陽線が出ています。これは大難を厄落としとして、一気に運気が好転することを示しています。

小じわのない手のひらもチェック！

大らかでクヨクヨしない **心も体も体育会系**の相

- 一流のスポーツ選手に多く見られる相
- 日頃から体を鍛えている人にもよく見られる
- ストレス発散が上手なので、小さなことは気にしない

Bさん（60歳）

障害線が入っていた流年 49 歳で大きな交通事故から無事に生還した人

CHECK!

生命線上の障害線

生命線の 49 歳の流年で親指の付け根から伸びた障害線が勢いよく入り、生命の危険が大きかったことがわかります。

その他のポイント

生命線から上る太陽線は、強い生命エネルギーが満ちていることを示しています。また、本人の努力によって名声や金運を得る相。大きな成功、開運の印です。

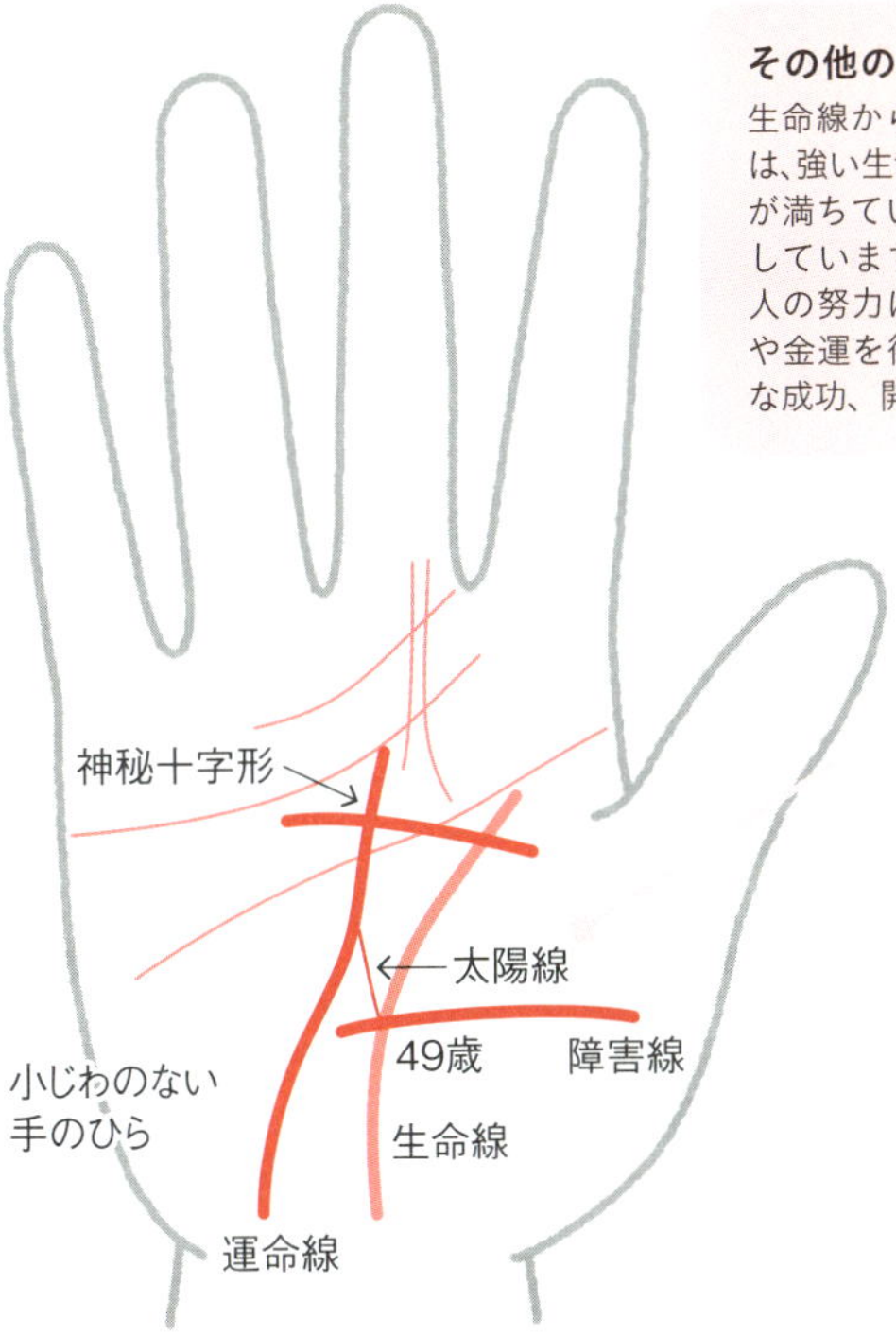

西谷MEMO

障害線が入っていた流年である 49 歳のとき、交通事故に遭ってしまったＢさん。事故を目撃した人が皆、車にはねられ 10 m以上飛んだのを見て「死んだ…」と思ったそうです。それが神秘十字形の加護によって、ほぼ無傷で済んだのでした。また、手のひらに小じわのないＢさんは生粋の体育会系の人。若い頃にボクシングで鍛えていたため、瞬時に防御姿勢が取れ、打撲程度の軽傷で済んだそうです。

実例鑑定
27人目
運勢

生命線上のシミは健康上のトラブルを告げている？

～手のひらのほくろやシミは家族の健康問題を示す可能性も

手のひらにできるほくろやシミは、**健康状態の停滞や問題**を示しています。ですから、可能ならほくろやシミは除去することをおすすめします。それが難しければ、金や銀のペン、あるいは白いペンや修正液、白のマニキュアで、**上から塗って隠して**ください。この対処法でまったく見えなくなれば、ほくろやシミの持つマイナスパワーを、ほぼ封じ込めることができます。

小さなほくろやシミは、うっかりすると見落としてしまいがちなので、健康上のトラブルを避けるためにも、手のひらの様子は日頃から観察しておきましょう。また、手のひらのほくろやシミは、**家族やパートナーの健康の問題**を示している場合もあります。

［ 二重感情線もチェック！ ］

人生で二度の結婚を体験する可能性を示す相

- 最初の結婚で離別、死別をしても、もう一度結婚のチャンスが巡ってくる
- とてもモテるので異性関係には要注意
- 大きな悲しみに負けずに次のステップに進める人

Nさん（59歳）

パートナーを病気で亡くすという、悲しい経験から立ち直った人

その他のポイント

生命線の下側から外側に出ている旅行線は、人生の中で移動が多いことを示します。旅行線を持つ人は、ひんぱんに長距離の移動をする運命。海外生活を送る人にもみられます。

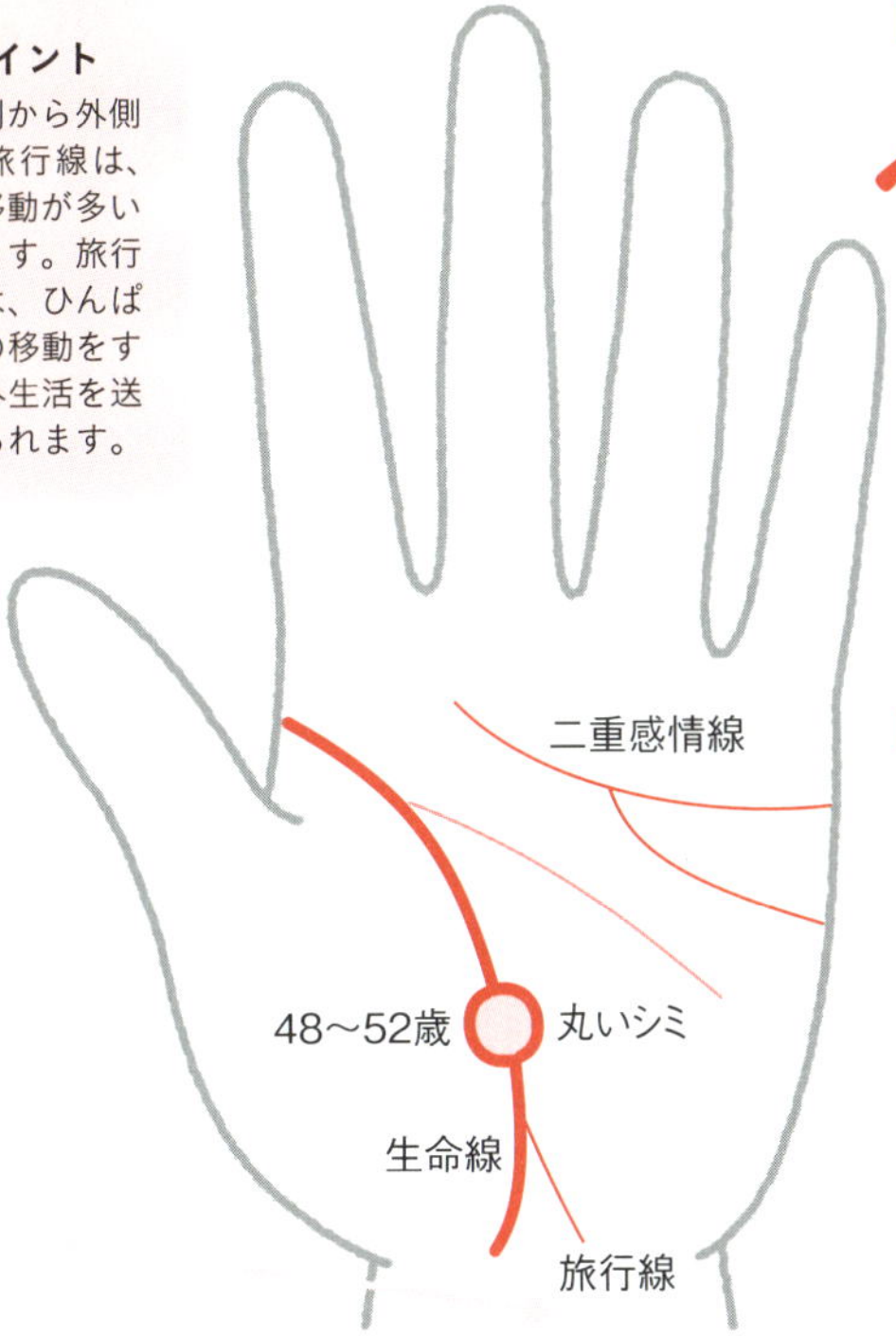

CHECK!

生命線上のシミ

生命線上の丸いシミは、運気や健康状態の停滞を知らせています。上からペンで塗って隠す対処法によって、シミのマイナスパワーを封じ込めましょう。

西谷MEMO

生命線上の流年48歳から52歳のあたりに、はっきりと丸いシミが出ていたNさん。聞けば、その期間は奥様が闘病されていて、とうとう51歳で亡くなってしまったのだとか。二重感情線が示すとおりに今では再婚をされていますが、今後、未来の流年に新しくほくろやシミができたら、ご自身のためにも、奥様のためにも必ず対処法カバーをしていただきたいものです。

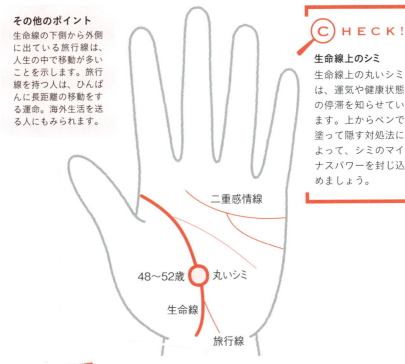

恋愛観や結婚の時期を鑑定してみよう

① 感情線

恋愛は、感情によって大きく運命が変わります。したがって、恋愛運で最初にみるべきなのが感情線です。感情線は誰にでもある線で、小指の下付近から始まり、人差し指に向けて上昇カーブを描いています。

② 恋愛線

感情線から出て、愛情の丘である「金星丘」に向かって曲線を描きながら伸びているのが恋愛線です。愛情が一定のレベルまで上昇したときに出る線ですから、大恋愛する時期がわかります。

③ 運命線

手首のあたりから中指の付け根方向に上っていく縦の線。生命線の次に人生のシナリオが詳しくわかります。その中でも特に恋愛については、恋人と出会う年や別れの年、結婚する年などが示されます。

④ 生命線

人生のシナリオがわかる最も重要な線。親指と人差し指の間から、手首に向かって大きな曲線を描いています。

恋愛や結婚、出産、離婚など人生の大きな出来事が起きる時期が示されます。

⑤ 結婚線

小指の付け根と感情線の間に出る短い線。この線が出ない人は稀ですが、出る数は1~6本と、人によってさまざまです。

未来、または現在の結婚運、夫婦仲についてわかります。

恋愛運をみるには、この線をチェック！

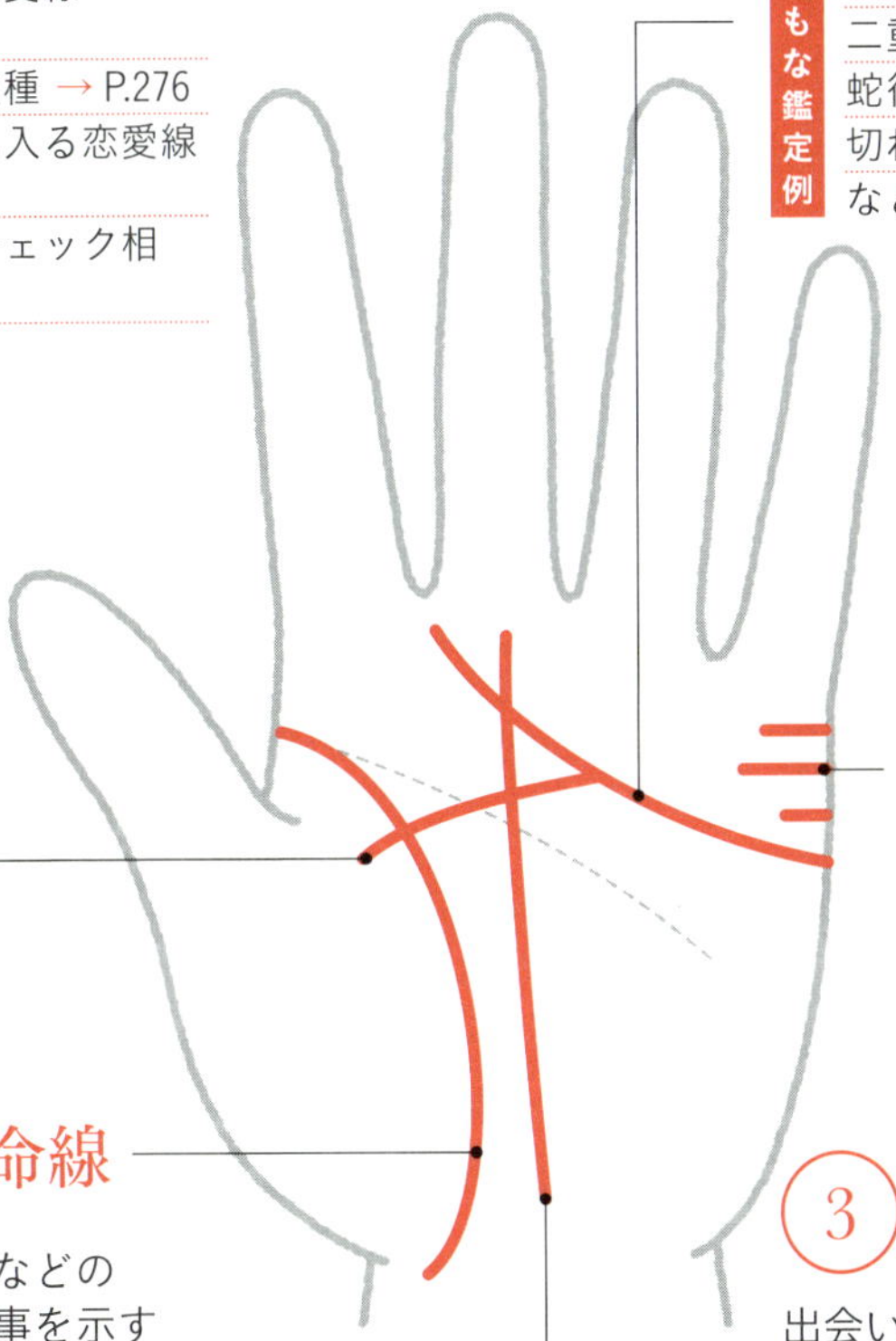

① 感情線

その人の基本的な
恋愛傾向を示す

おもな鑑定例
- マスカケ線 → P.252
- 二重感情線 → P.263
- 蛇行した感情線 → P.272
- 切れた感情線 → P.288
- など

② 恋愛線

愛情が高まると表れ、
大恋愛の時期を示す

おもな鑑定例
- 短めの恋愛線 → P.246
- 恋愛線変種 → P.276
- 生命線に入る恋愛線 → P.282
- 恋愛線チェック相 → P.304
- など

③ 運命線

出会い、結婚、別離など
恋愛のシナリオを示す

おもな鑑定例
- 運命線と影響線 → P.244★
- 運命線と太陽線 → P.248★
- 2本の運命線 → P.282★
- 運命線の食い違い → P.290
- など

④ 生命線

恋愛や結婚などの
大きな出来事を示す

おもな鑑定例
- 生命線の流年 → P.240
- 生命線と障害線① → P.250
- 生命線と障害線② → P.260
- 生命線と開運線 → P.266★
- 生命線の二股短線 → P.280★
- など

⑤ 結婚運

夫婦仲など現在や
未来の結婚運を示す

おもな鑑定例
- 二股の結婚線 → P.256
- 結婚線の流年 → P.274
- 恋愛線とつながる結婚線 → P.308
- など

★は「結婚の印」の相です

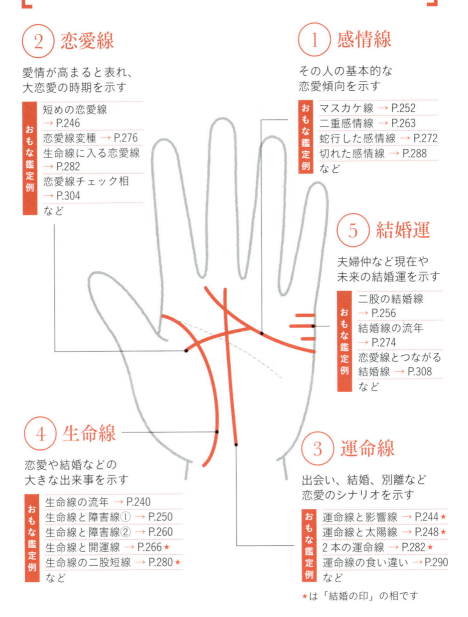

実例鑑定
28人目
結婚

結婚相手とは、いつ出会える？

～生命線の「流年法」なら、何歳で何が起こるのかがわかる！

恋愛の時期や結婚する年齢など、気になる出来事がいつ起こるのかを知りたいときには、本書の第3章で解説している**流年法**を使います。たとえば生命線であれば、自分の年齢を示す位置を測り、それ以降、線上にどのような手相の印が出ているのかをみれば、恋愛や結婚の時期がピタリとわかります。

ここでは、2～3か月後に結婚相手が現れるという、出会いの直前の時期に鑑定に訪れたE子さんの手相を紹介します。E子さんの手には、33歳の流年で生命線と恋愛線変種が交わり、その時期に結婚することがわかりますが、さらにそこから1本の薄い線が出て、2人の男性との出会いが示されていました。

［ 生命線の流年をチェック！ ］

流年法で年齢を取り、人生の重大事を読み取る

- 恋愛や結婚、出産、離婚、病気など、人生の重大事の時期がわかる
- 相手からの愛情や自分の愛情の変化の状態がわかる
- 体力や健康状態、病気の種類、寿命がわかる

E子さん（33歳）

手相が示すとおりに結婚が決まった人

その他のポイント

33歳の流年をよく見ると、ほかにも薄く1本の線（A）があり、もう1人の男性の出現を示していました。

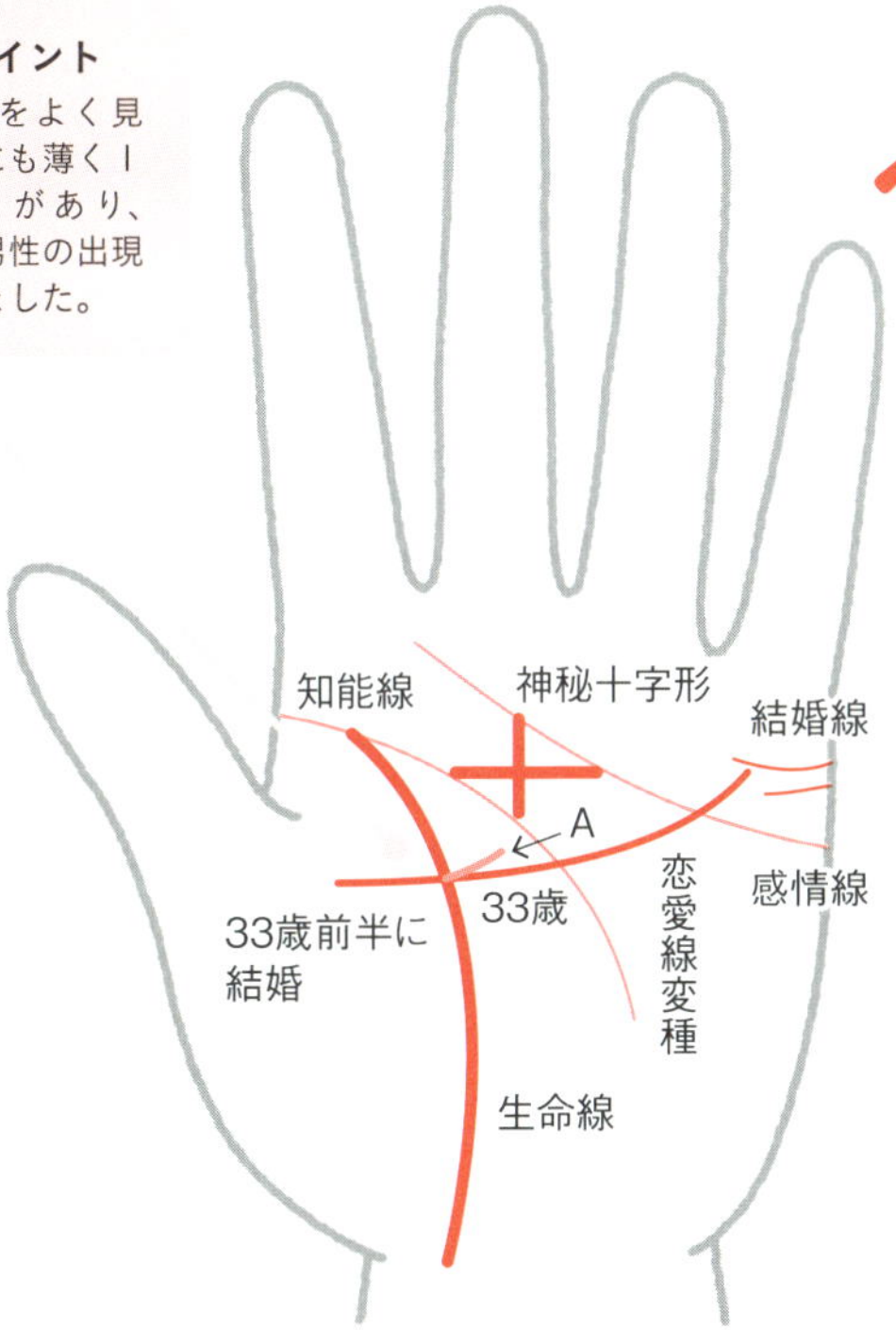

CHECK!

生命線の流年で33歳に恋愛線変種

感情線の上部からスタートする恋愛線変種（結婚線からのパイプライン）が入っていて、流年には33歳で結婚することが表れています。

西谷MEMO

E子さんの手相には、2～3か月後に2人の男性と出会い、どちらかの男性と33歳前半で結婚が決まる、と出ていました。そこで私は、彼女にそのことを伝えました。1年後に再び訪れたE子さんは、手相が示していたとおり、2人の男性からプロポーズされ、1人と婚約したことをうれしそうに話してくれました。E子さんの手相を改めて拝見すると、今もきれいに、恋愛線変種が33歳に記されていました。

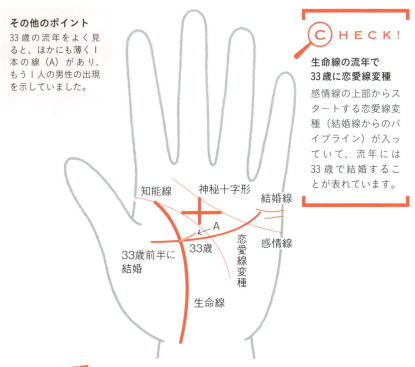

実例鑑定
29人目
結婚

ラブラブで結ばれることを表す代表的な線？

～思いがかなって念願の相手を射止めることができる人

大好きな念願の相手と結婚するのは、誰にとっても大きな夢のひとつです。それがかなうことを示しているのが、このDさんのような運命線に影響線が合流し、そこから太陽線が上っている相です。**影響線が運命線に流れ込む**のは、**恋が成就**するサイン。影響線が大切な異性の存在を表し、それが運命線と合流することは結婚を意味しています。そして、この流年のタイミングでゴールインします。

さらに**運命線から太陽線が出ている**のも、代表的な**結婚の印**。人生上の大きな飛躍を示す相で、男性、女性ともに結婚によって幸運になることを表し、既婚者であれば独立、昇進、受賞など、人生が一変するほどの喜ばしい出来事が起こるサインです。

【運命線からスタートする太陽線をチェック！】

自分の実力で勝ち得た大きな成功を示す線

- 自分自身の実力のうえに根差した幸運をつかむ相
- かねてからの望みがかなうことを示す線
- 実際に幸運なことが起こる1～2年前に突然出現することもある

Dさん（46歳）

25歳で見事恋愛成就！ 人もうらやむ幸せな結婚をつかんだ人

その他のポイント

配偶者を表す薬指に出たほくろは、夫婦仲に問題が生じることのサインです。白いペンや修正液などで塗りつぶしておきましょう。こうすることで、マイナスのパワーを封じ込めることができます。

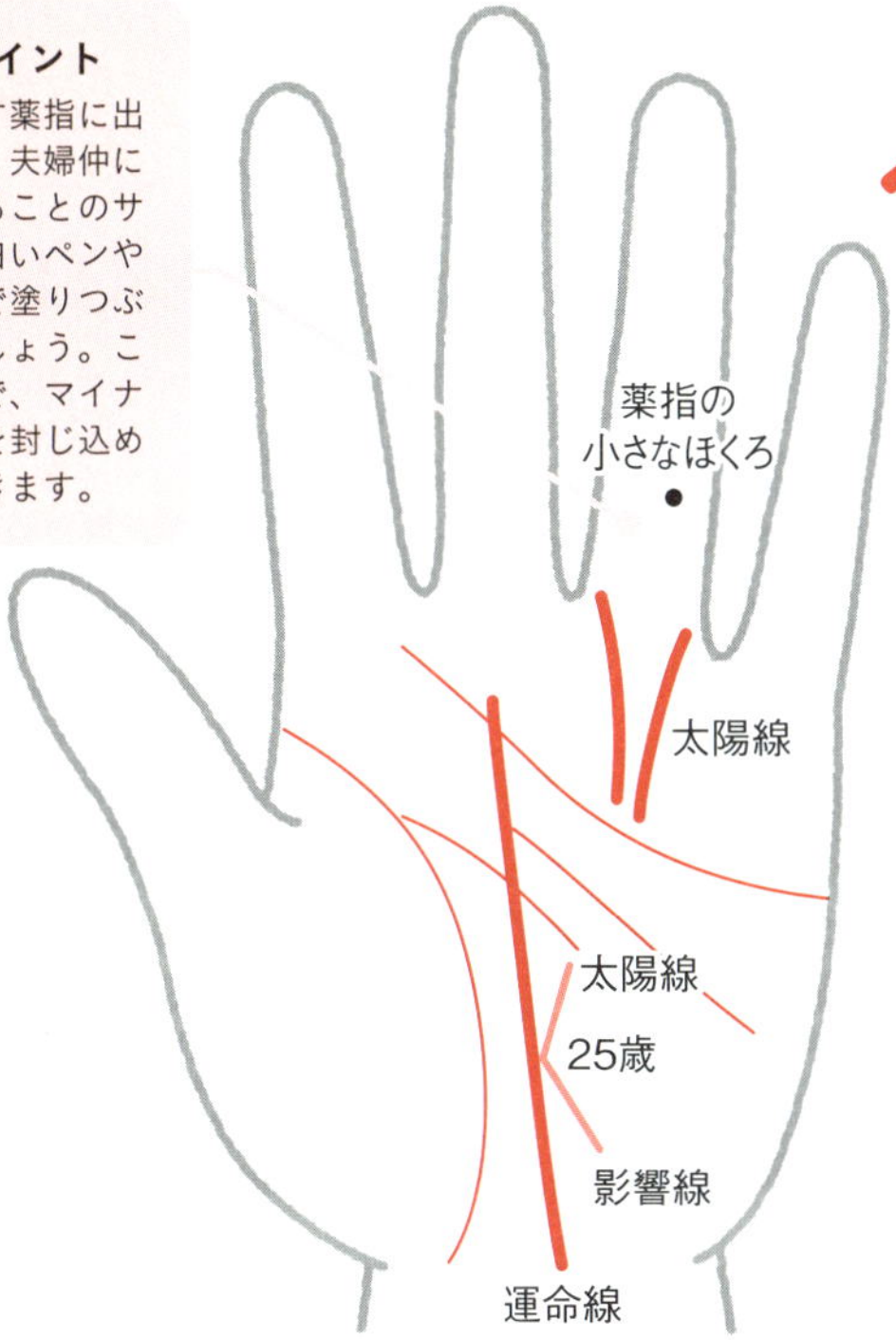

CHECK!

太陽線の逆ハの字

運命線から出る太陽線とともに、これも大変な吉相です。かなりの大金に恵まれることを示す、お金持ちの人によく見られる特有の線です。

西谷MEMO

これこそ代表的といえる、恋愛成就して幸運な結婚をする相を持つDさん。手相のとおり、影響線が運命線に合流した流年の25歳で、幸せな結婚をしました。ですが現在、配偶者を表している薬指にほくろが出現しています。聞けば夫婦仲が悪くなっているとか。本来いい結婚をしても、年月が経てば心に変化が起きるのは当然です。日々の努力で夫婦の愛情を高め合っていきましょう。

実例鑑定
30人目
結婚

間違いなく結婚できる時期がわかる相とは？

〜「結婚の印」は、生まれたときから出ている！

結婚の時期をみるには、**運命線に合流してくる影響線**によってズバリとわかります。

このKさんの場合は、影響線が運命線に流れ込んできた25歳で結婚します。この相は大勢の人の手に出現する吉相なので、よく覚えておくといいでしょう。これは**自分の人生に大きく影響する人物が合流する**という意味を持っています。そして運も強くなります。

結婚以外には、人生においての大事な援助者や師との出会いも示しますが、結婚を望む人にとっては、ほとんどの場合が良縁を教えるハッピーな相となります。この**結婚の印**は、結婚が近くなってくると、出現することもあります。

［運命線から上る太陽線をチェック！］

大きな喜びと幸運を知らせてくれる線

- このうえなく、すばらしい幸運が訪れるサイン
- 独身の男女の場合は、良縁に恵まれる相
- 結婚以外では、その人にとっての大きな希望がかなうことを示している

Kさん（57歳）

自分が確信したとおりに、幸福な結婚に導かれた人

CHECK!

運命線の流年で合流した影響線とそこから上る太陽線

まさに25歳で結婚することを教える「結婚の印」です。また、運命線に影響線が合流したところから上る太陽線は、結婚相手によって大変な幸福が訪れる知らせです。

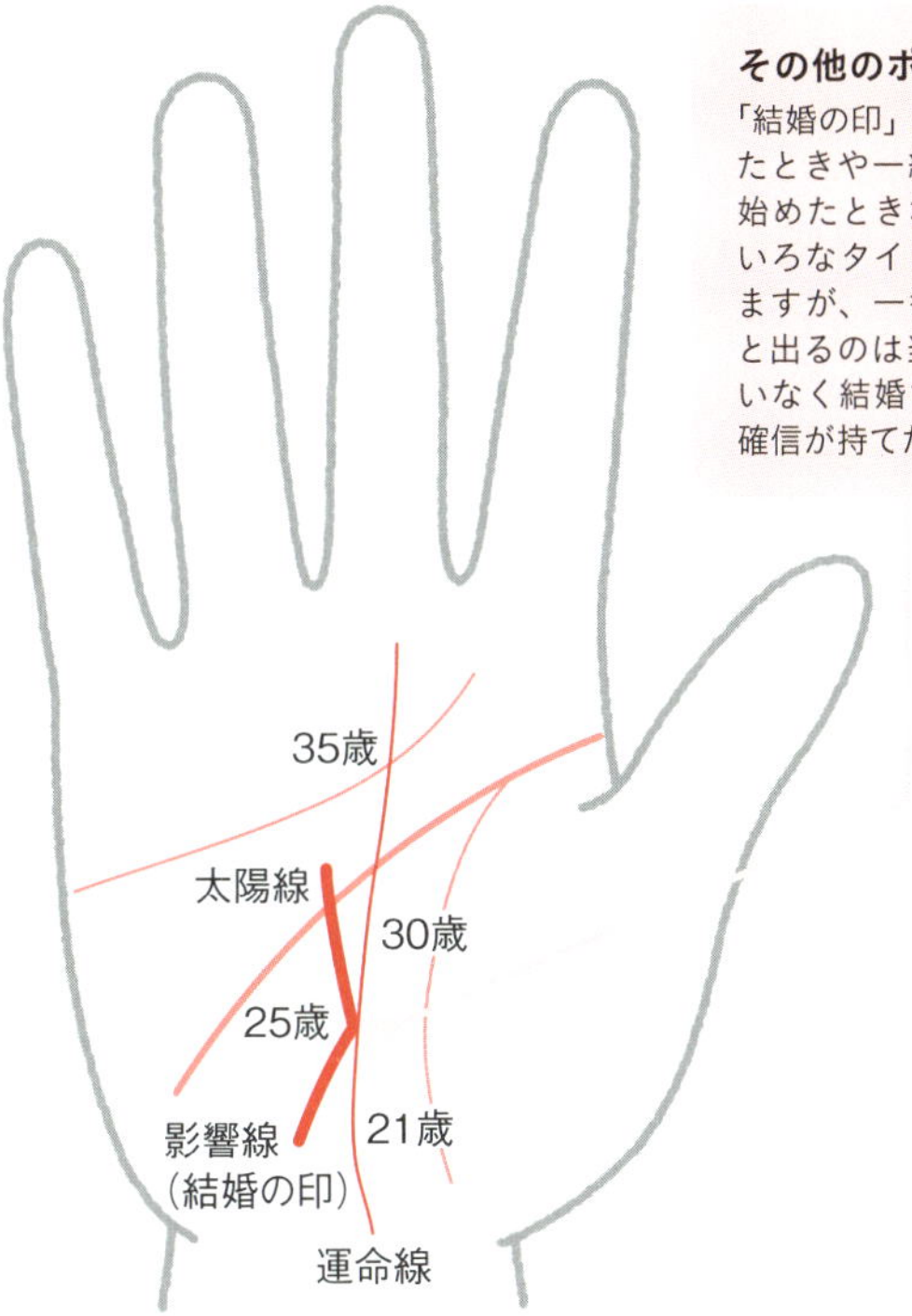

その他のポイント

「結婚の印」は、出会ったときや一緒に暮らし始めたときなど、いろいろなタイミングで出ますが、一番はっきりと出るのは当人が間違いなく結婚するという確信が持てたときです。

西谷MEMO

Kさんの手のひらには、運命線の流年25歳のときに、結婚の印がくっきりと出ていました。聞けば24歳でお相手に出会って、婚約をしたのが25歳の前半、そして結婚したのは26歳だったそうです。つまり結婚への気持ちが決まったときに、結婚生活の発展を予知して、運命線も太陽線も吉相を描いていたわけです。Kさんにとって25歳の出来事は、婚約できただけでなく、大きな喜びと幸運を伴う出来事でした。

実例鑑定
31人目
恋愛

短めの恋愛線は強い憧れを表している？

～心のときめきを表す10代に特有の線

恋愛線からは、その名のとおり、その人の恋愛の状況がわかります。**恋愛線**とは、そのまま結婚する時期を示す場合もありますが、多くの場合は恋に落ちる相手との**出会いの時期**を教えています。特に感情線からスタートする恋愛線ではなく、感情線のさらに上にある位置からスタートした恋愛線は**恋愛線変種**といい、この線が表れると必ずその年齢で、特別に深い縁でつながった相手と恋愛関係に発展します。

また、不思議なことに、その年齢のときに誰かと交際をしていても、その相手にそれほど愛情を抱いていなかった場合、恋愛線は出ません。この線は、単なる出会いだけでなく、心の状態を正直に表しています。

【恋愛線の長さをチェック！】

短めの恋愛線は
10代の時期に出現する

- 恋愛線は、心の状態を反映する線
- 片思いでも、同性への憧れでも恋愛線は出る
- 10代の時期には、短い恋愛線で出る場合が多い

E子さん（40歳）

少女時代に、同性の先輩に憧れていた思い出のある人

その他のポイント

10代の間に出る短めの恋愛線は、片思いや憧れを示していることも。恋愛線変種が出た場合、たとえ結婚に至らなくても、生涯にわたって心に残る恋愛をすることに。

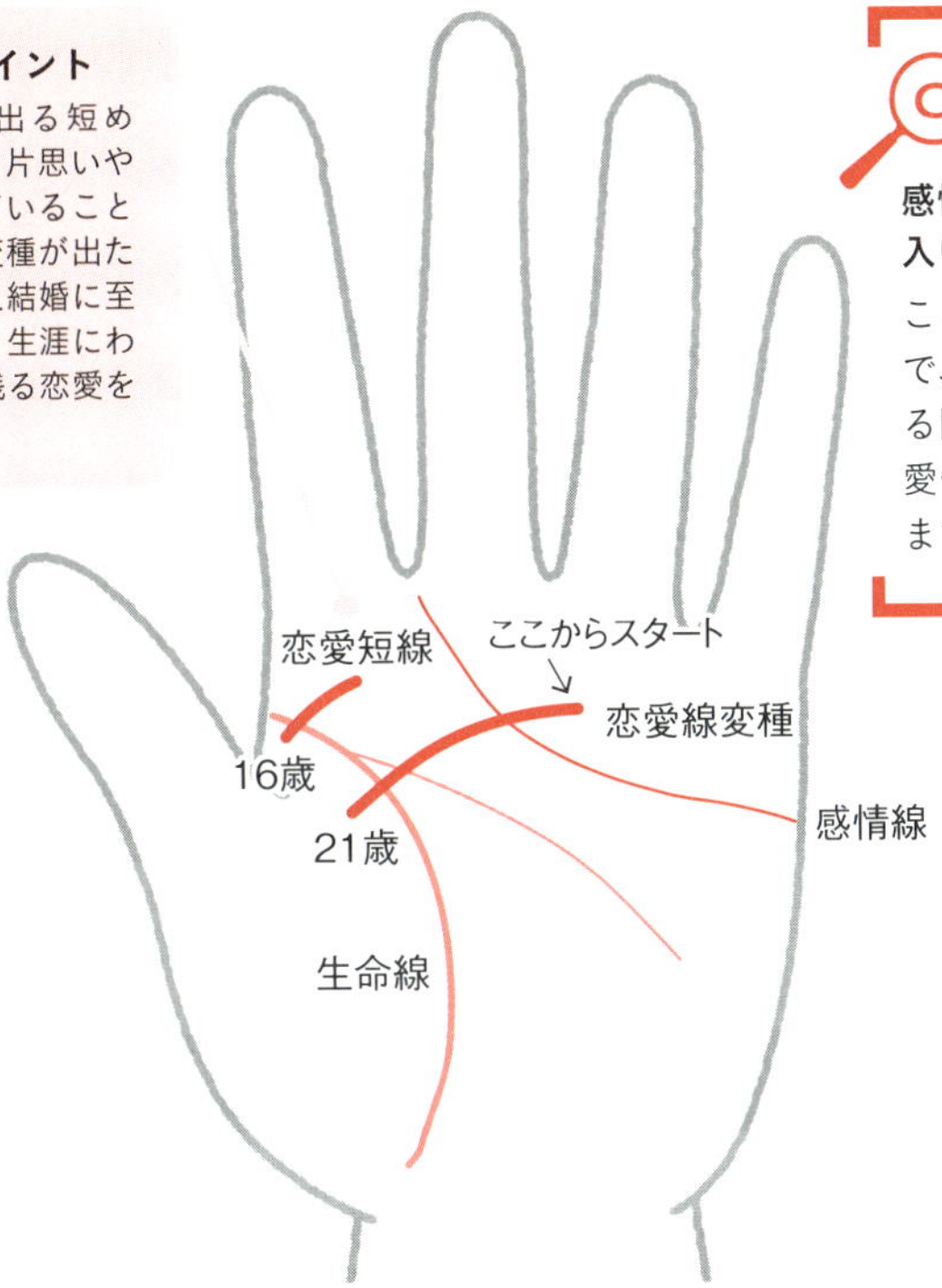

CHECK!

感情線の上から入り込む恋愛線変種

この線が出た年齢で、必ず深く結ばれる関係性を持った恋愛や強い憧れを抱きます。

西谷MEMO

E子さんの手相には、21歳で恋愛線変種が出ていました。そのとおりに21歳で、今でも一番の恋だったといえるほどのすばらしい恋愛をしたそうです。そして16歳ではっきりと恋愛短線が刻まれていたのが気になって尋ねると、1つ年上の他校の女子バレーボール部の先輩が大好きで、とっても憧れていたのだとか。同性への憧れでも、心がときめいていた思い出は、歴史としてきちんと手相に残るものなのです。

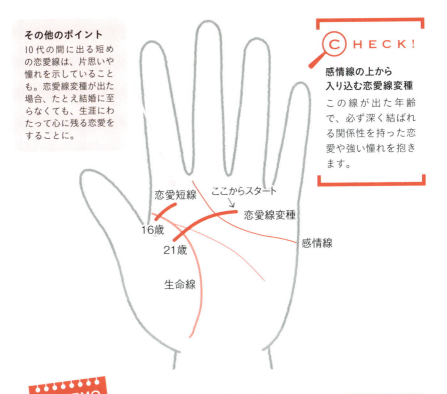

実例鑑定
32人目
結婚

太陽線があると、幸運に恵まれて幸せな結婚ができる？

～宝くじに当たったかのような、ラッキーな結婚を示す印

運命線からスタートし、枝分かれして薬指の付け根にある太陽丘に向かう線を、**太陽線**（太陽支線）といいます。これは、その線が**運命線から分岐する流年で大幸運が訪れる**ことを示すものです。太陽線（太陽支線）とは、まさに太陽のような栄光、成功、繁栄を表す線で、この線が出ている運命線の流年で幸せな結婚ができることがわかります。

　ちなみにこの線は、**線の長さにかかわらず、必ず幸運がやってくる**ことを示していますので、たとえ1センチでも5ミリでも出ていたなら、すばらしい結婚の予告となります。また、今は見つからなくても、結婚する半年から2年前くらいに突然出現することがあります。

［太陽線（太陽支線）の流年をチェック！］

間違いなく決まり！という流年に出る結婚の印

- さまざまな結婚の印の中でも、最も幸運な結婚を示す印
- 一気に幸運の波に乗り、大きく飛躍できる
- 数ミリの短い線でも幸運の印！　見落とさないように

M子さん（35歳）

出会って3か月で最高の縁に恵まれて結婚した人

その他のポイント

指は手のひらの縦幅より短いのが普通ですが、M子さんの指は手のひらの縦幅より長いことから、感性で生きている人であることがわかります。芸術に親しみ、感受性も豊か。

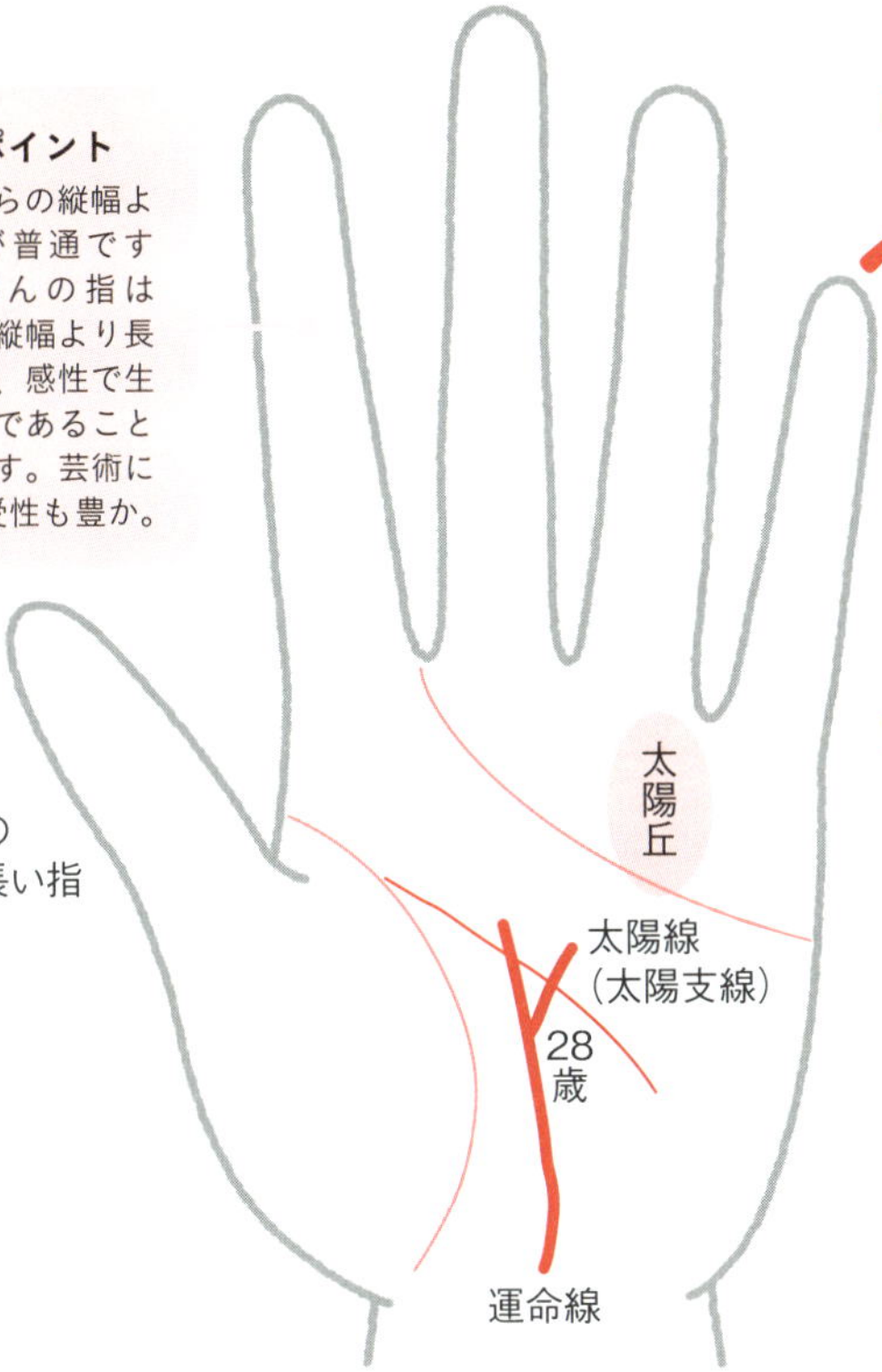

CHECK!

運命線からスタートする太陽線（太陽支線）

この上ないラッキーな出来事が起こる予告の線。文句のつけようもない吉相です。

西谷MEMO

M子さんの手のひらに刻まれていた、運命線からスタートする太陽線（太陽支線）に出ていた結婚の印は、28歳のときに出会って3か月で結婚という、とんとん拍子の展開に導きました。長く美しい指の持ち主でもあるM子さん。長い指を持つ人は、理詰めに考えるのではなく、情感を優先するため、自分の感覚に素直に従ってすばやく結婚を決めたのですね。手相どおりの決め方でした。

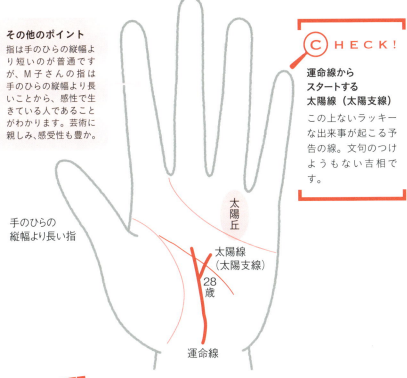

実例鑑定
33人目
結婚

弓形障害線は失恋の痕跡を示す相？

～深刻な悩みが起こる時期を示す

手相において、大変重要な線に**障害線**というものがあります。これは生命線に直角か、直角に近い角度で入っている線のことです。この線の流年で、いつ深刻な悩みごとが起きるのか、いつ災難が降りかかってくるのかがわかります。

障害線は、20代にはI子さんのように弓形の**弓形障害線**となって出ることが多く、その障害は、恋愛や結婚、家庭の問題、生き方についての迷いなど、精神的な悩みとして起こる場合がほとんどです。そして障害線の太さや濃さは**障害の大きさ**を示しています。障害線をみつけたなら、すぐに乗り越える方法を考え、対処しましょう。その努力により、運命は必ず好転します。

［運命線からの太陽支線もチェック！］

独身の男女の場合、幸運な結婚を示す大吉の線

- このうえなく幸せな結婚がかなう
- 独立や事業の後継者となるような、成功の第一歩が踏み出せる証し
- 幸運がやってくる1～2年前に突然表れることも

I子さん（48歳）

泣く泣くあきらめた恋の後で、幸せな結婚ができた人

その他のポイント

障害線に島がある場合は、望みは断念せざるを得ないでしょう。しかしI子さんには、運命線からスタートする太陽支線があり、望みどおりの結婚ができることを示していました。

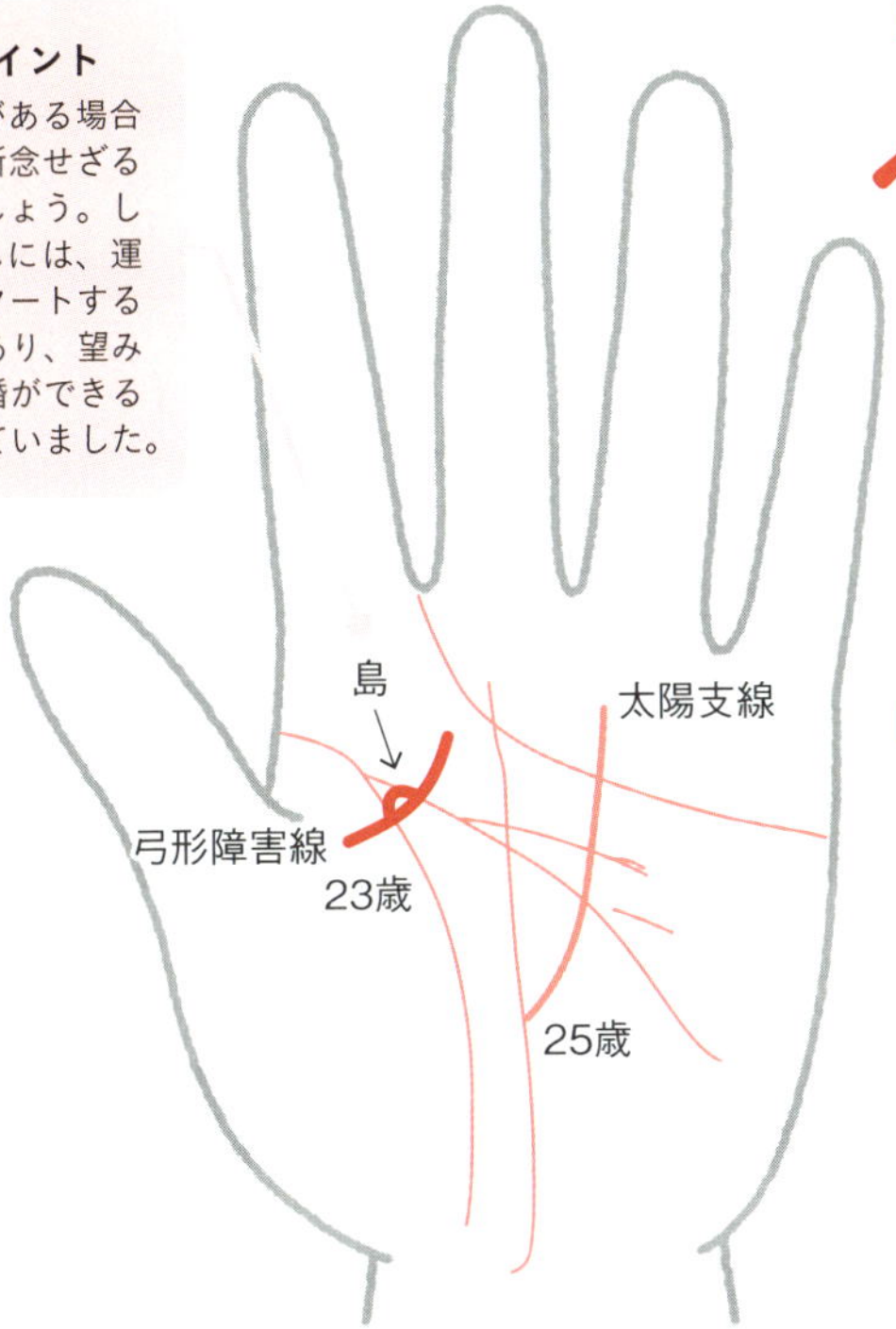

CHECK!

23 歳の流年時に入っていた弓形障害線

心身ともに大きな悩みを余儀なくされることを示す線。気力がなくなり、思考力も弱ってしまうときです。

西谷MEMO

I子さんには、大学時代から 4 年間付き合って、婚約者も同然の彼がいましたが、家庭の事情で断念。それが弓形障害線の入っていた23 歳のときのことでした。さらに障害線に島があったことから、解決の予知がなかったことがわかります。しかし 25 歳のときに、別の男性と幸せいっぱいの結婚ができました！　長い太陽支線は、I子さんのすばらしい結末を物語っていたのです。

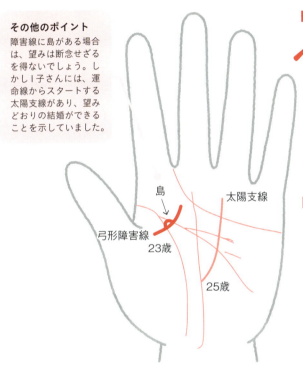

実例鑑定
34人目
結婚

両手マスカケ線の持ち主はユニークな変わり者？

～オリジナルな結婚（離婚）観、人生観を持つ人

100人に2～3人の割合で、知能線と感情線が一体となった**マスカケ線**を持つ人に出会います。マスカケ線の持ち主は、大変**ユニークで変わり者**といわれるタイプ。そして、外見ではわかりませんが、非常に気難しいところのある人です。

そのユニークな才能により、各分野のトップクラスに立つ人の中には必ずマスカケ線の持ち主がいます。また、強引な性格と、大胆な大勝負に出ることをいとわないため、概して浮き沈みの激しい人生を送ります。この相の成功の鍵は、人生を賭けて打ち込める大好きな仕事を見つけられるかどうかです。C子さんのような両手にマスカケ線を持つ人は200人に1人です。

両手のマスカケ線をチェック！

独創性があり
天才肌で、ユニーク！

- 専門分野で大活躍！　独自のやり方を確立する
- イチかバチかの勝負に平気で出る度胸がある
- 普通では思いもつかない人生観の持ち主

C子さん（35歳）

独特の結婚（離婚）観を持ち、離婚前に夫とハワイ旅行をする人

CHECK!

感情線が2本ある二重感情線

生涯に二度結婚する可能性を示唆している線。逆境や困難にも立ち向かえる強さがあります。

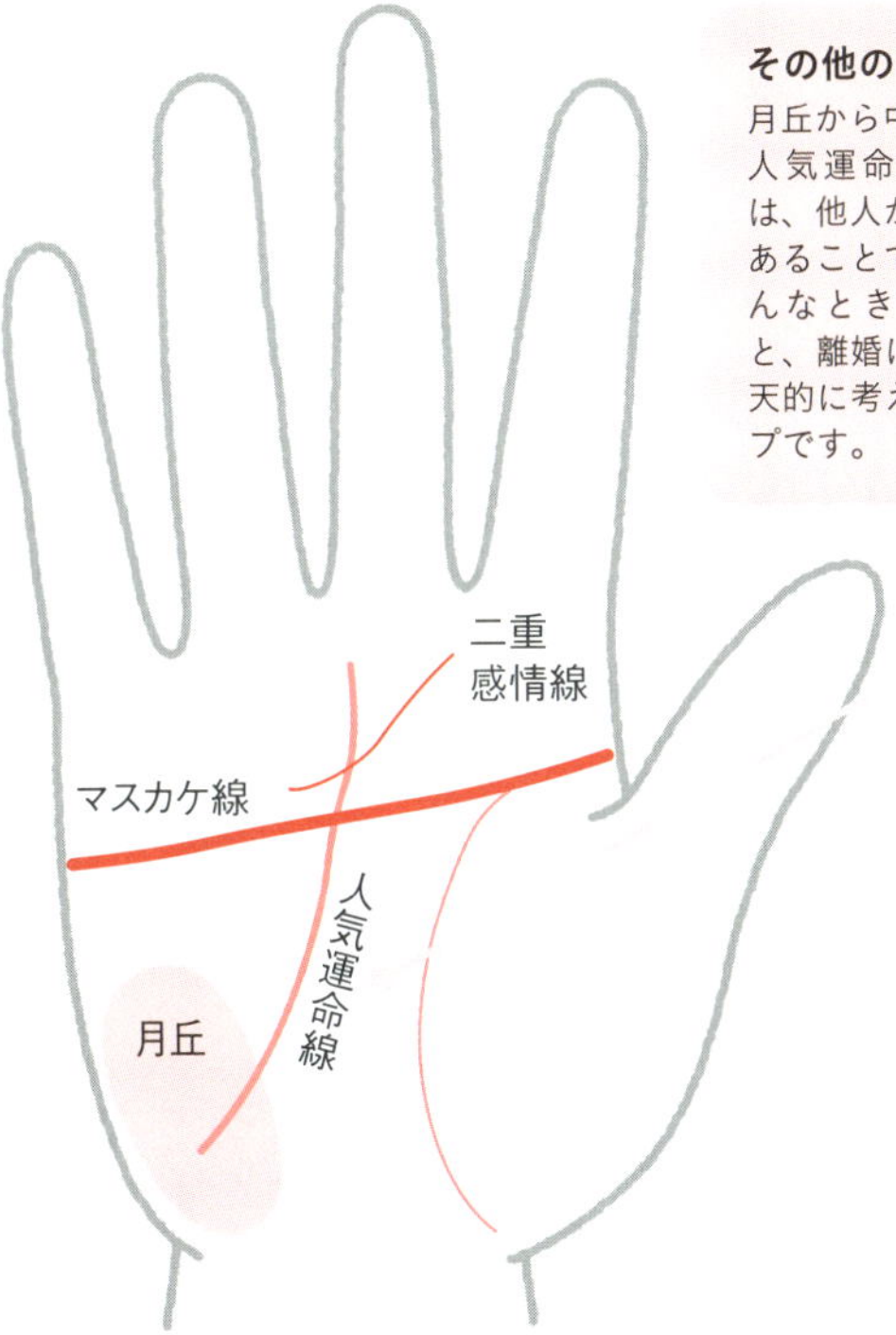

その他のポイント

月丘から中指に向かう人気運命線を持つ人は、他人からの恩恵があることで、自分はどんなときでも大丈夫と、離婚に対しても楽天的に考えられるタイプです。

西谷MEMO

普通、離婚を考えている場合、わざわざパートナーと旅行をしようとは思わないものです。しかしC子さんは、思い出づくりのために離婚前にハワイ旅行を計画！　実にユニークな感覚をお持ちです。また二重感情線からは、たとえ離婚しても、今後再婚できることがわかります。大変に珍しい「両手マスカケ線」どおりに、普通の人は歩かないオリジナルな人生を進んでいく人です。

実例鑑定
35人目
相性

爪の形が同じタイプのカップルは、相性がピッタリ？

～同じ魂を持つソウルメイトと出会える人

恋人がいる人にとって、自分の相手がはたしてソウルメイトなのかどうかは、とても気になるところでしょう。二人の爪の形を見比べると、それがズバリとわかります。爪の形は性格を物語っていますから、**爪の形が同じタイプであれば、内面も似ている**ので、あうんの呼吸の二人ということになります。

ちなみに大きな爪の人はプライドの高い自信家。縦長の爪の人は根気には欠けますが、芸術を愛する空想家タイプ。横広の爪の人は理詰めで考える現実派で体力があるタイプ。丸型の爪の人は明るくて、楽天的。四角型の爪の人はまじめで、忍耐強さがあり、三角型の爪の人はロマンティストです。ぜひ相手の爪をよく観察してみてください。

二人の運命線の形態もチェック！

運命線の類似
＝物事との関わり方の類似

- 人との交流のしかたが似通っている
- 物事への意識の向け方に共通点がある
- 仕事に対する捉え方が似ている

A子さん（30歳）

まさにソウルメイト！
フィーリングがぴったりなカップル

その他のポイント

結婚後の心のすれ違いは、持って生まれた気質の違いから生じるものです。爪の形が似ているということは、内面も似ていますから、お互いが理解でき、相性が合うということになります。

CHECK!

運命線が似ているか？

似ていれば、二人の他者との関わり方、仕事への向き合い方が似ています。

CHECK!

太陽線に類似点があるか？

太陽線が同じように出ていれば、社会的な成功の度合いや金運が似ています。

【太陽線の類似】

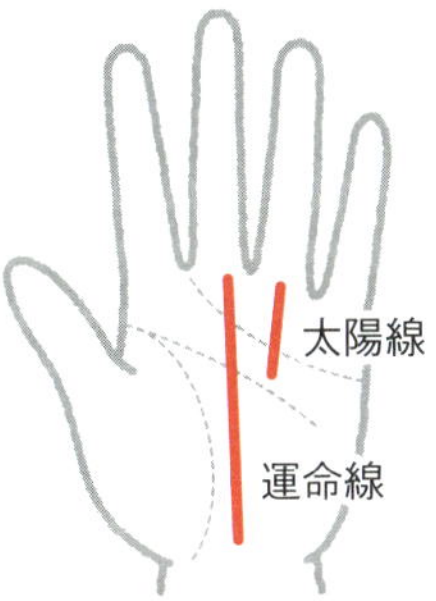
太陽線
運命線

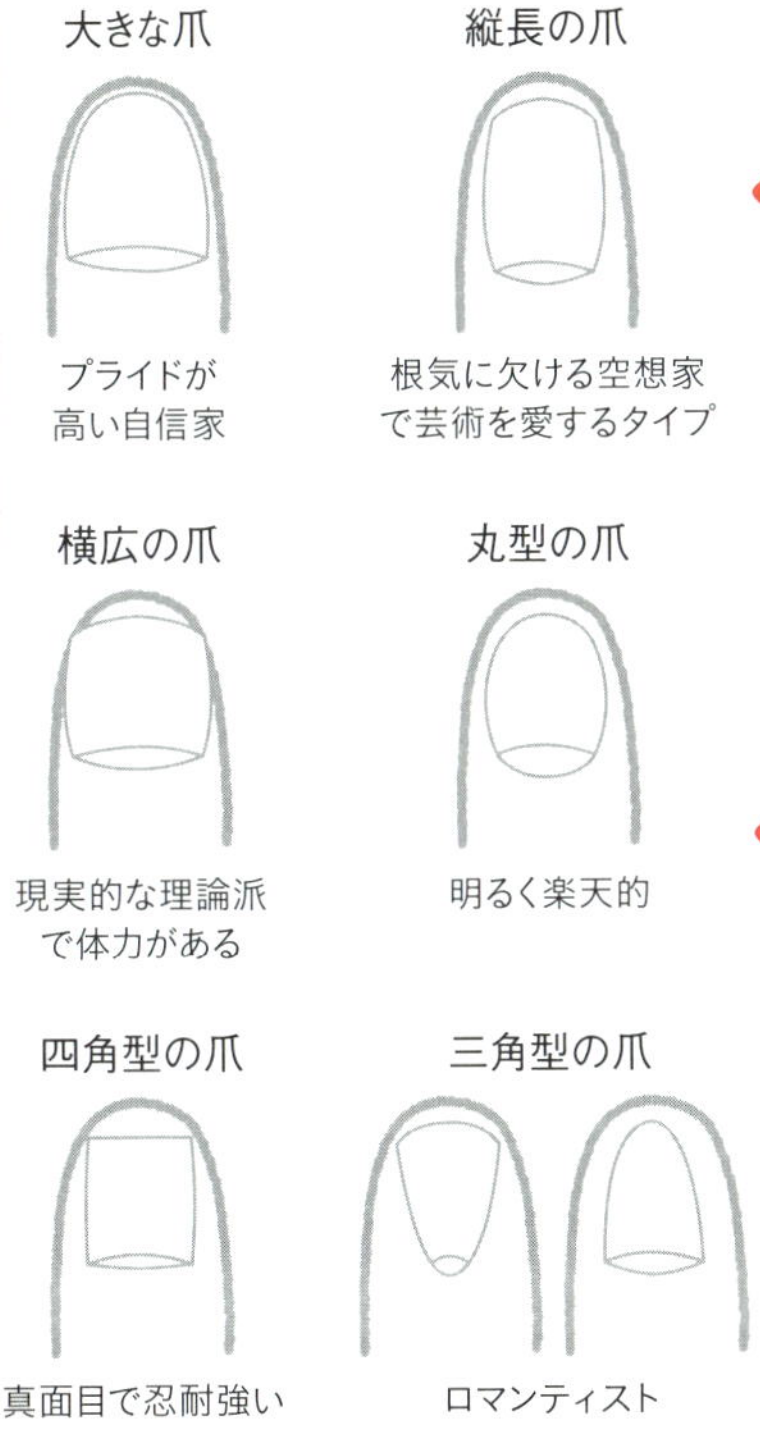
大きな爪
プライドが高い自信家
縦長の爪
根気に欠ける空想家で芸術を愛するタイプ
横広の爪
現実的な理論派で体力がある
丸型の爪
明るく楽天的
四角型の爪
真面目で忍耐強い
三角型の爪
ロマンティスト

西谷MEMO

前回私が鑑定したとおりに、婚約が整ったA子さん。フィアンセとともにオフィスにいらしたのですが、手相や手の形がよく似ていることから、二人は間違いなくソウルメイトだと確信しました。さらには二人とも、手の爪のすべてが逆三角型のロマンティストタイプでそっくり！これには、7万人を鑑定して、いろいろなカップルの手をみてきた私もびっくりでした。ただし、爪が似ていないカップルもおもしろいので、どうぞ！

実例鑑定
36人目
結婚

手のひらに出る離婚の相とは?

～離婚が近づくと、結婚線は下がって感情線にくっついていく!

手相で一番変化しやすい線として挙げられるのが病気を知らせる健康線で、そのときの体調によって数日で変わったりします。そして二番目が結婚線です。これも、結婚の状況によって変わっていきます。

比較的よくみるのは、**結婚線の先が二股に分かれている**相で、これは別居するか、**夫婦の気持ちが離れている**ことを教えています。しかし結婚後、いつまでも新婚当時の気持ちのままというカップルは少ないので、結婚線が二股に分かれている人は多く、それほど気にすることはありません。問題なのは、二股に分かれた結婚線の下の線が下側に伸び、感情線にくっついてしまう場合です。これは、夫婦の結びつきが極めて弱くなったことを示しています。

[結婚線の先端をチェック!]

結婚の現状をはっきりと知らせる線

- **結婚線に乱れがなければ、夫婦関係は良好**
- **先端が二股に分かれているだけなら、まだ修復可能**
- **先端が下がって感情線にくっついていれば、離婚になる可能性大**

M子さん(39歳)

夫の浮気性に耐え切れずに、離婚に踏み切った人

その他のポイント

結婚線は現状に合わせて刻々と変わります。離婚してスッキリした途端に、二股になっていた結婚線が、理想的な1本の線に変わることもよくあるケースです。

良好

まだ大丈夫

離婚相

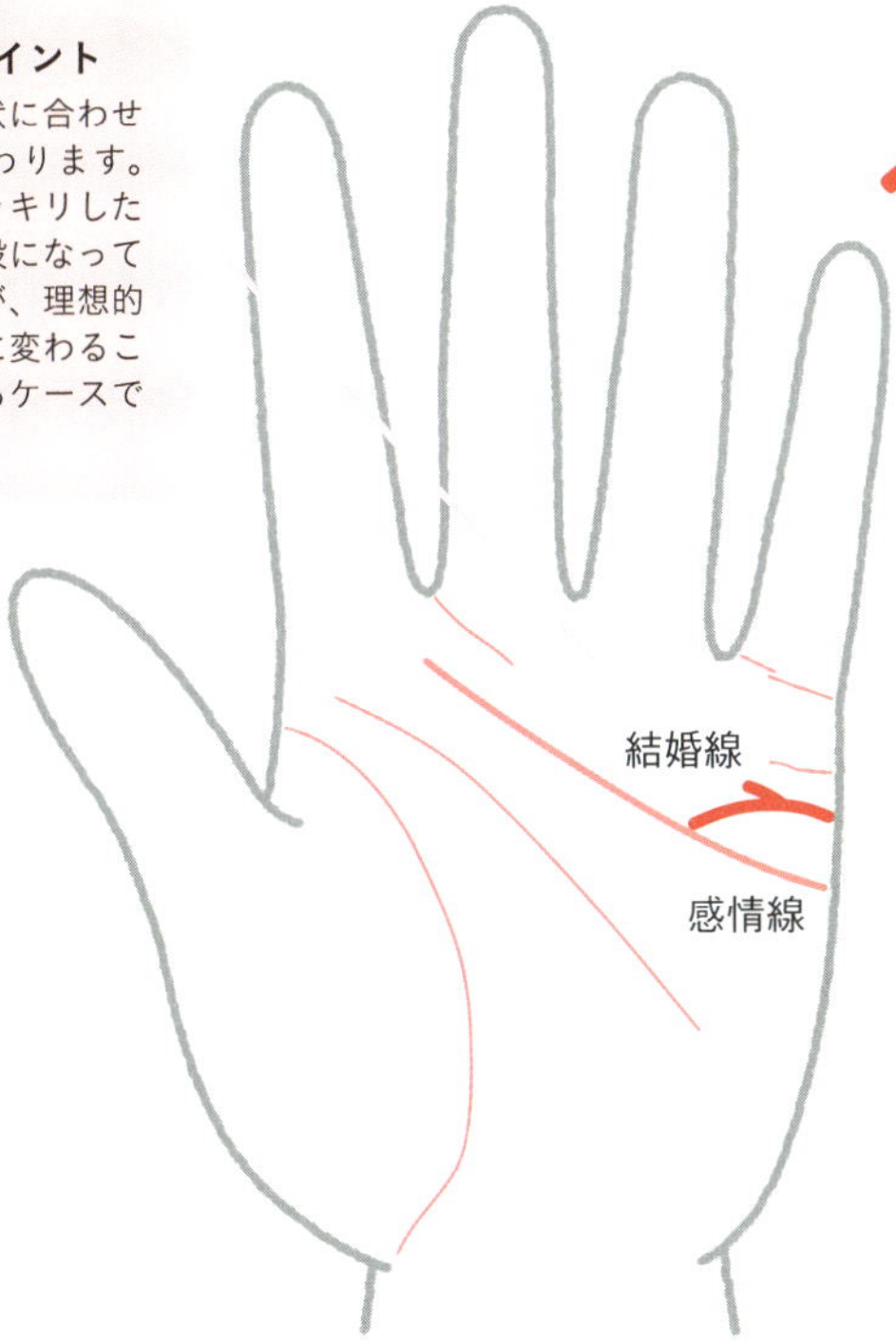

CHECK!

先端が二股に分かれている結婚線

相手と何らかの事情で一時的に別居することになる相。分かれているだけなら、まだ離婚には至りません。ただし、先端が感情線にくっついてしまっていると、心は離れ離れとなり、離婚への決意も固まります。

西谷MEMO

ご自身も手相に関心があり、日頃から大変熱心に研究しているM子さん。そのときの状況によって結婚線が変化することを見逃さず、結婚線が下に伸び、感情線にくっついたので、自分の離婚時期もわかっていたそうです。すると、夫が離婚の話を切り出しました。離婚後は、結婚線がきれいに1本になってきたのでした。このように結婚線は、夫婦間の状態を表す鏡のようなもの。日頃からチェックしておきましょう。

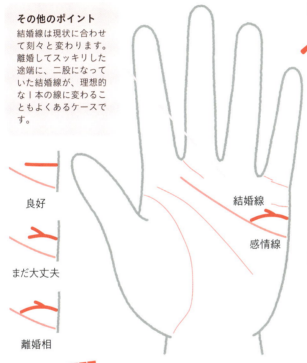

実例鑑定
37人目
結婚

運命線で良縁を招く時期がひと目でわかる？

～運命線に合流する影響線は結婚成就の相

運命線に流れ込む**影響線**は、出会いの時期をズバリと教えてくれます。この影響線は、結婚を望む人にとって、**良縁を表す喜ばしい相**となります。C子さんの場合は、26歳の終わりに、という期間限定で好きな人との結婚の成就を示していました。恋の勝利者となり、願っていた恋愛結婚がかなう相です。さらにその年に太陽支線がスタート。幸運の扉を開く幸せな結婚生活の始まりを示します。

感情線の上部からスタートする恋愛線の変形は**恋愛線変種**といいます。この線が生命線を横切る流年も26歳で、必ずといっていいほど強い力で恋愛相手と結ばれます。とても深いご縁を持った相手と巡り合うことができるという吉相です。

［運命線に合流する影響線をチェック！］

まさに運命が合流する意味を持つ

- 人生に影響する人との出会いで運が増強される
- 恋の勝利者となり、結婚ができる
- かけがえのない相手との良縁に恵まれる

C子さん（27歳）

結婚相手の存在で、結婚と同時に幸せをつかむ人

その他のポイント

影響線の長さは、1.5センチくらいのことが多いのですが、中には3センチほどの長さがある場合も。現在・未来の恋愛状況を読み取る、わかりやすい線です。

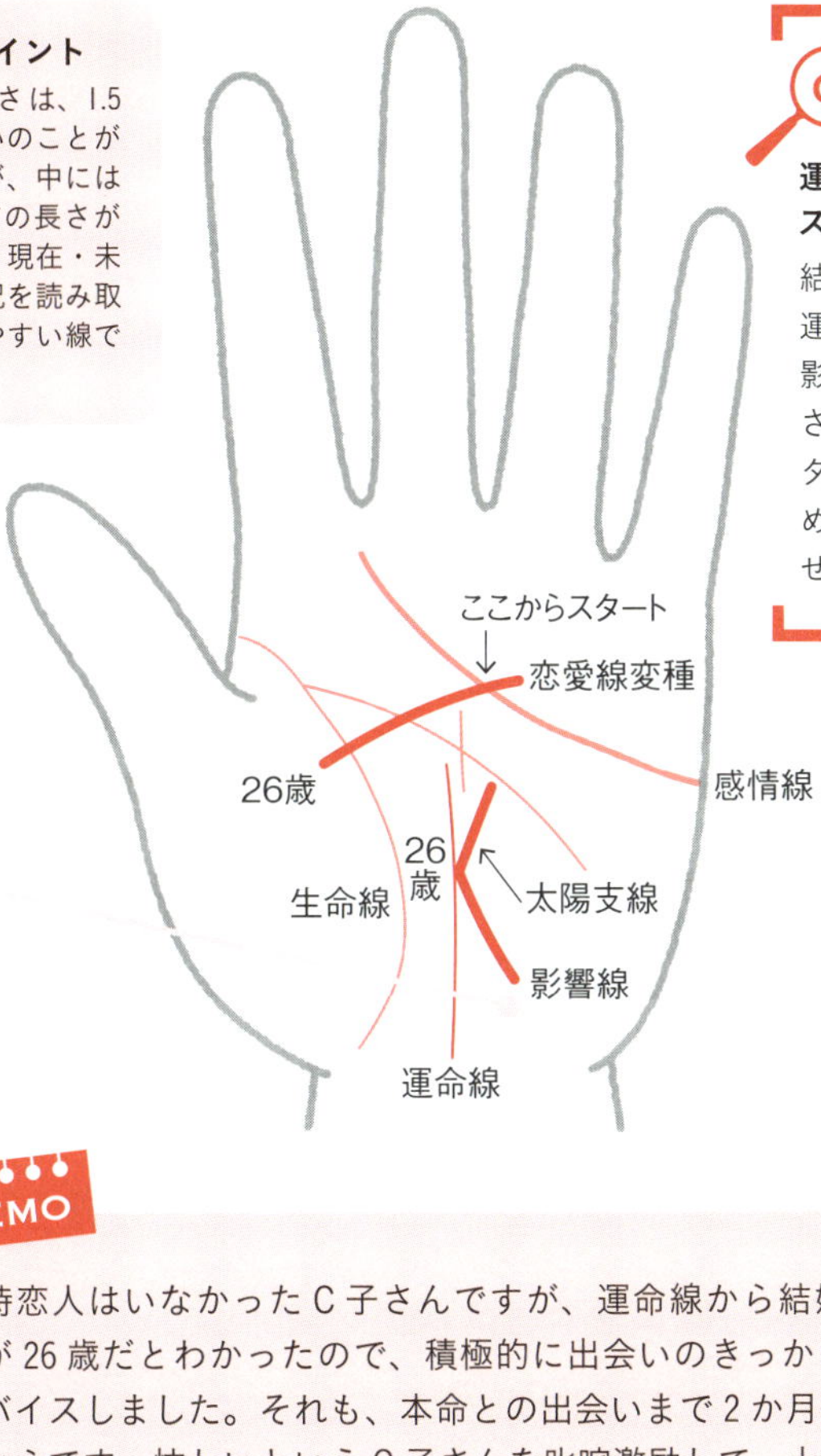

CHECK!

運命線からスタートする太陽支線

結婚の時期を示す、運命線に流れ込んだ影響線の位置から、さらに太陽支線がスタートしているため、結婚によって幸せを手にできます。

西谷MEMO

当時恋人はいなかったC子さんですが、運命線から結婚決定の時期が26歳だとわかったので、積極的に出会いのきっかけを探すようにアドバイスしました。それも、本命との出会いまで2か月を残すばかりだったからです。忙しいというC子さんを叱咤激励して、土日に外出してもらったところ、見事に2か月後に運命の人との出会いに成功！　運命線と合流した影響線の教えどおりに、26歳の終わりにゴールインしました。

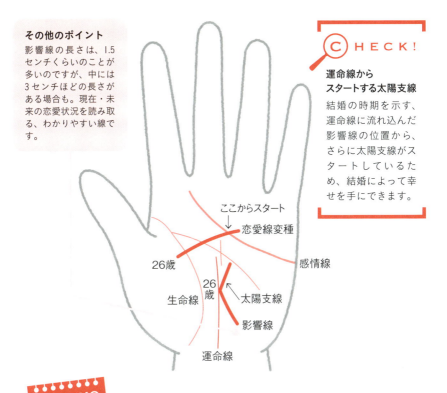

実例鑑定
38人目
結婚

長い障害線は、結婚生活の終わりを示すサイン？

～生命線の流年で不運の起こる時期がわかる

まっすぐに**生命線を切って出る障害線**は、その流年に**何らかの不運が起こる**ことを示しています。また、この障害線は短く薄く出ている場合でも、何らかの障害が起こるので注意が必要です。

ただし、障害線を読み取るのはかなり難しく、経験が必要で、恋愛線とよく似ている線でもあるので、早合点して一喜一憂するのは避けましょう。そう簡単に出てくる線でもありません。もし出ていても一生のうちに一度や二度の障害はあるものだと、どっしりと構えているほうが、何事か起こったときにも乗り切れます。そして障害が起こることがあらかじめ手相でわかれば、万全の注意が払えるので、**災難を最小限に食い止める**ことも可能です。

生命線を切る障害線をチェック！

生命線の流年で何らかの不運が起こることを教えている線

- 線が濃く長いほど、障害が大きいことを示す
- だらだらとしたスランプではなく、一時的に障害を受ける出来事を予告
- 時期を早めに知り、事前の準備をして対処する

C子さん（51歳）

信じていた夫が離婚を宣告！後にその衝撃の理由を知った人

その他のポイント

手のひらにほくろができたら要注意。特に親指のほくろは、夫婦や恋人との関係の悪化のサインです。親指の付け根の大きなふくらみ（金星丘）に出現するほくろやシミも同様です。

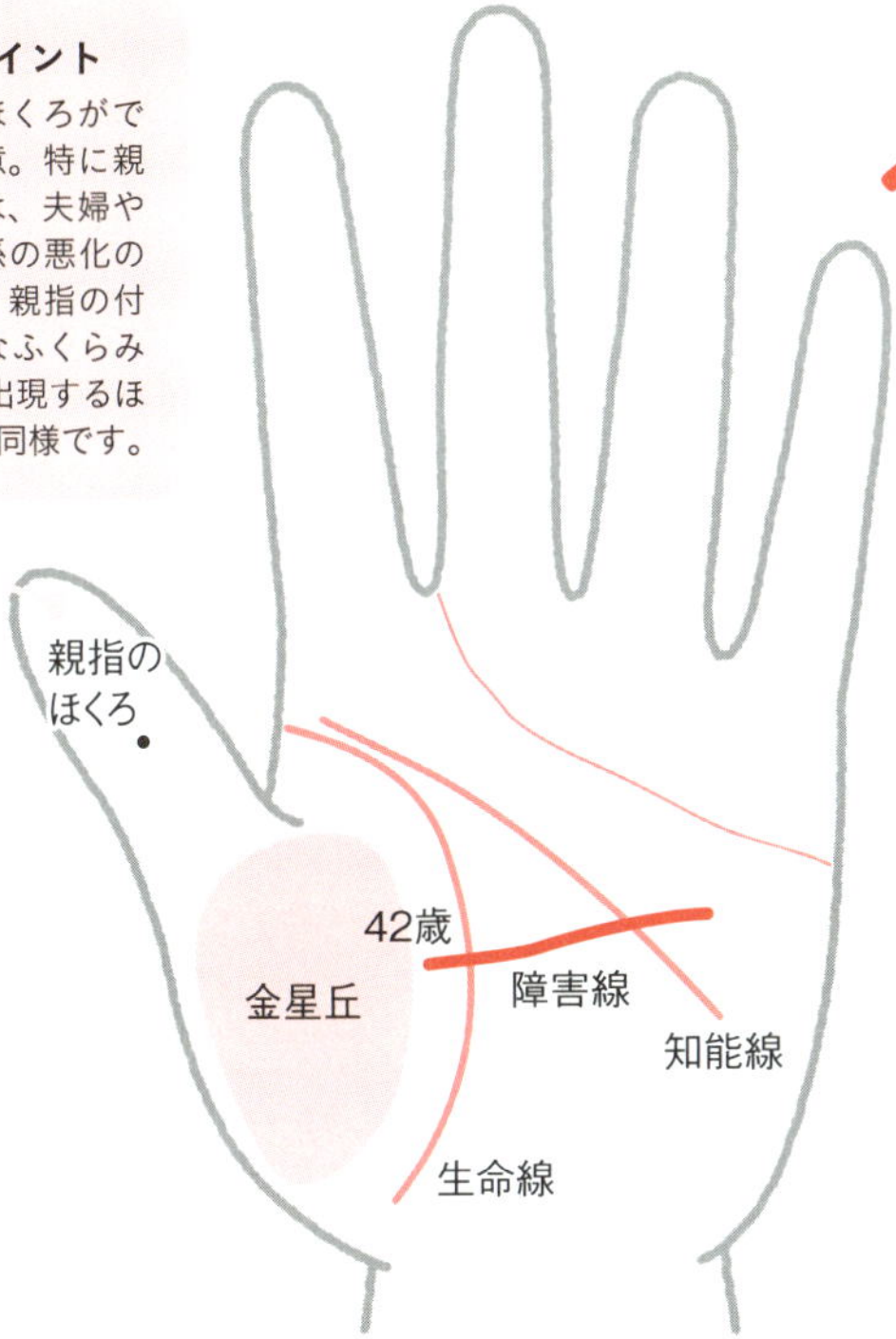

CHECK!

長く伸びた障害線

離婚の代表的な相です。図の場合、流年の42歳で離婚することを示しています。

西谷MEMO

信頼していたご主人から、突然の離婚宣言をされてしまったC子さん。流年42歳のポイントに障害線が入っていましたが、ちょうどこの時期に当たるご主人の10年前の手帳には、女性と一緒に伊勢参りをしたという記述がありました。障害線は結婚の危機を知らせてくれていたのです。加えて両方の親指に出たほくろも、関係修復は難しいことを示していました。ほくろやシミは、銀や白のペンで塗って隠すのが良策です。

実例鑑定
39人目
恋愛

ほくろ、シミ、傷は「注意の印」？

～恋に苦悩した過去を物語る相

手のひらにほくろをはじめ、シミや傷などができたなら、**恋愛面に関して注意**が必要だというサインです。残念ながら、手のひらにできるほくろには、いい意味はありません。それまでほくろなどひとつもなかったのに、突然できてしまったという場合には、往々にして恋愛のトラブルが起こっているものです。

　また、あまり望ましくない相手と出会って恋愛が始まったばかりのときには、手にケガをしてしまう場合が多いようです。そんなことが続いたら、まず**冷静になって相手との関係性を見直し**てください。

　さらに、結婚や恋愛が破綻するときには、相手の薬指にほくろが出ることもあります。

［金星丘にできたほくろをチェック！］

恋の悩みに苦しむことで出現する場合がある

- 金星丘は、愛情運や人生を楽しむ能力をみる場所
- ここにできたほくろは、恋に苦悩したことの証し
- 金星丘のほか、親指に出る場合も

M子さん（30歳）

数年付き合っていた彼が転勤！同時に音信不通になって苦悩した人

その他のポイント

恋愛、結婚関係でトラブルが起こっているときに手にケガをしてしまうと、普段ならすぐに治るようなケガでも、膿んでしまったり、ほくろに変わってしまう場合があります。

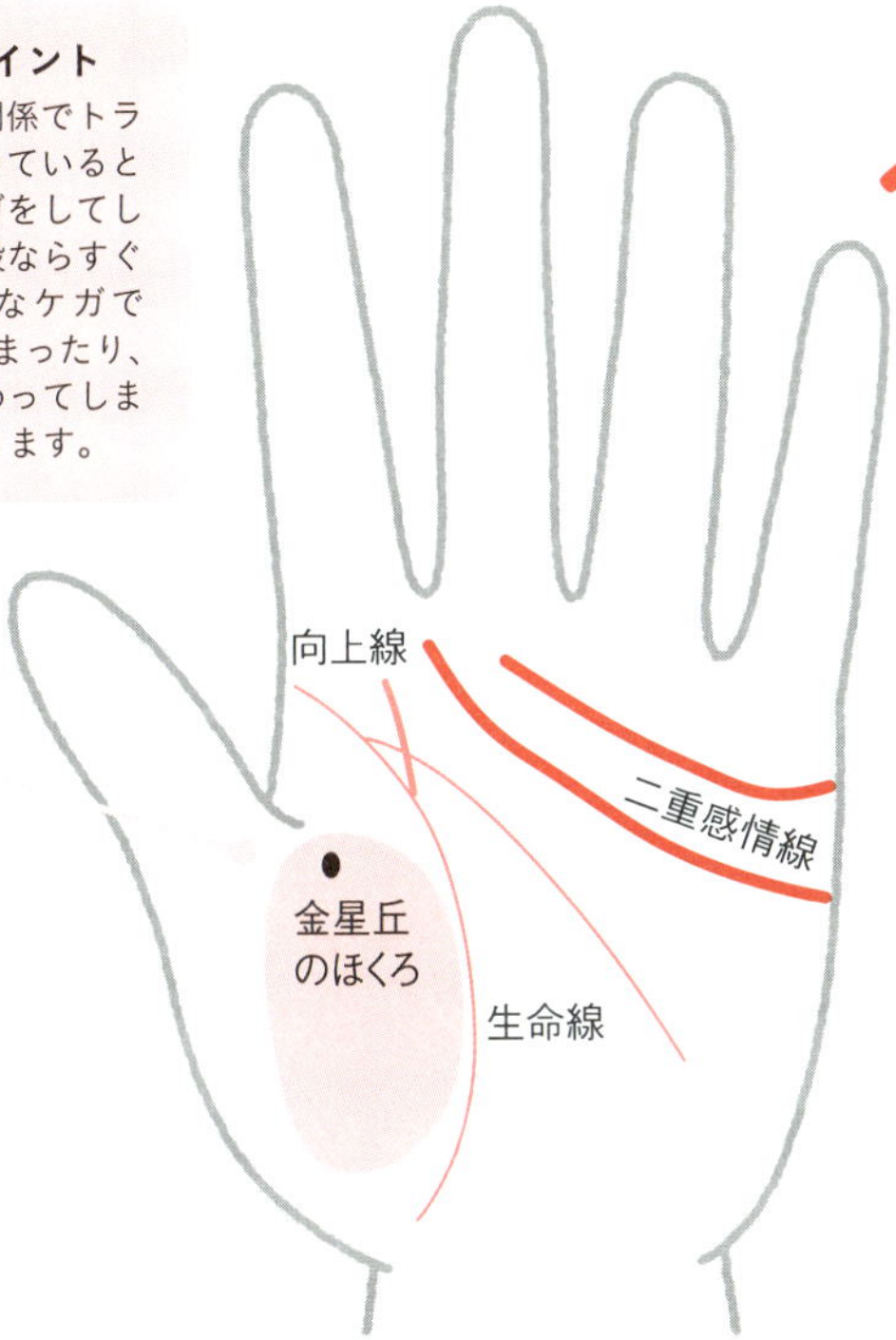

CHECK!

二重感情線と向上線

二重感情線の持ち主は、一度恋愛や結婚生活が壊れても、次なるチャンスに恵まれます。生命線上部から出ている向上線からも、常に希望を掲げて邁進する人で、失恋などにも負けずに未来に向かうパワーのある人だということがわかります。

西谷MEMO

数年間付き合っていた彼が、大阪から東京へ異動になった途端に音信不通となり、会えなくなってしまったM子さん。彼との結婚を考えていたM子さんが、どれほどつらい思いをしたかは、当時、金星丘に出たというほくろでよくわかりました。ですが、持ち前の希望に向かって前進していく気持ちがあれば、二重感情線からの恩恵で、次の恋のチャンスが必ず訪れます。

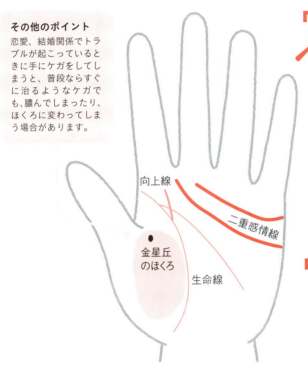

実例鑑定
40人目
結婚

失恋と結婚の線が、どちらも入っている相が示すのは？

～つらい失恋が、かえって幸運を呼び寄せる場合も

失恋を予告する線というものがあります。そのひとつが**弓形障害線**で、生命線と知能線にまたがるように、主に30歳までの流年に、弓形に描かれる障害線のことです。この相は仕事や対人関係の悩みなど、さまざまな**精神的な苦悩**を示すものですが、若い20代で出ているときは、30％くらいが失恋を知らせています。

またこれとは正反対の、すばらしい結婚を表す相もあります。K子さんのように**運命線に流れ込む影響線**が出ているのは、その流年で**恋の勝利者**となり、幸せな恋愛結婚ができることを示しています。さらに、相手はまるで結婚することをお互いに約束して生まれてきたかのような、運命の人といえます。

末広がりに出る太陽線もチェック！

金運、成功運を教えている線

- 薬指の下の太陽丘に向かって上る太陽線は、金運、成功、名誉、名声、人気を表す線
- この線が2本あれば、金運はさらに強い
- 末広がりに出る太陽線は「お金持ち」の相！

K子さん（51歳）

24歳で裏切られて失恋するも、26歳で幸せな結婚をした人

CHECK!

生命線と知能線にまたがる弓形障害線

精神的な悩みごとを示す線。生き方について真剣に迷うときにも表れます。

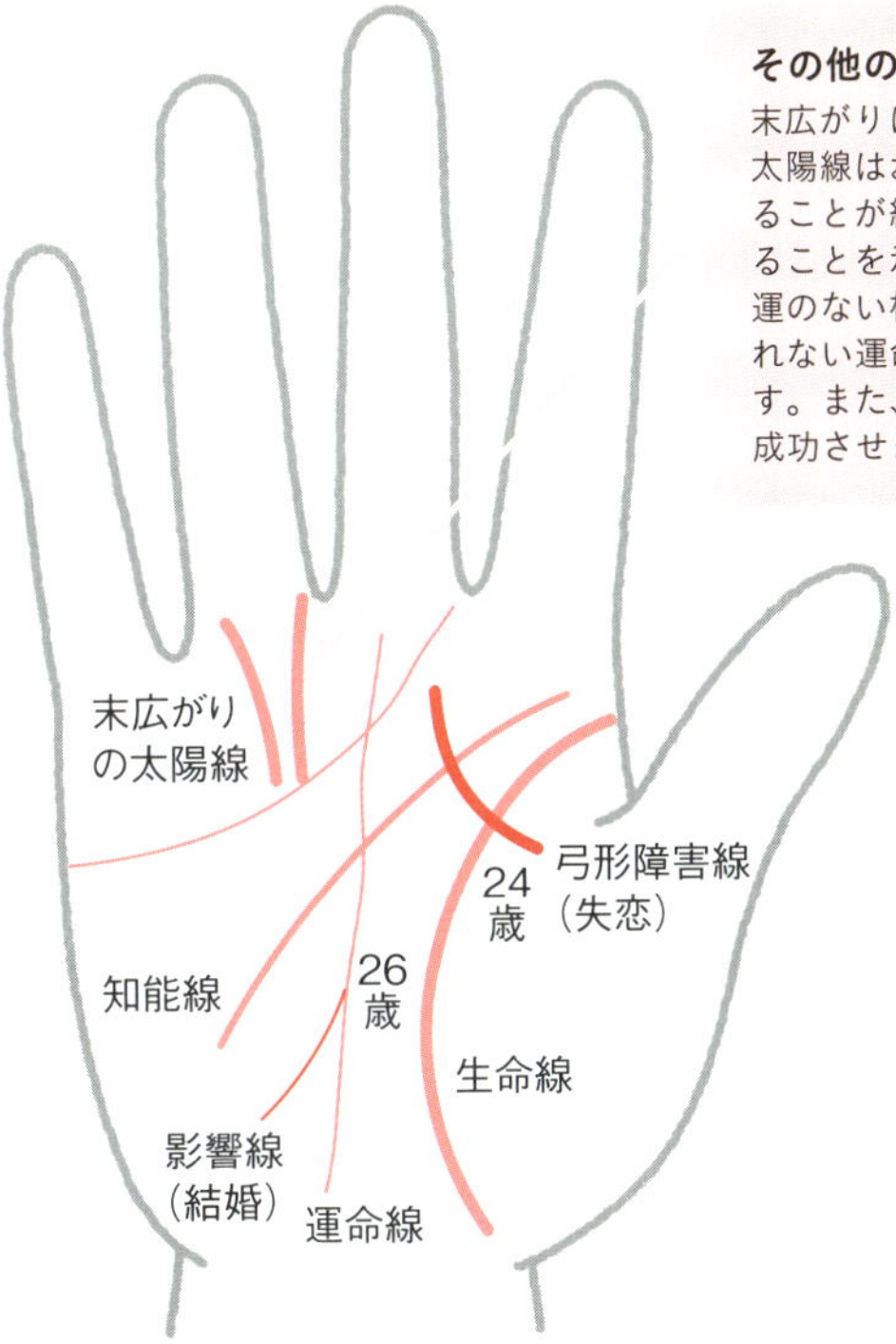

その他のポイント

末広がりに出た2本の太陽線はお金持ちになることが約束されていることを示します。金運のない相手とは結ばれない運命にもあります。また、結婚相手を成功させます。

西谷MEMO

24歳のときに、絶対に結婚しようと思っていた彼に直前に裏切られてしまったK子さん。しかし2年後にこのうえない幸せな結婚の印があり、そこで結婚！　また、24歳のときにもし結婚していたとしたら、神戸の1階のマンションに入居予定だったので、阪神淡路大震災で命を失っていたかもしれなかったそうです。K子さんの人生を吉相が守ってくれたことを、大変うれしく思いました。

実例鑑定
41人目
結婚

「ミニ開運線」は結婚の印？

～見落としてしまいそうな小さな相が結婚を告げていた！

生命線から上る開運線は、結婚の時期を告げる印のひとつですが、これは大変に短い場合があります。これを**ミニ開運線**と呼んでいますが、たとえ1ミリでも2ミリでも、確かな**結婚の印**ですので、うっかり見落とすことのないようにしたいものです。

このSさんは**二重感情線**の持ち主。これは**どんな災難にも負けずに、立ち向かっていく強い心**を持っていることを示しています。根っから明るく、精神的にタフな人ですから逆境にもひるまずに進んでいけます。

ひとつ付け加えるなら、二重感情線を持った男性は非常にモテます。結婚後も女性が接近してきますので、行動や言動には十分に気をつけることです。

生命線から上る向上線もチェック！

人生の目的に向かって
全力投球することを示す線

- 人生の目的を見つけたら全力で頑張り、達成する
- 長い短いの差はあっても、多くの人に出ている相
- 仮にない場合も、努力を重ねれば出てくるので、人生の向上のためにも出現させたい線

Sさん（42歳）

ミニ開運線の導きで結婚相手と出会い、見事にゴールインした人

その他のポイント

二重感情線のある人は、外見以上に大変な精神力の持ち主。恋より仕事を選ぶタイプも多く、恋に夢中になり、目標や夢の実現のための努力を怠るということはありません。

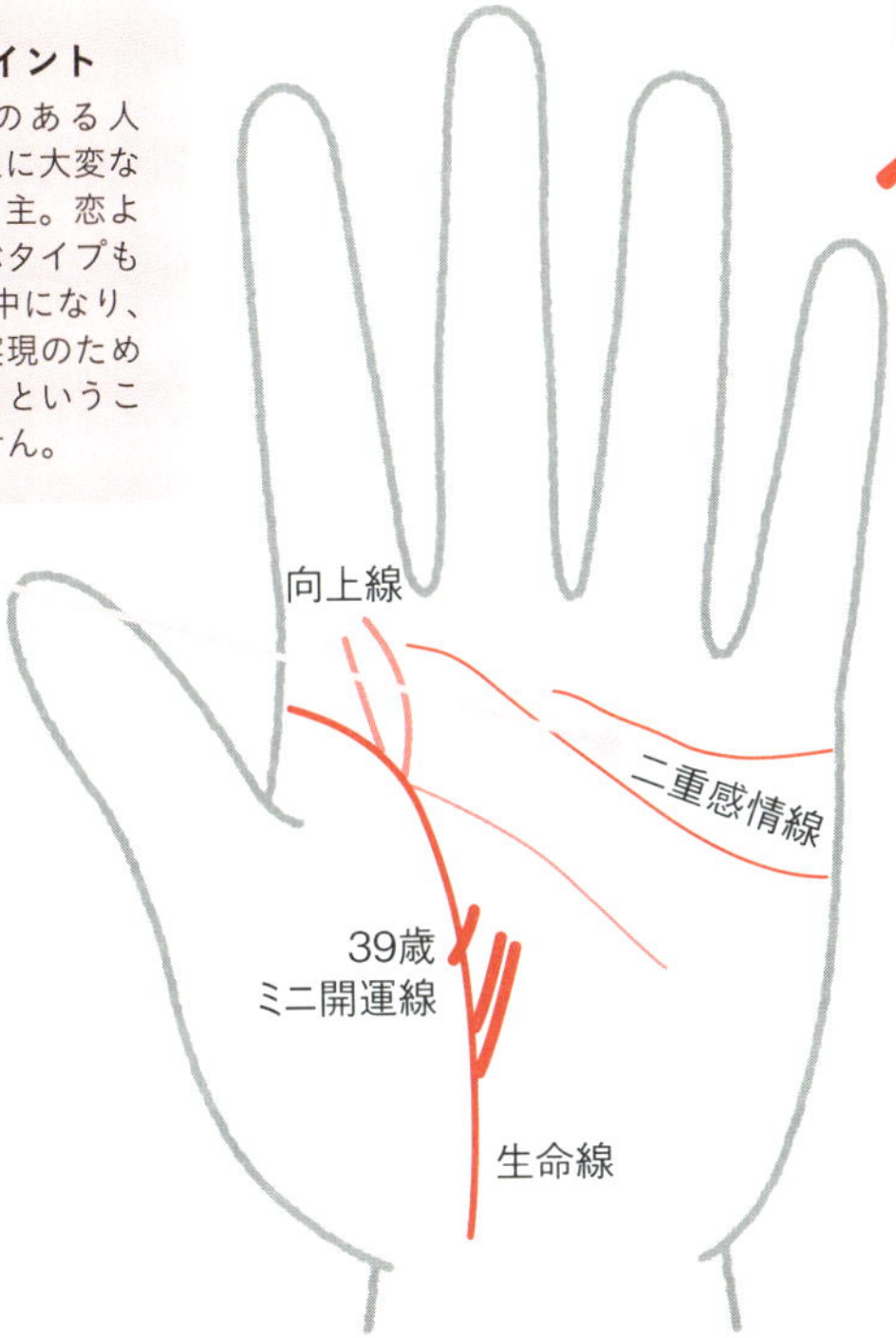

CHECK!

短く出ていたミニ開運線

努力が実って、開運することを示しています。人生に新しい世界が開けていきます。

西谷MEMO

鑑定当時、誰とも交際していなかったのに、私の予測どおり、ミニ開運線が表していた39歳でゴールインしたSさん。このように手のひらには、素敵な結婚相手と出会うタイミングがきちんと刻まれていたのでした。二重感情線と向上線からは、人生を懸命に切り拓いていくことも見て取れます。しっかりした精神力の持ち主。これからも目標に向かい、ひたすら突き進んでください。

実例鑑定
42人目
結婚

薬指は、配偶者を映す鏡のようなもの？

～薬指のシミやほくろは配偶者に異変が起こる知らせ

指も手のひらと同じように、その人の**運気や運命、性質などを表して**います。各指が示す意味を確認しておきましょう。親指はやる気や愛情、人差し指は権力・指導力・向上心、中指は孤独・思慮深さ・忍耐力、薬指は名誉・名声・芸術性・配偶者運、そして小指は雄弁さ・社交力・子ども運・文才を表しています。

また、**各指の長さによって、その指の意味合いが強く**なります。たとえば、親指が長くしっかりしていれば、とてもやる気があって愛情深い人。中指が長ければ、孤独に強くて思慮深い人。反対にその指が短い場合は、人差し指が短いと向上心が弱め、というように意味合いが薄くなります。

［ 薬指のシミをチェック！ ］

配偶者に起こった異変を知らせている

- 薬指は、配偶者に関することを表している指
- ここにシミや傷、ほくろなどが出ると、配偶者に異変が起こることを知らせている
- 配偶者に起きた異変が大きいほどはっきりと出る

A子さん（47歳）

配偶者を亡くす前に、知らせで薬指にシミができた人

CHECK!

薬指にできたシミやほくろ

配偶者に異変が起こることの知らせ。そのときのシミの大きさで、苦しみの深さもわかります。また、配偶者の身に何かが起こりそうなときは、薬指にケガをしやすくなります。

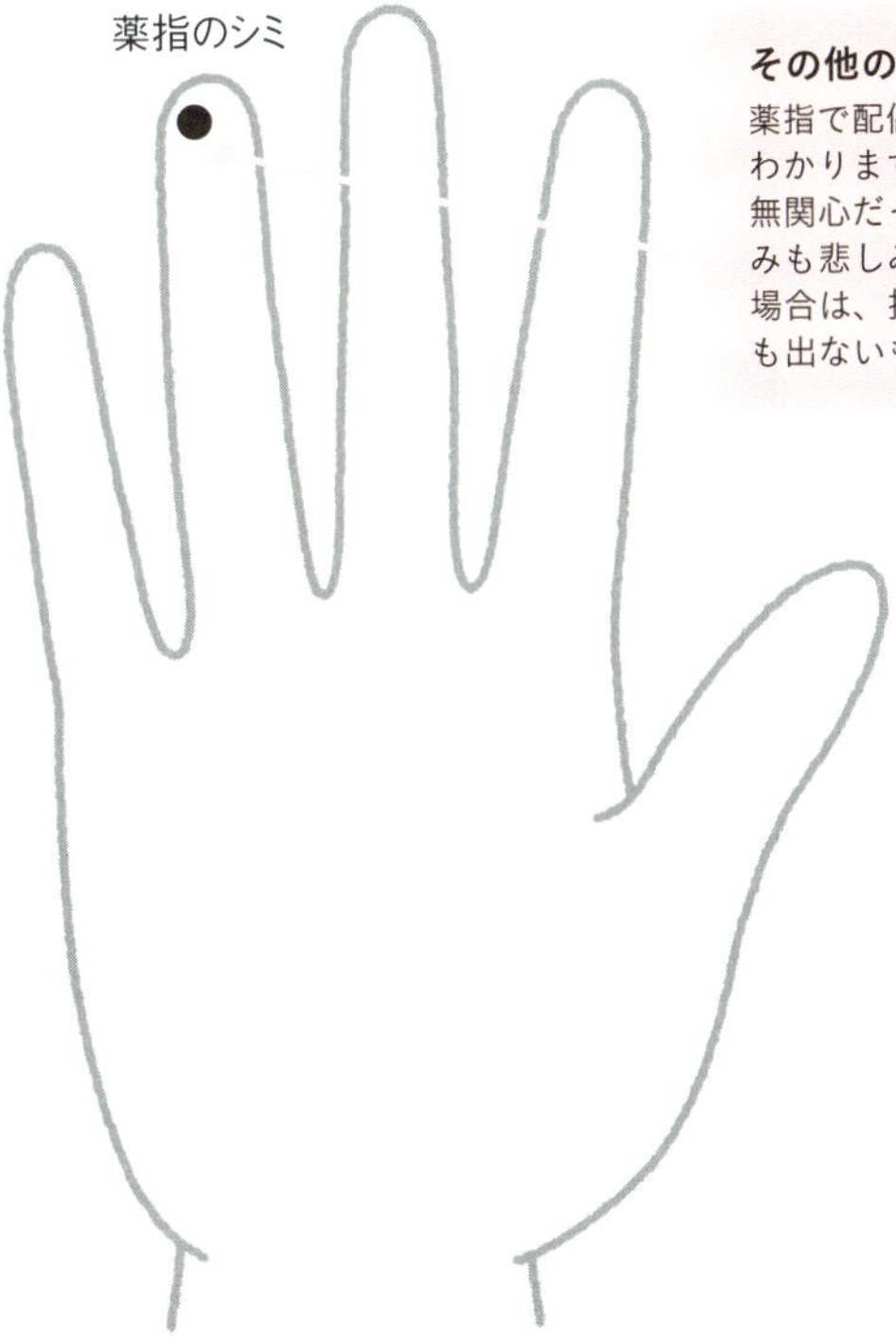

その他のポイント

薬指で配偶者の異変がわかりますが、相手に無関心だったり、苦しみも悲しみも感じない場合は、指に何の変化も出ないものです。

西谷MEMO

医師であったご主人を、享年57歳という若さで亡くされたA子さん。ご主人が亡くなったすぐ後に、ふと自分の薬指を見て、先端にシミができているのに気がつきました。その死の前後に苦しんだ度合い、また夫の異変の様子が、シミや傷などの大きさ、濃さとなって表れます。A子さんのシミの薄さからは、覚悟もあったのか、最小限の苦しみですんでいることが見てとれました。

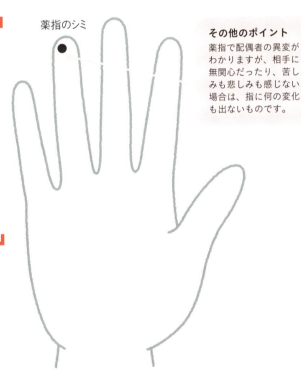

実例鑑定
43人目
結婚

開運線で結婚の時期がわかる?

~開運線の出ている流年で、何歳で結婚するかがズバリわかる!

未婚の人にとって、自分の結婚時期は気になるものです。それをひと目で読み解く方法があります。このC子さんのように**生命線から開運線が上って**いたら、それが**結婚することを知らせる印**のひとつです。そして何歳で結婚するかは、流年で見ます。はじめは読み間違えてしまうこともありますが、必ずわかるようになります。西谷式の流年法をマスターすれば、結婚をはじめ、独立や出産、そして病気の時期がわかるので、**万全の準備や注意をして臨む**ことができます。

西谷式流年法を覚えてしまえば、人生における幸運は、その度合いを高めることができますし、災難を避けて小難にとどめることができます。

[生命線から出る開運線をチェック!]

人生上で新しい出来事が起こることを示している

- 長年あたためてきた夢がかなうことを示す
- 夢の実現によって、人生の可能性が大きく開けていく
- 結婚以外にも、独立、受賞、転職、昇進、家を買うなどの喜ばしい出来事を告げている

C子さん（51歳）

お金持ちの医師と結婚した、億万長者の相を持つ人

CHECK!

末広がりの太陽線
億万長者の相。結婚も、強い金運を持つ人との出会いによって実現します。

その他のポイント
人気運命線の持ち主は、どんなに困ったときでも、周囲の人の助けによって乗り切れる強運の相です。さらに異性からも人気があります。一流の芸能人によくみる相です。

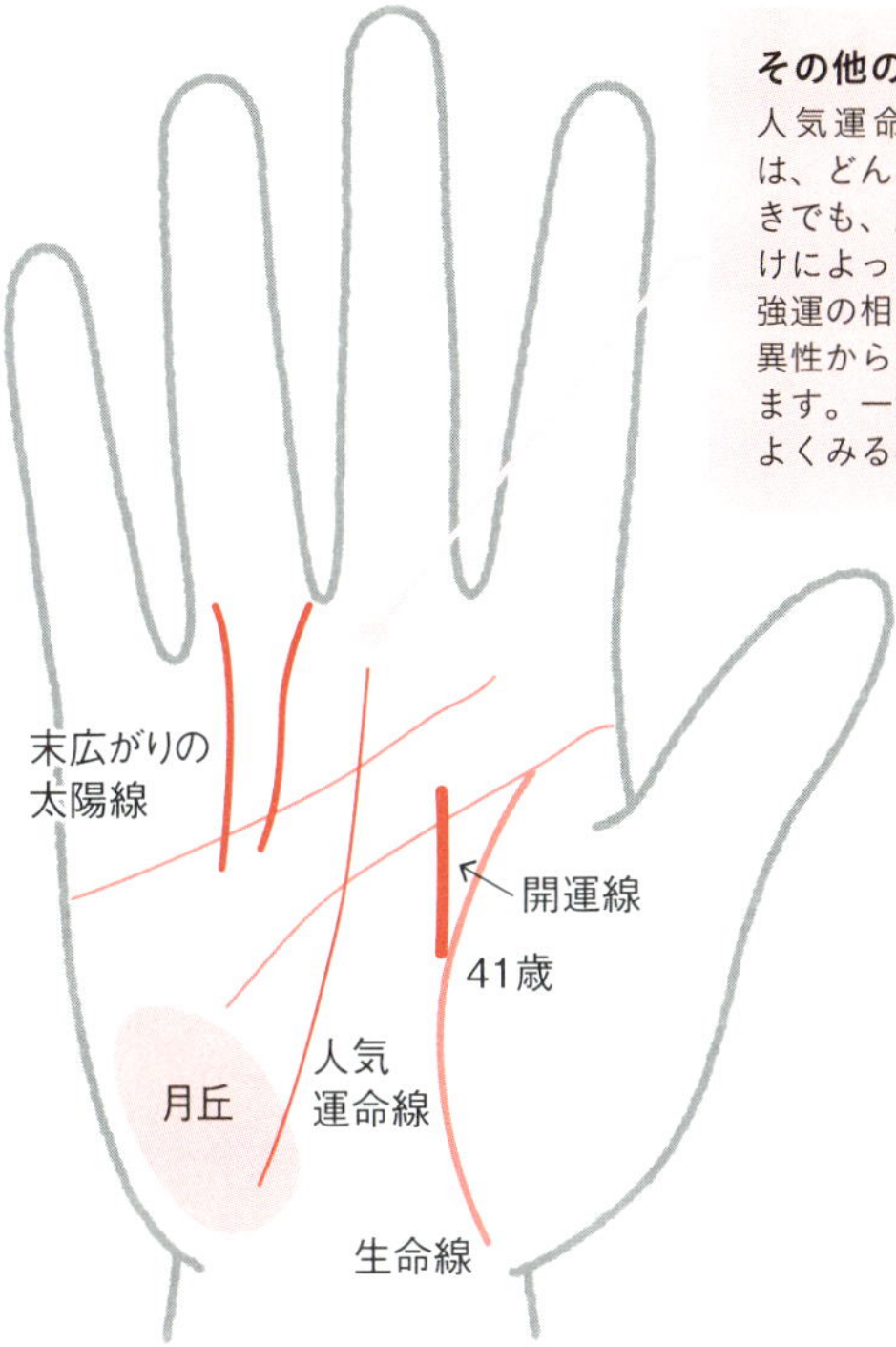

西谷MEMO

私の手相スクールの受講生であるC子さん。開運線の流年（41歳）がご自身の結婚の時期を指し示していたことに、大変驚いていました。また、末広がりの太陽線と、月丘から上っている人気運命線の両方をお持ちのC子さん。コミュニケーション能力もすばらしい人なので、今後も医師であるご主人や、周囲のよき仲間たちに支えられて、楽しい人生を歩まれることでしょう。

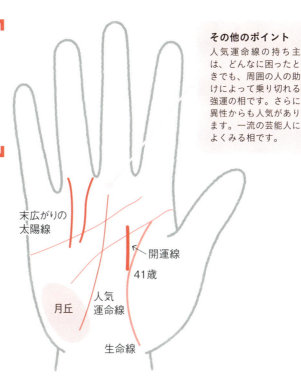

実例鑑定
44人目
恋愛

感情線が蛇行している人は恋愛で悩みがち？

～愛情面で回り道をしてしまう人

恋愛で悩みやすい人に表れがちなのが、左ページの図のように**蛇行している感情線**です。これは恋愛や結婚において、苦労や遠回り、あるいは寄り道をしていることを示しています。この線を持っていると、結婚のできない相手とずっと一緒にいたり、不倫に溺れて抜け出せない、といったことが起こります。40代を過ぎて、結婚の意志はあるのにかなわないという人によく出る線でもあります。

　また、図の感情線は、左手は問題がないのに、右手だけが乱れていました。これは、左手は生まれ持った才能や性格、運命を表し、右手は自分で作り出した才能や性格、運命を意味していますので、恋愛面の行き詰まりは**自分に原因がある**といえます。

各線の蛇行する意味をチェック！

各線の蛇行は改善すべきことを示す

- 運命線＝蛇行している流年の期間、非常に苦労を強いられる
- 生命線＝健康に問題が発生することを予告している
- 知能線＝自分の好きな仕事や生き方ができず回り道をする
- 太陽線＝金銭面での行き詰まりを表す

Dさん（40歳）

結婚できる見込みのない女性ばかり好きになり、結婚に至れない人

CHECK!

蛇行が著しい感情線

実らない恋にこだわり続けるために、結婚にたどり着けないことを示しています。

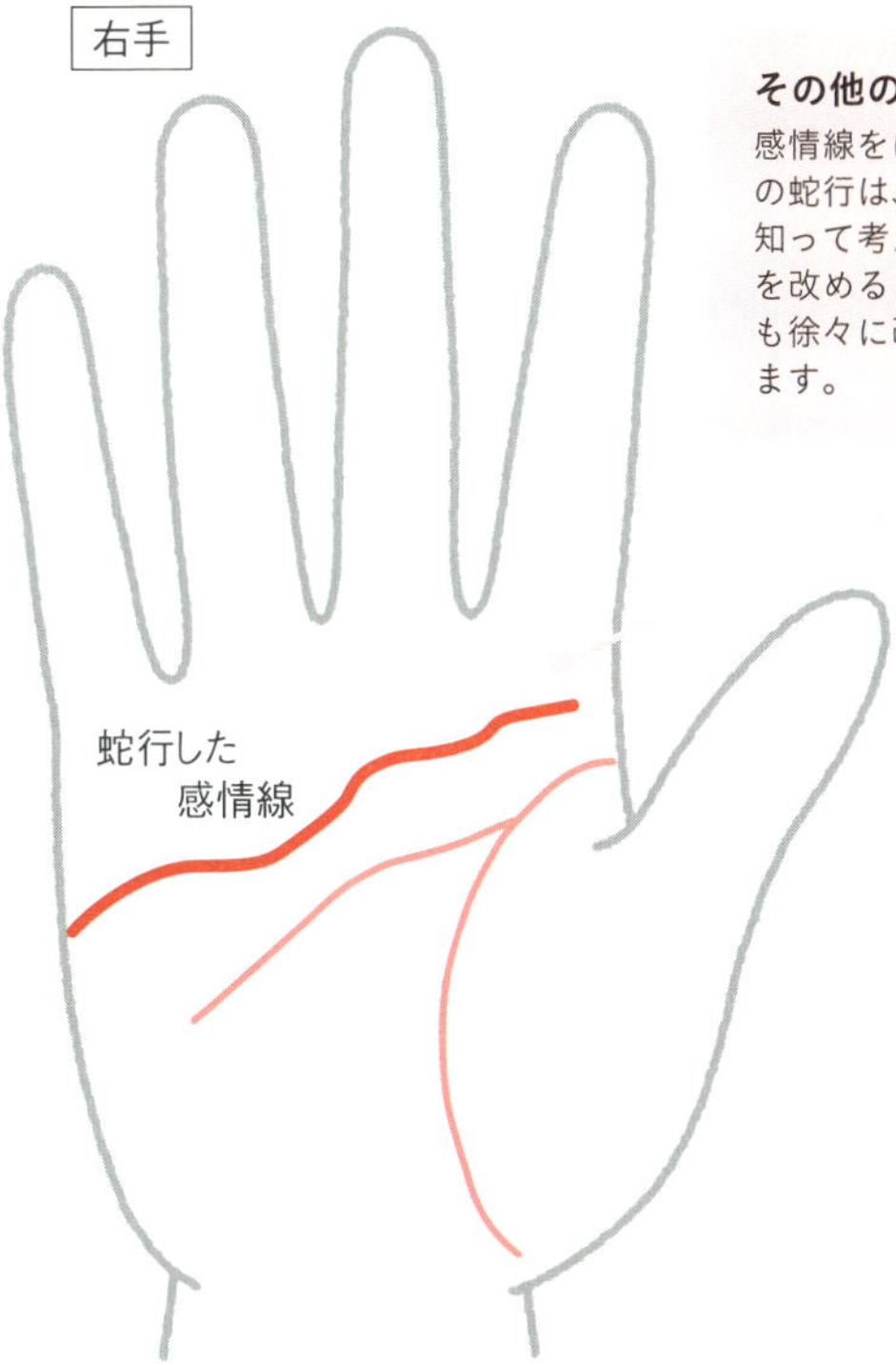

その他のポイント

感情線をはじめ、各線の蛇行は、その原因を知って考え方や生き方を改めることで、運気も徐々に改善していきます。

西谷MEMO

Dさんは会計事務所に勤めていて、しっかり真面目に仕事をしているものの、なぜか結婚できない相手にばかり夢中になってしまって、いまだに結婚がかなわないとのことです。蛇行する感情線が示している、実らない恋からは卒業し、恋愛や結婚に対する意識や姿勢をあらためるならば、必ず恋愛運、結婚運も正しい流れになっていきます。頑張ってください！

実例鑑定
45人目
結婚

チェック相があると二人の男性からプロポーズされる？

～開運線が教える幸運の訪れ！

結婚の時期がわかる代表的な相に、**生命線上に出る開運線**の存在があります。このC子さんのように生命線のあるポイントから開運線が上っていれば、その流年のときに希望がかなって結婚の運びになることを示しています。

また開運線は短くても薄くても、幸運が起こることに違いはありませんが、C子さんのように**はっきりときれいに入っているほど、その開運力は強く**なります。

さらに、34歳の時点で2本の線でチェック相が描かれていると、二人の男性からアプローチを受けるということを示しています。この線が出た場合は、相手を慎重に見極めることが大切です。

[結婚線の流年と本数をチェック！]

結婚線の流年で結婚の時期がはっきりわかる

- 結婚線の流年をみれば、結婚に至る年齢がわかる
- 本数は結婚する回数ではなく、「結婚したい」とまで思う人の数を示す
- 上向きなら、人もうらやむ幸せな結婚ができる

C子さん（44歳）

2人の男性にアプローチされ、予測どおりに34歳で結婚をした人

その他のポイント

28歳と34歳の時期に結婚線が出ています。鑑定当時32歳だったC子さんの結婚は34歳だとわかりました。

CHECK!

生命線上の開運線

「かねてからの願いがついにかなう」という意味。結婚願望のある人の多くがこの線が出た年にゴールインしています。

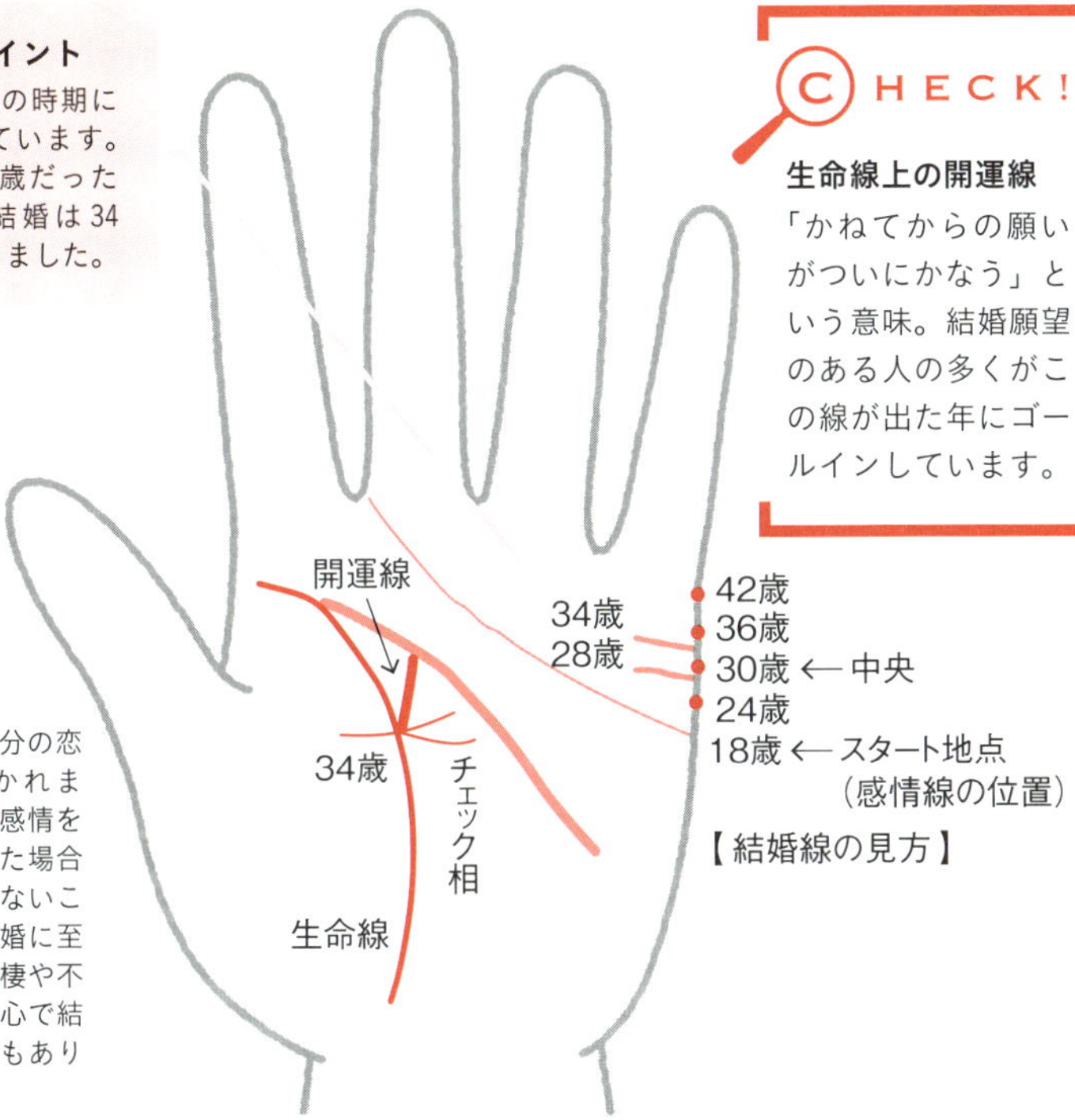

※結婚線には自分の恋心の様子が描かれます。あまり恋愛感情を持たずに結婚した場合は、結婚線が出ないことも。反対に結婚に至らなくても、同棲や不倫など激しい恋心で結婚線が出る場合もあります。

西谷MEMO

今から12年前に鑑定をしたC子さんが、後日談を聞かせてくれました。当時32歳で独身だったC子さんの手相には、生命線からの開運線でわかる結婚の時期も、結婚線そのものにも、ズバリ34歳での結婚が示されていました。彼女にそのことを伝えていました。結果は、そのとおり34歳で結婚！　さらにチェック相どおりに、2人の男性から求婚されたそうで、あまりの正確さに驚いていらっしゃいました。

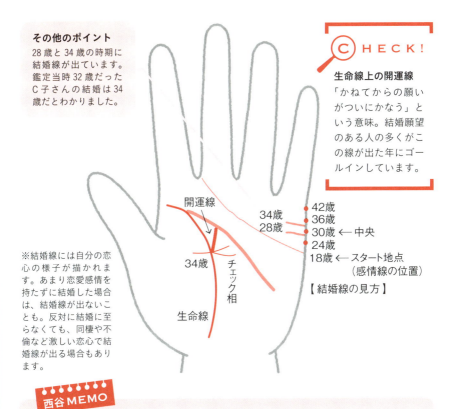

実例鑑定
46人目
結婚

恋愛線変種と変形マスカケ線の持ち主の人生はスペシャル？

～波乱万丈だけど素敵な人生を送る人

過去にすばらしい大恋愛をしたことがわかる相があり、これを**恋愛線変種**といいます。このF子さんのように感情線の上のほうから入り込んでいる線のことです。そして、この線が生命線に入った流年で、**恋愛相手と深く結ばれる**ことを示しています。F子さんの場合ですと、19歳のときに、身も心も燃え上がるような恋をしたことがわかります。

さらにこの感情線から流れ込む横線は**変形マスカケ線**の意味合いも持ちます。このような線を持つ人は、激しいまでの大恋愛とともに、人をあっと驚かせるような行動をし、普通の人ならたじろいでしまうような決断をして、**独自の人生を貫いて**いきます。

変形マスカケ線もチェック！

ユニークな性質に感情線の意味が加わる

- 変形タイプのマスカケ線は、マスカケと同様の意味を持ち「ユニーク」である
- 自分の生き方に忠実に突き進み、自力で幸せをつかむ
- 平凡な生き方をすると、普通の線の形に変わる場合も

F子さん（42歳）

19歳でフランス人医師と大恋愛！ フランスで結婚生活を送る人

CHECK!

感情線上部から スタートする恋愛線 変種

この線が出ると、必ず恋愛相手と深く結ばれることを示します。結婚とは限らず、一時的な恋愛の場合もありますが、その流年で精神的に深い付き合いをすることを表す線です。

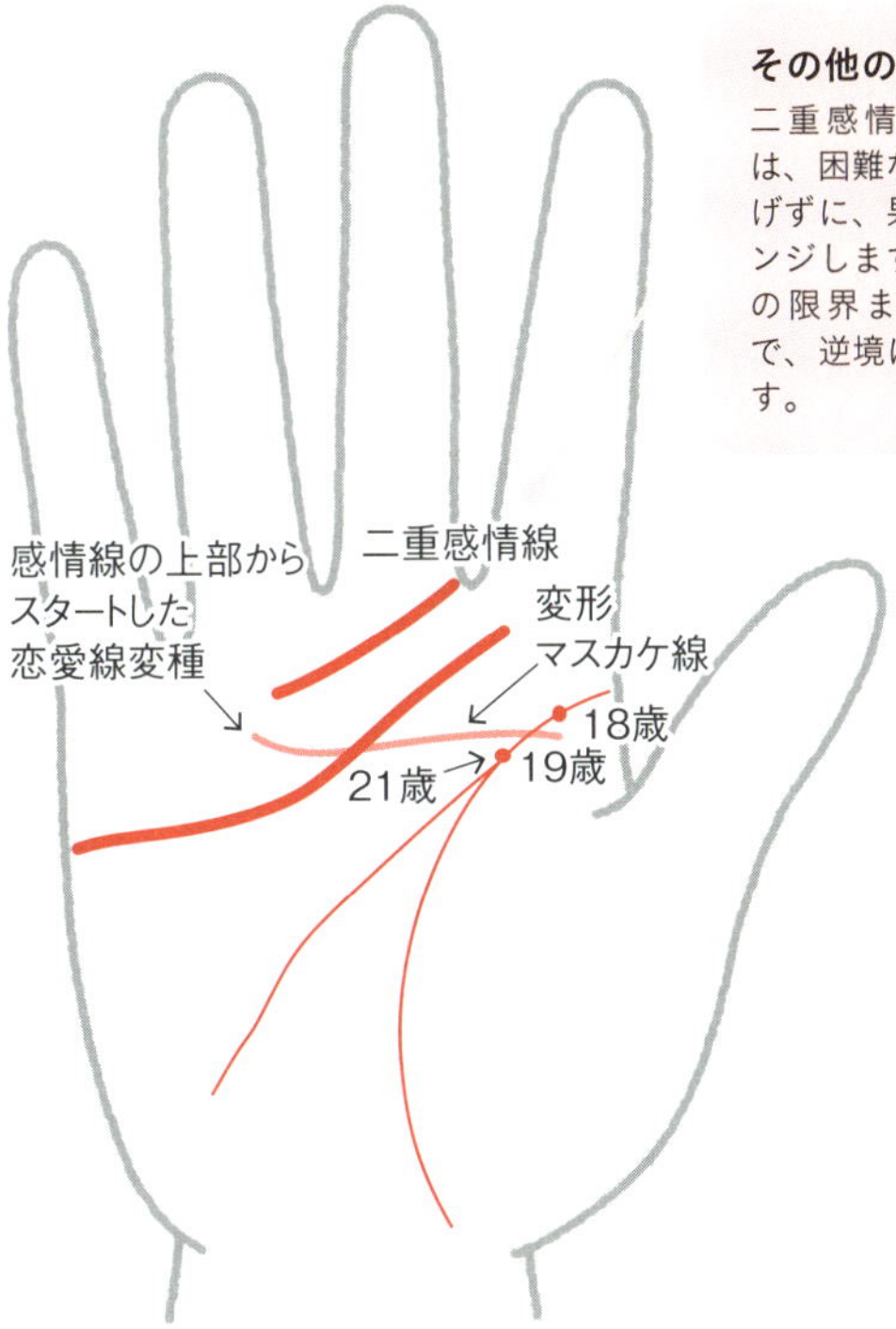

その他のポイント

二重感情線がある人は、困難なことから逃げずに、果敢にチャレンジします。また体力の限界まで頑張る人で、逆境にも強い人です。

西谷MEMO

感情線の上からスタートする恋愛線変種があり、あわせて変形マスカケ線の意味も持つ相のF子さん。その相のとおりに大恋愛の末、国際結婚に至った人。恋のためなら海外生活もいとわず、ひるむことなく実現させたことで、スペシャルな幸せを自力でつかんだ人です。ずっと海外で過ごしても平気なのは、二重感情線が示すように、タフな心の持ち主だから。納得です。

実例鑑定
47人目
結婚

手のひらの小じわと短い恋愛線が示しているのは？

～若くして駆け落ちした人の手にみられる青春期特有の特徴

晩婚化が進む一方、若くして駆け落ちという形で結ばれる人もいます。そんな人の手のひらには、**小じわがたくさん刻まれている**ことがあります。このような相の人は、自己主張をせず、**好きな相手に従順**になる性質。押し切られたらノーといえないところがあります。

このD子さんには、生命線に10代の青春期によくみられる短い恋愛線が入っていますが、よくみると、感情線の上部からスタートして、切れ切れですがつながっていることがわかります。これは**恋愛線変種**と呼び、**必ず結ばれる恋**を示す線です。この線から、まだ19歳という若さではあっても、一途な恋で相手と駆け落ちするというストーリーが読み取れます。

生命線から上る向上線もチェック！

人生において大きな目標ができたことを示す線

- **大きな夢や目標ができたときに表れる線**
- **夢や目標をつかむため、不屈の闘志を持ち、情熱に火がついたことを示す**
- **線が長いほど思い入れが強く、目標のスケールも大きい**

D子さん（48歳）

19歳の若さで9歳年上のバツイチ男性と駆け落ちした人

その他のポイント

向上線は、成し遂げたい勉学や仕事が見つかったときにも出ますが、どうしても実らせたいと願う恋に出会ったときにも出る線です。

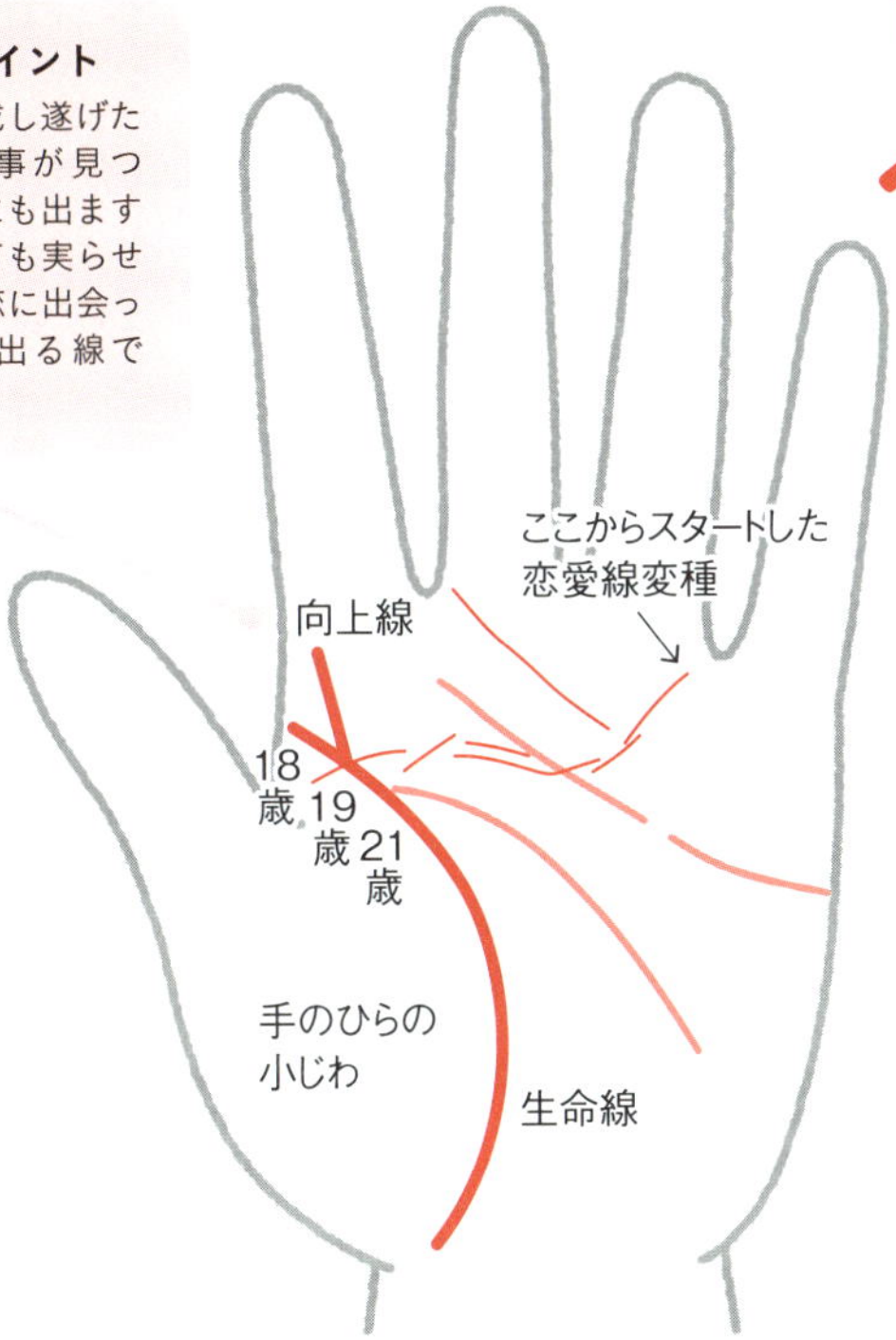

CHECK!

手のひらにたくさん小じわが出ている

この相の人は、とても繊細でデリケートです。また、我が強くないため、相手をやさしく受け入れられる癒し系の人でもあります。

西谷MEMO

若干19歳にして、人生を決めるほどの恋に落ちたD子さん。9歳年上のうえ、バツイチの彼との結婚に、当然ながらご両親の猛反対に遭いました。しかし、あきらめずに駆け落ちをしてまで突き進んだ結果、21歳で結婚。その後出産、子育てを経て、両親とも和解するまでに。D子さんのエピソードからは、運命の恋に標準的な適齢期はないことがよくわかります。

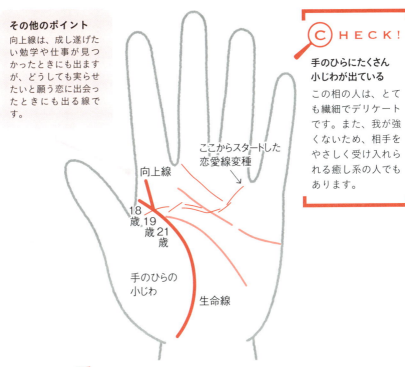

実例鑑定
48人目
結婚

生命線の二股短線で結婚の時期がわかる？

～100人に1人の珍しい線が示す流年どおりに結婚！

生命線に**二股短線**が出るのは、100人に1人の割合でみる、ちょっと珍しい相です。これは**結婚の時期を示す印**で、このCさんは31歳の流年に出ていますが、そのとおりに31歳で結婚をしました。そしてこの印は、性的に相手に強く惹かれていると出る相でもあります。

また**手のひらに小じわがない**のも特徴的です。これは体を動かすことが大好きなことを表し、休日も家でじっとしていることはなく、精力的にスポーツなどに興じるタイプ。気質もエネルギッシュで、小さなことにはこだわらない豪快な人。裏目に出れば無神経と思われる恐れもありますが、人情に厚いため、人望もあり、リーダーシップの取れる人です。

［ 生命線上の複数の短い開運線もチェック！ ］

新しい立場を与えられるたびに全力投球！

- 新展開になるたび、自分を精一杯活かすことで人生を開いていく
- 努力して運命を切り拓き、確実に成功させていく
- 手腕を買われ抜擢され、期待に応えていく時期

Cさん（45歳）

生命線に出た二股短線の印どおりに結婚し仕事も着々と成功させている人

その他のポイント

生命線上から中指方向に上る縦線を、開運線と言います。人生において新しい出来事が起こる時期を示しています。

CHECK!

生命線に出た二股短線

この線が出ている流年をみれば、結婚の時期が正確に読み取れます。結婚を教える印のひとつです。

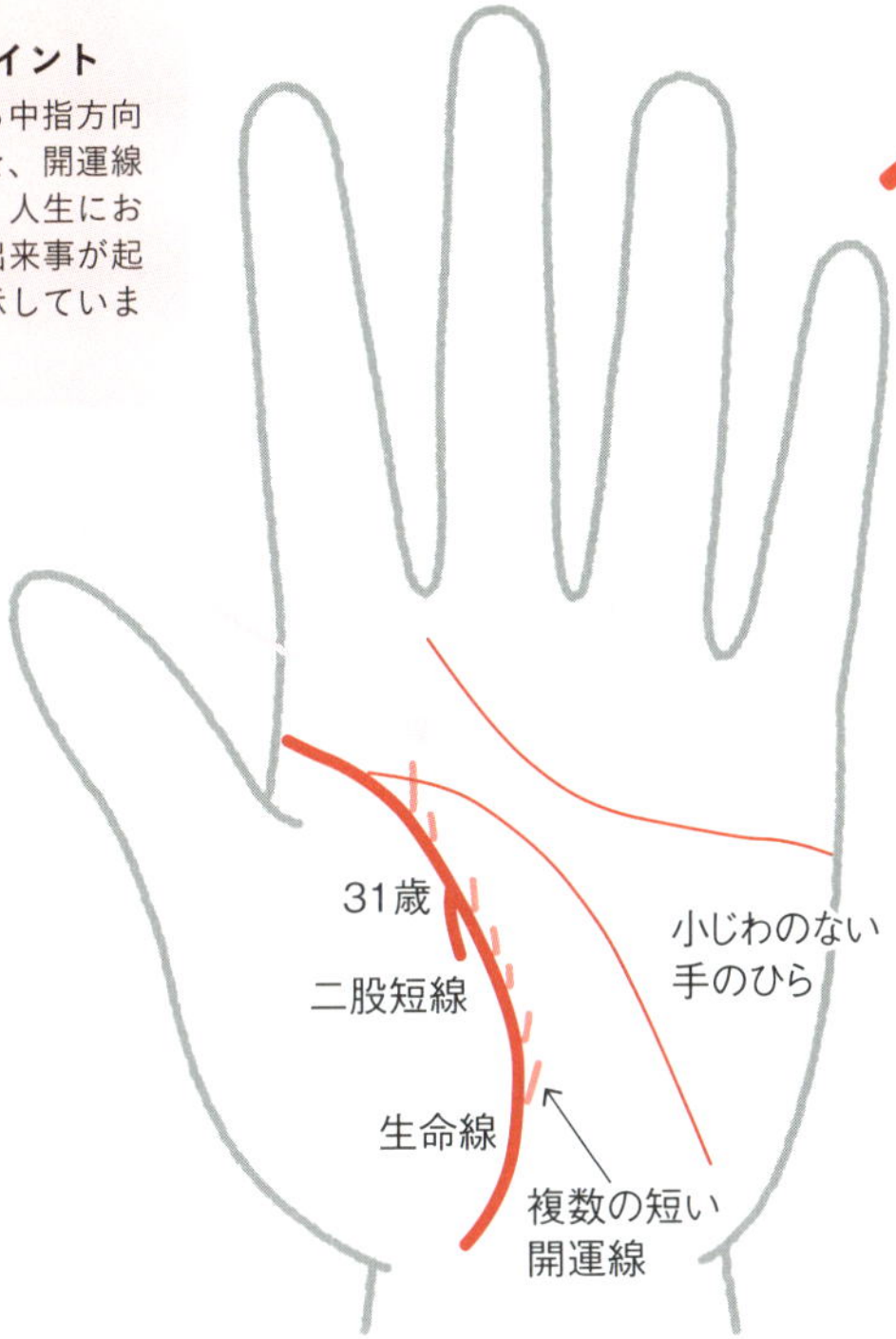

西谷MEMO

生命線から出た「二股短線」どおりに、31歳で幸せな結婚をしたCさん。仕事も持ち前のバイタリティで、着々と大成功に向かって歩んでいます。小じわのない手のひらから、さっぱりとした裏表のない、スポーツマンタイプの気質で、家庭でもしっかり家族を束ねている頼もしい夫であることがわかります。精神的にもタフな人。これからもいっそうの活躍を期待しています。

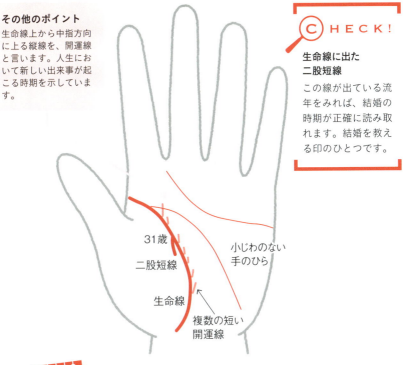

実例鑑定
49人目
結婚

恋愛線で幸運の波に乗れる時期がわかる?

～大転換期に凶を吉に変えて幸せをつかんだ強運の人!

人生には「幸せは不幸の仮面をかぶってやってくる」といった出来事がありますが、そんな一見よくない状況のときでも、一転してその不幸を大吉に変えられる場合があるものです。このAさんのような、**運命線に食い違い**がみられるときです。この食い違いがみられる流年では、**運命が大きく変化**します。

さらにAさんは、32歳で運命線が終わり、そのときから代わりに2本の運命線が並んで上っていることで、運気が強化され、最高の**結婚の印**となっています。この線はまさしく「災い転じて福となす」の相です。大転換期を迎えることを意味する線が、どんなトラブルの中でも最終的にはハッピーエンドに導いてくれたというわけです。

生命線を通過する恋愛線もチェック!

適齢期の男女にとっては結婚確定の時期を表す線

- ズバリ、結婚に至る時期を表している
- 大恋愛をする人との出会いの時期を示している
- 恋心の盛り上がりを示すが、一方通行の恋もある

Aさん（45歳）

はじめてのデートで追突事故に遭い、それがきっかけで結婚した人

その他のポイント

運命線の食い違いが左手に出れば精神的な変化を、右手に出れば具体的な環境の変化を示しています。

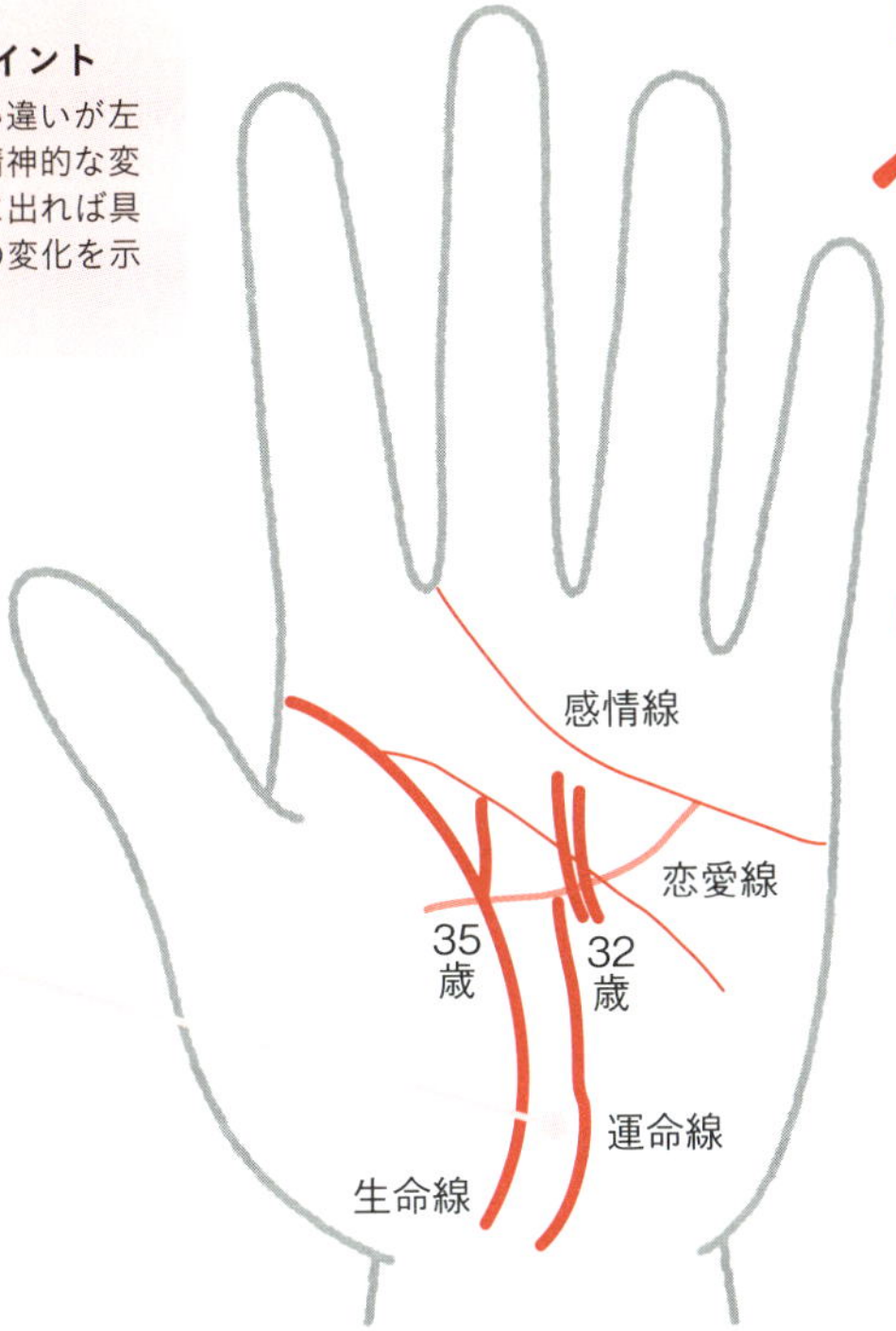

CHECK!

運命線の食い違い

大きく食い違う場合は、大きな運命の変化を、小さく食い違う場合は、小さな運命の変化を示します。

西谷MEMO

はじめてのデートのドライブで小さな追突事故に遭ってしまったAさん。ですがそのときの対応のすばらしさに、同乗していた彼女は結婚を決意したといいます。その出会いの年が32歳でした。手相どおりに開運を示す32歳で運命の人に出会い、その後、恋愛線が生命線を通過し、開運線もある35歳で見事に結婚！　手のひらには、人生のシナリオが正確に刻まれています。

実例鑑定
50人目
恋愛

恋愛に苦悩した過去は、親指の付け根をみればわかる？

～生命線内のほくろは恋愛、夫婦間の悩みを示す

手のひらをひと目みれば、恋に苦しんだ経験があるかどうかがわかります。親指の付け根をはじめ**生命線内にほくろ**があれば、**つらい過去**があったことを教えています。生命線内は金星丘のエリアで、愛情運を司る部位ですので、愛情問題に悩むと、生命線内にほくろやシミがよく出ます。

また、二重感情線がある場合、二度の結婚や、婚約解消といった出来事に見舞われることがあります。感情線は恋愛や結婚を表す線で、それが2本あれば、二度の縁があってもおかしくありません。とはいえ、二重感情線の持ち主は特に、今の相手や最初の結婚を大事にしてください。それが幸せをつかむ秘訣でもあります。

二重知能線もチェック！

2つの才能を持つ
多才で魅力的な人を表す

- まったく異質の仕事を同時にこなしていける人
- 異なった分野の才能を複数持ち合わせている人
- 大胆でありながら思慮深いといった二面性が恋愛においても発揮される

C子さん（33歳）

22歳のとき婚約者に二股をかけられ、婚約破棄に至った過去を持つ人

その他のポイント

親指の関節に、目の形をした仏眼（ぶつがん、ぶつげん）相が出ていますが、これは霊感が強く、いいアイデアを生かして開運していくことを示しています。

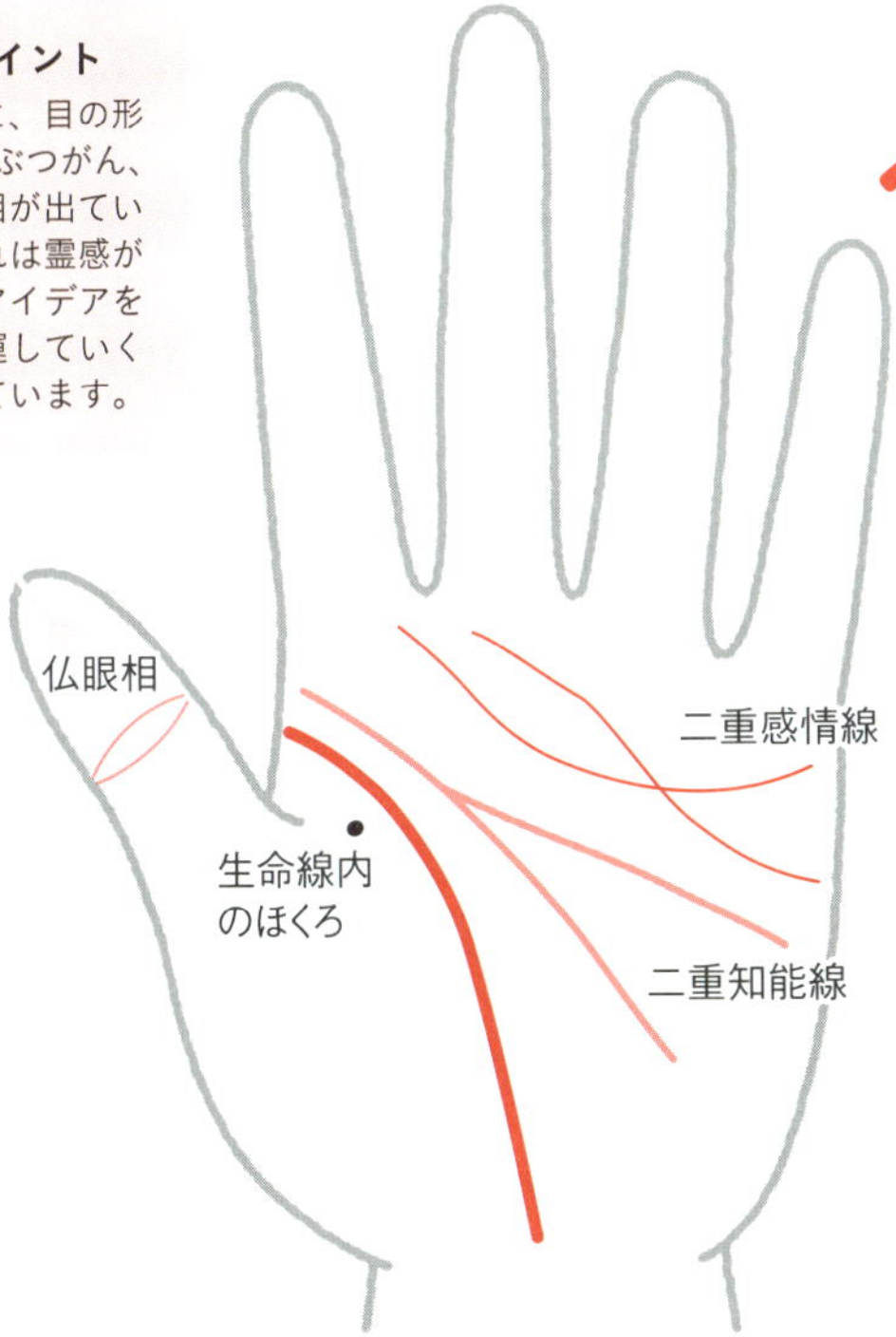

CHECK!

二重感情線

二重感情線の持ち主は、よく観察すると人生の中で恋は最優先ではなく、2番目、3番目という感覚を持っていることが多々あります。

西谷MEMO

22歳のときに婚約者に二股をかけられ、破談になったというつらい出来事を乗り越え、今は幸せな結婚をしているC子さん。これは二重感情線の持つ、困難にも負けない、離別があっても二度目のよい出会い、結婚がある、というすばらしい面が出たからです。珍しい仏眼の持ち主でもあるので、豊富なアイデアを仕事にも家庭にも発揮して、イキイキと人生を楽しんでほしいと思います。

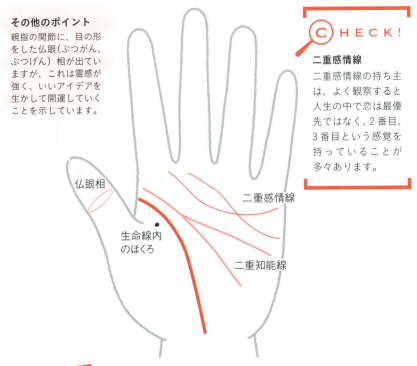

実例鑑定
51人目
結婚

恋愛線があれば相手と幸せに結ばれる？

～女性によくみられる、典型的な恋愛・結婚の相

典型的な恋愛・結婚の相として非常によくみられるのが、生命線を流年の10代で**短い恋愛線（恋愛短線）が横切っている**ケースです。これはまさしく**青春時代の恋**の相で、結婚までは考えなくても、夢中で熱を上げたことがわかります。

このE子さんは流年の21歳でも生命線に恋愛線が入っています。さらに、この恋愛線の途中に**島**が入り、**事情や障害があってすぐには結婚ができない**ことを示しています。双方の両親が大反対をしていたり、相手に家庭があったりして、泣く泣く別れを決意した、などです。しかし、感情線上部から出る恋愛線変種があることで、「赤い糸」の相手と出会い、幸せな結婚を実現させることがわかります。

[恋愛線変種をチェック！]

この恋で必ず
最後は結ばれることを表す線

- **感情線の上のエリアからスタートする恋愛線変種は、成就する恋のサイン**
- **この線が生命線を切る流年で、必ず恋愛相手と結ばれる**
- **約束をした相手に出会うことを教えている相**

E子さん（30歳）

青春時代の恋、実らない不倫の恋を経て、三度目で幸せな結婚を実現させた人

CHECK!

チェック相

この相が生命線に表れる流年で、E子さんをめぐる三角関係が起こることを示します。多くの場合、以前から交際していたところに、新しい異性が出現するというパターンです。もちろん、同時に2人から言い寄られることも。

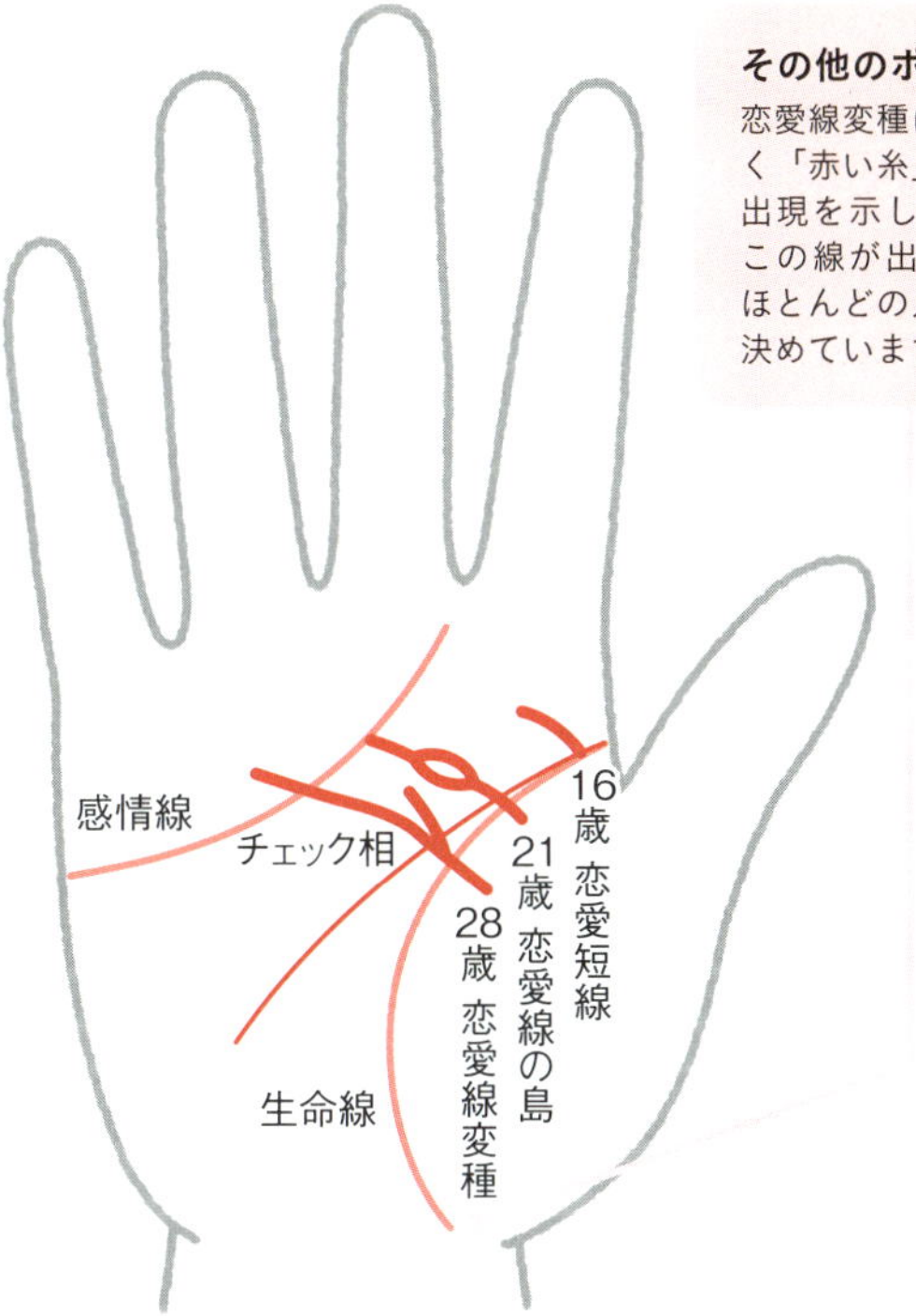

その他のポイント

恋愛線変種は、まさしく「赤い糸」の相手の出現を示しています。この線が出た流年で、ほとんどの人が結婚を決めています。

西谷MEMO

E子さんの手には、若さゆえに燃え上がった恋や、苦しんで終わった不倫の恋などのドラマが刻まれていました。ですが、一度や二度の失敗など、いわば幸せになるためのリハーサルです。三度目の大恋愛で見事に幸せをつかんだE子さん。さらにはチェック相のとおりに、同時期に結婚候補者が2人現れ、しっかり見極めたうえで生涯の伴侶を選んだそうです。

実例鑑定
52人目
恋愛

切れた感情線は恋人との別れの予告?

~結婚を考えていたほどの人とのご縁が切れるとき

手のひらは、幸運の訪れも知らせてくれますが、同時に悲しい別れも教えてくれています。愛情を表す**感情線がはっきりと切れている**場合は、その恋が暗礁に乗り上げて、やがて**別れを迎える**ことを知らせています。手相によって事前に知ることができれば、対策を取って別れを防ぐことも可能です。恋人に対する自分の態度や言動を振り返るなど、早めに手を打ちましょう。

感情線の流年の読み方ですが、左ページの図のように感情線を4等分すると測りやすいでしょう。スタート点が17歳、中央が30歳、終点が57歳となります。その間がそれぞれ23歳、40歳を示しています。

[線が切れる意味をチェック!]

どの線に切れ目が入るかで何が起こるかが把握できる

- 運命線の切れ目は環境や運命の変化を示す
- 生命線の切れ目を支線が内側でカバーしているなら、その流年に病気や事故があるので要注意
- 知能線の切れ目は思考や勉強の新分野開発の印

Mさん（35歳）

結婚を考えるほど好きだった女性と、25 歳のときに別れた過去を持つ人

CHECK!

感情線の切れ目

感情線には、恋のドラマが刻まれていて、「愛情シナリオ線」とも呼ぶことができます。切れ目が入ったら、すぐにシナリオを書き換える努力をしましょう。

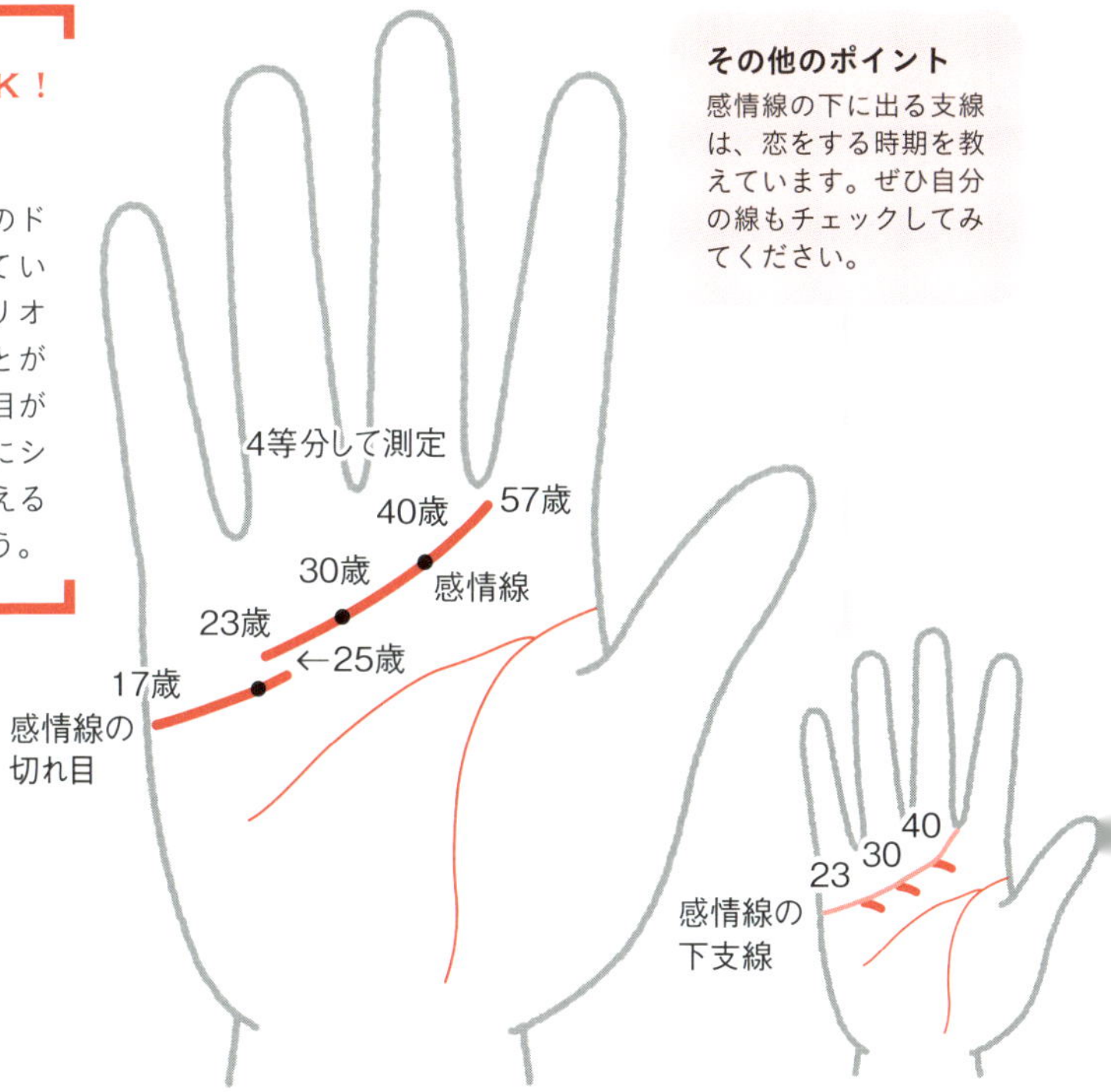

その他のポイント

感情線の下に出る支線は、恋をする時期を教えています。ぜひ自分の線もチェックしてみてください。

西谷MEMO

悲しい失恋の過去を持つＭさん。その当時に感情線の意味を知っていたら、展開も違っていたかもしれません。私の友人も感情線が切れた途端に離婚したのですが、その後、次の恋が始まったあたりで、感情線はくっきりと１本の線に変わりました。このように手相とは、生き方に応じて変化していくものなのです。

※未来の流年位置に感情線の切れ目がある人は、銀や白のペンで切れ目をつなぐと意味が軽減します。

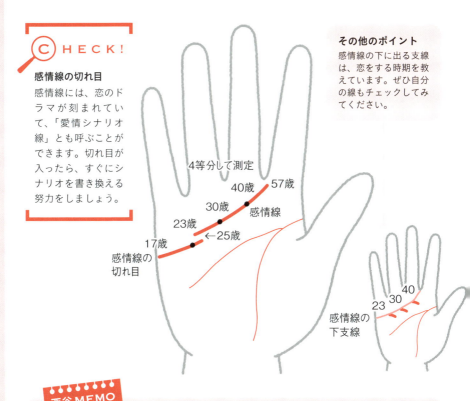

実例鑑定
53人目
結婚

運命線の大変化は、おめでたいことが重なる知らせ？

～結婚など人生に二重の喜びが訪れる人

人生においてこのうえない喜びが重なるときは、手相にも大きな変化が起こります。それは、運命線の変化で見て取れます。**運命線に影響線が流れ込んでくる**相は、**結婚**を表しています。これは、恋愛が実っての結婚を示しています。

さらに、このSさんのように運命線に影響線が流れ込んだ段階で、**運命線が大きく食い違い**を見せています。これは結婚が決まったことで、**環境が大きく変わる**ことの表れです。ちなみに引っ越しや転職程度のことでは、これほどの食い違いは出ません。Sさんの場合は、結婚が決まるとともに、新しい命まで授かるという慶び事があったため、目を見張るほどの変化が表れたのでした。

［ 感情線の下向き支線もチェック！ ］

愛する喜びを知ると出てくる線

- **感受性が豊かで、愛情深く涙もろい人**
- **この支線が出ている流年に恋をしたり、感動することが起こる**
- **相手を愛する喜びを知ると表れてくる線**

Sさん（28歳）

24歳のときに彼女との間に子どもを授かりめでたくゴールインした人

その他のポイント

運命線の食い違いが大きくなるほど、環境の変化が大きくなります。Sさんの流年にみるほどの食い違いは、かなり大きいといえます。

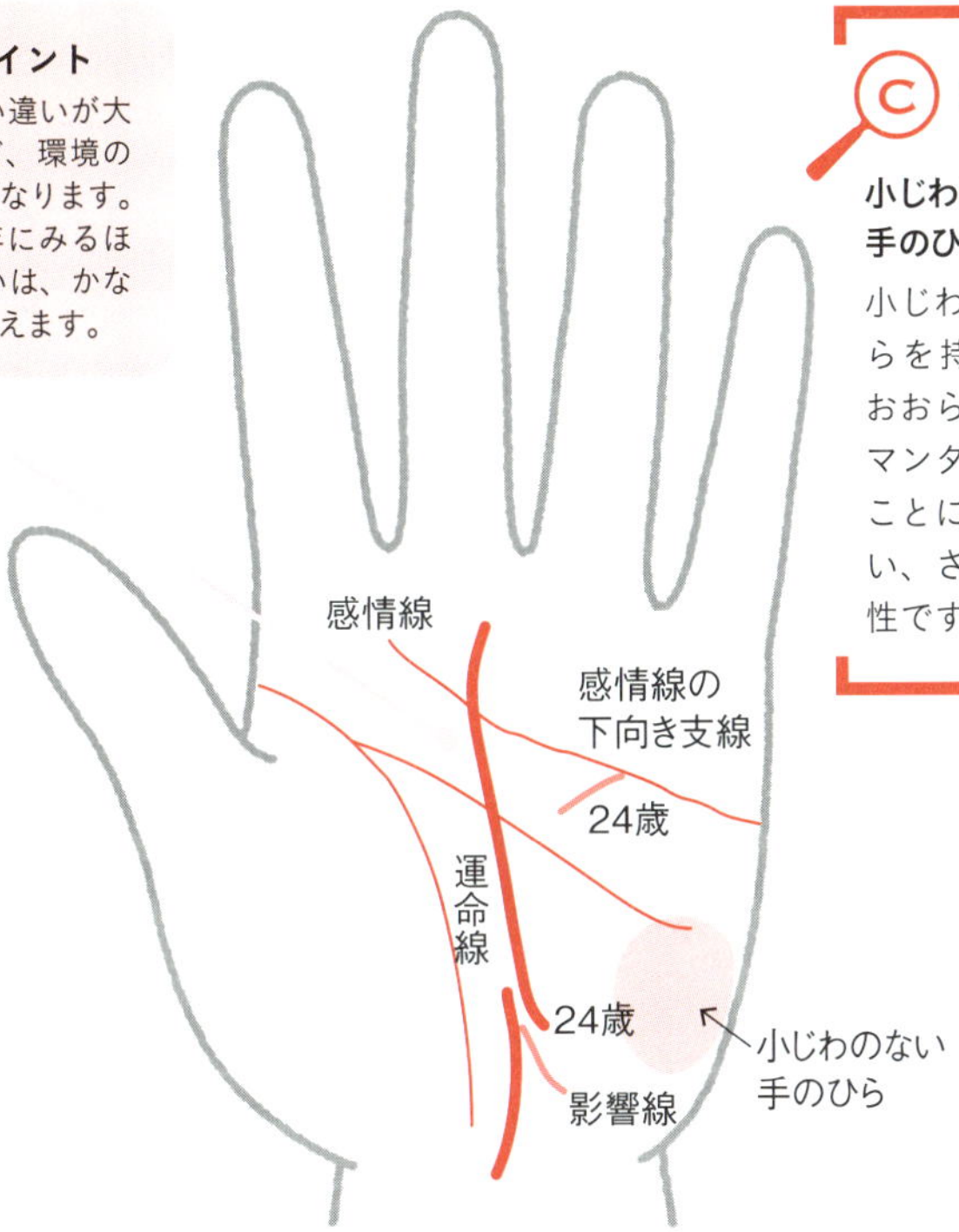

CHECK!

小じわのない手のひら

小じわのない手のひらを持つSさんは、おおらかなスポーツマンタイプ。小さなことにはこだわらない、さっぱりした気性です。

西谷MEMO

結婚が決まっただけでなく、子どもまで授かるという二重の喜びで、好きな人と結ばれたSさん。24歳で結婚することも、運命線と感情線の流年が示していました。運命線に流れ込む影響線だけでなく、感情線の流年も結婚時期をみる大きな参考になります。小じわのない手のひらをしたSさんのことですから、きっとプロポーズも体育会系のノリで、当たって砕けろ的に頑張ったのでしょう。これからも末永くお幸せに。

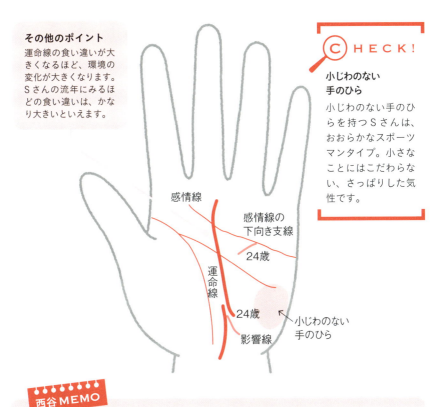

実例鑑定
54人目
結婚

晩婚でも、幸せをつかむことを示す線がある!?

～晩婚でも必ずよいご縁とめぐり合える相

もはや適齢期という言葉も死語になりつつありますが、結婚が遅くなることを示している相は確かにあります。それは、このT子さんのように、とても長い知能線を持っている場合です。これは考えすぎてしまう人。しかも**長く下垂**したものと、**長く横に走っている**2本の知能線がある人は、輪をかけて**考えすぎてしまうタイプ**。そのため、結婚を決断する機会を逃してしまうのです。

感情線に切れ目が入っているのは、**別れ**を意味する印。図のように流年26歳で別れを迎えた後、いまだにこの印が入っているのは、まだそのときの恋を忘れていないからです。新しい恋に出会えば、この切れ目は自然に消え、感情線も1本になっていきます。

[乱れた感情線をチェック!]

とても感受性豊かで熱しやすく冷めやすい

- いろいろな人や事に関心を持つが、熱しやすく冷めやすい人
- 恋愛を楽しむタイプ。浮気っぽい気質もある人
- 真剣に結婚を考えてつき合うことが良縁につながる

T子さん（41歳）

生涯で一番長くつき合った彼と26歳で別れ、その後も独身の人

CHECK!

二重感情線

T子さんのような二重感情線の持ち主は、本来、1本あれば1回結婚できる愛情運を示す感情線が2本あるため、彼と別れてしまっても必ず次のよい出会いに恵まれます。婚活しましょう！

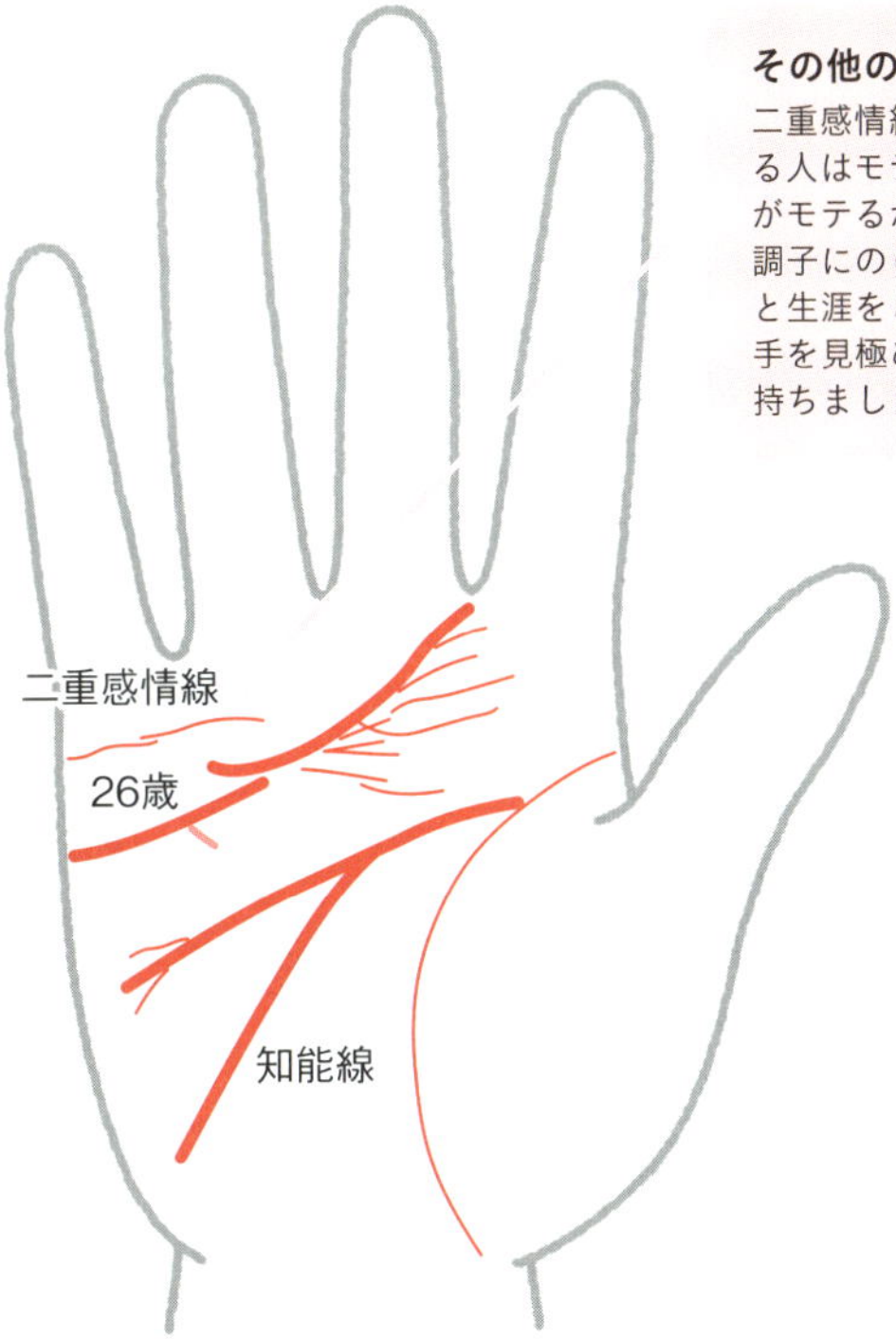

その他のポイント

二重感情線を持っている人はモテます。ですがモテるからといって調子にのらず、きちんと生涯をともにする相手を見極める冷静さを持ちましょう。

西谷MEMO

これまで一番長くつき合った彼と、26歳のときに別れて以来、いまだ独身を貫いているT子さん。結婚が遅くなった原因も、すべて手相に表れていました。ですが、二重感情線があるので、将来的には幸せをつかむことができるというメリットがあります。この相を生かせば次は必ず良縁に恵まれるはずです。手に刻まれた運命を信じて、前向きに進んで行ってください。

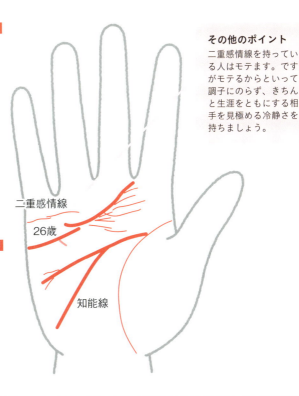

実例鑑定
55人目
結婚

「離れ型」は人にいえない恋に走ってしまう？

～ドラマティックな恋に突き進んでしまう人

鑑定をするなかで、不倫や駆け落ちといった、人にはいえない恋愛について相談を受けるケースもあります。そんな恋に落ちることを表す相のひとつが、生命線と知能線の起点が離れている**離れ型**です。この相の人は時として、周囲も驚くほどの**大胆な行動**に出ます。

ちなみに、今回紹介するCさんは駆け落ちしましたが、離れ型ではありません。実は、**駆け落ち相**というものもあります。運命線が感情線のところで止まっている相のことです。これは**愛情問題で運命が停滞**することを示しています。恋愛によって実生活が立ち行かなくなり、現在の暮らしを捨てることを選んでしまいます。

運命線から上る太陽線もチェック！

新しい環境に飛び込むことで
幸せをつかむことを示す線

- 独身の男女の場合は、主に幸福な結婚の実現を表す
- 「棚ボタ」的な幸運ではなく、あくまで自力でつかむ幸運を示す
- 独立、起業、事業の後継者になることを示す

Cさん（46歳）

W不倫から駆け落ちをして、3年ほど行方をくらました経験のある人

CHECK!

変形マスカケ線

Cさんは変形マスカケです。この相の人はユニークで、常識にとらわれない思考が特徴。わが道を進む人です。

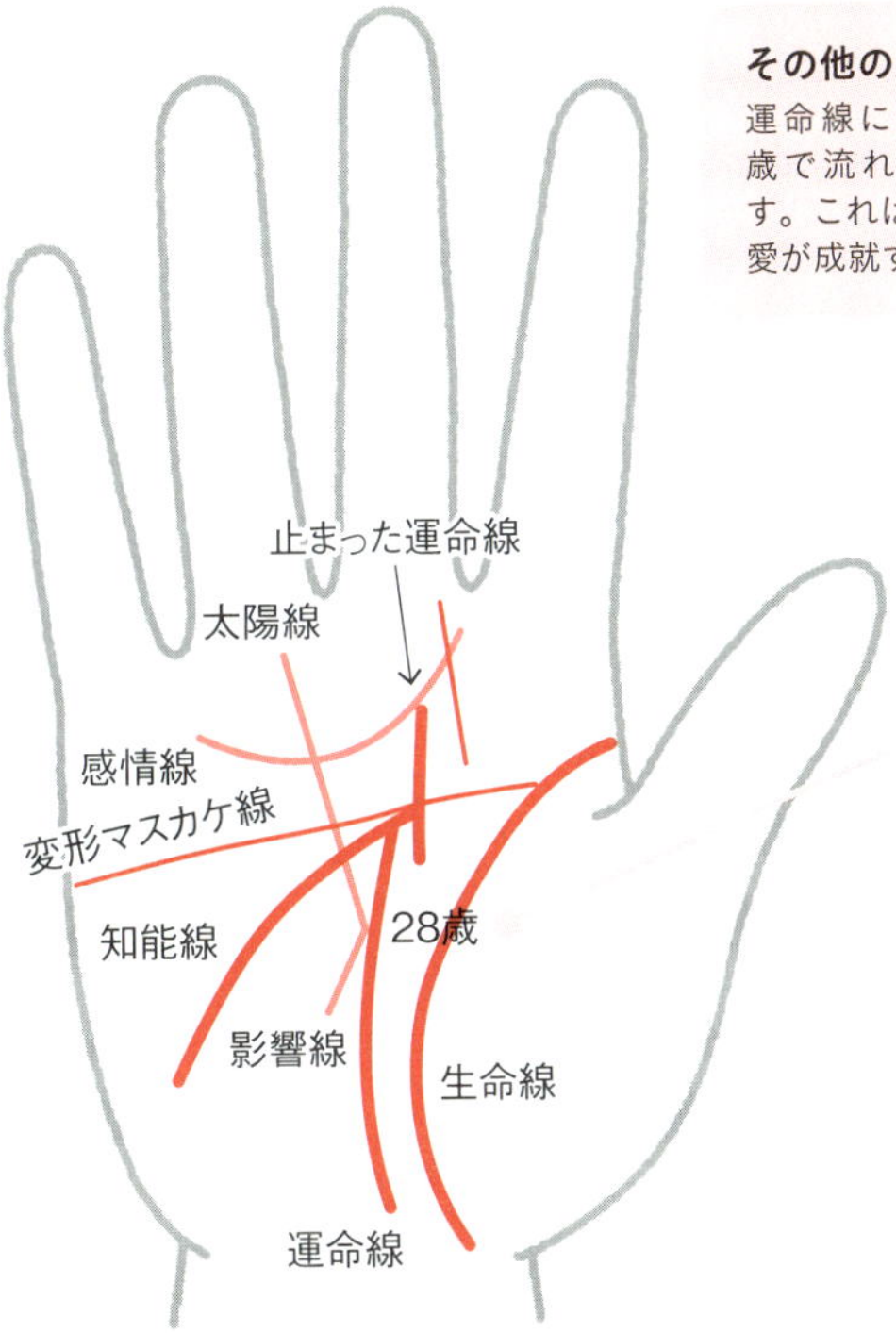

その他のポイント

運命線に影響線が28歳で流れ込んでいます。これは、28歳で恋愛が成就する印です。

西谷MEMO

28歳のときに、結婚をしていたにもかかわらず、人妻だった19歳の女性と燃えるような恋に落ち、駆け落ちした過去を持つCさん。さすがに当時は行方をくらますしかなく、親しい友人にも居場所を教えられなかったそうです。ちなみに今でもCさんは奥さまに変わらない愛情を持っているそうですが、奥さまが自分をどう思っているかはわからないとおっしゃっていました。

実例鑑定
56人目
結婚

主要線が複数ある人にはパワフルで波乱の人生が待っている？

～ひとりで何人分もの人生を経験する人

主要線である生命線、知能線、感情線がそれぞれ複数出ているのは、とても珍しい相といえます。このような相は、ひと言でいえばひとりで**何人分もの人生を体験**する運命を表しています。

まず**生命線が2本**ある場合、非常に**強い生命力**を持っていることを示します。情熱家で意欲にあふれ、結婚に関しては数回経験することも。離婚に屈せず、何度でも恋をする人です。**知能線が2本**ある人は、**多芸多才タイプ**。さらに、このH子さんのように**変形マスカケ線**が重なっていれば、離婚を好機に変えて、かねてからの**夢をかなえるパワー**を持った人です。さらに**2本の感情線**は、二度、三度と結婚のチャンスがあることを示しています。

［ 二重生命線をチェック！ ］

情熱とやる気に満ちた
飽くなき幸せの追求を表す線

- 失恋や離婚など物ともせず、次の恋をする人
- もう結婚はこりごりとは思わず、
チャンスがあればすぐに再婚する人
- 一生を通じて多忙な運命。恋に仕事に夢中になる人

H子さん（41歳）

二度目の結婚で夫のDVで離婚するも、これからの人生に希望を持っている人

その他のポイント

手のひらにできるほくろは、位置にかかわらずよい意味を持たないので、除去するか、金か銀のボールペンで塗りつぶしてください。運の低下を防御することができます。

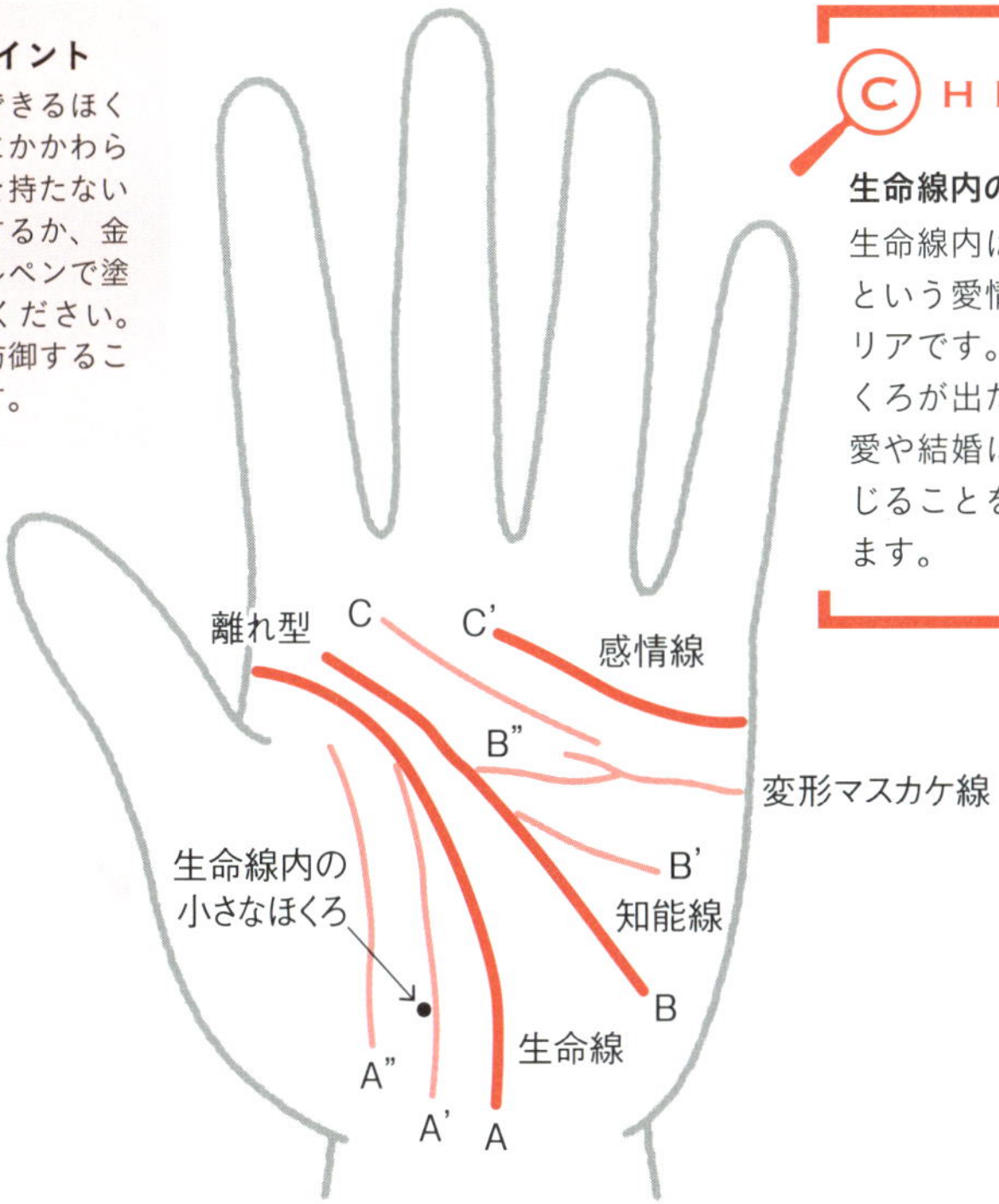

CHECK!

生命線内のほくろ

生命線内は、金星丘という愛情を表すエリアです。ここにほくろが出た場合、恋愛や結婚に問題が生じることを示しています。

西谷MEMO

二度の結婚、離婚と、波乱の人生を送ってきたH子さんですが、その手相を見てびっくり！　まさに何人分もの人生を、ひとりで体験する運命の持ち主でした。気力も情熱も十分なH子さん。これからが人生の本番です。この先もたくさんすばらしい恋をして、幸せな家庭を作っていけるだけのパワーと魅力を持った人なので、希望を持って進んでください。

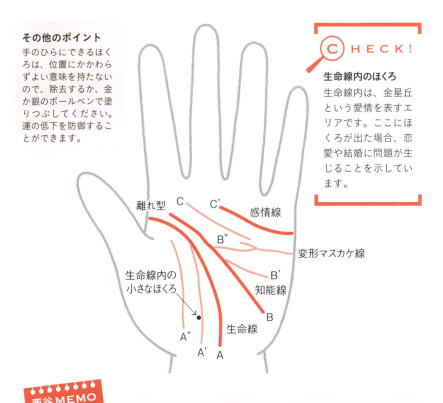

実例鑑定
57人目
恋愛

恋愛線変種は運命の人と必ず結ばれる相？

～「運命の人」と出会ったその先に待っているもの

各種の恋愛線の中で、確実に結ばれることを示す線があります。それは**恋愛線変種**と呼ばれる相。このD子さんのように**感情線の上方から入り込んでいる線**のことです。この線が生命線を横切った流年のときに、必ず運命の人と結ばれることを示していますが、それは「結婚」という形に限らない場合もあります。同棲で一時的に人生を共にする場合もあれば、身も心もすべて捧げて惜しくないと思える相手と激しい恋に落ちる場合もあります。**精神的につながりの深い**関係性になっていくことを示す線です。

　しかし、この恋愛線変種は、永遠の関係を示してはいません。恋が成就してもその先努力をしなければ二人の絆も脆くなり、別れを迎えることもあります。

【感情線の形もチェック！】

感情線が人差し指と中指に流れ込む尽くし型

- 相手に献身的に尽くすタイプ
- 典型的な良妻賢母。忠実で深い愛情の持ち主
- 面倒見がよく、友人間でも信頼され、慕われる人

D子さん（36歳）

23 歳で運命の人に出会うも、30 歳で別れることになってしまった人

CHECK!

感情線の上から出る恋愛線変種

過去千人以上の人の手にこの線を見ましたが、必ず線の出た流年で恋愛相手と深く結ばれるという結果が出ています。

その他のポイント

感情線に出る恋愛線は、多くの人に見られます。これが恋愛線変種であるかどうかは、感情線の上の位置から出ているかをチェックして見極めましょう。

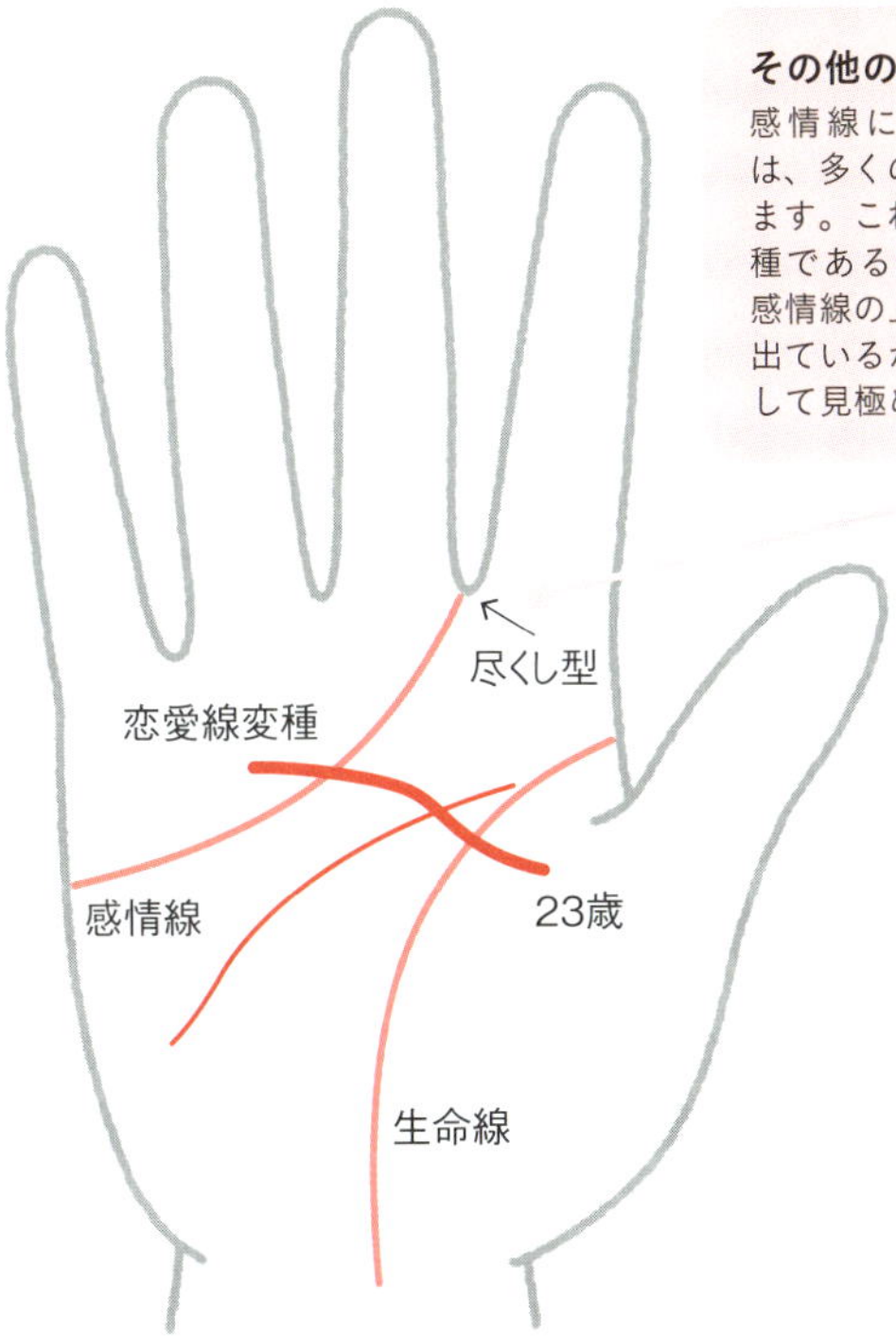

西谷MEMO

恋愛線変種が告げていたとおり、23 歳で相手と深い関係性を築いたD子さんでしたが、30 歳で別れに至ってしまった理由は、お互いの努力不足によるものでした。しかし、これまでの鑑定経験から、人生において、運命の人というのは 3 〜 5 人用意されているとわかりました。そして結婚に至る相手とは、そのときの自分に釣り合ったレベルの人なのです。

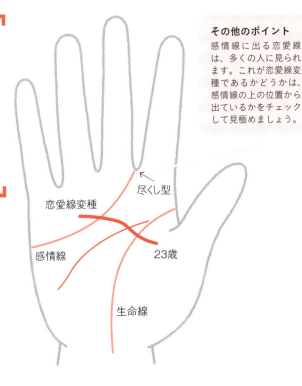

実例鑑定
58人目
結婚

爪に白点が出るのは幸運の知らせ？

～夢がかなった人の手には幸福の予告の印がある！

手相がまったくわからない人でも、すぐに幸運の知らせに気づくことができる相があります。それは、**爪に出る白点**で、**大きな幸せが訪れる予兆**です。大体直径1ミリ程度の大きさで出ますが、2ミリもの白点を見つけたら、とてもラッキー。なぜなら、白点は大きいほどに幸運の度合いも高いからです。さらにこの白点が出る場所はまちまちで、中央部や右寄り、左寄り、上方や下方といろいろなところに出ますが、場所によって意味に差はありません。

また、はっきりと点の形になっていなくても、ぼんやりと白くなって出てくる場合もあるので、見落とさないようにしてください。なお、突然に**縦に白い線**が入った場合も、白点と同じ意味合いを持ちます。

［ 各指の意味をチェック！ ］

どの指に白点が出るかで幸運の意味がわかる

- **親指の白点…愛する人やペットの出現を表す**
- **人差し指の白点…希望が叶うことを意味する**
- **中指の白点…旅行、移転、不動産に関する喜びを示す**
- **薬指の白点…結婚相手の出現、名誉を得ることを表す**
- **小指の白点…金銭、子どもに関する喜びを示す**

A子さん（38歳）

中指の爪に白点が出た途端、念願のプロポーズをされた人

その他のポイント

反対に黒点が出ているときは、トラブルの予兆です。これも白いペンなどできれいに塗りつぶして、マイナスの意味を消しておきましょう。

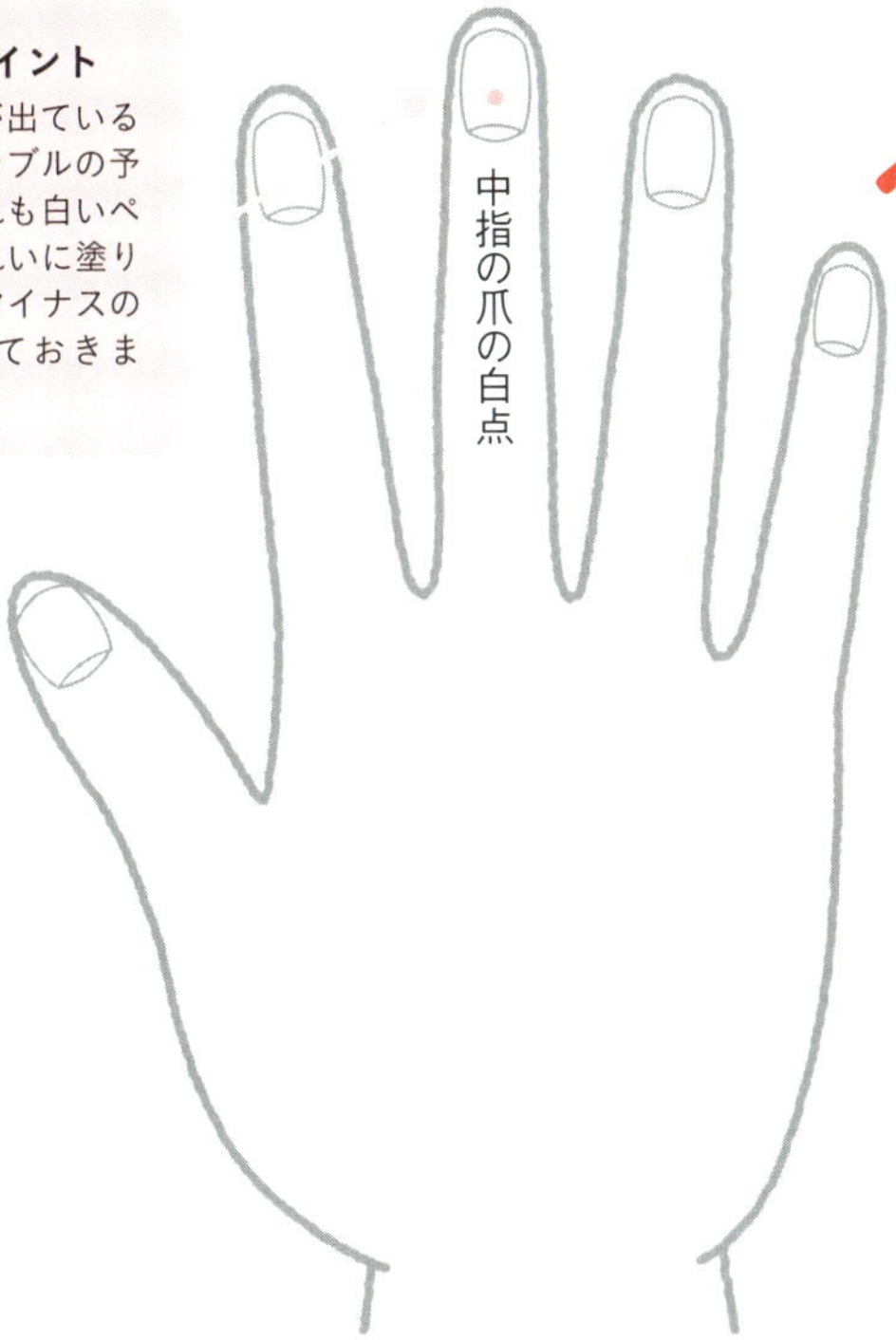

CHECK!

白点の開運法

残念ながら、A子さんのような白点が出ていない場合は、白いペンや修正液、マニキュアなどで描いてしまいましょう。幸運を引き寄せてくれます。

西谷MEMO

10年の交際期間を経て、ついに念願のプロポーズを受けたA子さん。プロポーズの実現を意味する指は薬指なのに、なぜA子さんの場合は白点が中指に出たのでしょう。これは、中指は試練や忍耐など、長い道のりを経ての開運も意味するからです。10年も彼との結婚を待ち続けたA子さんにとって、それはまさしく忍耐からの開運！　よって中指に大きな白点が出たのでした。

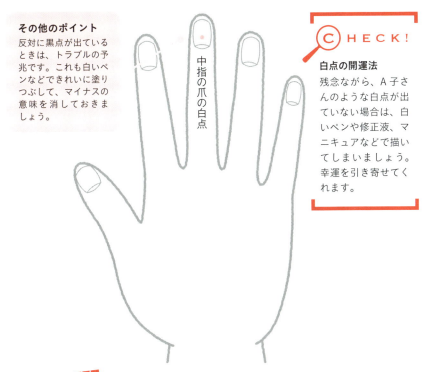

実例鑑定
59人目
結婚

恋愛線変種は、魂の結婚を表す線？

～たとえ結婚には至らなくても、それは一度目の結婚と同じ！

運命の人と出会って、必ず結ばれることを示す線を**恋愛線変種**と呼びますが、この線が出た途端に深い恋愛に入り、長くおつき合いを続けたものの、最終的には別れてしまったという人の声もよく聞きます。

このCさんのように、感情線の上方から入り込んでいる**恋愛線変種が生命線を横切った流年**で恋愛が始まると、これまでの恋愛とは比較できないほどに心が満たされ、**最高の幸せ**を味わうことになるのですが、これはもはや**魂の結婚状態**といえるもの。たとえ何らかの障害や問題があって、実際の婚姻には至らなかったとしても、それは当人同士にとっては、結婚と同等の関係だったと考えていいのです。そして手相でも、これを一度の結婚とみています。

二重感情線もチェック！

二度の結婚をする運命であることを示す線

- 最後の恋と思える恋愛に破れても、必ず次の恋に出会って結婚できる人
- よくモテる、魅力的な人の線といえる
- 既婚者にこの線があると恋愛関係のトラブルに注意

Cさん（39歳）

運命の人と 23 歳から 34 歳まで交際、しかし別の相手と 39 歳で結婚した人

その他のポイント

Cさんは、マスカケ線で、もう1本感情線が付いている二重感情線です。二度結婚する人が多い相です。

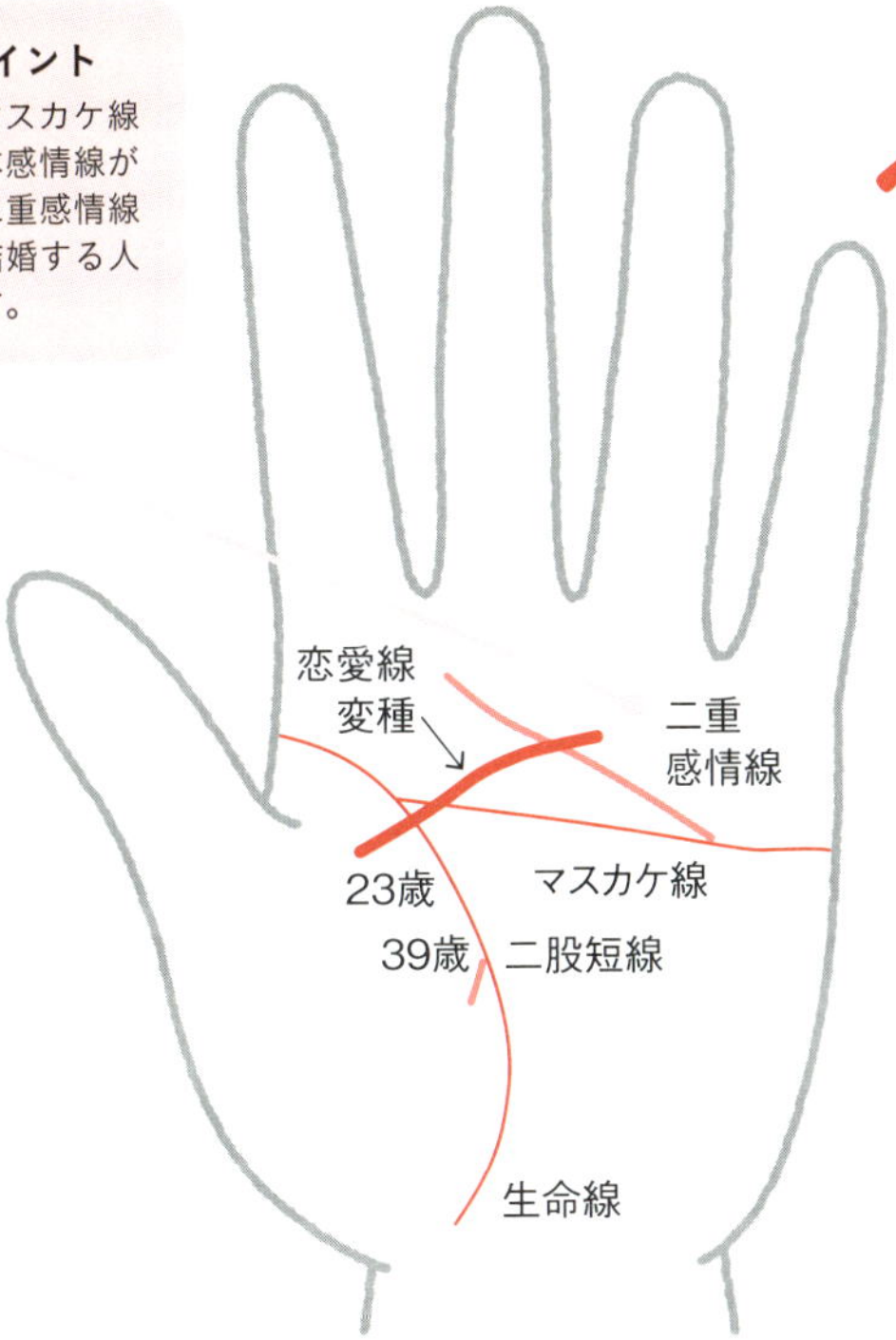

CHECK!

生命線から金星丘へ向かう二股短線

あまり多くは見られませんが、生命線から内側に向かって出る、結婚を示す短い線です。長さ5ミリ足らずの細い線なので、見落とさないように。

西谷 MEMO

恋愛線変種が示したとおりに、23 歳で運命的な出会いをした後、11 年の交際の末に別れてしまったCさん。39 歳で結婚しましたが、恋愛線変種が導く恋愛は、手相では結婚同様の関係性になるので、いわばこの結婚は再婚と同じことになります。ぜひ、この結婚で幸せになってください。再婚した相手と考えれば、いっそうこの結婚生活が大事に思えるでしょう。

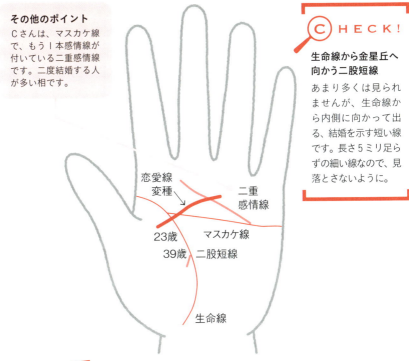

実例鑑定
60人目
結婚

恋愛線のチェック相は突然のモテ期の到来？

～モテ期の波に乗り、本命をしっかり選んで幸せをつかむ人

誰でも人生には必ず「モテ期」というものが訪れます。そこで重要なのは、自分にとっての本当の生涯のパートナーを見極めることです。そのモテ期であるときに、左ページの図のような恋愛線変種が入っていたなら百人力です。この流年で出会った人とは、必ず結ばれる運命にあります。

モテ期には、恋愛線が生命線の同じ流年に2本重なって入ってくる**チェック相**も出るもの。これは、あなたをめぐって**三角関係**が起こることを示します。ほとんどの場合、以前から交際していたところに、新たな異性が登場するというパターンですが、ここでしっかりと本命の相手を選ぶこと。それでこそ恋愛線変種の恩恵が得られるというものです。

［ 薄い運命線もチェック！ ］

物静かで人の気持ちを優先する相

- 自我が強くなく、相手の気持ちを汲み取って優先する人
- 物静かで物腰もやわらか。男女ともに癒し系の人
- 自分から異性にアタックするのは苦手。アプローチされるのを待つタイプ

Fさん（38歳）

ずっと恋人がいなかったのに突然のモテ期が到来し、結婚できた人

その他のポイント

薄い運命線を持つ人は、ともすれば人に流されるように生きてしまう傾向があります。自分の気持ちや意見をもっと大事にすると、さらに開運していけます。

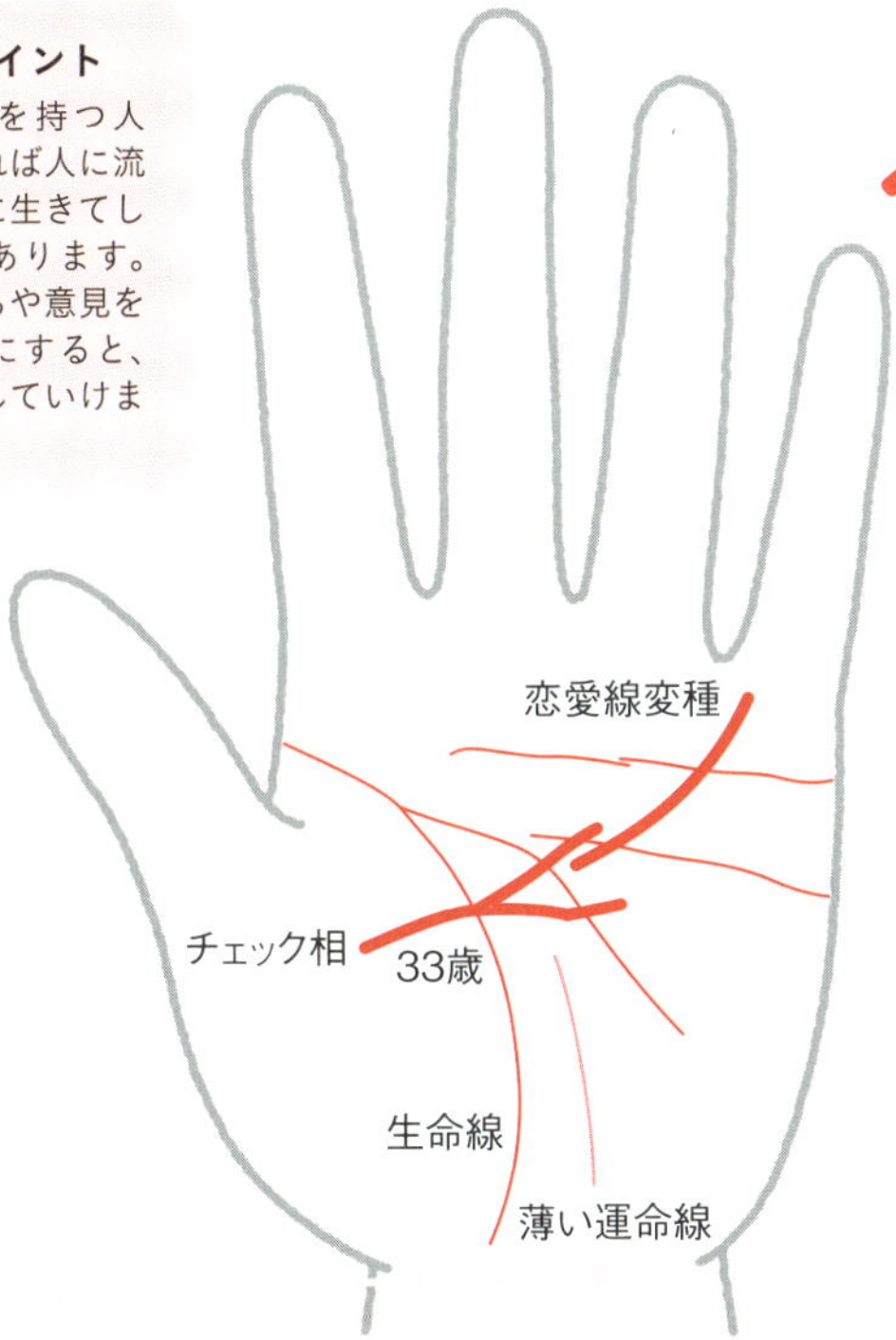

CHECK!

薄い運命線

Fさんのように穏やかで優しい人柄を持ちますが、頼りない、優柔不断といった印象を持たれることも表す相です。

西谷MEMO

ずっと恋人もできなかったのに、恋愛線変種とチェック相が入った33歳のときに、突然のモテ期が到来したFさん（男性）。人生で女性にモテたのはそのときだけと恥ずかしそうに話す、そんな謙虚なところも相手にとって魅力的だったのだと思います。しっかりモテ期の波に乗れたFさんですから、今後の人生もきっとタイミングよく展開していくことでしょう。

実例鑑定
61人目
結婚

幸せな結婚を示す要素がそろった、最強の線とは？

～運命線から上る太陽支線は大変な幸運を示す相！

50年も鑑定をしていると、幸運を示す線がすべて揃った、すばらしい手相に出会うことがあります。Cさんもその一人で、まず**感情線の上から入っている恋愛線変種**があります。これはその線の流年で必ず運命の人と深く結ばれることを示す幸運の相で、その線が運命線の32歳を横切り、さらに同じ流年で、**運命線から太陽支線**が上っています。そして、生命線の32歳を横切っています。3つも幸運の印が重なった32歳の結婚は、間違いなく大正解です。

さらに、その太陽支線は**薬指の下の太陽線に合流**し、成功、富を表す太陽線の意味合いが、結婚にも及ぶことを示しています。非の打ちどころがない、まさに神様の描いた線ともいえる吉相の実例です。

［ 運命線上に出る太陽支線をチェック！ ］

大幸運・大飛躍が起こることを予告する線

- **長年の目標がついに達成されることを示す**
- **理想、条件、すべてがそろった結婚ができる人**
- **栄転、昇進、起業など、環境が好転することを表す**

Cさん（42歳）

手相が示す幸運の流年で、最高の伴侶と結ばれ、今も幸せの真っただ中にいる人

その他のポイント

太陽線を持つ人は、陽気で人徳があります。あまり陽気ではない人の場合も真面目で誠意がある人として、周りの人からの人望に恵まれます。

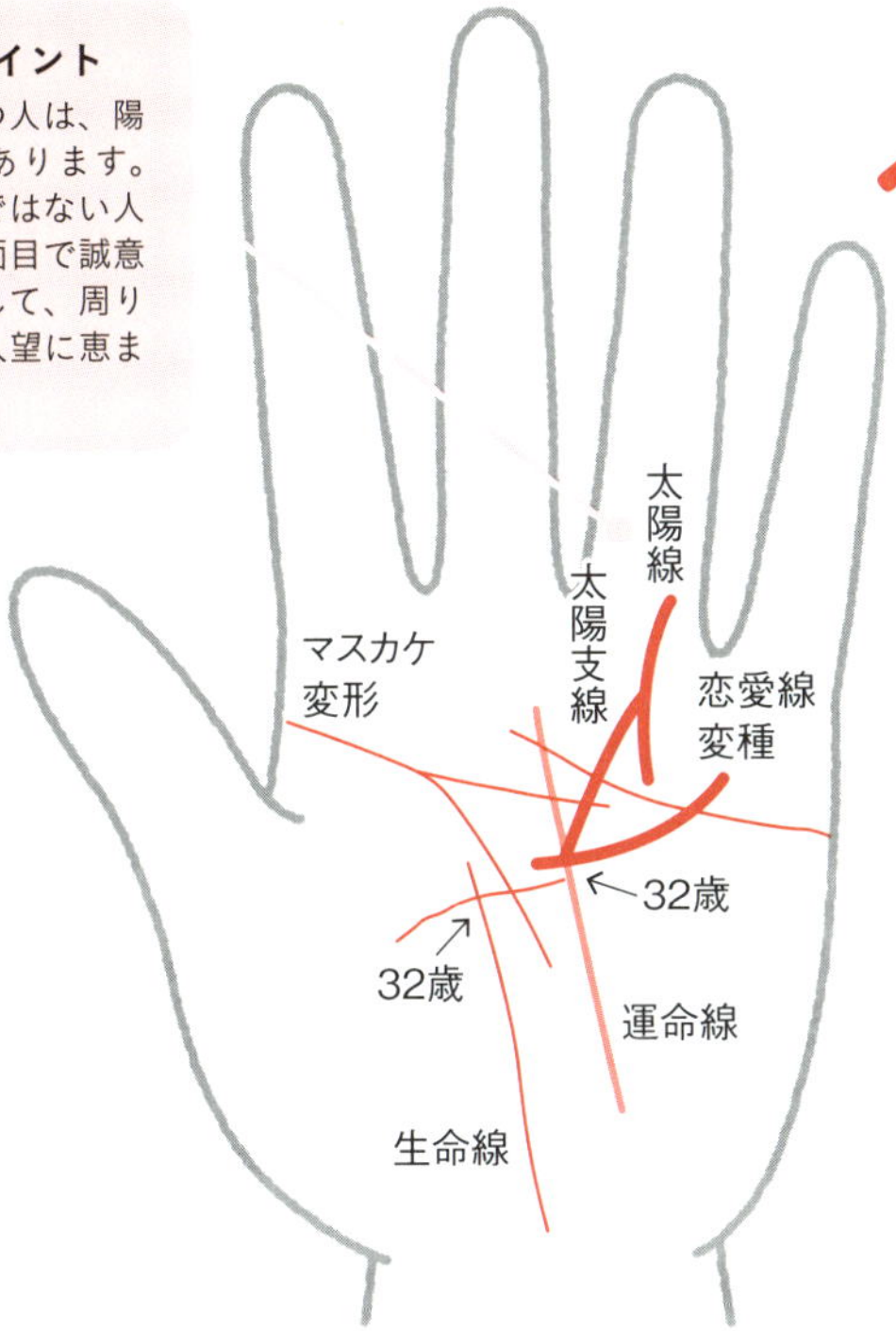

CHECK!

運命線から上る太陽線

薬指の付け根へ上る縦の線をすべて太陽線といいます。この線が運命線から上る相を持っているCさんはとても幸運な人です。

西谷MEMO

これ以上の吉相はないといえるほどの流年で結婚し、幸せをつかんだCさん。結婚後も、奥さまに対する愛情はまったく変わらず、とても気が合うために、文句なしの家庭生活を送っているそうです。こんな幸運な相を持っているのですから、当然ですね。これほどの吉相が刻まれているのは、Cさんがそれだけ徳を積んできたからでもあります。これからもどうぞお幸せに！

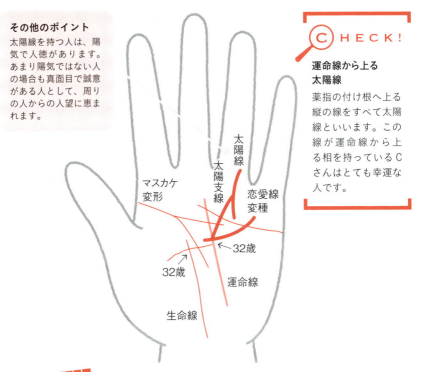

実例鑑定
62人目
結婚

出会いと婚約のタイミングは、恋愛線と開運線でわかる？

～婚活に乗り気でなくても、すんなり結婚に至る人

私はいったい、いつ結婚相手に出会えるのだろう。そう思っているあなたも、もしかしたらもうすでに出会っているのかもしれません。このAさんの手には、流年37歳で**恋愛線**が出ていて、すでに**運命の赤い糸の相手に出会っている**ことを示していました。さらにこの恋愛線は、結婚線とつながっていますから、間違えようがありません。こんな相が出たら、さっそく周囲の異性のことを見直してみましょう。

そして、流年38歳で**生命線上から上る開運線**が出ています。これは、婚約の時期を示しています。かねてからの願望が実現したり、新しい人生が拓けるときに出るのがこの線ですから、結婚を意味している場合が往々にしてあります。

［感情線や感情線の上から始まる恋愛線をチェック！］

結婚につながっていく大恋愛を示す

- 感情が抑えきれず、思いがあふれ出すような恋愛をする
- 生命線の流年で、恋愛が実り結婚に至る人
- この線の相手は不倫相手やあるいは同性愛の相手の場合もある

Aさん（38歳）

鑑定どおりにすでに知り合っていた人と恋に落ち、2か月後には婚約した人

CHECK!

結婚線とつながる恋愛線

結婚線から伸びて、生命線の 37 歳地点を横切る線が恋愛線です。運命の相手と 37 歳で出会っていたことを示しています。

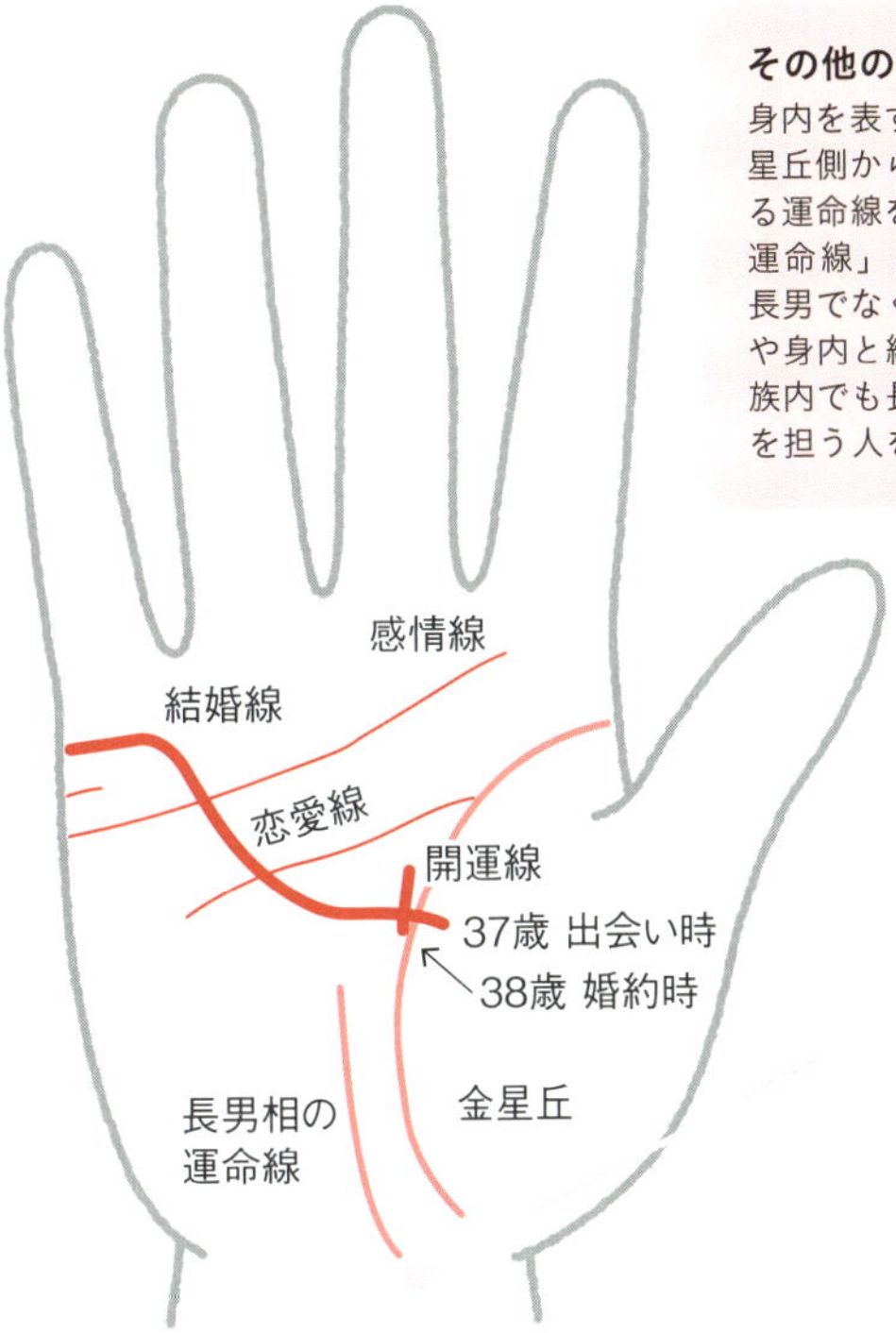

その他のポイント

身内を表すエリアの金星丘側からスタートする運命線を「長男相の運命線」と呼びます。長男でなくても、実家や身内と縁が深く、家族内でも長男の役回りを担う人を示します。

西谷MEMO

結婚の時期を知りたくて鑑定に来たAさん（当時 37 歳）。その後、後日談を伺ったところ、「もう結婚相手には出会っていますよ」という私の鑑定どおり、すでに知り合っていた女性に交際を申し込み、恋愛関係に。その 2 か月後に、すんなり婚約したそうです。婚活にはなぜか積極的になれなかったそうですが、すでに赤い糸でつながっている相手が近くにいたのですから当然の話ですね。

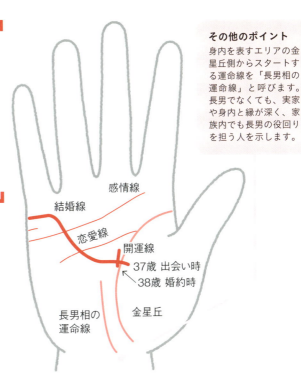

実例鑑定
63人目
結婚

あうんの呼吸で、相性バッチリの夫婦の手相は？

～「離れ型」と「マスカケ線」の組み合わせは、呼吸もピッタリ！

手相の線同士にも相性があり、その代表的な組み合わせが、知能線の起点が生命線と離れている**離れ型**の人と、**マスカケ線**の人です。これはいわば、**変わり者同士**のカップル。それゆえに、お互いの行動パターンをよく理解できるわけです。離れ型の人が突飛で大胆な行動に出ても、発想がユニークで自由なマスカケ線の人にとっては、十分に許容範囲です。

　こんな二人は結婚して人生を共に歩むのには最高のカップルです。何故なら一歩社会に出れば、二人の突飛な行動に周囲の人はいつも驚かされ、なかなかついて行くことができません。でも家庭に戻れば、それを日常としてお互いを受け入れ、安心して暮らしていけるからです。

［ 仏眼相もチェック！ ］

願ったことがズバリとかなう！霊感の強い人に出る相

- **親指の関節に仏眼相がある人は、霊感が強いタイプ**
- **願いをかなえる強い力を備えている人で、念力がとても強い**
- **時に周囲をあっといわせるような行動に出る人**

C子さん（45歳）

離れ型の自分と相性のよい、マスカケ線の夫と楽しい結婚生活を送る人

その他のポイント

離れ型は遺伝します。子どもが全員離れ型になったり、母、自分、子どもの世代にわたって離れ型となる場合も。仏眼相があるので、霊感も強い人です。

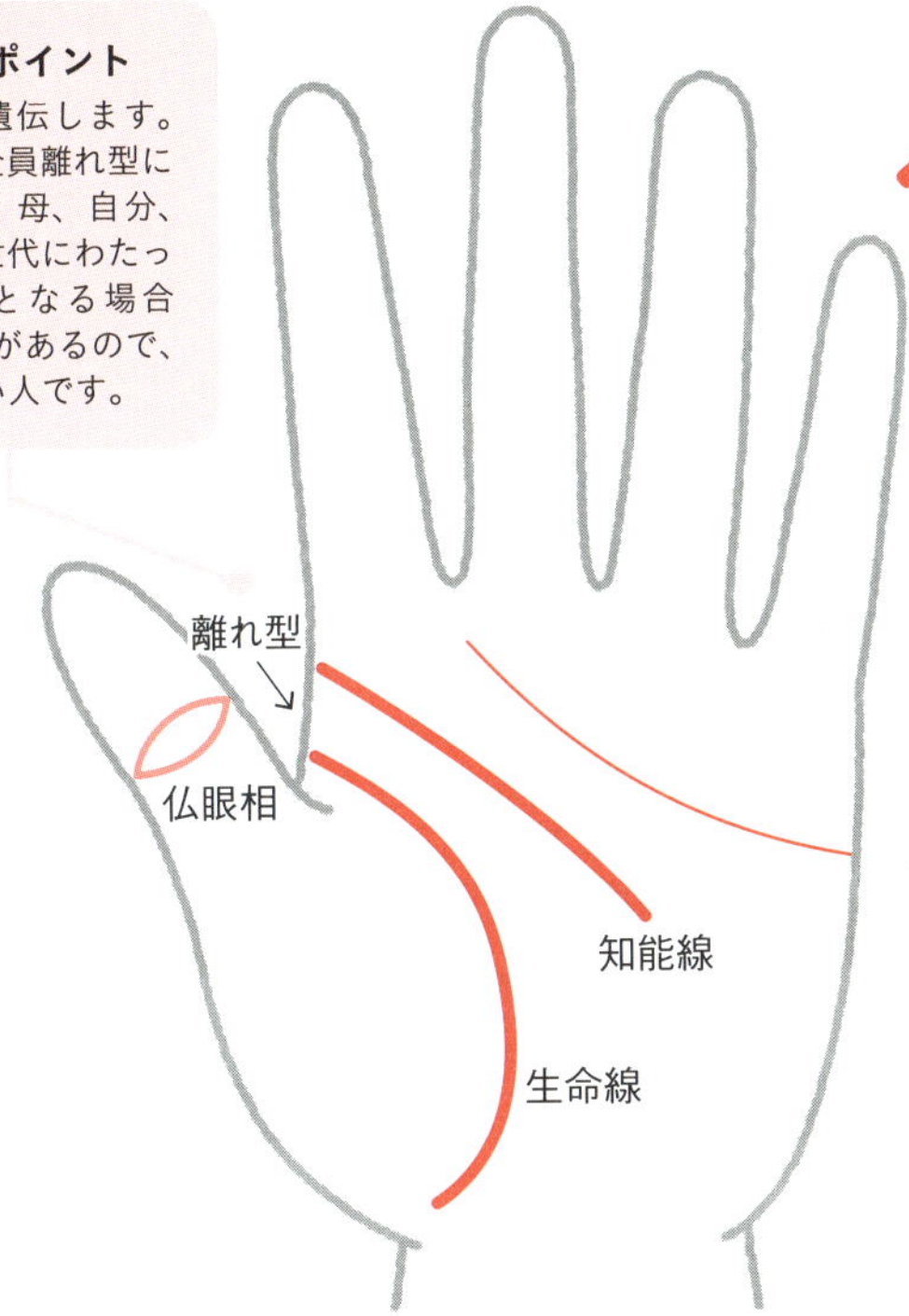

CHECK!

起点が生命線と離れた離れ型知能線

大胆な楽天家ですが、人情に厚い面も。C子さんも後輩や部下の面倒をよく見る、親分肌、姉御肌の人で周りに慕われています。

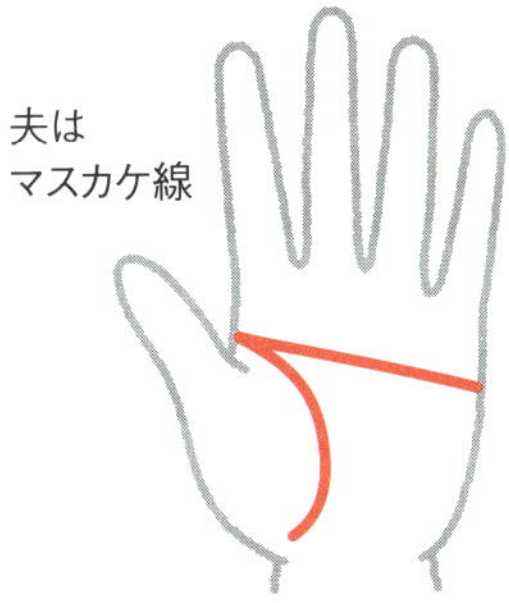

西谷MEMO

夫婦間のストレスがまったくないというC子さん。それもそのはず、離れ型のC子さんとマスカケ線のご主人は変わり者の似た者同士で、お互いの行動を理解し、相手を心から応援できるカップルなのです。ちなみに2人の息子さんも、C子さんと同様に見事に離れ型で、すでに変わり者の片鱗が見えているそうです。

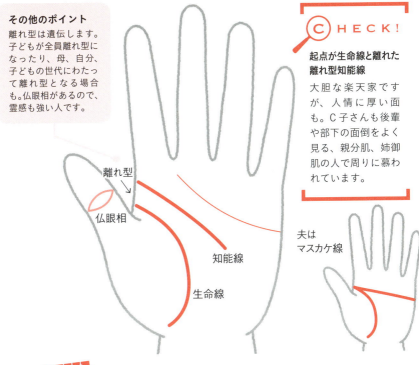

実例鑑定
64人目
結婚

必ず将来結ばれる、運命の相手との出会いを知らせる相は？

～感情線の上方より入り込む恋愛線が教える、幸せな恋の結末

知能線が生命線の途中からスタートしている、**くっつき型**の知能線はとても珍しい相です。離れ型とは反対に、シャイで引っ込み思案な性格ですが、知能線がスタートした流年から急に快活に変身するのが特徴です。このK子さんの場合は、27歳でご主人と結婚したことで自分の殻を開放し、積極的な性格に変身しました。

　運命の人と結ばれることは、誰しも願うことですが、それを教えるのが**恋愛線変種**（306ページ）です。**人生を変えるほどの大恋愛**が訪れる予告ですから、恋愛線変種をみつけたら、十分に心の準備をしておきましょう。そして赤い糸の相手へと、勇気を持って飛び込んでいってください。

くっつき型の知能線をチェック！

用心深くて心配性
物事は慎重に進めるタイプ

- くっつき型の知能線の持ち主は、約1割
- 控えめで消極的な、はにかみ屋さん
- 何事にも用心深く心配性で神経質、物事は慎重に着実に進めていく

K子さん（37歳）

19歳で運命の相手と出会っていた！その8年後、見事にゴールインした人

CHECK!

生命線を横切る恋愛線変種

生命線の19歳で恋愛線変種が横切り、深いご縁の人と出会いが。しかし、進展なし。21歳の恋愛短線でようやく交際がスタートしました。

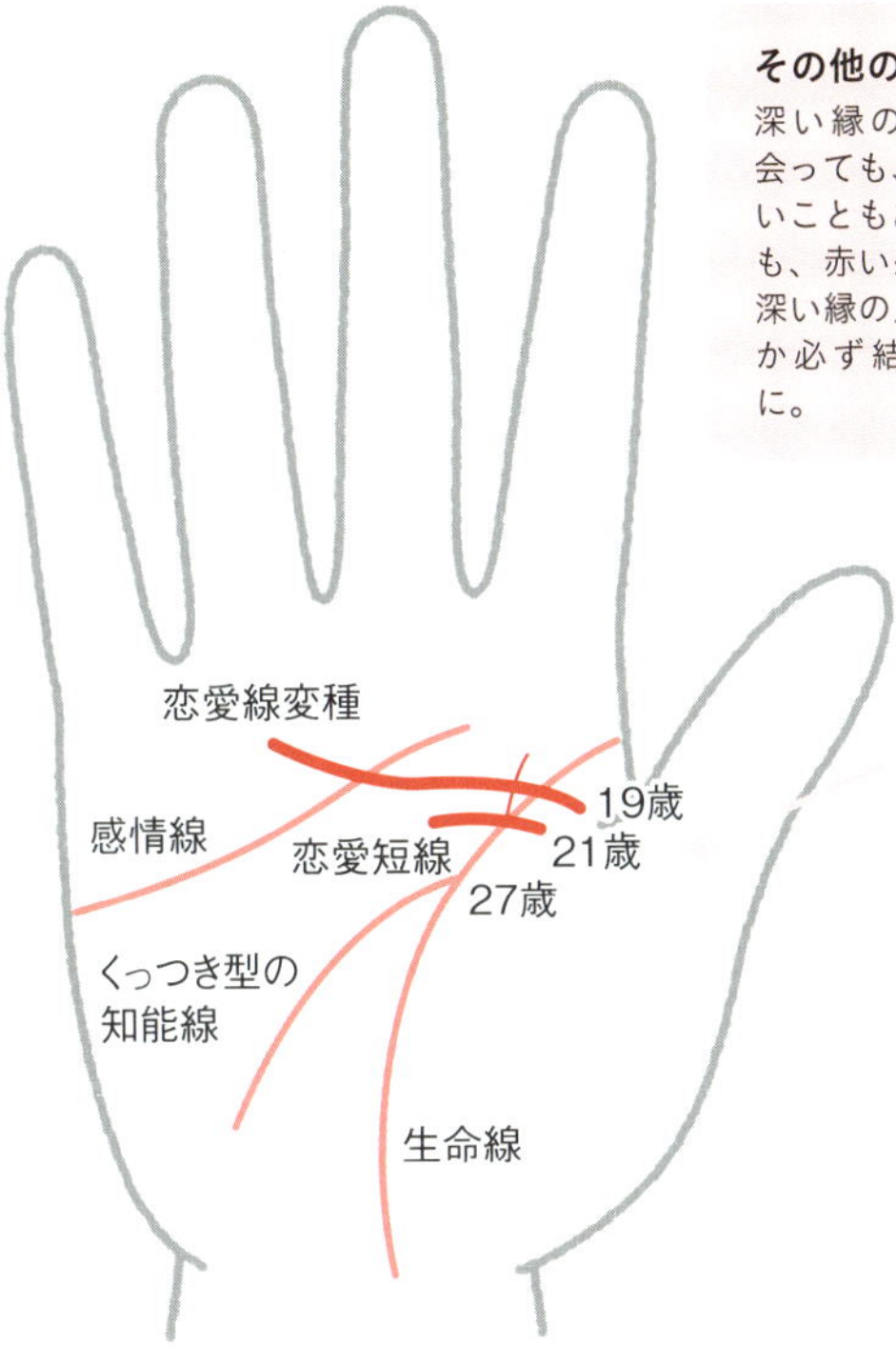

その他のポイント

深い縁のある人と出会っても、気がつかないこともあります。でも、赤い糸ともいえる深い縁の人とは、いつか必ず結ばれる運命に。

西谷MEMO

19歳で運命の人に出会って、21歳で恋に落ち、その8年後の27歳で見事に結婚したK子さん。とても珍しい「くっつき型」の知能線を持っていただけに、シャイで引っ込み思案なところもありましたが、やさしく包んでくれる夫と結ばれたことで、はじめて本当の自分を出すことができるようになったそうです。運命の相手は生き方までも変えてくれるのですね。

※くっつき型の知能線は、生命線からスタートした年齢（この場合は27歳）で、自分の本質やよいところがあふれ出します。

実例鑑定
65人目
結婚

爪に出た「黒点」はアンラッキーなサイン？

～「白点」開運法で、夢の実現パワーが一段と高まる！

手の爪に出る白点は、指先が**幸運の波動をキャッチ**したというサイン。すばらしい開運のお知らせです。ところが**黒点**が出てしまうと、一転して凶相になります。それは、手の爪だけではなく、足の爪にも同じことがいえます。なぜなら、手の爪と足の爪は連動しているからです。

H子さんのように**両足の親指の爪に黒点**が出た場合は、愛情関係のアンラッキーなサインですから、恋人やパートナーとの間に何らかのトラブルが起こることの警告です。用心することはもちろん、黒点を白のマニキュアやボールペン、修正液でしっかりカバーしておきましょう。これは、黒点が示す不運をシャットアウトし、幸運を招く最適の方法です。

各指の意味をチェック！

どの指に黒点が出るかで**警告の意味**がわかる

- **親指＝愛情関係、人差し指＝希望の実現、中指＝旅行や不動産、薬指＝配偶者や名誉・名声、小指＝子ども、という意味を持ち、黒点の出た指の意味に関する不運のサインとなる**
- **黒点は白のマニキュアやペンでしっかりカバーする**

H子さん（38歳）

お見合いの日の直前に両足の親指の爪に黒点を発見し、縁談をお断りした人

その他のポイント
幸運の印の白点ですが、ひとつの爪に2つまではOK！ 3つ以上出ているときは、神経を酷使しすぎていることを示すのでご注意を。ひとつの爪に2つまでが吉相を表します。

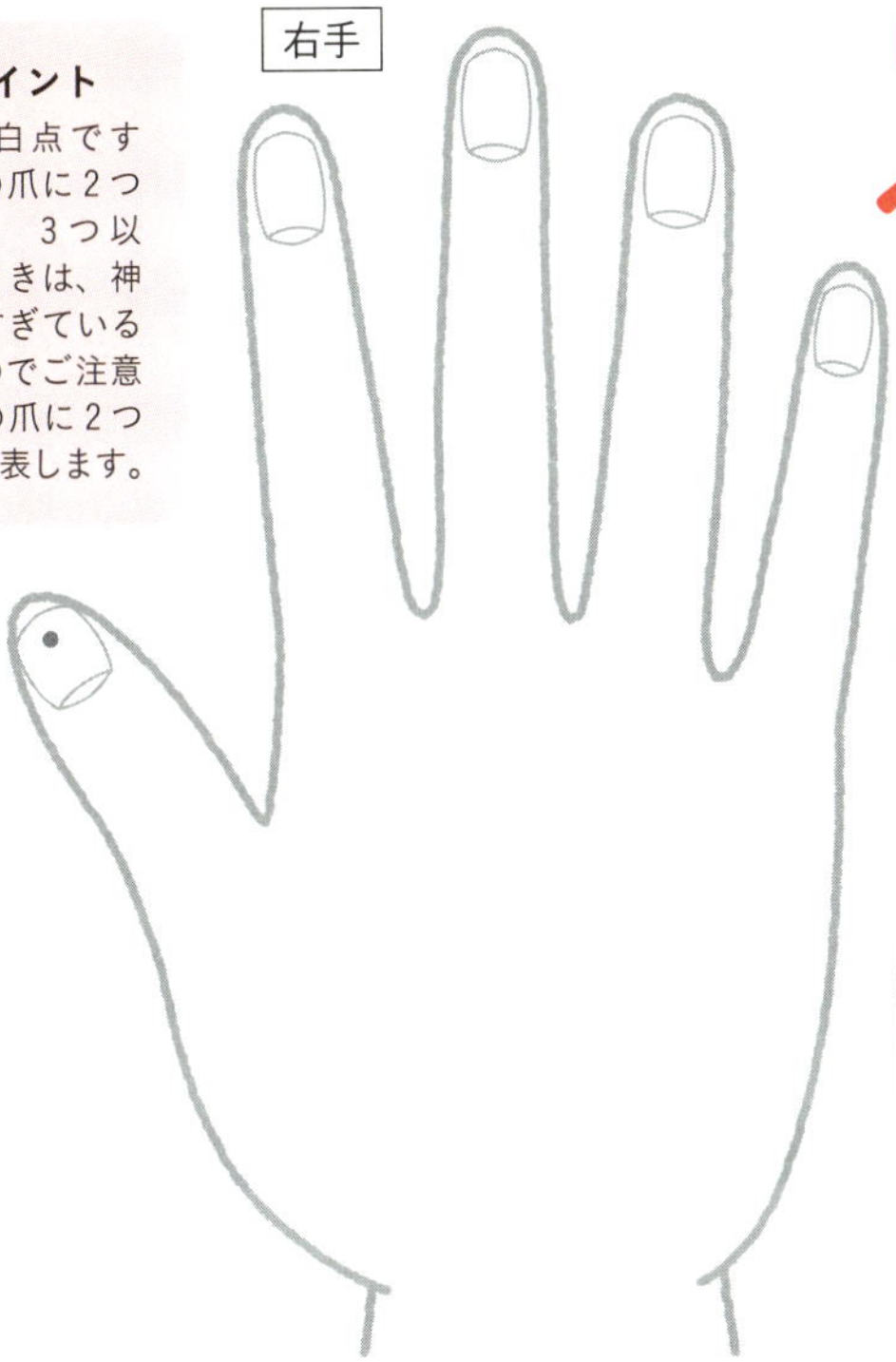

CHECK!

爪の「白点」
人生の中で、「起死回生の一打」といった幸運に恵まれるときに出る、最強のラッキーサインです。

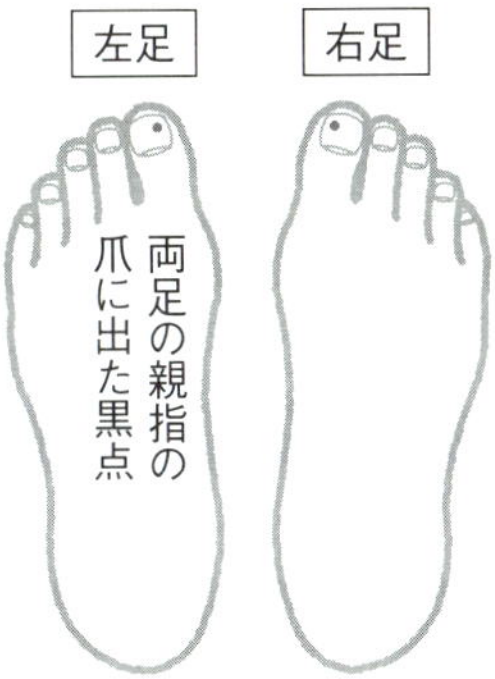

西谷MEMO

お見合いの直前に、両足の親指の爪に不運の警告である黒点を見つけてしまったH子さん。それに加え、凶夢である「お茶を飲む夢」「お見合い相手と結婚する夢」「猫の夢」と、3本立てのアンラッキーを示す夢を見ていたこともあり、即座に縁談を断ったそうです。夢といい、黒点といい、こうして未来からの情報はきちんと届くんですよ。

※夢判断については拙著『暮らしに活かす夢判断』（創文刊）をご参照ください。

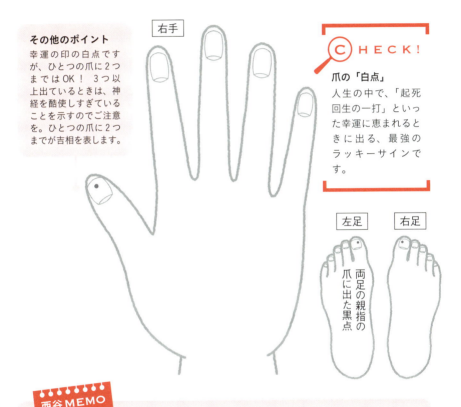

実例鑑定
66人目
結婚

晩年の運命線が伸びているなら、将来は安泰？

～度重なる試練を与えられても、最後には必ず幸せをつかむ人

若いときには数々の試練に遭う運命ですが、晩年になるほどに確かな幸せをつかめるという、晩成型の相があります。このE子さんの相は、まず20歳の流年に、感情線の上部からスタートする恋愛線変種が入っていますが、ここに島も入っています。これは必ず結ばれる相手と出会っていても、何らかの障害により、結婚には至らないことを教えています。

しかし、この相には**二重感情線**が存在し、もう一度結婚のチャンスがあること、そして少々の苦労には負けない強いハートがあることを示しています。さらに生命線の流年55歳の位置に**強運線**と呼ぶ、**盛運気到来**を告げる線が入っています。これは人生の本番はこれから、と教えている線です。

晩年に伸びる運命線をチェック！

社会的な活動で人生が充実する線

- 運命線が晩年の位置にしっかり伸びているなら、人生の後半も意欲、体力が満ちていることを示す
- 女性は生きがいを見つけ、活動をすることで人生が充実
- 家庭に入ったままでいることには向かない人

E子さん（40歳）

20歳のときに婚約者を交通事故で亡くし、今も独身のままでいる人

CHECK!

晩成型の運命線

運命線が晩年に力強く中指の下に伸び、運命線の先端の90代後半まで、気力や意欲が充実していることを知らせています。

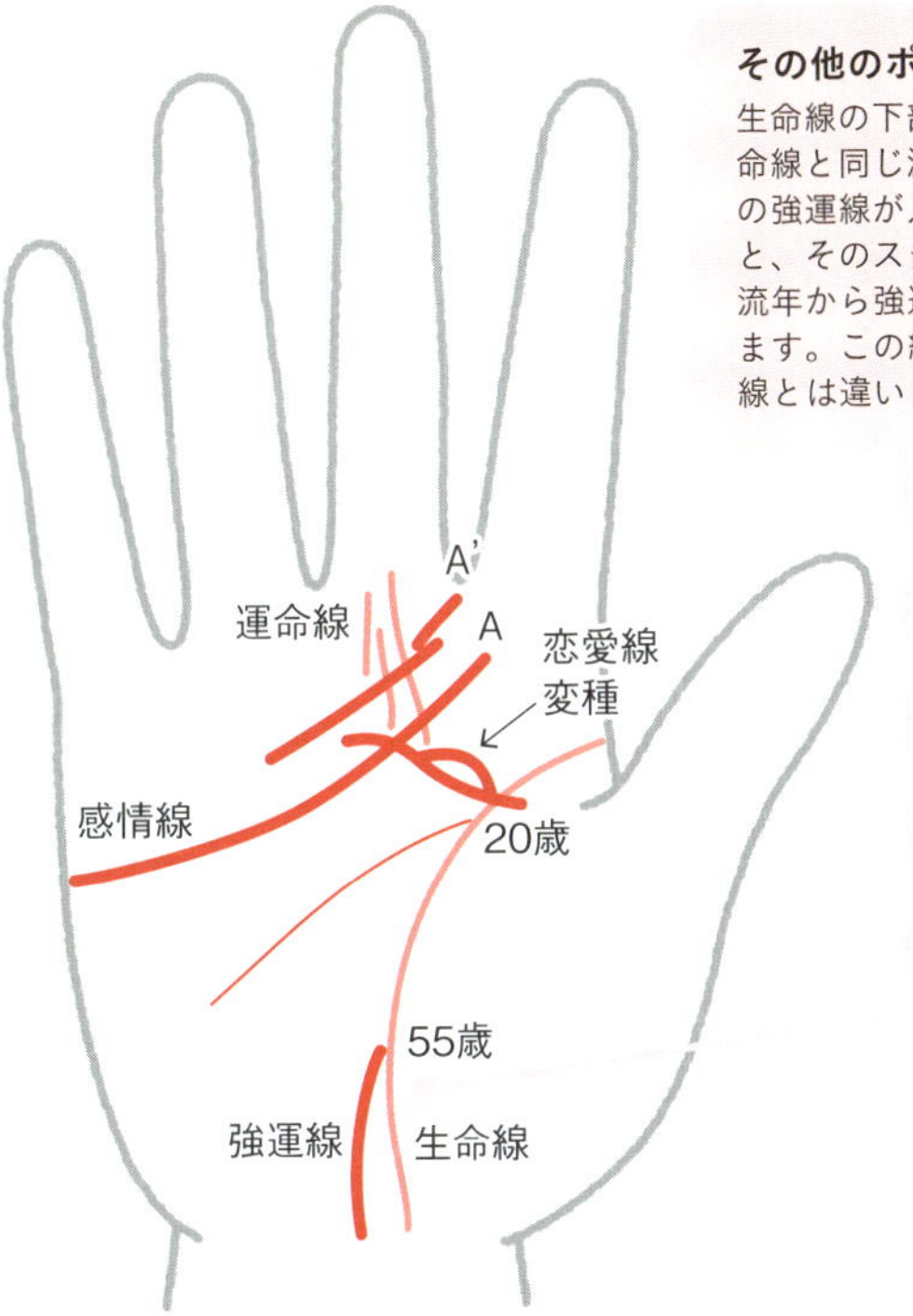

その他のポイント

生命線の下部から、生命線と同じ濃さ、太さの強運線が入っていると、そのスタートした流年から強運に恵まれます。この線は、旅行線とは違います。

西谷MEMO

20歳のときに、結婚を約束していた彼が突然事故死するという不運に見舞われてしまったE子さん。ですが逆境に負けない心と、もう一度結婚のチャンスがあることを示す二重感情線がありますから、今後、良縁にめぐり会えます。さらに晩年の相も申し分ないので、これからは喜びの多い人生となるでしょう。一度きりの人生、思い切り楽しんでください。

実例鑑定
67人目
結婚

「離れ型」は国際結婚や海外生活に向いている人？

～インターナショナルな相があれば、日本以外にも活躍の場が見つかる！

海外との縁が深いこと、そしてインターナショナルな感覚を持っていることを知らせる相があります。知能線の起点が生命線から離れてスタートしている**離れ型**の相です。楽天的で不安がらずに前に進む性格のため、**国際結婚に向いている**相です。また留学経験のある人も離れ型が多いです。さらに離れ型の人は、少々発音や文法がまずくても臆せず話す度胸があるので、語学の習得も早いでしょう。知能線が長いこともポイント。じっくり勉学と向き合う気質があり、語学の上達スピードも早いです。

また、**手のひらに小じわが少ない**人も**海外生活に適性**が。出たとこ勝負的な感覚を持ち、少々のことには動じないので、異文化にもなじみやすいのです。

濃い運命線もチェック！

スランプにも屈せず全力を尽くして生きていく相

- どのような環境に置かれても流されることなく、わが道を行く人
- 自分の実力や才能を発揮することに喜びを感じる人
- スランプ、低迷期でもベストを尽くして前に進む人

K子さん（50歳）

26歳で東南アジアの男性と結婚、両手に「離れ型」の相を持つ人

その他のポイント

環境や運命の変化は、多くの場合、運命線の食い違いから読み取れますが、まれに生命線の食い違いによって示されている場合もあります。

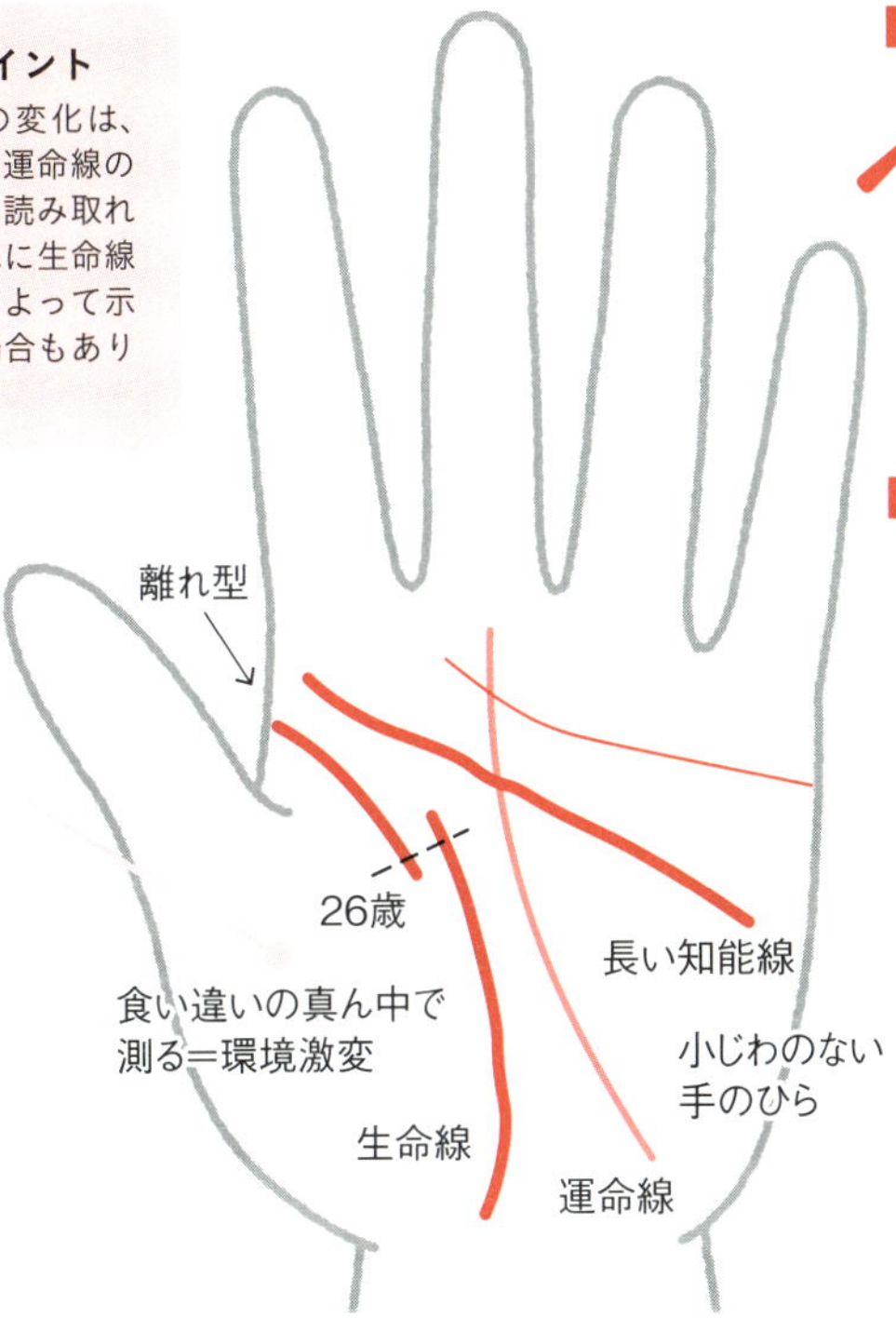

CHECK!

生命線の食い違い

その流年で置かれる環境が大きく変わることを示しています。

西谷MEMO

とても国際的な感覚を持っているK子さん。生命線の食い違いが見られた流年26歳のときに国際結婚したとのこと。イチロー選手も、日本からアメリカのシアトルへ活躍の場が移った27歳で、生命線の食い違いが見られました。この相は環境だけでなく、精神面での変化も教えています。これは、メンタルも環境の変化に順応して変わったことを表しています。

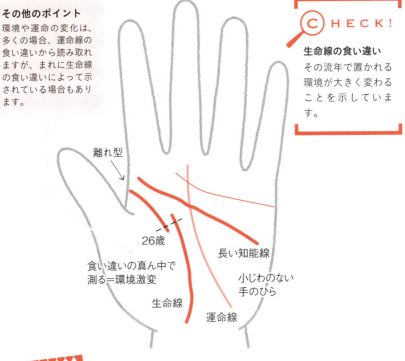

実例鑑定
68人目
結婚

知能線に障害線があるのは深い悩みを持っている人？

～幸せなはずの結婚生活で、パートナーに苦しめられてしまう人

愛し合って結婚したはずなのに、相手のわがままや束縛に苦しんでしまう人が少なくないようです。そんな人に多い相のひとつに、**弓形障害線**があります。生命線と知能線を弓形に切るこの線は、**精神的な深い悩みが生ずる**ことを示しています。

金星丘に細かな格子状の線がたくさん入っている人は、**愛情深く心のやさしい**人。夫婦げんかでも自分の意見を主張できず、相手の言うなりになってしまいがち。さらに**知能線が下垂**している人は、夢や空想といった**ロマンの世界に生きる**ことを好み、現実的な争いごとからは逃げたくなるタイプ。相手と向き合うより自分の世界にこもってしまうため、夫婦間の問題を解決できずに悶々としてしまいます。

弓形障害線をチェック！

メンタルに大きな行き結まりを受ける相

- **精神的に大きな悩みを抱えたことを示す相**
- **思考力、判断力が低下するほど、メンタルにダメージを負うことを表す**
- **20代前半で出ることが多いが、まれに20代後半でも出る**

Mさん（33歳）

結婚相手の激しい束縛に苦しめられ、深い悩みを持ってしまった人

その他のポイント

指の下に多くの横線がある場合は、過剰なストレスで自律神経を病んでいることを表します。リラックスすることを心がけましょう。

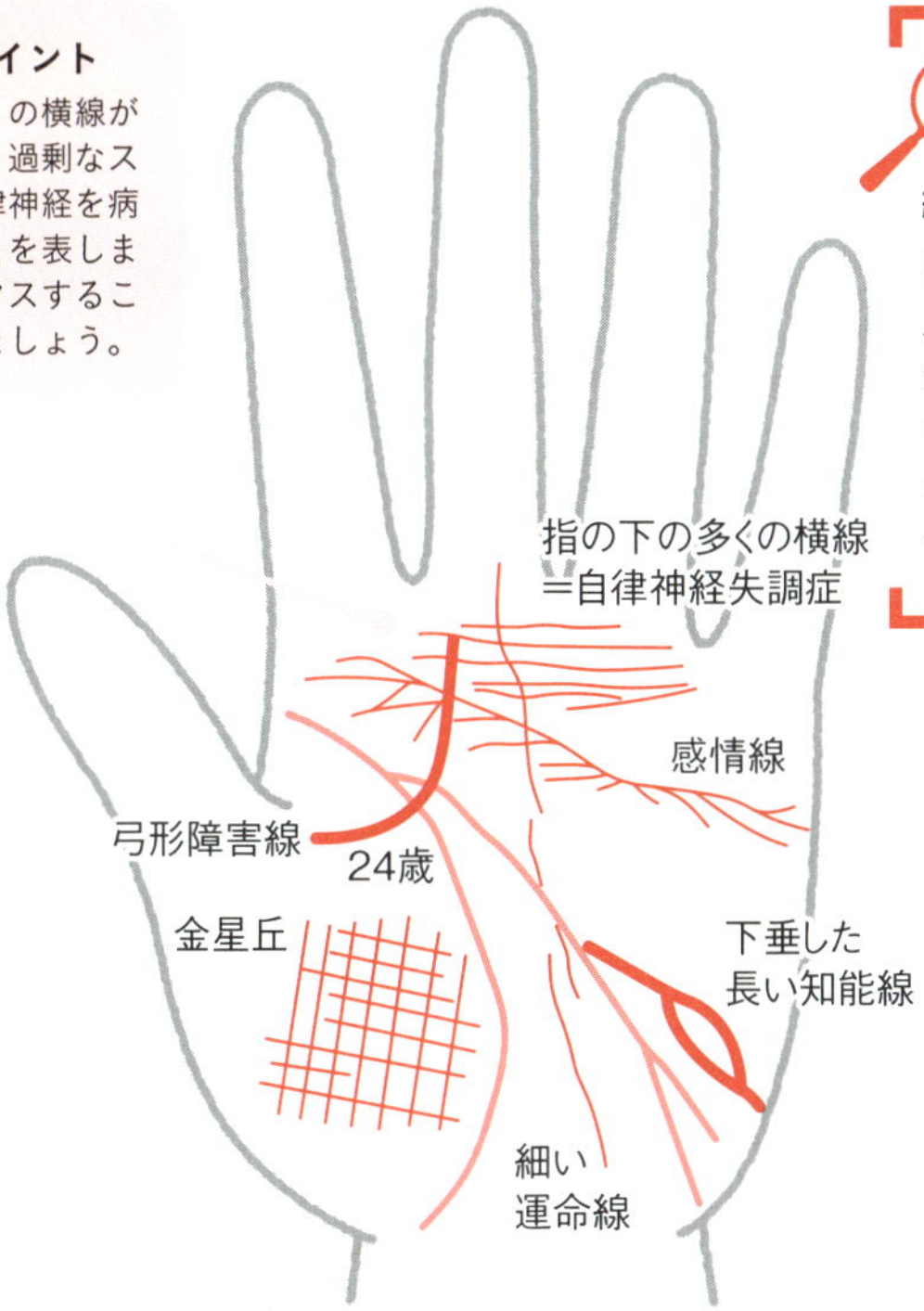

CHECK!

細い運命線

自己主張が苦手で、人の言うなりになりがち。Mさんのように、意見があっても言えないタイプです。

西谷MEMO

24歳から25歳にかけて、パートナー（妻）の束縛が激しく、自殺まで考えてしまったと話してくれたMさん。その手相からは、とてもやさしく愛情深い人柄が見て取れましたが、反面、自己主張できない弱さが、この苦しみを招いたこともわかりました。男性、女性に関わらず、同じ相を持っている人は、心を守るためにもしっかり自分の意見を伝えるようにしましょう。

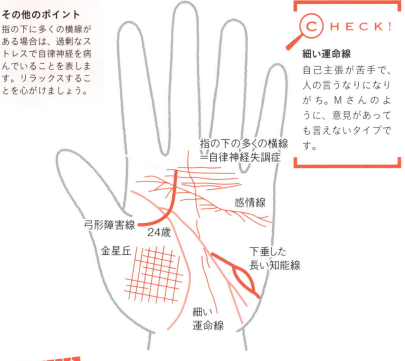

実例鑑定
69人目
結婚

スムーズに結婚にたどり着ける、理想の相とは?

~運命線に影響線が入っていれば、結婚に一切の障害が見られない!

トントン拍子に結婚にたどり着ける人に見られるのが、運命線に対して、異性関係を表す**影響線**がしっかり入っている相です。影響線がはっきりときれいに入っていれば、この流年で出会った人とは何の障害もなく、スムーズに結婚に至ることができます。

このC子さんの相では、運命線に影響線が入った流年と同じ位置に、**運命線から上る太陽支線**が出ています。これは**すばらしい幸運の訪れ**を表す線で、独身の男女の場合はおもに幸せな結婚を示しています。幸運を運んできてくれる相手と結ばれるわけですから、結婚生活においてさまざまな問題が起こったとしても、必ず吉に変えるすばらしい結婚生活が送れることを約束している線です。

[2つに分かれた感情線の先端も チェック!]

2つの性格を合わせ持っている相

- 感情線の先端が人差し指と中指の間に入るのは尽くし型
- 感情線の先端が人差し指の下にまで長く伸びているのは誠意もあって、情熱家の人
- 2つに分かれた感情線はどちらの性格も合わせ持つ

C子さん（51歳）

26歳で出会った運命の人とスムーズに結婚、1男2女に恵まれた人

その他のポイント

知能線から上る向上線を持つ人は、知的向上心が豊かで勉強好き。積極的に学びの機会を得ていく人です。

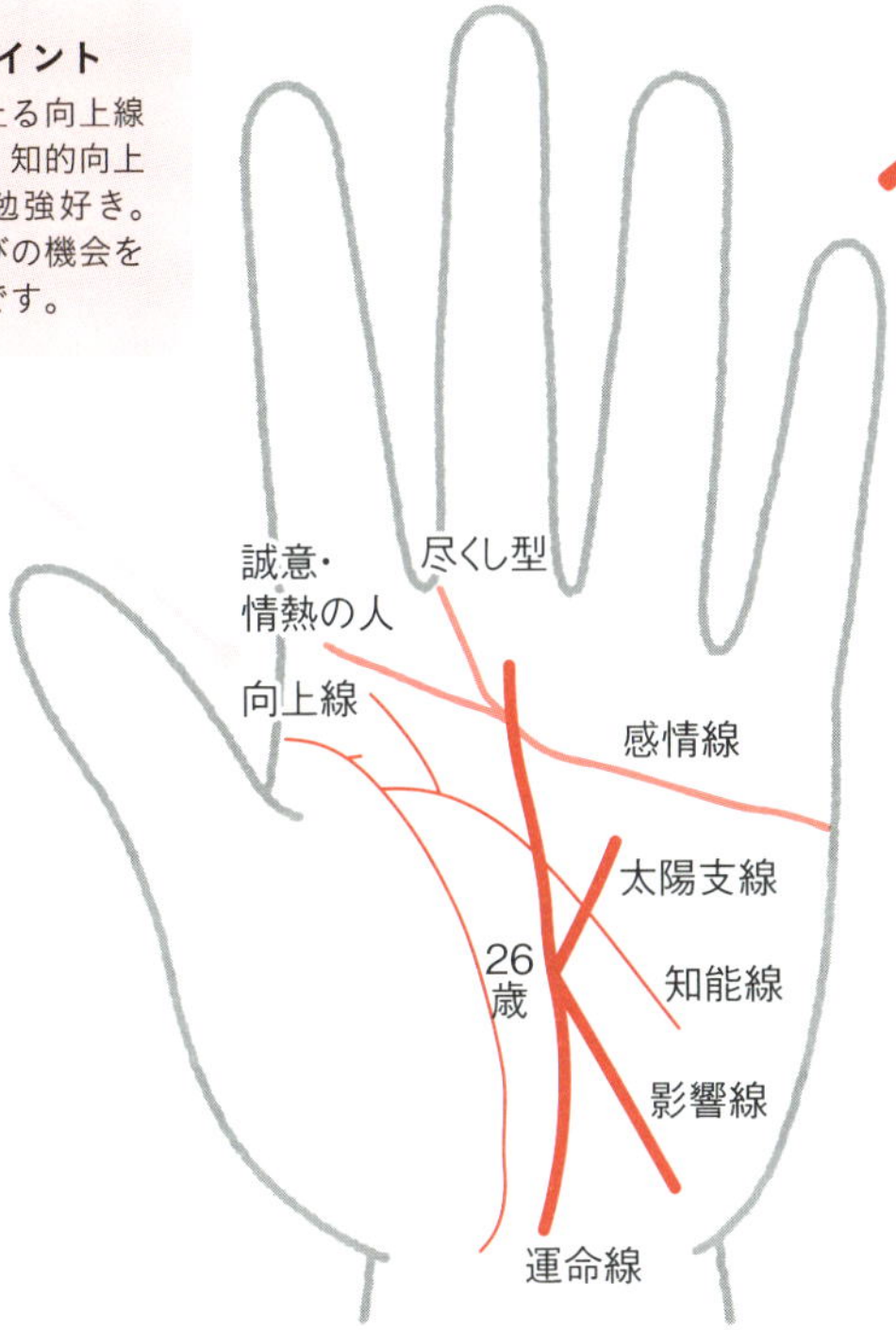

CHECK!

運命線から上る太陽支線

運命線の26歳地点から上る太陽支線は、結婚によって大きな幸せを得る相。たとえわずか2～3ミリでも出ていれば、その流年で幸運になる結婚をします。

西谷MEMO

26歳で出会った運命の人と、スムーズに結婚できたC子さん。実は結婚後、5年間子宝に恵まれなかったそうですが、その後、3人ものお子さんを授かりました。まさにどんな問題が起きても、必ず最終的には吉となる太陽支線の導きです。尽くし型でもあるC子さん、夫や子どもたちへ愛情を注ぎながら、今後も愛されるママとして人生を謳歌していくでしょう。

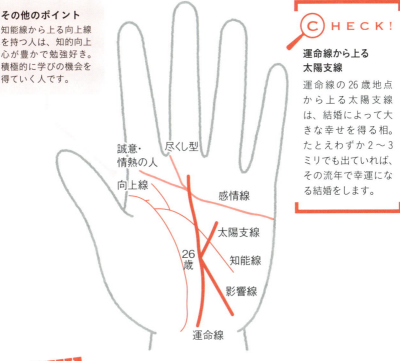

金運や仕事運を鑑定してみよう

① 太陽線

薬指の下に出る縦の短い線。この線を持つ人は有名になったり成功したりするなど、金銭面や仕事面でうまくいくことを示します。成功しているかどうかは本人の主観なので、はた目には成功しているように見えても、本人がそう感じていなければ、いい太陽線は出ません。

② 起業線

手首から小指に向かって斜めに出ている線。商売を意味する水星丘とつながり、商才のあることを表します。本来は、小指の下に出ている線を財運線といいますが、この線が生命線付近まで長く出ている場合、特に起業線といいます。この線がある人は、やがて経営者や社長になり成功する運を持ちます。

③ 知能線

親指と人差し指の間から出て、手のひらの中央を通り、横や斜めに伸びている線。知能線はその人の知的傾向や適職、才能などを示し、お金に対する考え方などもわかります。知能線が1本の人は一芸に秀で、2本ある人は多芸多才、横走りの線は実務向きです。

④ 感情線

小指の下から人差し指に向かって、ゆるやかな上昇カーブを描きながら上っていく線。その人の感情や人との関わり方がわかります。たとえば長さの違いが性格の違いを示します。長い感情線は激情型。短い線は冷静なタイプ。その特性を活かせる仕事に就けば成功するでしょう。

金運や仕事運をみるには、この線をチェック！

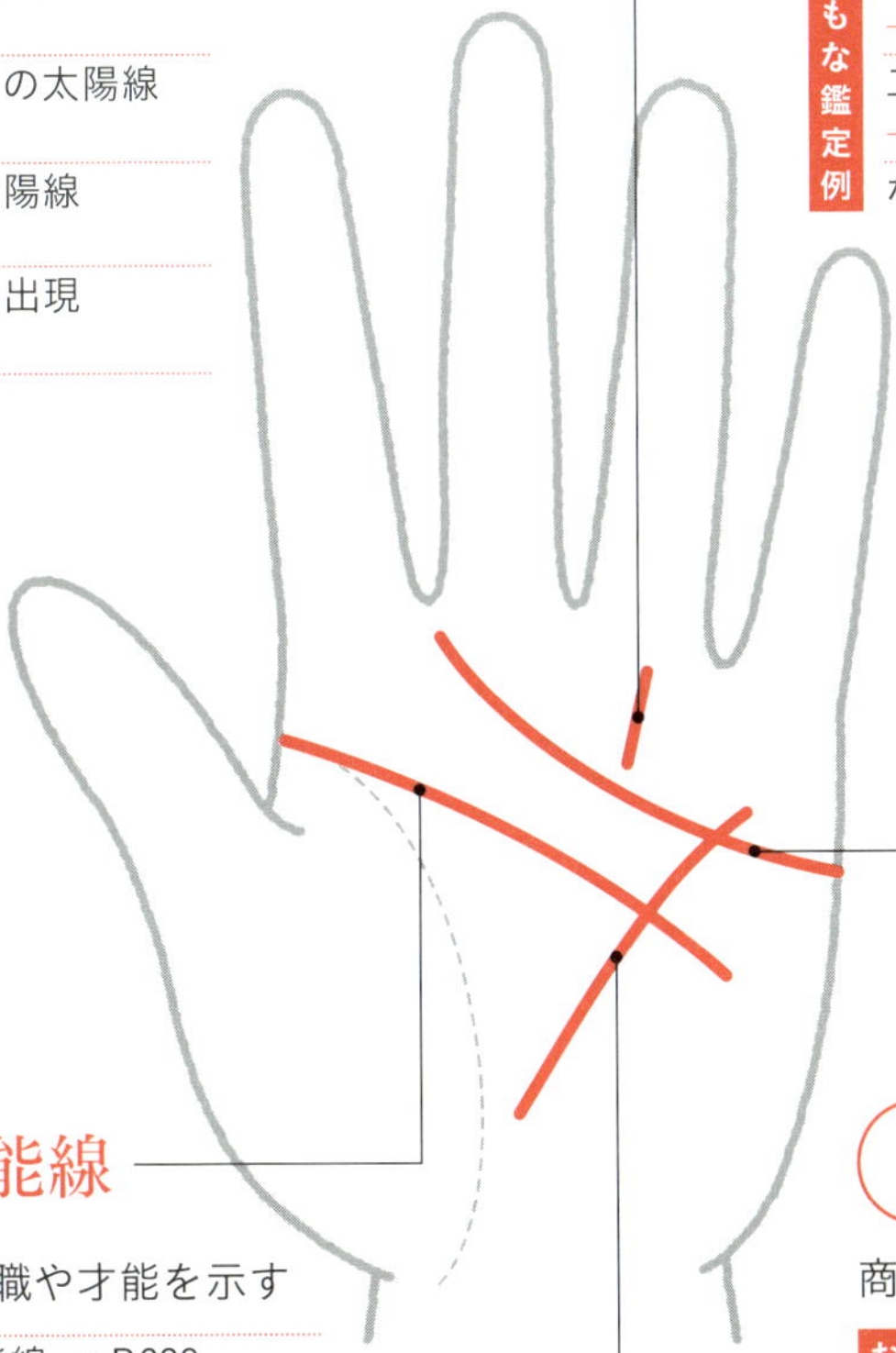

① 太陽線

一生の金運や仕事運に恵まれることを示す

おもな鑑定例

- 2本の太陽線 → P.326
- 末広がりの太陽線 → P.330
- 複数の太陽線 → P.350
- 太陽線の出現 → P.354
- など

② 起業線

商才があることを表す

おもな鑑定例

- 小指に向かう起業線 → P.342
- 起業線と商才線 → P.356
- など

③ 知能線

その人の適職や才能を示す

おもな鑑定例

- 三重知能線 → P.338
- 離れ型 → P.340
- 下垂する知能線 → P.344
- 知能線と運命線 → P.352
- 知能線の島形 → P.364
- など

④ 感情線

情熱型や冷静型など仕事への取り組み方がわかる

おもな鑑定例

- 変形マスカケ線 → P.346
- 二重感情線 → P.349
- など

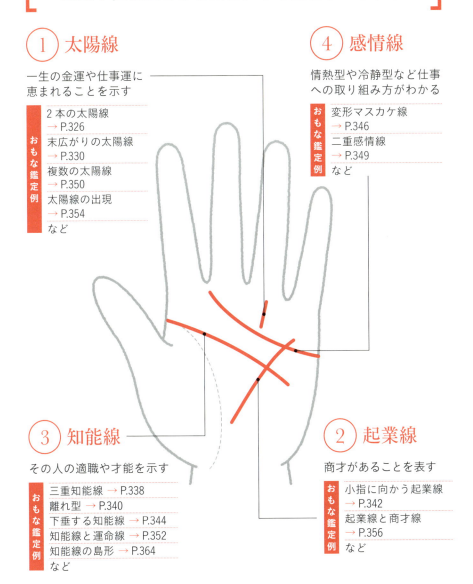

実例鑑定
70人目
金運

ダメな彼と別れた途端に太陽線が表れる!?

～手相は未来を写しているという典型例

手相は生涯を通じて同じものではなく、その時々の生き方や人間関係、恋愛状況でどんどん変化していくものです。たとえば、金運や名声、人気といったものを表す**太陽線**が、これまでまったく見えていなかった人でも、ギャンブル好きの彼と別れた途端に2本もの太陽線が表れたりします。自分にとって**よりよい未来をイメージ**し、生き方を正せば、手相もそのとおりに変わります。また、手のひら中央に見える、知能線と感情線にかかる横線に縦の運命線が加わった**神秘十字形**を持っていると、優れた先祖や神仏の加護により、災難からも逃れられるという幸運に恵まれます。さらに太陽線が2本あるなら、金運が確実に上昇していくことの証しです。

太陽線の伸び方をチェック！

はっきりと表れている太陽線は金運の上昇を教える幸運の印

- 成功、金運、幸運の満足度が表れる線
- 性格は明るく、信用の厚い人徳のある人
- 努力を重ね、生き方を正せば出てくる線

I子さん（40歳）

ギャンブル好きの彼と別れたら、まったくなかった太陽線が出現！

その他のポイント

くっきりと見える太陽線は、明るくて愛される人気気質のために、人から信用を得られます。そのため、さらに信用が信用を呼び、この線は伸びていきます。

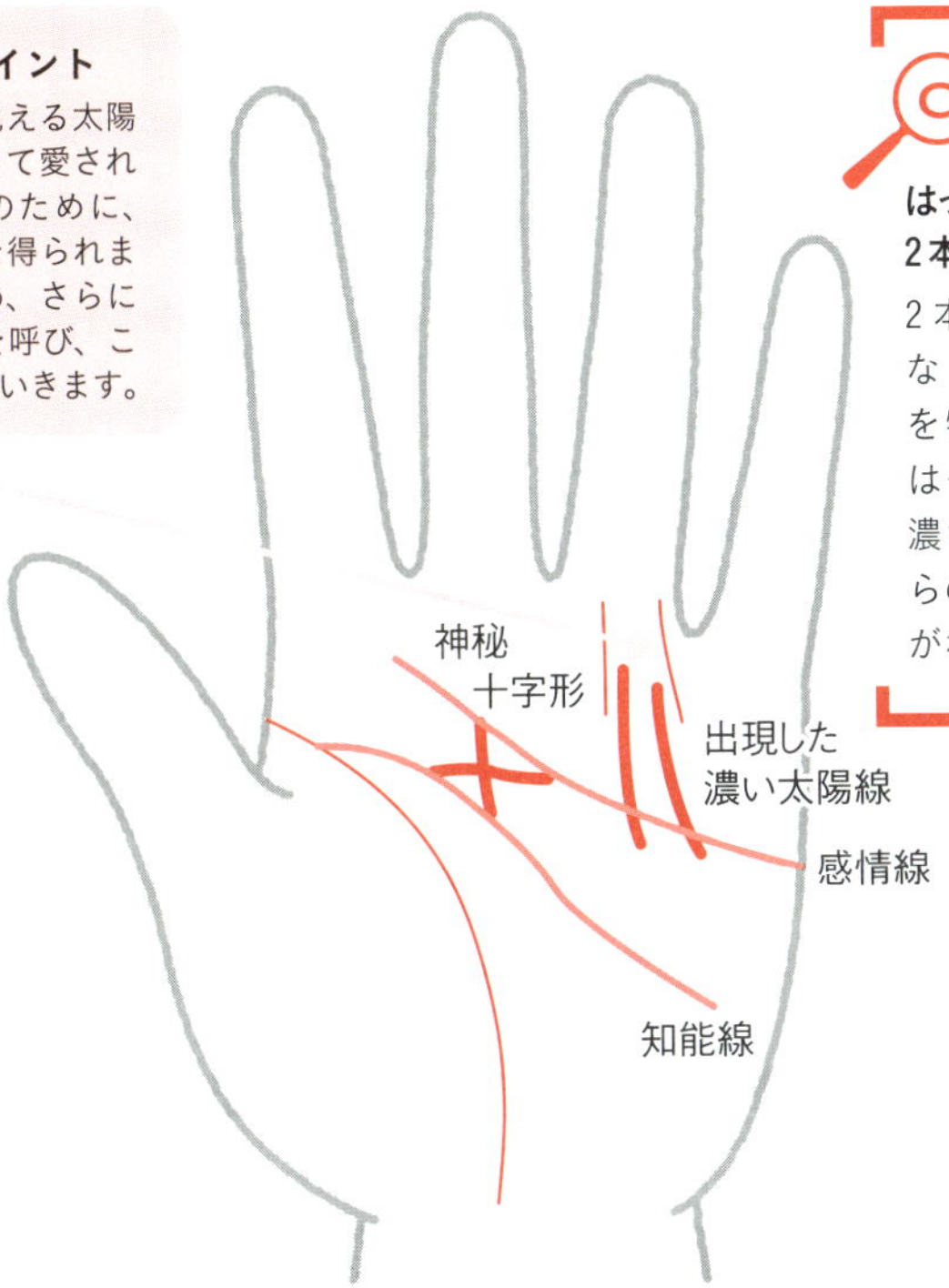

CHECK!

はっきりと表れた2本の太陽線

2本の太陽線は、かなりの金運の強さを物語っています。はっきりとした線の濃さからも、これからの金運の上昇ぶりがわかります。

西谷MEMO

それまでまったく太陽線が見えず金欠ぎみだったのに、ギャンブル好きの貧乏神的な男性と別れた途端に、2本もの太陽線が出現したI子さん。パートナーを変えることで運命も変わるという典型的なケースです。神秘十字形を持つ人は神秘や占い好きですが、I子さんも日頃から自分の手相をチェックしており、自分の太陽線の変化にいち早く気づきました。そしていっそう努力を重ねたため、現在の金運は大変に良好とのことです。

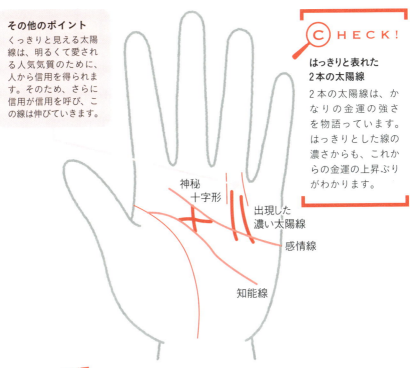

実例鑑定
71人目
仕事

運気上昇とともに、「福相」になってくる？

～仕事が軌道に乗って自信がついたら、手のひらもふっくらと！

体形の変化とは関係なく、手のひらがふっくらとしてくる場合があります。これは手の指が受信した、惑星からの**よいエネルギーが手のひらの各丘に貯蔵**されて起きる現象です。ここで各丘のふくらみの意味を説明しましょう。

①木星のよい波動を人差し指が受け、木星丘に蓄える、
②土星のよい波動を中指が受け、土星丘に蓄える、
③太陽のよい波動を薬指が受け、太陽丘に蓄える、
④水星のよい波動を小指が受け、水星丘に蓄える、
⑤金星のよい波動を親指が受け、金星丘に蓄える、
⑥月のよい波動を手のひらで受け、月丘に蓄える、
⑦火星のよい波動を手のひらで受け、火星丘に蓄える（36ページ参照）。ふくらみ具合はどうですか？

太陽丘の豊かさをチェック！

太陽丘が豊かに発達しているほど
成功の相で、金運も良好

- 快活で、人気や信用のある人
- 自己表現がうまく、人気キャラが幸運を呼ぶ
- 太陽丘が豊かなほど、
  現実生活も理想的なものに！

N子さん（50歳）

自信が持てたことで幸運の波に乗り、手のひらも吉相に変わった人

CHECK!

ふっくらとハリのある太陽丘

太陽丘は名誉、成功、富、寛大という意味を持つところ。ここが豊かであればあるほど、仕事も成功し、納得のいく富が得られます。

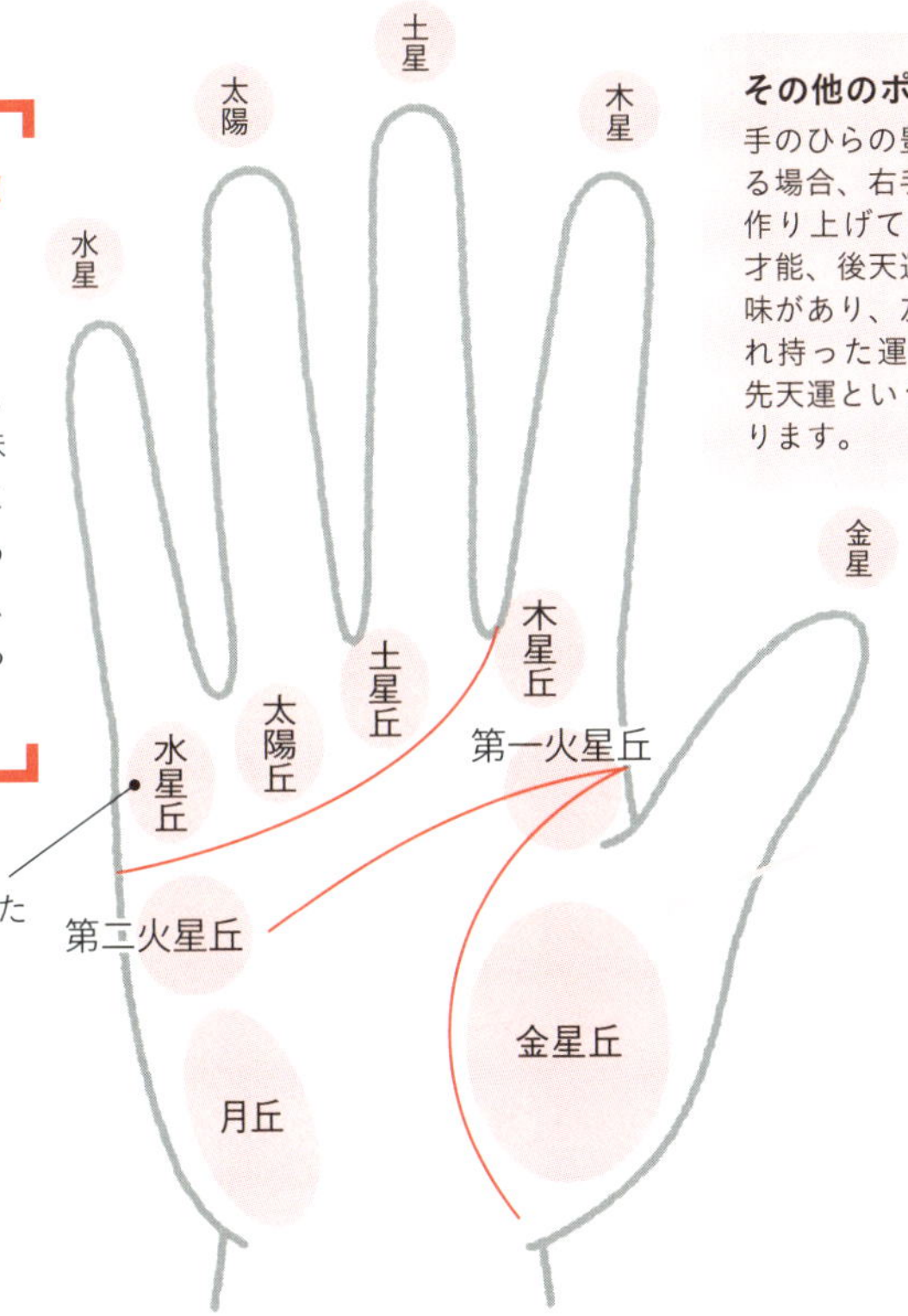

その他のポイント

手のひらの豊かさを見る場合、右手は自分で作り上げている運勢、才能、後天運という意味があり、左手は生まれ持った運勢、才能、先天運という意味があります。

西谷MEMO

N子さんは離婚をきっかけに、以前からやってみたかった分野での起業に乗り出しました。これが思いのほか早く軌道に乗ったのですが、同時にN子さんの母親が、N子さんの手のひらの変化に気づきました。N子さんを否定し、モラハラを加えてきた夫と別れたことで運がよくなり、事業の成功で自信がつくとともに、平らだった手のひらもふっくらと変わっていったのです。手のひらは、まさに現在の波動の様子を表します。

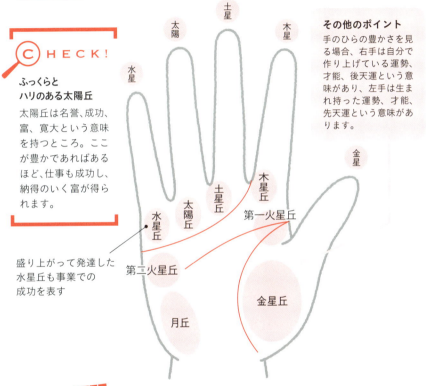

実例鑑定
72人目
金運

太陽線があるとお金持ちになれる？

～周囲からの援助に恵まれて成功する人

典型的な「お金持ちの相」というものがあります。それは**薬指にまで上って出ている太陽線**です。さらに**末広がりになっている太陽線**が一緒にあれば、いうことなし！　この薬指にまで上る太陽線は、死後もなお、財産を残したり、しばらく人気や名声が続くことなどを示しているすばらしい相です。

加えて月丘から上り、中指の付け根に向かってはっきりと入っている運命線にも注目しましょう。これは**人気運命線**と呼ばれるもので、他人の支援や助力、大勢の人たちからの人気によって成功する幸運の持ち主であることを示しています。配偶者に恵まれて成功する場合もあります。常に人を通して幸運がやってくるというすばらしい運を持っています。

運命線の勢いをチェック！

月丘から勢いよく伸びる運命線は
周囲から愛されて成功する相

- 他人からも、家族からも愛される幸せな人
- 人気商売が天職！　多くの支持が得られる
- どの分野に進んでも周囲からの援助で成功できる

A子さん（77歳）

人からのアドバイスや、人からもらったチャンスで運が開く人

CHECK!

薬指にまで上ってくっきりと出ている太陽線

成功者やお金持ちに時々見かける幸運の相です。本人の努力でかなえる幸運のほかに、天からの助けや導きが多くあることを示す相です。

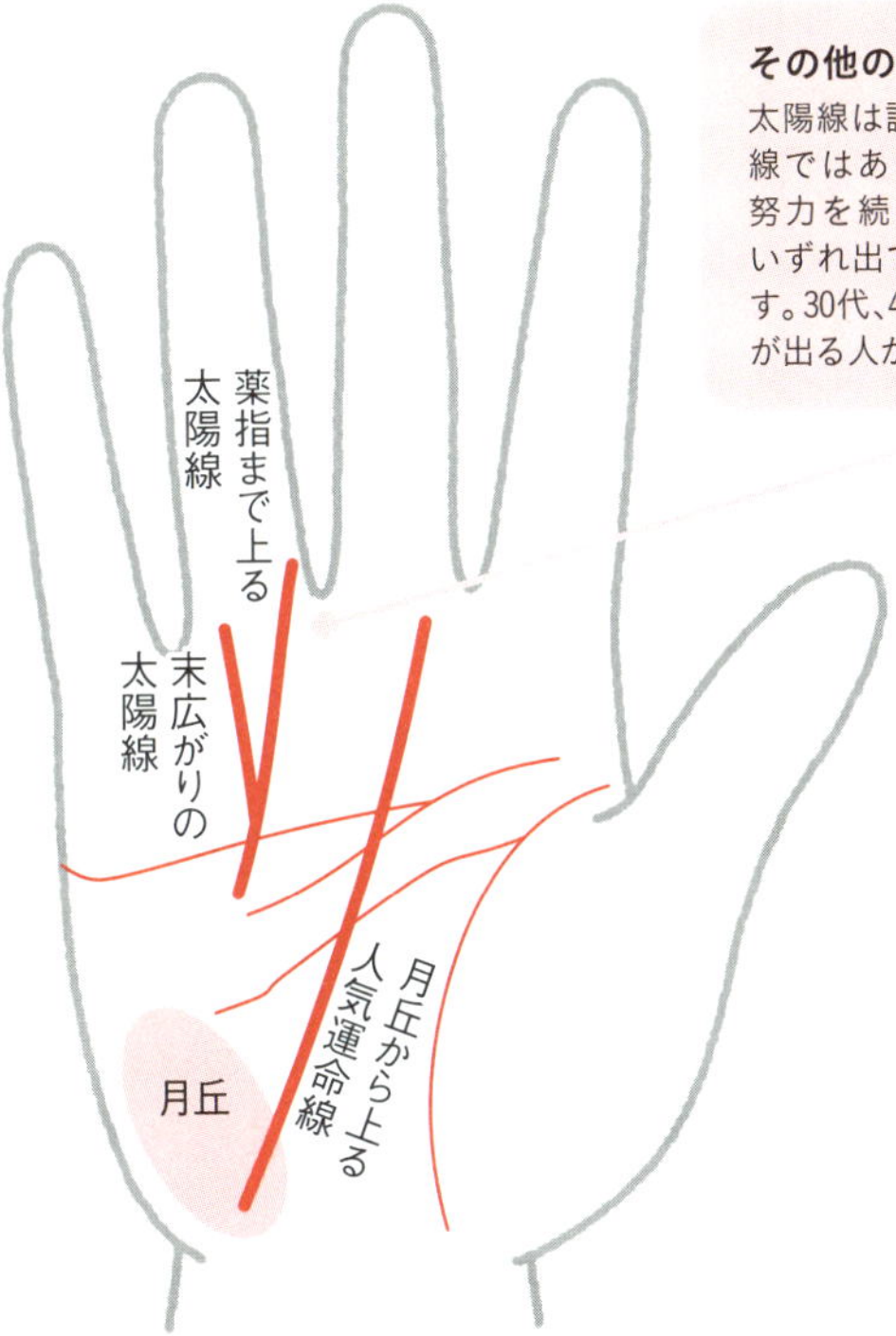

その他のポイント

太陽線は誰にでもある線ではありませんが、努力を続けていれば、いずれ出てくるものです。30代、40代でいい線が出る人が多いのです。

西谷MEMO

A子さんは夫婦仲のよくない両親を気遣って、50代まで未婚のままで両親に尽くしてきました。そして59歳でお見合い結婚。お相手は事業で成功した会社経営者で、とても愛情豊かな方でした。そして仲よく暮らした10年間の結婚生活の後にご主人は他界、A子さんに多額の遺産を遺しました。親孝行以外にもいろいろなところで善行を積んでいるA子さんです。恵まれた太陽線からの恩恵は、これからも続いていくでしょう。

実例鑑定
73人目
仕事

手のひらの小じわはデリケートな証拠？

～感受性が豊かな反面、とても神経質な人

手のひらに小じわがあるかどうかで、その人の性質や仕事の向き不向きがわかります。手のひらの**小じわが多い人**は、大変**デリケートで神経質**。些細なことでも気にしてしまう、潔癖で神経の細やかな人です。またその多くが、神経がすり減ってしまうような仕事に就いていたり、ストレスの多い職場環境で働いています。そのデリケートさゆえに、対人関係の不協和音に耐え切れずに、自ら職場を去ってしまうケースも多々あります。

反対に、手のひらにほとんど**小じわのない人**は、大雑把でくよくよしない、**さっぱりした体育会系の気質**で、仕事仲間からも愛されるタイプ。スポーツ選手や体を使う仕事に就いている人に多い相です。

小じわの多さをチェック！

小じわの多い人は神経過敏、
気分に左右されやすい

- **束縛されることにストレスを感じる**
- **精神的な疲労から体調を崩しやすい**
- **神経が細やかで、感受性も人一倍豊かなタイプ**
- **気分にムラがあり、モチベーションが乱高下してしまう**

N子さん（28歳）

社会人になって5年の間に8回も転職、好きな仕事でなければ続かない人

その他のポイント
指の付け根にも細かな横線が目立ちました。これは、自律神経が乱れていることを示しています。十分なリラックスとストレス解消を心掛けましょう。

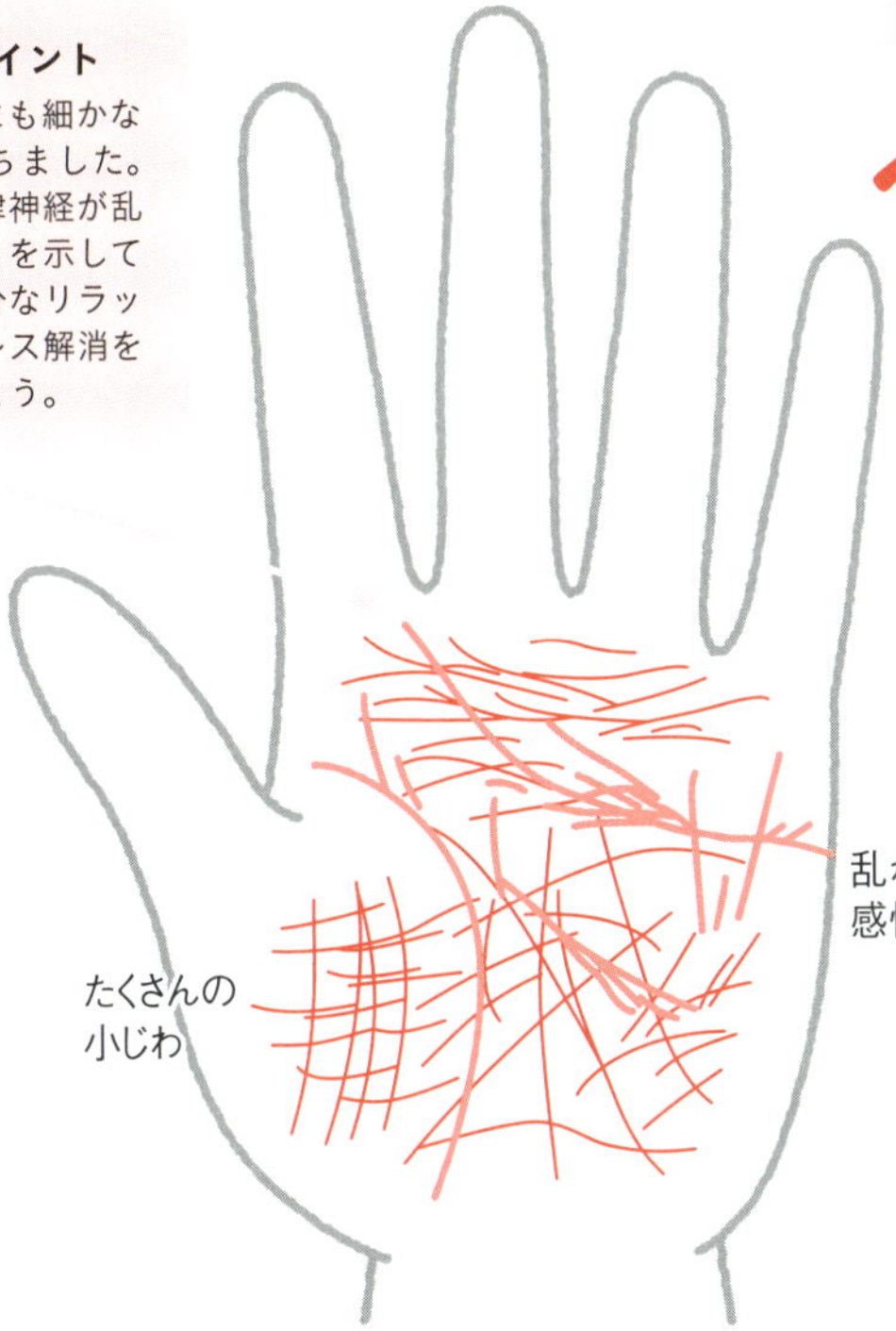

CHECK!

手のひらに目立つたくさんの小じわ
人の態度や、人が自分をどう思っているのかが気になり過ぎて疲れてしまう相。N子さんのように仕事に関しても、さまざまな仕事に就く相。

西谷MEMO

N子さんは何度も転職を繰り返してきました。手のひらの小じわが示すとおり、大変に神経質な方ですから、よほど好きな仕事か、環境のよい職場でないと仕事が続きません。こういうタイプの方は、何より楽しい仕事、束縛されず好きなようにやらせてもらえる仕事に就くのが一番です。実際N子さんが3年半も続いた税理士事務所での仕事は、とても楽しく、自分で仕事内容を工夫することができた仕事だったそうです。

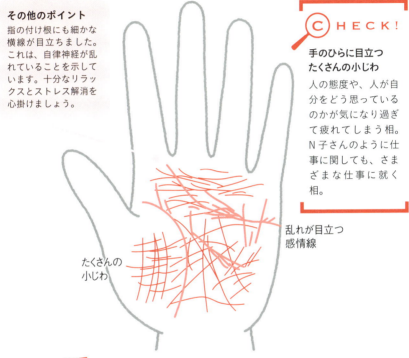

実例鑑定
74人目
仕事

「島」が出ているのは試練のとき？

～「島」は人生においての修業時代を示すもの

生命線上に**島**が出ることがあります。島が出ている期間というのは、仕事や勉強でスランプに陥ったり、体調がすぐれなかったり、ストレスがたまりやすいときであることを示しています。また、自分のやりたいことが見つからずに試行錯誤したり、忙し過ぎて自分の時間が持てないなど、**人生において試練の時期**であることを教えています。

Fさんの場合は、島の期間に歯科医院を開業しましたが、時間に追われる努力続きの日々でした。しかし、島の期間内に開運線が出ていますから、大変でも困難なことにチャレンジして、夢を手に入れたことがわかります。人生の修業期間を頑張って乗り越えれば、その先に大きな飛躍が待っている相です。

［ 二重感情線もチェック！ ］

二重感情線の持ち主は、島の期間でもあえてハードなことを選ぶ人

- 困難なことにチャレンジして、夢を実現する人
- 逆境に置かれれば置かれるほど、強さを発揮
- 物事に徹底的に打ち込む、意志も精神力も強い人

Fさん（74歳）

「島の期間」を持ち前の意志の強さで乗り越えて成功をつかんだ人

その他のポイント

島の期間中に開運線が出たら、必ずよい結果が出るのでチャレンジあるのみです。人気のある医師や芸能人などによくみられる相です。

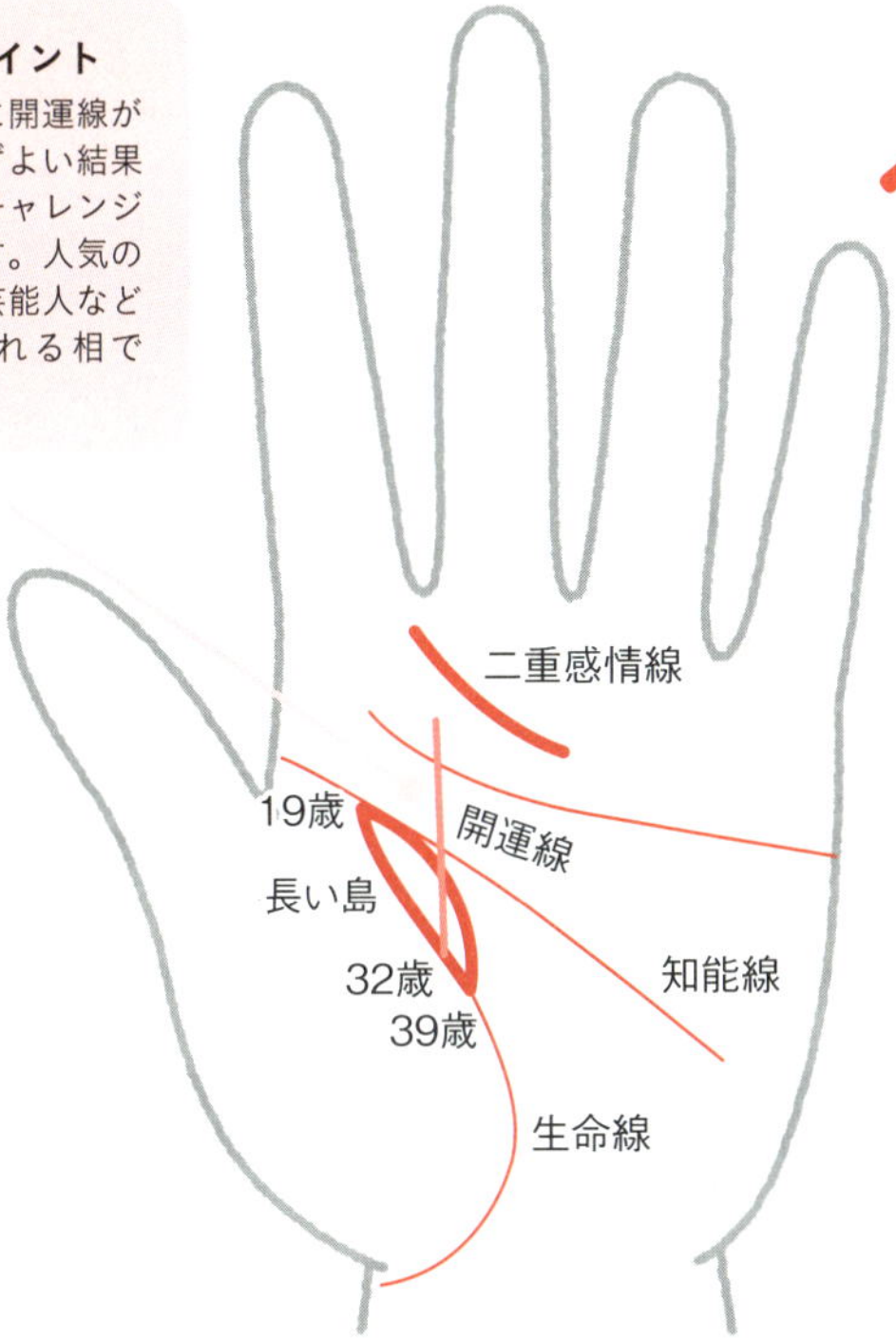

CHECK!

20年もの長い「島の期間」

「島の期間」は、辛抱し、コツコツ努力をする人ほど将来の運を向上させることができます。ストレスの多い修業期間ではありますが、成功はできます。

西谷MEMO

島の期間中でも開運線が出ることがあります。相応の苦労は伴いますが、成功します。Fさんには実に20年間もの「島の期間」が出ていましたが、開運線が表れた32歳のときに、歯科医院を開業して成功しています。ですが、そのときは何もかも一人で行ったため、疲れ果ててしまったそうです。そして島の期間が終わった39歳で結婚。妻のサポートが得られるようになり、ようやくハードな生活から解放されました。

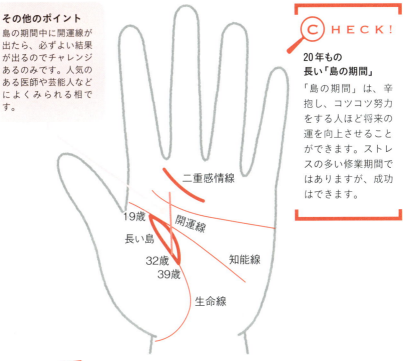

実例鑑定
75人目
仕事

生命線から上る太陽線の持ち主は必ず成功する?

~太陽線の流年で成功のタイミングや夢のかなう時期がわかる!

生命線から上る太陽線の持ち主は、**本人の努力によって名声や成功を得る**ことができ、金運にも恵まれます。何らかの分野でトップに立っている人、日本国内にとどまらず、世界に出て大活躍している人物には、このタイプの線のある人が多くいます。もしあなたにこの線があるなら、大志を抱いて精進してください。**線は切れ切れでも薄くても大丈夫**。困難に遭ってもあきらめずに夢や希望に向かって邁進すれば、きっと望み通りの結果が出るでしょう。この太陽線の流年によって、成功の時期もわかります。

また、月丘からスタートする人気運命線があるなら、目標を掲げて努力していけば、必ず応援してくれる人が出現し、願いがかなうでしょう。

[月丘からの人気運命線もチェック!]

自分を認めてくれる人や応援してくれる人に恵まれる線

- 目標に向かって努力しているなら、必ず助けになってくれる人が現れる
- 人気商売や接客業、大衆向きの分野を得意とする
- 人生における幸運が人の援助によってもたらされる

M子さん（58歳）

普通の主婦が一念発起！
ヒット曲を書いて流行作曲家になった人

その他のポイント

長い太陽線に合流した開運線は大吉。情熱や熱意によって成功することを示している、とても幸運な線です。成功に向かうエネルギーも十分なことを示しています。

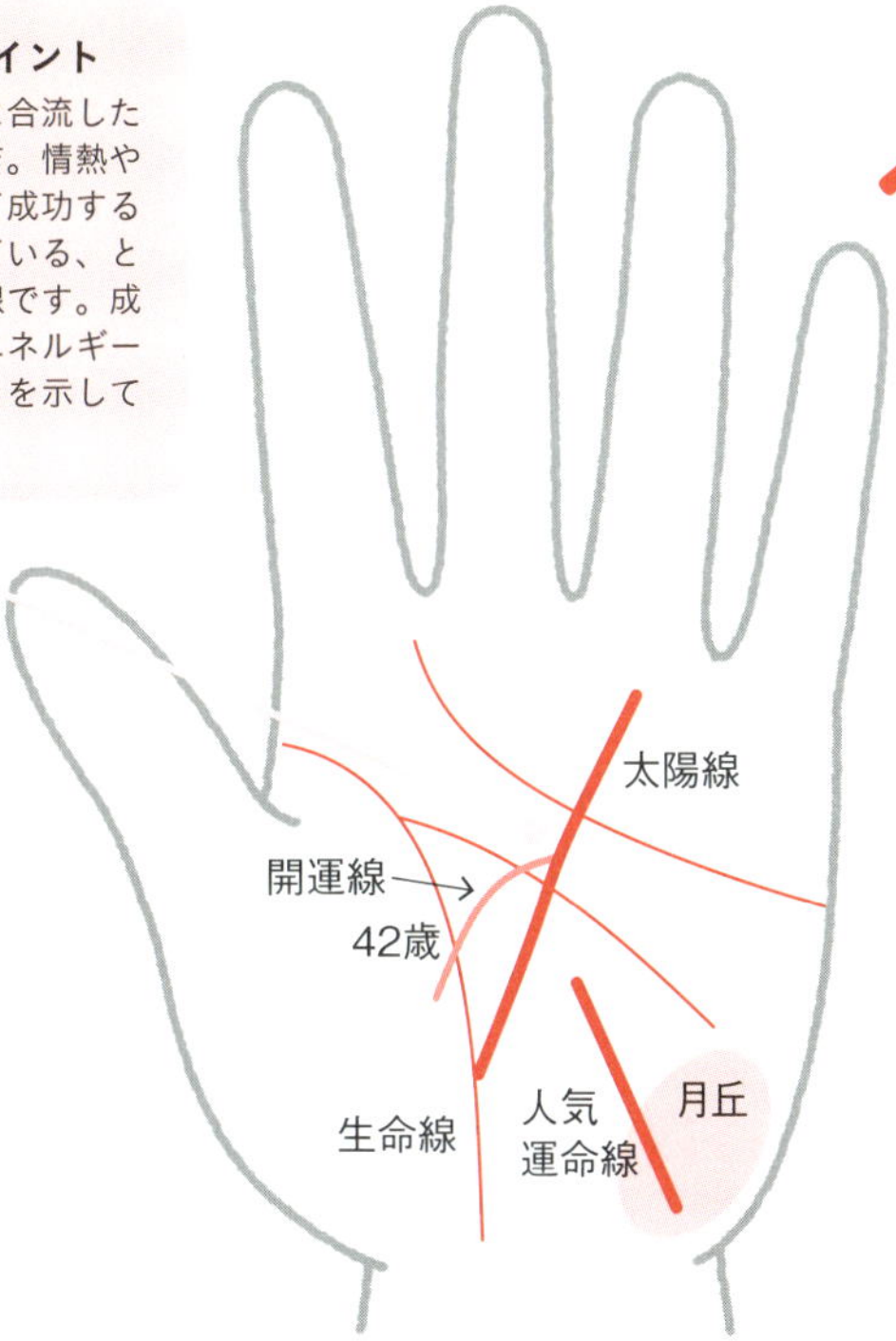

CHECK!

生命線からスタートする太陽線と開運線

生命線から上る太陽線に合流する開運線が、生命線の42歳から上っています。この42歳でM子さんは音楽の勉強をはじめています。夢実現のための最高のタイミングだったといえます。

西谷MEMO

それまで普通の主婦だったM子さんは、何かをやってみようと思い立ち、42歳のときに思い切って音楽学校に通い始めました。やがてその努力が認められて、AKB48などに曲を提供する作曲家として大成しました。そのサクセスストーリーは、まさに手相通り。また、人気運命線があることから、人からの引き立てによってますます幅広い活躍をしていくことでしょう。

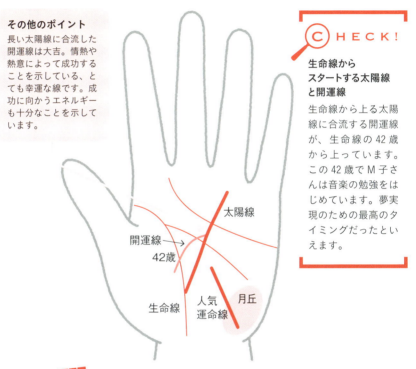

実例鑑定
76人目
仕事

複数の知能線があるのは、いろいろな分野で才能を発揮する多芸多才な人？

～3本の知能線があるなら、3つの異なる分野で活躍できる！

知能線は、1本あるのが標準ですが、10人に1人の割合で2本ある人もいます。これは**二重知能線**と呼び、**2つの性格と才能をあわせ持つ人**であることを教えています。そのため、2つのまったく異なるタイプの仕事を同時にこなしていけるうえ、話も上手で魅力的な人気者です。

さらに3本もの知能線がある場合は、その本数が示す通り、多芸多才で3つ以上の分野で活躍することを示しています。

ちなみにマイケル・ジャクソンも見事な三重知能線の持ち主でした。歌手、作曲家、ダンサー、音楽プロデューサー、俳優、振付師として超一流の仕事をしていたのも納得できます。

二重、三重の知能線をチェック！

複数の性質を持っていることを知らせてくれる線

- 大胆さと用心深さなど、異質の性質をあわせ持つ人
- 異なった分野で同時に活躍できる人
- 知能線が1本の人も、本人の多方面的な努力によって複数出てくる場合がある

D子さん（46歳）

たくさんの仕事や習い事に大忙し！ いろいろな分野で才能を発揮している人

CHECK!

複数出ている知能線

意識を向ける分野がいくつもあることを示しています。三重知能線が教えているとおり、マルチな才能の持ち主で、ひとつのことを極めるよりも、複数のことを同時に行いながら、充実させていく人生を送る人です。

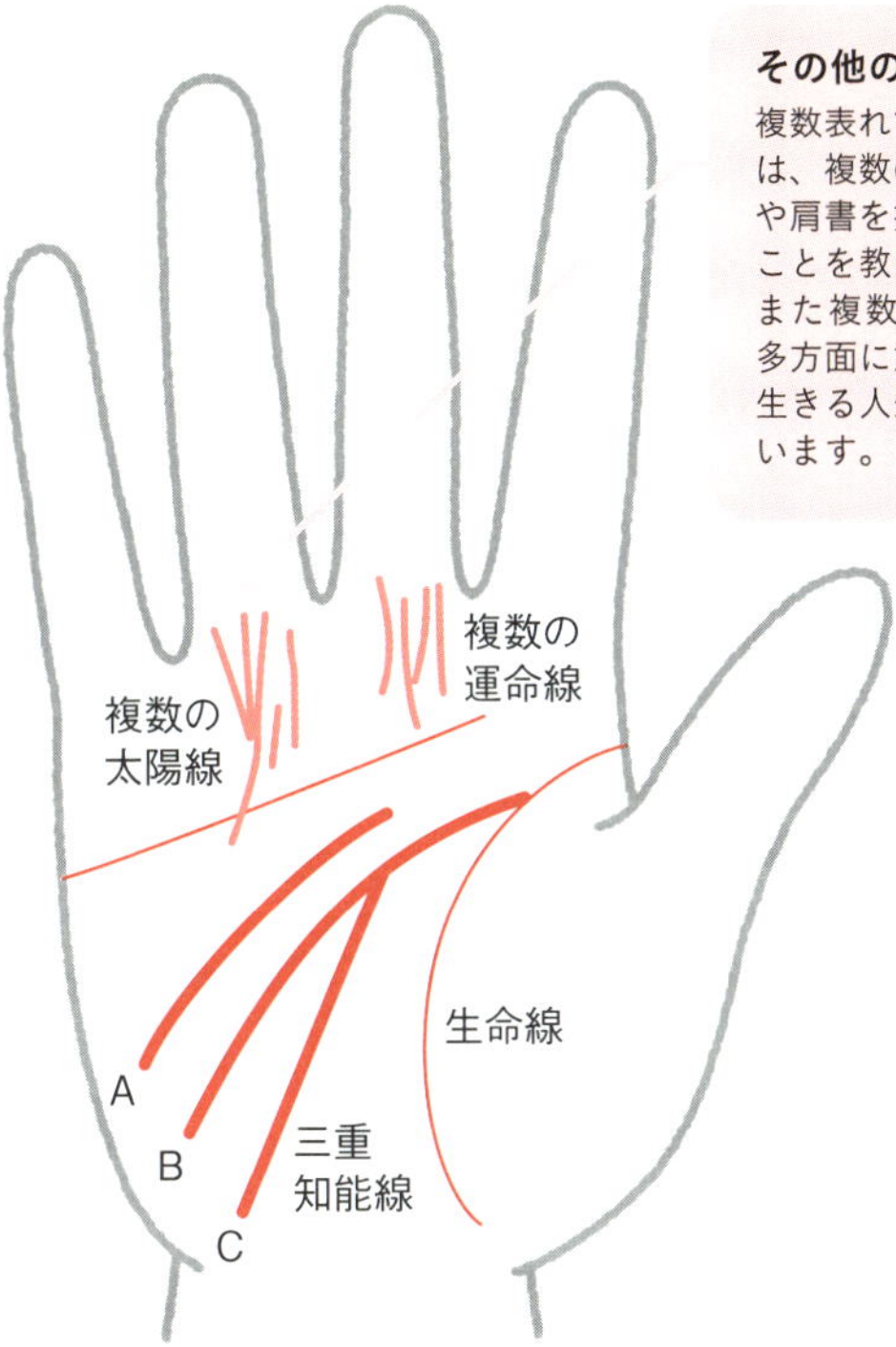

その他のポイント

複数表れている太陽線は、複数の収入ルートや肩書を持つ人になることを教えています。また複数の運命線は、多方面に意識を向けて生きる人生を知らせています。

西谷MEMO

D子さんはジャズシンガーとして活動しながら、同時に日本舞踊を学び、テーブル・コーディネーター、インテリア・コーディネーターとしても活躍しています。さらには中国語まで習得中という、大変多芸多才な方です。それも3本の知能線を見れば納得できます。これからもさまざまな世界で活動し、たくさんの肩書を持って活躍の場を広げていくことでしょう。

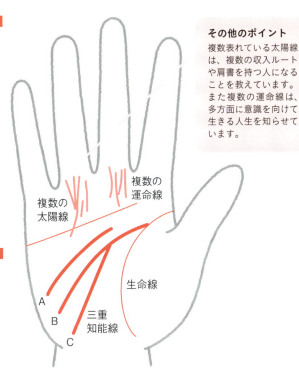

実例鑑定
77人目
仕事

両手とも「離れ型」タイプなら、発想も大胆？

～行動力が旺盛で、周囲が啞然とするほど破天荒な人

知能線がどの位置から出ているかによって、その人の気質がわかります。知能線が生命線から離れてスタートしている**離れ型**の人は、とにかく**大胆で行動力のある人**。未知の世界に飛び込むことなど何とも思わない、冒険心に富んでいるタイプです。この離れ型は、日本人では10人に1人の割合ですが、なかには1センチ近く離れているような人も、500人に1人ほどの割合でみられます。しかも、このIさんの場合は両手とも離れ型。無謀とも思えることを平気で行うので、周囲はただ驚くばかりです。

無謀な行動に出て失敗しても、すぐにケロッと立ち直り、また次なるチャレンジをする人です。旺盛な行動力では、この人の右に出る者はいません。

**小じわの少ない
手のひらもチェック！**

大らかな人柄とさっぱりした気質を示している

- 人がよく、竹を割ったようにまっすぐな性格で周囲から愛される人
- 大雑把で小さなことにこだわらない体育会系の人
- 体を使って働くことが好きな、行動派

Iさん（55歳）

普通のサラリーマンだったのにある日突然、植木屋の職人になってしまった人

その他のポイント

知能線の長さは、頭のよい悪いを示しているものではありません。長い知能線の持ち主は、よく考えて行動する人。知能線が短い人は直感重視で生きている人を表しています。

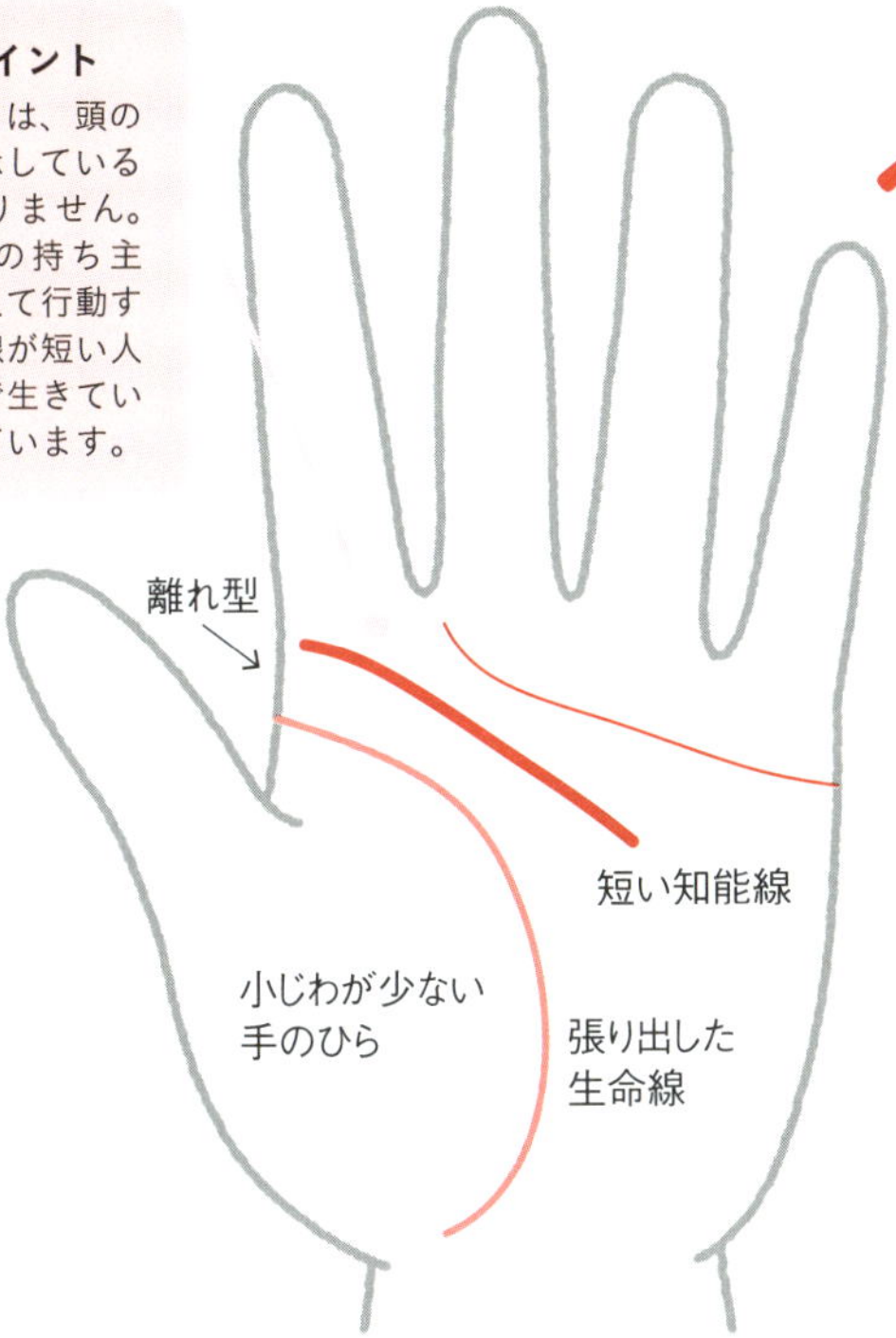

CHECK!

張り出している生命線

Iさんのように、体力に恵まれ、体を使う仕事や、体育会系的なワイルドな生き方が似合っている人に見られる線です。

西谷MEMO

Iさんは30歳まで営業職のサラリーマンとして仕事をしていましたが、あるとき植木屋の職人になることを決心。その突然すぎる決断に周囲の人をビックリ仰天させました。しかし見事に成功し、今では植木屋の親方になったのですから、大したものです。今後は書道家になりたいそうですが、ご先祖には書道の達人がいらっしゃるとか。Iさんの展望は、とても明るいものでした。でも、さすが知能線「離れ型」の発想ですね。

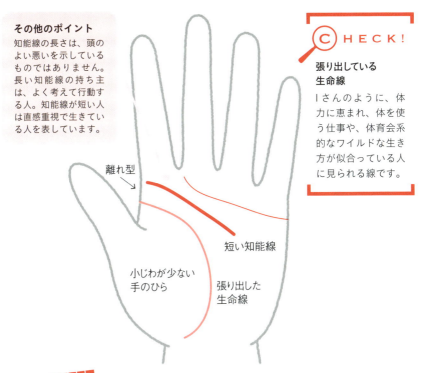

実例鑑定
78人目
金運

才能と努力に基づいてお金持ちになれる相？

～太陽線と知能線、起業線が示す、最強の金運！

金運がよいかどうかは、誰もが気になるところでしょう。実は、典型的な大金持ちの相というものがあります。それは、薬指の下に出る見事な**末広がりの太陽線**です。しかも**複数出ている場合は、さらに強い金運**を表しています。

残念ながら、現在この太陽線がないという人もいるかと思いますが、あきらめなくても大丈夫です。努力によって金運を得るだけの実力や人望がついてくれば、太陽線は出てきます。希望を持って精進してください。いい太陽線は30代、40代、いえ50代以降でも出てきます。また、金運はあっても、手のひらの皮が厚い人は太陽線が出にくい傾向がありますので、心配いりません。

[三重の知能線もチェック！]

まったく違う分野での活躍ができることを示す

- さまざまな分野に才能を持ち、同時に活躍できる人
- 才能に甘んじず、努力も怠らないことで、各分野で成功できる相
- 一芸を磨くことに満足せず、違う分野にも挑戦すると知能線は複数になっていく

H子さん（50歳）

離婚はしてしまったけれど、複数ルートから収入が入るお金持ち相の人

その他のポイント

起業線があれば、商才に富んでいることがわかります。今はまったく起業など考えていなくても、人生の流れの中で自然に起業することになる運を持っています。

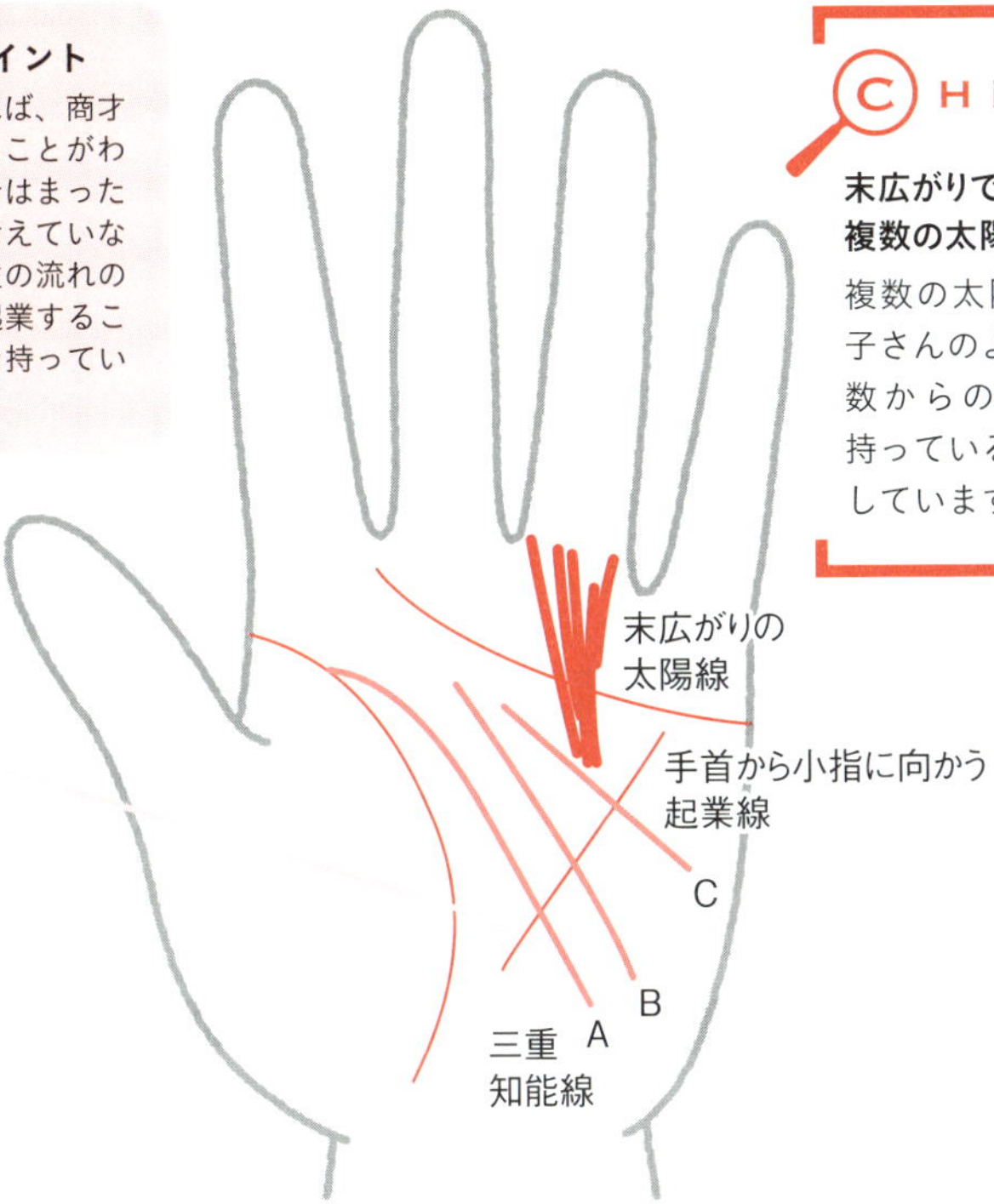

CHECK!

末広がりで
複数の太陽線

複数の太陽線は、H子さんのように、複数からの収入先を持っていることを示しています。

西谷MEMO

離婚の経験のあるH子さんですが、相当強い金運の持ち主です。開業医だったお父様が残したクリニックの家賃収入や役員収入、自ら開いている篭作りの教室の収入など、たくさんのルートで毎月収入を得ていらっしゃいます。それはもちろん運だけではなく、ご自身も努力をされたからです。強運に努力が重なっているので、この金運が揺らぐことはないでしょう。

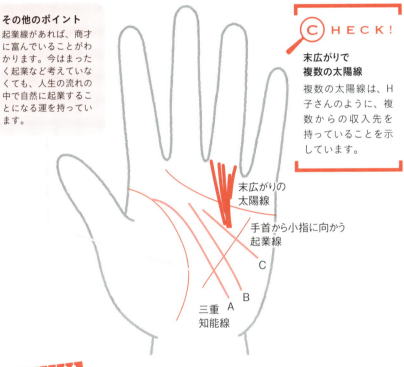

実例鑑定
79人目
仕事

途中から下垂する知能線は、経営手腕も芸術的な才能もあわせ持つ人の相？

～1000人に1人の確率、知能線が教える異才ぶり！

目を見張るほどの珍しい手相といえるのが、横に走りながら、ある一点で下垂する知能線で、実にユニークな相です。これは、２つの真逆な方面での才能をあわせ持っていることを示しています。

まず**真横に走る知能線**の持ち主は、商才バツグン。**優れた金銭感覚**を持ち、経理などにも強く、さらには渡世術にも長けているという、地に足のついた経営手腕の持ち主です。ところがその相だけにとどまらず、横に伸びた知能線が**途中で手首のほうへ下がって**います。これはとてもロマンティックで、アーティスティックな**才能が豊かな人**。現実を見る目がありながら、空想の世界も見事に表現できる、まさに異才の人の相です。

［知能線から出ている運命線もチェック！］

才能によって運命を切り拓くことを示す

- 得意な専門分野で運命を切り拓いていく人
- 人を教え、導いていく運命を持ち、先生と呼ばれる仕事に就く人に多い線
- 備わった才能を生かし切ることで成功できる人

Hさん（40歳）

飲食業で成功し、絵の才能にも恵まれた多才かつ異才の人

その他のポイント

知能線からの縦線（運命線）が出ている人は、才能によって運命を開くことになります。専門分野のプロを目指すのもよいでしょう。

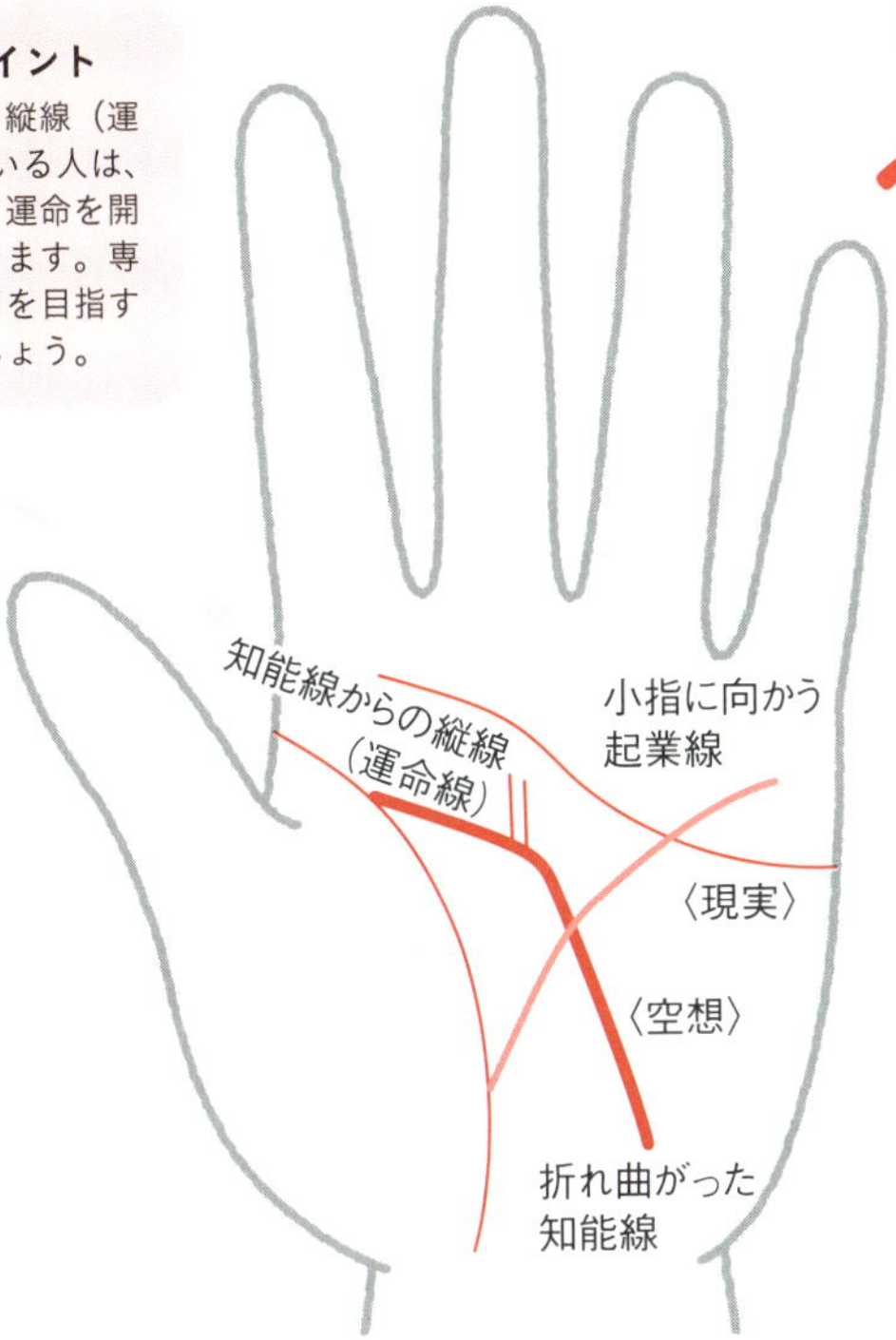

CHECK!

手首のほうへ下垂する知能線

知能線が手首へ下がるほど、精神的、芸術的なものに惹かれる性格といえます。また、起業線の持ち主は、会社員より経営者になることで成功する運を持っています。Hさんがさまざまな分野で成功しているのも納得できます。

西谷MEMO

飲食関係の仕事と絵画の創作という、かけ離れた2つの世界で成功しているHさん。その才能は、とても珍しい知能線が教えてくれていました。そして立派な起業線も出ているので、今後も経営の手腕を振るって、さらに成功していくことがわかります。ちなみにお嬢さんはHさんのDNAを受け継いで芸大に進学。現在は画家として活動しているそうです。

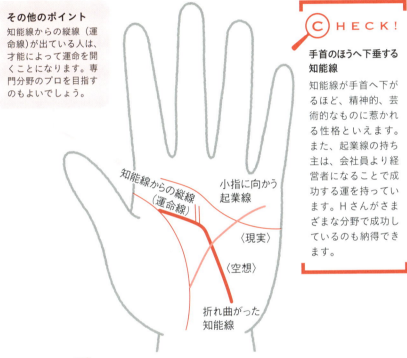

実例鑑定
80人目
仕事

変形マスカケ線の持ち主は生き方もユニーク？

～自分流を貫く独創的な働き方で成功する人

マスカケ線という一風変わった線があります。これは**知能線と感情線が一体となって手のひらを横切る線**のことですが、この線の持ち主はひと言でいえば**変わり者**。独特なセンスと才能で、凡人には考えられない道で賭けに出る度胸のある人です。

このマスカケ線がさらに変形しているのがSさんのような相で、感情線から太い支線が伸び、知能線に橋渡しができています。このような**変形マスカケ線**を持つ人は、平凡な道では成功できません。オリジナルのやり方にこだわり、持ち前の勇気と大胆さで突き進むことで、誰も実現できないような成功を手にする相です。複数の運命線は、いくつもの仕事を並行して行っていくことを示しています。

［ 複数の運命線もチェック！ ］

やるべきことは
ひとつではないことを示す

- **複数の運命線は、ひとつの仕事だけではなくいくつかの仕事を同時にやっていくことを表す**
- **運命線の数だけ、仕事や役割があることを示す**
- **やりたいことがあり過ぎて悩んでしまう場合もある**

Sさん（40歳）

多角経営の典型的な相で、会社の定款に30種類の業種を書き込んだ人

CHECK!

独自な生き方をする変形マスカケ線

この線を持つ人はSさんのように、何事も自分流を貫くことで成功します。「これは！」という好きなものを何より大事にするべきです。

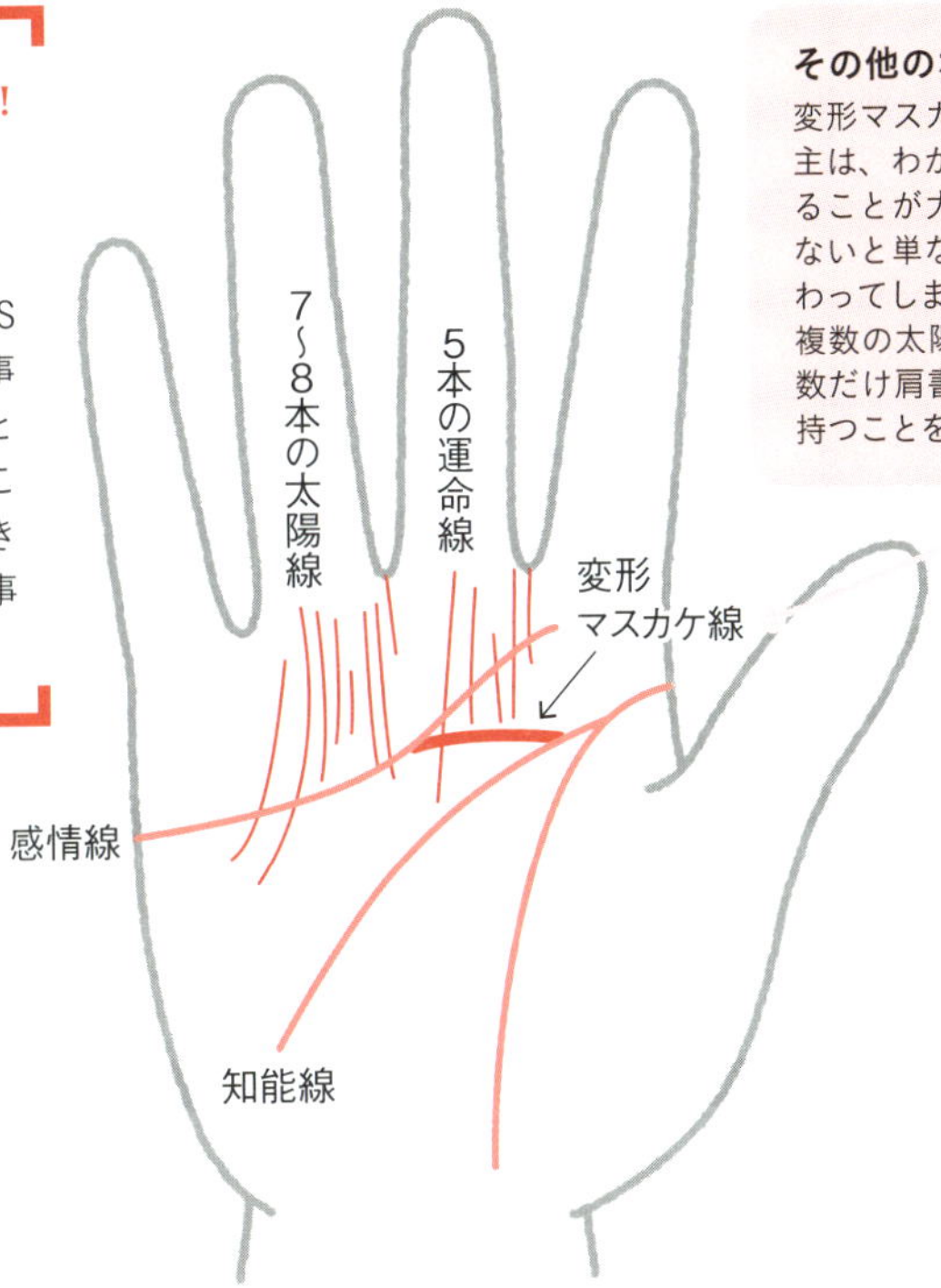

その他のポイント

変形マスカケ線の持ち主は、わが道を見つけることが大切。そうしないと単なる変人で終わってしまう可能性も。複数の太陽線は、その数だけ肩書や収入源を持つことを示します。

西谷MEMO

ユニークな相をお持ちのSさん。変形マスカケ線に加え、複数本の運命線と太陽線が出ています。その手相どおり、悩みごとも実にユニークでした。独立するにあたって、実に30種類もの仕事をやりたいという希望を持っていたのです。Sさんはまさに「多角経営」で成功するタイプ。ユニークな相を持つ人は、ユニークな働き方や生き方が成功につながるので、ぜひ自分流で頑張ってください。

実例鑑定
81人目
金運

薬指の下のほくろは金運低下のサイン？

～ほくろの濃さにも注意、出費が激増してしまう人

金銭トラブル発生の兆しを教えてくれるほくろがあります。それは、**薬指の下付近**に出るほくろです。このあたりは**太陽丘**といって、金運や人気などにかかわる情報を表しています。ここにほくろや赤点が見られたら、**金運低下の危険信号**です。すぐに除去できればいいのですが、それが難しいときには、金色か銀色のペンで塗りつぶしましょう。悪い運を押さえ込むことができます。なお、問題が解決すれば、ほくろも赤点も消えていきます。

　また金運だけでなく、夫婦間も含めた**人間関係の問題**も示しているので、行動や言動には気をつけること。地位や名誉に絡んだトラブルも表しています。やはり塗りつぶし作戦でいきましょう。

【 マスカケ線もチェック！ 】

わが道をひたすらに全力疾走する人を表す線

- やると決めたら徹底的に打ち込む人
- 何事も自分流を貫き、誰にも考えられないような方法で成功する人
- ひとつの分野に精通するとマスカケ相に変化することも

A子さん（33歳）

ダイエットに成功したことで出費が急増！ピンチに陥ってしまった人

その他のポイント

二重感情線の持ち主は、二度結婚しやすいという傾向があります。仮に一度失敗したとしても、二度目で幸せをつかむケースが多いのです。

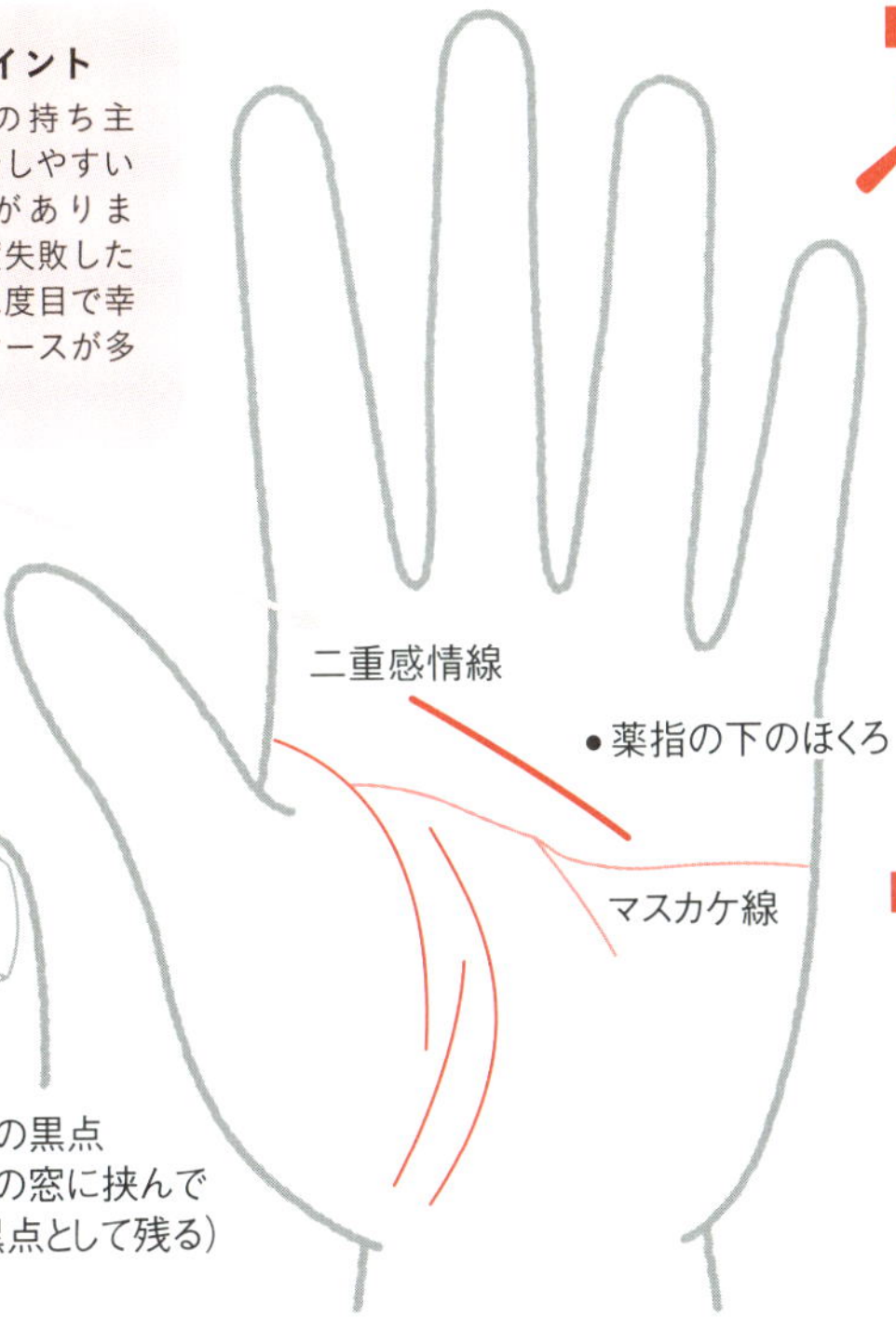

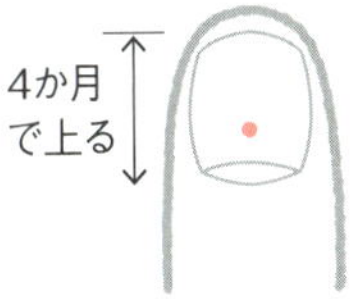

左手親指の黒点
（A子さんは寝室の窓に挟んでできた血まめが黒点として残る）

CHECK!

ほくろと爪の白点・黒点

薬指の下のほくろは、金運低下のサイン。また、爪に点が表れた場合、この色が白なら幸運のサインですが、黒点なら、離婚してしまったA子さんのように不吉な知らせなので要注意です。

西谷MEMO

半年で15kgのダイエットに成功したA子さん。ところがダイエットの費用や、洋服のサイズが変わって衣類を新調したせいで出費が急増し、金運が大ピンチに！　ダイエットを始めた頃から、手のひらの太陽丘に、金運難を示すほくろが出てきたそうです。また、親指の爪に黒点が出た4か月後には、離婚することになってしまいました。ですが、二重感情線を持つA子さん、次なるチャンスは必ずあります。

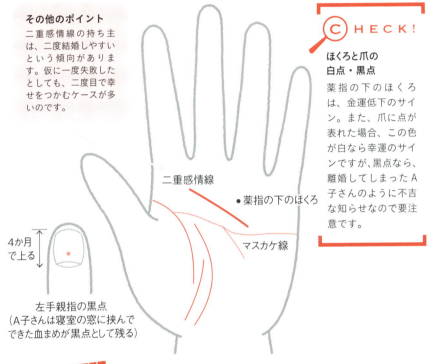

実例鑑定
82人目
仕事

晩年になっても大忙し！ いくつもの仕事に取り組んでいく相!?

～晩年に出ている複数の運命線・太陽線が示している未来予告

早期に仕事をリタイアしてしまう人もいれば、晩年になっても忙しく、たくさんの仕事を抱えてバリバリ働く人もいます。このCさんのような相の人は、まさしく後者！　驚くほど多く出ている運命線と太陽線がそれを教えてくれています。**複数の運命線**は**複数の仕事**を持つこと、**複数の太陽線**は**複数の収入源と肩書**を持つことを示していますから、6～7種類の仕事と、7～8つの収入源と肩書を持つことがわかります。

さらに注目すべきは、**月丘から上る人気運命線**があること。どんなに困ったときでも必ず**よい協力者が現れ、助けを得る**ことを示す相です。十分ツキにも恵まれ、前途洋々であることを表しています。

生命線上の開運線もチェック！

大いに頑張った過去と展望あふれる未来を示している

- 日頃の願いがかない、努力が結実したことを示す
- 大きな生きがいを見つけ、精力的に取り組んでいく
- 生命線上にこの縦線があれば意欲的な人、もし1本もなければ、夢や目標が必要なことを示す

Cさん（65歳）

会社経営やコンサルタント業のほか、今後もさらなる起業を考えている人

CHECK!

晩年の運命線

運命線が流年の晩年（中指の付け根近く）に数多く出ています。これは、いくつもの仕事を持ち、趣味やボランティアも含めて、晩年も多忙であることを示しています。

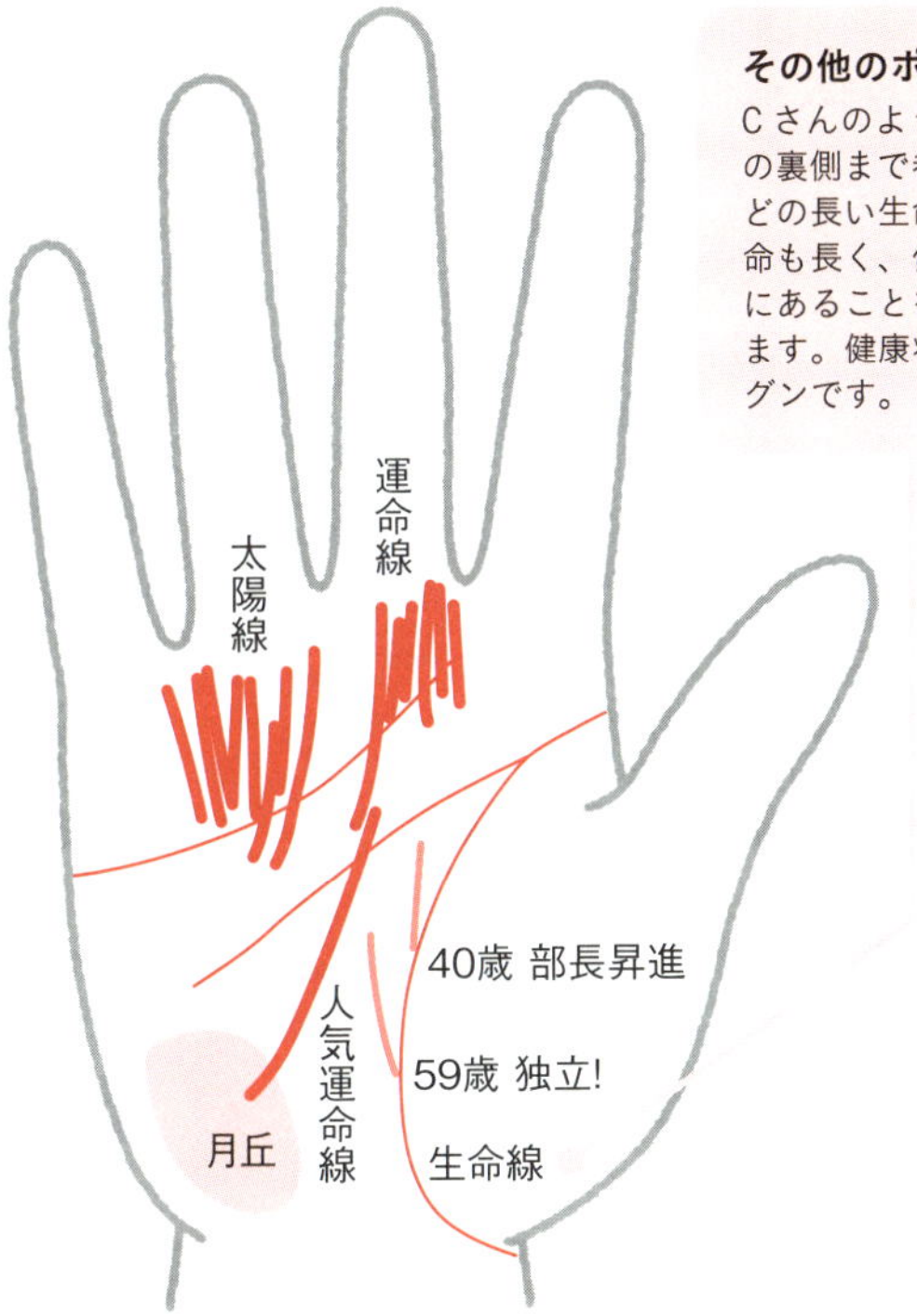

その他のポイント

Cさんのように、親指の裏側まで巻き込むほどの長い生命線は、寿命も長く、体力も十分にあることを示しています。健康状態もバツグンです。

西谷MEMO

リタイアなどという言葉がまったく似合わないCさん。それもそのはず、40歳と59歳に長い開運線が出ています。59歳の開運線は晩年の生き甲斐を見つけている印ですから、今後もますます仕事を精力的にこなしていくでしょう。健康面も問題なく、まさにこれからが人生の第二章！　晩年も多忙を極めそうなCさんですが、趣味のサッカーも、週2回プレイしているそうです。驚きのバイタリティです。

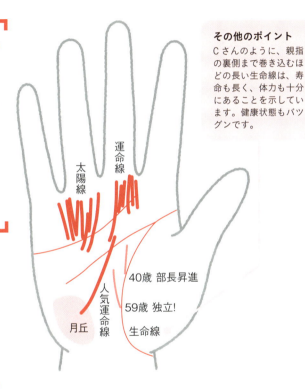

実例鑑定
83
仕事

仕事が見つからないときは、手相からヒントがもらえる？

～知能線、生命線に注目すれば、現状打破の方法が必ず見つかる！

仕事が見つからず、金銭的にも大ピンチ！　そんなときには焦らずに、手のひらをよく見ましょう。たとえば**知能線からスタートする運命線**が出ている人は、**スペシャリスト**になることで仕事に恵まれ、能力が伸びていきます。資格を取ったり、専門技術を身につけましょう。特に「先生」と呼ばれる業種に適性があります。**知能線が2本**ある人は、ひとつの仕事に限定しないで、**2つの仕事をかけ持ち**するのがおすすめ。さらに活躍の場が広がるでしょう。

そしてチャンスがいつ到来するかも、手相は教えてくれます。F子さんの生命線にご注目を。45歳の流年から、生命線と同じ太さの**強運線**が出ています。この年齢を境に、運気が上昇することを示します。

二重知能線をチェック！

多芸多才！
2種の性格と才能を持つ人

- 異業種の仕事をかけ持ちできる才能を持つ人
- ひとつだけの仕事にこだわっていては、才能がフルに発揮できない
- 話も上手で魅力的な人気者

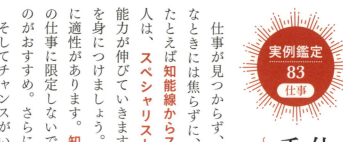

F子さん（44歳）

離婚後、仕事が見つからずに金銭的にもピンチを迎えてしまった人

CHECK!

生命線と同じ太さの強運線

生命線から同じ太さの線が出ていたら、この流年で強運が訪れることを示しています。その流年のときには強い生命エネルギーがみなぎっていると解釈してください。大変喜ばしいサインです。

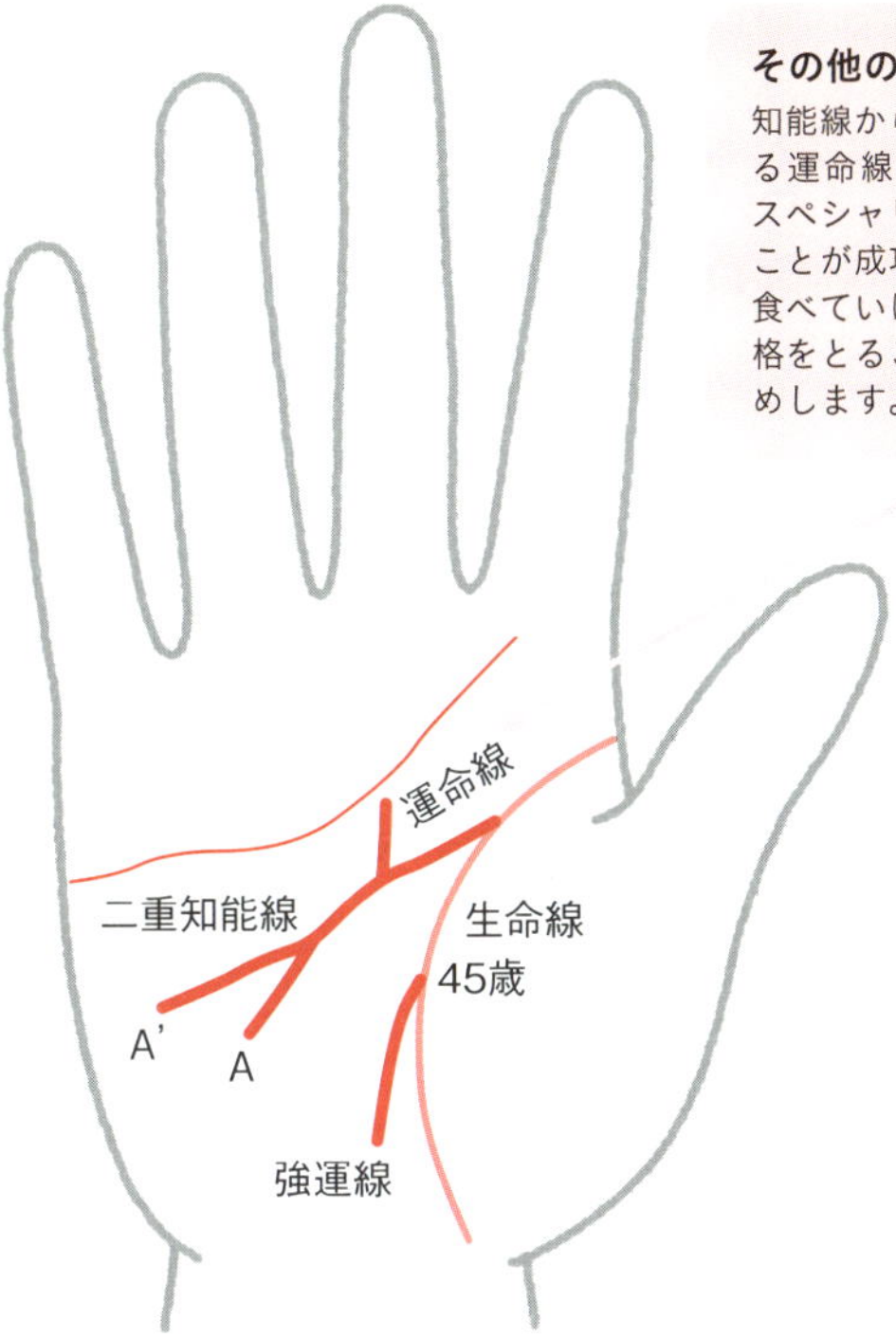

その他のポイント

知能線からスタートする運命線のある人は、スペシャリストになることが成功の道。一生食べていけるような資格をとることをおすすめします。

西谷MEMO

離婚後、仕事がなかなか見つからず、生活も苦しくなってきたというF子さん。つらく不安な毎日を送っていらっしゃるようでしたが、手相から、その現状を打破できるヒントがいくつか見えました。とにかく専門分野のプロになることが成功の道。仕事はひとつと決めつけないで、かけ持ちで活躍するつもりで。もうすぐ訪れる強運期に備えて行動していけば、必ずうまくいきますよ。

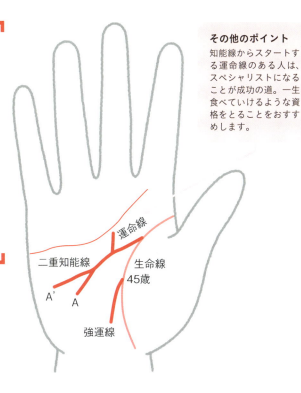

実例鑑定
84人目
仕事

前向きな生き方で、手相がみるみる変わっていく？

～自分の力で人生も手相も変えられることを見せてくれた人

手相がその人の考え方、生き方によって、よりよく変わっていくことを示す実例があります。D子さんは55歳で起業したのですが、ひたすら頑張っていたところ、業績がすぐ右肩上がりに。すると、それまでなかった新しい生命線と太陽線が出現しました。

ここで理解しておきたいのは、体力、気力を表す生命線や、成功を表す太陽線があったから、会社経営に乗り出して成功したわけではないということです。運任せではなく「何が何でも成功する！」という**決意と努力**があったからこそ、手のひらに**成功を物語る線が刻まれてきた**のです。運を拓くには、まずは強い前向きな気持ちで行動すること。それによって手相も変化し、人生をサポートしてくれるのです。

［ 人気運命線をチェック！ ］

人からの援助でスムーズに成功していく相

- 周囲の人からの人気や援助で「8割方」成功する相
- 人間的な魅力が豊富でどこに行っても人に囲まれる人
- 応援してくれる人への感謝の気持ちを忘れないことで、幸運がずっと続く人

D子さん（65歳）

55歳で起業後、努力を重ねて奮闘し、手相が立派な吉相に変わった人

CHECK!

月丘から出る人気運命線

どんなに困ったときでも、必ず助けてくれる人が出現する、という吉相です。常に周囲の人への感謝を忘れなければ、その人気運、成功運はいつまでも続くでしょう。

その他のポイント

二重生命線は、心も体も強くてエネルギッシュな人に見られる相です。社会の荒波もパワフルに乗り越えていける人。ただし、健康を過信せず、しっかり休息を取って。

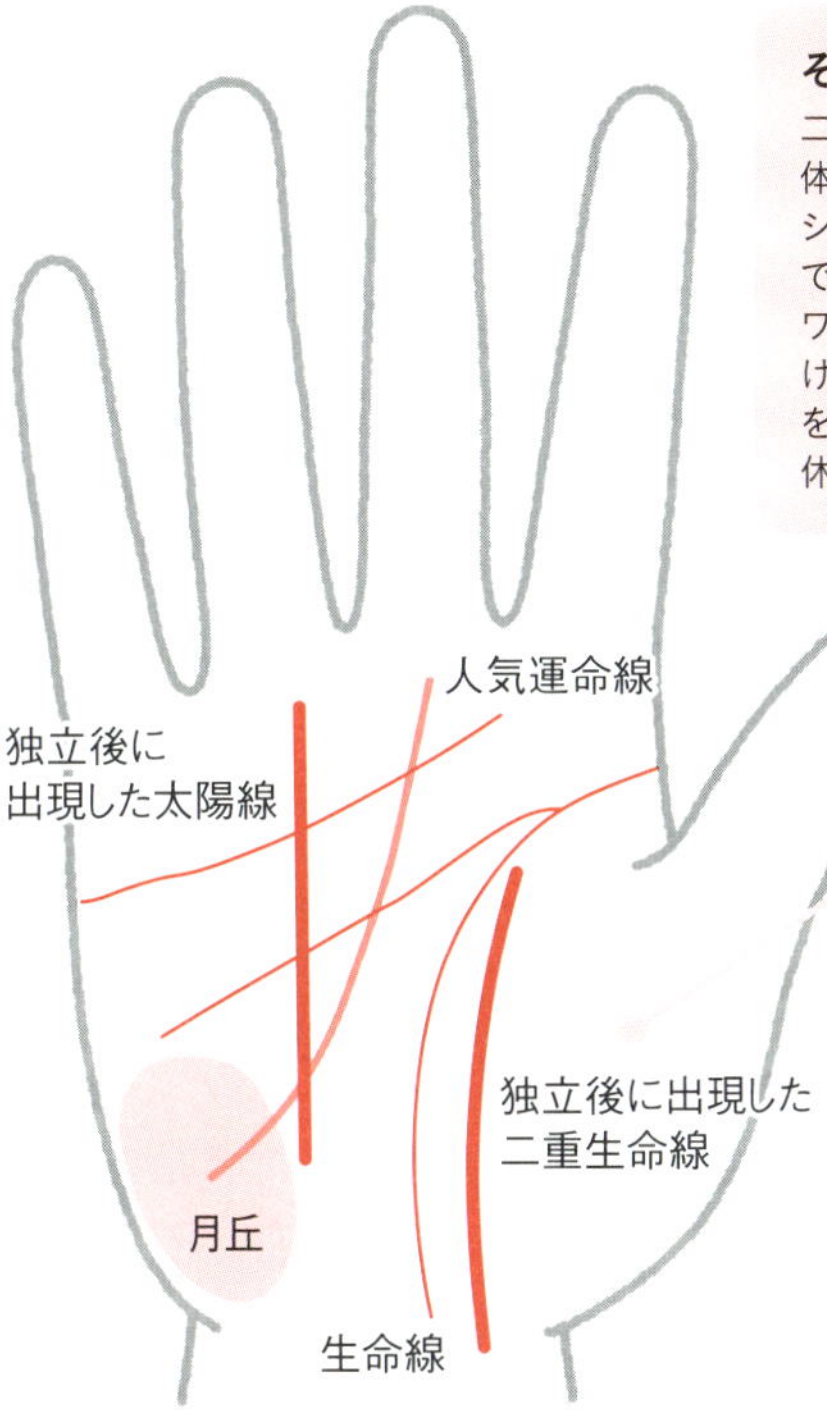

西谷MEMO

55歳で起業した当時は、ごく普通の生命線、太陽線の持ち主だったのに、「必ず成功させる」と決意して精進するにつれて、どんどん理想的な手相に変わっていったD子さん。立ち上げた会社も好成績で、黒字続きとのこと。この手相には、感動を覚えずにはいられませんでした。自分の力で人生も手相も変える！　そんな気概こそが、何よりの開運の秘訣です。

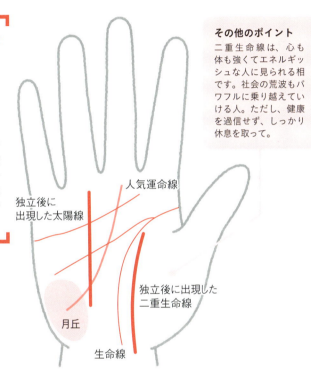

実例鑑定
85人目
仕事

成功することが約束されている吉相とは⁉

～起業後に大成功した人の手には、幸運な線が揃っている！

起業を考えている人にとって、これからの運気というのはとても気になるところです。そんな人が注目すべきなのは、運命線からの**太陽支線**です。このN子さんの相は、その流年で**大きな幸せに恵まれる**ことと、その流年で**将来成功する出来事が始まる**という2つの幸運を表しています。

　さらに生命線の下部から小指に向かう線が出ていますが、これを**起業線**といいます。文字どおり起業家としての運と実力を持つ人に出ます。極めつけは知能線の途中から小指に向かって伸びる**商才線**です。この相を持っている人は、計算、数字に強く、経営センスもバツグン。これほどの幸運な線が揃ったら、成功しないほうがおかしいといえるでしょう。

[生命線下部の起業線をチェック！]

やがて社長・経営者になって活躍することを示す線

- 起業、独立によって開運していくことを示す
- 持って生まれたビジネスセンスがある人
- 今は起業を考えていなくても、やがて独立する運命を持つ人

N子さん（39歳）

太陽支線が出た流年の29歳で起業、従業員25人の企業に成長させた人

CHECK!

運命線から出る太陽支線

太陽支線に導かれる成功は、まぐれではなくN子さんの実力によるもの。今後も努力を続ければ、ずっと線は伸びていきます。

その他のポイント

以前、テレビ番組で志村けんさんの手相をみると、ドリフターズに参加した24歳で太陽支線がはっきり出ていました。運だけでなく、本人の実力でスターになれたことをご本人に伝えました。

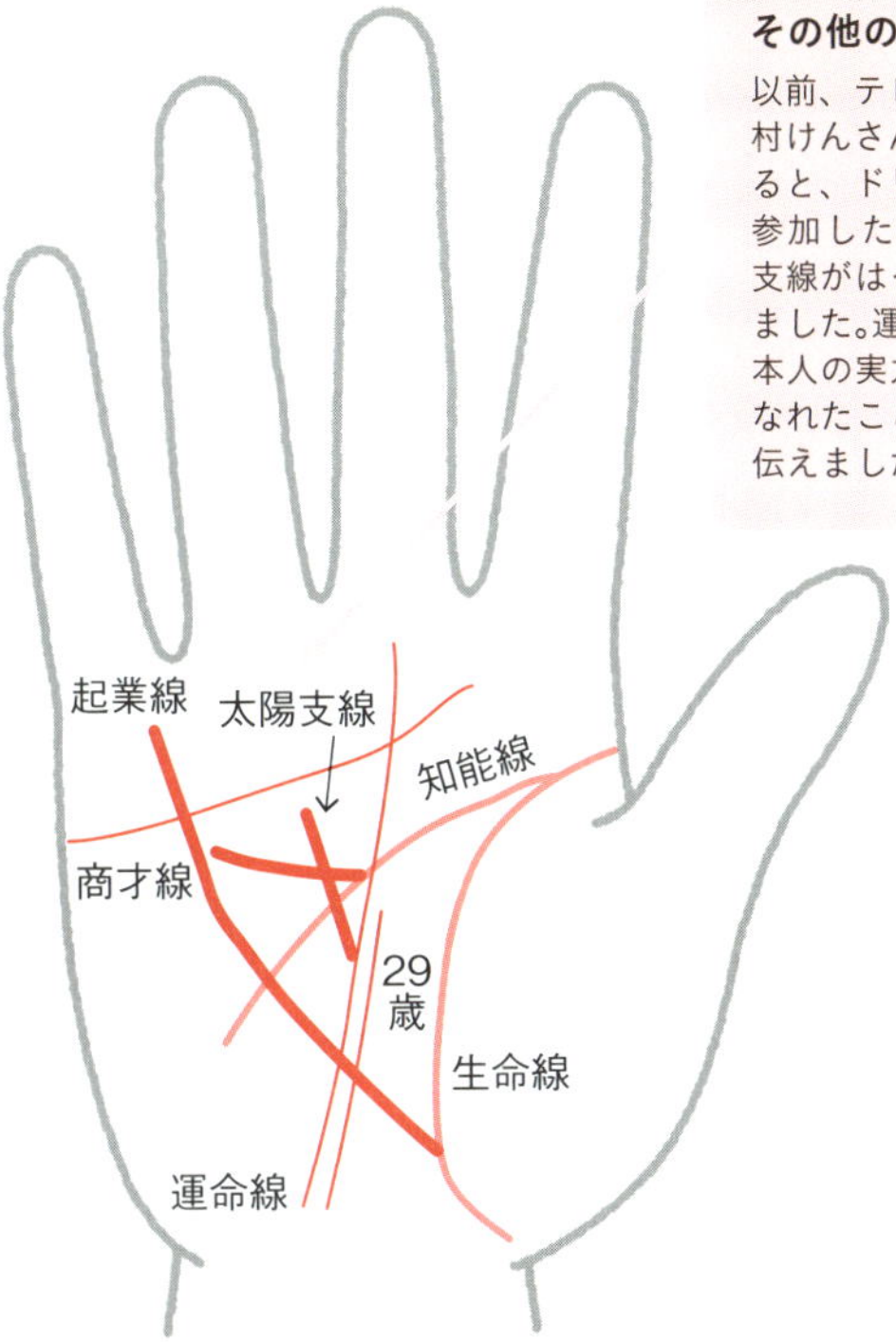

西谷MEMO

29歳という若さで起業されたN子さん。まるで起業からの成功が当然のことのように思えるほど、強運の線が手のひらに集まっていました。こういう運を持った人は、会社勤めではおさまりません。持って生まれた経営センスも後押ししています。立ち上げから10年が経ち、会社は順調ですが、努力家でもあるN子さんですから、今後もますます会社を発展させていくことでしょう。

実例鑑定
86人目
仕事

「両手マスカケ線」は、やりたいことをやって成功する相？

～ユニークな生き方を追求し、好きな分野で大成する人

「マスカケ線」の持ち主は、とても独創的で変わり者の天才タイプですが、**両手にマスカケ線**が出ていると、その意味合いはさらに強くなります。この相の人は、**世間一般の常識的な生き方は、もはや不可能。**必ず本来の、魂が望む生き方に引っ張られていきます。両手にマスカケ線を持ったなら、やりたいことを、やりたいようにやるのが一番の成功の秘訣。

ちなみに私も「両手マスカケ線」を持っています。長男の私は、実家の測量会社を継ぐものと期待されていましたが、20歳で作曲家を目指し上京。プロの作曲家と手相家を始めました。そして46歳のときには突然ニューヨークに渡り、3～4年、世界中の民族の手相を見てきました。

［ 変形マスカケ線もチェック！ ］

知能線、感情線が存在するマスカケもある

- **マスカケの相に、知能線と感情線の意味がプラスされる**
- **目標がないと、単なる変わり者で終わってしまう**
- **普通の相の人でも、何かを極めたり熟達したりすると、マスカケの相に変わる場合もある**

Yさん（44歳）

デザイナー、サックスミュージシャン、喫茶店マスターとして活躍する人

CHECK!

マスカケ線

マスカケ線の持ち主は、どんな分野でも「好き」と感じる分野なら大成します。たとえば作家、作曲家、画家、デザイナー、ミュージシャン、占い師、芸能関係、映画監督などに適性があります。

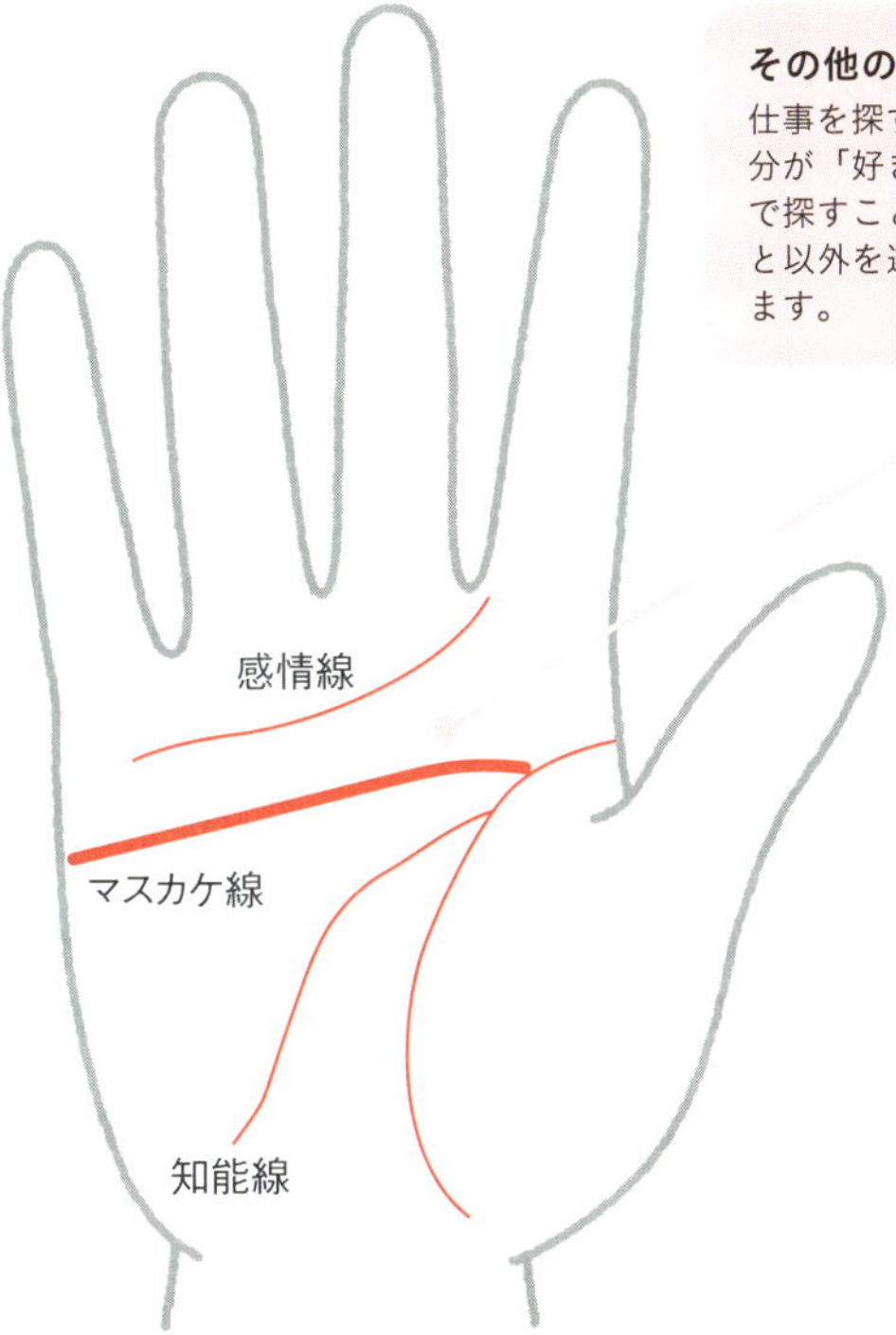

その他のポイント

仕事を探すときは、自分が「好き」かどうかで探すこと。好きなこと以外を選ぶと失敗します。

西谷MEMO

とても珍しい「両手マスカケ線」を持つYさん。デザイナー、サックスミュージシャン、そして喫茶店マスターのほか、私の手相スクールで学び、現在はプロの手相家としても活動しています。この八面六《はちめんろっ》臂《ぴ》の活躍も、まさに両手マスカケ線を持つ人らしいスタイルです。やりたいことはすべてやる、という姿勢が今後の人生をよりいっそう充実させていくことでしょう。

実例鑑定
87人目
仕事

「離れ型」と「くっつき型」の両方を持つ人の人生とは？

～大胆さと堅実さを兼ね備えて羽ばたく人

二重知能線の持ち主の中には、左ページの図のように、一方の知能線が生命線から離れた**離れ型**で、もう一方は知能線の起点が生命線の途中からスタートしている**くっつき型**と呼ばれる2つのタイプが共存している人がいます。この「くっつき型」は、**非常に用心深く堅実**で、さらには**神経質で心配症**であることを示しています。大胆で行動的な「離れ型」とはまさに真逆の意味を持っていますから、一人二役。夫と妻の両方の役割をあわせ持ち、成功します。

このような相の人には、運命線の食い違いもよくみられます。食い違いが生じている流年で、運命が大きく変化する事件が起きています。いずれにせよ、大胆さと堅実さの二面があって成功する相です。

運命線の食い違いもチェック！

環境や人生の大きな変化を示している線

- 食い違いの大きさは、変化の度合いの大きさを示す
- 小さな食い違いでも、生活がガラッと変わることも
- 些細な変化であっても、大きな変化と受け止めた場合は食い違いも大きくなっていく

C子さん（45歳）

10年間堅実に公務員として勤め、大学編入とイギリス留学を果たした人

CHECK!

くっつき型知能線

控えめで消極的、言いたいことも言えないという人が持つ相です。実際にC子さんは、はにかみ屋の少女時代を送っていたそうです。

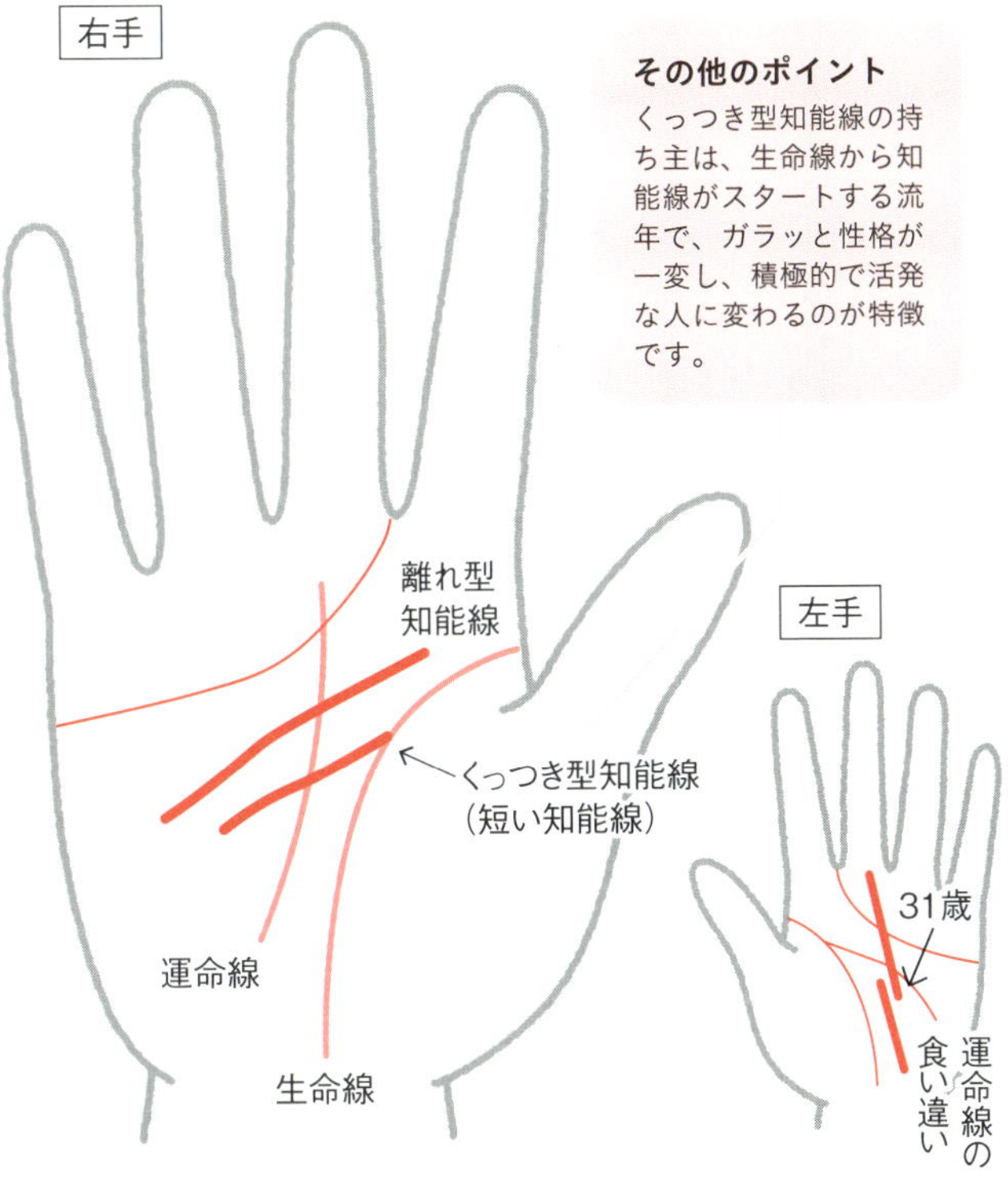

その他のポイント

くっつき型知能線の持ち主は、生命線から知能線がスタートする流年で、ガラッと性格が一変し、積極的で活発な人に変わるのが特徴です。

西谷MEMO

C子さんの人生は、まさに「離れ型」と「くっつき型」が示すとおりに展開していました。公務員として働いて資金を貯め、31歳で大学編入、そして留学と、堅実な日々を経て大きく羽ばたいていけたのは、地道なことにも、大胆なことにも適性があったからです。手のひらが示すとおりに人生を切り拓いていったC子さんの話に、納得でした。

実例鑑定
88人目
金運

太陽線の数が多いのは、それだけ収入源が多いということ?

～前向きに、エネルギッシュに収入を増やしていく人

名誉、名声、金運、人気を表す**太陽線**。とても幸運な線ですが、それだけに必ずしも誰もが持っているとは限りません。ところがC子さんのように、まれに7本も持っているという人がいます。このように**複数の太陽線**を持っている人は、**多角的に経営ができる人**です。たとえば太陽線が7本あれば、7つの仕事を持ち、7つの収入源を作れる人なのです。

また**横走りに出ている知能線**は、**現状を冷静に把握し、数字にも強い**ことを表しています。問題にも的確に対処できるため、経営者に向いています。さらに生命線が二重になっていることから、タフで意欲や気力、体力が充実していることもわかります。これこそ経営者なら誰もが持ちたい手相といえます。

二重感情線もチェック!

強固な意志と生命力でどんな逆境も超えていくことを表す線

- 何事にも熱意を持って精力的に取り組むエネルギッシュな人
- どんな逆境にも負けない心の強さを持っている人
- 気持ちの切り替えが早く、前向き

C子さん（64歳）

4店舗のスナックを経営しつつ、賃貸業で複数の収入源を持つ人

その他のポイント

知能線が生命線の途中からスタートしている「くっつき型知能線」は、とても用心深く、神経質な気質を表しています。

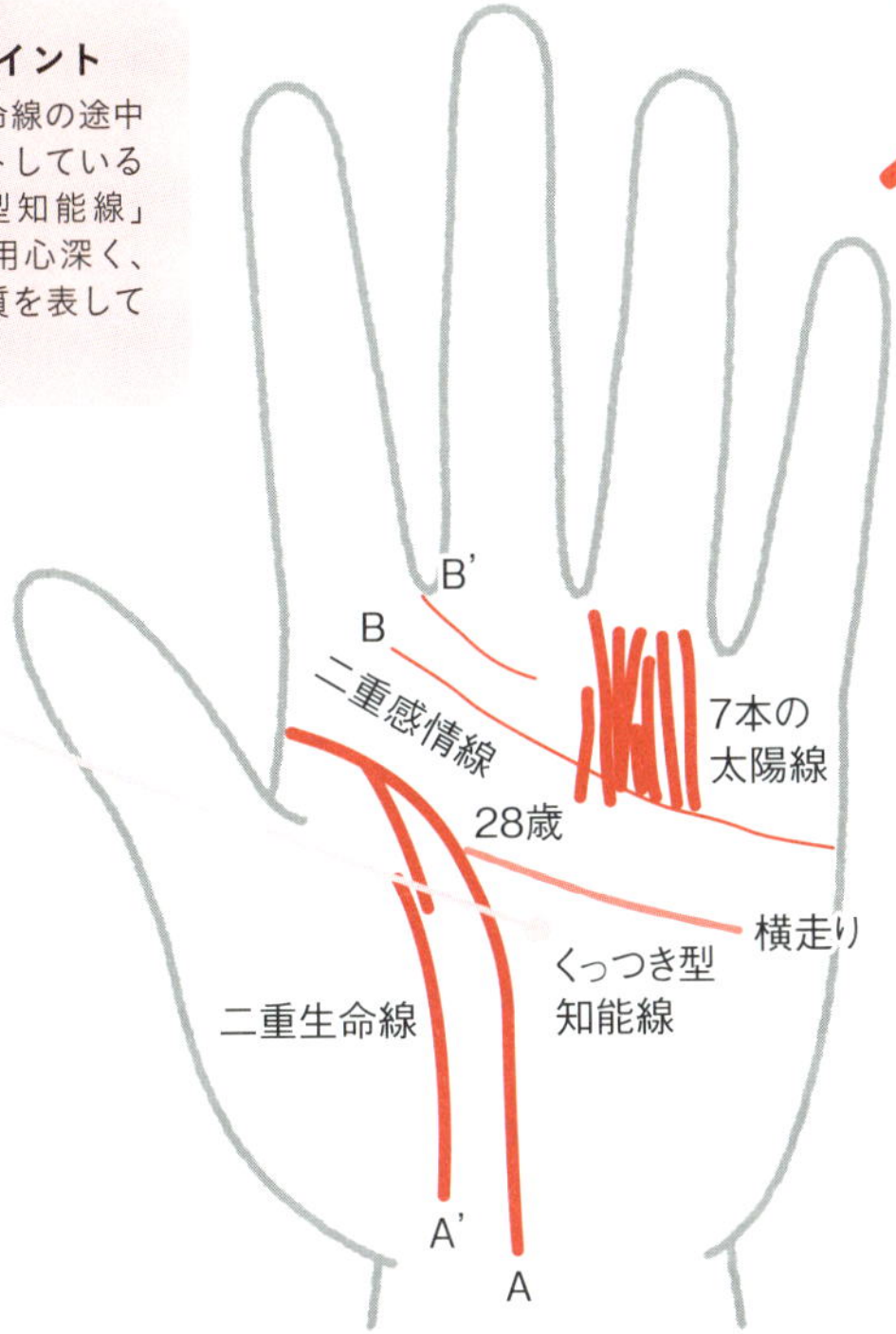

CHECK!

複数の太陽線

多角経営の思考を持っています。太陽線の本数だけ仕事や肩書きを持ち、多方面から収入を得られる人です。

西谷MEMO

7本の太陽線を持ち、見るからにエネルギッシュでポジティブなC子さん。ところが、生命線から知能線が分岐した28歳のときまで、引っ込み思案なタイプだったのだとか。28歳のときに、外向的な親友ができたことがきっかけで、大いに刺激を受け、社交的で行動的な性格に変身したそうです。今では複数の経営をする「複数太陽線」の典型的な方でした。

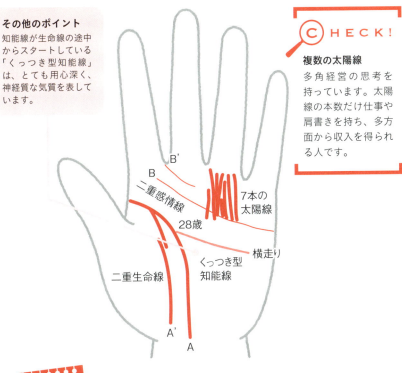

実例鑑定
89人目
仕事

知能線に出ている「島」は耐える時期を表している？

～島の時期を乗り越えた先に理想的な未来が！

人生には、避けて通れない修業の期間というものがあります。それを表しているのが、知能線に出る**島**です。これが出ている期間は、**行き詰まりを感じたり、ノイローゼ気味**になったりすることもあります。また、将来のために猛勉強している人にも表れる相です。この時期は、やがて来る春に備えて、ひたすら耐えて努力すること。それが開運の秘訣です。

Sさんの相には、さらに**生命線のカバー線**と**二重感情線**がみられます。いずれも**逆境を乗り越えるだけのパワー**があること、**無理を重ねるだけの体力、精神力**があることを教えています。そして、この島の時期を乗り越えることができれば、その先に必ず理想的な未来が拓けることも示しています。

生命線のカバー線もチェック！

いざというときに助けて支えてくれる線

- **どうしても頑張らないといけないときに表れ、体力、気力をカバーしてくれる線**
- **この線が出ている期間は、とても忙しくなる**
- **線の支えによって、エネルギーが満ちあふれる相**

Sさん（47歳）

23歳から33歳までの10年間、遊ぶ暇もなく仕事を頑張り抜いた人

その他のポイント

二重感情線は、何かにガムシャラに打ち込んでいると表れることも多い線です。逆境をはね返す根性の人。また、愛人を持ちやすい相なので、結婚後は異性関係に十分留意を。

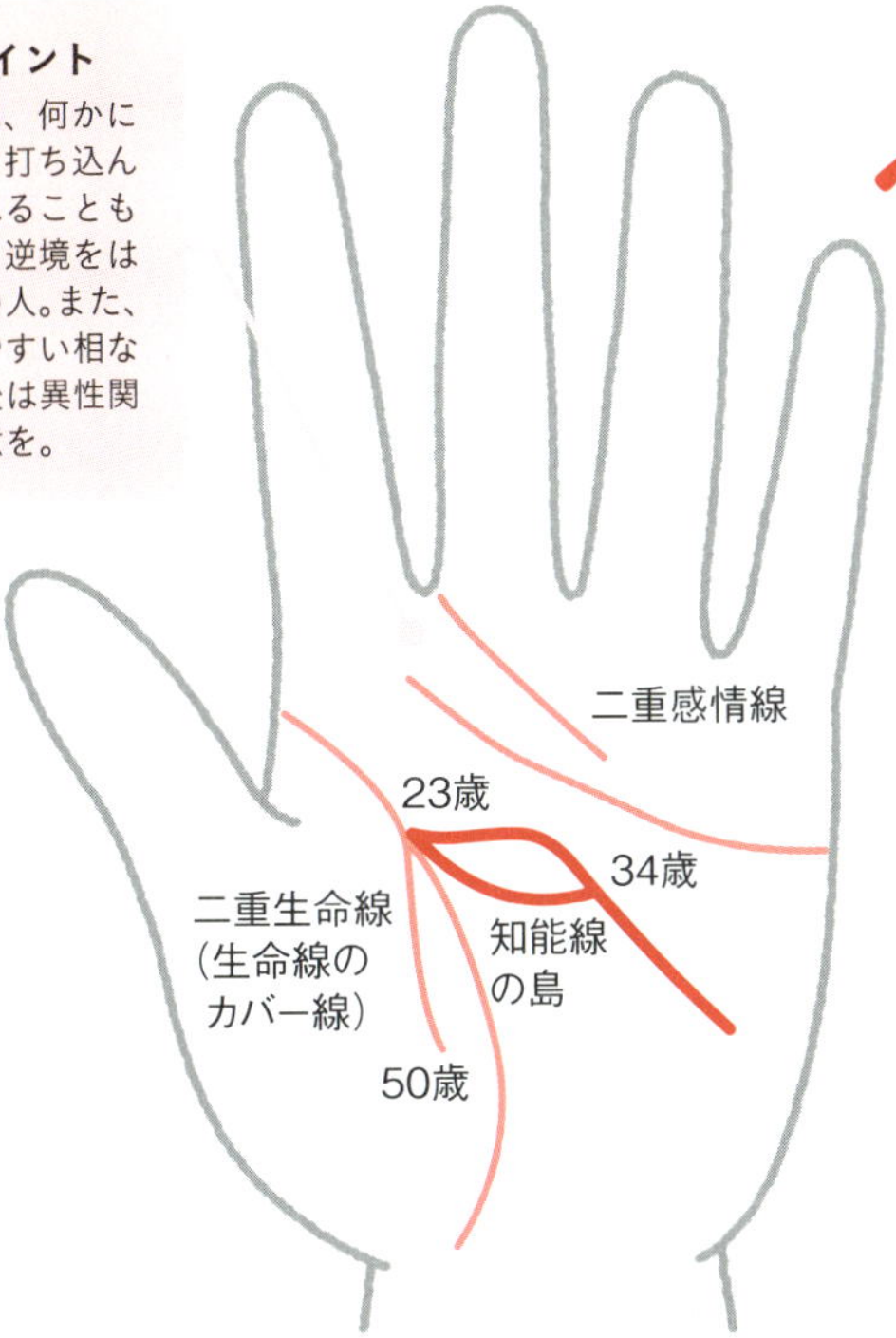

CHECK!

知能線の大きな島

島の期間は避けて通れない「修業期間」。Sさんは知能線に出ていますから、苦しいSE時代はいわば「知的修業期間」だったというわけです。逆境を乗り越えたSさんにとって、大きな島は人生修行の勲章なのかもしれません。

西谷MEMO

23歳から33歳まで、実に10年もの間、システムエンジニアとして毎日夜中まで激務をこなしていたSさん。お金こそ貯まったものの、ヨレヨレの日々だったそうです。ですが、人生には無茶をする時期があってもいいのかもしれません。今の落ち着いた豊かな暮らしは、その時代を頑張り抜いたからこそ、手に入ったといえるのですから。

実例鑑定
90人目
仕事

運命線の食い違いと長い太陽線が人生の転機を知らせている？

～転職が大成功して、やりがいのある仕事に恵まれた人

人生における喜びはいろいろとありますが、やりたかった仕事に就けたときの喜びは大きなものです。**運命線の食い違い**は、その流年で人生に大きな変化が起こることを示す相で、転職のチャンスをつかむことを表す典型的な相です。

このH子さんの相では、運命線が食い違った流年の27歳から**太陽線が長く伸び**、大きなVの字を描いています。これは**非常に喜ばしい出来事**を表す相。手のひらの下部から小指に向かう**起業線**の存在にも注目しましょう。この線がある人は、起業などまったく考えていなかったとしても、やがて起業して成功する運命にあります。会社員として安定した生活を送るよりも、ずっと生きがいを感じられる毎日に。

人気運命線をチェック！

人の助けで運命が拓ける
独立する人には理想的な線

- 月丘から中指に上る運命線の持ち主は、
  人気や人の助けによって開運していく人
- 困ったときでも、他人からの援助で乗り切れる人
- 周囲の人への感謝の気持ちが、さらなる開運のカギ

H子さん（41歳）

27歳で念願のライター業に転職、現在まで順調に仕事を続けている人

その他のポイント

太陽線はとても大きな幸運を示す線です。自分の努力でつかむ幸せのほか、ありがたい天からの恩恵を示している場合もあります。

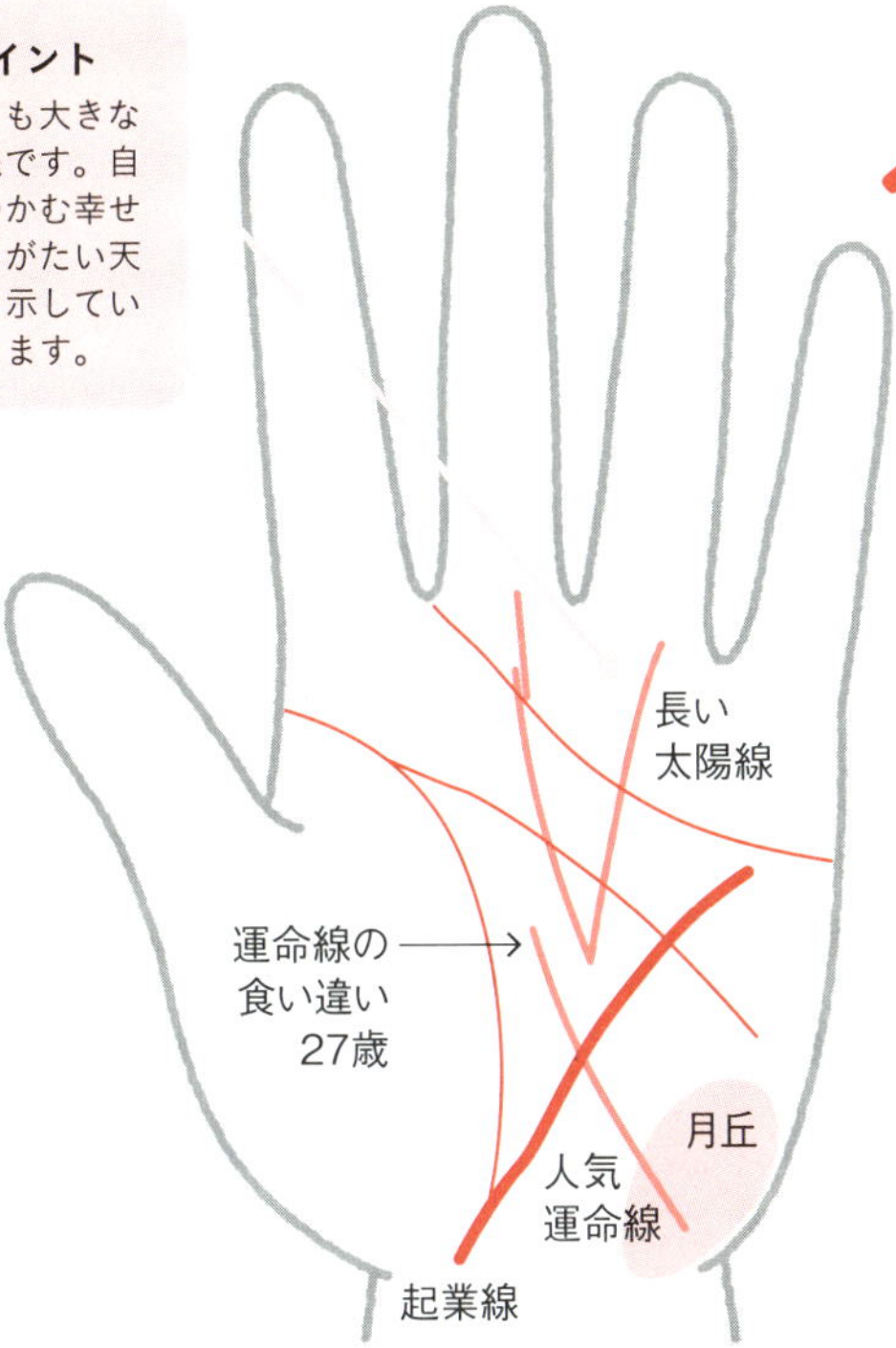

CHECK!

長い太陽線

しっかりと入った太陽線は、自分の成功の度合いや収入に満足していることを示しています。

西谷MEMO

それまでの会社員生活から、27歳で念願のライター業に転職したH子さん。劇的な運命の変化は、大きく食い違った運命線が教えていました。また、その後もライターとして活躍しているのは、いい編集者に恵まれているためだということが、しっかり刻まれている長い太陽線と人気運命線からわかります。今後も大好きな職業を追求し、人生がさらに輝いていくことでしょう。

健康運や寿命を鑑定してみよう

①健康線

手のひらの下方のうち、小指側に出る、斜めまたは横の線です。健康線は、現在の自分の体でどこが悪くなっているかがわかります。また、生まれつき弱い体の部位や、このままの状態でいると、何歳で病気になるのかといったことも示されます。

健康であれば出ないので、この線が手のひらに見つからない人は体の状態が良好であると思っていいでしょう。線の太さは病気の重さに比例します。

②生命線

人生の大きな出来事のひとつとして、健康状態や体力、気力、寿命などに関するシナリオも、生命線には示されます。

たとえば生命線の下部に島が出ていたら、今現在、体に負担がかかっています。生命線が大きく張り出しているのは、非常に生命力にあふれた人です。

そして、生命線が二重三重の人は、体力、気力、情熱にあふれています。

③放縦線

手のひらの小指側の下方に細かい線が出ていたら、それは「放縦線」と呼ばれる線です。

放縦線も健康線の一種と考えることができます。誰にでも出るわけではなく、不規則でストレスの多い生活をしたり、栄養の偏った食事や睡眠不足、過剰な回数のセックスや運動をしすぎたりする傾向の人に多くみられます。放縦線は健康に悪い生活を3日もすれば表れますが、逆に3日の摂生で減少します。

健康運をみるには、この線をチェック！

② 生命線

体力、気力、寿命に
関するシナリオを示す

おもな鑑定例
- 短い生命線 → P.372
- 生命線の島 → P.374
- 二重生命線 → P.380
- 生命線と障害線 → P.382
- など

① 健康線

現在の自分の健康や
病気になる時期がわかる

おもな鑑定例
- 健康線の島 → P.384
- 薄い健康線 → P.386
- など

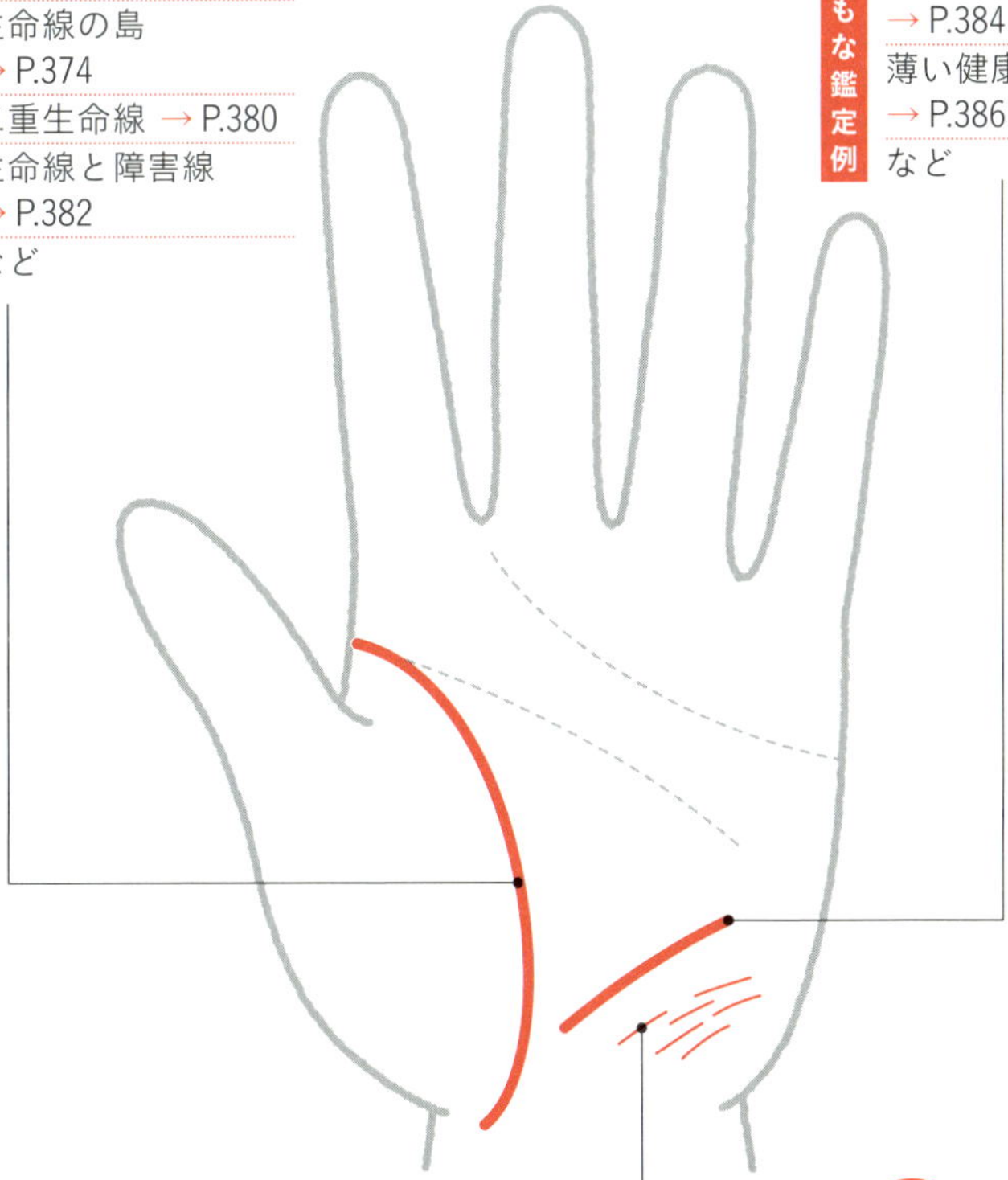

③ 放縦線

不摂生な生活を送ると
表れる

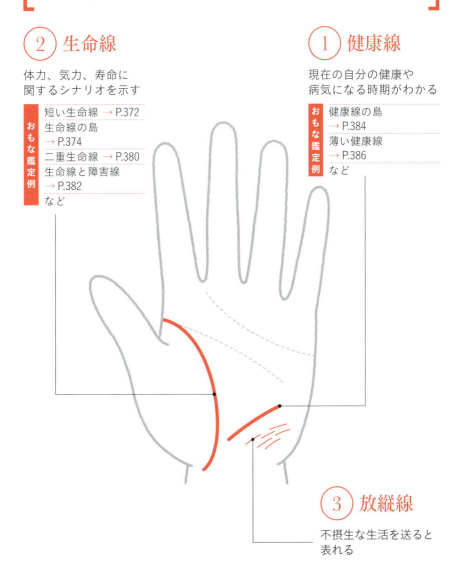

実例鑑定
91人目
健康

念願をかなえるカギは開運線？

～開運線の出る位置で大開運の時期がわかる

生命線のあるポイントから上る、縦の線を**開運線**といいます。この年齢のときに、これまでの努力が実って日頃の念願がかなうなど、人生上で新しい、喜ばしい出来事が起こる時期を教えてくれる線です。独立や転職、昇進といった仕事上の願いや、さらに結婚や出産、何かの受賞や家を建てるといった**大きな望みが実現する時期**がわかります。

ここで紹介するDさんの場合は、それまでずっと悩まされていたアトピーの改善という願いがかないました。このように健康状態がよくなるケースもあるのです。この開運線は、長くても短くても、濃くても薄くても開運することができます。ただし、濃くて長い線であればあるほどパワーは強くなります。

開運線の長さをチェック！

長くても短くても開運はできるが、長い線ほど感激度の高い願いがかなう

- 開運する年に現れる吉相
- 努力が実を結び、大きな夢がかなう
- 人生が飛躍するとき、新天地が開けるときがわかる

Dさん（50歳）

長年苦しめられていたアトピーがみるみる快方に向かった人

CHECK!

開運の年に表れる開運線

Dさんは、生命線の流年が示す、41歳で長年悩んでいたアトピーの症状が急激に改善しました。

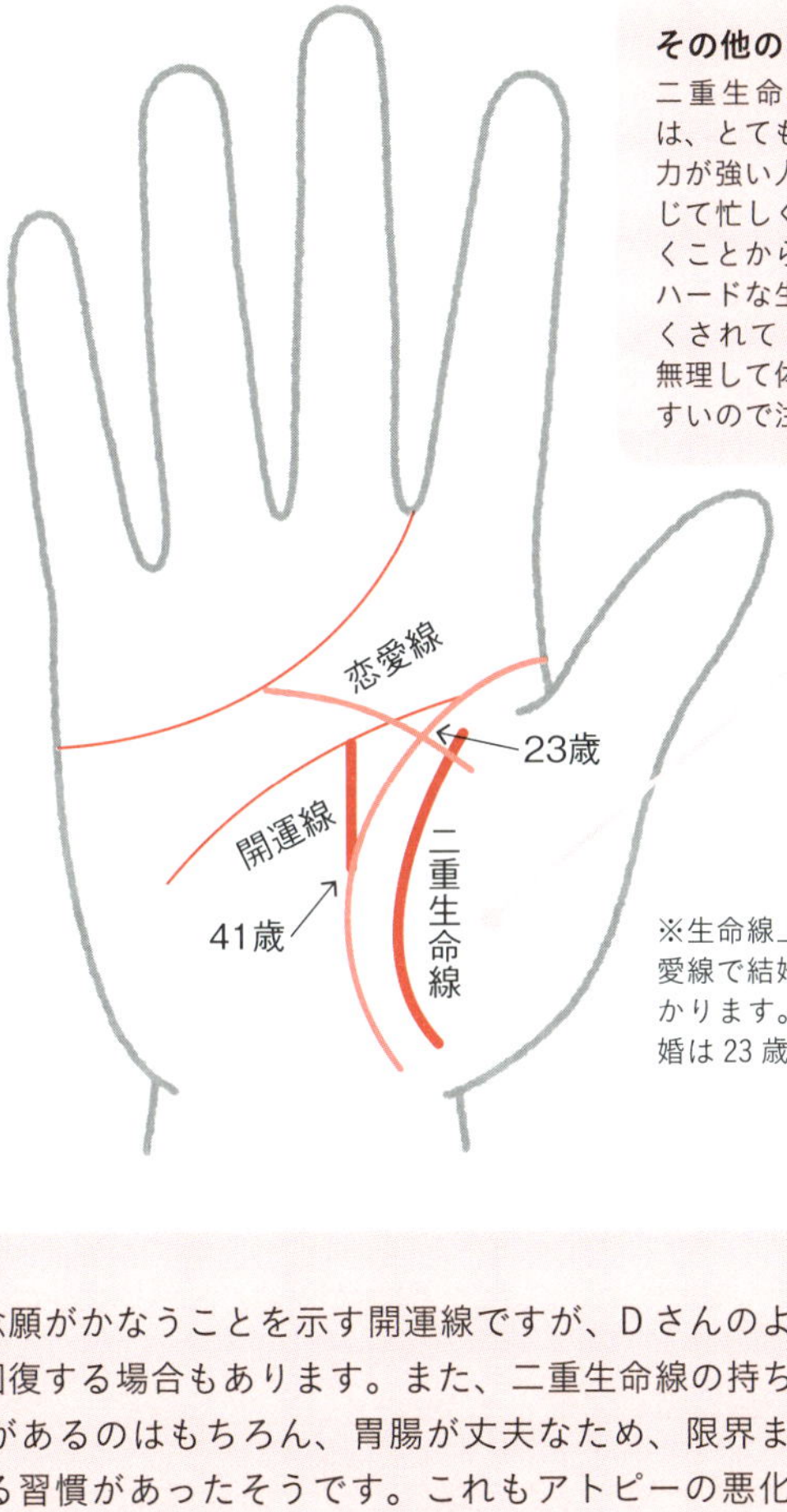

その他のポイント

二重生命線を持つ人は、とても体力、精神力が強い人。一生を通じて忙しく、無理も利くことから、ついついハードな生活を余儀なくされてしまいます。無理して体調を崩しやすいので注意が必要。

※生命線上に入った恋愛線で結婚の時期がわかります。Dさんの結婚は23歳です。

西谷MEMO

さまざまな念願がかなうことを示す開運線ですが、Dさんのように健康状態が回復する場合もあります。また、二重生命線の持ち主であるDさんは体力があるのはもちろん、胃腸が丈夫なため、限界まで食べたり飲んだりする習慣があったそうです。これもアトピーの悪化につながったことは明白です。根が丈夫だからと不摂生を続けていれば、体を痛めることにもなります。くれぐれも体力は過信しないことです。

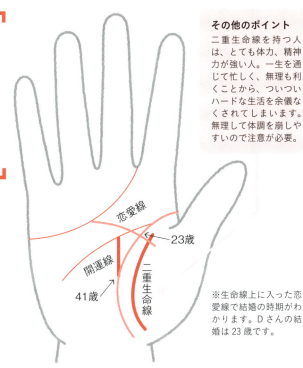

実例鑑定
92人目
寿命

短い生命線は短命な手相?

～「運命線カバー」がフォローしていれば十分に長生きできる!

生命線を見れば、その濃さ、太さ、乱れ方、張り出し方でその人の体力がわかります。さらに体調や体の弱点、起こりうる病気や寿命なども知ることができます。往々にして生命線が短いと、短命だと解釈する場合がありますが、これは早合点です。生命線が短くても、ほとんどの場合、**外側にもう1本の線が出ています**。このもう1本の線は**生命線の運命線カバー**と呼び、生命線の短さをきちんとカバーしてくれています。

生命線が短い人の99%にはこの運命線カバーが入っているので、あわてなくても大丈夫です。本体の生命線と運命線で補った線の2本がある場合、人一倍体力があり、かえって長生きします。

生命線からの橋渡しをチェック!

強靭な生命力と長寿であることを示す線

- 生命線の短さを補う「運命線カバー」の意味がさらに強くなる
- 外見が弱々しく見えても、実際はとても丈夫な体質
- 仮に病気をしても、回復は早く大事には至らない

K子さん（54歳）

某有名占い師が36歳で死ぬと宣告、でも今も元気で人生を邁進している人

その他のポイント
長寿か短命かは、生命線の長さだけではわかりません。必ずそのほかに真実を知らせる線が出ているものです。

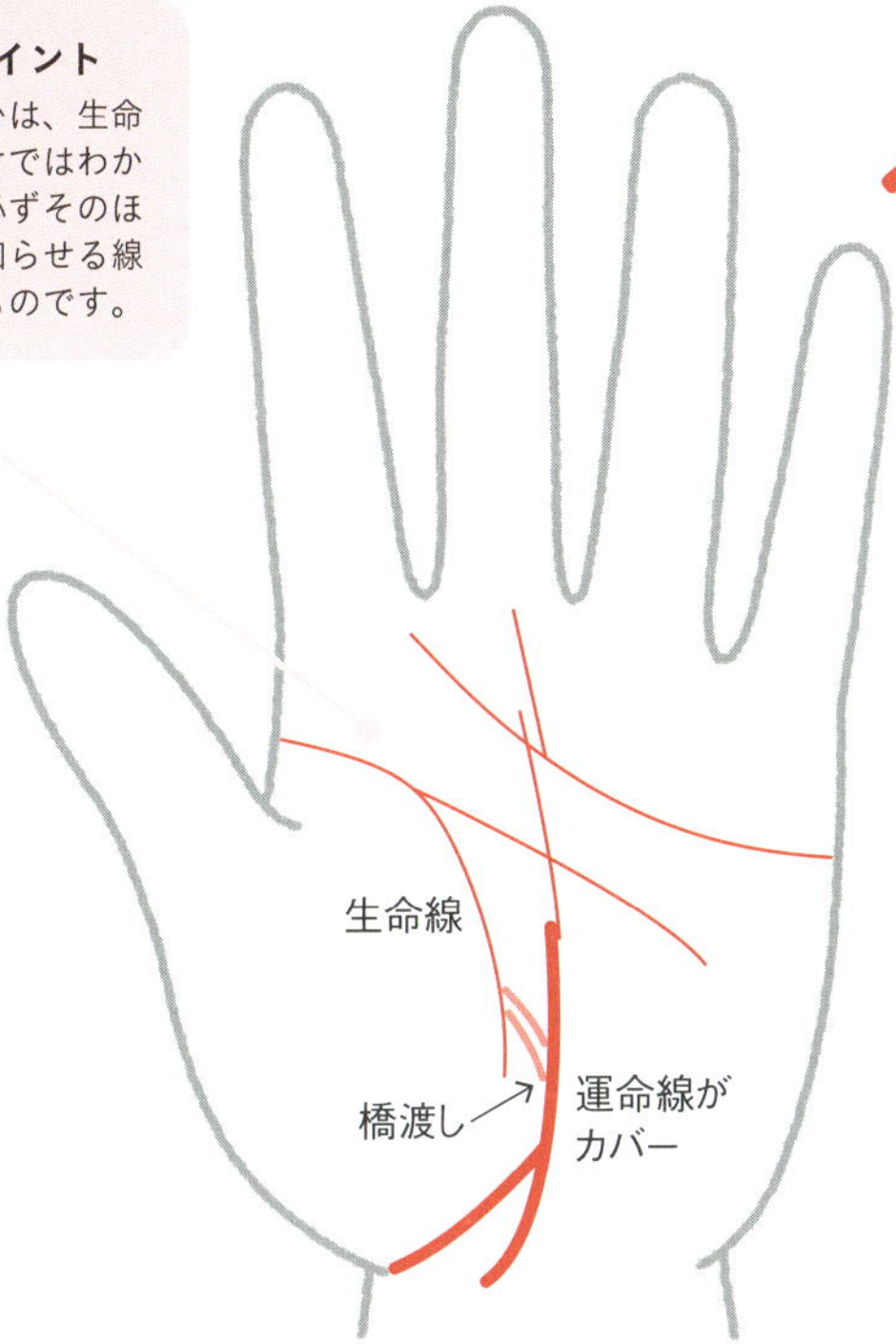

CHECK!

運命線カバー
K子さんのように、生命線の外側を運命線がカバーしている相の人は、かえって長生きできる人です。

西谷MEMO

多感な18歳のときに、某有名占い師に「36歳で大事故か大病で死ぬ」といわれてしまったK子さん。そのときのショックは大きく、その後どうしても悲観的になってしまったそうです。しかし私が鑑定したところ、K子さんの手には上図のとおり、短命の相はまったく見られませんでした。そして、K子さんは54歳の今もお元気です！　占いは幸せになるためにあるもの。不吉な予言をする占い師は決して信じてはいけません。

実例鑑定
93人目
健康

生命線の下の「島」は腸の疾患を表す？

～流年の鑑定どおりに腸にポリープができていた人

手相には人生で起こるほとんどのことが映し出されていますが、この先どんな病気をするかということも、手のひらは教えてくれています。**生命線の下部に横線**がある場合は、**腸の疾患**を表していますから、流年によってわかる年齢の前に必ず検査を行うべきです。この横線に島があると、腸の疾患が慢性化しています。

ほかにも、**健康線に目の形**があれば**呼吸器系**、**健康線が切れ切れ**になっている場合は**胃腸**、**健康線が蛇行**していれば**肝臓・腎臓**の疾患に注意してください。また、手のひらの小指側の下の端にたくさんの**放縦線**が出ている人は不摂生によって、体力が消耗していることを表しています。

生命線に出る病気の予兆をチェック！

どんな病気にかかりやすいか、注意すべきかを示す線

- **生命線の下部に横線がある場合は、腸の疾患に注意**
- **生命線が蛇行していれば、循環器や心臓に注意**
- **薄くて細い生命線は、デリケートな人。常日頃から体調管理を徹底すること**

S子さん（59歳）

鑑定どおりに 56 歳で腸のポリープが！運よく、すぐに切除できて回復した人

CHECK!

生命線

生命線を見れば、健康状態はほぼわかるといっても過言ではありません。放縦線（P.368）をよく見て健康管理に気をつけましょう。

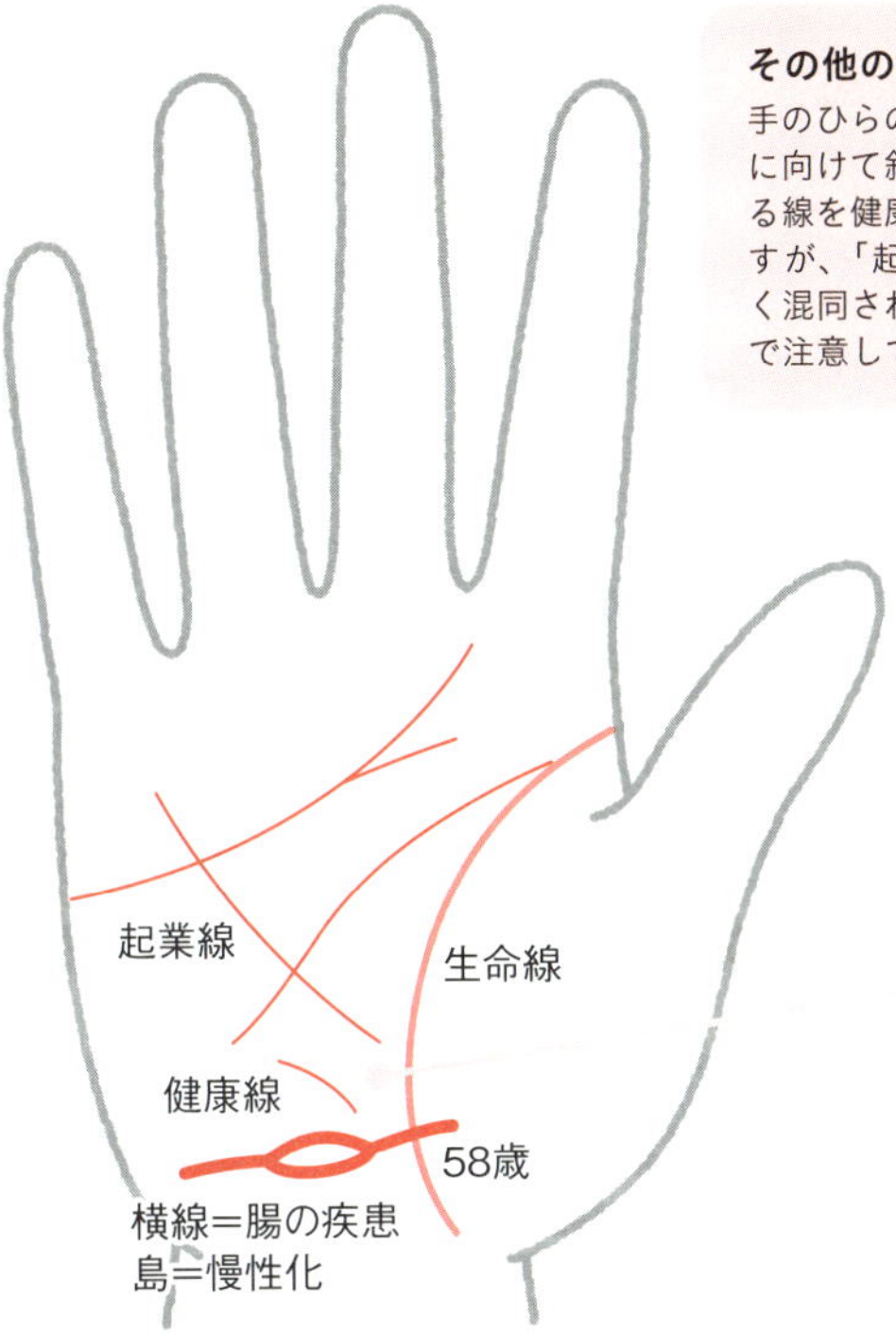

その他のポイント

手のひらの小指側の下に向けて斜めや横に出る線を健康線といいますが、「起業線」とよく混同されがちですので注意してください。

西谷 MEMO

S子さんが鑑定にいらしたとき、腸の疾患を表す相があり「56 歳になったら腸のポリープ検査を」とお伝えしました。ちょうど 56 歳になって、S さんが健康診断を受けたところ、腸にポリープが見つかり、すぐに切除して大事に至らずにすんだとのこと。鑑定どおりだったことに驚き、後日報告に来てくださいました。このポリープは放っておいたら 58 歳で大腸がんになっていたでしょう。事前に対処できるのが手相です。

実例鑑定
94人目
健康

薄い運命線は体の不調を表している？

～運命線が消えそうに薄くなっていた時期に見舞われた体調の異変

健康運がわかる線のひとつに、運命線があります。**運命線が消えかかりそう**に薄くなっている期間は、次々と**体調不良**に見舞われてしまいます。このF子さんの場合、30歳～35歳までの間は、毎日のように不調に悩まされたのでした。運命線は太陽系の惑星である土星の波動でできていますから、運命線が薄れてしまうのは、土星が意味する、試練に打ち勝つ力、忍耐、根気といったものが萎えていることの証しといえます。すると免疫力が下がり、病気に打ち勝てなくなってしまうのです。

また、**手のひら下部に出ている横線**は、**腸の疾患**を知らせています。この線が出た場合は、ただちに腸内環境を整える食生活にしましょう。

[右手と左手の違いもチェック！]

右手と左手の相の違いとは？

- **右手の相＝後天的に自分でつくった運勢を表し、節制することで病気の印も入らなくなる**
- **左手の相＝持って生まれた運勢を表し、何らかの病気の印があれば、生まれながらの体質**
- **右手だけに問題のある相が出ているのは不摂生の証し**

F子さん（37歳）

30歳から35歳まで、さまざまな体調不良に悩まされていた人

その他のポイント

健康運で問題がわかったら、すぐに生活を改善し、受診や検査をしましょう。早めに現状を知って、対処ができるのが手相のすばらしい利点です。

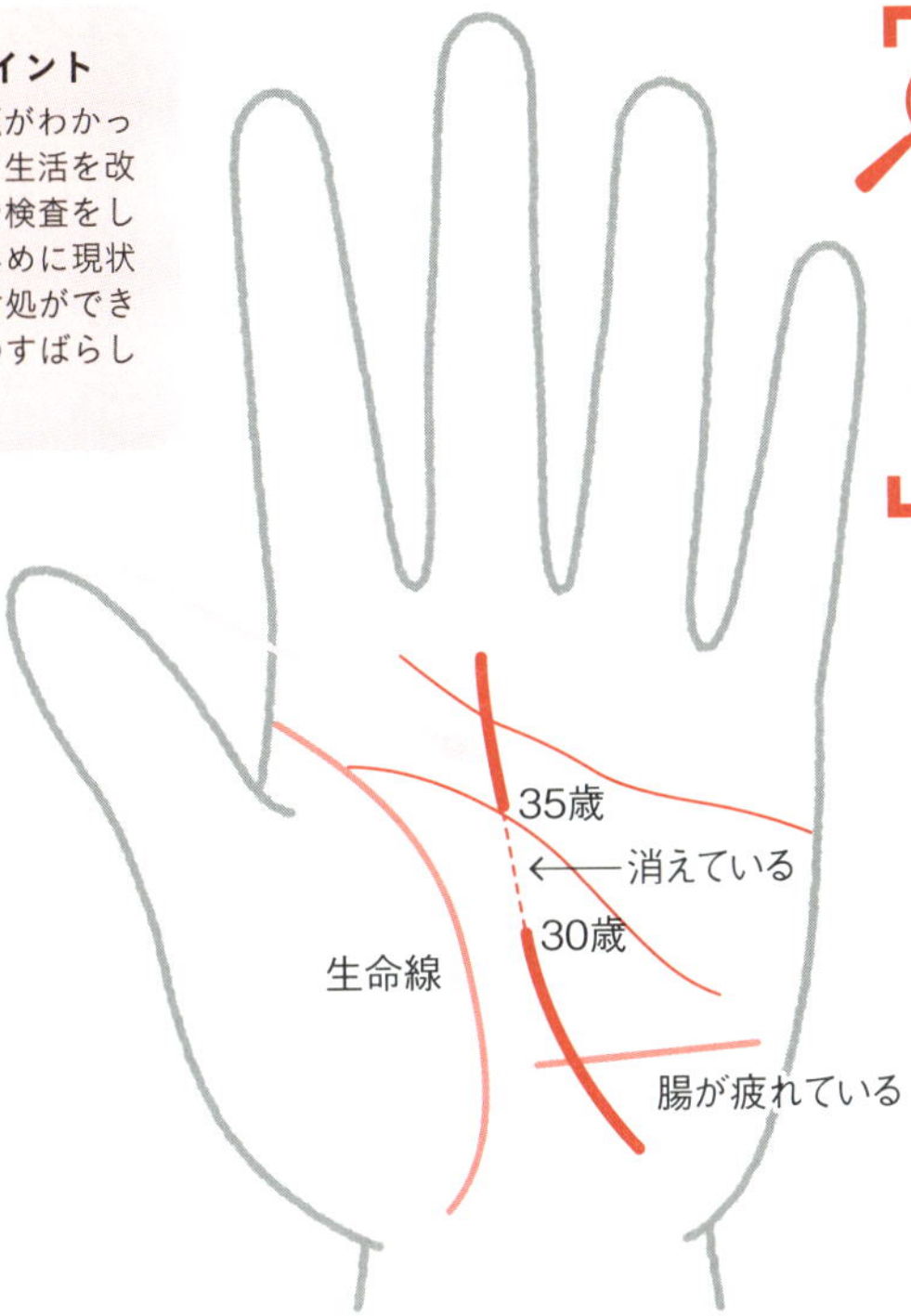

CHECK!

手のひら下部の横線

外側から横に伸びる健康線は、腸疾患があることを教えています。

西谷MEMO

30～35歳までの間、朝も起きられず、子宮や腸にポリープができる、原因不明の頭痛があるなど、さんざんな健康状態だったF子さん。ちょうど、運命線が消えている期間にあたります。ところが運命線が濃くはっきりと出てきた35歳を境に、みるみる体調が戻り、元気になっていったそうです。運命線の濃淡で健康状態も把握できますので、よくチェックをして確認することをおすすめします。

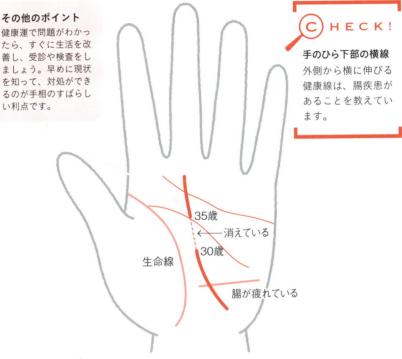

実例鑑定
95人目
健康

指の付け根の横線は自律神経のトラブル？

〜指の付け根のエリアが過労やストレスを教えてくれる

病気は突然襲ってくるように思いがちですが、実はそうではありません。事前に手相が知らせてくれているのです。指の付け根や指の下のエリアに**おびただしい数の横線**が描かれることがありますが、これは**自律神経**がトラブルに見舞われることを示しています。この線が出る人の特徴は、仕事に関して、オンとオフの切り換えがうまくできないことです。仕事を家に持ち帰ったり、休みの日でも仕事のことばかり考えたりしてしまいがちなタイプです。

そして過労やストレスのケアもしないまま、気力に任せて頑張り続けていれば、いつか体も音を上げてしまいます。この線が出たら養生を心がけてください。

二重感情線もチェック！

体調にも目を向けず
限界まで頑張ってしまう相

- 苦労するとわかっていても、あえて大変な道を選ぶ人
- 毎日限界まで働いて、
倒れ込むように眠るという暮らしをする場合も
- 自分の体調やメンタル面に無頓着な面もある

F子さん（53歳）

無理がたたって自律神経が乱れ、パーキンソン病も発症してしまった人

CHECK!

指の付け根の横線

現在、仕事や子育て、介護に忙殺されている人は必ずここをチェックしてください。F子さんのように、横線が目立っていたら、すぐに休養を取ることです。

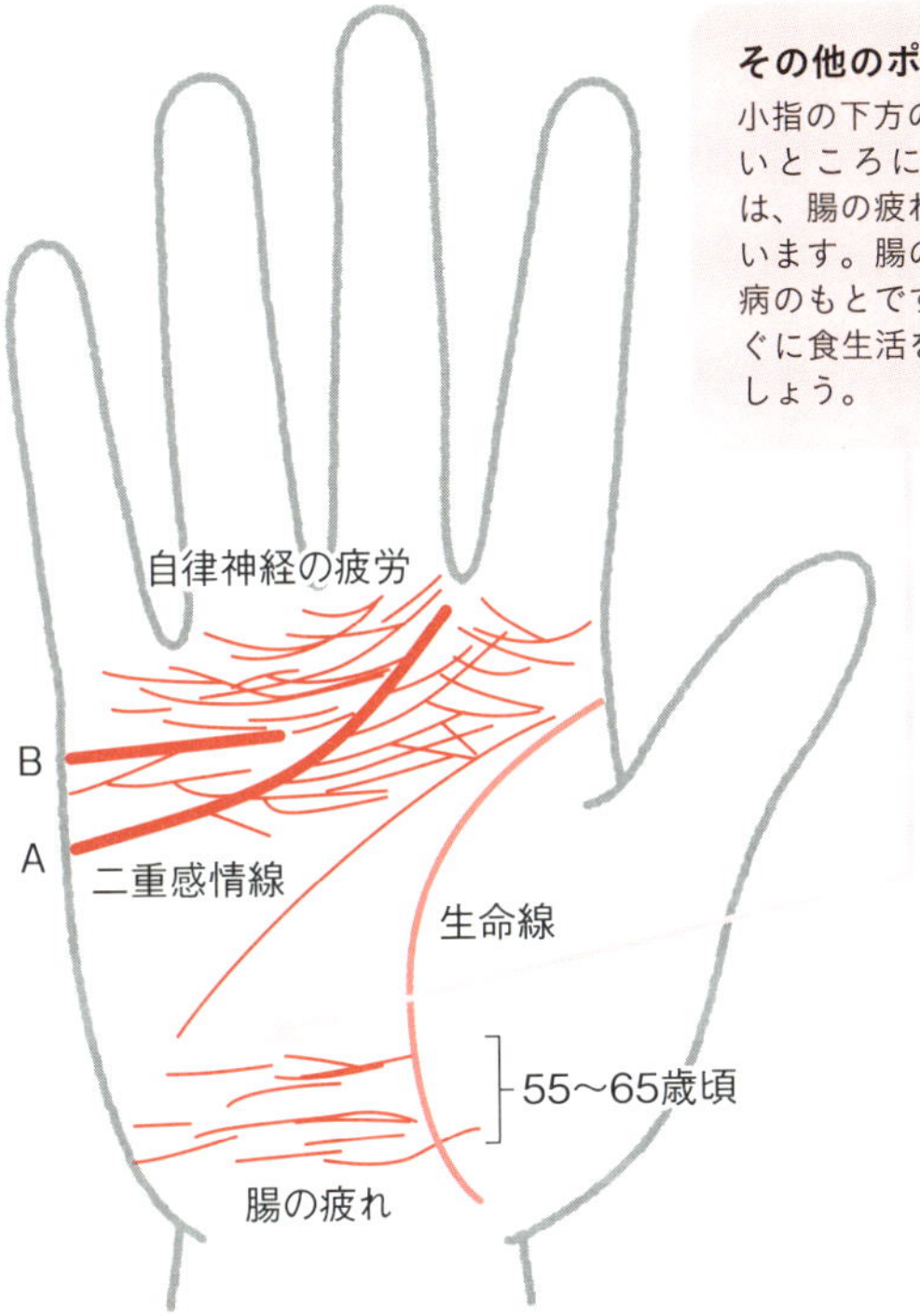

その他のポイント

小指の下方の手首に近いところに出る横線は、腸の疲れを示しています。腸の疲れは万病のもとですから、すぐに食生活を見直しましょう。

西谷MEMO

33歳で離婚した後、シングルマザーとして2人の女の子を育ててきたF子さん。その間に親の介護も重なり、さらに仕事の忙しさから体調を崩し、パーキンソン病にかかってしまったそうです。二重感情線の気質どおり、困難に飛び込んで頑張りすぎてしまうF子さん。今後は手のひらの様子もよく見て参考にしながら、もっと手厚く自分のケアもしてあげてください。

実例鑑定
96人目
健康

生命線の下に「島」があったら、早めに受診？

～国民的生活習慣病の糖尿病の相、早めに受診や生活改善を！

予備軍まで含めると、今や5人に1人がかかるといわれている糖尿病。あなたもきっと生活習慣には気を遣っていることでしょうが、自分が糖尿病予備軍かどうか、あるいはすでに罹患してしまっているかが、手のひらをみればわかります。**生命線の下部**に注目してみてください。ここに**島**があったら要注意です。すぐに病院で受診するなり、食生活を改善するなりしてください。

なお、両手を見比べてみて、遺伝的なことを示す左手には糖尿病の印があるけれど、後天的なことを指す右手にはないという場合は、本来、糖尿病の体質でも自分できちんと節制ができて病気を防いでいることを示していますので、安心してください。

二重生命線もチェック！

自分の健康を過信して暴飲暴食に走ってしまう相

- 体力も十分あるため、少々の無理ならきいてしまう人
- 健康を過信して働きすぎ、飲食にもセーブをしない相
- この線の持ち主は、歯止めがきかなくなりがちなスイーツやアルコールにはご注意を

S子さん（54歳）

現在の血糖値は124！　手相どおりに糖尿病の数値が上がってしまっていた人

その他のポイント

指の付け根の下の丘がふっくらとしているのは福相。強運の持ち主です。役立つ確かな健康情報なども多く入ってきます。

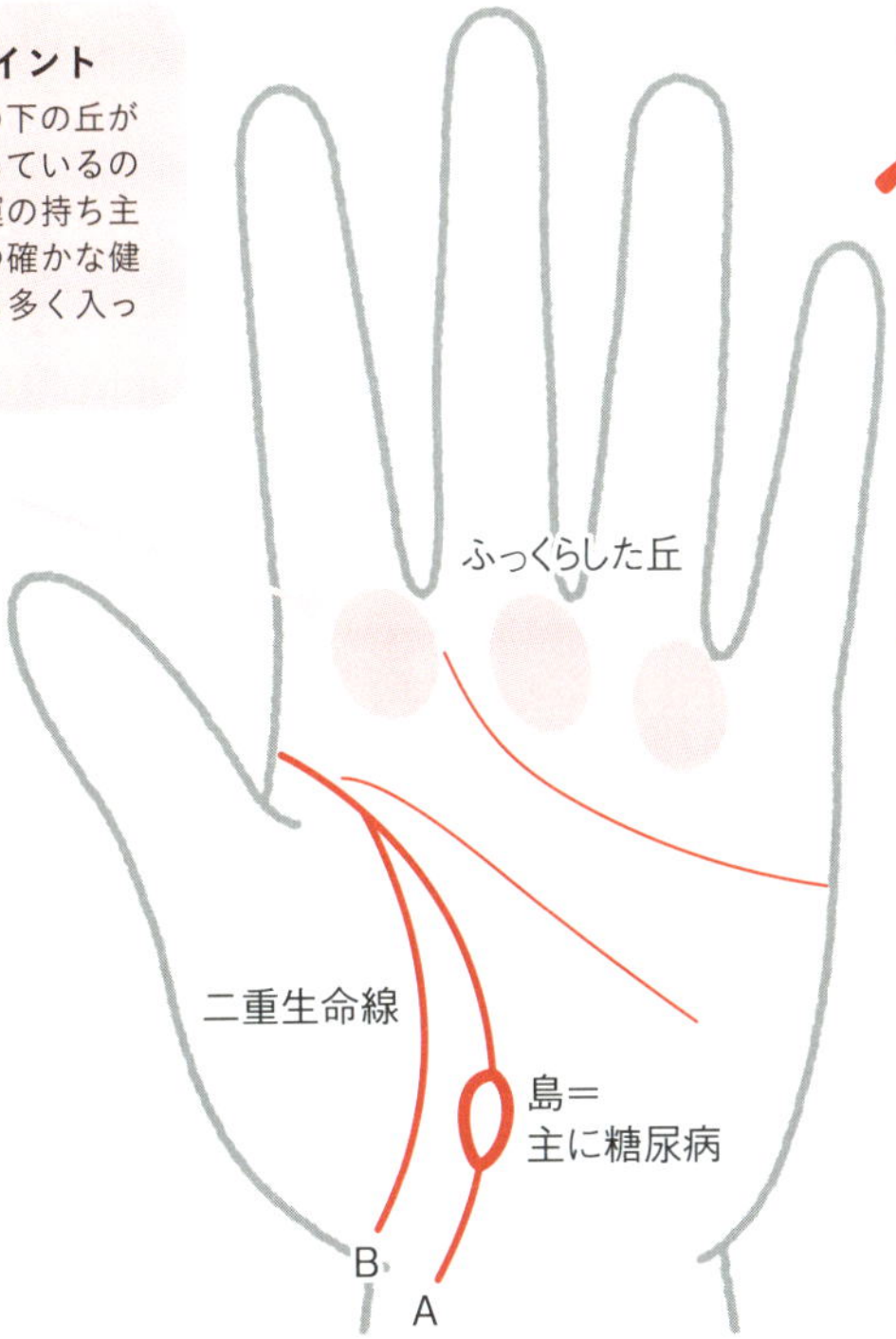

CHECK!

生命線の島形

糖尿病のほか、慢性の疾患を表している場合もあります。いずれにしても、早めに病院で受診してください。

西谷MEMO

もともと糖尿病の家系に生まれたというS子さん。両方の手のひらにはっきりと糖尿病の印が入っていたので、ご自身でも節制しようと思われたようです。血糖値124の今の段階であれば、まだまだ改善できますから、毎日の食生活には本当に気を配ってください。食の節制は若さと美にもつながりますから、美しく年を重ねるためにも頑張ってほしいものです。

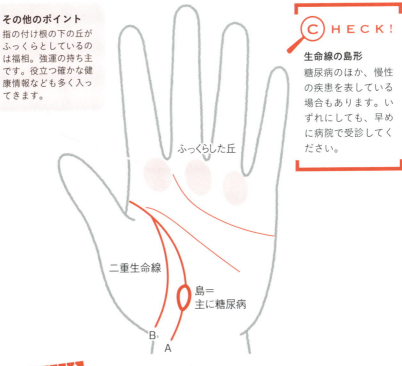

実例鑑定
97人目
健康

人生の大きな試練や、大病を知らせる線がある!?

～生命線を横切る長い障害線は、大きなダメージを示している！

人生にはいくつかの試練がありますが、なかでも深刻なものは大病です。E子さんのように**生命線を長く横切る障害線**が入っている場合は、**手術を要する病気にかかる**ことを知らせています。さらにこの障害線は、長くて濃いほどダメージが大きくなることを示しています。

また、流年の44歳で障害線が入る前の、37歳から生命線に**島**ができています。これは、この時期から病気につながる**過剰なストレス**がかかっていたことを示します。このような相が出ていたら、生活の見直しを。日頃からオーバーワーク気味の人は、少しペースを落としましょう。病気の相が出ていても、事前に知ることができれば予防も十分可能です。

[生命線に出る島もチェック！]

さまざまなストレスや不調の中にいることを示す線

- 精神的、肉体的にストレスの多い期間にあることを示す
- 悩みや迷い、行き詰まりといった、精神的な焦りを感じる時期
- 生命線の下部に島形がある場合は糖尿病に注意

44歳で子宮頸がんを患い、47歳まで不調に苦しんでいた人

E子さん（47歳）

その他のポイント

生命線に表れる島形は、思いどおりにいかないとか、精神的に疲弊していることを表していますが、抜け出せたときには大きな飛躍が待っています！　希望を持って進んでください。

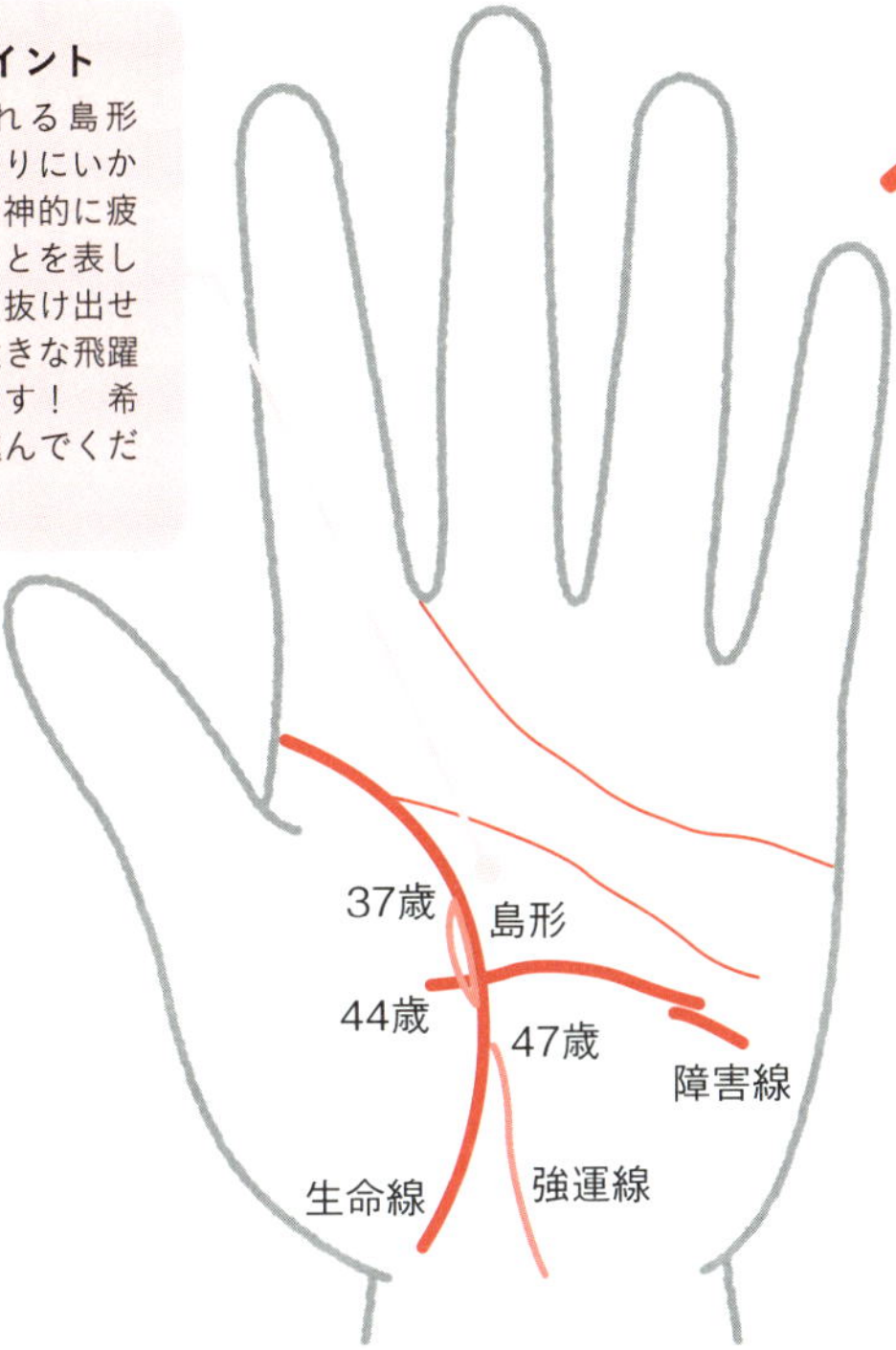

CHECK!

生命線から出る強運線

障害線と島があってもE子さんには、生命線から同じ太さの線が二股に分かれて伸びている線「強運線」があります。気力、体力ともに充実し、強い運気が高まっていることを示す線です。

西谷MEMO

生命線に障害線が表れた流年44歳で子宮頸がんの手術をし、その後も出血や熱で苦しんだE子さん。しかし生命線の流年47歳から、しっかりとした強運線が現れました。ちょうど鑑定に来られたのも47歳のときです。強運線が示しているとおり、今後は心身ともに回復し、元気いっぱいに人生を謳歌されることでしょう。生命線上の中部に島のある人は、島の期間の終わりに必ず飛躍が待っています。頑張ってください！

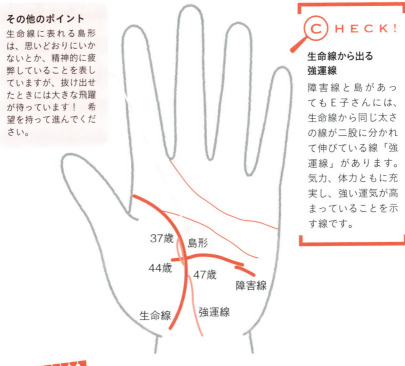

実例鑑定
98人目
健康

手のひらは、体の弱点を教えてくれている!?

～将来かかる病気を知って、早め早めの対策を！

将来自分がどんな病気にかかるのか、また自分の体の弱点はどこなのかがわかると、これから先の健康管理に役立ちます。このKさんのように**健康線に島**がある場合は、**肺や呼吸器の疾患**を教えています。さらに健康線に腸の疾患を示す線が出ており、これが肺と呼吸器の疾患の線と合流しています。これは腸の疲れが引き金となって、大きな呼吸器系の病気にかかることを表しています。タバコを嗜む人は禁煙するなどして、将来の健康に備えるべきです。

　また65歳で止まっている生命線からも、この時期の病気には注意。病気の相がある人は今日、このときから体を見直して、養生を心がけましょう。そうすれば大丈夫です。

運命線もチェック！

人生における意欲や忍耐、気力を表す線

- **運命線の終わりは、その流年の時点で物事への意欲が消えることを示す**
- **しっかり描かれた運命線は、低迷期でも全力を尽くせる力がある**

Kさん（48歳）

将来起こりうる肺と呼吸器、さらに腸の疾患が判明し、禁煙を実行した人

その他のポイント

大病は、10年かかって出てくるといわれています。手相は何十年も先のことを知らせてくれるので、生活習慣を変えれば、10年先の健康もしっかり守ることができます。

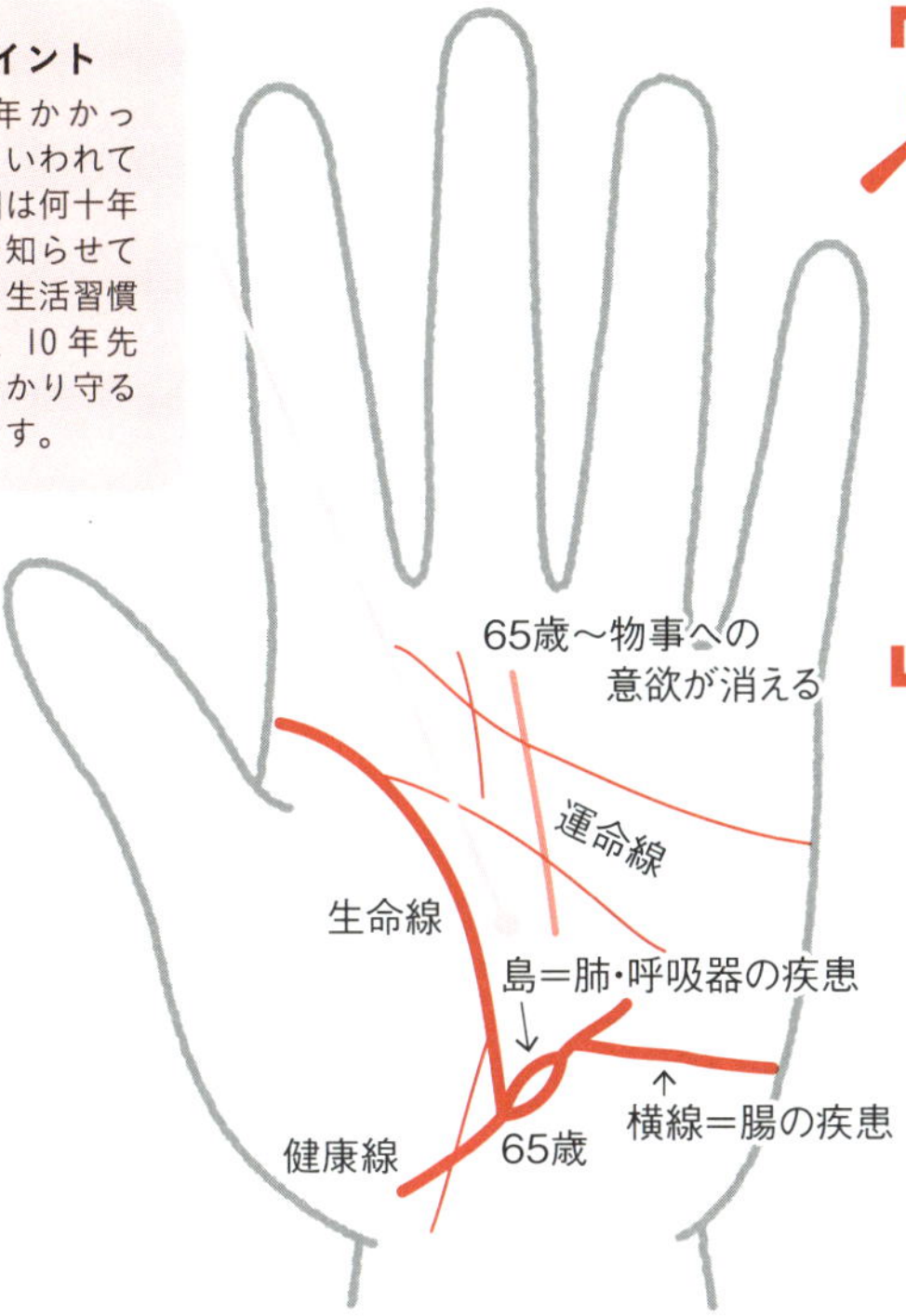

CHECK!

生命線

健康状態や体力、寿命、気力、情熱を示す、手相において最も重要な線です。なお運命線も、現状では65歳以降が弱々しい線です。

西谷MEMO

鑑定後、すぐに禁煙を実行したKさん。すばらしい決断でした。また、腸の疾患は万病のもとといわれていますが本当です。大病にかかる人は、必ずといっていいほど腸疾患の横線が入っています。やはり健康は毎日の食生活からですので、腸のためにも食物繊維と発酵食品を積極的にとり、野菜不足にならないように心掛けましょう。食を正すと心身はどんどん健康になり、手相も吉相となり、さらに運気も上がっていきます。

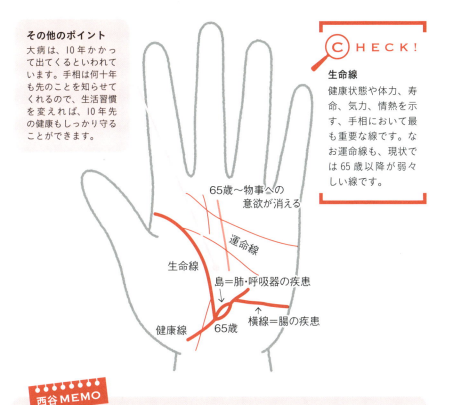

実例鑑定
99人目
健康

健康線を見れば自分の体調がわかる？

～体調をそのまま映し出す健康線は、日々刻々と変わっていく

手相は一生同じではなく、その時々で変わっていくことはもうご存じですね。では一番激しい変化を見せる線は何だと思われますか？　それは、手のひら下部に、横や斜めに出る健康線です。そのときの体調をそのまま映し出すので、短期間で驚くぐらい変わる場合もあります。

C子さんのケースは、生命線下部の健康線の**島**が**糖尿病**の相を示しています。妊娠糖尿病だったのですが、妊娠中に島が出現し、出産が終わったときには、この島形はきれいに消えていたのです。実に手のひらには、リアルタイムで**そのときの体調が出る**ものだとわかります。健康線は日頃からチェックし、病気の予防や早期発見につとめていきましょう。

［ 生命線をチェック！ ］

短い生命線を運命線がカバーしている相

- **生命線が短くても運命線がカバーしていれば、生命線の代用になり、問題ない**
- **生命線から運命線への橋渡しで完璧にカバーされる**
- **生命線が2本あるのと同じことなので、長寿の相**

C子さん（41歳）

妊娠中は糖尿病に苦しんだけれど、出産後は無事に回復した人

CHECK!

弱々しい健康線

基本的に病気を表す健康線は、はっきりと出る場合と、薄めに出る場合があります。見落とさないよう、よく見極めましょう。

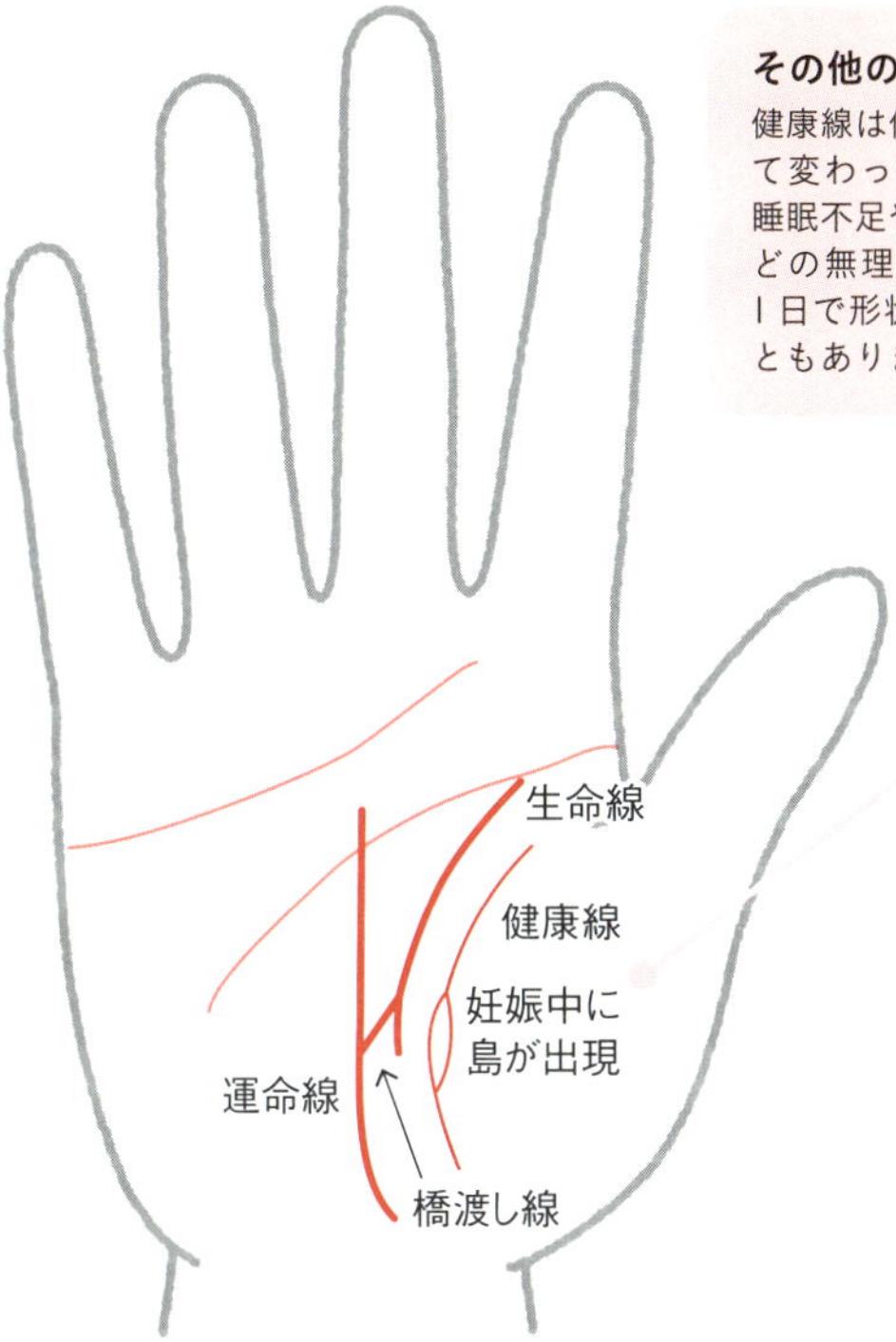

その他のポイント

健康線は体調に合わせて変わっていくので、睡眠不足や暴飲暴食などの無理を重ねると、1日で形状が変わることもあります。

西谷MEMO

「妊娠糖尿病」に苦しまれたC子さん。当時はインスリン注射を打ちながら、懸命に闘病されたそうです。しかし出産と同時にすっかり回復！　その様子は手のひらにも明らかに出ていて、今では右手の島はきれいに消えました。C子さんも手相の正確さにすっかり魅了されている様子。私の手相の本も、しっかり読んで学んでいるそうです。育児とともに、手相の勉強も頑張ってくださいね。

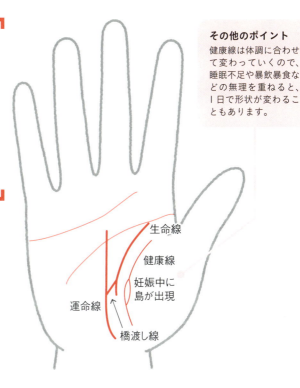

実例鑑定
100人目
健康

凶相を持って生まれた人でも健康に生きることができる？

～凶相も、生き方次第でみるみる吉相に変えられる！

病気の相がある場合は、誰しも不安になると思いますが、実はそれほど心配することはありません。Hさんの手相を見ると、左手の生命線の下部に島形がありますが、これは糖尿病または、その予備軍であることを表す相です。また、左手の知能線の島はうつ傾向を示しています。ところが右手を見ると、生命線も知能線もきれいに描かれ、すっきりと伸びています。この違いは、左手には生まれ持った宿命、**先天運**が描かれ、右手には後天的に自分が作り出した**後天運**が刻まれていることにあります。

つまり、先天的に糖尿病やうつ病の傾向があっても、それを知ったことで生活習慣をあらためて努力すれば、右手にきちんと克服した証しが入るのです。

［手相を吉相にする方法をチェック！］

すぐに行いたいのは正しい食事に変えること

- コンビニフード、ジャンクフードで食事をすませない
- 主食は未精製の玄米や全粒粉のパンや麺を選ぶ
- 1日3食を大事にし、野菜を中心に、豆類や海草類、味噌、納豆などの発酵食品をバランスよくとる

Hさん（31歳）

糖尿病、うつ病の相を持ちながら自分の努力で病気を回避した人

CHECK!

きれいに入った運命線

運命線がきれいに描かれている人は、Hさんのように強い信念を持った人が多いです。

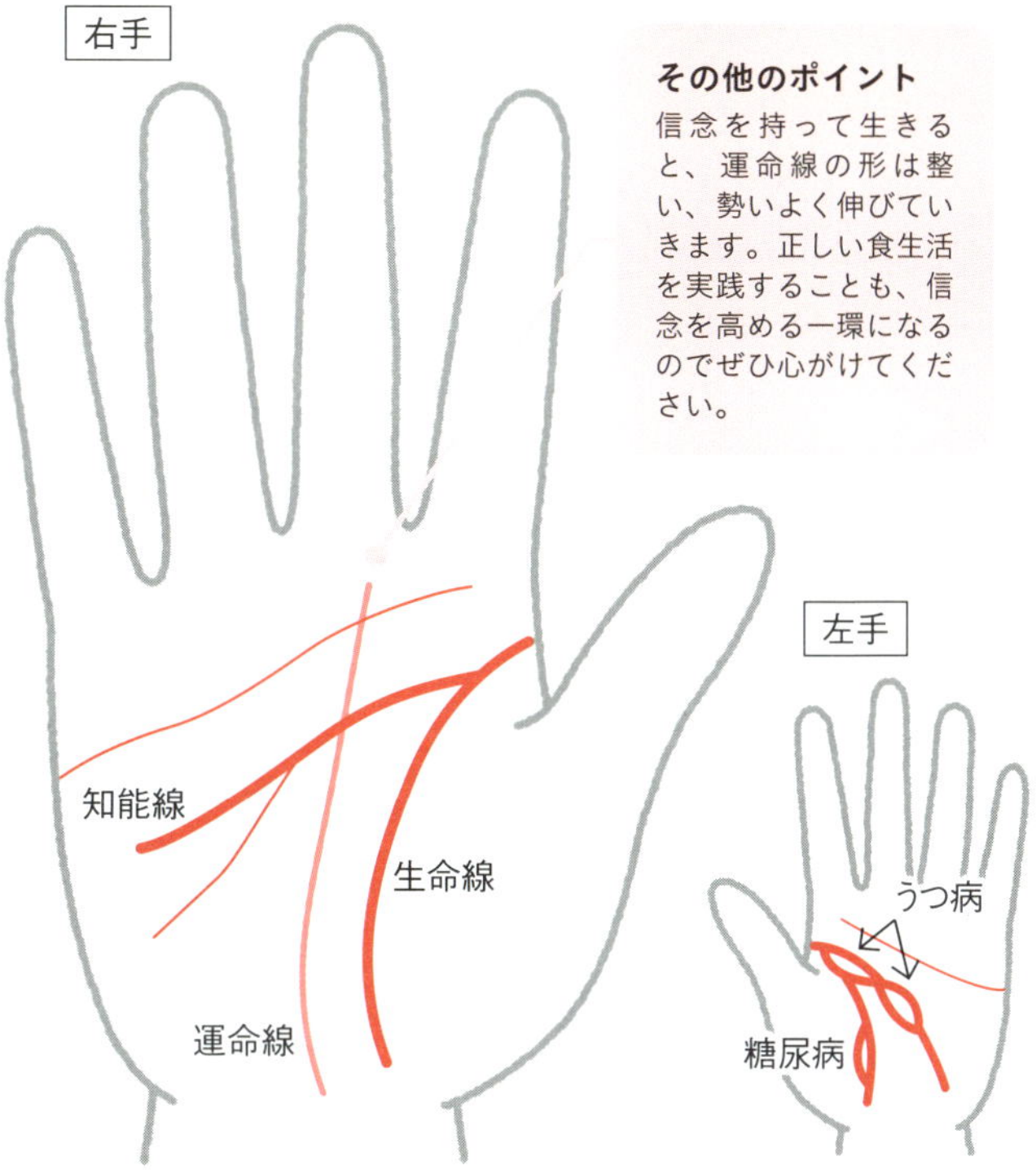

その他のポイント

信念を持って生きると、運命線の形は整い、勢いよく伸びていきます。正しい食生活を実践することも、信念を高める一環になるのでぜひ心がけてください。

西谷MEMO

手相で糖尿病とうつ病の可能性があることを知ったHさん。そこでいろいろと情報を集め、どちらの病気も食事を正すことが重要であると知り、以後野菜中心のバランスのよい食事に変えたところ、特に右手がみるみる吉相に変わっていきました。食事を見直すと、手相は短期間で吉相に変わっていきます。命も人生も、食をベースに作られていることを忘れないでください。

COLUMN：4

手相のラッキーサインとは？

手相の中にはとても珍しい形を描く線もあり、それらはラッキーサインといって、スピリチュアルな力や特別な幸運がそなわっています。

ここに示したのはその代表的なものですが、これらの相が出ていないからといって「自分は特別な幸運にめぐりあえない」などとがっかりする必要はありません。本人が精神性を高め、幸せになるための努力を日々重ねていくにつれて、こうした幸運な印が表れてきます。

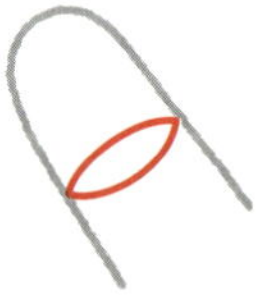

●仏眼相（親指）

先祖の加護を受け、スピリチュアルな力をそなえる（P.157参照）

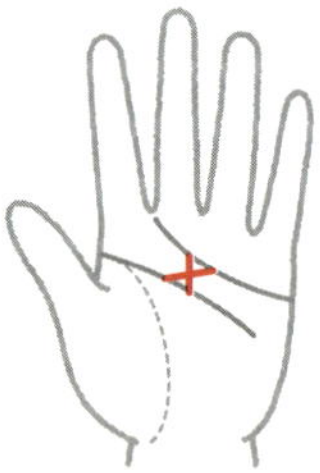

●神秘十字形

先祖、神仏の加護により災難から守られる（P.144参照）

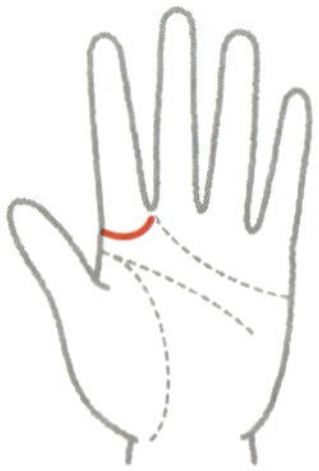

●ソロモンの輪

特別な頭脳を持ち、権力を握る（P.148参照）

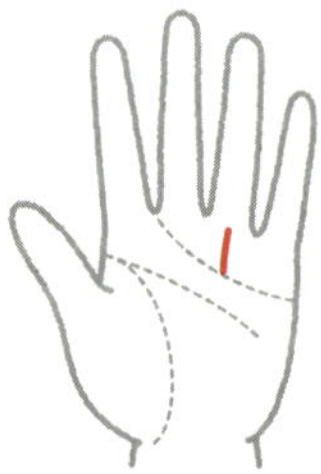

●太陽線

富と名声、人気が得られる（P.108参照）

第 5 章

手相鑑定のつまずきを解消

手相の読み取り方が身についてくると、自分の手相だけではなく、人の手相もみたくなってくるでしょう。ここでは、手相をみるときの心構えや、相手にアドバイスをするときに考慮すべきことのほか、ペンで吉相を手に描き込んで開運するという裏技も紹介します。

自分の手や人の手をみるときの心構え

手相は一人ひとり違っている

手相に関心を持った人が最初にみるのは、自分自身の手相でしょう。

もちろん、誰でも自分の運命が気になりますから、一生懸命に読み解こうとするはずです。手のひらに示された手相は、いわば世界でひとつだけのあなたの線ですから、それぞれの線の意味をしっかりと理解したうえで、運命を読み解いてください。

ただ、そこで注意していただきたいことがひとつあります。自分の手相だけをみている段階では、いろいろな線を比較するということを行っていません。その状態で手相をみると、手相は人それぞれであり、また刻々と変化していくものだということにも気づきません。これでは、手相に対するイメージが固まりすぎてしまいます。

簡単に結論づけず全体から判断を

手相には、まったく同じ線など本当はひとつもありません。にもかかわらず、手相鑑定の初心者は、1本の線やひとつの相にこだわりすぎるあまり、「この相はこういう運命だ」と即断してしまいがちです。

たとえば、凶相の線が1本出ていたとしても、ほかの場所に、努力次第で困難を克服できることを示した線が出ているなら、不幸な

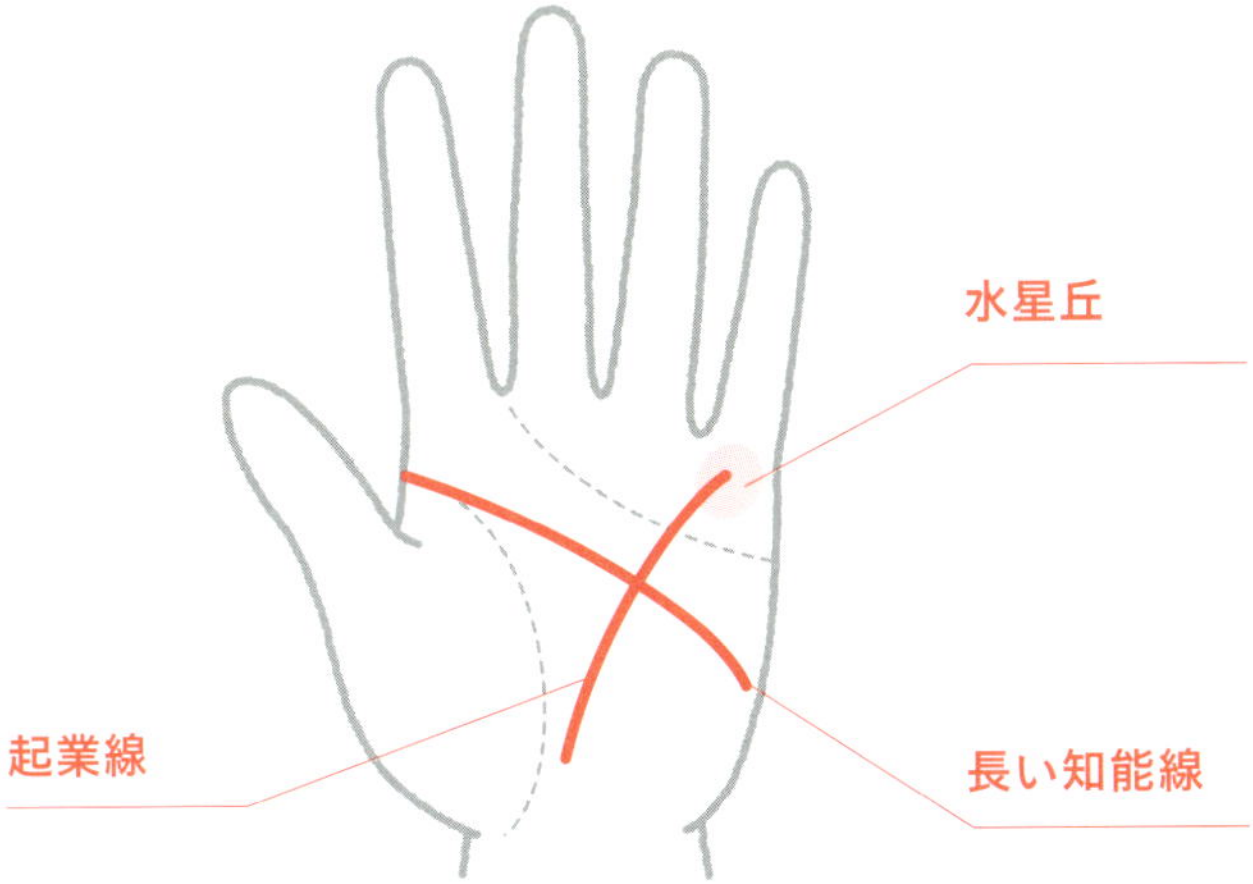

この図のように商才を意味する水星丘に伸びた「起業線」が出ている人は、起業して成功する運の持ち主。ただし、同時に「知能線」が長く「考えすぎてしまう」相を示していると、その才能を生かせない場合がある。

出来事を防ぐことができるかもしれません。

このように手相は、1本の線、ひとつの相にとらわれず、広く全体をみる必要があります。

手相は生き方に応じて変化する

また、手相は生涯を通じて変わらない、というものではありません。過去や現在がまるでその人の履歴のように刻まれているだけでなく、未来も刻まれているのですが、序章でも述べたように、未来の線はそのときの気持ちや生き方に応じて、よくも悪くも変わっていきます。手相で未来を知り、少しでも未来をよくしようと行動するなら、よい運命に変えられるということを、忘れないでください。

たくさんの手相に触れ、線にもいろいろなタイプがあることを理解しながら、今述べたようなことを感じ取っていくなら、あなたの手相鑑定能力は必ずレベルアップします。

相談者の悩みの読み解き方

悪い相だと決めつけない

本書を参照しながら手相をみていくなら、その人がどのような傾向を持っているのか、おおよそ当てることができるようになります。そうすると、いろいろな人の手相をみて、次から次へとその人の運命について判断を下したくなるでしょう。ですが、そこにはひとつの落とし穴があります。

というのも、ある程度経験を積んだ手相中級者になると、当たることに興奮し、「あなたにはこういう相が出ています」などと結論をズバリといってしまいがちだからです。それが吉相であればよいのですが、なかには聞かされてショックを受ける内容もあるかもしれません。そのまま伝えてしまうのではなく、配慮が必要です。

「当てる」ではなく「助言する」

手相術にかぎらず占いは、未来を当てるのが目的ではなく、その人を幸せへと導くためにあります。手相は、本人の努力や意識の持ちようで、いかようにも変わっていくものです。

今は悪い相だとしても、そのことに早く気づけたことを喜ぶべきで、手相をそのために活用してあげてください。くれぐれも、自分が持っている手相の知識を誇示して、相談者をびっくりさせようなどとは考えないように。

線の意味は人によって変わる

もうひとつ、人の手をみるときの心構えとして大切なのは、同じ相であっても、それが示す意味は人によって違うという点です。たとえば、運命線の途中に食い違っている部分があるとします。これは、その流年で環境が大きく変わることを意味しますが、それが人によっては転職かもしれませんし、起業、失業、結婚、離婚であるかもしれません。また、たとえ離婚をしても、それが開運につながる可能性もあり、人によって意味が違ってきます。

したがって、手相をみる相手が、どのような環境に身を置き、どんな悩みに直面しているか考えを巡らせながら、柔軟に判断することが必要です。その意味でも、できるだけ多くの人を鑑定することが大切で、正しい鑑定をするうえで一番の力になります。

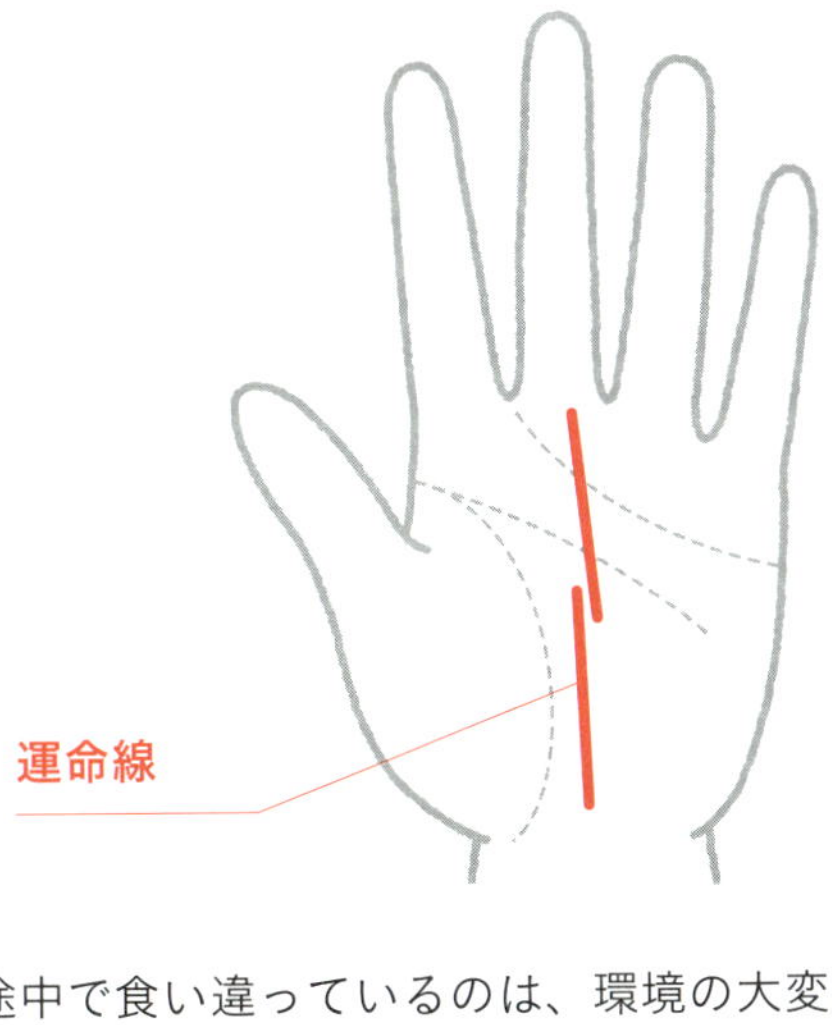

運命線が途中で食い違っているのは、環境の大変化を示す相。ただし、それが転職なのか、結婚なのか、離婚なのか、何の変化を指すのかは、人によって異なる。したがって鑑定者には、臨機応変に判断することが求められる。

インスピレーションでみる手相

直感的な印象を大切にする

　手相をみるときには、インスピレーション（直感、ひらめき）も非常に大切です。たとえば、あなたが初めて会った人を「どんなタイプの人か」と判断する際の材料は、人相、つまり「顔」だと思います。その人が鋭い目つきや引き締まった口元の持ち主なら、意志が強いと感じ、柔らかな表情をしていたら、穏やかな性格だと考えるでしょう。

　そうした印象の多くが当たっているのは、誰もが物心ついた頃からいろいろな人の顔を見てきて、人相の基本的なパターンがわかっているからです。経験に裏づけされた知識は、年齢を重ねることで、さらに正確さを増していきます。

　手相もまったく一緒です。手相の基本的なパターンをおさえ、その知識をもとにたくさんの人の手のひらをみるという経験を続けていけば、パッとみたときのインスピレーションで、「知能線が長いから慎重派だな」とか、「感情線が長いから激情家だな」といったことが判断できるようになります。

　それを続けていくと、次には「ほかの基本線よりも知能線が目立って長い。ということは、感情面よりも知性面に偏った人なのだろう」というように、さらにきめ細かい判断も瞬間的にひらめくようになります。

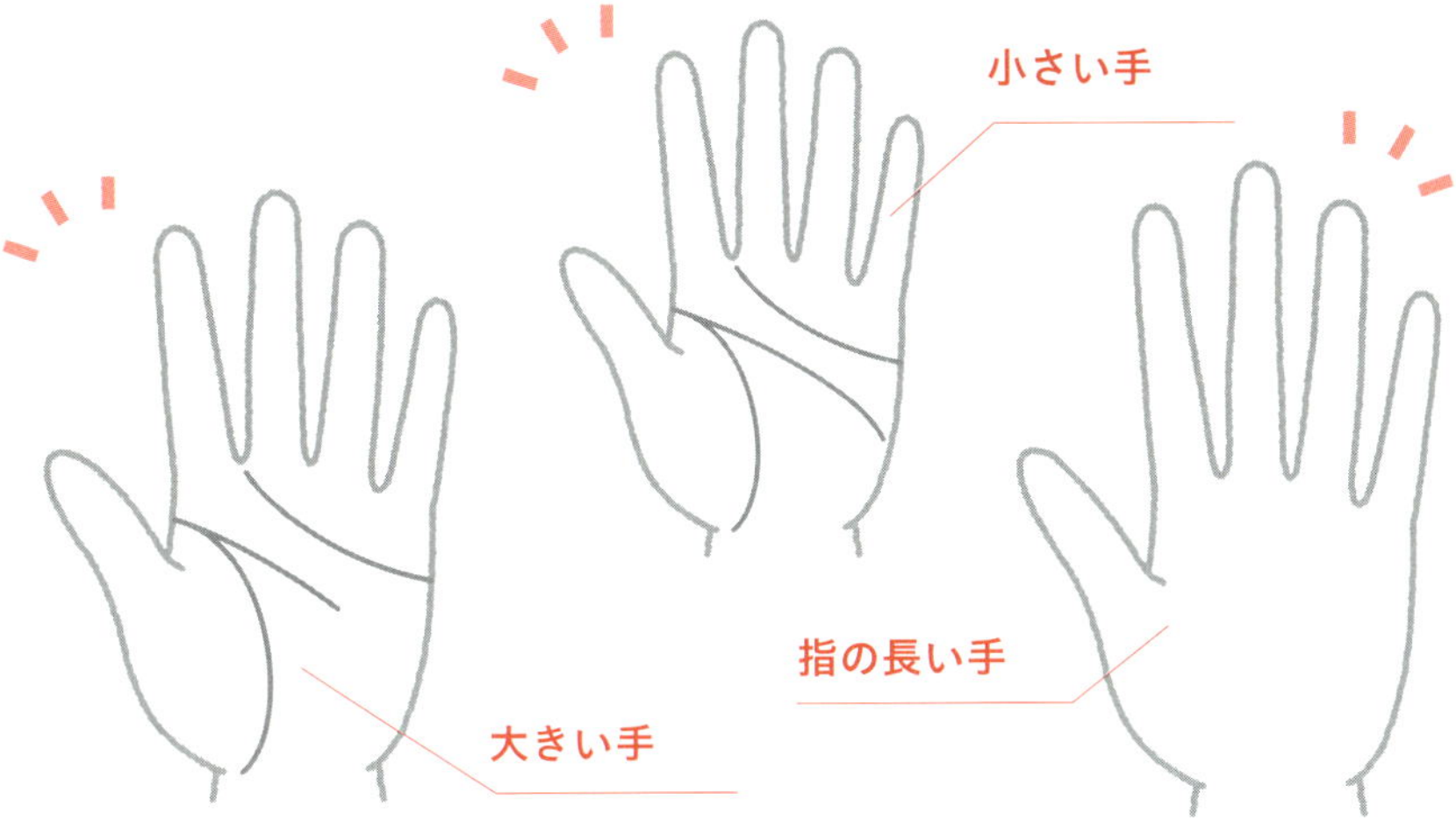

大きい手、小さい手、指の長い手など、手は人によってサイズも違えば形も違う。そうした印象だけでなく、手相全体から判断するためにも、たくさんの手相をみることが大切になる。

理想は全体のバランスがとれた相

手相は、全体のバランスがよい相が理想的な形です。私がいう「全体のバランスがよい相」とは、具体的には知能線、感情線、生命線の3つの線が勢いを持って手のひらに描かれている状態（吉相）のことを指します。

これら3つの線が吉相でバランスがとれている人は、感情に振り回されず、知性に溺れることもなく、体が丈夫なうえに、それぞれがうまく機能し合う、人格的にも肉体的にも優れた人です。

手相をみるときは、この「手のひらをパッとみたときに感じる」インスピレーションがとても大事なものなのです。手相に関する基礎的な知識を身につけ、それをたくさんの経験によって、たしかなものにしてください。

手相を描いて開運する

手のひらに表れない相は、自分で描いて運を呼び込む！

手のひらに吉線が出ていない人は、ペンで描き込むという裏技を使いましょう。手は脳と密接につながっています。手のひらに線を描き込めば、脳にその刺激が伝達され、あなたの意識が変わります。そして、その意識が幸運を呼び込むことになります。ペンは、金色か銀色の水性ボールペンが理想です。

また、爪に出る白点は、太陽系惑星の幸運波動をキャッチしたサイン。これも描き込んでみましょう。白のマニキュアか白ペン、または修正液を使います。

ペンで線を描く

1 用意するのは、金色か銀色の水性ボールペン

2 願いをかなえてくれる線を、強く願いながら描くと効果もアップ

3 線が消えてきたら、上から描き足す

願いをかなえる手相

素敵な人と出会いたい！

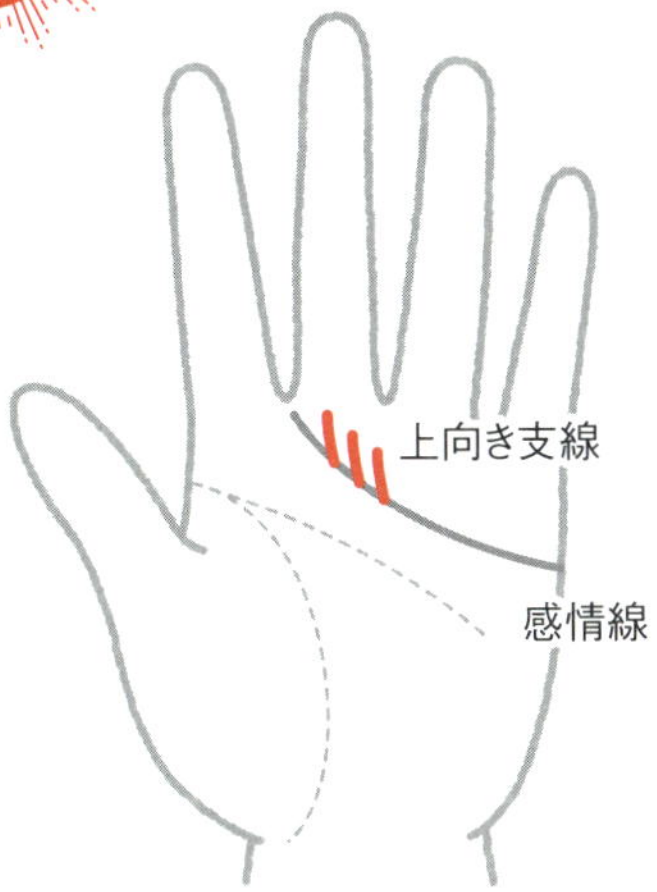

小指の下から人差し指に向かってカーブしながら伸びている感情線の先端部分に、「上向き支線」を2〜3本描きましょう。恋愛運が上向いて良縁に恵まれます。

願いをかなえる手相

幸せな結婚をしたい！

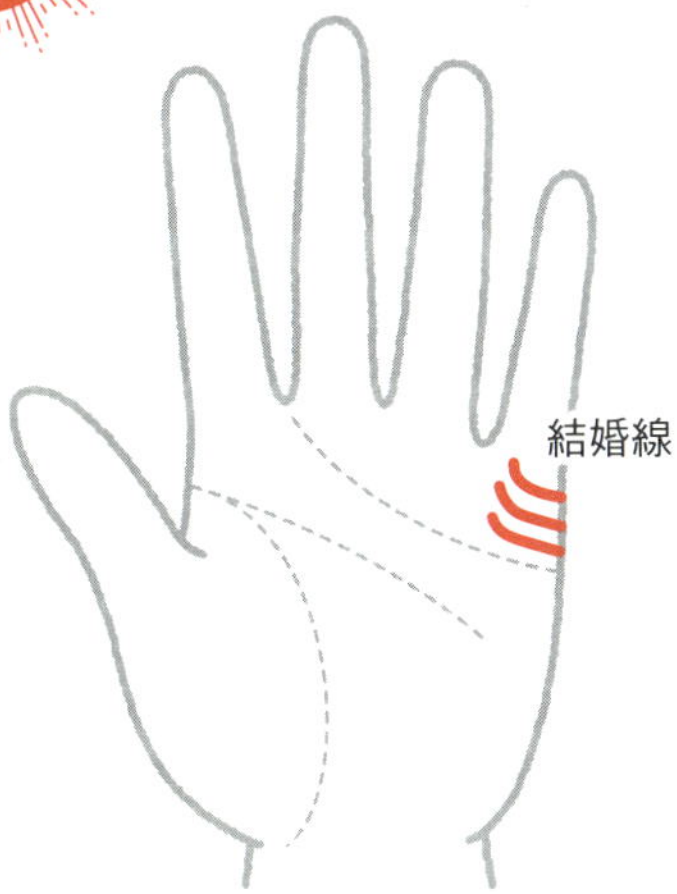

小指の付け根と感情線の間に出る短い横線が「結婚線」。これを数本、先端を上向きにする形で描きます。幸せな結婚や仲のよい夫婦関係を呼び込むことができます。

願いをかなえる手相

人気や名声を得たい！

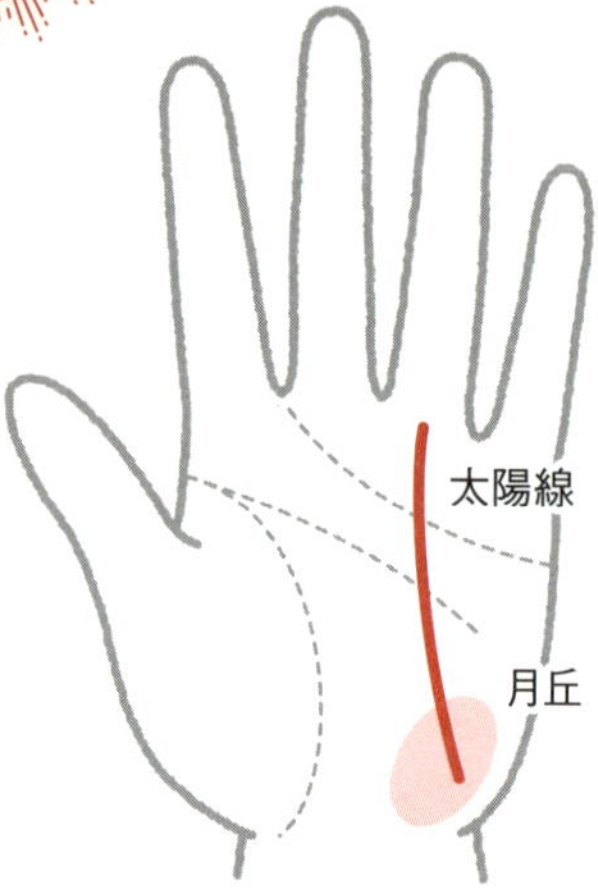

太陽線が出るのは、陽性で人徳の厚い人。なかでも月丘から薬指の付け根に上る「長い太陽線」は、人気、金運、名声に恵まれる、とても幸運な線です。

願いをかなえる手相

お金がたくさんほしい！

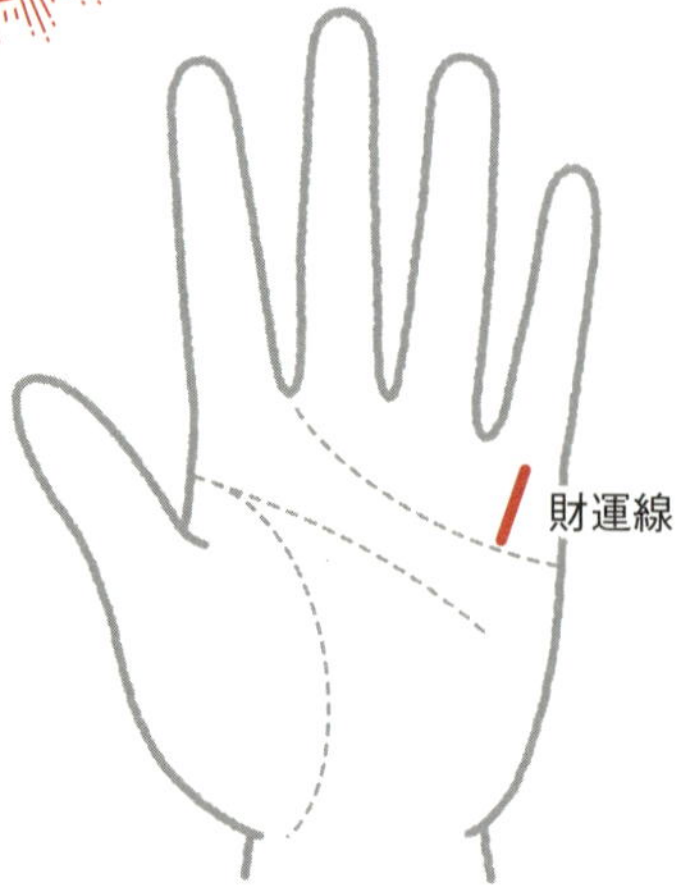

「財運線」は、小指の付け根に向かう縦の線。今現在の金運や商売運を示します。この線を太くはっきり描き込むと、お金回りがよくなって商売が繁盛します。上の太陽線と合わせて描き込むと効果大。

願いをかなえる手相

得意の分野でトップになりたい！

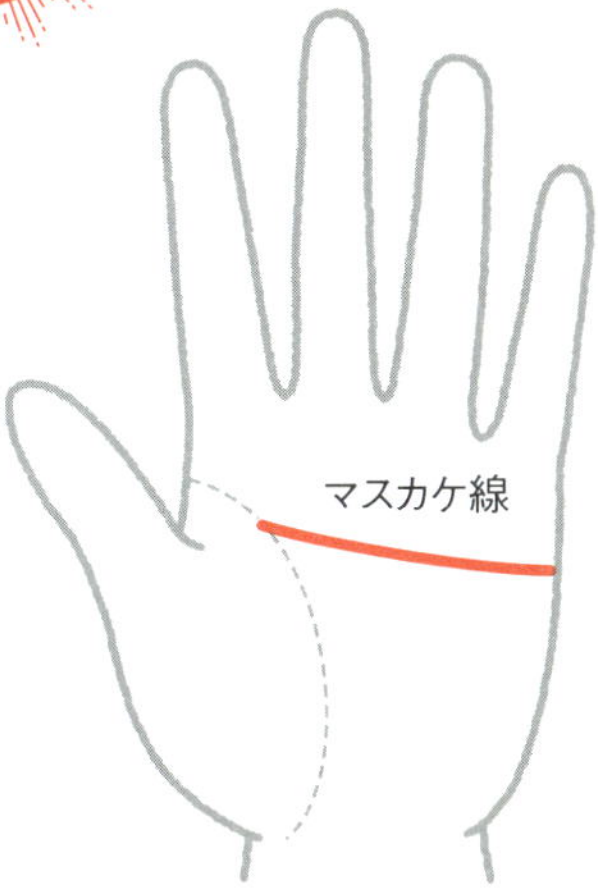

知能線と感情線をつなぐように、手のひらを一直線で横切る「マスカケ線」。この相があれば、自分が目指す分野でユニークな異才を発揮し、トップに立つ強運の持ち主となります。

願いをかなえる手相

ケガや災難から守ってほしい！

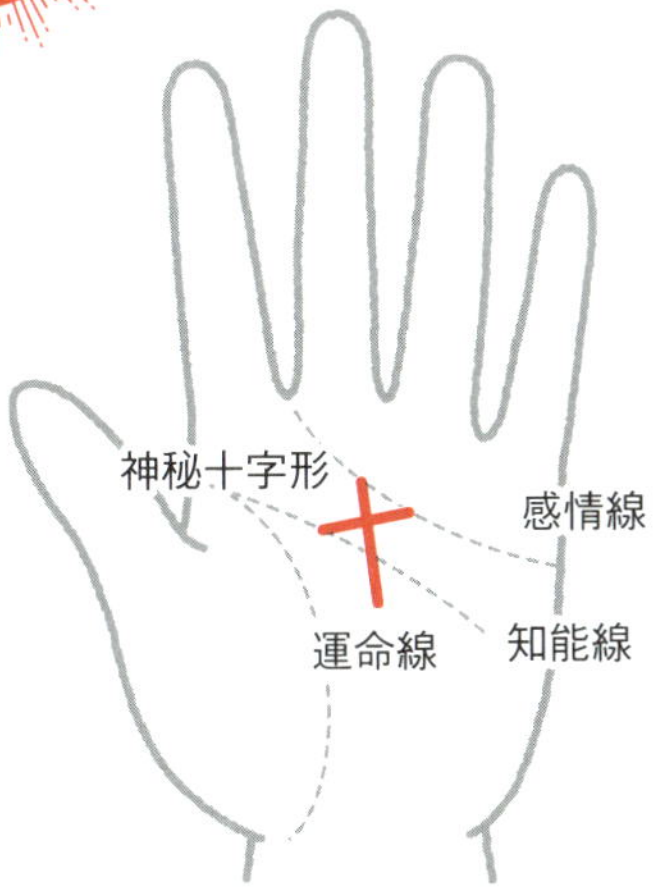

感情線から知能線に橋渡しをした線に、運命線がクロスして十字形を作る「神秘十字形」。この相は先祖や神仏によって守られ、ケガや災難から見事に免れることができます。

爪に白点を描く

1 用意するのは白のマニキュアか白いペン、あるいは修正液。爪の黒点は不運のサインなので、黒は使わない

2 願いをかなえてくれる白点を、強く願いながら描くと効果がアップ。サイズは直径1ミリ程度。両手の爪の中央に描く

3 白点が消えてきたら、上から描き足す

願いをかなえる白点

爪の白点で幸運を呼び込む！

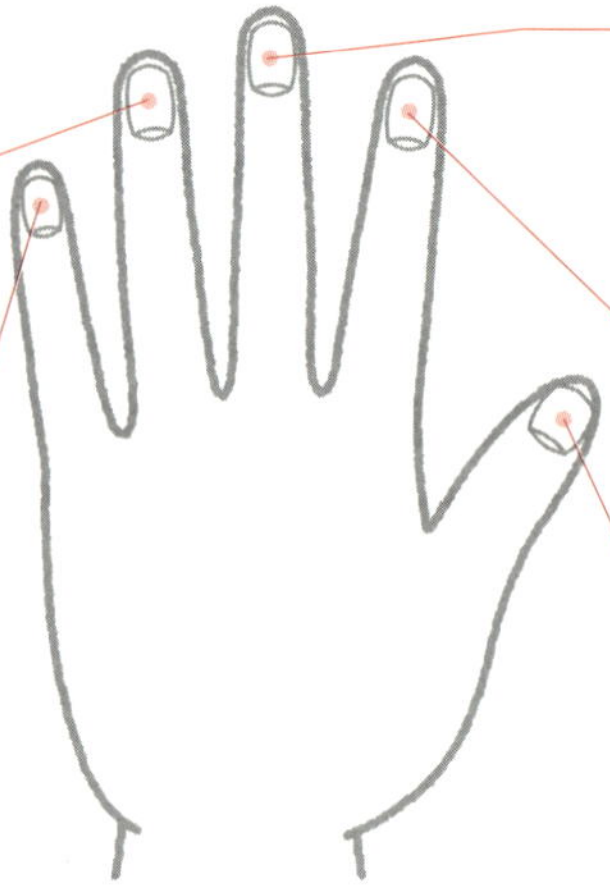

薬指
・名誉、名声を得たい
・恋人がほしい
・良縁に恵まれたい

小指
・宝くじを当てたい
・子宝に恵まれたい
・資金繰りを成功させたい

中指
・旅行や移転、不動産に関する願いをかなえたい

人差し指
・希望をかなえたい
・結婚や仕事の夢をかなえたい

親指
・恋人がほしい
・結婚したい
・愛する人、モノに出会いたい

巻末付録

自分の性格と人生をみてみよう

ここまで、いろいろな線やマークが示す意味、そして手相の見方などを解説してきましたが、実際の自分の手相を記録して残しておきましょう。手相に、どのような心と体の状態が表れているのか確認できるとともに、将来起こることも把握しておくことができます。

自分の手相を描き込んでみよう

現在の手相　　年　月　日

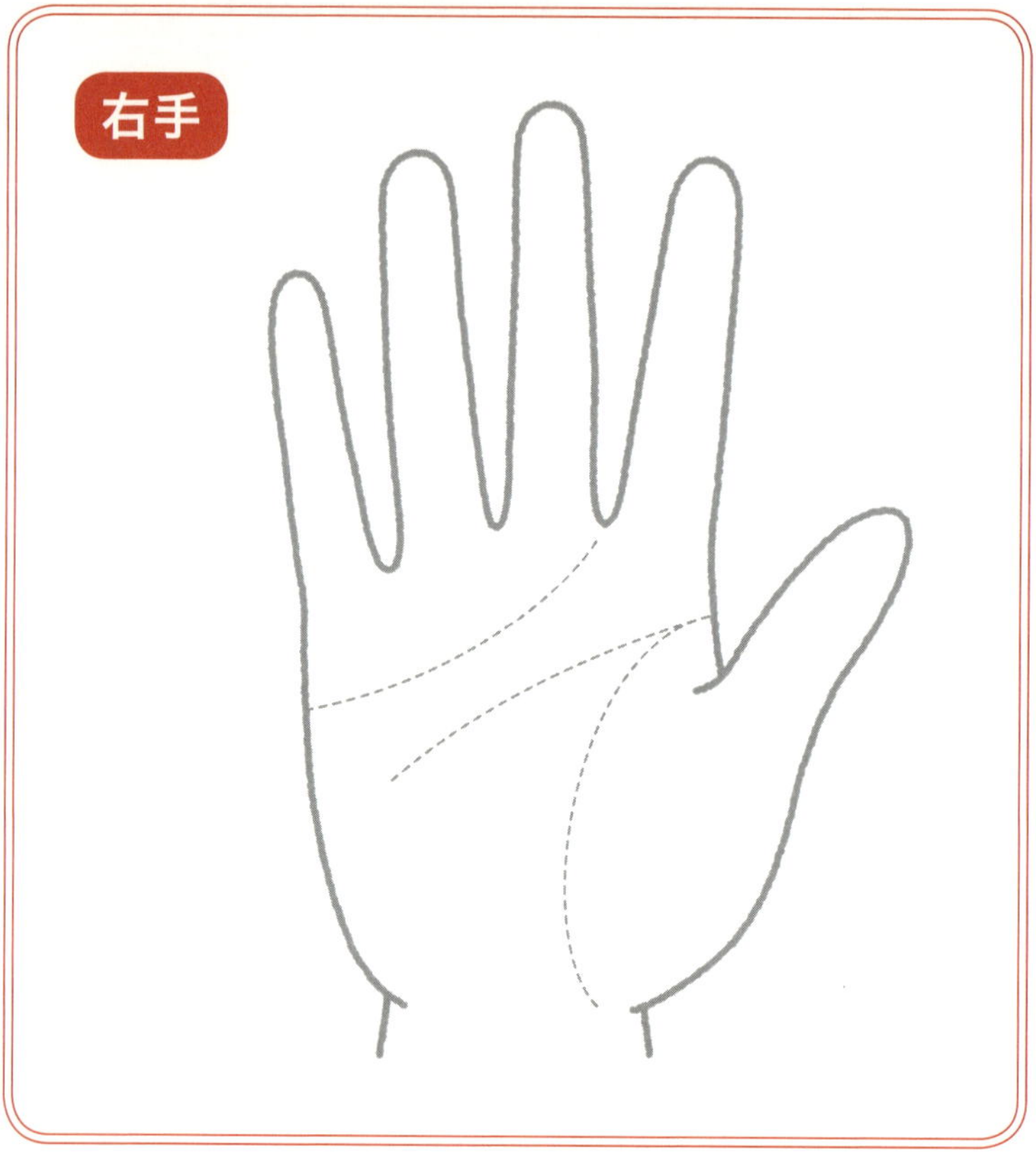

右手の相で特徴となる点を記入し、第２章でチェックしましょう。

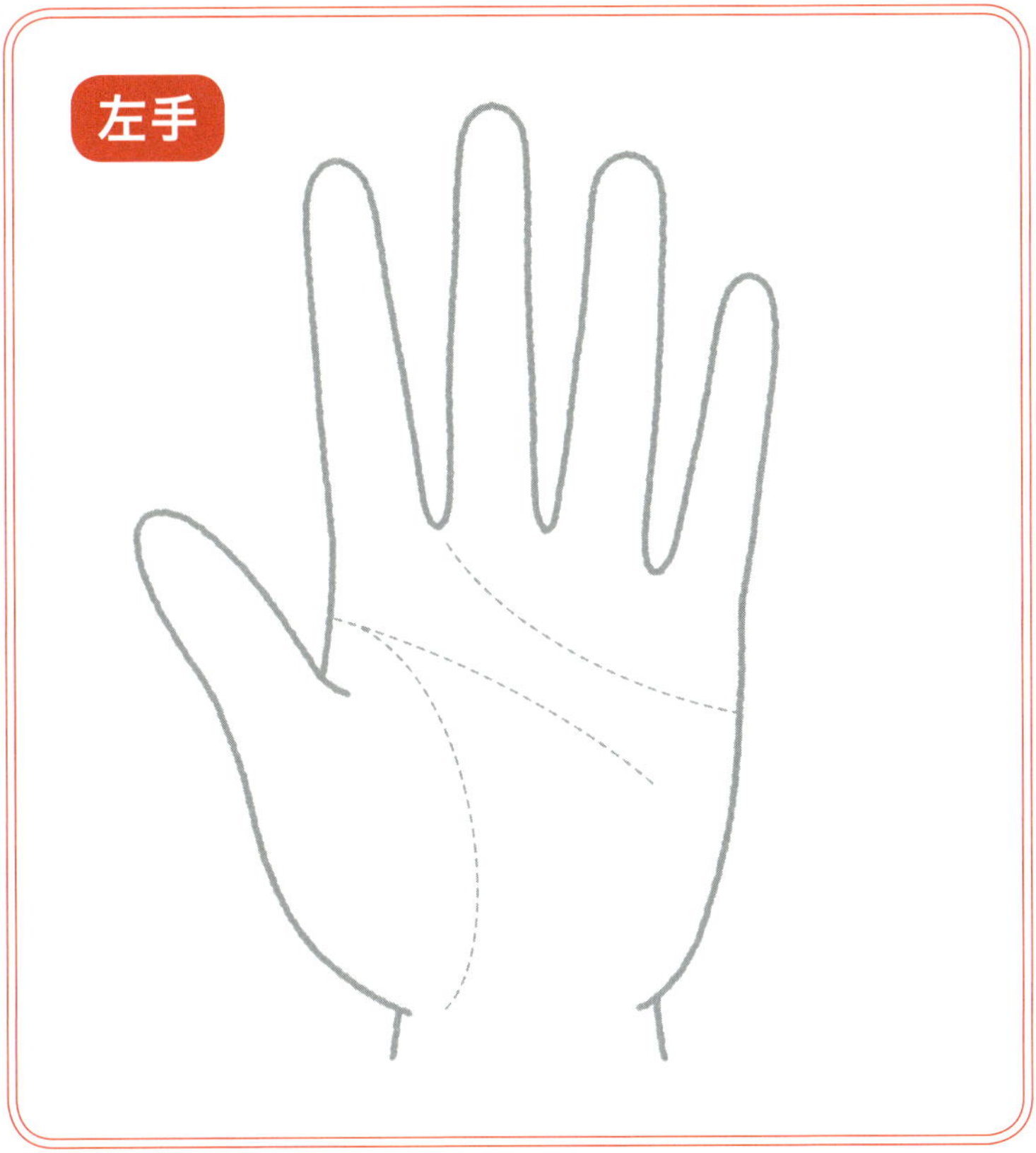

左手の相で特徴となる点を記入し、第2章でチェックしましょう。

（　　　）後の手相　　年　　月　　日

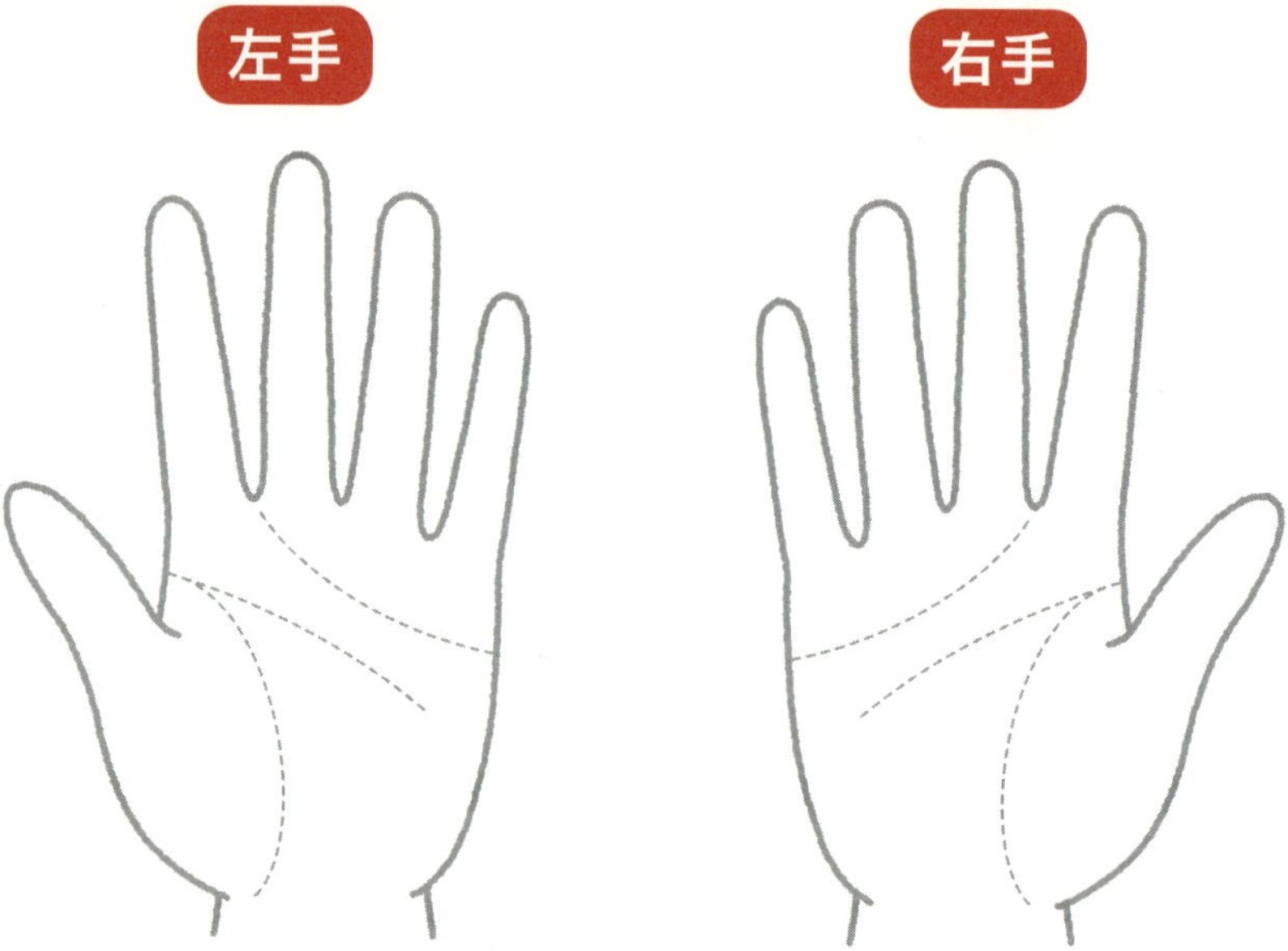

※３か月後や半年後の手相を
描き込みましょう。

・以前に描き込んだ手相と比べて、変わっている部分があれば記入しましょう。

・あなた自身やあなたのまわりで起こった出来事などがあれば記入しましょう。
手相と結びついていることはありませんか？

(　　　)後の手相　　年　　月　　日

左手　　　　右手

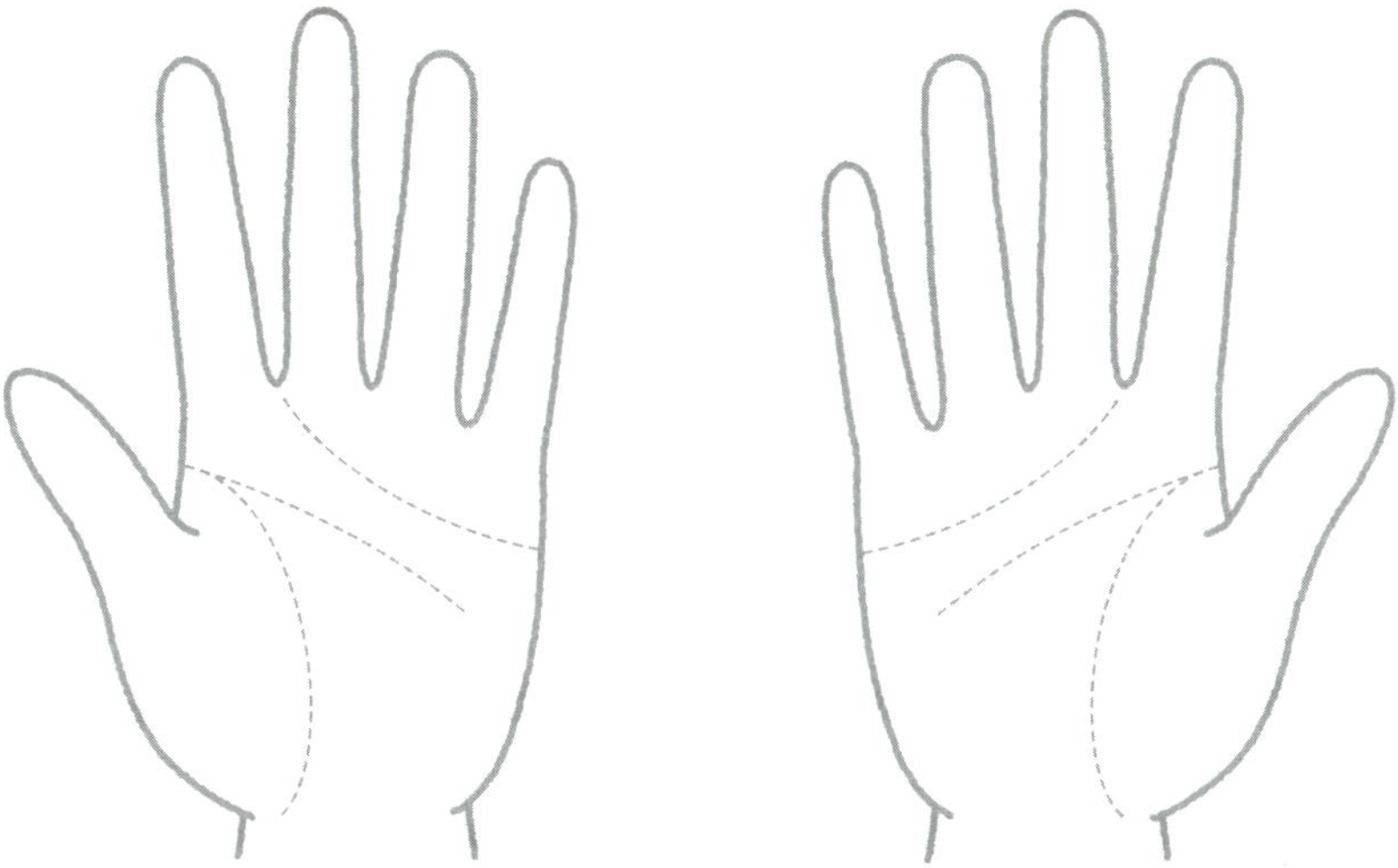

※半年後や1年後の手相を描き込みましょう。

・以前に描き込んだ手相と比べて、変わっている部分があれば記入しましょう。

・あなた自身やあなたのまわりで起こった出来事などがあれば記入しましょう。
手相と結びついていることはありませんか？

生命線でチェック！

大きく張り出した生命線

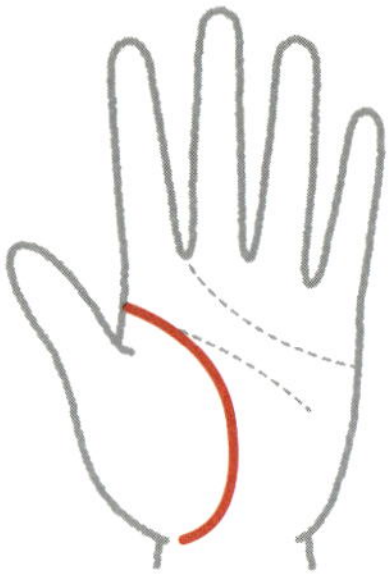

↓

精力あふれる肉食系

張り出しが小さい生命線

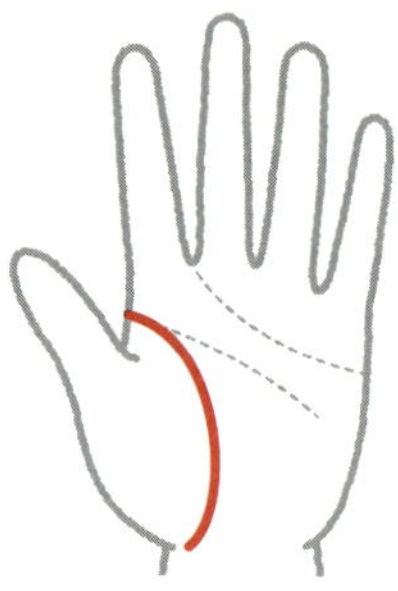

↓

控えめな草食系

※P.60参照。線の形によって、意味合いが強まったり弱まったりすることも考慮してください。

わたしの生命線

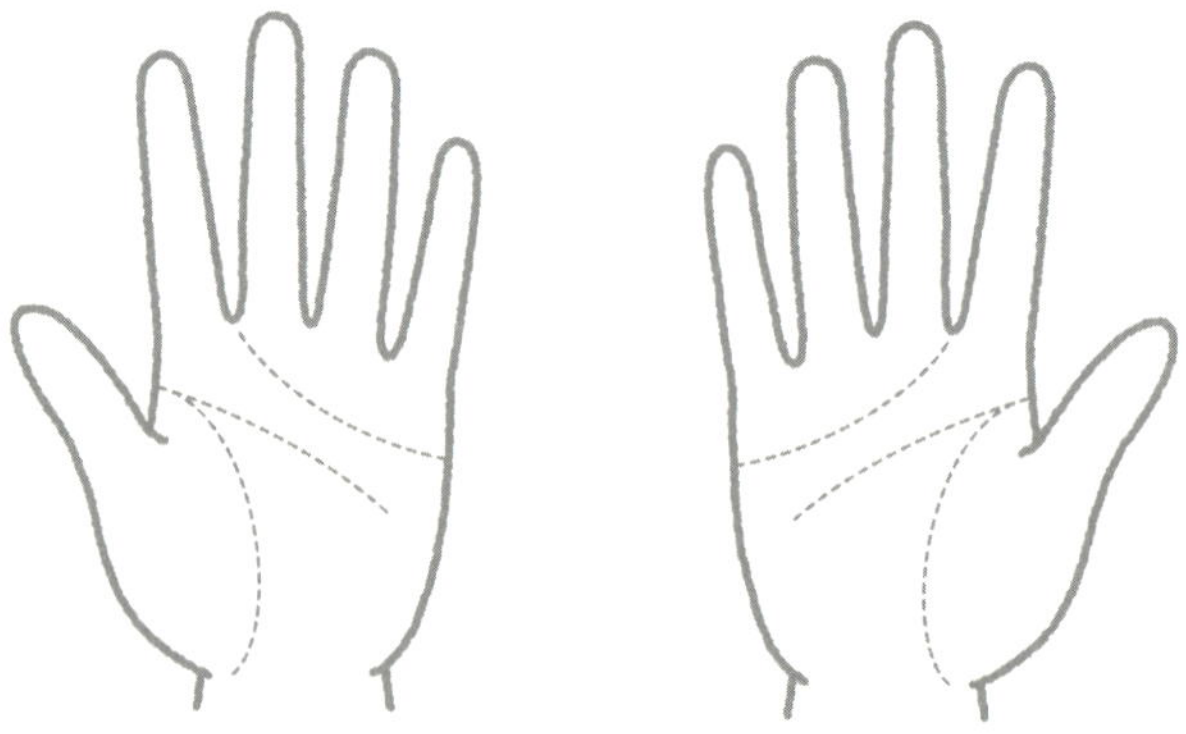

[運命線でチェック！]

太い運命線

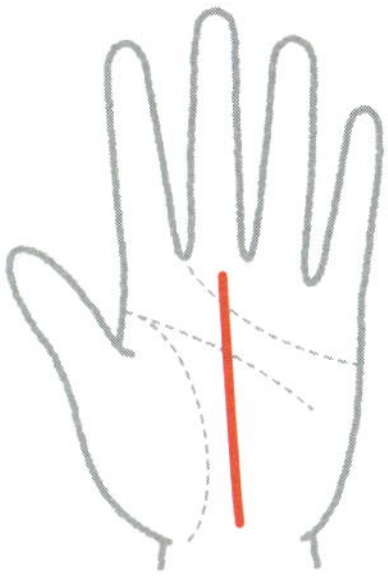

↓

自ら運命を切り開く人

細い運命線

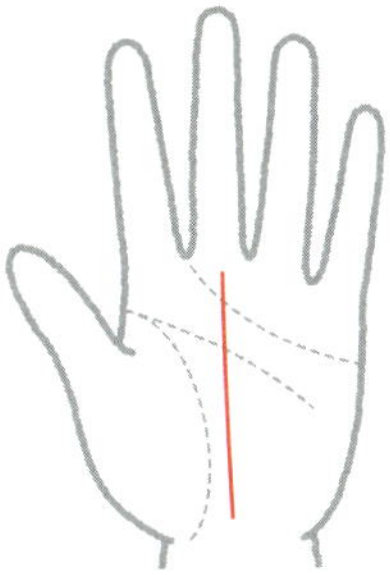

↓

待ちの姿勢になりがち

※ P.69 参照。線の長さによって、意味合いが強まったり
弱まったりすることも考慮してください。

わたしの運命線

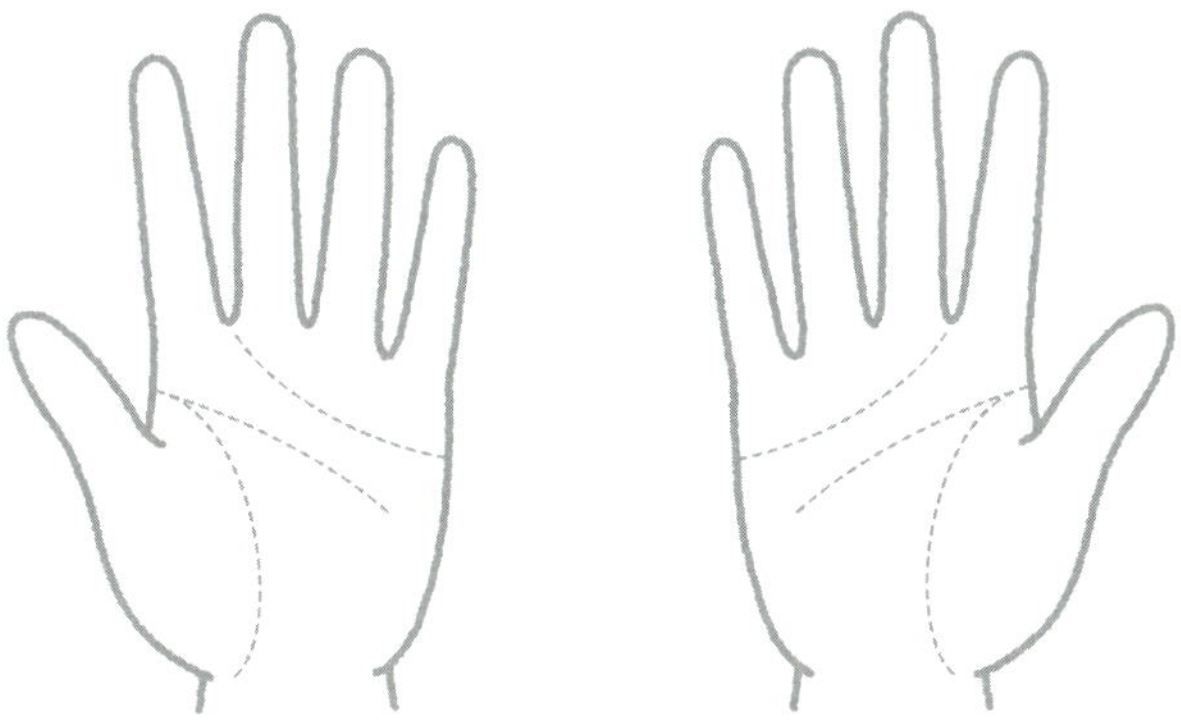

知能線でチェック！

知能線の起点が
生命線上から出ている

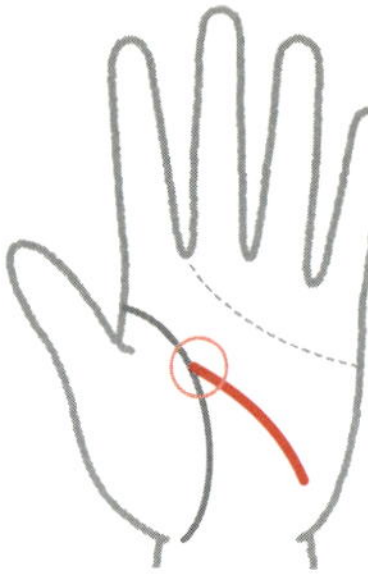

↓

神経質なまでの慎重派

知能線と生命線の起点が
離れている

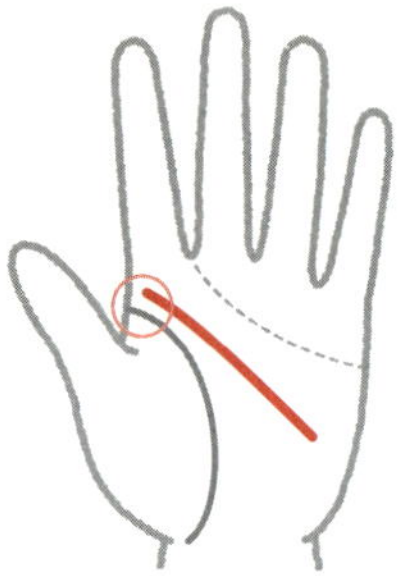

↓

大胆すぎるほどの行動派

※ P.79 参照。線の位置によって、意味合いが強まったり
弱まったりすることも考慮してください。

わたしの知能線

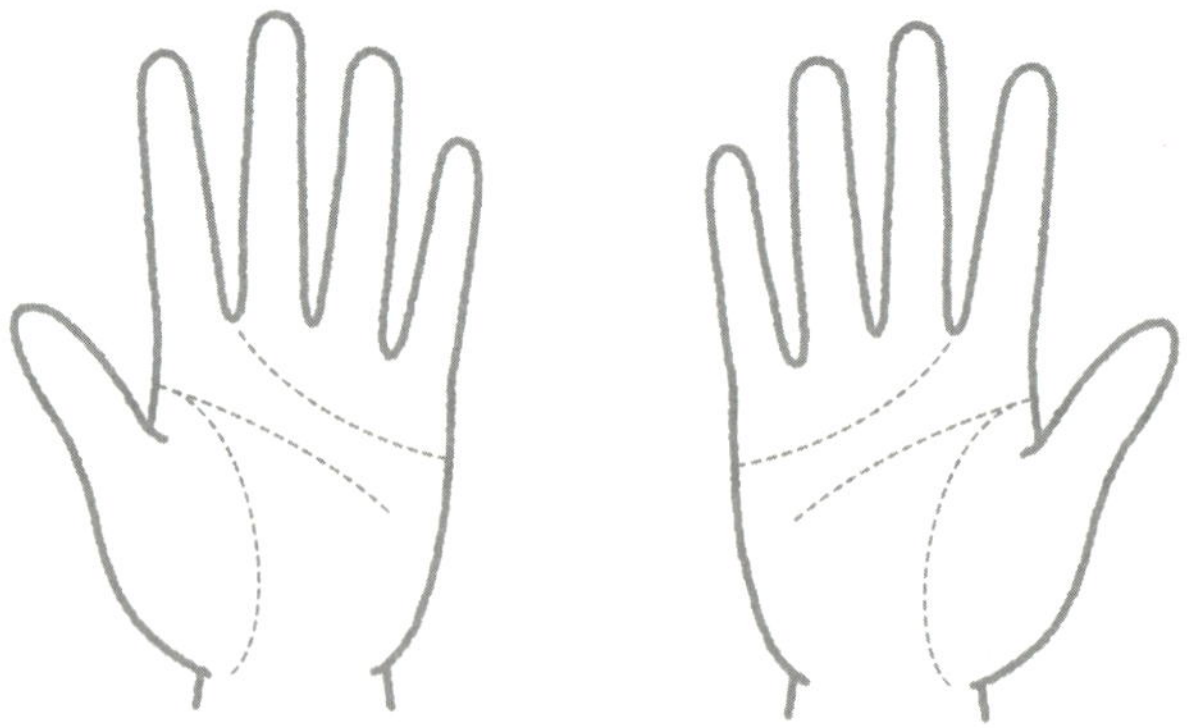

感情線でチェック！

長い感情線

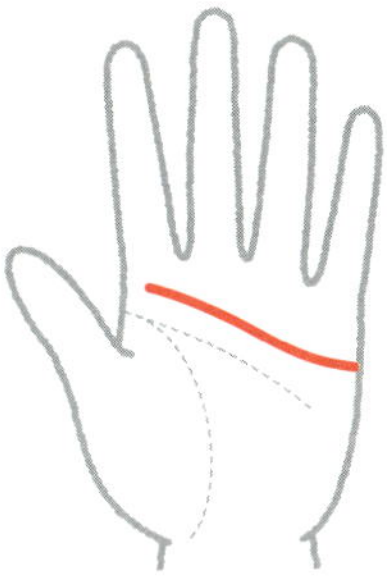

↓

激しい感情の持ち主

短い感情線

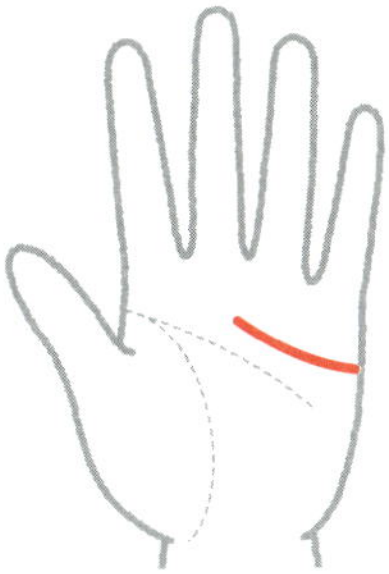

↓

冷静沈着でクール

※ P.89 参照。線の長さによって、意味合いが強まったり
弱まったりすることも考慮してください。

わたしの感情線

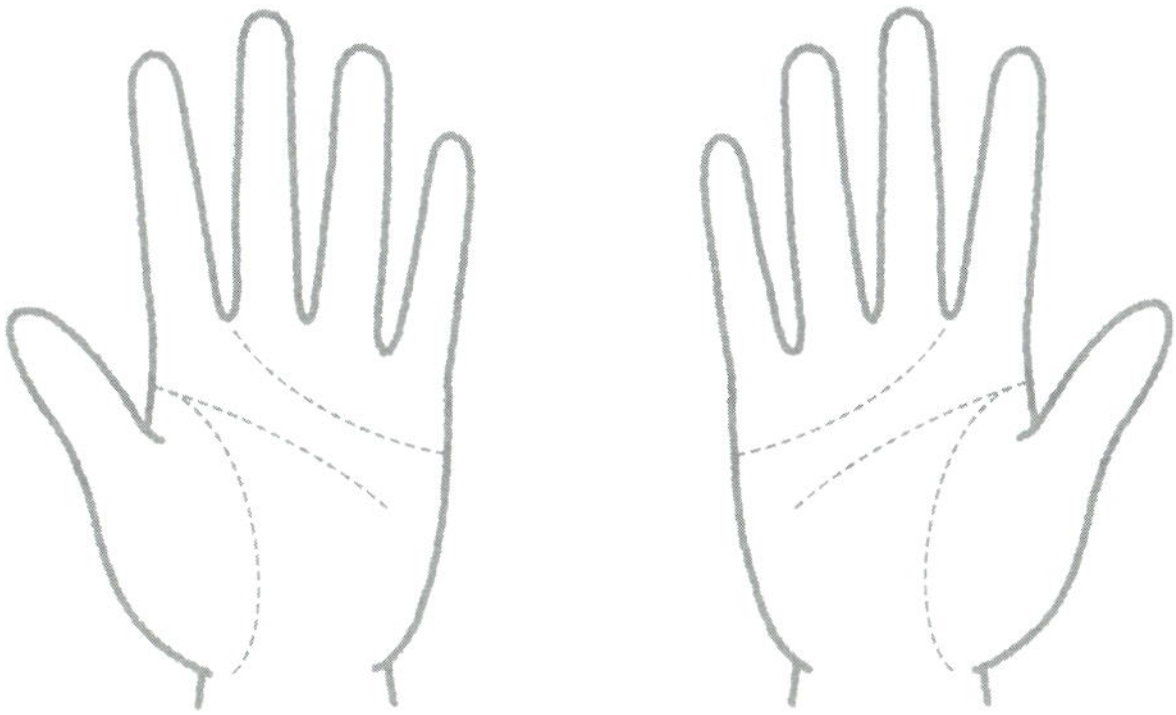

流年法で人生に起こることをチェック！

生命線の流年

わたしの生命線の流年

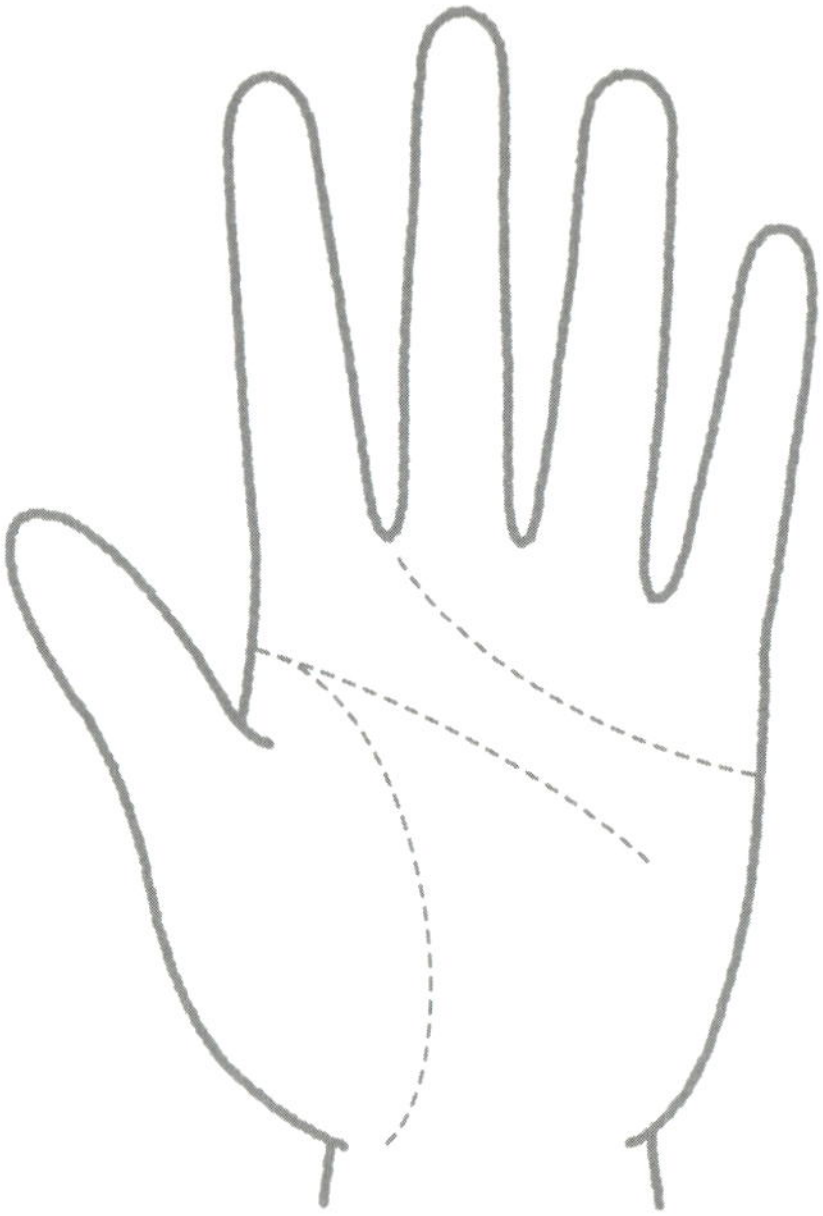

※ P.162 を参照して、あなたの生命線の流年を描き込んでください。

生命線の流年から読み取れることを記入しましょう。

運命線の流年

わたしの運命線の流年

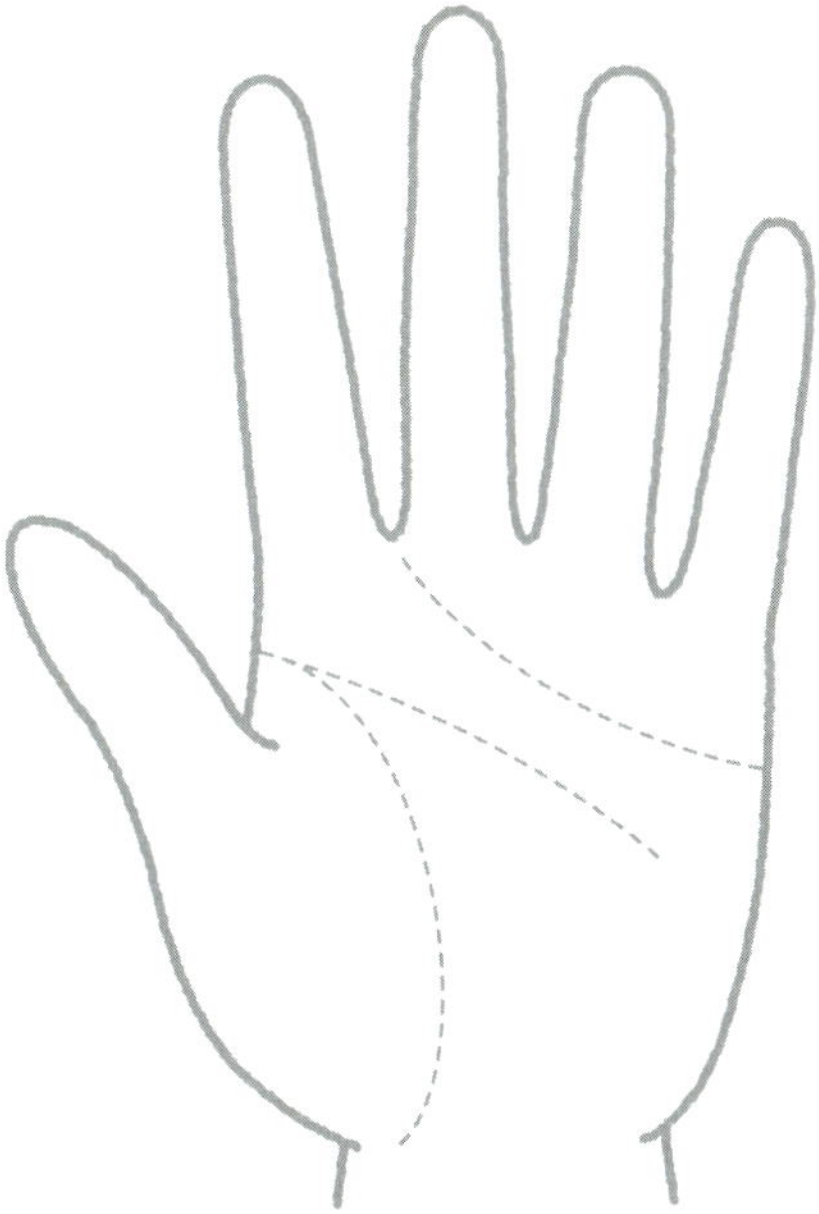

※ P.166を参照して、あなたの運命線の流年を描き込んでください。

運命線の流年から読み取れることを記入しましょう。

知能線の流年

わたしの知能線の流年

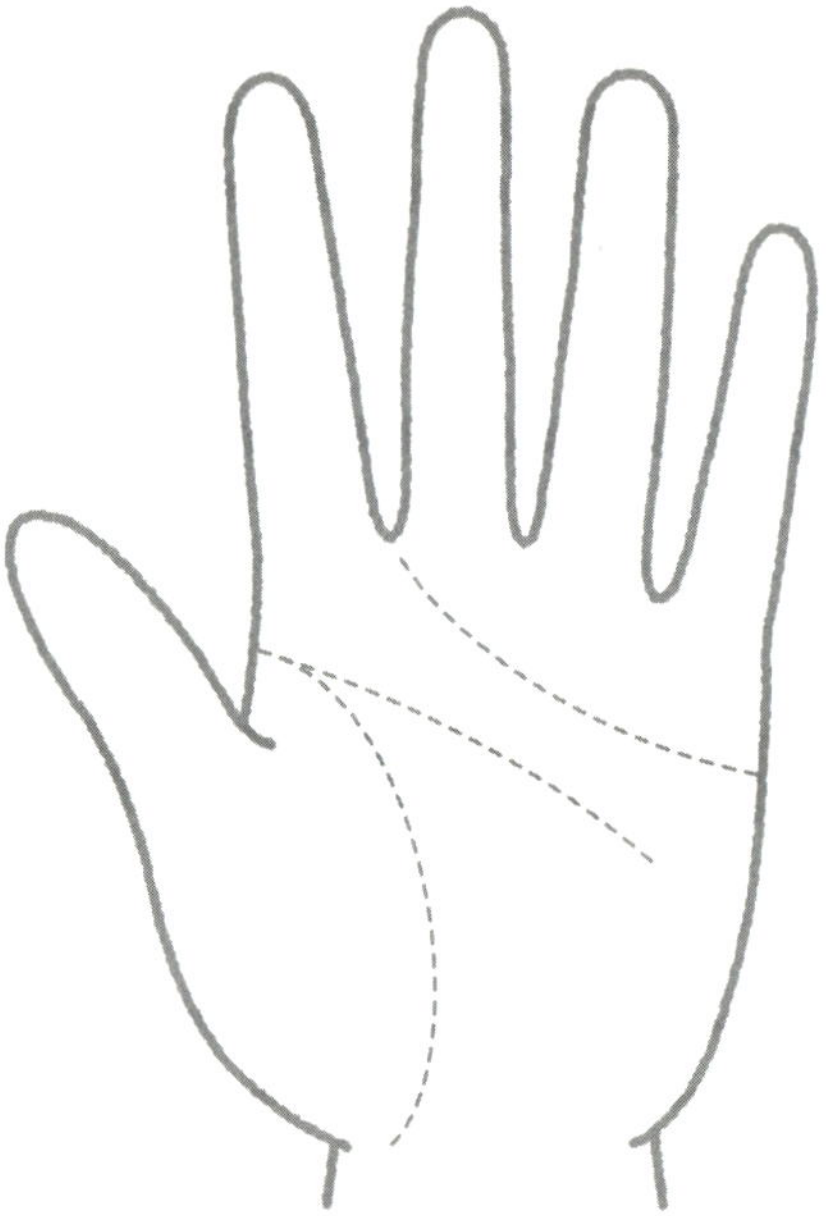

※ P.174 を参照して、あなたの知能線の流年を描き込んでください。

知能線の流年から読み取れることを記入しましょう。

感情線の流年

わたしの感情線の流年

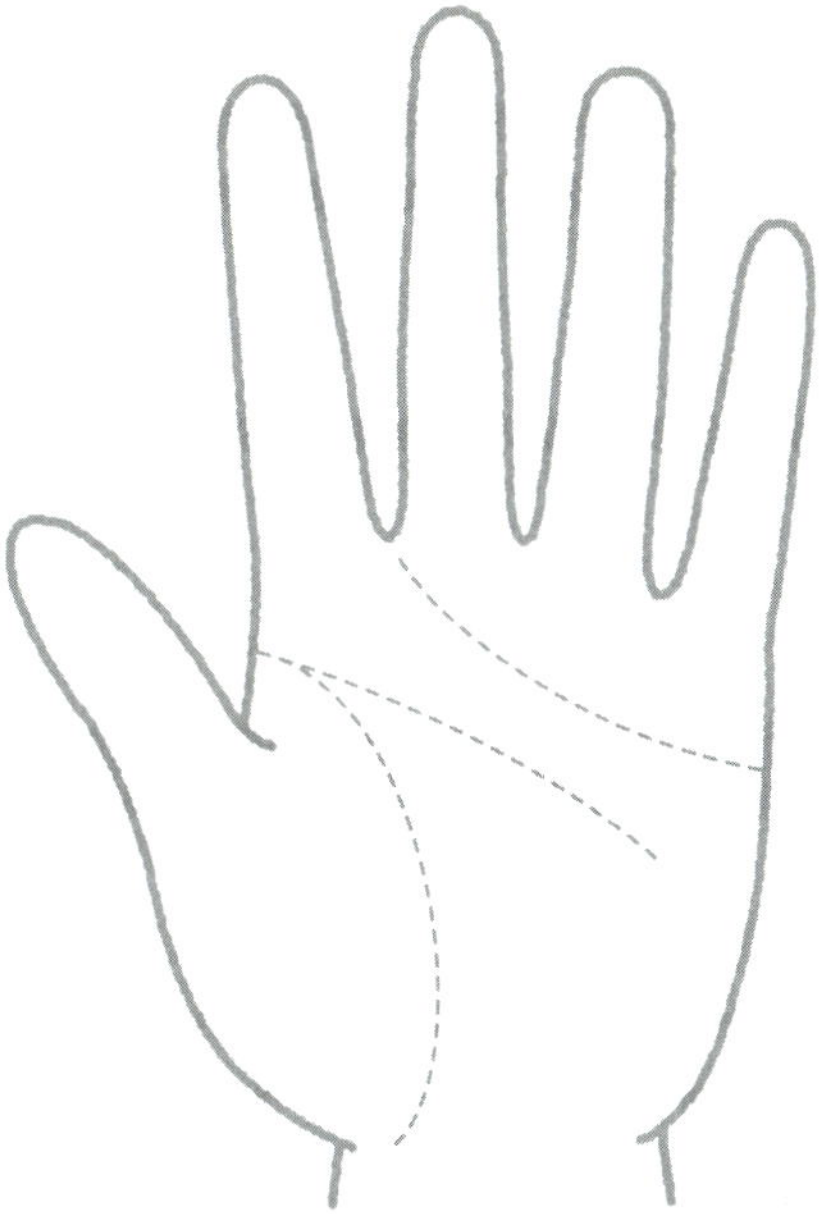

※P.170を参照して、あなたの感情線の流年を描き込んでください。

感情線の流年から読み取れることを記入しましょう。

著者：西谷泰人｜にしたに・やすと

1954年、鳥取県生まれ。手相家、方位学研究家、ライフコンサルタント。
1988年、アメリカのCNNテレビで日本を代表する手相家として世界に紹介される。著書は25か国以上で翻訳され、これまでに鑑定した人の数は、優に7万人を超える。2004年に帰国後、横浜に鑑定オフィスをオープン。現在、東京・高円寺で鑑定。『運がいいのは、どっち!? 手相術』『幸せグセがつく 黄金のルール』（学研プラス）、『的中手相術』『暮らしに活かす夢判断』『すぐに使える実践方位学』（創文）、『今日のあなたの吉方位』『吉方旅行 最新版』（マガジンハウス）など著書多数。海外・国内350万部達成。「笑っていいとも！」のレギュラー出演ほか、テレビ、ラジオ出演は200回を超す。YouTube手相動画「ニシタニショー」が話題。
▸ 連絡先：株式会社創文　電話：045-805-5077（10：00～18：00、日・祭日除く）
▸ ホームページ：「西谷泰人のSUPER 手相鑑定」https://www.nishitani-newyork.com/

Staff
デザイン：白畠かおり
DTP・図版：有限会社北路社
執筆協力：神田賢人、ユウコ
編集協力：有限会社ヴュー企画

基礎《きそ》からわかる完全《かんぜん》メソッド
百《ひゃっ》発《ぱつ》百《ひゃく》中《ちゅう》 手《て》相術《そうじゅつ》

2019年12月1日 第1刷発行
2024年12月1日 第8刷発行

著　者　西《にし》谷《たに》泰《やす》人《と》
発行者　竹村　響
印刷所　TOPPANクロレ株式会社
製本所　TOPPANクロレ株式会社
発行所　株式会社日本文芸社
〒100-0003　東京都千代田区一ツ橋1-1-1 パレスサイドビル8F

Printed in Japan　112191118-112241122 Ⓝ08（310044）
ISBN978-4-537-21745-2
URL https://www.nihonbungeisha.co.jp/

編集担当：河合